Cha

# Grand vadémécum de l'orthographe moderne recommandée

cinq millepattes sur un nénufar

nouvelle orthographe

**Éditions De Champlain S. F.**

ISBN 978-2-9808720-2-0

**Grand vadémécum de l'orthographe moderne recommandée : cinq millepattes sur un nénufar**
par Chantal Contant

ISBN 978-2-9808720-2-0

Le contenu de ce livre est applicable dans toute la francophonie.

Dépôt légal :
Bibliothèque et Archives nationales du Québec, deuxième trimestre 2009
Bibliothèque et Archives Canada, deuxième trimestre 2009
Bibliothèque nationale de France, deuxième trimestre 2009


chantal.contant@dechamplain.ca

Illustration : Roxane Paradis

Éditeur :
De Champlain S. F.
6455, rue Jean-Talon Est, bureau 1002
Montréal (Québec) H1S 3E8 — Canada
livres@dechamplain.ca

Imprimé au Canada par Marquis imprimeur inc.

Ce livre est conforme à la nouvelle orthographe
www.orthographe-recommandee.info

Autres ouvrages (description p. 131-137) :

CONTANT, C. et R. MULLER. **Les rectifications de l'orthographe du français** (guide complet attrayant et simplifié, pour le grand public).

CONTANT, C. et R. MULLER. **Connaitre et maitriser la nouvelle orthographe : guide pratique et exercices** (pour les enseignants et les professionnels).

CONTANT, C. **Les habitants du village de La Phrase** (conte éducatif).

CONTANT, C. **Le Verbe visite les pronoms au village de La Phrase** (conte éducatif).

CONTANT, C. **L'histoire amusante de Participe Passé** (conte éducatif).

***Bescherelle*. L'art de conjuguer**, éditions HMH (Canada), révision par Chantal Contant.

# Avant-propos

Les rectifications de l'orthographe du français, je les connais bien. En effet, depuis plusieurs années déjà, je consacre ma vie à les faire connaitre. Je ne suis pas l'initiatrice de ces modifications orthographiques (d'autres m'ont précédée), mais je joue au quotidien le rôle d'une messagère active, convaincue de la **pertinence de ces changements**.

Je souhaite que les générations présentes et futures s'approprient les formes modernes, officiellement admises, et se débarrassent ainsi de nombreuses irrégularités, exceptions et anomalies injustifiées, qui rendaient l'apprentissage de l'écriture inutilement compliqué. Ce livre les aidera à y parvenir.

Le feu qui anime ma grande passion pour la nouvelle orthographe prend sa source dans les **régularités** que ces règles modernes véhiculent, et dans la **cohérence** que ces ajustements sages et limités apportent au système orthographique. Puissiez-vous partager cette passion avec moi après la lecture des nouvelles règles en vigueur, qui apportent à l'orthographe du français encore plus de logique et de rigueur.

**Mon vœu le plus cher, formulé en six points, est le suivant :**

➲ que, **dans chaque école**, on enseigne la nouvelle norme orthographique du français (plus régulière et plus cohérente), et que plus aucun élève ne soit pénalisé dans la francophonie pour avoir employé les nouvelles graphies admises ;

➲ que **les dictionnaires**

- **s'uniformisent**, là où il y a incohérence ou disparité inutile entre eux,
- reconnaissent **toutes** les formes **modernes régulières**,
- **cessent** de donner les formes anciennes irrégulières ;

➲ que les gens en correction, en révision et en traduction aient le souci d'appliquer les règles les plus modernes ;

➲ que tous les éditeurs et éditrices (de livres, de journaux, de revues, etc.), écrivains, écrivaines, rédacteurs, rédactrices et journalistes emploient dorénavant uniquement les formes modernes dans les publications ;

➲ que les infographistes et les personnes en conception publicitaire ou en sous-titrage s'appliquent à maitriser les graphies rectifiées et à les employer dans l'affichage ;

➲ que les francophones et francophiles de toutes générations, **dont vous faites partie**, emploient dorénavant uniquement les formes recommandées, présentées dans cet ouvrage.

*Chantal Contant*, linguiste
Spécialiste des rectifications de l'orthographe du français

# Introduction

Depuis plusieurs années, des dictionnaires, des grammaires, des guides de conjugaison et des correcteurs informatiques reconnaissent les rectifications orthographiques proposées à l'origine par le Conseil supérieur de la langue française (Paris) et approuvées par l'Académie française.

**Les rectifications de l'orthographe suppriment des anomalies** en favorisant une plus grande cohérence du système orthographique du français (pluriel régularisé, trait d'union systématique dans les nombres, soudure généralisée avec certains préfixes, accentuation plus régulière, francisation des emprunts, etc.). Elles se résument en une petite série de règles bien ciblées, que l'on peut rapidement maitriser, comme vous le verrez en feuilletant les pages qui suivent.

Loin de bouleverser les habitudes d'écriture en français, ces rectifications officiellement admises dans toute la francophonie sont modérées (elles touchent en moyenne un mot par page) et tendent à harmoniser les règles du français écrit. Des graphies plus modernes viennent donc enrichir de manière positive et plus cohérente notre langue écrite.

Étant donné que les graphies anciennes et nouvelles coexistent déjà dans beaucoup de dictionnaires et de logiciels de correction, **vous avez le choix et le droit d'utiliser les graphies modernes**, dans vos écrits tant personnels (à la maison) que professionnels (au bureau).

À l'école, le personnel enseignant doit connaitre l'évolution de l'orthographe et mentionner en classe les nouvelles règles. Les instances francophones compétentes en la matière l'affirment : **aucun élève ne peut être pénalisé** pour avoir employé les graphies les plus modernes. Si vous êtes un parent, assurez-vous auprès de l'école de votre enfant que la nouvelle orthographe est bien connue et admise.

Ce livre présente les nouvelles règles et donne la liste alphabétique des mots touchés par les rectifications en vigueur. Il sera votre référence.

Vous trouverez des informations complémentaires (liste de dictionnaires à jour, logiciels à jour, consignes ministérielles pour l'enseignement, historique, fausses rumeurs, suggestions de lectures en nouvelle orthographe, etc.) sur les sites www.nouvelleorthographe.info et www.orthographe-recommandee.info.

✧

---

## Recevez gratuitement des informations sur la nouvelle orthographe

Vous pouvez obtenir gratuitement de l'information sur les rectifications de l'orthographe en écrivant à gqmnf@renouvo.org si vous habitez en Amérique (du Nord, centrale ou du Sud) ou en écrivant à orthographe-en-direct@romain-muller.net si vous habitez en Europe ou sur un autre continent.

**Ce service est gratuit** et sans engagement. **Il s'adresse à tout le monde**. Notez que les gens dans les domaines de l'enseignement, de l'édition, de la rédaction et de la traduction devraient particulièrement s'en prévaloir.

# Présentation du *Grand vadémécum*

Ce livre de référence contient la liste alphabétique la plus complète à ce jour des mots qui sont touchés par les rectifications de l'orthographe française.

## Les règles

Vous trouverez aux pages 17 à 34 **les règles détaillées**, précédées d'un code tel que A1, A2, B1, C2, F3, etc. Quelques commentaires sur les règles suivent, aux pages 35 à 40.

## La liste

Ensuite, à la page 41, vient **la liste** de tous les mots touchés, en ordre alphabétique.

**1)** Le **code de la règle** (ex. : A1, B2, G18) est donné après le mot, pour que vous puissiez vous référer à la bonne règle, au besoin.

**2)** Pour chaque mot, une **explication** décrit le changement ou apporte un éclairage utile.

## Des mots inchangés

En plus de répertorier les milliers de mots touchés par la nouvelle orthographe (plus de 5 000), la liste contient certains mots dont la graphie est inchangée. Les mots inchangés qui ont été intégrés à la liste ont été choisis afin que soit confirmée leur orthographe, et que tout doute ou hésitation à leur sujet soit levé. Ils sont inchangés parce qu'ils ne sont pas touchés par les règles, ou parce qu'ils relèvent d'une exception justifiée, ou encore parce qu'ils étaient déjà conformes à l'une des règles. Lorsqu'il y avait une ambigüité possible, nous avons préféré que le mot inchangé soit mentionné dans la liste (plutôt qu'il soit absent et qu'un doute persiste). Par exemple, **basfond** est soudé, mais **bas-relief** ne l'est pas : nous tenions à le dire.

## Des mots qui ont deux prononciations

Lorsque deux prononciations sont admises pour un mot (**yogourt** ou **yaourt** ; **papèterie** ou **papeterie**), l'existence des deux variantes lexicales est indiquée chaque fois qu'il est utile de le faire, pour rappeler que les rectifications de l'orthographe ne choisissent pas entre deux formes qui se prononcent différemment (même si l'une d'elles a pu faire l'objet d'une rectification).

## Le pluriel

Le pluriel est donné uniquement lorsqu'il est utile, c'est-à-dire lorsque la règle concerne le pluriel du mot (B1, B2, G18) ou qu'il a été jugé pertinent de le mentionner.

## Un résumé

Un résumé pratique des règles est présenté aux pages 128 à 130.

✧

# D'où viennent tous ces mots ?

Le *Grand vadémécum de l'orthographe moderne recommandée : cinq millepattes sur un nénufar* est le grand frère du petit *Vadémécum de l'orthographe recommandée : le millepatte sur un nénufar*, qui l'a précédé. Il est plus complet, et il explique ou commente chaque mot.

Le petit *Vadémécum* est une brochure de 40 pages qui a été conçue par le Réseau international pour la nouvelle orthographe du français (RENOUVO) en 2003. Il se voulait fonctionnel et contenait environ 2 400 mots, issus principalement du *Petit Robert*, du *Petit Larousse* et du *Dictionnaire Hachette*. L'ouvrage que vous tenez entre les mains, le *Grand vadémécum*, en contient beaucoup plus, car il est exhaustif. Nous désirons adresser nos remerciements aux gens du RENOUVO qui ont collaboré à la conception initiale de la liste du petit *Vadémécum* : ils ont été nos prédécesseurs.

Un important rapport sur les rectifications de l'orthographe française présenté par des experts au Conseil supérieur de la langue française, à la demande du Premier ministre de la France, a été publié dans le *Journal officiel de la République française* le 6 décembre 1990. L'Académie française l'avait préalablement approuvé. Nous désignerons ce rapport officiel par le terme « *Rapport* » (en italique) dans le présent ouvrage. Le concept de la nouvelle orthographe est né de ce *Rapport*. Les règles des rectifications de l'orthographe présentées dans la brochure du RENOUVO (le petit *Vadémécum*) et celles du *Grand vadémécum* suivent rigoureusement les recommandations de ce *Rapport* émanant du Conseil supérieur de la langue française à Paris.

Le travail entourant la confection des listes du petit *Vadémécum* et du *Grand vadémécum* fut un travail scientifique, objectif, et très respectueux des textes officiels. Les règles du *Grand vadémécum* sont donc fidèles à celles du RENOUVO (elles-mêmes conformes au *Rapport* publié au *Journal officiel*). Il n'était pas question, en effet, de réinventer ici les règles ou de les interpréter différemment.

Le *Grand vadémécum* répertorie plus de 5 000 mots touchés par les rectifications. Les règles étant les mêmes, pourquoi y a-t-il tant de différence entre le nombre de mots rectifiés dans le *Grand vadémécum* et celui du petit *Vadémécum* du RENOUVO ? Plusieurs raisons expliquent cet écart.

- BEAUCOUP PLUS DE MOTS — RAISON N$^{o}$ 1

  **Les travaux des éditions Le Robert**

  Josette Rey-Debove, des éditions Le Robert, faisait partie du comité d'experts qui a élaboré les règles et les recommandations du *Rapport* sur les rectifications de l'orthographe en 1990. En 1991, elle publie, avec Béatrice Le Beau-Bensa, la brochure *La réforme de l'orthographe au banc d'essai du Robert*. Dans notre liste alphabétique, nous faisons référence à cette brochure par l'expression « travaux des éditions Le Robert ».

  Cette brochure contient près de 2 400 mots touchés par les rectifications de l'orthographe, issus des dictionnaires Le Robert. Toutefois, ces 2 400 mots ne sont pas tout à fait les mêmes que ceux de la brochure du RENOUVO. Il fallait unifier ces listes. C'est ce que nous avons fait, notamment, dans le *Grand vadémécum*. La liste des éditions Le Robert nous a donc servi de guide, conjointement avec celle du RENOUVO.

  Notons que les recommandations des travaux des éditions Le Robert ont été reprises en bonne partie dans le *Petit Robert* et en totalité dans le correcteur de poche *Vérifiez votre orthographe* (2008) du même éditeur (voir la bibliographie).

- BEAUCOUP PLUS DE MOTS — RAISON N° 2

## Les travaux de Nina Catach

Nina Catach, une sommité de l'orthographe, faisait aussi partie du comité d'experts à Paris en 1990. En 2001, ses travaux sur la variation lexicale et l'évolution graphique du français (qu'elle a observées dans les dictionnaires de 1989 à 1997) sont publiés dans un ouvrage intitulé *Varlex*. Cet ouvrage donne la liste de tous les mots qui ont au moins deux graphies différentes dans l'ensemble des sources étudiées : dictionnaire de l'Académie française, travaux du Conseil international de la langue française (CILF), dictionnaires des maisons Le Robert, Larousse, Hachette, etc. Il contient donc des variantes graphiques, comme **maf(f)ia** avec un ou deux **f** (même prononciation), et des variantes lexicales, comme **dermite/dermatite** (synonymes, prononciations différentes).

Nous avons examiné avec soin la liste de *Varlex* pour y repérer les mots qui devaient figurer dans la liste du *Grand vadémécum*. Les travaux de Nina Catach nous ont permis d'avoir sous la main un inventaire très vaste de mots ayant deux orthographes (incluant des mots rares) et de combler des lacunes de base qui constituaient des oublis dans les listes initiales (ex. : **rhinopharyngite** en un mot).

- BEAUCOUP PLUS DE MOTS — RAISON N° 3

## Les recommandations du *Rapport* du comité d'experts (CSLF)

Dans le *Rapport* sur les rectifications de l'orthographe de 1990 du Conseil supérieur de la langue française à Paris (CSLF), la quatrième section présente des recommandations aux lexicographes, c'est-à-dire aux auteurs de dictionnaires, de listes de mots, de lexiques. Le RENOUVO avait choisi de ne tenir compte que d'une partie de ces recommandations dans sa liste du petit *Vadémécum* destinée au grand public (en particulier les règles A1, A2, A3, C4, B2, de même que G pour la francisation des finales en **-eur**).

Dans le *Grand vadémécum de l'orthographe moderne recommandée*, nous tenons compte de toutes les recommandations du *Rapport*, ce qui permet d'en donner un portrait complet aux lexicographes, mais aussi à toutes les personnes qui enseignent, publient, corrigent, révisent ou rédigent en français.

- BEAUCOUP PLUS DE MOTS — RAISON N° 4

## Les sources élargies et les vocabulaires spécialisés

Au fur et à mesure de l'élaboration du *Grand vadémécum*, nous trouvions de nouveaux mots absents des listes de base, surtout quand nous nous tournions vers le vocabulaire spécialisé ou vers d'autres sources que les dictionnaires courants sur papier comme le *Petit Robert*, le *Petit Larousse* ou le *Dictionnaire Hachette*.

Nous avons puisé de nouveaux mots dans des sources supplémentaires, à commencer par le dictionnaire électronique du logiciel de correction Antidote. Les définitions d'Antidote, son vocabulaire très étendu et les échanges que nous avons eus avec les linguistes de Druide informatique nous ont été précieux.

Nous avons également consulté le dictionnaire *Trésor de la langue française* (*TLF* informatisé — France), le *Nouveau Littré*, le *Grand Larousse universel*, le *Dictionnaire de la langue française : le français vu du Québec* (Franqus — version en ligne), le *Dictionnaire des industries* du Conseil international de la langue française (CILF), etc. Nous avons constaté notamment que le *Grand dictionnaire terminologique* (*GDT*) informatisé, de l'Office québécois de la langue française, est une source où abondent les graphies anciennes et contradictoires, même dans des fiches terminologiques récentes, ce qui montre bien le besoin d'uniformisation et de modernisation des dictionnaires. Nous n'avons pas hésité à mentionner ces mots à rectifier (surtout dans le domaine des préfixes à souder, et celui du singulier et du pluriel à régulariser).

Pour rechercher les graphies irrégulières encore présentes dans certains dictionnaires et nécessitant d'être rectifiées, nous avons bénéficié d'une aide extraordinaire, celle de monsieur Joceleyn Lavoie, correcteur-réviseur expérimenté au Bureau de normalisation du Québec (BNQ). Le BNQ peut être considéré avec fierté comme le premier organisme de l'Administration publique du Québec et vraisemblablement comme le premier organisme de normalisation de langue française au monde à avoir appliqué intégralement dans ses documents l'orthographe modernisée. Ses normes et protocoles sont rédigés depuis 2005 conformément aux recommandations du Conseil supérieur de la langue française. M. Joceleyn Lavoie a dépouillé méticuleusement divers ouvrages afin d'enrichir la liste du *Grand vadémécum*. Nous lui devons toute notre reconnaissance pour cet apport considérable de termes spécialisés relevant, entre autres, de la règle B1 (singulier et pluriel des noms composés) et des règles de la soudure A1, A2 et A3 (préfixes savants).

- BEAUCOUP PLUS DE MOTS — RAISON N$^{O}$ 5

  **L'orthographe dans notre quotidien**

La vie quotidienne est aussi une source intarissable : en observant les médias écrits et l'affichage, nous trouvons de nombreux mots touchés par la nouvelle orthographe. Un simple coup d'œil dans les textes des journaux ou les annonces publicitaires, et voilà qu'un mot nous frappe.

Dès que nous avons constaté l'usage de deux graphies pour un mot, nous avons signalé la graphie moderne dans la liste. Ainsi, toute personne qui consulte le *Grand vadémécum* peut vérifier la forme à privilégier. Par exemple, les mots **vidéoconférence** et **colocataire** apparaissent parfois avec un trait d'union dans l'usage, alors que la graphie en un seul mot est bien la seule admise aujourd'hui dans les dictionnaires récents. Nous avons voulu le confirmer dans la liste.

Possédez-vous un dictionnaire à jour ? Avez-vous pris le temps d'ajuster les réglages de vos correcteurs informatiques (celui de Word, d'Antidote, etc.) pour mettre en fonction la correction en nouvelle orthographe ? Ces outils sont très utiles pour écrire au quotidien. Consultez la section appropriée à ce sujet au www.nouvelleorthographe.info.

✧

# Les mots absents de la liste

Malgré toutes nos recherches et le soin que nous avons mis à constituer le *Grand vadémécum*, nous ne pouvons pas prétendre avoir répertorié tous les mots touchés... En effet, la vie, le vocabulaire, les dictionnaires évoluent : il serait irréaliste d'affirmer avoir donné le portrait entier de l'état d'une langue. Mais cette liste est assurément la plus complète à ce jour.

Concernant les possibles lacunes, si un mot ne figure pas dans la liste alphabétique du présent ouvrage, ce peut être pour plusieurs raisons :

- MOT ABSENT — RAISON N$^{O}$ 1

  **Le mot n'est pas touché** (par la nouvelle orthographe)

Les rectifications de l'orthographe ont éliminé certaines anomalies. Mais elles n'ont pas tout rectifié. Ainsi, **millionième** prend toujours un seul **n**, et **millionnaire** continue d'en prendre deux. Ces deux mots ne sont pas touchés par la règle F1 (qui harmonise, par exemple, **boursouffler** avec **souffler**) : cette règle ne va pas aussi loin.

Autre exemple : le mot **grille-pain** est touché par la règle B1 (**des grille-pains**), car il est constitué du verbe *griller* et d'un nom (*pain*), mais le mot **grille-écran** n'est pas touché par cette règle, car il ne s'agit pas ici du verbe *griller*, mais du nom féminin *grille*, qui doit être mis au pluriel dans **des grilles-écrans**.

Pour préciser ce genre d'informations, nous avons ajouté certains mots dans la liste, avec la mention « Inchangé ». Cependant, en général, les mots qui ne sont pas touchés par les règles ne figurent pas dans la liste — sauf lorsque leur présence était utile en cas de doute, pour confirmer leur graphie inchangée.

- MOT ABSENT — RAISON N° 2

## **Le mot était déjà conforme aux principes** (avant 1990)

Des mots comme **contrepoids** (règle A1) ou **glouglou** (règle A4) étaient déjà écrits en un seul mot dans les dictionnaires courants en 1990, lors de la mise en place des principes des rectifications de l'orthographe. Les pluriels **des avant-gardistes** ou **des avant-guerres** (règle B1) étaient déjà réguliers à l'époque où la règle du pluriel a été uniformisée. Il n'était donc pas nécessaire de présenter tous ces mots dans la liste : ils n'ont pas eu besoin d'être « rectifiés », ils étaient déjà conformes aux principes.

Seuls certains mots déjà conformes ont été ajoutés à la liste, toujours dans le seul but de clarifier la situation ou de montrer le côté régulier des règles des rectifications. En général, si le mot était déjà conforme à la règle, il ne figure pas dans la liste des rectifications. Vous pouvez le vérifier dans un dictionnaire.

- MOT ABSENT — RAISON N° 3

## **Le mot est un néologisme** (mot nouvellement créé)

Si un mot est nouveau, il y a de fortes chances qu'il soit déjà conforme aux principes recommandés dans cet ouvrage.

Par exemple, dès sa création, un néologisme construit avec certains préfixes devrait être soudé (sans trait d'union, règles A1, A2, A3), ou encore un nom composé nouveau relevant de la règle B1 devrait avoir un singulier et un pluriel réguliers, à moins que le mot ait été créé maladroitement, sans tenir compte des principes orthographiques modernes. Dans ce cas, il faut le rectifier au plus vite, avant que ce nouveau-né se répande sous l'aspect d'une graphie déjà... désuète et irrégulière !

- MOT ABSENT — RAISON N° 4

## **Le mot relève d'un domaine spécialisé** (médical, scientifique, etc.)

Le vocabulaire technique et spécialisé est vaste. Nous ne pouvions pas tenir compte de tous les mots existants en français, notamment dans les domaines étendus de la médecine et des sciences.

Dans le doute, particulièrement si vous êtes en présence d'un préfixe savant (par exemple : **musculosquelettique**), fiez-vous aux mots semblables que vous trouverez dans la liste. La référence à la règle appropriée s'impose, en particulier pour porter une attention aux prononciations défectueuses. Lisez notamment les pages 36 et 38.

- MOT ABSENT — RAISON N° 5

## **Le mot a des variantes graphiques** (de même prononciation), **mais le *Rapport* du CSLF ne propose aucune recommandation particulière**

Beaucoup plus de mots que l'on pense peuvent s'écrire de deux façons, avec une même prononciation. Par exemple, on peut écrire **branc** ou **brand** (sorte de grosse épée), mais quelle est la graphie la plus simple entre les deux ? Aucune recommandation particulière n'a été faite en 1990 dans le *Rapport* sur les rectifications de l'orthographe du Conseil supérieur de la langue française (CSLF) pour choisir l'une ou l'autre de ces variantes : l'une ne semble pas plus simple ou plus régulière que l'autre. La liste ne contient donc pas ce genre de mots. Chacun est libre de choisir parmi les différentes formes admises.

- MOT ABSENT — RAISON N° 6

## **Le mot a des variantes lexicales** (prononciations différentes)

On peut écrire **des examens finals** ou **des examens finaux**. Mais les rectifications ne tranchent pas entre les deux formes admises, puisqu'il ne s'agit pas d'un mot étranger (règle B2) : le mot **final** et ses pluriels ne sont pas touchés par les rectifications. Donc, deux pluriels sont possibles pour ce mot. Cependant, ce n'est pas le cas de tous les mots en **-al**. Par exemple, on dit assurément **des carnavals** et **des festivals** (jamais *-aux*), et toujours **des journaux** et **des chevaux** (jamais *-als*). Aucun de ces pluriels n'est changé. Dans le doute, consultez un dictionnaire.

Du point de vue lexical, on peut dire **un radiologue** ou **un radiologiste**. La nouvelle orthographe ne choisit pas entre les deux formes, puisqu'elles n'ont pas la même prononciation. Ce sont ni plus ni moins des synonymes.

Voici un autre exemple de choix lexical : les deux variantes **aquaplanage** et **aquaplaning** coexistent. Évidemment, de façon générale, une forme plus française devrait être privilégiée, mais ce n'est pas une question d'orthographe. Il s'agit plutôt ici d'une question de choix de mots. Le même problème de choix de vocabulaire se pose, par exemple, avec des noms de plantes, d'insectes ou de maladies pour lesquels la forme latine est en concurrence avec la forme francisée. Les rectifications ne disent pas quel terme choisir, elles n'imposent pas une façon de s'exprimer : elles ne font que préciser comment transcrire l'orthographe de tel ou tel mot pour une même prononciation. Si un mot a deux variantes qui se prononcent différemment, les rectifications n'interviennent généralement pas dans la décision à prendre entre les deux formes.

- MOT ABSENT — RAISON N° 7

## **La graphie recherchée est une pure invention**

Certaines personnes voudraient franciser l'orthographe de tous les mots, ou encore simplifier à outrance l'orthographe du français. Les rectifications ne vont pas aussi loin.

Il est inutile de chercher **cheval** ou **bijou** avec un **s**, ou encore **éléphant** avec un **f**, ce sont de pures inventions à l'heure actuelle, de fausses rumeurs. Pour plus de détails, consultez le site www.nouvelleorthographe.info, section « Fausses rumeurs ».

- MOT ABSENT — RAISON N° 8

## **Le mot aurait été oublié dans la liste**

Il est impossible de faire l'inventaire de tous les mots techniques qui existent dans les domaines spécialisés (noms composés, règle B1 ; mots avec préfixe savant, règle A3) ou encore l'inventaire de tous les mots étrangers qui pourraient être intégrés au français (règles A4, B2 et C4).

Malgré tout le travail consciencieux qui a entouré l'élaboration de la grande liste de cet ouvrage, certains mots peuvent avoir été oubliés. Si vous identifiez un mot d'usage courant qui vous semble absent de la liste, écrivez-nous afin que nous puissions vérifier s'il s'agit d'un oubli ou si le mot n'est tout simplement pas touché par les règles.

# Au sujet des dictionnaires actuels

Quels dictionnaires sont à jour à 100 % ? Il est difficile de répondre à cette question dans ce livre, car les dictionnaires évoluent d'une année à l'autre. Entre le moment où nous rédigeons ces lignes et le moment où vous les lirez, de nouveaux dictionnaires auront été mis sur le marché.

Vous trouverez une réponse actualisée sur le site www.nouvelleorthographe.info, section « Dictionnaires ». Et attention : les éditions de poche ne correspondent pas toujours au même produit que leur version à couverture rigide. Assurez-vous d'acheter le bon produit. Regardez, par exemple, le verbe **bruler** dans le dictionnaire que vous voulez acheter, pour vérifier que la graphie sans accent circonflexe est bien donnée. Habituellement, cette simple vérification vous assure que le dictionnaire est à jour.

## Des dictionnaires à jour

Bravo aux lexicographes du ***Dictionnaire Hachette*** pour avoir été les précurseurs en 2002 en intégrant toutes les nouvelles graphies admises. L'édition de poche a elle aussi été mise à jour, en 2007. Le ***Dictionnaire Hachette scolaire*** a également été mis à jour durant cette période, puis le nouveau ***Dictionnaire Hachette Collège*** a fait son entrée un peu plus tard, avec toute l'orthographe rectifiée, au grand bonheur des écoles.

Bravo aussi aux gens du dictionnaire ***Nouveau Littré*** (éd. Garnier), qui ont intégré eux aussi toutes les graphies rectifiées, en 2006.

Bravo pour le produit innovateur ***Le Larousse des noms communs***, publié initialement pour la rentrée scolaire 2008-2009. Ce dictionnaire mentionne, par une note sous chaque mot touché, les graphies recommandées par la nouvelle orthographe. Et, de la même façon, le ***Dictionnaire Larousse Junior*** a été rafraichi en 2008 pour inclure lui aussi des remarques sous chaque mot touché par les rectifications de l'orthographe : l'édition à jour plaira aux jeunes élèves (nous parlons ici de l'édition à couverture rigide ; l'édition de poche à couverture souple n'avait malheureusement pas été mise à jour encore en 2008-2009).

Bravo à l'équipe Franqus, qui a décidé d'inclure explicitement la mention des variantes rectifiées dès la création de son ***Dictionnaire de la langue française : le français vu du Québec*** (en ligne au www.franqus.ca).

Bravo à J. Picoche et J.-Cl. Rolland pour le ***Dictionnaire du français usuel*** (pour les élèves du secondaire), publié chez De Boeck-Duculot et entièrement rédigé en appliquant la nouvelle orthographe : les graphies de l'ancienne orthographe ont même disparu ! Bravo également pour le ***Dictionnaire de didactique du français : langue étrangère et seconde***, de CLE international, sous la direction de J.-P. Cuq (2003).

L'Académie française aussi, au fur et à mesure de la parution des fascicules de la 9$^{e}$ édition de son ***Dictionnaire***, mentionne les graphies rectifiées, mais parfois de façon un peu timide, par un renvoi avec losange vers une liste en annexe.

Bravo pour les petits ouvrages appelés des correcteurs de poche : ***Vérifiez votre orthographe*** (éditions Le Robert) et ***L'Anti-fautes*** (éditions Larousse), qui sont tous deux à jour.

Bravo aux concepteurs des logiciels les plus courants, dont les dictionnaires ont été mis à jour principalement entre 2003 et 2006 : **Word**, **Outlook**, **PowerPoint** et **Excel** (de la firme Microsoft), **OpenOffice.org**, **Antidote**, **ProLexis**, etc.

## Des dictionnaires partiellement à jour en 2009

***Petit Robert*** avait intégré déjà 52,1 % des graphies modernes en 2004, ***Petit Larousse*** les intégrait partiellement à 38,8 % et le ***Multidictionnaire de la langue française*** affichait un maigre 26,1 % de modernisme orthographique. Ces statistiques sont basées sur les mots du petit *Vadémécum de l'orthographe recommandée* (du RENOUVO), liste de référence à l'époque.

Cinq ans plus tard, au début de 2009, le portrait était le suivant :

**PETIT ROBERT**

Le ***Petit Robert*** 2009 (le plus moderne parmi les dictionnaires incomplets en nouvelle orthographe) a introduit de belles améliorations, pour augmenter à 61,3 % son taux de graphies rectifiées enregistrées :

- pluriels réguliers plus fréquents dans les noms composés, par exemple le pluriel **des abat-jours** est maintenant admis dans ***Petit Robert*** (règle B1) ;
- francisation plus forte des graphies, par l'accentuation (ex. : **pizzéria**, règle C4) ;
- soudure plus systématique avec des éléments savants, même dans des mots longs comme **électroencéphalogramme** et **otorhinolaryngologiste** (règle A3) ;
- soudure dans d'autres mots : **basketball**, **hotdog** (règle A4 pour les mots empruntés), **millepatte** (règle A5) ;
- soudure permise maintenant pour tous les mots construits avec *entr(e)-*, par exemple **s'entrégorger** (règle A1) ;
- préférence à **acuponcture** (règle G3), à **évènement** (règle C1), etc.

Donc, près des deux tiers des graphies modernes recommandées sont dans le ***Petit Robert*** 2009. Ce n'est certes pas suffisant, mais c'est déjà un premier pas.

**PETIT LAROUSSE**

Le ***Petit Larousse*** 2009, ouvrage moins à jour que le ***Petit Robert*** 2009, a conservé son taux d'intégration de la nouvelle orthographe à 38,8 % (les éditions Larousse ont par contre publié certains autres dictionnaires qui sont à jour ; consultez la page précédente). Le ***Petit Larousse*** 2009 a, malgré tout, connu une petite amélioration : il s'est enrichi de onze pages explicatives sur la nouvelle orthographe en début d'ouvrage. Ces pages donnent une longue liste de mots touchés par les rectifications de l'orthographe, permettant de vérifier si tel ou tel mot du dictionnaire a une graphie moderne recommandée. Dommage que ces mentions tiennent en onze pages au lieu d'avoir été intégrées dans le corps même du dictionnaire, directement sous les mots touchés. Souhaitons que ce soit fait dans les années suivantes.

**MULTIDICTIONNAIRE**

Les responsables du ***Multidictionnaire de la langue française***, le dictionnaire le moins à jour de tous en orthographe (26,1 % dans sa quatrième édition, datant de 2003), ont dit que les rectifications de l'orthographe seraient mentionnées davantage dans l'édition suivante.

## Des incohérences dans les dictionnaires

Il est très dommage de trouver encore de nos jours des divergences, des contradictions orthographiques entre les dictionnaires ou encore à l'intérieur d'un même dictionnaire. Par exemple :

- **INCOHÉRENCES CHEZ LAROUSSE**

  Pourquoi, en 2008, ***Petit Larousse*** donnait-il encore *****cardio-vasculaire** avec un trait d'union alors que, au contraire, ***Petit Robert***, ***Dictionnaire Hachette*** et ***Nouveau Littré*** reconnaissaient bel et bien uniquement la forme soudée ? La graphie moderne

---

* L'astérisque (*) devant un mot signifie qu'il s'agit d'une graphie ancienne, à ne plus utiliser.

**cardiovasculaire** en un mot est la forme recommandée par le Conseil supérieur de la langue française (voyez la règle A3), alors pourquoi ***Petit Larousse*** ne la donnait-il pas encore en 2008 ? Si un élève consulte un dictionnaire pour écrire un mot, mais que la personne qui corrige son texte en consulte un autre, cet élève pourrait être injustement pénalisé lors de la correction, parce qu'il y a contradiction entre des dictionnaires !

On constate que ***Petit Larousse*** a pris du retard en n'appliquant pas systématiquement le principe moderne de la soudure avec les éléments savants ni de façon rigoureuse le principe de l'accentuation des mots étrangers. Par exemple, **pizzéria** était toujours dépourvu d'accent dans ***Petit Larousse*** 2009, malgré la prononciation et malgré que ***Petit Robert***, ***Dictionnaire Hachette*** et ***Nouveau Littré*** l'accentuent.

Mais il se peut que ce retard soit bientôt comblé. C'est peut-être déjà fait à l'heure où vous lisez ces lignes (consultez le site www.nouvelleorthographe.info pour la liste des dictionnaires à jour, nous ne pouvons prévoir l'avenir au moment de rédiger ce livre).

- **INCOHÉRENCES CHEZ ROBERT**

Pourquoi, en 2007, ***Petit Robert*** donnait-il ***base-ball** et **baseball**, ***basket-ball** et **basketball**, mais ***volley-ball** uniquement avec trait d'union ? Heureusement, cette incohérence est aujourd'hui réparée dans cet ouvrage. Notons que les formes recommandées **baseball**, **basketball** et **volleyball** (en un seul mot) sont données en priorité dans l'édition 2009, donc en première place.

Vivement la prochaine étape : que les graphies désuètes de ces mots (celles avec trait d'union) disparaissent, pour que cessent la variation et les hésitations.

- **INCOHÉRENCES DU *MULTIDICTIONNAIRE***

Comment se fait-il que le ***Multidictionnaire de la langue française*** permettait en 2008 les deux variantes ***cumulo-nimbus** et **cumulonimbus**, qu'il donnait par contre **cirrocumulus** uniquement en un mot et qu'il donnait à l'inverse ***strato-cumulus** uniquement avec trait d'union ? Chaque nuage aurait-il ses caprices orthographiques ? Que d'incohérences ! Faut-il apprendre toutes ces anomalies par cœur ?

La nouvelle orthographe vient faire un beau ménage dans ce qui constituait des exceptions injustifiées, des incohérences flagrantes. En 1990, ***Petit Robert*** et ***Petit Larousse*** écrivaient les noms de nuages toujours avec trait d'union. Mais l'usage et les dictionnaires évoluent : aujourd'hui, ***Petit Robert***, ***Petit Larousse***, ***Dictionnaire Hachette*** et ***Nouveau Littré*** écrivent en un seul mot (heureusement !) les noms de nuages **cumulonimbus**, **cirrocumulus**, **stratocumulus**, comme le veut la nouvelle norme moderne recommandée (règle A3). Espérons que le ***Multidictionnaire***, dans sa cinquième édition (à paraitre), le fera lui aussi.

## Vite !
## Que les dictionnaires se modernisent et s'uniformisent !
### Sinon, ce sont des générations qui continueront d'en souffrir…

Chaque dictionnaire a ses particularités qui le distinguent des autres : dictionnaire analogique, dictionnaire encyclopédique, avec ou sans noms propres, avec ou sans illustrations, avec ou sans citations, définitions plus longues ou plus brèves, etc. C'est excellent : une variété de produits est offerte sur le marché.

Mais, en matière d'orthographe, pourquoi faudrait-il que les dictionnaires se distinguent ? Ils devraient tous être uniformes, du moins pour les mots dont l'orthographe a fait l'objet de

---

* L'astérisque (*) devant un mot signifie qu'il s'agit d'une graphie ancienne, à ne plus utiliser.

recommandations. Cela relève du simple bon sens. Mais des impératifs commerciaux, comme le besoin de réduire les couts associés à des mises à jour, peuvent parfois être des facteurs ayant plus de poids décisionnel que les arguments linguistiques logiques… C'est triste, mais c'est ainsi dans le marché de l'édition : si l'ensemble des changements à faire coute trop cher, certains éditeurs limitent alors les changements d'une édition à l'autre, par économie…

## Le *Grand vadémécum* et la mise à jour des dictionnaires

La liste du *Grand vadémécum*, encore plus complète que les listes qui l'ont précédée, aidera les éditeurs de dictionnaires à mettre entièrement à jour leurs produits. Notons que cette liste contient beaucoup de mots, dont plusieurs sont absents des dictionnaires courants. La liste du *Grand vadémécum* n'a pas été constituée dans le but que les dictionnaires ajoutent de nouveaux mots de vocabulaire, mais bien dans le but que, pour chaque mot d'un dictionnaire qui figure dans la présente liste, l'éditeur du dictionnaire s'assure que la graphie moderne est mentionnée en entrée (de préférence en première position, ou même à la place de la forme ancienne). Si le dictionnaire avait déjà deux variantes, l'éditeur doit s'assurer que la graphie moderne a maintenant la priorité et il doit songer à éliminer la forme non recommandée.

Si vous gérez des lexiques, des fiches terminologiques ou un dictionnaire, de grâce n'ajoutez pas les variantes anciennes si elles ne figuraient pas comme variantes dans vos propres listes. L'objectif est de moderniser la face du français écrit, d'uniformiser les pratiques d'écriture, et non de donner à tout un chacun l'embarras du choix dans une panoplie de variantes possibles, quand nous savons pertinemment que certaines d'entre elles sont recommandées.

Dans la liste du *Grand vadémécum*, nous aurions aimé dire que tel ou tel dictionnaire reconnait telle et telle graphie. Mais il aurait été difficile d'avoir l'information exacte, parce que les dictionnaires évoluent et changent d'une année à l'autre… en mieux, nous l'espérons !

## Une version électronique de la liste

Si vous travaillez dans le domaine des dictionnaires, des lexiques ou de la terminologie, et que vous souhaitez obtenir une version électronique de la liste du *Grand vadémécum*, écrivez à l'éditeur. Des ententes sont prévues à cet effet.

## Des lectures pour en savoir plus

Vous trouverez à la fin de ce livre (bibliographie) des suggestions de lectures intéressantes pour en apprendre plus sur les justifications entourant les recommandations orthographiques présentées ici. Des guides pratiques y sont également proposés (notamment ***Les rectifications de l'orthographe du français***, guide de 64 pages tout en couleurs, agréable à lire, non didactique, pour le grand public et à prix abordable), ainsi que des sites en ligne.

## Des exercices

Pour exercer vos connaissances, procurez-vous le guide complet ***Connaitre et maitriser la nouvelle orthographe : guide pratique et exercices***. Il regorge d'exercices pour chacune des règles, et contient les corrigés et les explications. Il répondra à toutes les questions que vous vous posez sur les nouvelles règles. Nous avons mis pour vous ici des extraits de ce livre afin que vous puissiez dès maintenant faire quelques exercices (allez aux pages 131 à 133).

Vous pouvez aussi faire des exercices en ligne en allant au www.nouvelleorthographe.info.

✧

# Quelques précisions linguistiques

## Les anglicismes

La règle A4.2 soude des mots étrangers, et la règle B2 régularise leur pluriel. Les règles G concernent aussi l'orthographe de mots empruntés. Vous trouverez donc, dans la liste du *Grand vadémécum*, des mots étrangers, particulièrement des mots issus de la langue anglaise parfois critiqués en français. Si **baseball** est bien admis en français, les termes **feedback** ou **flashback** le sont beaucoup moins : on peut les remplacer par des équivalents français.

Néanmoins, nous avons décidé de ne pas censurer de tels mots : nous donnons tous les termes d'origine anglaise (figurant dans des dictionnaires) qu'il est approprié de retenir relativement à ces règles, et ce, même lorsqu'ils sont critiqués. Nous le précisons par la mention « anglic. » (anglicisme). Dans de tels cas, un terme plus français est préférable. Rappelez-vous que la nouvelle orthographe ne dicte pas le choix du vocabulaire : elle ne fait qu'expliquer la façon dont il faut écrire tels et tels mots, mais il vous appartient de choisir de les employer ou non dans vos textes.

## La ligature (œ, Œ, æ et Æ)

La ligature est le fait de lier deux lettres, comme le **o** et le **e** dans **œuf**, ou le **a** et le **e** dans **curriculum vitæ**. On désigne traditionnellement le symbole **œ** (ou **Œ**) par l'appellation « **e** dans l'**o** » et le symbole **æ** (ou **Æ**) par « **e** dans l'**a** ». Les règles de l'emploi de la ligature ne sont pas touchées par les rectifications de l'orthographe. Nous avons donc appliqué les règles habituelles, qui consistent à ligaturer obligatoirement **o** et **e** lorsque qu'il s'agit d'un seul son (ex. : **œuf**, **cœur**, **fœtus**, **œsophage**), mais à ne pas les lier si **o** et **e** représentent plus d'un son (par exemple : **moelle**, **coefficient**, **coexister**, **coercitif**, **groenlandais**, **microentreprise**, **poète**, **Noël**).

Dans le cas de **a** et **e**, l'usage est flottant (notamment parce que le caractère ligaturé est difficile à trouver sur un clavier d'ordinateur). Nous avons tout de même suivi le principe de la ligature dans les mots empruntés au latin lorsque les deux lettres représentent un seul son, par exemple le son « é » dans **curriculum vitæ**. Notez que quelques mots latins ont une variante francisée avec **é**. Par exemple, on peut écrire **éthuse** ou **æthuse**, et **ténia** ou **tænia**. Dans le cas où deux formes coexistent, la forme la plus simple est celle qui est recommandée (règles G5 à G8).

## La phonétique (prononciation)

Dans ce livre, nous évitons d'employer les symboles phonétiques internationaux, peu connus du grand public. Par exemple, nous n'avons pas employé de symboles comme [ã], [ø] ou [ʃ] pour illustrer les prononciations. Nous avons aussi prévenu la confusion entre le symbole phonétique [u] (indiquant le son « ou ») et la lettre **u.** Vous trouverez donc, dans le *Grand Vadémécum*, soit des prononciations exprimées entre guillemets dans un format facile à lire (ex. : au lieu d'écrire le symbole [ɛ], nous écrivons la prononciation « è »), soit des exemples de mots qui riment avec les sons à illustrer.

## La féminisation des termes

Le *Rapport* du Conseil supérieur de la langue française de 1990 ne fait pas de recommandations explicites au sujet du féminin des termes (sauf dans le cas du tréma de la règle C3.1). La liste alphabétique du *Grand vadémécum* donne la forme du féminin lorsque celle-ci est possible, sans prétendre qu'elle relève des rectifications (sauf quelques cas de la règle G20).

## Les noms propres

En principe, les noms propres ne sont pas touchés par les rectifications de l'orthographe. Il en était ainsi également lors des réformes antérieures. C'est pourquoi on trouve dans les noms propres d'aujourd'hui d'anciennes graphies, vieilles de plusieurs siècles : **Beauchesne** pour **beau chêne**, **Lévesque** pour **l'évêque**, **Roy** pour **roi**, etc.

La situation est un peu différente pour les noms propres désignant des peuples ou des habitants d'une région (ex. : les **Québécois**, les **Néozélandais**, les **Magrébins**). Ils ont un adjectif correspondant, sans majuscule (ex. : le peuple **québécois**, des habitudes **néozélandaises**, un plat **magrébin**), et parfois un nom commun masculin désignant la langue ou une variété de langue (ex. : elle parle le **québécois**). Dans quelques cas, comme les exemples donnés ici, une recommandation orthographique est faite pour l'adjectif, qui s'étend alors au nom propre correspondant, puisqu'il y a une relation très étroite entre les deux, une proximité orthographique qui ne peut pas être ignorée.

## Les marques de commerce

Les marques de commerce ne devraient pas, en principe, être soumises à des rectifications. Pourtant, la liste du RENOUVO et celle des travaux des éditions Le Robert contenaient certains mots qui portent la mention « nom déposé » dans des dictionnaires. Nous avons choisi de ne mentionner ni ces mots ni leurs dérivés, par respect du droit de propriété rattaché aux marques de commerce.

Si, par inadvertance, une marque de commerce figurait dans la liste du *Grand vadémécum*, il vaudrait mieux ne pas tenir compte de la rectification proposée. À notre connaissance, un seul cas de marque enregistrée figure dans la liste : nous l'avons signalé parce que la rectification a été proposée par le Conseil supérieur de la langue française lui-même, mais nous avons pris soin de mettre la réserve qui s'imposait.

## Les noms d'oiseaux : norme internationale

Le principe directeur en ornithologie semble être de souder certains noms d'oiseaux. Par conséquent, lorsque deux variantes coexistent, choisissez la forme soudée telle qu'elle est présentée dans la norme internationale *Noms français des oiseaux du monde* (voir la bibliographie), même si cette graphie soudée ne figure pas encore dans les dictionnaires courants. Par exemple, les graphies soudées suivantes sont recommandées, conformément à la règle G19 : **chassefiente**, **durbec**, **gobemouche**, **gobemoucheron**, **gorgebleue**, **hochequeue**, **merlebleu** (à ne pas confondre avec **merle bleu**, voir dans la liste), **nonpareil**, **passegris**, **percefleur**, **pierregarin**, **piquebaie**, **rosegorge**, **rougegorge**, **rougequeue**, **tournepierre** de même que **cassenoix** et **cordonbleu** (lorsque ces termes désignent une sorte d'oiseau).

✧

# LES RÈGLES

## Les règles des rectifications de l'orthographe du français

# Les règles des rectifications de l'orthographe

Les règles qui suivent ont été rédigées d'après le *Vadémécum de l'orthographe recommandée : le millepatte sur un nénufar,* publié par le Réseau international pour la nouvelle orthographe du français (RENOUVO). On peut en trouver un aperçu en ligne sur le site www.nouvelleorthographe.info ou sur celui du RENOUVO au www.renouvo.org. Toute personne désirant faire une présentation des règles peut réutiliser les codes (A1, A2...) employés ici.

## A Le trait d'union et la soudure

### A1 Le trait d'union est remplacé par la soudure[1] dans les mots composés avec les préfixes-prépositions *contr(e)-* et *entr(e)-*.

Ex. : *contrattaque, contreplaqué, contrespionnage, contrindiqué, controffensive, entrapercevoir, entrejambe, s'entraimer, s'entredéchirer, s'entretuer.*

Observation : Devant une voyelle, le *e* disparait : *contre* + *attaque* = *contrattaque*.

Observation : Cette règle ne concerne pas les mots composés de plusieurs éléments comme *entre-deux-guerres* ou *contre-la-montre* (il ne s'agit pas de simples préfixes dans ces cas).

### A2 Le trait d'union est remplacé par la soudure[1] dans les composés de *extra-, infra-, intra-, ultra-* (comme les composés de *co-*, *sur-*, *supra-*, qui sont déjà soudés).

Ex. : *extraterrestre, infrason, intraoculaire, intraveineuse, ultraviolet.*

Note : Le trait d'union est maintenu dans les mots où la soudure engendrerait une prononciation défectueuse[3], c'est-à-dire si *a* est suivi de *i* ou *u* (pour éviter *ai*, *ain*, *au*).
Ex. : *extra-institutionnel, intra-utérin.*

### A3 Le trait d'union est remplacé par la soudure[1] dans les composés d'éléments savants[2], en particulier en *-o*.

Ex. : *agroalimentaire, autoévaluation, cirrostratus, hydroélectricité, microéconomie, néozélandais, otorhinolaryngologiste, socioculturel, minijupe, téléfilm.*

Note : Le trait d'union est maintenu lorsqu'il sert à marquer une relation de coordination entre deux termes désignant des noms propres ou géographiques.
Ex. : *mythe gréco-romain, relations franco-russes, culture finno-ougrienne.*

Note : Le trait d'union est maintenu dans les mots où la soudure engendrerait une prononciation défectueuse[3], c'est-à-dire si *a* ou *o* est suivi de *i* ou *u* (pour éviter *ai*, *ain*, *au*, *oi*, *oin*, *ou*).
Ex. : *bio-industrie, hospitalo-universitaire.*

---

[1] La soudure consiste à écrire en un seul mot les éléments d'un composé (sans trait d'union ni espace).
[2] Un élément savant ne constitue pas à lui seul un mot autonome. Ex. : *agro-*, *électro-*, *hydro-*, *anti-*.
[3] Le Conseil supérieur emploie le mot « défectueuse » pour désigner une prononciation fautive, erronée.

## A4 Le trait d'union est remplacé par la soudure[1]...

### A4.1 ...dans les mots composés à partir d'onomatopées[2] ou similaires.

Ex. : *blabla, chachacha, froufrou, guiliguili, hihan, tamtam, tictac.*

Observation : Le Conseil supérieur inclut, sous cette désignation, des mots expressifs (de formations diverses) aux syllabes ressemblantes : *kifkif, mélimélo, pêlemêle, prêchiprêcha, tohubohu*. Remarque : le pluriel se régularise.

### A4.2 ...dans des mots d'origine étrangère bien implantés dans l'usage.

Ex. : *baseball, cowboy, harakiri, lockout, spinabifida, statuquo, waterpolo.*

Note : Le trait d'union est maintenu dans les mots où la soudure engendrerait une prononciation défectueuse. Ex. : *music-hall*.

Observation : Ce ne sont pas tous les mots étrangers qui sont soudés. Par exemple, on soude des noms latins comme *un apriori* ou *un exvoto*, mais on ne soude pas des locutions adverbiales avec espace comme *in extrémis, à priori, travailler ex nihilo* (ce sont principalement les noms que l'on soude). Remarque : il est d'usage de mettre en italique les termes non francisés dans les textes, pour montrer leur caractère « étranger ».

Observation : La présence (dans la liste) de mots d'origine anglaise qui sont critiqués ne légitime pas leur emploi en français. L'emploi d'un équivalent français est généralement préférable. La mention « anglic. » (anglicisme) identifie les termes qui sont souvent critiqués.

## A5 Le trait d'union est remplacé par la soudure[1]...

### A5.1 ...dans plusieurs composés avec *bas(se)-, bien-, haut(e)-, mal-, mille-,* et dans quelques autres composés bien ciblés.

Ex. : *basfond, bassecour, bienêtre, bienfondé, hautparleur, malfamé, millepatte, d'arrachepied, branlebas, chauvesouris, croquemonsieur, entête, fairepart, passetemps, porteclé, portemonnaie, potpourri, quotepart, rondpoint, sagefemme, saufconduit, terreplein, tirebouchon, vanupied, volteface.*

Observation : Ce sont principalement des innovations, introduites en nombre limité : le Conseil supérieur de la langue française ne voulait pas modifier d'un coup plusieurs milliers de mots composés. La soudure a l'avantage d'aligner des séries de mots semblables (*portemonnaie* comme *portefeuille*) ou d'unir des composantes dont le sens n'est plus perçu (*potpourri*). Si plusieurs graphies coexistaient déjà à l'époque, dont l'une sous forme soudée, on se reporte alors à la règle G19, qui donne la préférence à la soudure ; c'est le cas, par exemple, de *plateforme*.

### A5.2 ...dans les composés formés d'un verbe et du mot *tout*.

Ex. : *brisetout, essuietout, fourretout, mangetout, risquetout, vatout.*

Observation : **Les mots de la règle A5 étant devenus des mots simples, ils suivent la règle générale du singulier et du pluriel.** Par exemple : *un millepatte, des millepattes* sur le modèle de *un millefeuille, des millefeuilles*.

---

[1] La soudure consiste à écrire en un seul mot les éléments d'un composé (sans trait d'union ni espace).
[2] Une onomatopée est un mot imitatif, souvent répétitif, évoquant un bruit. Ex. : *cuicui, glouglou*.

**A6 Les numéraux composés sont systématiquement reliés par des traits d'union** (y compris avec les mots *million, milliard, trillion*...).

Ex. : *trente-et-un-mille-huit-cent-vingt-deux (31 822), trois-mille-deux (3 002), deux-millions-sept-cent-mille (2 700 000), mille-cinq-cents (1 500), soixante-et-unième (61$^{e}$), cent-deuxième (102$^{e}$), deux-cents quarts (200/4).*

Observation : On distingue ainsi *soixante-et-un tiers* (61/3) de *soixante et un tiers* (60 + 1/3), et on distingue aussi *mille-deux-cent-quarante huitièmes* (1 240/8) de *mille-deux-cents quarante-huitièmes* (1 200/48), de *mille deux-cent-quarante-huitièmes* (1 000/248), ou encore de *mille-deux-cent-quarante-huitième* (1 248$^{e}$).

# B Le singulier et le pluriel

**B1 Dans les noms composés avec trait d'union, la marque du pluriel est toujours présente sur le second élément uniquement si le mot est au pluriel, lorsque le composé est formé à l'origine...**

**B1.1 ...d'une forme verbale et d'un nom commun** (comme *pèse-lettre*).

Ex. : *un brise-glace, des brise-glaces ; un rince-bouche, des rince-bouches ; un casse-noisette, des casse-noisettes ; un cure-dent, des cure-dents ; un chasse-neige, des chasse-neiges ; un coupe-feu, des coupe-feux ; un garde-côte, des garde-côtes* — qu'il s'agisse de personnes ou de choses.

[Voir ci-dessous les trois observations au sujet de la règle B1.]

**B1.2 ...d'une préposition et d'un nom commun** (comme *sans-abri*).

Ex. : *un ou une après-midi, des après-midis ; un à-côté, des à-côtés ; un hors-jeu, des hors-jeux ; un ou une sans-cœur, des sans-cœurs.*

Observation : La règle B1 régularise le singulier et le pluriel de ces noms, en les traitant comme s'ils étaient des mots simples. Certains de ces noms sont employés comme adjectifs, et des dictionnaires tendent à régulariser aussi le pluriel des adjectifs correspondants. Pour les adjectifs, on se reporte plutôt à la règle G18.

Observation : Certains pluriels pour la règle B1 n'étaient pas indiqués explicitement dans les ouvrages de référence, laissant un doute. Dans ces cas, ils figurent dans la liste du *Grand vadémécum*.

Observation : La règle B1 ne concerne pas les quelques composés dont le second élément est un nom propre (avec majuscule, comme dans *prie-Dieu*) ou contient un article (comme dans *trompe-l'œil*), puisque ces noms composés ne remplissent pas les critères de la règle B1.1 ni ceux de la règle B1.2.

**B2 Les noms et les adjectifs empruntés à d'autres langues, dont le latin, suivent la règle générale du singulier et du pluriel des mots français.**

Ex. : *un varia, des varias ; un stimulus, des stimulus ; des formats standards, des boss, des gentlemans, des mafiosos, des matchs, des médias, des raviolis, des sandwichs.*

Note : Les noms ayant conservé leur valeur de citation (voir page 38) continuent de s'écrire comme dans la langue d'origine. En principe, ils devraient être mis en italique, pour signaler leur caractère « étranger », non francisé. Ils portent parfois la majuscule. Par exemple : chanter des *requiem*, dire des *Pater*.

Observation : Certains pluriels de noms et d'adjectifs étrangers étaient invariables ou avaient une forme irrégulière en français. À l'inverse, certains singuliers n'existaient pas et ont dû être créés, ou ils existaient sous deux formes concurrentes. Les rectifications les ont régularisés. Le *Rapport* demande de choisir comme forme du singulier la forme la plus fréquente, même s'il s'agit d'un pluriel dans l'autre langue (ex. : *un macaroni, des macaronis*).

Observation : Certains pluriels n'étaient pas indiqués explicitement dans les dictionnaires, laissant un doute. Dans ces cas, ils figurent dans la liste.

# C Les accents et le tréma

## C1 Devant une syllabe graphique contenant un *e* instable (dit « *e* muet »), on écrit è et non *é*.

---- **é ➲ è** (devant une syllabe contenant un « *e* muet ») ----

Ainsi :

### C1.1 On écrit avec un accent grave des mots comme *évènement* sur le modèle de *avènement*, *règlementaire* sur le modèle de *règlement*, etc.

Ex. : *allègement, assèchement, cèleri, crèmerie, pècheresse, sècheresse.*

Note : Les cas suivants font exception à la règle C1.1 : ils restent inchangés en raison de leur prononciation « é » normée en syllabe initiale :

- les préfixes *dé-*, *pré-* et *télé-* (ex. : *dégeler, prévenir, télémesure*) ;
- les *é-* initiaux (ex. : *échelon, édredon, élever*) ;
- ainsi que *médecin* et *médecine*.

### C1.2 Les formes conjuguées des verbes du type *céder* s'écrivent avec un accent grave au futur et au conditionnel (par exemple : *elle cèdera* sur le modèle de *elle lèvera*).

Ex. : libérer : *tu libèreras, libèrerais* ; régler : *elle règlera, règlerait* ; sécher : *nous sècherons, sècherions* ; succéder : *ils succèderont, succèderaient*.

### C1.3 Dans les inversions interrogatives, la première personne du singulier en *e* suivie du pronom personnel inversé *-je* porte un accent grave.

[Ce contexte, plutôt littéraire, est rare.]

Ex. : *aimè-je, chantè-je, dussè-je, eussè-je, fussè-je, puissè-je, pussè-je.*

## C2 L'accent circonflexe disparait sur les lettres *i* et *u*.

| ---- î ➲ i ---- |
|---|

| ---- û ➲ u ---- |
|---|

Ex. : *accroitre, apparait, boite, chaine, fraiche, ile, maitre, naitre, s'il vous plait, aout, assidument, buche, brulure, cout, couteux, gout, piqure, surement.*

Note : L'accent circonflexe est maintenu (pour sa fonction analogique ou distinctive utile) uniquement dans les cas suivants :

- dans les masculins singuliers *dû, mûr* et *sûr* ;
- dans *jeûne(s)*, c'est-à-dire : *un jeûne, des jeûnes, je jeûne, tu jeûnes, il jeûne* et *jeûne* (impératif) ;
- dans les formes de *croitre* qui se confondraient avec celles de *croire* (*crû, croîs, croît, crûs, crût, crûrent, crûsse*, etc., mais *croitre, croitrai, croitra, croitrait, croitrions*, etc.) ;
- dans les terminaisons verbales du passé simple ou antérieur avec *nous* et *vous* (ex. : *nous finîmes, vous fûtes arrivés*), et celles du subjonctif imparfait ou plus-que-parfait avec *il* ou *elle* (ex. : *qu'il ouvrît, qu'elle eût dormi*). [Ces contextes sont assez rares.]

Observation : La règle C2 ne s'applique qu'à *î* et *û*. L'accent est donc maintenu sur *â*, *ê* et *ô* (sauf dans de rares cas où il y a concurrence entre deux formes, voir règle G1).

## C3 L'emploi du tréma est amélioré :

### C3.1 Le tréma est déplacé sur la lettre *u* qui correspond à un son dans les suites *-güe-* et *-güi-*.

| ---- -guë- ➲ -güe- ---- |
|---|

| ---- -guï- ➲ -güi- ---- |
|---|

Ex. : *aigüe, ambigüe, bégüe, cigüe, contigüe, exigüe, subaigüe, suraigüe, ambigüité, contigüité, exigüité, désambigüisation, désambigüiser.* [Cette liste d'exemples est presque complète.]

### C3.2 Afin de corriger des prononciations jugées défectueuses[1], le tréma est ajouté :

- ❖ **sur le verbe *arguer*** (il rime avec *tuer*, et non avec *naviguer*) ;
- ❖ **et sur les mots se terminant par *-geure*** (ex. : *gageüre*), parce que ces mots riment avec *jure*, et non avec *heure*.

| ---- arguer ➲ argüer ---- |
|---|

| ---- -geure ➲ -geüre ---- |
|---|

Ex. : *argüer, il argüe, argüait, argüa, nous argüons, vous argüiez, argüant... gageüre* et les mots rares *bringeüre, égrugeüre, envergeüre, mangeüre, une rongeüre, renvergeüre, vergeüre.* [Cette liste d'exemples est presque complète.]

[1] Le Conseil supérieur emploie le mot « défectueuse » pour désigner une prononciation fautive, erronée.

**C4 Pour l'accentuation, les mots empruntés suivent la règle des mots français**, sauf s'ils ont une valeur de citation (page 38).

**C4.1 On ajoute un accent aigu sur le *e* des mots étrangers qui en étaient dépourvus (selon les règles du français), lorsque le *e* se prononce « é ».**

| ---- e ➲ é (dans les mots empruntés, selon la prononciation et les règles françaises) ---- |
|---|

Ex. : *artéfact, diésel, égo, média, pizzéria, placébo, téquila, droit de véto.*

**C4.2 On ajoute un accent grave sur le *e* et le *a* des mots étrangers qui en étaient dépourvus :**

- **lorsque le *e* se prononce « *è* » et qu'il aurait dû être doté d'un accent grave (selon les règles du français)** ;
- **lorsque le *a* peut être associé au rôle de la préposition *à* en français.**

| ---- e ➲ è (dans les mots empruntés, selon la prononciation et les règles françaises) ---- |
|---|

| ---- a ➲ à (comme une préposition dans des expressions latines ou étrangères) ---- |
|---|

Ex. : *condottière, faciès, limès, saccaromycès, à capella, à contrario, à minima.*

## D Simplification des consonnes doubles

**D1 Les formes conjuguées des verbes en *-eler* et en *-eter* s'écrivent avec un accent grave et une consonne simple devant une syllabe contenant un *e* instable (dit « *e* muet »). On conjuguera donc avec *-èle* et *-ète*, sur le modèle de *geler* (*je gèle*) et de *acheter* (*j'achète*).**

| ---- -elle ➲ -èle (dans la conjugaison des verbes en *-eler*) ---- |
|---|

| ---- -ette ➲ -ète (dans la conjugaison des verbes en *-eter*) ---- |
|---|

**Les noms en *-ement* dérivés de ces verbes suivent la même règle. On écrira donc : *-èlement* et *-ètement*** (ex. : *nivèlement*).

| ---- -ellement ➲ -èlement (dérivé d'un verbe en *-eler*) ---- |
|---|

| ---- -ettement ➲ -ètement (dérivé d'un verbe en *-eter*) ---- |
|---|

Ex. : niveler : *on nivèle, nivèlera, nivèlerait* ; ruisseler : *il ruissèle, le ruissèlement* ;
épousseter : *ils époussètent, époussèteront* ; cliqueter : *elle cliquète, le cliquètement.*

Note : Les verbes suivants, bien implantés dans l'usage, conservent leur conjugaison traditionnelle avec double consonne devant « *e* muet » :

- *appeler* et ses composés (*rappeler* et *s'entrappeler*) :
  CONJUG. *elle appelle, elle appellera, elle appellerait.*
- *interpeler* : CONJUG. *il interpelle, il interpellera, il interpellerait.*
- *jeter* et ses composés (*rejeter, interjeter, projeter*, etc.) :
  CONJUG. *on jette, on jettera, on jetterait.*

Observation : La règle D1 s'applique aux verbes en *-eler* et en *-eter*. Les verbes en *-eller* (*exceller*) ou en *-etter* (*guetter*), qui ont déjà une double consonne à l'infinitif, ne sont donc pas touchés par cette règle ; leur conjugaison reste inchangée : *j'excelle, nous excellons, je guette, nous guettons*.

Observation : La règle D1 s'applique aux noms dérivés en *-ement*. Les dérivés en *-ation* (*épellation*) ou en *-age* (*étiquetage*) de même que des noms comme *une étiquette* ou *une jumelle* ne sont pas touchés et restent inchangés, mais on conjugue avec un accent grave *j'épèle, j'étiquète, je jumèle*.

## D2 On emploie une consonne simple et non une consonne double après le son « e » (*e* instable, dit « *e* muet »).

Ex. : *prunelier* (mais *prunelle*), *dentelier, dentelière* (mais *dentelle*), sur le modèle de *chandelier* (mais *chandelle*), *chamelier, chamelière* (mais *chamelle*).

De même, on écrit *interpeler* sur le modèle de *appeler* : *nous interpelons, il interpelait, vous interpeliez* (mais *j'interpelle*, comme *j'appelle*).

Observation : Certains mots ont plus d'une prononciation permise : *lunetier* ou *lunettier*, *allumetier* ou *allumettier*. Les deux orthographes sont alors possibles : on emploie un simple *t* si on prononce « e », sinon on emploie le double *t*.

## D3 On écrit avec une consonne simple...

### D3.1 ... les mots anciennement en *-olle* et leurs dérivés.

| ---- **-olle** ➲ **-ole** (et les dérivés de ces mots) ---- |
|---|

Ex. : *girole, corole, corolaire, fumerole, fumerolien.*

Note : Les monosyllabes *colle, folle, molle*, bien implantés dans l'usage, font exception. Il en va de même pour leurs dérivés et leurs composés. Ex. : *contrecoller, glycérocolle*.

### D3.2 ... les verbes anciennement en *-otter* et leurs dérivés.

| ---- **-otter** ➲ **-oter** (et les dérivés de ces verbes) ---- |
|---|

Ex. : *frisoter, frisotis, greloter, grelotement, balloter, ballotage, cachoterie.*

Note : Les mots formés sur une base en *-otte* font exception, par exemple *botter* (famille de *botte*), *menotter* (famille de *menotte*).

Observation : Cette règle relève en fait d'une fine analyse. Le *Rapport* du Conseil supérieur de la langue française précise qu'on écrit en *-oter* les verbes formés sur une base en *-ot* (ex. : *grelot*, *greloter*) ou ceux qui comportent le suffixe verbal *-oter* (ex. : *dansoter*, *mangeoter*), mais qu'on écrit en *-otter* les verbes formés sur une base en *-otte* (ex. : *botte*, *botter*). Dans le cas où une hésitation est possible, on ne modifie pas la graphie existante (ex. : *flotter* sur *flotte* ou sur *flot,* alors on conserve *flotter*). Mais, en cas de diversité dans l'usage (s'il existe des variantes en concurrence), on fixe la graphie sous la forme *-oter*.

# E L'accord du participe passé de *laisser*

**Le participe passé *laissé* suivi d'un infinitif est invariable** (avec l'auxiliaire *avoir* ou en emploi pronominal), comme c'était déjà le cas pour le participe passé de *faire* : *nous les avons fait courir* ; *elles se sont fait mourir*.

Ex. : *Nous les avons laissé courir. Elles se sont laissé mourir.*
*Les pommes qu'elle a fait murir et qu'elle a laissé pourrir.*

# F Les anomalies

## F1 Quelques familles de mots sont harmonisées.

Ex. : *imbécilité* comme *imbécile* ;
*charriot* comme *charrue* ;
*bonhommie* comme *bonhomme* ;
*déciller* comme *cil* ;
*cahutte* comme *hutte* ;
*combattif, combattivité* comme *combattre* ;
*boursouffler, boursoufflure* comme *souffler* ;
*prudhommie* comme *homme* ;
*persiffler, persifflage, persiffleur* comme *siffler* ;
*ventail* comme *vent*.

[Les principales recommandations d'harmonisation des familles sont illustrées ci-dessus.]

Observation : Il s'agit de correctifs. Ces rectifications étaient généralement déjà recommandées par l'Académie française. Le *Rapport* du Conseil supérieur de la langue française les confirme. Par exemple, la graphie *combattivité* n'existait pas avec deux *t* : les instances compétentes l'ont créée, pour l'harmoniser avec *combattre*. Ces innovations ont été introduites en nombre très limité.

Observation : Certains mots ont déjà deux graphies en concurrence, au choix avec une consonne simple ou double. On doit alors choisir, tout en respectant les règles du français (notamment les règles D), la graphie qui est la plus harmonieuse avec sa famille (dans l'esprit de la règle F1), s'il y a lieu. Sinon, on choisit la variante avec la consonne simple (règle G17).

## F2 Quelques anomalies sont supprimées.

Ex. : *absout* comme le féminin *absoute* ;
*levreau* comme *agneau* ;
*exéma* (et famille) comme *exécuter* ;
*assoir, rassoir, messoir...* ;
*dissout* comme le féminin *dissoute* ;
*relai* comme *balai, essai* ;
*ognon* comme *rognon, trognon* ;
*saccarine, saccarose, saccarifier...* ;
*appâts, cuisseau, douçâtre, nénufar, sorgo*.

[Cette liste d'exemples est presque complète.]

Observation : Il s'agit de correctifs. Ces rectifications étaient généralement déjà recommandées par l'Académie française. Le *Rapport* du Conseil supérieur de la langue française les confirme. Par exemple, la graphie *assoir* n'existait pas : les instances compétentes l'ont créée (comme autrefois *voir* a été créé pour remplacer **veoir*). Ces innovations ont été introduites en nombre très limité. Dans le cas de *saccarine* (anciennement avec *cch*) et sa famille, il est recommandé de laisser tomber le *h*. Mais ce ne sont pas tous les *h* qui disparaissent (il est maintenu, par exemple, dans *macchabée* ou *ecchymose*). Voir la règle G2 concernant les *h* qui disparaissent (si et seulement si deux graphies concurrentes existent). Voir aussi les commentaires des pages 39-40.

## F3 Un accent est ajouté dans quelques mots français où il avait été omis ou dont la prononciation a changé.

| ---- **e** ➲ **é** (si la prononciation est « é » et que l'accent manquait [mot français]) ---- |
|---|

| ---- **e** ➲ **è** (si la prononciation est « è » et que l'accent manquait [mot français]) ---- |
|---|

Ex. : *assèner, gélinotte, québécois, réfréner, louvèterie, gobelèterie.*

Observation : Certains mots ont deux prononciations permises, avec le son « e » ou le son « é » : *gangreneux* ou *gangréneux*, *receleur* ou *recéleur*, *vilenie* ou *vilénie*, etc. Puisque les deux prononciations sont possibles, on emploie la graphie déjà admise avec *e* sans accent si on prononce « e », mais on ajoute l'accent aigu manquant pour rectifier le mot si on prononce « é ».

Observation : La graphie *féerique* avait deux prononciations : « fé- » ou « fé-é- ». Pour refléter la deuxième prononciation déjà permise, les rectifications permettent de mettre maintenant un second accent aigu : *féérique*. On choisit la forme commençant par *fée-* ou par *féé-*, selon la prononciation que l'on souhaite employer (les deux sont possibles). La même chose s'applique à *féerie, féérie.*

Observation : Certains mots ont deux prononciations permises, avec le son « e » ou le son « è » : *papeterie* ou *papèterie*, *marqueterie* ou *marquèterie*, *parqueterie* ou *parquèterie*, etc. Puisque les deux prononciations sont possibles, on emploie la graphie déjà admise avec *e* sans accent si on prononce « e », mais on ajoute l'accent grave manquant pour rectifier le mot si on prononce « è ».

## F4 Les finales *-illier* et *-illière* sont remplacées par les finales *-iller* et *-illère* lorsque le *i* qui suit les deux *l* ne s'entend pas, comme dans *quincailler* ou *serpillère*.

| ---- **-illier, -illière** ➲ **-iller, -illère** (si le dernier *i* ne s'entend pas) ---- |
|---|

Ex. : *joailler, joaillère* ; *marguiller, marguillère* ; *quincailler, quincaillère* ; *serpillère.*

Note : Le suffixe *-ier* est maintenu dans les noms d'arbres, d'arbustes et de végétaux, par analogie avec d'autres noms en botanique ayant ce même suffixe (comme *pommier*, *poirier*, *cerisier*, *framboisier*).
Ex. : *groseillier, mancenillier, sapotillier, vanillier.*

Observation : On remarque que, dans tous ces mots, les deux *l* se prononcent comme ceux du mot *fille*. Ces mots riment donc avec *poulailler* ou *conseiller*, *conseillère*. Le mot *millier* n'est pas touché par cette règle, puisqu'on entend le *i* qui suit les deux *l*. On prononce d'ailleurs les deux *l* de *millier* comme ceux que l'on rencontre dans le mot *ville* (et non comme ceux de *fille*).

# G Les recommandations générales[1]

♥ 1) **On CHOISIT la graphie la plus SIMPLE ou la plus FRANÇAISE lorsque plusieurs formes coexistent.**
D'une manière générale, il est recommandé aux auteurs de dictionnaires de privilégier la graphie la plus simple lorsque plusieurs formes sont en usage : la graphie sans accent circonflexe (*allo*), la graphie francisée (*acuponcture, gourou*), la forme agglutinée (soudée), la forme en *n* simple, le pluriel régulier, etc.

☺ 2) **On FRANCISE certains mots selon les RECOMMANDATIONS du CSLF.**
D'une manière générale, il est recommandé aux créateurs de mots et aux auteurs de dictionnaires de **franciser**, dans la mesure du possible, les mots empruntés, en les adaptant au système graphique du français, en particulier les terminaisons anglaises en *-er* qui se prononcent « -eur ».

Notamment, certaines graphies adaptées au français ont été recommandées dans le *Rapport* du Conseil supérieur de la langue française (CSLF) de façon explicite : *paélia, taliatelle, volapuk, nirvana, canyon, débatteur, kidnappeur, squatteur*, etc.

✍ 3) **MOTS NOUVEAUX (NÉOLOGISMES) : les créateurs de mots doivent porter une attention particulière au simple *n* dans les néologismes.**
D'une manière générale, il est recommandé aux créateurs de mots et aux auteurs de dictionnaires de préférer, pour l'écriture de mots nouveaux (néologismes) dérivés de noms en *-an,* le *n* simple, et, pour les dérivés de noms en *-on*, le *n* simple devant une terminaison suffixale commençant par *a, i, o* (ex. : *-onaire, -onalisme, -onite, -onologie*). Ce principe s'applique uniquement aux néologismes, c'est-à-dire aux mots nouveaux, que l'on crée. Pour les mots existants qui ont deux graphies, on se reporte au principe général ♥1 ci-dessus, plus spécifiquement à la règle G17 décrite plus loin.

**Les trois principes ci-dessus se traduisent de façon plus précise par les règles détaillées présentées dans les pages suivantes. Ces règles sont numérotées de G1 à G24.**

La plupart des règles qui suivent concernent des mots qui ont des graphies en concurrence, c'est-à-dire des mots qui ont déjà deux orthographes possibles, et entre lesquelles les rectifications recommandent de choisir. C'est le cas des règles ♥G1 à ♥G20.

---

[1] **Note à tous ceux et celles qui écrivent en français** (spécialistes de la langue ou non) **ainsi qu'au personnel enseignant :**

Évidemment, pour que les graphies les plus simples et les plus proches du français deviennent la norme (et la norme unique), il est important que tous les gens les emploient dorénavant dans l'écriture de leurs textes, dans l'édition (notamment dans la presse écrite) et dans l'enseignement. Le fait de privilégier les formes recommandées fera en sorte que les graphies irrégulières en concurrence finiront par disparaitre.

Les recommandations générales (G) ci-dessus étaient destinées initialement aux lexicographes, mais elles sont maintenant applicables et appliquées dans l'enseignement et dans l'usage. Lorsque deux graphies coexistent pour un même mot, la forme recommandée devrait faire partie des coups de cœur (♥) de toute personne qui écrit.

♥ **Il est recommandé, pour les cas suivants ayant en concurrence deux graphies avec la même prononciation, de fixer la graphie de la façon indiquée ci-dessous, et ce, dans le respect des règles orthographiques françaises[1].**
**Il en est de même pour les mots de leur famille.**

**G1** | ---- **avec circonflexe** ou **sans circonflexe** ➲ **sans circonflexe** (♥)

| ---- **avec accent étranger** ou **sans accent** ➲ **sans accent** (♥)

| ---- **avec tréma inutile** ou **sans tréma** ➲ **sans tréma** (♥)

Privilégier l'absence d'accent circonflexe ou étranger inutile ou de tréma inutile lorsque plusieurs formes avec la même prononciation coexistent pour un même mot.

Ex. : Puisque les graphies **allo** et *__allô__ coexistent, on privilégiera la graphie sans accent : **allo**. De même, on choisira **calo** plutôt que *__caló__ (accent étranger), ou encore on choisira **nagari** plutôt que *__nāgarī__ (accents plats étrangers). La variante *__ïambe__ se prononce comme **iambe** : le tréma est inutile.

**G2** | ---- **avec h** ou **sans h** ➲ **sans h** (♥)

Donner la préférence à la graphie **sans h** plutôt qu'à la graphie **avec h**, si deux graphies coexistent pour un même mot.

Ex. : Puisque les deux graphies **ululer** et *__hululer__ coexistent, on privilégiera la forme **sans h** : **ululer**. De même, puisque les deux graphies **zéolite** et *__zéolithe__ coexistent, on privilégiera la forme **sans h** : **zéolite**.

Observation : On continue d'écrire avec **h** des mots comme **rhume**, **théâtre**, **cirrhose**, **orthodoxe**, etc. Ces mots n'existent pas sans **h**, et les rectifications ne créent pas de telles variantes nouvelles, puisque la règle demande de choisir parmi des formes coexistantes, donc parmi des graphies en concurrence. Or, il n'y a pas de graphie concurrente sans **h** pour ces mots.

**G3** | ---- **un** ou **on** ➲ **on** (♥)

Donner la préférence, lorsque la prononciation est « on », à la graphie **on** plutôt qu'à la graphie **un** si les deux graphies coexistent.

Ex. : Puisque les graphies **acuponcture** et *__acupuncture__ coexistent et se prononcent de façon identique, on privilégiera la forme avec **on** : **acuponcture**.

**G4** | ---- **um** ou **om** ➲ **om** (♥)

Donner la préférence, lorsque la prononciation est « on », à la graphie **om** plutôt qu'à la graphie **um** si les deux graphies coexistent.

Ex. : Puisque les graphies **nélombo** et *__nelumbo__ coexistent et se prononcent de façon identique, on privilégiera la forme avec **om** : **nélombo**.

---

[1] Les règles générales du système orthographique du français sont complexes. Elles comprennent notamment les règles de prononciation lors de la lecture de certaines combinaisons de lettres, et le principe du respect de l'orthographe de séries et de familles de mots.

[*] L'astérisque (*) devant un mot indique qu'il s'agit de sa graphie en ancienne orthographe, à ne plus utiliser.

**G5** | ---- **æ** ou **é** ➲ **é** (♥)

Donner la préférence, lorsque la prononciation est « é », à la graphie **é** plutôt qu'à la graphie **æ**, si les deux graphies coexistent et ont la même prononciation.

Ex. : Puisque les graphies **égagropile** et ***ægagropile** coexistent et se prononcent de la même façon, on privilégiera la forme avec **é** : **égagropile**.

Observation : Un mot comme **æthrioscope** reste inchangé, puisqu'il n'existe pas de forme concurrente en usage avec la graphie **é**. Les rectifications ne la créent pas, puisque la règle demande seulement de choisir entre des formes qui existeraient déjà.

**G6** | ---- **æ** ou **e** ➲ **e** (♥)

Donner la préférence, lorsque la prononciation est « è » ou « é » devant deux consonnes ou plus, à la graphie **e** plutôt qu'à la graphie **æ**, si les deux graphies coexistent et ont la même prononciation.

Ex. : Puisque les graphies **esthésiogène** et ***æsthésiogène** coexistent et se prononcent de la même façon, on privilégiera la forme avec **e** : **esthésiogène**.

**G7** | ---- **œ** ou **é** ➲ **é** (♥)

Donner la préférence, lorsque la prononciation est « é », à la graphie **é** plutôt qu'à la graphie **œ**, si les deux graphies coexistent et ont la même prononciation.

Ex. : Puisque les graphies **célioscopie** et ***cœlioscopie** coexistent et se prononcent de la même façon, on privilégiera la forme avec **é** : **célioscopie**.

Observation : Des mots comme **œsophage**, **œnologue**, **fœtus**, **œdipien** ou **œdème** restent inchangés, puisqu'il n'existe pas d'autres formes concurrentes en usage. C'est la seule façon possible d'écrire ces mots. Les rectifications ne créent pas de nouvelles variantes, puisque la règle demande seulement de choisir entre des formes qui existeraient déjà. Notons, d'autre part, que la prononciation de plusieurs de ces mots est hésitante d'un dictionnaire à l'autre (« é » ou « eu », selon les mots et les sources).

**G8** | ---- **œ** ou **e** ➲ **e** (♥)

Donner la préférence, lorsque la prononciation est « è » ou « é » devant deux consonnes ou plus, à la graphie **e** plutôt qu'à la graphie **œ**, si les deux graphies coexistent et ont la même prononciation.

Ex. : Puisque les graphies **estrogène** et ***œstrogène** coexistent et se prononcent de la même façon, on privilégiera la forme avec **e** : **estrogène**.

Observation : Un mot comme **œrstite** reste inchangé, puisqu'il n'existe pas de forme concurrente en usage. C'est la seule façon possible d'écrire ce mot.

---

* L'astérisque (*) devant un mot indique qu'il s'agit de sa graphie en ancienne orthographe, à ne plus utiliser.

**G9** | ---- **u, û, w, oo** ou **ou** ➲ **ou** (♥)

Donner la préférence, lorsque la prononciation est « ou », à la graphie **ou** plutôt qu'aux graphies **u**, **û**, **w** ou **oo**, si plusieurs graphies coexistent pour un même mot, dont celle avec **ou**.

Ex. : Puisque les graphies **cacahouète** et ***cacahuète** coexistent et se prononcent de façon identique, on privilégiera la forme avec **ou** : **cacahouète**. De même, on choisira **iglou** plutôt que ***igloo**, ou encore **caoua** plutôt que ***kawa**.

Observation : Les lettres **oo** du mot **football** sont inchangées, puisque la règle ne demande pas de remplacer tous les **oo** par **ou**, mais bien de choisir **ou** lorsque deux façons d'écrire coexistent pour un même mot. Or, le mot **football** (et plusieurs autres mots empruntés) n'existe pas avec les lettres **ou** : ce n'est pas une graphie possible, elle n'est pas en concurrence dans l'usage ni dans les dictionnaires. Le mot conserve donc ses lettres **oo**.

**G10** | ---- **k, kh, ch, ck, cqu** ou **c** ➲ **c** (♥)

Donner la préférence, lorsque la prononciation est « k », à la graphie **c** plutôt qu'aux graphies **k**, **kh**, **ch**, **ck** ou **cqu**, si plusieurs graphies coexistent pour un même mot, dont celle avec **c**.

Ex. : Puisque les graphies **cleptomane** et ***kleptomane** coexistent et se prononcent de la même façon, on privilégiera la forme avec **c** : **cleptomane**.

**G11** | ---- **k, ck, cqu, qu** ou **que** ➲ **qu** ou **que** (♥)

Donner la préférence, lorsque la prononciation est « k », à la graphie **qu** ou **que** plutôt qu'aux graphies **k**, **ck** ou **cqu**, si plusieurs graphies coexistent pour un même mot, dont celle avec **qu** ou **que**.

Ex. : Puisque les graphies **riquiqui** et ***rikiki** coexistent, on privilégiera la forme avec **qu** : **riquiqui**.

**G12** | ---- **ck, ch** ou **k** ➲ **k** (♥)

Donner la préférence, lorsque la prononciation est « k », à la graphie **k** plutôt qu'aux graphies **ck** ou **ch**, si plusieurs graphies coexistent pour un même mot, dont celle avec **k**.

Ex. : Puisque les graphies **melkite** et ***melchite** coexistent et se prononcent de façon identique (syllabe « -ki- »), on privilégiera la forme avec **k** : **melkite**. Puisque les graphies **yak** et ***yack** coexistent, on privilégiera la forme avec **k** : **yak**.

Observation : On écrit **yak** et non ***yack**. Il n'existe pas de forme se terminant seulement par **c** pour ce mot, et les rectifications ne la créent pas, puisque la règle demande de choisir parmi des formes déjà existantes.

---

* L'astérisque (*) devant un mot indique qu'il s'agit de sa graphie en ancienne orthographe, à ne plus utiliser.

**G13** | ---- sh, sch, **ch** ou **che** ➲ **ch** ou **che** (♥)

Donner la préférence, lorsque la prononciation est « ch », à la graphie **ch** ou **che** plutôt qu'aux graphies **sh** ou **sch**, si plusieurs graphies coexistent pour un même mot, dont celle avec **ch** ou **che**.

Ex. : Puisque les graphies **goulache**, ***goulash** et ***goulasch** coexistent, on privilégiera la forme avec **che** : **goulache**.

**G14** | ---- **sch** ou **sh** ➲ **sh** (♥)

Donner la préférence, lorsque la prononciation est « ch », à la graphie **sh** plutôt qu'à la graphie **sch**, si les deux graphies coexistent pour un même mot, dont celle avec **sh**, et qu'aucune forme avec **ch** ou **che** n'est attestée.

Ex. : Puisque les graphies **shako** et ***schako** coexistent, et que la graphie avec **ch** n'est pas reconnue (elle n'existe pas), on privilégiera la forme la moins complexe entre les deux formes existantes, c'est-à-dire celle avec **sh** plutôt que **sch** : **shako**. La règle ne crée pas de nouvelle graphie avec **ch**, mais choisit entre les formes existantes.

**G15** | ---- **w** ou **v** ➲ **v** (♥)

Donner la préférence, lorsque la prononciation est « v », à la graphie **v** plutôt qu'à la graphie **w**, si deux graphies coexistent pour un même mot.

Ex. : Puisque les graphies **svastika** et ***swastika** coexistent et que le **w** se prononce « v », on privilégiera la forme avec **v** : **svastika**.

Observation : Même si le **w** des mots **wagon** et **talweg** se prononce toujours « v », ces mots sont inchangés parce que la forme correspondante avec **v** n'existe pas de nos jours : la règle demande uniquement de choisir parmi des formes existantes.
Remarque historique : La graphie avec **v** a déjà existé pour **wagon**, mais elle est devenue archaïque et a malheureusement disparu des dictionnaires avec le temps, de sorte qu'on ne la trouvait plus en 1990 (ni aujourd'hui).

**G16** | ---- **ph** ou **f** ➲ **f** (♥)

Donner la préférence, lorsque la prononciation est « f », à la graphie **f** plutôt qu'à la graphie **ph**, si deux graphies coexistent pour un même mot.

Ex. : Puisque les graphies **parafer** et ***parapher** coexistent, on privilégiera la forme avec **f** : **parafer**.

Observation : On continue d'écrire avec **ph** des mots comme **éléphant**, **philosophie**, **pharmacie**, etc. Ces mots n'existent pas avec **f** en français, et les rectifications ne créent pas de telles variantes nouvelles, puisque la règle demande de choisir parmi des formes coexistantes, donc parmi des graphies déjà en concurrence dans les dictionnaires. Or, il n'y a pas de graphie concurrente avec **f** pour ces mots (voir aussi les explications aux pages 39-40).

---

* L'astérisque (*) devant un mot indique qu'il s'agit de sa graphie en ancienne orthographe, à ne plus utiliser.

**G17** ---- **consonne double** ou **consonne simple** ➲ **consonne simple** (♥)

Donner la préférence à la consonne simple plutôt qu'à la consonne double si deux graphies ayant la même prononciation coexistent, pour un même mot. On doit toutefois prendre soin de respecter les règles du français (dont la règle D2) et de ne pas créer d'incohérence dans les familles de mots (voir notamment la règle F1).

Ex. : Puisque les deux graphies **mafia** et ***maffia** coexistent, on privilégiera la graphie avec la consonne simple : **mafia**. De même, on choisira l'interjection **snif!** plutôt que ***sniff!**

Observation : On doit notamment prendre soin d'appliquer le principe avec simple **n** aux mots qui remplissent les critères décrits pour la néologie aux règles G23 et G24 s'ils ont déjà des variantes coexistantes. Par exemple, puisque les graphies **tanin** et ***tannin** coexistent déjà (dérivés de *tan*), on privilégiera la forme ayant un seul **n** : **tanin**. Puisque les graphies **conard** et ***connard** coexistent déjà (dérivés de *con*), on privilégiera la forme ayant un seul **n** : **conard**.

**G18** ---- **sing./plur. invariables** ou **sing./plur. réguliers** ➲ **réguliers** (♥)

Lorsque le singulier et le pluriel sont invariables, mais qu'il coexiste un singulier et un pluriel réguliers, donner la préférence au singulier et au pluriel réguliers. S'il s'agit d'un mot étranger, se reporter plus particulièrement à la règle B2.

Ex. : Puisque l'adjectif **antirides** connait un singulier et un pluriel invariables, mais qu'il existe aussi un singulier régulier sans **s** dans certains dictionnaires, on privilégiera le singulier régulier : **une crème antiride.**
Puisque les adjectifs **bio** et **brise-fer** connaissent un singulier et un pluriel invariables, mais qu'il existe aussi un pluriel régulier avec **s** pour ces mots dans certains dictionnaires, on privilégiera le pluriel régulier de ces adjectifs : **des enfants brise-fers** (sur le modèle du pluriel du nom régularisé, règle B1) et **des produits bios**.

Observation : Il est difficile de donner un portrait exact et complet de ces cas, puisque les dictionnaires évoluent au fil des ans. Heureusement, ils tendent de plus en plus à régulariser le singulier et le pluriel.

**G19** ---- **trait d'union** ou **soudure** ➲ **soudure** (♥)

Donner la préférence à la graphie soudée plutôt qu'à la graphie avec trait d'union si deux graphies coexistent pour un même mot.

Ex. : Puisque les graphies **platebande** et ***plate-bande** coexistent, on privilégiera la forme soudée : **platebande**. Puisque les graphies **portemanteau** et ***porte-manteau** sont toutes deux attestées, on privilégiera la forme soudée : **portemanteau**. On choisira **tapecul** de préférence à ***tape-cul** (les deux variantes étaient en concurrence). De même, on préfèrera la forme soudée dans **un encas** (repas léger).

Observation : Cette recommandation en faveur de la forme agglutinée lorsqu'il y a deux formes coexistantes figure à la fin du *Rapport* du CSLF. Elle va dans le même sens que la règle A5.

* L'astérisque (*) devant un mot indique qu'il s'agit de sa graphie en ancienne orthographe, à ne plus utiliser.

**G20**

| ---- | (autres cas) | **complexe** | ou | **simple** | ➲ | **simple** | (♥) |
|---|---|---|---|---|---|---|---|
| ---- | (autres cas) | **étranger** | ou | **français** | ➲ | **français** | (♥) |
| ---- | (autres cas) | **ambigu** | ou | **non ambigu** | ➲ | **non ambigu** | (♥) |

Si aucune des règles spécifiques ci-dessus ne s'applique, alors donner la préférence, en cas de concurrence entre plusieurs formes, à la forme la plus simple, la plus française, la plus claire (non ambigüe) ou la plus régulière, tout en respectant les règles générales du système orthographique du français[1].

Ex. : Puisque les deux graphies **fiord** et ***fjord** coexistent et se prononcent de la même façon, on privilégiera la forme **fiord**. De même, on choisira **canyon** plutôt que ***cañon** ou encore on préfèrera **shampoing** plutôt que ***shampooing**.
Aussi, puisque les deux graphies **granite** et ***granit** coexistent et se prononcent de la même façon, on préfèrera la graphie avec le **e** muet final, qui est non ambigüe et qui permet donc de confirmer la bonne prononciation : **granite** (ce mot rime avec **parasite**, et non avec **conflit**).

Observation : Même si le Conseil supérieur de la langue française recommande aux lexicographes de privilégier, au-delà des rectifications présentées dans son *Rapport*, la graphie la plus simple ou la plus française, il n'est pas toujours aisé de trancher. S'il est facile de dire que **clé** est plus simple que ***clef** et que **chiisme** est plus français que ***chi'isme**, comment décider quelle est la graphie la plus simple entre **dalot** et **daleau** ? Nous avons fait figurer dans la liste du *Grand vadémécum* les mots qui étaient déjà présents dans des listes précédentes (travaux des éditions Le Robert sur les rectifications et ceux du RENOUVO) de même que des mots ayant une variante jugée plus recommandable. Mais de nombreux mots ayant deux variantes ne figurent pas dans la liste, aucune décision n'ayant été prise à leur sujet. L'usage tranchera.

## ☺ Il est recommandé, pour les cas suivants et les mots de leur famille, de tenir compte des recommandations suivantes :

**G21**

| ---- | **-er** (ou **-eur**) ➲ **-eur** | (francisation de la finale) | ☺ |
|---|---|---|---|

Franciser en **-eur** les terminaisons étrangères des noms en **-er** qui se prononcent « -eur », peu importe si les deux formes coexistent déjà ou non. Noter que la finale en **-eur** est de règle lorsqu'il existe un verbe de même forme (en **-er**) à côté du nom.

Ex. : Écrire **un rockeur** plutôt que **un *rocker**. Écrire **un squatteur** plutôt que **un *squatter**, ce qui permet de distinguer le nom du verbe **squatter**.

Observation : Le féminin qui s'ensuit (comme les formes régulières **rockeuse**, **squatteuse**) ne relève pas des règles des rectifications, mais des règles générales du français. Dans le *Rapport* sur les rectifications, aucune règle spécifique à la formation du féminin n'a été précisée.

---

[1] Comme nous l'avons dit précédemment, les règles générales du système orthographique du français sont complexes. Elles comprennent notamment les règles de prononciation lors de la lecture de certaines combinaisons de lettres, et le principe du respect de l'orthographe de séries et de familles de mots. Dans la liste du *Grand vadémécum*, les cas touchés par la règle G20 se limitent surtout à des mots au sujet desquels des spécialistes ont déjà indiqué clairement une préférence orthographique.

**G22** ---- ➲ Tenir compte de certaines innovations reconnues ☺

Tenir compte des innovations suivantes :

— Le *Rapport* sur les rectifications de l'orthographe du Conseil supérieur de la langue française, publié au *Journal officiel de la République française* en 1990, recommande de franciser certains mots empruntés en les adaptant à la graphie du français, en supprimant notamment des signes étrangers et des combinaisons inutiles en français.

Ex. : Le *Rapport* permet d'écrire **paélia** à la place de ***paella**, d'écrire **taliatelle** à la place de ***tagliatelle**, d'écrire **volapuk** à la place de ***volapük** ou encore d'écrire **piéta** à la place de ***pietà**.

— Quelques autres graphies nouvelles ont été mises en place à l'initiative de lexicographes reconnus et d'éditeurs de dictionnaires, notamment chez les éditions Le Robert.

Ex. : Dans la brochure *La réforme de l'orthographe au banc d'essai du Robert*, des éditions Le Robert, les lexicographes créent **séniorita** (sur le modèle de **sénior**) pour franciser la graphie ***señorita**. De même, la forme **donia** est créée pour remplacer **doña** ; le livre *Vérifiez votre orthographe* (correcteur de poche, éditions Dictionnaires Le Robert, 2008) admet aussi cette innovation. Ces mots figurent dans la liste du *Grand vadémécum*.

## Il est recommandé aux créateurs de mots et aux auteurs de dictionnaires d'employer le *n* simple dans les cas suivants de néologie (création de mots nouveaux) :

**G23** -✍- Néologisme dérivé d'un nom en *-an* :

➲ Créer le mot avec un *n* simple -✍-

Lors de la création de mots nouveaux (néologismes) dérivés d'un nom en *-an*, créer la graphie avec un simple **n** plutôt qu'avec **nn**.

Ex. : Lorsque l'on crée un nouveau mot comme **gitanologie** (dérivé de *gitan*, mot nouvellement créé signifiant « étude scientifique des gitans »), on l'écrira avec un **n** simple (**gitanologie**, et non ***gitannologie**).

**G24** -✍- Néologisme dérivé d'un nom en *-on* :

➲ Créer le mot avec un *n* simple si suivi de *a, i* ou *o* -✍-

Lors de la création de mots nouveaux (néologismes) dérivés d'un nom en *-on*, créer la graphie avec un simple **n** plutôt qu'avec **nn** devant un suffixe commençant par *a, i* ou *o* (*-onaire, -onalisme, -onite, -onologie,* etc.).

Ex. : Lorsque l'on crée un nouveau mot comme **fusionite** (dérivé de *fusion*, mot nouvellement créé signifiant « propension excessive à recourir aux fusions d'entreprises, de municipalités, etc. »), on l'écrira avec un **n** simple (**fusionite**, et non ***fusionnite**).

---

* L'astérisque (*) devant un mot indique qu'il s'agit d'une graphie en ancienne orthographe, à ne plus utiliser.

## Une recommandation délaissée

Parmi toutes les recommandations du *Rapport* du Conseil supérieur de la langue française, une seule semble ne pas avoir été véhiculée (ou très peu) dans les divers travaux effectués et listes publiées depuis 1990, probablement pour plusieurs raisons : cette recommandation (présentée ci-dessous) était destinée particulièrement aux lexicographes, son domaine est vaste, elle fait appel à des critères sémantiques, et le pluriel des mots qui en résultent devient plus difficile à établir. Nous n'en avons donc pas fait mention dans les règles, et nous n'avons pas cherché à inscrire dans notre liste les mots qui seraient touchés par ce principe, ce qui ne signifie pas qu'il ne faut pas l'appliquer.

Voici cette recommandation faite aux lexicographes et créateurs de néologismes dans le *Rapport* du Conseil supérieur de la langue française (p. 18) :

> « **Trait d'union** : le trait d'union pourra être utilisé notamment lorsque le nom composé est employé métaphoriquement : **barbe-de-capucin**, **langue-de-bœuf** (en botanique), **bonnet-d'évêque** (en cuisine et en architecture); mais on écrira **taille de guêpe** (il n'y a métaphore que sur le second terme), **langue de terre** (il n'y a métaphore que sur le premier terme), **langue de bœuf** (en cuisine, sans métaphore). »

✧

## Un résumé en trois pages

Un résumé schématique des règles, très utile, se trouve à la page 128. Vous pouvez le photocopier à volonté pour le faire circuler.

## En savoir plus

Pour d'autres informations au sujet des rectifications de l'orthographe du français, consultez le site www.nouvelleorthographe.info et procurez-vous en librairie le guide complet avec exercices et corrigés intitulé *Connaitre et maitriser la nouvelle orthographe* (voyez les pages 131 à 133).

Pour recevoir gratuitement de l'information sur l'orthographe moderne, voyez au bas de la page 4.

# Quelques commentaires sur les règles

COMMENTAIRE SUR LA RÈGLE A1 :

## Mots avec *contr(e)-* et *entr(e)-*

Les mots construits avec les préfixes-prépositions **contr(e)-** et **entr(e)-** sont nombreux en français. Certains d'entre eux étaient déjà conformes à la règle A1 dans tous les dictionnaires consultés. Si vous ne trouvez pas dans la liste tel ou tel mot commençant par **contr(e)-** ou **entr(e)-**, c'est soit parce qu'il était déjà soudé (et n'a donc pas été ajouté inutilement à la liste, puisqu'il était déjà conforme), soit parce qu'il s'agit d'un terme non répertorié dans les dictionnaires courants que nous avons consultés (vous devez tout de même le souder, pour respecter la règle A1).

PREMIER COMMENTAIRE SUR LES RÈGLES A2 ET A3 :

## Mots avec *super-, hyper-, extra-, ultra-, archi-*

Ces préfixes se soudent à l'élément qui suit : **superhéros**, **hyperactif**, **extrafort**, **ultrason**, **archiconnu** pour former de nouveaux mots (règles A2 et A3). On remarquera qu'à l'occasion, on utilise **super** et parfois **hyper** (et plus rarement **ultra**, **extra** et **archi**) comme adverbes expressifs marquant l'intensité : **ils sont super gentils** ; **il faut s'y prendre super doucement** ; **je suis super en avance** ; **il a super aimé son voyage** ; **elles ont hyper faim** ; **tu conduis ultra dangereusement** ; **elle marche extra lentement** ; **j'ai archi soif**. Ces emplois expressifs sont familiers et peu recommandés dans un discours écrit formel. Il faut prendre soin de les distinguer des préfixes courants soudés à l'écrit comme dans **supersonique**, **hypercompression**, **extraconjugal**, **ultraviolet**, **archiphonème**. Certains de ces préfixes ont d'ailleurs d'autres sens (**extra-** peut signifier « très », mais aussi « en dehors »). Si vous employez **super**, **hyper** et parfois **extra** et **ultra** comme adverbes expressifs d'intensité (registre familier), vous devez les écrire avec espace, sans trait d'union ni soudure, comme vous le feriez avec l'adverbe d'intensité **très** (synonyme) : **il est très gentil** ; **je suis très en avance** ; **ils ont très faim** ; **tu conduis très dangereusement**. Il en est de même pour **archi-**, sauf qu'on le soude systématiquement s'il est devant un adjectif : **elle est archicompétente**.

DEUXIÈME COMMENTAIRE SUR LES RÈGLES A2 ET A3 :

## Liste non exhaustive

Les mots composés construits à partir des préfixes **extra-**, **infra-**, **intra-**, **ultra-** ou d'un **préfixe savant** (par ex. : **autoallumage**, **biodiésel**, **hydroélectricité**, **physicochimique**, **téléavertisseur**) sont fréquents. Ce procédé de création de mots est très productif : on peut créer de nouveaux mots à tout moment en utilisant des préfixes ou éléments savants, selon les besoins. Dans la liste du *Grand vadémécum*, nous n'avons pas pu répertorier tous les cas possibles, notamment ceux des vocabulaires spécialisés, mais nous avons ciblé ceux qui sont dans les dictionnaires courants. De plus, notre collègue Joceleyn Lavoie a recueilli dans le *Grand dictionnaire terminologique*, le *Grand Larousse universel* et le *Dictionnaire des industries* (voir bibliographie) la majorité des termes relevant des règles A2 et A3.

Un conseil : si un mot avec un préfixe est absent de la liste et que vous doutez de sa formation, fiez-vous aux mots listés lui ressemblant et appliquez la règle appropriée (A2 ou A3). La soudure est de mise, sauf dans quelques cas d'exception pour éviter des prononciations fautives. Par exemple, si vous êtes en présence d'un nouveau mot comme **aéroévaluation**, appliquez le même traitement que pour **aéroélectrique** et **autoévaluation** (soudure) ; si vous êtes en présence du nouveau mot **intra-universitaire**, traitez-le comme **intra-utérin** (trait d'union requis afin d'éviter une prononciation défectueuse — c'est-à-dire fautive ou erronée — qui serait provoquée par la soudure des lettres **a** et **u** : **au**).

COMMENTAIRE SUR LA RÈGLE A3 :

## Le préfixe *néo-*

Le préfixe **néo-** se soude à l'élément qui suit (ex. : **néolibéralisme**), comme le veut la règle A3. Cependant, lorsqu'on le place devant un nom propre avec majuscule, le trait d'union est requis (ex. : **néo-Canadien,** « personne nouvellement établie au Canada »). L'adjectif ne pose pas de problème de soudure, puisqu'il s'écrit avec la minuscule : on écrira donc **un immigrant néocanadien**. L'adjectif est toujours soudé.

Par exemple, on écrira (comme noms propres) :

> **Pour sortir de leurs pays d'accueil respectifs, les néo-Canadiens, les néo-Brésiliens et les néo-Belges ont besoin d'un document officiel.**

Et on écrira (comme adjectifs) :

> **Pour sortir de leurs pays d'accueil respectifs, les immigrants néocanadiens, néobrésiliens et néobelges ont besoin d'un document officiel.**

Ce préfixe **néo-** est productif : il peut précéder à peu près n'importe quel nom ou adjectif relatif aux habitants, selon le pays d'accueil. Nous ne les avons pas tous mis dans la liste alphabétique, mais plusieurs s'y trouvent à titre informatif.

Il faut distinguer les nuances suivantes : **un néo-Mexicain** est « une personne nouvellement établie au Mexique », mais **un Néomexicain** (soudé, en un mot) est « une personne habitant l'état du Nouveau-Mexique, aux États-Unis », comme on écrit en un mot **un Altoséquanais** pour « une personne habitant les Hauts-de-Seine, en France ». De même, **un néo-Écossais** est « une personne nouvellement établie en Écosse, en Europe », mais **un Néoécossais** est « une personne habitant la province de la Nouvelle-Écosse, au Canada », comme **un Néozélandais** est « une personne habitant la Nouvelle-Zélande ». Si un immigrant choisit de s'installer en Nouvelle-Zélande, on pourra alors l'appeler, durant les premières années, **un néo-Néozélandais.** Puisque l'adjectif se soude toujours (il n'y a pas l'obstacle de la majuscule), on peut donc dire : **un immigrant néonéozélandais** (nouvellement établi en Nouvelle-Zélande).

Exemple récapitulatif pour les noms propres des habitants :

- **Écossais** : habitant, en Écosse (pays d'Europe) ;
- **néo-Écossais** : nouvel habitant, en Écosse (pays d'Europe) ;
- **Néoécossais** : habitant, en Nouvelle-Écosse (province canadienne) ;
- **néo-Néoécossais** : nouvel habitant, en Nouvelle-Écosse (province canadienne).

COMMENTAIRE SUR LA RÈGLE A5 :

## La soudure des mots avec *porte-*

Pour répondre à une question fréquente au sujet de la règle A5 (et G19), voici un extrait du guide complet avec exercices *Connaitre et maitriser la nouvelle orthographe*, tiré de la section « Interrogations et curiosités ».

> **Pourquoi les rectifications ont-elles soudé *porteclé*, *portecrayon*, *portemanteau*, *portemine*, mais pas *porte-cigare*, *porte-couteau*, *porte-malheur*, *porte-menu*?**
>
> *Réponse.* Lors de l'élaboration des rectifications, des principes généraux ont été dégagés : soudure avec certains préfixes (*ultraviolet*), dans les onomatopées (*coincoin*), etc. Mais il n'a pas été question de modifier d'un coup des milliers de mots de type « verbe + nom » (comme *porte-cigare*) : le bouleversement aurait été trop grand. On a donc recommandé la soudure pour un nombre restreint de mots, par analogie avec des mots semblables qui ne portaient pas le trait d'union, ou parce que l'on trouvait déjà dans un dictionnaire ou un autre la forme sans trait d'union. Les dictionnaires se contredisaient souvent et on trouvait parfois différentes variantes : il y avait bien souvent de l'hésitation dans l'air...

> Bref, lorsque plusieurs graphies existaient pour un même mot, on a privilégié celle qui est soudée. De plus, on a soudé certains mots pour différentes raisons, afin de poursuivre une action progressive et vieille de plusieurs siècles. Si les rectifications n'ont pas touché au trait d'union de *porte-avion*, *porte-bonheur*, *porte-document*, *porte-drapeau*, *porte-jarretelle*, *porte-parole*, *porte-savon*, etc., c'est parce que ceux-ci n'existaient que sous la forme avec trait d'union dans tous les dictionnaires. Notez cependant que, même si leur trait d'union n'a pas été enlevé, la formation de leur pluriel a été régularisée : ils ne sont plus invariables au pluriel (exemple : *des porte-bonheurs*). Les mots commençant par *porte-* qui sont soudés sont uniquement les suivants : *portecle*, *portecrayon*, *portefaix*, *portefort*, *portemanteau*, *portemine*, *portemonnaie*, *porteplume*, *portevoix*.

On peut ajouter à cette liste le mot rare et vieilli *porteballe,* que l'on trouve sous deux formes dans le dictionnaire *Trésor de la langue française* (avec trait d'union ou soudé), et qui est soudé dans le *Nouveau Littré*.

PREMIER COMMENTAIRE SUR LA RÈGLE B1 :

## Liste non exhaustive

Les mots composés qui sont construits à partir d'un **verbe** et d'un **nom** avec trait d'union (ex. : **remonte-pente**) sont fréquents en français. Ce procédé de création de mots est très productif : on peut créer de nouveaux mots sur le modèle « **verbe** + **nom** », selon les besoins. Nous n'avons pas pu tous les répertorier dans la liste du *Grand vadémécum*, mais nous avons ciblé ceux qui sont dans les dictionnaires courants, et dont le singulier ou le pluriel était irrégulier. Nous en donnons le singulier et le pluriel réguliers. De plus, notre collègue Joceleyn Lavoie a puisé dans diverses sources des termes additionnels.

De façon générale, les mots composés déjà conformes à la règle B1 dans les principaux dictionnaires n'ont pas été ajoutés inutilement à la liste, puisqu'ils n'ont pas eu besoin d'être rectifiés : leur singulier (sans marque de pluriel) et leur pluriel (avec marque de pluriel à la fin du nom) sont déjà réguliers. S'ils y figurent, c'est soit parce que nous avons constaté des hésitations dans l'usage, soit parce que leur pluriel n'était pas explicitement donné, soit parce que nous les avons observés de façon irrégulière dans l'une de nos sources supplémentaires.

Si un mot avec trait d'union de type « **verbe** + **nom** » est absent de la liste et que vous doutez de la formation de son singulier ou de son pluriel, fiez-vous aux mots listés lui ressemblant et appliquez la règle B1. Par exemple, si vous êtes en présence de nouveaux mots comme **un remonte-colline** et **un ramasse-eau**, appliquez-leur le même traitement que pour **un remonte-pente**, **des remonte-pentes** ; **un chauffe-eau**, **des chauffe-eaux**.

DEUXIÈME COMMENTAIRE SUR LA RÈGLE B1 :

## *Appuie- ou appui-*

Il existe les variantes **appuie-tête** et **appui-tête**, **appuie-bras** et **appui-bras**, etc. Voyez dans la liste alphabétique l'explication sous le mot **APPUIE-**.

COMMENTAIRE SUR LES RÈGLES B2 ET C4 :

## Mots ayant valeur de citation

Le *Rapport* du Conseil supérieur de la langue française précise que les recommandations sur le pluriel régularisé des mots étrangers ne s'appliquent pas aux mots ayant conservé valeur de citation, et il donne en exemple **des mea culpa**. Le *Rapport* ajoute que les mots qui gardent un caractère de citation (comme **requiem**) ne prennent pas l'accent aigu français. Nous l'avons indiqué dans la liste. Les mots latins qui sont les premiers mots d'une prière sont considérés comme ayant valeur de citation, puisque ce sont des extraits de phrases écrites dans une autre langue. On écrit donc **des *Pater*** (invariable et de préférence en italique avec majuscule), car on cite le premier mot de la prière pour la nommer, de la même façon que l'on écrit en français **des *Notre Père*** (invariable).

Pourtant, des dictionnaires intègrent petit à petit ce genre de mots au vocabulaire français. C'est le cas pour **miserere**, qui désigne un psaume commençant par les mots latins *Miserere mei, Deus*. Tous les dictionnaires attestent ce mot maintenant avec les accents français et le pluriel régulier : **des miséréré****s**. De plus, la plupart des dictionnaires mettent maintenant un trait d'union dans **mea-culpa**, renforçant ainsi sa lexicalisation lorsqu'il est employé comme une unité nominale (comme un nom). Le *Nouveau Littré* atteste même l'accentuation française : **un méa-culpa**. Un jour, on écrira probablement ce nom en un seul mot (soudé) et avec accent, comme on écrit maintenant **vadémécum** (sur les recommandations du CSLF) au lieu de *vade-mecum. Il semble que l'on ne peut pas freiner l'évolution des mots ni leur intégration au français.

Note — Qu'il s'agisse de valeur de citation ou non, si on tient sciemment à ne pas appliquer la règle B2 (pluriel étranger régularisé) ou C4 (accentuation française) sur un mot d'emprunt, on prendra alors soin de le mettre en italique pour indiquer clairement son caractère étranger. Exemple : J'ai écrit plusieurs *scenarii* pour des producteurs de films italiens.

COMMENTAIRE SUR LES RÈGLES C1 ET D1 :

## La place de l'accent grave

La règle C1 défend un principe très général en français : on écrit (et aussi on prononce) « è » plutôt que « é » lorsque la syllabe qui suit contient un **e**. On écrit et on dit : **sécher**, mais **sèche**, **sècheresse**, **sèchera** ; **régler**, mais **règle**, **règlementaire**, **règlera** ; et aussi **piéger**, mais **piège**, **piègera**. Conséquemment, on écrira **rapièceter** avec un accent grave (comme dans **pièce**) au lieu de *rapiéceter. On fera de même pour **crèneler** et **crèteler**. Dans la conjugaison de ces verbes, on trouvera un accent grave chaque fois que la syllabe suivante contiendra un **e** : ils **rapiècetaient**, nous **rapiècetions**, **rapiècetant**, **rapiècеté**, nous **rapiècetons**, vous **rapiècetez**, etc.

Au contraire, si la syllabe qui suit ne contient pas un **e** mais un **è** (lui-même présent à cause d'un **e** muet qui le suit), il n'est pas possible d'écrire **è** à gauche de cet autre **è**. En effet, le **è** n'apparait en français que devant une syllabe muette (contenant un **e** appelé « **e** muet », qui est silencieux ou qui se prononce « e ») et dans quelques cas en finale de mot (comme dans **succès** ou **après**). On met donc un **é** à gauche du **è** (lui-même à gauche d'une syllabe muette) : **rapiécète**, **rapiécètent**, **rapiécèterons**, **rapiécèterait**, etc. Ce sont des cas où il y a trois **e** de suite, comme dans **élève**. En bref : à gauche du **e** il y a **è**, et à gauche du **è** il y a **é** (jamais **è**). Ce principe en français existait bien avant la mise en place des rectifications.

COMMENTAIRE SUR LES RÈGLES G1 À G20 (♥) :

## On choisit entre deux graphies, on n'en invente pas!

Attention de bien interpréter les règles G1 à G20. Ces règles « coups de cœur » (♥) recommandent de **CHOISIR**, lorsque plusieurs graphies sont **EN CONCURRENCE** pour un même mot, l'une des formes **EXISTANTES** (la plus simple, la plus française, etc.).

Dans le cas de la règle G2, par exemple, le **h** peut disparaitre seulement si deux graphies (l'une avec **h**, l'autre sans **h**) coexistaient déjà pour un même mot. Ainsi, il est recommandé de privilégier **rapsodie** plutôt que *rhapsodie, parce que les deux graphies étaient en concurrence : elles existaient toutes les deux dans les dictionnaires. Mais le **h** est maintenu dans beaucoup d'autres mots, c'est-à-dire dans ceux qui n'ont qu'une seule façon de s'écrire, comme **homme** ou **thalassothérapie** ou encore **athlétisme**. N'allez pas faire disparaitre ces **h**! N'inventez pas de nouvelles graphies. La règle G2 ne vous dit pas d'innover, mais de choisir (s'il y a deux graphies existantes).

C'est le même principe pour la règle G16 : ce ne sont pas tous les **ph** qui disparaissent au profit d'un **f**, loin de là! Lorsque la graphie avec **f** est recommandée par les rectifications orthographiques à la place de la variante avec **ph**, c'est uniquement parce que deux graphies coexistaient déjà, donc parce qu'elles étaient en concurrence dans les dictionnaires : les rectifications ne changent pas les **ph** en **f**, mais c'est la forme avec **f** qui est recommandée lorsque deux graphies existent dans les dictionnaires (l'une avec **ph** et l'autre avec **f**) pour un même mot. Ainsi, il est plus moderne de choisir la graphie **fantasme** que sa variante ***phantasme** (les deux formes existaient, en concurrence). On continue cependant d'écrire avec **ph** les mots **photographe**, **téléphone**, **éléphant** ou **pharaon**. Le même raisonnement s'applique pour toutes les règles « coups de cœur » (♥) G1 à G20.

En ce qui concerne le mot **nénufar** (règle F2), il s'agit d'un cas à part. Le *Rapport* du Conseil supérieur de la langue française lui redonne sa graphie d'origine pour corriger une erreur historique qui datait de 1935. Avant cette date, **nénufar** avec **f** était bien dans les dictionnaires, notamment dans toutes les éditions précédentes du *Dictionnaire* de l'Académie française : ce mot vient de l'arabe avec **f**, et non du grec avec **ph**. Ce n'est donc pas pour « écrire phonétiquement, écrire au son » qu'on lui (re)met un **f** aujourd'hui, mais pour le réconcilier avec ses origines, par respect de son étymologie. C'est le seul mot avec **ph** qui est touché par la « rectification » de la règle F2. Les quelques autres mots de la liste dont le **f** est préféré au **ph** sont des cas de « choix » entre deux formes existantes (règle G16).

# LA LISTE

## La liste alphabétique des mots rectifiés en français

# Conventions dans la liste

## L'astérisque (*)

Dans la liste, l'astérisque (symbole en forme d'étoile) précédant un mot signifie que cette forme ne doit plus être employée, qu'elle relève de l'ancienne orthographe et qu'une forme plus moderne est recommandée pour la remplacer. Ex. : ***événement** est la forme ancienne ; la forme recommandée est **évènement**.

Toutes les formes qui ne sont pas précédées de l'astérisque dans la liste sont en usage :

- parce qu'il s'agit de formes qui **EXISTAIENT DÉJÀ** avant 1990, et qui sont privilégiées ou simplement conservées par les rectifications, par exemple :
  - **acuponcture**, que la nouvelle orthographe privilégie et qui **COEXISTAIT DÉJÀ** aux côtés d'une autre graphie moins conforme ;
  - **contrepoids**, graphie soudée **DÉJÀ CONFORME** aux principes des rectifications avant leur mise en place en 1990 ;
  - **dû**, que la nouvelle orthographe conserve (graphie **INCHANGÉE**) – il s'agit d'une rare exception (justifiée) où l'accent circonflexe sur *u* est maintenu ;
  - **éléphant**, graphie **INCHANGÉE**, car ce mot **N'EST PAS TOUCHÉ** par les règles des rectifications, mais il a été jugé utile de le confirmer dans la liste ;
- ou parce qu'il s'agit de formes **NOUVELLES** depuis 1990, qui sont maintenant admises. Ce sont des innovations liées à certains principes des rectifications, par exemple :
  - **bruler** (sans accent circonflexe, règle C2) ;
  - **contrejour** (en un mot maintenant, règle A1) ;
  - **règlementaire** (avec accent grave, règle C1) ;
  - **assoir** (sans **e**, règle F2).

Lorsque la forme ancienne ne correspond pas à l'ordre alphabétique de la forme moderne, vous la trouverez dans son propre ordre alphabétique, précédée de la mention « anc. » et entre crochets. Par exemple :

[anc. *karakul] VOIR **caracul**.

## Les anglicismes (« anglic. »)

Les règles de la nouvelle orthographe ne recommandent pas l'emploi d'un mot ou d'un autre, mais elles recommandent une **ORTHOGRAPHE** pour certains mots qu'on trouve dans les dictionnaires, même pour les anglicismes. C'est pourquoi vous trouverez des anglicismes dans la liste, ce qui ne veut pas dire que leur emploi soit recommandé. Au contraire, nous encourageons l'emploi d'un terme français chaque fois que cela est possible.

Toutefois, le choix du vocabulaire appartient à chaque personne qui rédige, et nous ne voulions pas censurer des mots de la liste. Nous avons cependant pris soin de mettre la mention « anglic. » chaque fois que nous constations qu'un ouvrage de référence critiquait l'un des mots d'origine anglaise. Voir à la page 15 d'autres explications sur la présence d'anglicismes dans la liste.

## Les définitions

À quelques occasions, une définition est donnée à titre indicatif, uniquement pour éviter toute confusion entre les mots.

## Les variantes lexicales (prononciations différentes)

Lorsqu'un mot connait deux variantes lexicales (ayant des prononciations différentes), les rectifications de l'orthographe ne tranchent généralement pas entre les deux. Dans ces cas, la variante supplémentaire figure souvent dans la liste. Elle est donnée soit entre parenthèses après le mot rectifié, soit dans l'explication qui suit. Cela ne veut pas dire que la variante est moins importante. Quand elle est entre parenthèses, c'est souvent parce que la variante elle-même n'est pas touchée par la règle des rectifications, alors que la forme donnée en premier l'est. Regardez, par exemple, les mots **yogourt** et **jamborée**.

## Les catégories dans la liste

La catégorie des mots (que l'on appelle classe de mots ou nature des mots : verbe, nom, adjectif, etc.) est donnée à titre indicatif. Voir au bas de cette page la liste des abréviations.

Lorsqu'un nom existe au masculin et au féminin, il porte la catégorie « n », ce qui est l'équivalent de « nm et nf ». Le mot peut connaitre une forme différente au féminin, sa terminaison sera alors donnée après une virgule. Un mot est parfois adjectif et nom (masculin, féminin, ou les deux). Les catégories de la liste doivent être interprétées ainsi :

| | | | |
|---|---|---|---|
| **cyclotouriste** n | = | nm : | **un cyclotouriste** |
| | | nf : | **une cyclotouriste** |
| **radioélectricien, enne** n | = | nm : | **un radioélectricien** |
| | | nf : | **une radioélectricienne** |
| **autoapprenant, ante** adj, n | = | adj : | **autoapprenant, autoapprenante** |
| | | nm : | **un autoapprenant** |
| | | nf : | **une autoapprenante** |
| **bronchodilatateur, trice** adj, nm | = | adj : | **bronchodilatateur, bronchodilatatrice** |
| | | nm : | **un bronchodilatateur** |
| **labiodental, ale** adj, nf | = | adj : | **labiodental, labiodentale** |
| | | nf : | **une labiodentale** |

Nous avons tenté de donner un portrait exhaustif des catégories des mots touchés par les rectifications. Mais leurs catégories peuvent évoluer. Certains dictionnaires donnent un mot comme nom seulement (parfois en apposition), d'autres lui donnent en supplément la catégorie d'adjectif. Certains dictionnaires donneront une forme comme un participe passé sous le verbe correspondant, d'autres donneront à cette même forme un statut d'adjectif autonome. Il est donc normal d'observer des variations occasionnelles dans les catégories de mots.

## Les abréviations

Une légende au bas des pages de la liste rappelle la signification des principales abréviations. Les abréviations lexicogrammaticales qui peuvent suivre les mots de la liste sont :

| | |
|---|---|
| **adj** | adjectif |
| **adv** | adverbe |
| **conj** | conjonction |
| **fém** | féminin |
| **interj** | interjection |
| **inv** | invariable |
| **loc adj** | locution adjectivale |
| **loc adv** | locution adverbiale |
| **n** | nom masculin et féminin |
| **nf** | nom féminin |
| **nm** | nom masculin |
| **plur** | pluriel |
| **sing** | singulier |
| **v** | verbe |

# Les mots de la liste

## A

**abaisse-bobine** nm, **des abaisse-bobines** • B1 • Singulier et pluriel réguliers.
**abaisse-langue** nm, **des abaisse-langues** • B1 • Singulier et pluriel réguliers.
**abaisse-paupière** nm, **des abaisse-paupières** • B1 • Singulier et pluriel réguliers.
**abat-carrure** nm, **des abat-carrures** • B1 • Singulier et pluriel réguliers.
**abat-feuille** nm, **des abat-feuilles** • B1 • Singulier et pluriel réguliers.
**abat-foin** nm, **des abat-foins** • B1 • Singulier et pluriel réguliers.
**abat-jour** nm, **des abat-jours** • B1 • Singulier et pluriel réguliers.
**abat-poussière** nm, **des abat-poussières** • B1 • Singulier et pluriel réguliers.
**abat-son** nm, **des abat-sons** • B1 • Singulier et pluriel réguliers.
**abattage** nm (au lieu de *abatage) • Dans l'esprit de F1 • Deux *t*. Famille de *abattre*. La variante coexistante avec un seul *t* tend à disparaitre des dictionnaires.
**abattant** nm • Dans l'esprit de F1 • Deux *t*. Famille de *abattre*. Voir l'explication sur *abattage*.
**abattée** nf • Dans l'esprit de F1 • Deux *t*. Famille de *abattre*. Voir l'explication sur *abattage*.
**abattis** nm • Dans l'esprit de F1 • Deux *t*. Famille de *abattre*. Voir l'explication sur *abattage*.
**abat-vent** nm, **des abat-vents** • B1 • Singulier et pluriel réguliers.
**abcéder** v, **j'abcèderai, abcèderais** • C1 • Accent grave au futur et au conditionnel.
**abécher** v, **j'abècherai, abècherais** • C1 • Accent grave au futur et au conditionnel.
**abeillerole** nf • D3 • Un seul *l*.
**abime** nm • C2 • L'accent circonflexe disparait sur *i*.
**abimé, ée** adj • C2 • L'accent circonflexe disparait sur *i*.
**abimer** v • C2 • L'accent circonflexe disparait sur *i*.
**abrègement** nm • C1 • Accent grave. On doit toujours prononcer « è ».
**abréger** v, **j'abrègerai, abrègerais** • C1 • Accent grave au futur et au conditionnel.
**absoudre** v, **absout, absoute** participe passé • F2 • Le participe passé masculin est rectifié en **absout** au lieu de *absous, par cohérence avec le participe passé féminin **absoute**.
**à capella** loc adj, loc adv • C4, G17 • Francisation : accent grave sur le *a*. Choisir un seul *p*.
**accéder** v, **j'accèderai, accèderais** • C1 • Accent grave au futur et au conditionnel.
**accélérando** adv, nm, **des accélérandos** • B2, C4 • Francisation : pluriel régulier et accent aigu.
**accélérer** v, **j'accélèrerai, accélèrerais** • C1 • Accent grave au futur et au conditionnel.
[anc. *accon, *acconier] VOIR **acon, aconier** • G17 • Préférer un seul *c*.
**accroche-casserole** nm, **des accroche-casseroles** • B1 • Singulier et pluriel réguliers.
**accroche-cœur** nm, **des accroche-cœurs** • B1 • Singulier et pluriel réguliers.
**accroche-couvercle** nm, **des accroche-couvercles** • B1 • Singulier et pluriel réguliers.
**accroche-lanière** nm, **des accroche-lanières** • B1 • Singulier et pluriel réguliers.
**accroche-plat** nm, **des accroche-plats** • B1 • Singulier et pluriel réguliers.
**accroche-poisson** nm, **des accroche-poissons** • B1 • Singulier et pluriel réguliers.
**accroche-tasse** nm, **des accroche-tasses** • B1 • Singulier et pluriel réguliers.
**accroitre** v, **elle accroit, j'accroitrai, accroitrais** • C2 • L'accent circonflexe disparait sur *i*.
**acérer** v, **j'acèrerai, acèrerais** • C1 • Accent grave au futur et au conditionnel.
**acétabularia** nf • C4 • Francisation : accent aigu.
**acétabulum** nm • C4 • Francisation : accent aigu.
**acétobacter** nm, **des acétobacters** • B2 • Pluriel régulier. Rime avec *hiver*.
**achanti, ie** adj (au lieu de *ashanti) • G13 • Entre les deux graphies coexistantes, choisir *ch*.
**achanti** « langue » nm (au lieu de *ashanti) • G13 • Entre les deux, choisir *ch*.
**Achanti, ie** n (au lieu de *Ashanti) • G13 • Choisir *ch* (variante dans *Dictionnaire Hachette*).

***** : graphie ancienne à ne plus utiliser ; **A1, A2, A3, B1...** : codes qui renvoient aux règles (p. 17 à 34) ; **anc.** : anciennement ; **anglic.** : anglicisme à éviter ; **CSLF** : Conseil supérieur de la langue (voir bibliogr.).

**acidoalcalimétrie** nf • A3 • Soudure avec *acido* (préfixe savant), même devant *a*.
**acidoalcalinité** nf • A3 • Soudure avec *acido* (préfixe savant), même devant *a*.
**acidoalcoolorésistance** nf • A3 • Soudure de l'ancienne forme *acido-alcoolo-résistance.
**acidoalcoolorésistant, ante** adj • A3 • Soudure de l'ancienne forme *acido-alcoolo-résistant.
**acidobasique** adj • A3 • Soudure avec *acido* (préfixe savant).
**acidobutyrométrie** nf • A3 • Soudure avec *acido* (préfixe savant).
**acidocétone** nf • A3 • Soudure avec *acido* (préfixe savant).
**acidocétose** nf • A3 • Soudure avec *acido* (préfixe savant).
**acidorésistance** nf • A3 • Soudure avec *acido* (préfixe savant).
**acidorésistant** nm • A3 • Soudure avec *acido* (préfixe savant).
**acidorésistant, ante** adj • A3 • Soudure avec *acido* (préfixe savant).
**acidosoluble** adj • A3 • Soudure avec *acido* (préfixe savant).
**aciérer** v, **j'acièrerai, acièrerais** • C1 • Accent grave au futur et au conditionnel.
**acinus** nm, **des acinus** • B2 • Francisation : pluriel régulier.
**acon** nm (au lieu de *accon) • G17 • Entre les deux, choisir un seul *c*.
**aconier** nm (au lieu de *acconier) • G17 • Entre les deux, choisir un seul *c*.
**à contrario** loc adv • C4 • Francisation : accent grave sur le *a*.
**à-côté** nm, **des à-côtés** • B1 (inchangé) • Avait déjà un sing. et un pluriel réguliers, selon nos sources.
**à-coup** nm, **des à-coups** • B1 (inchangé) • Avait déjà un sing. et un pluriel réguliers, selon nos sources.
**actinobacillose** nf • Inchangé • Ce mot avec le préfixe *actino* était déjà soudé (A3), selon nos sources.
**acuponcteur, trice** n • G3 • Choisir *on* et non *un*. La graphie avec *on* a la priorité dans *Petit Robert* 2009.
**acuponcture** nf (au lieu de *acupuncture) • G3 • Entre les deux graphies coexistantes (même prononciation), on choisit la plus française : celle avec *on* (et non *un*).
**adagio** nm, **des adagios** • B2 • Francisation : pluriel régulier.
**addenda** nm, **des addendas** • B2 • Francisation : pluriel régulier.
**adhérer** v, **j'adhèrerai, adhèrerais** • C1 • Accent grave au futur et au conditionnel.
**adiposogénital, ale** adj • A3 • Soudure avec *adiposo* (préfixe savant).
**adultérer** v, **j'adultèrerai, adultèrerais** • C1 • Accent grave au futur et au conditionnel.
**aédès** « moustique » (au lieu de *aedes) nm (ou **aède**, selon la prononciation) • C4 • Francisation : accentuation selon la prononciation souhaitée.
[anc. *ægagropile] VOIR **égagropile** • G5 • Entre les deux formes existantes, choisir *é* et non *æ*. Avis favorable des travaux des éditions Le Robert.
[anc. *ægopodium] VOIR **égopodium** • G5 • Entre les deux formes existantes, choisir *é* et non *æ*.
[anc. *ægosome] VOIR **égosome** • G5 • Entre les deux formes existantes, choisir *é* et non *æ*.
[anc. *ægrare] VOIR **égrare** • G5 • Entre les deux formes existantes, choisir *é* et non *æ*.
[anc. *æpyornis] VOIR **épyornis** • G5 • Entre les deux formes existantes, choisir *é* et non *æ*.
**aérer** v, **j'aèrerai, aèrerais** • C1 • Accent grave au futur et au conditionnel.
**aéroclub** nm • A3 • Soudure avec *aéro* (préfixe savant).
**aéroélectrique** adj • A3 • Soudure avec *aéro* (préfixe savant), même devant *é*.
**aérolite** nm • G2 • Entre les deux formes existantes, choisir *-lite* plutôt que *-lithe*.
**aéromonde** nm • A3 • Soudure avec *aéro* (préfixe savant).
[anc. *æsthésio...] VOIR **esthésio**... • G6 • Entre les deux formes existantes, choisir *e* et non *æ*.
**æthrioscope** nm • Inchangé • Le æ se prononce « é », mais il ne semble pas exister de variante s'écrivant avec *é*, selon nos sources. La règle G5 ne peut donc pas s'appliquer.
[anc. *æthuse] VOIR **éthuse** • G5 • Entre les deux formes existantes, choisir *é* et non *æ*.
**afférer** v, **j'affèrerai, affèrerais** • C1 • Accent grave au futur et au conditionnel.
**affèterie** nf • C1 • Accent grave et non aigu. On prononce toujours « è ».
[anc. *afficionado] VOIR **aficionado** • G17 • Entre les deux, choisir un seul *f*.
**affourragement** nm • Dans l'esprit de F1 • Famille de *fourrage*. Entre les variantes coexistantes, on préfère celle avec deux *r*, par harmonie avec la famille.
**affourrager** v • Dans l'esprit de F1 • Deux *r*. Famille de *fourrage*. Voir l'explication sur *affourragement*.

**affréter** v, **j'affrèterai, affrèterais** • C1 • Accent grave au futur et au conditionnel.

**affut** nm • C2 • L'accent circonflexe disparait sur *u*.

**affutage** nm • C2 • L'accent circonflexe disparait sur *u*.

**affuté, ée** adj • C2 • L'accent circonflexe disparait sur *u*.

**affuter** v • C2 • L'accent circonflexe disparait sur *u*.

**affuteur, euse** n • C2 • L'accent circonflexe disparait sur *u*.

**affutiau** nm, **des affutiaux** • C2 • Le circonflexe disparait sur *u*. Rare au singulier (*TLF*, liste Académie).

**aficionado** nm (au lieu de *afficionado) • G17 • Entre les deux, choisir un seul *f*.

**à fortiori** loc adv • C4 • Accent grave sur *a*. Initiative des travaux des éditions Le Robert.

**afrikans** adj, nm (au lieu de *afrikaans) • G17 • L'adjectif ne change pas de forme au féminin (ni au pluriel). Les deux variantes ont la même prononciation et riment avec le mot *séquence*. Les travaux des éditions Le Robert sont favorables à la graphie avec un *a* simple et non double.

**afro-américain, aine** adj • Inchangé • Exception A3 : pas de soudure (relation de coordination).

**Afro-Américain, aine** n • Inchangé • Exception A3 : pas de soudure (relation de coordination).

**afro-asiatique** adj • Inchangé • Exception A3 : pas de soudure (relation de coordination).

**Afro-Asiatique** n • Inchangé • Exception A3 : pas de soudure (relation de coordination).

**afrobeat** nm • A3, A4 • Soudure avec *afro* (et mot anglais).

**afro-brésilien, enne** adj • Inchangé • Exception A3 : pas de soudure (relation de coordination).

**Afro-Brésilien, enne** n • Inchangé • Exception A3 : pas de soudure (relation de coordination).

**afro-cubain, aine** adj • Inchangé • Exception A3 : pas de soudure (relation de coordination).

**Afro-Cubain, aine** n • Inchangé • Exception A3 : pas de soudure (relation de coordination).

**afroéquatorial, ale** « relatif à l'Afrique-Équatoriale » adj • A3 • Soudure avec *afro*.

**afrorock** nm • A3, A4 • Soudure avec *afro* (et mot anglais).

**aftershave** (anglic.) nm, **des aftershaves** • A4, B2 • Soudure (*Littré*) et pluriel régulier.

**aga** nm (au lieu de *agha) • G2 • Entre les deux variantes coexistantes, choisir sans *h*.

**agace-pissette** n, **des agace-pissettes** • B1 • Sing. et plur. réguliers. Ce mot est d'emploi très familier.

**agenda** nm, **des agendas** • B2 • Pluriel régulier. Autrefois, on avait parfois un pluriel invariable.

**agératum** (au lieu de *ageratum) nm • C4 • Francisation : accent aigu. On dit aussi *agérate*.

**agglomérer** v, **j'agglomèrerai, agglomèrerais** • C1 • Accent grave au futur et au conditionnel.

[anc. *agha] VOIR **aga** • G2 • Entre les deux variantes coexistantes, choisir sans *h*.

**à giorno** loc adj, loc adv • C4 • Francisation : accent grave sur le *a*.

**agneler** v, **j'agnèle, agnèlerai, agnèlerais** • D1 • Conjugaison *-èle* au lieu de *-elle*.

**agnolotti** nm, **des agnolottis** • B2 • Francisation : singulier et pluriel réguliers.

**Agnus Dei** « prière » nm • Valeur de citation (B2, C4) • Deux premiers mots d'une prière en latin. Les rectifications les laissent donc inchangés (sans accent et inv., italique possible). Certains dictionnaires mettent le trait d'union, ou alors ils le mettent seulement au sens de « médaillon de cire ». Les majuscules varient selon les dictionnaires ou le sens. Voir page 38.

**agréger** v, **j'agrègerai, agrègerais** • C1 • Accent grave au futur et au conditionnel.

**agroalimentaire** adj, nm • A3 • Soudure avec *agro* (préfixe savant), même devant *a*.

**agroforesterie** nf • A3 • Soudure avec *agro* (préfixe savant).

**agroforestier, ère** adj, n • A3 • Soudure avec *agro* (préfixe savant).

**agropastoral, ale** adj • A3 • Soudure avec *agro* (préfixe savant).

**ahaner** v (au lieu de *ahanner) • G17 • Entre les deux, choisir un seul *n*.

**aide-mémoire** nm, **des aide-mémoires** • B1 • Singulier et pluriel réguliers.

**aigretté** adj (au lieu de *aigreté) • G20 • Qui porte une aigrette. On choisit la graphie avec deux *t* parce que, de nos jours, le *e* de gauche ne se prononce pas « e », mais bien « é » ou « è » selon le *TLF*. La consonne doit donc être double, sinon le *t* simple provoque une lecture défectueuse (comme expliqué à la règle D2). On ne peut pas appliquer la règle G17 (consonne simple) puisqu'il faut respecter les règles du français concernant la prononciation attendue.

**aigu, aigüe** adj • C3 • Au féminin, tréma sur le *u* (et non sur le *e* muet).

**aiguiller, ère** n (au lieu de *aiguillier) • F4 • Ce mot rime avec *conseiller*. Le *i* inutile disparait, selon la liste du RENOUVO et les travaux des éditions Le Robert. Le fait que le nom puisse se confondre avec le verbe n'en fait pas pour autant une exception.

**aiguilleter** v, **j'aiguillète**, **aiguillèterai**, **aiguillèterais** • D1 • Conjugaison *-ète* au lieu de *-ette*.

**aiguise-crayon** nm, **des aiguise-crayons** • B1 • Singulier et pluriel réguliers.

**aimè-je** VOIR **aimer** • C1 • Accent grave. Cette inversion rare est de niveau littéraire.

**aimer** v, **aimè-je** (au lieu de *aimé-je) • C1 • Accent grave devant *-je* (forme interrogative rare).

**ainé**, **ée** adj, n • C2 • L'accent circonflexe disparait sur *i*.

**ainesse** nf • C2 • L'accent circonflexe disparait sur *i*.

**aitre** « espace devant une église, parvis, porche » nm (au lieu de *aître) • C2 • Mot rare (Académie).

**aitres** « parties d'une maison » nm plur • C2 • L'accent disparait sur *i*. On écrit aussi *des êtres*.

**akène** nm (au lieu de *achène ou *achaine) • G12 • Choisir *k*. Les trois variantes se prononçaient « k ».

**à la tempéra** (au lieu de *à la tempera) loc adj, loc adv • C4 • Accent aigu sur le *e* pour franciser. On dit aussi : *à tempéra*.

**à latéré** loc adj, loc adv • C4 • Accent grave sur le *a* (initiative des travaux des éditions Le Robert, suivie par le RENOUVO) et accent aigu sur les *e* pour franciser.

**alcalinoterreux**, **euse** adj • A3 • Soudure avec *alcalino* (préfixe savant).

**alcooloacidorésistant**, **ante** adj • A3 • Soudure de l'ancienne forme *alcoolo-acido-résistant.

**alcoolorésistant**, **ante** adj • A3 • Soudure avec *alcoolo* (préfixe savant).

**aléser** v, **j'alèserai**, **alèserais** • C1 • Accent grave au futur et au conditionnel.

**alexandra** nm, **des alexandras** • B2 • Francisation : pluriel régulier.

[anc. *algonkien] VOIR **algonquien** « période géologique (protérozoïque) » • G11 • Choisir *qu* et non *k*.

[anc. *algonkin] VOIR **algonquin** et **Algonquin** (nord-ouest du Saint-Laurent) • G11 • Choisir *qu* et non *k*.

**algonquien**, **enne** « relatif aux Algonquiens (Amérique du Nord) » adj • Inchangé • En ce sens, ce mot s'écrit toujours avec *qu*.

**algonquien** « famille de langues (algonquiennes) incluant notamment la langue algonquine » nm • Inchangé • En ce sens, ce mot s'écrit toujours avec *qu*.

**Algonquien**, **enne** « Amérindien d'une tribu (algonquienne) du vaste territoire de l'Amérique du Nord » n • Inchangé • En ce sens, ce mot s'écrit toujours avec *qu*.

**algonquien**, **enne** « période géologique (protérozoïque), relatif à cet étage géologique » adj, nm (au lieu de *algonkien) • G11 • En ce sens, il y avait deux variantes possibles. Choisir *qu* et non *k*.

**algonquin**, **ine** « relatif aux Algonquins (nord-ouest du Saint-Laurent) » adj (au lieu de *algonkin) • G11 • Choisir *qu* et non *k*.

**algonquin** « langue algonquine faisant partie de la famille plus vaste des langues algonquiennes » nm (au lieu de *algonkin) • G11 • Choisir *qu* et non *k*.

**Algonquin**, **ine** « Amérindien d'une tribu (algonquine) au nord-ouest du fleuve Saint-Laurent au Canada » n (au lieu de *Algonkin) • G11 • Choisir *qu* et non *k*.

**aliéner** v, **j'aliènerai**, **aliènerais** • C1 • Accent grave au futur et au conditionnel.

**allécher** v, **j'allècherai**, **allècherais** • C1 • Accent grave au futur et au conditionnel.

**allègement** nm • C1 • Accent grave et non aigu. On prononce toujours « è ».

**alléger** v, **j'allègerai**, **allègerais** • C1 • Accent grave au futur et au conditionnel.

**allègrement** adv • C1 • Accent grave et non aigu. On prononce toujours « è ».

**allégretto** adv, nm, **des allégrettos** • B2, C4 • Francisation : pluriel régulier et accent aigu.

**allégro** adv, nm, **des allégros** • B2, C4 • Francisation : pluriel régulier et accent aigu.

**alléguer** v, **j'allèguerai**, **allèguerais** • C1 • Accent grave au futur et au conditionnel.

**alléluia** interj, nm, **des alléluias** • Inchangé • Ce mot était déjà accentué (C4) en 1990, comme s'il avait perdu sa valeur de citation (cri de louange). Les dictionnaires lui donnent toujours un pluriel régulier. Voir page 38.

**allié**, **ée** « qui apporte son appui ; uni par alliage (métal) ou par alliance (personne, état) » adj, n • Inchangé • Ce mot n'a pas été touché par les règles des rectifications.

**allier** « associer, unir, joindre » v • Inchangé • En ce sens, ce mot s'écrivait déjà ainsi.

**allier** « filet à oiseaux, à perdrix, à cailles » nm (au lieu de *hallier) • G2 • Choisir sans *h*. Mot rare.

**Allier** « rivière de France ou département français » nom propre géographique • Inchangé • En ce sens, ce mot s'écrivait déjà ainsi.

**allo** interj (au lieu de *allô) • G1 • Entre les deux graphies coexistantes, choisir celle sans l'accent.

**allume-cigare** nm, **des allume-cigares** • B1 • Singulier et pluriel réguliers.

**allume-cigarette** nm, **des allume-cigarettes** • B1 • Singulier et pluriel réguliers.

---

**GDT** : Grand dictionnaire terminologique ; **RENOUVO** : Réseau pour la nouvelle orthographe (v. bibliogr.) ; **TLF** : Trésor de la langue française ; **travaux des éditions Le Robert** : voir bibliogr. sous Rey-Debove.

**allume-feu** nm, **des allume-feux** • B1 • Singulier et pluriel réguliers.

**allume-plafonnier** nm, **des allume-plafonniers** • B1 • Singulier et pluriel réguliers.

**allumetier, ère** (ou **allumettier, ère**, selon la prononciation) n • D2 • Au choix. Si le premier *e* est muet ou se prononce « e », la consonne est simple.

**allume-vitrine** nm, **des allume-vitrines** • B1 • Singulier et pluriel réguliers.

**alpha** « lettre grecque » nm, **des alphas** • B2 • Francisation : pluriel régulier.

**alphatest** nm (au lieu de *alpha-test) • G19 • Entre les deux, choisir la graphie soudée.

**alphatesteur, euse** n (au lieu de *alpha-testeur) • G19 • Entre les deux, choisir la graphie soudée.

**altéa** n (au lieu de *althéa ou *althæa) • G2, G5 • Entre les trois graphies coexistantes, choisir *é* plutôt que æ (G5) et choisir sans *h* (G2). On trouve parfois *althée* (autre prononciation).

**altérer** v, **j'altèrerai, altèrerais** • C1 • Accent grave au futur et au conditionnel.

**altocumulus** nm • A3 • Soudure avec *alto* (préfixe savant). Tous les dictionnaires le soudent.

**altostratus** nm • A3 • Soudure avec *alto* (préfixe savant). Tous les dictionnaires le soudent.

**alvéolodentaire** adj • A3 • Soudure avec *alvéo* (préfixe savant).

**à maxima** loc adj, loc adv • C4 • Francisation : accent grave sur le *a*.

**ambigu, ambigüe** adj • C3 • Au féminin, tréma sur le *u* (et non sur le *e* muet).

**ambigüité** nf • C3 • Tréma sur *u* (et non sur *i*) pour séparer la combinaison *gu*.

**amen** interj, nm • Valeur de citation (B2) • Dernier mot à la fin d'une prière (mot étranger). Les rectifications le laissent donc invariable. Voir page 38.

**amignoter** v • D3 • Choisir *-oter* et non *-otter*. Dans la famille de *mignot*, *mignoter*.

**à minima** loc adj, loc adv • C4 • Francisation : accent grave sur le *a*.

**aminoacide** nm • A3 • Soudure avec *amino* (préfixe savant).

**amnioembryonnaire** adj • A3 • Soudure avec *amnio* (préfixe savant), même devant *e*.

**amoncèlement** nm • D1 • Dérivé d'un verbe en *-eler* : *-èlement* (et non *-ellement*).

**amonceler** v, **j'amoncèle, amoncèlerai, amoncèlerais** • D1 • Conjugaison *-èle* au lieu de *-elle*.

**ampèreheure** nm, **des ampèreheures** • A5 • Le *Rapport* du CSLF soude ce mot.

**amuse-bouche** nm, **des amuse-bouches** • B1 • Singulier et pluriel réguliers.

**amuse-gueule** nm, **des amuse-gueules** • B1 • Singulier et pluriel réguliers.

**ana** nm, **des anas** • B2 • Francisation : pluriel régulier.

**analectas** nm plur • B2 • Le pluriel régulier *analectes* est aujourd'hui le pluriel courant. L'ancien pluriel *analecta est rectifié en **analectas** (travaux éd. Le Robert), mais disparait des dictionnaires.

**anar** adj, plur. : **anars** • G18 • Le pluriel du nom était déjà régulier. Le pluriel régulier de l'adjectif est attesté notamment dans *Petit Robert*. Abréviation de *anarchiste*.

**anarchosyndicalisme** nm • A3 • Soudure avec *anarcho* (préfixe savant).

**anarchosyndicaliste** n • A3 • Soudure avec *anarcho* (préfixe savant).

**anatomopathologie** nf • A3 • Soudure avec *anatomo* (préfixe savant).

**anatomopathologue** n • A3 • Soudure avec *anatomo* (préfixe savant).

**anévrismal, ale** adj (au lieu de *anévrysmal) • G20 • Entre les deux, préférer *i* et non *y*.

**anévrisme** nm (au lieu de *anévrysme) • G20 • Entre les deux variantes en concurrence, préférer *i*.

**angledozeur** nm (anglic.) • G21 • Était en un mot. Terminaison *-eur* selon les travaux des éd. Le Robert.

**anglo-allemand, ande** adj • Inchangé • Exception A3 : pas de soudure (relation de coordination).

**Anglo-Allemand, ande** n • Inchangé • Exception A3 : pas de soudure (relation de coordination).

**anglo-américain, aine** adj, nm • Inchangé • Exception A3 : pas de soudure (relation de coordination).

**Anglo-Américain, aine** n • Inchangé • Exception A3 : pas de soudure (relation de coordination).

**anglo-arabe** adj, nm • Inchangé • Exception A3 : pas de soudure (relation de coordination). Le nom masculin désigne une race de cheval.

**Anglo-Arabe** n • Inchangé • Exception A3 : pas de soudure (relation de coordination).

**anglo-canadien, enne** adj, nm • Inchangé • Exception A3 : pas de soudure (relation de coordination).

**Anglo-Canadien, enne** n • Inchangé • Exception A3 : pas de soudure (relation de coordination).

**anglo-catholicisme** nm • Inchangé • Exception A3 : pas de soudure (relation de coordination).

**anglo-catholique** adj, n • Inchangé • Exception A3 : pas de soudure (relation de coordination).

**anglo-danois, oise** adj • Inchangé • Exception A3 : pas de soudure (relation de coordination).

---

***** : graphie ancienne à ne plus utiliser; **A1, A2, A3, B1...** : codes qui renvoient aux règles (p. 17 à 34); **anc.** : anciennement; **anglic.** : anglicisme à éviter; **CSLF** : Conseil supérieur de la langue (voir bibliogr.).

**anglo-français, aise** adj • Inchangé • Exception A3 : pas de soudure (relation de coordination).

**Anglo-Français, aise** n • Inchangé • Exception A3 : pas de soudure (relation de coordination).

**Anglo-France** nf • Inchangé • Exception A3 : pas de soudure (relation de coordination).

**anglo-frison** nm « langue » • Inchangé • Exception A3 : pas de soudure (coordination de deux langues).

**anglo-hollandais, aise** adj • Inchangé • Exception A3 : pas de soudure (relation de coordination).

**Anglo-Hollandais, aise** n • Inchangé • Exception A3 : pas de soudure (relation de coordination).

**anglo-normand, ande** adj, nm • Inchangé • Exception A3 : pas de soudure (relation de coordination). Le nom masculin désigne un dialecte (langue) ou une race de cheval.

**Anglo-Normand, ande** n • Inchangé • Exception A3 : pas de soudure (relation de coordination).

**anglo-québécois, oise** adj • F3 • Exception A3. Voir aussi *québécois* pour les accents aigus (F3).

**Anglo-Québécois, oise** n • F3 • Exception A3. Voir aussi *Québécois* pour les accents aigus (F3).

**anglo-russe** adj • Inchangé • Exception A3 : pas de soudure (relation de coordination).

**Anglo-Russe** n • Inchangé • Exception A3 : pas de soudure (relation de coordination).

**anglo-saxon, onne** adj, nm • Inchangé • Exception A3 : pas de soudure (relation de coordination).

**Anglo-Saxon, onne** n • Inchangé • Exception A3 : pas de soudure (relation de coordination).

**angstrœm** nm (au lieu de *angström ou *ångström) • G20 • Même prononciation : le *ö* se prononçait « eu » (comme le *œ*). On ne met plus le signe étranger (diacritique) sur le *a* initial.

**anguillère** nf (au lieu de *anguillière) • F4 • Terminaison *-ère* et non *-ière*. Rime avec *conseillère*.

**anhéler** v, **j'anhèlerai, anhèlerais** • C1 • Accent grave au futur et au conditionnel.

**anidrose** nf (au lieu de *anhidrose) • G2 • Entre les deux, choisir sans *h*.

**anidrotique** adj (au lieu de *anhidrotique) • G2 • Entre les deux, choisir sans *h*.

**anneler** v, **j'annèle, annèlerai, annèlerais** • D1 • Conjugaison *-èle* au lieu de *-elle*.

**antéropostérieur, eure** adj • A3 • Soudure avec *antéro* (préfixe savant).

**anthracosilicose** nf • A3 • Soudure avec *anthraco* (préfixe savant).

**ANTI-** (préfixe) • À souder • La plupart des mots avec le préfixe *anti* sont déjà soudés depuis longtemps dans les dictionnaires : seuls les cas jugés utiles sont signalés ici. De nombreux mots nouveaux peuvent être créés avec ce préfixe. Il est impossible de tous les répertorier. Devant *i* et les autres voyelles, il ne faut pas craindre de souder. Les travaux des éditions Le Robert le confirment avec l'exemple *antiinflationniste*. Même chose dans *Vérifiez votre orthographe* (éd. Le Robert, 2008). On maintiendra cependant le trait d'union devant un nom commençant par une majuscule, devant des symboles particuliers (*anti-Rh, anti-g, anti-450*), ou encore si le mot comporte déjà un trait d'union (*anti-sous-marin*). Concernant le nombre, on observe que les noms ont un singulier et un pluriel réguliers (*un antibrouillard, des antibrouillards*). Pour les adjectifs construits sur la base d'un nom (*un casque antichoc, des casques antichocs*), les dictionnaires ne s'entendent pas, mais J. Hanse et A. Goosse conseillent de préférer le singulier et le pluriel réguliers (voir *Le bon usage* à ce sujet, paragraphe 561h). Le *Rapport* du CSLF recommande de façon générale le pluriel régulier en cas de concurrence (premier des trois principes de la règle G, et voir G18). Le singulier et le pluriel réguliers sont signalés ici chaque fois qu'au moins un des dictionnaires les attestait.

**anti-450** adj inv, n inv, **des anti-450** • Inchangé • On conserve le trait d'union devant un nombre.

**antiadhésif, ive** adj, nm • A3 • Soudé. Pluriel déjà régulier.

**antiâge** adj, nm, **des antiâges** • A3, G18 • Soudé. Pluriel régulier dans le *Dictionnaire Hachette*.

**antiallemand, ande** adj, n • A3 • Soudé, même devant *a*. Pas de majuscule.

**antiaméricain, aine** adj, n • A3 • Soudé. Pas de majuscule (*Petit Larousse*).

**antiaméricanisme** nm • A3 • Soudé. Pluriel déjà régulier.

**antiaméricaniste** adj, n • A3 • Soudé. Pluriel déjà régulier.

**antianglais, aise** adj, n • A3 • Qui s'oppose aux Anglais, à la civilisation anglaise ou à la langue anglaise. Soudé. Pas de majuscule.

**anti-anglo-saxon, onne** adj, n • Inchangé • On maintient les traits d'union (exception A3, voir *anglo-saxon*). Minuscules.

**antiapartheid** adj • A3, G18 • Soudé. Pluriel régulier possible dans Antidote.

**antiatomique** adj • A3 • Soudé, même devant *a*.

**antiavortement** adj, n, **des antiavortements** • A3, G18 • Plur. rég. : *Vérifiez votre orthogr.* (Robert).

**antibactérien, enne** adj • A3 • Soudé. Pluriel déjà régulier.

**antiballotant, ante** adj (au lieu de *antiballottant) • D3 • Un seul *t* : famille de *balloter*. Le préfixe *anti* était déjà soudé.

**antibascule** adj • A3 • Soudé.
**antibelge** adj, n • A3 • Soudé. Pas de majuscule.
**antiblocage** adj, nm, **des antiblocages** • A3, G18 • Soudé. Pluriel régulier dans *Petit Larousse*.
**antibourgeois, oise** adj • A3 • Soudé. Pluriel déjà régulier.
**antibrouillard** adj, nm, **des antibrouillards** • A3, G18 • Soudé. Adj. plur. rég. dans *Petit Robert*.
**antibruit** adj, plur. : **antibruits** • A3, G18 • Plur. rég. : *Hachette* et *Vérifiez votre orthographe* (Robert).
**anticalcaire** adj, nm, **des anticalcaires** • A3, G18 • Soudé. Pluriel régulier dans *Dictionnaire Hachette*.
**anti-canadien-français, anti-canadienne-française** adj, n • Inchangé • Puisque *canadien-français* a déjà un trait d'union, *anti* en prend un aussi. Minuscules.
**anticapitaliste** adj, n • A3 • Soudé. Pluriel déjà régulier.
**anticasseur** adj, plur. : **anticasseurs** • A3, G18 • Soudé. Singulier rég. attesté dans *Petit Robert* (1990).
**anticellulite** adj, plur. : **anticellulites** • A3, G18 • Pluriel rég. dans *Vérifiez votre orthographe* (Robert).
**anticerne** adj, nm, **des anticernes** • A3, G18 • Soudé. Singulier rég. attesté dans *Petit Robert*.
**antichar** adj, plur. : **antichars** • A3 • Soudé. Singulier et pluriel réguliers dans les dictionnaires.
**antichoc** adj, plur. : **antichocs** • A3 • Soudé. Singulier et pluriel réguliers dans les dictionnaires.
**anticopie** adj, plur. : **anticopies** • A3, G18 • Pluriel régulier dans *Petit Robert*.
**anticorrosion** adj, plur. : **anticorrosions** • A3, G18 • Pluriel rég. dans *Vérifiez votre orthogr.* (Robert).
**anticrènelage** nm • C1 • Ce mot était déjà soudé, mais l'accent est corrigé. Voir *crènelage*.
**antidémarrage** adj, nm, **des antidémarrages** • A3, G18 • Pluriel régulier. L'adjectif a un pluriel régulier dans *Dictionnaire Hachette*.
**antidopage** adj, plur. : **antidopages** • A3, G18 • Pluriel régulier dans *Petit Robert*.
**antidouleur** adj, nm, **des antidouleurs** • A3, G18 • Soudé. Pluriel régulier. L'adjectif a un pluriel régulier dans *Dictionnaire Hachette*.
**antidrogue** adj, plur. : **antidrogues** • A3, G18 • Pluriel rég. dans *Vérifiez votre orthographe* (Robert).
**antiémeute** adj, plur. : **antiémeutes** • A3, G18 • Soudé. Singulier et pluriels réguliers attestés.
**antienrayeur** nm, **des antienrayeurs** • A3 • Soudé, même devant *e* ou *en*.
**antiestrogène** adj, nm (au lieu de *anti-œstrogène) • A3, G8 • Soudé et voir détails sur *estrogène*.
**antiétincelle** adj, plur. : **antiétincelles** • A3, G18 • Soudé. Singulier régulier attesté dans le *GDT*.
**antifongique** adj, nm (au lieu de *antifungique) • G3 • Préférer *on* au lieu de *un* (prononcé « on »).
**antifoudre** adj, plur. : **antifoudres** • A3, G18 • Pluriel rég. dans *Vérifiez votre orthographe* (Robert).
**antifrançais, aise** adj, n • A3 • Qui s'oppose aux Français, à la civilisation française ou à la langue française. Soudé. Pas de majuscule.
**antifraude** adj, plur. : **antifraudes** • A3, G18 • Plur. rég. dans *Vérifiez votre orthographe* (Robert).
**antifriction** adj, nm, **des antifrictions** • A3, G18 • Pluriel régulier. L'adjectif a un pluriel régulier dans *Dictionnaire Hachette*.
**antifuite** adj, plur. : **antifuites** • A3, G18 • Pluriel rég. dans *Vérifiez votre orthographe* (Robert).
**antifumée** adj, nm, **des antifumées** • A3, G18 • Soudé. Adj. pluriel régulier possible dans Antidote.
**anti-g** adj inv • Inchangé • Trait d'union maintenu.
**antigel** adj, nm, **des antigels** • A3, G18 • Adj. pluriel rég. dans *Vérifiez votre orthographe* (Robert).
**antigivre** adj, nm, **des antigivres** • A3, G18 • Adj. pluriel rég. dans *Vérifiez votre orthographe* (Robert) et dans Antidote. On peut employer aussi *antigivrant, antigivrante*.
**antiglisse** adj, plur. : **antiglisses** • A3, G18 • Pluriel rég. dans *Vérifiez votre orthographe* (Robert).
**antigravitationnel, elle** adj • A3 • Soudé. Pluriel déjà régulier.
**antigrève** adj, plur. : **antigrèves** • A3, G18 • Soudé. Pluriel rég. attesté dans *Petit Robert*.
**antigrippal, ale** • A3 • Soudé. Le pluriel est : *antigrippaux, antigrippales*.
**antigrippe** adj, plur. : **antigrippes** • A3, G18 • Soudé. Adj. pluriel régulier possible dans Antidote.
**antiguerre** adj, n, **des antiguerres** • A3, G18 • Pluriel rég. dans *Vérifiez votre orthographe* (Robert).
**antihaïtien, enne** adj, n • A3 • Soudé. Pas de majuscule.
**antihalo** adj, nm, **des antihalos** • A3, G18 • Adj. pluriel rég. dans *Vérifiez votre orthographe* (Robert).
**antihausse** adj, plur. : **antihausses** • A3, G18 • Pluriel rég. dans *Vérifiez votre orthographe* (Robert).
**antihausse** adj, plur. : **antihausses** • A3, G18 • Pluriel rég. dans *Vérifiez votre orthographe* (Robert).
**antihistorique** adj • A3 • Soudé. Pluriel déjà régulier.

**antiimpérialisme** nm • A3 • Soudé, même s'il y a rencontre de deux *i*.

**antiimpérialiste** adj, n • A3 • Soudé, même s'il y a rencontre de deux *i*.

**antiincendie** adj, plur. : **antiincendies** • A3, G18 • Singulier et pluriel réguliers dans le dictionnaire de l'équipe Franqus.

**antiindépendantisme** nm • A3 • Soudé, même s'il y a rencontre de deux *i*.

**antiindépendantiste** n • A3 • Soudé, même s'il y a rencontre de deux *i*.

**antiinduction** nf • A3 • Soudé, même s'il y a rencontre de deux *i*.

**antiinfectieux, euse** adj, nm • A3 • Soudé, même s'il y a rencontre de deux *i*.

**antiinflammatoire** adj, nm • A3 • Soudé, même s'il y a rencontre de deux *i*.

**antiinflationniste** adj • A3 • Avis favorable pour la soudure dans les travaux des éditions Le Robert.

**antiinondation** adj, plur. : **antiinondations** • A3, G18 • La soudure ainsi que les singulier et pluriel réguliers sont attestés dans *Vérifiez votre orthographe* (éd. Le Robert, 2008).

**antiinstitutionnel, elle** adj • A3 • Soudé, même s'il y a rencontre de deux *i*.

**antiintellectualisme** nm • A3 • Soudé, même s'il y a rencontre de deux *i*.

**antiintellectuel, elle** adj, n • A3 • Soudé, même s'il y a rencontre de deux *i*.

**antiitalien, enne** adj, n • A3 • Soudé, même devant *i*. Pas de majuscule.

**anti-IVG** adj inv, n inv • Inchangé • Le trait d'union est maintenu.

**antimicrobien, enne** adj, nm • A3 • Soudé. Pluriel déjà régulier.

**antimite** adj, nm, **des antimites** • A3, G18 • Soudé. Singulier et pluriel réguliers dans presque tous les dictionnaires.

**antimondialisation** adj, nf, **des antimondialisations** • A3, G18 • Soudé. Pluriel régulier dans *Vérifiez votre orthographe* (Robert). Pour l'adjectif, on dit aussi *antimondialiste*.

**antimousse** adj, nm, **des antimousses** • A3, G18 • Soudé. Adj. pluriel régulier possible dans Antidote.

**antimoussant, ante** adj, nm • A3 • Soudé. Pluriel déjà régulier.

**antinucléaire** adj, n • A3 • Soudé.

**antiodeur** adj, plur. : **antiodeurs** • A3, G18 • Pluriel rég. dans *Vérifiez votre orthographe* (Robert).

**antiœdémateux, euse** adj, nm • A3 • Soudé, même devant *œ*. Voir *œdémateux*.

[anc. *anti-œstrogène] VOIR **antiestrogène** • A3, G8 • Soudé et voir détails sur *estrogène*.

**antioncogène** nm • A3 • Soudé, même devant *o*. Pluriel déjà régulier.

**antioxydant, ante** adj, nm • A3 • Soudé, même devant *o*.

**antipasto** ou **antipasti** nm, **des antipastos** ou **des antipastis** • B2 • Les deux formes sont attestées.

**antipersonnaliste** adj • A3 • Soudé. Pluriel déjà régulier.

**antipersonnel, elle** adj • A3, G18 • Soudé. Le féminin et le pluriel étaient invariables parce que le mot aurait été construit avec un nom (le personnel ennemi). Aujourd'hui, le *Dictionnaire Hachette* lui donne un pluriel régulier, et Antidote et *Vérifiez votre orthographe* (éd. Le Robert, 2008) lui donnent un féminin régularisé (les mines antipersonnelles sont employées contre les personnes, non contre le matériel). Quand il y a concurrence, on choisit la forme la plus régulière.

**antipoison** adj, nm, **des antipoisons** • A3, G18 • Soudé. Adj. plur. régulier dans *Dictionnaire Hachette*.

**antipolio** adj, plur. : **antipolios** • A3, G18 • Soudé. Plur. régulier attesté. Abrév. de *antipoliomyélitique*.

**antipollution** adj, plur. : **antipollutions** • A3, G18 • Le *Dictionnaire Hachette* ainsi que *Vérifiez votre orthographe* (éd. Le Robert) donnent uniquement un pluriel régulier.

**antipub** adj, n, **des antipubs** • A3 • Soudé. Pluriel déjà régulier (*Petit Robert*, Antidote).

**antiquébécois, oise** adj, n • A3, F3 • Soudé. Pas de majuscule. Voir *québécois* pour l'accent aigu.

**antiradar** adj, nm, **des antiradars** • A3, G18 • Les principaux dictionnaires donnent un pluriel régulier.

**antiradiation** adj, plur. : **antiradiations** • A3, G18 • Les principaux dictionnaires donnent un plur. rég.

**antireflet** adj, plur. : **antireflets** • A3, G18 • Soudé. Pluriel régulier dans *Petit Robert, Dictionnaire Hachette, Littré*.

**antirèglementaire** adj (au lieu de *antiréglementaire) • C1 • Était soudé. Accent : voir *règlementation*.

**antirejet** adj, plur. : **antirejets** • A3, G18 • Soudé. Le *Dictionnaire Hachette* ainsi que *Vérifiez votre orthographe* (éditions Le Robert, 2008) donnent uniquement un pluriel régulier.

**antiretour** adj, nm, **des antiretours** • A3, G18 • Même explication que pour *antirejet* (voir ci-dessus).

**anti-Rh** adj inv • Inchangé • Le trait d'union est maintenu.

**antiride** adj, nm, **des antirides** • A3, G18 • Singulier régulier attesté dans *Petit Robert*, *Hachette*, *Littré*.

**antirouille** adj, nm, **des antirouilles** • A3, G18 • Soudé. Pluriel régulier. L'adjectif a un pluriel régulier dans *Dictionnaire Hachette*.

**antisatellite** adj, plur. : **antisatellites** • A3, G18 • Soudé. Pluriel régulier dans *Petit Robert* et *Littré*.

**antiscientifique** adj • A3 • Soudé.

**anti-sous-marin, anti-sous-marine** adj • Inchangé • Exception A3 : puisque *sous-marin* a déjà un trait d'union, *anti* en prend un aussi.

**antistar** nf, **des antistars** • A3 • Soudé. Pluriel déjà régulier.

**antisuie** adj, plur. : **antisuies** • A3, G18 • Soudé. Pluriel régulier possible dans Antidote.

**antisuisse** adj, n • A3 • Soudé. Pas de majuscule.

**antitabac** adj, plur. : **antitabacs** • A3, G18 • Soudé. Pluriel régulier possible dans Antidote.

**antitache** adj, nm, **des antitaches** • A3, G18 • Soudé. Pluriel régulier dans *Petit Robert* et *Littré*.

**antitout** adj, n, **des antitouts** • A3, G18 • Soudé. Pluriel régulier possible dans Antidote.

**antitrust** adj, plur. : **antitrusts** • A3, G18 • Pluriel régulier dans *Petit Robert*, *Hachette*, *Littré*.

**anti-UV** adj inv • Inchangé • Le trait d'union est maintenu.

**anti-VIH** adj inv • Inchangé • Le trait d'union est maintenu.

**antivirus** nm • A3 • Soudé.

**antivol** adj, nm, **des antivols** • A3, G18 • Adj. pluriel rég. dans *Vérifiez votre orthographe* (Robert).

**aout** nm • C2 • L'accent circonflexe disparait sur *u*.

**aoutage** nm • C2 • L'accent circonflexe disparait sur *u*.

**aoutat** nm • C2 • L'accent circonflexe disparait sur *u*.

**aouté, ée** adj • C2 • L'accent circonflexe disparait sur *u*.

**aoutement** nm • C2 • L'accent circonflexe disparait sur *u*.

**aouter** v • C2 • L'accent circonflexe disparait sur *u*.

**aouteron** nm • C2 • L'accent circonflexe disparait sur *u*.

**aoutien, enne** n • C2 • L'accent circonflexe disparait sur *u*.

**à pari** loc adj, loc adv • C4 • Francisation : accent grave sur le *a*.

**apax** nm (au lieu de *hapax) • G2 • *Petit Robert* connait les deux formes. Préférer sans *h* (avis favorable des travaux des éditions Le Robert).

**à-pic** nm, **des à-pics** • B1 • Singulier et pluriel réguliers.

**aplat** nm (au lieu de *à-plat) • G19, G20 • Choisir la soudure (G19) et sans accent (G20) dans tous les sens du mot.

**à postériori** loc adj, loc adv • C4 • Francisation : accent grave sur le *a* (initiative des travaux des éditions Le Robert) et accent aigu sur le *e*. Écriture en deux mots pour la locution adverbiale et la locution adjectivale : *des connaissances à postériori*, comme on écrit *des connaissances à jour*.

**apostériori** « méthode expérimentale » nm, **des apostérioris** • A4, B2, C4 • Le nom est soudé (A4) et son pluriel est régularisé (B2). Accent aigu sur le *e* (francisation, C4).

**apostériorisme** nm • Inchangé • Ce mot était déjà soudé et sans accent.

**apostérioriste** adj, n • Inchangé • Ce mot était déjà soudé et sans accent.

**apostériorité** nf • Inchangé • Ce mot était déjà soudé et sans accent.

**apparaitre** v, **il apparait**, **j'apparaitrai**, **apparaitrais** • C2 • L'accent circonflexe disparait sur *i*.

**apparatchik** nm, **des apparatchiks** • B2 • Francisation : pluriel régulier.

[anc. *appas] VOIR **appâts** • F2 • Dans tous les sens, on écrit ce mot avec l'accent circonflexe et le *t*.

**appât** « nourriture pour attirer les animaux » nm, **des appâts** • Inchangé • S'écrivait déjà ainsi dans ce sens.

**appâts** « charmes physiques, attraits » nm plur (au lieu de *appas) • F2 • Avant 1835, une règle effaçait le *t* au pluriel! Aujourd'hui, on revient au pluriel avec *t* et accent circonflexe, peu importe le sens.

**appeler** v, **j'appelle**, **appellerai**, **appellerais** (mais **appelons**, **vous appeliez**, **appelant**, **appelé**, **j'appelais**, **appelai**) • Inchangé • Exception D1 : conjugaison avec double *l* devant *e* muet.

**appéter** v, **j'appèterai**, **appèterais** • C1 • Accent grave au futur et au conditionnel.

**APPUI-** ou **APPUIE-** (formation de mots composés) • Deux formes • Il existe les variantes *appui-tête* et *appuie-tête*, *appui-bras* et *appuie-bras*, etc. Les formes commençant par *appui-* ne relèvent pas de la règle B1, puisqu'elles sont construites à l'aide d'un nom (*un appui*, *des appuis*) et d'un autre nom (*tête*, *bras*, etc.). Le *Rapport* du CSLF sur les rectifications de l'orthographe ne se prononce pas sur le singulier et le pluriel de mots comme *appui-tête* et *appui-bras*. Pour connaitre leur singulier et leur pluriel habituels, consulter un dictionnaire. Le *Rapport* du CSLF ne choisit pas entre les variantes *appui-...* et *appuie-...* Il ne préfère ni les unes ni les autres (ces formes sont toutes admises), mais il fait des recommandations sur le singulier et le pluriel de celles qui sont construites à partir du verbe *appuie-* (règle B1.1). Les travaux des éditions Le Robert (1991) ont pris l'initiative de favoriser *appuie-* au détriment de *appui-* (peut-être parce que la formation du pluriel est ainsi facilitée), mais il était bien précisé que c'était une initiative prise par Le Robert. André Goosse (*Le bon usage*, éditions 1993 et 2007) est également en faveur de l'emploi de formes telles que *appuie-tête* (au lieu de *appui-tête*), comme l'Académie en 1986. Cependant, il ne s'agit pas d'une recommandation officielle du *Rapport* du CSLF.

**appuie-bras** nm, **des appuie-bras** • B1 (inchangé) • Il existe aussi la variante *appui-bras* (voir *appui-*).

**appuie-côte** nm, **des appuie-côtes** • B1 • Il existe une variante avec *appui-* (voir *appui-*).

**appuie-coude** nm, **des appuie-coudes** • B1 • Il existe aussi la variante *appui-coude* (voir *appui-*).

**appuie-cuisse** nm, **des appuie-cuisses** • B1 • Il existe aussi la variante *appui-cuisse* (voir *appui-*).

**appuie-épaule** nm, **des appuie-épaules** • B1 • Il existe aussi la variante *appui-épaule* (voir *appui-*).

**appuie-flèche** nm, **des appuie-flèches** • B1 • Il existe aussi la variante *appui-flèche* (voir *appui-*).

**appuie-genou** nm, **des appuie-genoux** • B1 • Singulier et pluriel réguliers.

**appuie-jambe** nm, **des appuie-jambes** • B1 • Il existe aussi la variante *appui-jambe* (voir *appui-*).

**appuie-livre** nm, **des appuie-livres** • B1 • Il existe une variante avec *appui-* (voir *appui-*).

**appuie-main** nm, **des appuie-mains** • B1 • Il existe aussi la variante *appui-main* (voir *appui-*).

**appuie-nuque** nm, **des appuie-nuques** • B1 • Il existe aussi la variante *appui-nuque* (voir *appui-*).

**appuie-pied** nm, **des appuie-pieds** • B1 • Il existe une variante avec *appui-* (voir *appui-*).

**appuie-poignet** nm, **des appuie-poignets** • B1 • Singulier et pluriel réguliers.

**appuie-pouce** nm, **des appuie-pouces** • B1 • Singulier et pluriel réguliers.

**appuie-tête** nm, **des appuie-têtes** • B1 • Il existe aussi la variante *appui-tête* (voir *appui-*).

**après-diner** nm, **des après-diners** • B1, C2 • L'accent disparait sur *i*. Singulier et pluriel réguliers. De nos jours, ce nom est vieilli. Les formes *après-diné* (nm) et *après-dinée* (nf) ne sont plus employées.

**après-guerre** nm ou nf, **des après-guerres** • B1 • Sing. et plur. rég. (généralement déjà conformes).

**après-midi** nm ou nf, **des après-midis** • B1 • Singulier et pluriel réguliers.

**après-rasage** nm, **des après-rasages** • B1 • Pluriel régulier.

**après-shampoing** nm, **des après-shampoings** • B1, G20 • Préférer *-poing* et non *-pooing*. Pluriel rég.

**après-ski** nm, **des après-skis** • B1 • Singulier et pluriel réguliers.

**après-soleil** nm, **des après-soleils** • B1 • Pluriel régulier.

**après-vente** adj, nm, **des après-ventes** • B1, G18 • Adj. pluriel rég. attesté dans *Petit Robert*.

**à priori** « à première vue » loc adj, loc adv • C4 • Francisation : accent grave sur le *a* (initiative des travaux des éditions Le Robert, suivie par le RENOUVO). Écriture en deux mots pour la locution adjectivale et la locution adverbiale : *juger à priori*, comme on écrit *juger à perpétuité*.

**apriori** « préjugé » nm, **des aprioris** • A4, B2 • Soudure recommandée par le CSLF pour le nom (A4). Avis favorable des travaux des éditions Le Robert (pour le nom). Le pluriel est régularisé (B2).

**apriorique** ou **aprioristique** ou **aprioritique** adj • Inchangés • Déjà soudés et sans accent.

**apriorisme** nm • Inchangé • Ce mot était déjà soudé et sans accent.

**aprioriste** adj, n • Inchangé • Ce mot était déjà soudé et sans accent.

**apriorité** nf • Inchangé • Ce mot était déjà soudé et sans accent.

**aquavit** nm (au lieu de *akvavit ou *akuavit) • G20 • Avis favorable des travaux des éditions Le Robert. Les trois graphies avaient une prononciation identique.

**arabodollar** nm • A3 • Soudure dans ce cas-ci. Synonyme de *pétrodollar* (selon le *GDT*).

**arabo-musulman, ane** adj, n • Inchangé • Exception A3 : pas de soudure (relation de coordination).

**arac** nm (au lieu de *arak ou *arack) • G10 • Choisir *c* et non *k* ni *ck*.

**arborétum** nm, **des arborétums** • B2, C4 • Francisation : pluriel régulier et accent aigu.

**arcboutant** nm, **des arcboutants** • A5 • Le *Rapport* du CSLF soude ce mot.

**arcbouter** v • A5 • Soudure, comme *arcboutant*.

**arcdoubleau** nm • A5 • Les travaux des éditions Le Robert soudent ce mot.

**arc-en-ciel** nm, **des arcs-en-ciel** • Inchangé • Ce mot n'est pas touché par les règles des rectifications.

**GDT** : Grand dictionnaire terminologique ; **RENOUVO** : Réseau pour la nouvelle orthographe (v. bibliogr.) ; **TLF** : Trésor de la langue française ; **travaux des éditions Le Robert** : voir bibliogr. sous Rey-Debove.

**ARCHI-** (préfixe) • À souder • La plupart des mots avec le préfixe *archi* sont déjà soudés depuis longtemps dans les dictionnaires (composés savants, comme *archidiocèse*). De plus, on emploie librement ce préfixe devant des adjectifs pour marquer un haut degré. La soudure est de mise, J. Hanse et A. Goosse le confirment. Les exemples sont très nombreux (*archicompétent, archifaux, archifou, archiplein, archivieux*). Quelques-uns sont donnés ici à titre indicatif. Voir aussi page 36. Devant *i* et les autres voyelles, il ne faut pas craindre de souder, comme le font les travaux sur les rectifications des éditions Le Robert avec le préfixe *anti*.

**archiconnu, ue** adj • Inchangé • Ce mot avec le préfixe *archi* était déjà soudé (A3), selon nos sources.

**archifacile** adj • A3 • Soudure avec *archi* (préfixe savant).

**archigraphème** nm • Inchangé • Ce mot avec le préfixe *archi* était déjà soudé (A3), selon nos sources.

**archiheureux, euse** adj • A3 • Soudure avec *archi*, même devant *h*.

**archiimportant, ante** adj • A3 • Soudure avec *archi*, même lorsqu'il y a rencontre de deux *i*.

**archipédant, ante** adj • A3 • Soudure avec *archi* (préfixe savant).

**archiprudent, ente** adj • A3 • Soudure avec *archi* (préfixe savant).

**aréner** v, **j'arènerai, arènerais** • C1 • Accent grave au futur et au conditionnel.

**areu** interj (au lieu de *a-reu ou *areuh) • A4, G2 • Soudure (onomatopée, règle A4). Choisir la variante sans *h* (règle G2). Interjection qui imite les sons d'un bébé.

**argiloarénacé, ée** adj • A3 • Soudure avec *argilo* (préfixe savant), même devant *a*.

**argilocalcaire** adj • A3 • Soudure avec *argilo* (préfixe savant).

**argilocalcite** nf • A3 • Soudure avec *argilo* (préfixe savant).

**argiloferrugineux, euse** adj • A3 • Soudure avec *argilo* (préfixe savant).

**argilomagnésien, enne** adj • A3 • Soudure avec *argilo* (préfixe savant).

**argilosablonneux, euse** adj • A3 • Soudure avec *argilo* (préfixe savant).

**argilosilicieux, euse** adj • A3 • Soudure avec *argilo* (préfixe savant).

**argüer** v, **j'argüe, argüais, argüerai, argüerais, argüai, nous argüons, ils argüent, vous argüiez,** etc. • C3 • Ce verbe rime avec *tuer*. Ajout du tréma sur *u* pour éviter la combinaison *gu*. Recommandation du *Rapport* du CSLF, pour éviter une prononciation défectueuse. *Petit Robert*, *Dictionnaire Hachette* et *Littré* confirment (comme le dit le CSLF) que la prononciation rime avec *tuer*, et non avec *narguer*. Ainsi, **il argüe** rime avec *aigüe* ou *rue*, et non avec *il nargue*.

**arioso** nm, **des ariosos** • B2 • Francisation : pluriel régulier.

**ariser** v (au lieu de *arriser) • G17 • Entre les deux, choisir un seul *r*.

**arobas** nm ou **arobase** nf (au lieu de *arrobas ou *arrobase) • G17 • Choisir un seul *r*. Puisque les deux variantes lexicales **arobas** et **arobase** se prononcent différemment, les rectifications ne tranchent pas entre les deux. La forme *arobe* est aussi employée.

**arobe** nf (au lieu de *arrobe) • G17 • Choisir un seul *r*. Ce mot connait d'autres variantes lexicales.

**arole** n • D3 • Un seul *l*.

**arpéger** v, **j'arpègerai, arpègerais** • C1 • Accent grave au futur et au conditionnel.

**arrache-carotte** nm, **des arrache-carottes** • B1 • Singulier et pluriel réguliers.

**arrache-clou** nm, **des arrache-clous** • B1 • Singulier et pluriel réguliers.

**arrache-crampon** nm, **des arrache-crampons** • B1 • Singulier et pluriel réguliers.

**arrache-goupille** nm, **des arrache-goupilles** • B1 • Singulier et pluriel réguliers.

**arrachepied (d')** loc adv • A5 • Le *Rapport* du CSLF soude ce mot.

**arrache-racine** nm, **des arrache-racines** • B1 • Singulier et pluriel réguliers.

**arrache-semence** nm, **des arrache-semences** • B1 • Singulier et pluriel réguliers.

**arrache-sonde** nm, **des arrache-sondes** • B1 • Singulier et pluriel réguliers.

**arrête-bœuf** nm, **des arrête-bœufs** • B1 • Singulier et pluriel réguliers.

**arrête-décomposition** nm, **des arrête-décompositions** • B1 • Singulier et pluriel réguliers.

**arrête-flamme** nm, **des arrête-flammes** • B1 • Singulier et pluriel réguliers.

**arrête-maille** nm, **des arrête-mailles** • B1 • Singulier et pluriel réguliers.

**arrhes** « somme d'argent (gages, acompte) » nf plur • Inchangé • Le *h* est maintenu, puisqu'il n'existe pas de graphie concurrente sans *h*. La règle G2 ne peut donc pas s'appliquer.

**arrière-gout** nm • C2 • L'accent circonflexe disparait sur *u*. Le singulier et le pluriel étaient déjà réguliers (B1).

**arriérer** v, **j'arrièrerai, arrièrerais** • C1 • Accent grave au futur et au conditionnel.

[anc. *arrobas, *arrobase, *arrobe] VOIR **arobas**, **arobase**, **arobe** • G17 • Préférer un seul *r*.

**arrose-mout** nm, **des arrose-mouts** • B1, C2 • Singulier et pluriel réguliers. L'accent disparait sur *u*.

**artéfact** nm • C4 • Francisation : accent aigu.

**aruspice** nm (au lieu de *haruspice) • G2 • Entre les deux, choisir sans *h*.

[anc. *ashanti, *Ashanti] VOIR **achanti**, **Achanti** • G13 • Entre les deux, choisir *ch*.

**ashkénaze** adj, n, **des ashkénazes** • B2 • Francisation : singulier et pluriel réguliers.

**aspidistra** nm, **des aspidistras** • B2 • Pluriel régulier.

**aspirobatteur** nm • A3 • Soudure avec *aspiro* (préfixe savant).

**assafétida** nf, **des assafétidas** • A4, B2, G22 • Cette graphie francisée pour *assa fœtida semble être une initiative de l'Académie française dans sa liste des rectifications. Ce mot connaissait plusieurs autres variantes.

**assèchement** nm • C1 • Accent grave et non accent aigu. Il n'y a qu'une seule prononciation permise selon *Petit Robert* et *Littré* : « assèchement », comme « sèche ». Le CSLF recommande donc d'écrire è. Avis favorable des travaux des éditions Le Robert.

**assécher** v, **j'assècherai**, **assècherais** • C1 • Accent grave au futur et au conditionnel.

**asséner** (au lieu de *assener) v, **j'assènerai**, **assènerais** • C1, F3 • Accent aigu ajouté sur le *e* (F3), car on prononce toujours « asséner ». Accent grave au futur et au conditionnel (C1).

[anc. *asseoir] VOIR **assoir** • F2 • Le *e* de l'infinitif disparait.

**assidument** adv • C2 • L'accent circonflexe disparait sur *u*.

**assiéger** v, **j'assiègerai**, **assiègerais** • C1 • Accent grave au futur et au conditionnel.

**assoir** v (au lieu de *asseoir) • F2 • Sans *e*, comme c'est déjà le cas dans *il s'assoit, il s'assoira*. Le *e* ne se prononce plus. *Assoir* et sa famille (*rassoir*, *messoir*, *soir*, *sursoir*) s'écrivent désormais comme *voir* (ancien français *veoir), *choir* (ancien français *cheoir), etc.

**asti** nm, **des astis** • B2 • Francisation : pluriel régulier.

**astracan** nm (au lieu de *astrakan) • G10 • Entre les deux variantes, choisir *c* et non *k*.

**atémi** nm, **des atémis** • B2, C4 • Pluriel régulier et accent aigu.

**à tempéra** (au lieu de *a tempera) loc adj, loc adv • C4 • Accent grave sur le *a* (initiative des travaux des éditions Le Robert) et accent aigu sur le *e* pour franciser. On dit aussi : *à la tempéra*.

**atoll** nm, **des atolls** • B2 • Pluriel régulier.

**atrioventriculaire** adj • A3 • Soudure avec *atrio* (préfixe savant).

**atrium** nm, **des atriums** • B2 • Pluriel régulier.

**attache-queue** nm, **des attache-queues** • B1 • Singulier et pluriel réguliers.

**attache-ski** nm, **des attache-skis** • B1 • Singulier et pluriel réguliers.

**atteler** v, **j'attèle**, **attèlerai**, **attèlerais** • D1 • Conjugaison *-èle* au lieu de *-elle*.

**attorney** n, **des attorneys** • B2 • Pluriel régulier.

**attrape-bobine** nm, **des attrape-bobines** • B1 • Singulier et pluriel réguliers.

**attrape-canette** (au lieu de *attrape-cannette ou *attrape-canettes) nm, **des attrape-canettes** • B1, G17 • Singulier et pluriel réguliers. Choisir un seul *n*. Voir *canette*.

**attrape-chaine** nm, **des attrape-chaines** • B1, C2 • Singulier et plur. réguliers. L'accent disparait sur *i*.

**attrape-couillon** nm, **des attrape-couillons** • B1 • Singulier et pluriel réguliers.

**attrape-gogo** nm, **des attrape-gogos** • B1 • Singulier et pluriel réguliers.

**attrape-l'œil** nm inv • Inchangé • Ce mot n'est pas construit sur le modèle « verbe + nom » (B1), mais « verbe + article + nom » (le déterminant singulier bloque la formation du pluriel).

**attrape-mouche** nm, **des attrape-mouches** • B1 • Singulier et pluriel réguliers.

**attrape-nigaud** nm, **des attrape-nigauds** • B1 • Singulier et pluriel réguliers.

**attrape-pluie** nm, **des attrape-pluies** • B1 • Singulier et pluriel réguliers.

**attrape-poussière** nm, **des attrape-poussières** • B1 • Singulier et pluriel réguliers.

**attrapetout** adj, plur : **attrapetouts** • A5 • Les mots composés d'un verbe + *tout* sont soudés.

**auburn** adj, plur. : **auburns** • B2 • Pluriel régularisé (mot étranger). L'Académie y est favorable.

**audimutité** nf • A3 • Soudure avec *audi* (préfixe savant).

**audio** adj, plur. : **audios** • G18 • Le plur. rég. de l'adjectif est attesté (celui du nom était déjà régulier).

**audiobrouillage** nm • A3 • Soudure avec *audio* (préfixe savant).

**audiocassette** nf • A3 • Soudure avec *audio* (préfixe savant).

**audiodosimètre** nm • A3 • Soudure avec *audio* (préfixe savant).
**audioguide** nm • A3 • Soudure avec *audio* (préfixe savant).
**audioguidé** adj • A3 • Soudure avec *audio* (préfixe savant).
**audiolecteur** nm • A3 • Soudure avec *audio* (préfixe savant).
**audionumérique** adj • A3 • Soudure avec *audio* (préfixe savant).
**audiooral, ale** adj • A3 • Soudure avec *audio* (préfixe savant), même s'il y a rencontre de deux *o*.
**audioscriptovisuel, elle** adj, nm • A3 • Soudure de l'ancienne forme *audio-scripto-visuel.
**audiovidéo** nm ou nf, **des audiovidéos** • A3 • Soudure avec *audio* (préfixe savant).
**audiovidéothèque** nf • A3 • Soudure avec *audio* (préfixe savant).
**audiovisuel** nm • A3 • Soudure avec *audio* (préfixe savant).
**audiovisuel, elle** adj • A3 • Soudure avec *audio* (préfixe savant).
**auditorium** nm, **des auditoriums** • B2 • Pluriel régulier.
**aulofée** nf (au lieu de *auloffée) • G17 • Choisir un seul *f*, selon les travaux des éditions Le Robert.
**aunaie** ou **aulnaie** nf • Au choix • Choisir la graphie selon la prononciation souhaitée.
**aune** ou **aulne** « arbre » nm • Au choix • Choisir la graphie selon la prononciation souhaitée.
**auriculocardiaque** adj • A3 • Soudure avec *auriculo* (préfixe savant).
**auriculoorbitaire** adj • A3 • Soudure avec *auriculo* (préfixe savant), même lorsqu'il y a rencontre de deux *o*. On trouve parfois *auriculorbitaire* (haplologie : effacement de l'un des deux *o*), mais ce phénomène ne relève pas des rectifications. La prononciation est d'ailleurs différente.
**auriculotemporal, ale** adj • A3 • Soudure avec *auriculo* (préfixe savant).
**auriculoventriculaire** adj • A3 • Soudure avec *auriculo* (préfixe savant).
**auroch** nm, **des aurochs** • B2 • Francisation : singulier et pluriel réguliers.
**aussière** « gros cordage » nf (au lieu de *haussière) • G2 • Il existait deux façons d'écrire ce mot dans ce sens : la graphie sans *h* est recommandée.
**austro-asiatique** adj • Inchangé • Exception A3 : pas de soudure (coordination, famille de langues).
**austro-hongrois, oise** adj • Inchangé • Exception A3 : pas de soudure (relation de coordination).
**AUTO-** (préfixe) • À souder • La plupart des mots avec le préfixe *auto* sont déjà soudés : la consultation d'un dictionnaire récent suffit pour le confirmer. Seuls les cas jugés utiles sont signalés ici. De nombreux mots peuvent être créés avec ce préfixe. Il est impossible de tous les répertorier. Note : on ne soude pas devant *i* et *u*, pour éviter une prononciation fautive (*oi* et *ou*). Remarque : certains mots ne sont pas construits avec le préfixe *auto* signifiant « par soi-même » (règle A3), mais avec l'abréviation de *automobile* (*une auto*) comme *autoroute* ou *autoécole* (G19).
**autoaccusateur, trice** adj, n • A3 • Soudure avec *auto* (préfixe savant), même devant *a*.
**autoaccusation** nf • A3 • Soudure avec *auto* (préfixe savant), même devant *a*.
**autoadhésif, ive** adj • A3 • Soudure avec *auto* (préfixe savant), même devant *a*.
**autoalarme** nf • A3 • Soudure avec *auto* (préfixe savant), même devant *a*.
**autoallumage** nm • A3 • Soudure avec *auto* (préfixe savant), même devant *a*.
**autoamorçage** nm • A3 • Soudure avec *auto* (préfixe savant), même devant *a*.
**autoanalyse** nf • A3 • Soudure avec *auto* (préfixe savant), même devant *a*.
**autoanticorps** nm • A3 • Soudure avec *auto*, même devant *a*. L'élément *anti* était déjà soudé.
**autoantigène** nm • A3 • Soudure avec *auto*, même devant *a*. L'élément *anti* était déjà soudé.
**autoapprenant, ante** adj, n • A3 • Soudure avec *auto* (préfixe savant), même devant *a*.
**autoapprentissage** nm • A3 • Soudure avec *auto* (préfixe savant), même devant *a*.
**autoavortement** nm • A3 • Soudure avec *auto* (préfixe savant), même devant *a*.
**autocaravane** nf • G19 • Choisir la soudure. Mot construit sur l'abréviation de *automobile* (*une auto*). Le mot est maintenant soudé dans les dictionnaires.
**autocoat** « pardessus pour automobiliste » nm (au lieu de *auto-coat) • A4 • Soudure (*TLF*).
**autocontrôle** nm • A3 • Soudure avec *auto* (préfixe savant).
**autocorrection** nf • A3 • Soudure avec *auto* (préfixe savant).
**autocorriger** v • A3 • Soudure avec *auto* (préfixe savant).
**autocouchette** adj, nf (au lieu de *autos-couchettes ou *autocouchettes) • G18, G19 • Choisir la soudure. Avis favorable des travaux des éditions Le Robert, et la soudure est attestée aussi dans *Dictionnaire Hachette*, *Petit Larousse*, *Petit Robert* et *Littré*. Le pluriel du nom et de l'adjectif est *autocouchettes*. Il ne s'agit pas du préfixe (A3), mais de l'abréviation de *automobile* (*une auto*).

**autocueillette** nf • A3 • Soudure avec *auto* (préfixe savant).
**autodépréciation** nf • A3 • Soudure avec *auto* (préfixe savant).
**autoécole** nf, **des autoécoles** • G19 • Choisir la soudure. Avis favorable des travaux des éditions Le Robert, et la soudure est attestée notamment dans *Dictionnaire Hachette*, *Petit Robert* et *Littré*. Il ne s'agit pas du préfixe (A3), mais de l'abréviation de *automobile* (*une auto*).
**autoélévateur, trice** adj • A3 • Soudure avec *auto* (préfixe savant).
**autoémancipation** nf • A3 • Soudure avec *auto* (préfixe savant), même devant *é*.
**autoépuration** nf • A3 • Soudure avec *auto* (préfixe savant), même devant *é*.
**autoérotique** adj • A3 • Soudure avec *auto* (préfixe savant), même devant *é*.
**autoérotisme** nm • A3 • Soudure avec *auto* (préfixe savant), même devant *é*.
**autoévaluation** nf • A3 • Soudure avec *auto* (préfixe savant), même devant *é*.
**autoévaluer (s')** v • A3 • Soudure avec *auto* (préfixe savant), même devant *é*.
**autoexamen** nm • A3 • Soudure avec *auto* (préfixe savant), même devant *e*.
**autoexcitateur, trice** adj, nm • A3 • Soudure avec *auto* (préfixe savant), même devant *e*.
**autoflagellation** nf • A3 • Soudure avec *auto* (préfixe savant).
**autogérer (s')** v, **je m'autogèrerai, m'autogèrerais** • A3, C1 • Soudure avec *auto* (préfixe savant). Accent grave au futur et au conditionnel.
**auto-immun, une** adj • Inchangé • Exception A3 : trait d'union entre *o* et *i* pour éviter *oi* ou *oim*.
**auto-immunisation** nf • Inchangé • Exception A3 : trait d'union entre *o* et *i* pour éviter *oi* ou *oim*.
**auto-immunitaire** adj • Inchangé • Exception A3 : trait d'union entre *o* et *i* pour éviter *oi* ou *oim*.
**auto-immunité** nf • Inchangé • Exception A3 : trait d'union entre *o* et *i* pour éviter *oi* ou *oim*.
**auto-imposition** nf • Inchangé • Exception A3 : trait d'union maintenu entre *o* et *i* pour éviter *oi* ou *oim*.
**auto-impressionnisme** nm • Inchangé • Exception A3 : trait d'union entre *o* et *i* pour éviter *oi* ou *oim*.
**auto-inductance** nf • Inchangé • Exception A3 : trait d'union entre *o* et *i* pour éviter *oi* ou *oin*.
**auto-induction** nf • Inchangé • Exception A3 : trait d'union entre *o* et *i* pour éviter *oi* ou *oin*.
**auto-infection** nf • Inchangé • Exception A3 : trait d'union maintenu entre *o* et *i* pour éviter *oi* ou *oin*.
**auto-infliger (s')** v • Inchangé • Exception A3 : trait d'union maintenu entre *o* et *i* pour éviter *oi* ou *oin*.
**auto-injecteur** nm • Inchangé • Exception A3 : trait d'union maintenu entre *o* et *i* pour éviter *oi* ou *oin*.
**auto-inscription** nf • Inchangé • Exception A3 : trait d'union maintenu entre *o* et *i* pour éviter *oi* ou *oin*.
**auto-intoxication** nf • Inchangé • Exception A3 : trait d'union maintenu entre *o* et *i* pour éviter *oi* ou *oin*.
**auto-inversion** nf • Inchangé • Exception A3 : trait d'union maintenu entre *o* et *i* pour éviter *oi* ou *oin*.
**auto-ironie** nf • Inchangé • Exception A3 : trait d'union maintenu entre *o* et *i* pour éviter *oi*.
**automédication** nf • A3 • Soudure avec *auto* (préfixe savant).
**autoneige** nf • G19 • Choisir la soudure. Mot construit sur l'abréviation de *automobile* (*une auto*). Le mot est maintenant soudé dans les dictionnaires.
**autoorganisateur, trice** adj • A3 • Soudure avec *auto,* même s'il y a rencontre de deux *o*.
**autoorientable** adj • A3 • Soudure avec *auto,* même s'il y a rencontre de deux *o*.
**autopatrouille** nf, **des autopatrouilles** • G19 • Choisir la soudure. Il ne s'agit pas du préfixe (A3), mais de l'abréviation de *automobile* (*une auto*). Parfois critiqué : calque de l'anglais *patrol car*.
**autopollinisation** nf • A3 • Soudure avec *auto* (préfixe savant).
**autoproduction** nf • A3 • Soudure avec *auto* (préfixe savant).
**autopropulsé, ée** adj • A3 • Soudure avec *auto* (préfixe savant).
**autorèglementation** nf • C1 • Ce mot était déjà soudé, mais l'accent est corrigé. Voir *règlementation*.
**autorégulation** nf • A3 • Soudure avec *auto* (préfixe savant).
**autorenouvèlement** nm • D1 • Était déjà soudé. Pour l'accent grave, voir *renouvèlement*.
**autoreverse** (anglic.) adj, nm, **des autoreverses** • A3, A4 • Soudure (mot anglais et préfixe *auto*).
**autorythmicité** nf • A3 • Soudure avec *auto* (préfixe savant).
**autostop** nm • G19 • Choisir la soudure. Le CSLF le confirme. Avis favorable des travaux des éditions Le Robert. La soudure est attestée dans *Dictionnaire Hachette*, *Petit Robert* et *Littré*. Le pluriel (rare) est *autostops*. Il ne s'agit pas du préfixe (A3), mais de l'abréviation de *automobile* (*une auto*).
**autostoppeur, euse** n • G19 • Choisir la soudure. Voir la remarque sur *autostop*.
**autovaccin** nm • A3 • Soudure avec *auto* (préfixe savant).

**avaletout** n, **des avaletouts** • A5 • Les mots composés d'un verbe + *tout* sont soudés.

**avance-bande** nm, **des avance-bandes** • B1 • Singulier et pluriel réguliers.

**avance-barre** nm, **des avance-barres** • B1 • Singulier et pluriel réguliers.

**avance-papier** nm, **des avance-papiers** • B1 • Singulier et pluriel réguliers.

**avance-pétard** nm, **des avance-pétards** • B1 • Singulier et pluriel réguliers.

**avant-centre** n • Non touché par la règle B1 • Il s'agit du nom *un avant (des avants)*, et non de la préposition. Le pluriel de nos jours est *des avants-centres*.

**avant-gout** nm, **des avant-gouts** • C2 • Circonflexe disparait sur *u*. Sing. et plur. déjà réguliers (B1).

**avant-guerre** nm ou nf, **des avant-guerres** • B1 • Sing. et plur. rég. (généralement déjà conformes).

**avant-midi** nm ou nf, **des avant-midis** • B1 • Singulier et pluriel réguliers.

**Ave Maria** ou **Ave** « prière » nm • Valeur de citation (B2, C4) • Deux premiers mots d'une prière en latin. Les rectifications les laissent donc invariables et sans accent. Majuscules (selon les dictionnaires) et parfois italique. Le *TLF* et le *Littré* permettent l'accent aigu (*avé* ou *Avé*). J. Hanse dit que l'accent aigu s'emploie surtout quand *avé* a le sens de « grain de chapelet ». C'est également ce que dit le *Grand Larousse*, avec minuscule et accent : *avé*. Voir aussi page 38.

**avenir** « sommation » nm (au lieu de *à-venir) • G19, G20 • Choisir soudé (G19) et sans accent (G20).

**avérer (s')** v, **je m'avèrerai, m'avèrerais** • C1 • Accent grave au futur et au conditionnel.

**aviso** nm, **des avisos** • B2 • Pluriel régulier.

**avoir** v, **eussè-je** (au lieu de *eussé-je) • C1 • Accent grave devant *-je* (forme interrogative rare).

**avonculaire** adj (au lieu de *avunculaire) • G3 • L'Académie donne la graphie avec *on* dans sa liste de graphies rectifiées. Verlaine écrivait avec *on* (*TLF*).

**avonculat** nm (au lieu de *avunculat) • G3 • Graphie *on* au lieu de *un*.

**axoaxonique** adj • A3 • Soudure avec *axo* (préfixe savant).

**axodendritique** adj • A3 • Soudure avec *axo* (préfixe savant).

**axosomatique** adj • A3 • Soudure avec *axo* (préfixe savant).

**ayurvéda** nm (au lieu de *ayur-veda), **des ayurvédas** • A4, B2, C4 • Soudure, pluriel régulier, accent.

**azuléjo** nm • C4 • Francisation : accent aigu.

# B

**baba** « ébahi, stupéfait » adj, plur. : **babas** • G18 • De nos jours, on choisit le pluriel régulier.

**baby** (anglic.) adj, nm, **des babys** • B2 • Pluriel régulier.

**babyblues** nm (anglic.) • A4 • Soudure (mot étranger).

**babyboum** (anglic.) nm (au lieu de *baby-boum ou *baby-boom) • A4, G9 • Soudure (mot étranger). Entre les deux terminaisons *ou* et *oo* coexistantes, choisir *ou*.

**babyboumeur, euse** n • A4, G9, G21 • Soudure (mot étranger). Il existe une variante avec *ou* (comme dans *babyboum*) : elle est recommandée. La terminaison française est aussi recommandée.

**babysitteur** (anglic.) n (le fém. **babysitteuse** est aussi admis) • A4, G21 • Soudure et francisation de la terminaison. Le choix de la forme au féminin ne relève pas des rectifications.

**babysitting** nm (anglic.) • A4 • Soudure (mot étranger).

**bacante** « moustache » nf (au lieu de *bacchante) • G10, G17 • En ce sens, choisir *c* (non *ch*). Un seul *c*.

**bacchanal** nm, **bacchanale** nf, **bacchanales** nf plur • Inchangé • Il n'y a pas de graphie concurrente sans *h* ou avec un seul *c*. On maintient donc les lettres *cch*.

**bacchante** « prêtresse de Bacchus » nf • Inchangé • En ce sens, il n'y a pas de graphie concurrente.

[anc. *bacchante] VOIR **bacante** « moustache » nf • G10, G17 • En ce sens, choisir *c* (non *ch*). Un seul *c*.

**bachibouzouk** nm • A4 • Soudure (mot étranger).

**bachole** nf • D3 • Un seul *l*.

**backloadeur** nm (anglic.) • A4, G21 • Soudure. Terminaison *-eur* comme *loadeur*.

**backup** nm (anglic.), **des backups** • A4, B2 • Soudure et pluriel régulier (mot étranger). Employer plutôt un terme français.

**badlands** (anglic.) nf plur (au lieu de *bad-lands ou *bad lands) • A4 • Soudure selon les travaux des éditions Le Robert.

**baeckeofe** nm (au lieu de *baeckeoffe) • G17 • Entre ces deux variantes, choisir celle avec un seul *f*.

**bagad** nm, **des bagads** • B2 • Plur. rég. Le pluriel était : des *bagadou. Formation musicale bretonne.

**baguel** nm (au lieu de *bagel) • G22 • L'Office québécois de la langue française recommande *gu*, plus conforme à la prononciation. Cette graphie francisée est attestée dans le *Dictionnaire Hachette* et le *GDT*.

**baisemain** nm • G19 • Entre les deux, préférer la forme soudée.

**baisoter** v • D3 • Un seul *t* : ce verbe est construit avec le suffixe diminutif *-oter*.

**bakchich** nm, **des bakchichs** • B2 • Francisation : pluriel régulier.

**baklava** nm, **des baklavas** • B2 • Pluriel régulier.

**baladodiffusion** nf • Inchangé • Déjà soudé avec *balado* (A3) dans *GDT*, *Petit Larousse*, *Petit Robert*.

**balalaïka** nm, **des balalaïkas** • B2 • Pluriel régulier.

**balanoposthite** nf • A3 • Soudure avec *balano* (préfixe savant).

**balanopréputial, ale** adj, nf • A3 • Soudure avec *balano* (préfixe savant).

**bale** « enveloppe des graines de céréales » nf • G17 • En ce sens, privilégier un seul *l*. On rencontre aussi plus rarement *bâle* (autre prononciation).

**ballotage** nm (au lieu de *ballottage) • D3 • Ce mot est de la famille de *balloter*.

**ballotement** nm (au lieu de *ballottement) • D3 • Ce mot est de la famille de *balloter*.

**balloter** v (au lieu de *ballotter) • D3 • Il y avait hésitation sur l'étymologie, et les deux graphies coexistent : dans ce cas, on fixe la graphie en *-oter*. Avis favorable des travaux des éd. Le Robert.

**ballotin** « boite en carton pour emballer les confiseries, petit ballot » nm • Inchangé • Ce nom avait déjà un seul *t*, il est construit sur *ballot*.

**ballotine** nf (au lieu de *ballottine) • D3 • Ce mot est de la famille de *balloter*.

**balltrap** nm (anglic.) • A4 • Soudure (mot étranger).

**balouba** « relatif à une ethnie du Zaïre » adj (au lieu de *baluba) • G9 • Préférer *ou*. On dit aussi *luba*.

**Balouba** « membre d'une ethnie du Zaïre » n (au lieu de *Baluba) • G9 • Préférer *ou*. On dit aussi *un(e) Luba*.

**bamoum** adj (au lieu de *bamum) • G9 • Entre les deux, préférer *ou* et non *u*.

**Bamoum** « habitant du sud-ouest du Cameroun » n (au lieu de *Bamum) • G9 • Choisir *ou*.

**bandana** nm, **des bandanas** • B2 • Pluriel régulier.

**bandérilléro** nm • C4 • Francisation : accents aigus.

**banqueter** v, **je banquète, banquèterai, banquèterais** • D1 • Conjugaison *-ète* au lieu de *-ette*.

**bantou, bantoue** « relatif aux Bantous » adj (au lieu de *bantu) • G9 • Préférer la variante avec *ou*. Pluriel : *bantous*. Féminin : *bantoue*.

**bantou** « langue » nm (au lieu de *bantu) • G9 • Préférer la variante avec *ou*.

**Bantou, Bantoue** « habitant d'Afrique centrale » n • G9 • Préférer la variante avec *ou*. Pluriel : *Bantous*. Féminin : *une Bantoue*.

**barbote** nf (au lieu de *barbotte) • G17 • Entre les deux, choisir un seul *t*.

**barcarole** nf • D3 • Un seul *l*.

**baréter** v, **je barèterai, barèterais** • C1 • Accent grave au futur et au conditionnel.

**barman** nm, **des barmans** • B2 • Pluriel régulier.

**barmitsva** nf (au lieu de *bar-mitsvah), **des barmitsvas** • A4, B2, G2 • Soudure, pluriel régulier, sans *h*.

**barocoromantique** adj • A3 • Soudure avec le préfixe *baroco*.

**barootite** nf • A3 • Soudure avec *baro* (préfixe savant), même lorsqu'il y a rencontre de deux *o*.

**barorécepteur** nm • A3 • Soudure avec *baro* (préfixe savant).

**baroréflexe** nm • A3 • Soudure avec *baro* (préfixe savant).

**barorelai** nm (au lieu de *baro-relais ou *barorelais) • A3, F2 • Soudure et voir *relai*. En astronautique.

**barorythmeur** nm • A3 • Soudure avec *baro* (préfixe savant).

**barquerole** nf • D3 • Un seul *l*.

**barzoï** nm, **des barzoïs** • B1 • Pluriel régulier.

**Bas-Alpin, ine** n • Inchangé • Seuls certains mots ciblés avec *bas-* ont été soudés.

**Bas-Arctique** nm • Inchangé • Seuls certains mots ciblés avec *bas-* ont été soudés.

**bas-bleu** nm • Inchangé • Seuls certains mots ciblés avec *bas-* ont été soudés.

**Bas-Canada** nm • Inchangé • Seuls certains mots ciblés avec *bas-* ont été soudés.

**bas-côté** nm • Inchangé • Seuls certains mots ciblés avec *bas-* ont été soudés.

**bas-cuissarde** nm • Inchangé • Seuls certains mots ciblés avec *bas-* ont été soudés.

**bas-culotte** nm • Inchangé • Seuls certains mots ciblés avec *bas-* ont été soudés.
**baseball** nm • A4 • Soudure (mot étranger).
**Bas-Empire** nm • Inchangé • Seuls certains mots ciblés avec *bas-* ont été soudés.
**basfond** nm • A5 • Soudure. Ce mot était dans la liste du RENOUVO.
**bas-jointé, ée** adj • Inchangé • Seuls certains mots ciblés avec *bas-* ont été soudés.
**basketball** nm • A4 • Soudure (mot étranger).
**bas-laurentien, enne** adj • Inchangé • Seuls certains mots ciblés avec *bas-* ont été soudés.
**Bas-Laurentien, enne** n • Inchangé • Seuls certains mots ciblés avec *bas-* ont été soudés.
**bas-mât** nm • Inchangé • Seuls certains mots ciblés avec *bas-* ont été soudés.
**bas-métier** nm • Inchangé • Seuls certains mots ciblés avec *bas-* ont été soudés.
**bas-officier** nm • Inchangé • Seuls certains mots ciblés avec *bas-* ont été soudés.
**bas-parc** nm • Inchangé • Seuls certains mots ciblés avec *bas-* ont été soudés.
**bas-relief** nm • Inchangé • Seuls certains mots ciblés avec *bas-* ont été soudés.
**bas-rhénan** nm • Inchangé • Seuls certains mots ciblés avec *bas-* ont été soudés.
**Bas-Rhin** nm • Inchangé • Seuls certains mots ciblés avec *bas-* ont été soudés.
**bas-rhinois, oise** adj • Inchangé • Seuls certains mots ciblés avec *bas-* ont été soudés.
**Bas-Rhinois, oise** n • Inchangé • Seuls certains mots ciblés avec *bas-* ont été soudés.
**Bas-Richelieu** nm • Inchangé • Seuls certains mots ciblés avec *bas-* ont été soudés.
**bas-ris** nm • Inchangé • Seuls certains mots ciblés avec *bas-* ont été soudés.
**Bas-Saint-Laurent** nm • Inchangé • Seuls certains mots ciblés avec *bas-* ont été soudés.
**Basse-Californie** nf • Inchangé • Seuls certains mots ciblés avec *basse-* ont été soudés.
**bassecontre** nf, **des bassecontres** • A5 • Le *Rapport* du CSLF soude ce mot avec *basse*.
**bassecontriste** nm • A5 • Le *Rapport* du CSLF soude ce mot avec *basse*.
**Basse-Côte-Nord** nf • Inchangé • Seuls certains mots ciblés avec *basse-* ont été soudés.
**bassecour** nf, **des bassecours** • A5 • Le *Rapport* du CSLF soude ce mot avec *basse*.
**bassecourier, ère** n, **des bassecouriers, ières** • A5 • Le *Rapport* du CSLF soude ce mot avec *basse*.
**bassedanse** nf, **des bassedances** • A5 • Soudure. Ce mot était dans la liste du RENOUVO.
**basse-falaise** nf • Inchangé • Seuls certains mots ciblés avec *basse-* ont été soudés.
**bassefosse** nf, **des bassefosses** • A5 • Soudure. Ce mot était dans la liste du RENOUVO.
**basse-futaie** nf • Inchangé • Seuls certains mots ciblés avec *basse-* ont été soudés.
**basselice** nf, **des basselices** • A5 • Soudure. Variante de *basselisse*.
**basselicier, ère** n, **des basseliciers, ères** • A5 • Soudure. Variante de *basselissier*.
**basselisse** nf, **des basselisses** • A5 • Le *Rapport* du CSLF soude ce mot avec *basse*.
**basselissier, ère** n, **des basselissiers, ères** • A5 • Le *Rapport* du CSLF soude ce mot avec *basse*.
**Basse-Normandie** nf • Inchangé • Seuls certains mots ciblés avec *basse-* ont été soudés.
**basse-oblique** nf • Inchangé • Seuls certains mots ciblés avec *basse-* ont été soudés.
**bassetaille** nf, **des bassetailles** • A5 • Le *Rapport* du CSLF soude ce mot avec *basse*.
**Basse-Terre** nom propre • Inchangé • Seuls certains mots ciblés avec *basse-* ont été soudés.
**basse-terrien, enne** adj • Inchangé • Seuls certains mots ciblés avec *basse-* ont été soudés.
**Basse-Terrien, enne** n • Inchangé • Seuls certains mots ciblés avec *basse-* ont été soudés.
**basse-tige** nf • Inchangé • Seuls certains mots ciblés avec *basse-* ont été soudés.
**basse-ville** (parfois **basse ville**) nf • Inchangé • Seuls certains mots ciblés avec *basse-* ont été soudés.
**basse-voile** nf • Inchangé • Seuls certains mots ciblés avec *basse-* ont été soudés.
**bas-vannetais** nm • Inchangé • Seuls certains mots ciblés avec *bas-* ont été soudés.
**bas-ventre** nm • Inchangé • Seuls certains mots ciblés avec *bas-* ont été soudés.
**bateler** v, **je batèle, batèlerai, batèlerais** • D1 • Conjugaison *-èle* au lieu de *-elle*.
**bat-flanc** nm, **des bat-flancs** • B1 • Singulier et pluriel réguliers.
**baywindow** nf (anglic.) • A4 • Soudure (mot étranger).
**bazooka** nm, **des bazookas** • B2 • Pluriel régulier.
**bebop** nm, **des bebops** • A4 • Soudure (onomatopée d'origine étrangère).
[anc. *because] VOIR **bicause** (anglic.) conj, prép • G20 • Voir l'explication sur *bicause*.

***** : graphie ancienne à ne plus utiliser; **A1, A2, A3, B1...** : codes qui renvoient aux règles (p. 17 à 34); **anc.** : anciennement; **anglic.** : anglicisme à éviter; **CSLF** : Conseil supérieur de la langue (voir bibliogr.).

**becfigue** nm • Inchangé • De nos jours, ce nom d'oiseau est toujours écrit en un mot.

**becfin** « sorte d'oiseau (becfigue) » nm (au lieu de *bec-fin), **des becfins** • G19 • Choisir la graphie soudée (présente dans *Dictionnaire Hachette* et dans les travaux des éditions Le Robert).

**bêcheveter** v, **je bêchevète, bêchevèterai, bêchevèterais** • D1 • Conjugaison *-ète* au lieu de *-ette*.

**becquer** v (ou VOIR **béquer**). Conjugaison régulière : **je becque, becquais, becquerai, becquerais** • Inchangé • Frapper avec le bec, ou embrasser (fam.). On emploie aussi *béquer*.

**becqueter** « piquer avec son bec, ou manger (fam.) » (ou VOIR **bèqueter** ou **becter**) v, **je becquète, becquèterai, becquèterais** • D1 • Conjugaison *-ète* au lieu de *-ette*. On emploie aussi *bèqueter* ou *becter*.

**becter** v (ou VOIR **becqueter** ou **bèqueter**). Conjugaison régulière : **je bectais, bectai, nous bectons, vous bectiez, bectant, becté, ils bectent, je becte, becterai, becterais** • Inchangé • Manger (fam.) ou parfois : piquer avec son bec. On emploie aussi *becqueter* ou *bèqueter*.

**bégu, bégüe** adj • C3 • Au féminin, tréma sur le *u* (et non sur le *e* muet).

**béhaviorisme** nm ou **béhaviourisme** (selon la prononciation) • C4 • La prononciation française demande l'accent aigu sur le *e*. Choisir *o* ou *ou* selon la prononciation souhaitée (plus souvent *o*).

**béhavioriste** adj, n ou **béhaviouriste** (selon la prononciation) • C4 • Voir l'explication sur *béhaviorisme*.

**belcantiste** n • A4 • Soudure. Dérivé du nom d'origine étrangère *belcanto*.

**belcanto** nm, **des belcantos** • A4, B2 • Soudure (et non *bel canto) et pluriel régulier (mot étranger).

**belgo-congolais, aise** adj • Inchangé • Exception A3 : pas de soudure (relation de coordination).

**belgo-français, aise** adj • Inchangé • Exception A3 : pas de soudure (relation de coordination).

**bélitre** (au lieu de *belître) nm • C2, F3 • L'accent disparait sur *i*. Ajout de l'accent aigu manquant.

**beloter** v • D3 • Choisir *-oter* et non *-otter*. De *Belot*, nom de l'inventeur de la belote (jeu).

**bélouga** nm (au lieu de *beluga ou *béluga) • C4, G9 • Francisation : accent aigu sur le *e* (C4). La deuxième syllabe se prononce toujours « ou », peu importe le sens (cétacé, petit yacht ou caviar). Entre les variantes coexistantes, choisir *ou* et non *u* (G9).

**bénédicité** nm, **des bénédicités** • Inchangé • Ce mot était déjà toujours accentué (C4) en 1990, comme s'il avait perdu sa valeur de citation (premier mot d'une prière en latin - voir page 38). Les dictionnaires lui donnent toujours un pluriel régulier.

**benoit, oite** « bon, doux » adj • C2 • L'accent circonflexe disparait sur le *i* de l'adjectif.

**Benoit** ou **Benoît** noms propres de personnes • Inchangé • Les noms propres ne sont pas touchés par la règle C2, alors les deux orthographes continuent de coexister comme avant, selon les personnes.

**benoite** « plante » nf • C2 • L'accent circonflexe disparait sur le *i* du nom commun.

**Benoite** ou **Benoîte** noms propres féminins • Inchangé • Voir la note sur *Benoit ou Benoît*.

**benoitement** adv • C2 • L'accent circonflexe disparait sur *i*.

**bèquer** (ou VOIR **becquer**) v, **je bèquerai, bèquerais** • C1 • Accent grave au futur et au conditionnel. Frapper avec le bec, ou embrasser (fam.). On emploie aussi *becquer*.

**bèqueter** (au lieu de *béqueter) v (ou VOIR **becqueter** ou **becter**), **je bèquetais, bèquetai, nous bèquetons, vous bèquetiez, bèquetant, bèqueté,** mais **ils béquètent, je béquète, béquèterai, béquèterais** • C1, D1 • Accent grave si la syllabe qui suit contient le son « e » (*bèque...*) (C1) ; accent aigu si la syllabe qui suit contient « è » (*béquè...*). Voir page 39. Se conjugue comme *acheter* : conjugaison *-ète* au lieu de *-ette* (D1). Piquer avec son bec, ou manger (fam.). On emploie aussi *becqueter* ou *becter*.

**bernard-l'ermite** nm inv (au lieu de *bernard-l'hermite) • G2 • Entre les deux, choisir sans *h*.

**besaigüe** nf • C3 • Tréma sur *u* (et non sur *i*).

**bésicles** « lunettes » nf pl (ou rare **besicles**, selon une ancienne prononciation) • F3 • Accent aigu. De nos jours, on prononce plutôt ce vieux mot « bé- ».

**bestsellarisation** nf • A4 • Soudure (dérivé de *bestseller*). Préférer un terme plus français.

**bestseller** nm (anglic.) • A4 • Soudure (mot étranger). Préférer un terme français.

**bêta** « lettre grecque » nm, **des bêtas** • B2 • Francisation : pluriel régulier.

**bêtabloquant, ante** adj, nm (au lieu de *bêta-bloquant) • G19 • Choisir la graphie soudée.

**bêtacarotène** nm (au lieu de *bêta-carotène) • G19 • Choisir la graphie soudée (*Petit Robert*, *Hachette*).

**bêtatest** nm (au lieu de *bêta-test) • G19 • Entre les deux, choisir la graphie soudée.

**bêtatesteur, euse** n (au lieu de *bêta-testeur) • G19 • Entre les deux, choisir la graphie soudée.

**GDT** : Grand dictionnaire terminologique ; **RENOUVO** : Réseau pour la nouvelle orthographe (v. bibliogr.) ; **TLF** : Trésor de la langue française ; **travaux des éditions Le Robert** : voir bibliogr. sous Rey-Debove.

**BI-** (préfixe) • À souder • Les mots avec le préfixe *bi* sont soudés dans les dictionnaires récents. Ex. : *biathlon, biaxe, bifocal, bimensuel, bimoteur, biplace, biplan, biunivoque,* etc. Il n'était donc pas nécessaire de les répertorier ici.

**bicause** « parce que, à cause de » (anglic.) conj, prép (au lieu de *because) • G20 • Les travaux des éditions Le Robert sont favorables à ce choix orthographique avec *i*. Éviter les anglicismes : employer plutôt un équivalent français.

**bichof** nm (au lieu de *bischof ou *bichoff) • G13, G17 • Macération (orange, citron). On dit aussi *bishop*.

**bienaimé, ée** adj, n • A5 • Soudure avec *bien*. Ce mot était dans la liste du RENOUVO.

**bienaller** nm (au lieu de *bien-aller), **des bienallers** • A5 • Soudure avec *bien*. Ce nom commun masculin (**le bienaller**) est un mot rare.

**biencuit** nm (au lieu de *bien-cuit) • A5 • Soudure avec *bien*. Un biencuit est un éloge humorisitique (risible) de la vie de quelqu'un.

**biendire** nm (au lieu de *bien-dire), **des biendires** • A5 • Il s'agit d'un nom commun rare (**le biendire**).

**biendisance** nf • A5 • Soudure avec *bien*. Ce nom commun (**la biendisance**) est un mot rare.

**biendisant, ante** adj, n • A5 • Soudure avec *bien*, comme *bienfaisant*.

**bienêtre** nm • A5 • Soudure avec *bien*. Ce mot était dans la liste du RENOUVO.

**bienfacture** nf • Inchangé • Ce mot était déjà soudé en 1990.

**bienfaire** nm, v • A5 (ou G19) • Archaïsme. Ce mot existait soudé ou avec trait d'union. Il signifie « bonne action » et « faire du bien à quelqu'un ».

**bienfaisance** nf • Inchangé • Ce mot était déjà soudé en 1990.

**bienfaisant, ante** adj • Inchangé • Ce mot était déjà soudé en 1990.

**bienfait** nm • Inchangé • Ce mot était déjà soudé en 1990.

**bienfaiteur, trice** adj, n • Inchangé • Ce mot était déjà soudé en 1990.

**bienfondé** nm • A5 • Soudure avec *bien*. Ce mot était dans la liste du RENOUVO.

**bienfonds** nm • A5 • Soudure avec *bien*. Ce mot était dans la liste du RENOUVO.

**bienheureux, euse** adj, n • Inchangé • Ce mot était déjà soudé en 1990.

**bienjugé** nm • A5 • Soudure avec *bien*. Ce mot était dans la liste du RENOUVO.

**bienmanger** nm (au lieu de *bien-manger), **des bienmangers** • A5 • Soudure. Nom commun rare.

**bienpensant, ante** adj, n • A5 • Soudure avec *bien*. Ce mot était dans la liste du RENOUVO.

**bienportant, ante** adj, n • A5 • Soudure avec *bien*, comme *bienfaisant*.

**bienséance** nf • Inchangé • Ce mot était déjà soudé en 1990.

**bienséant, ante** adj • Inchangé • Ce mot était déjà soudé en 1990.

**bientenant, ante** n • A5 • Soudure avec *bien*, comme *bienfaisant*.

**bientôt** adv • Inchangé • Ce mot était déjà soudé en 1990.

**bienveillamment** adv • Inchangé • Ce mot était déjà soudé en 1990.

**bienveillance** nf • Inchangé • Ce mot était déjà soudé en 1990.

**bienveillant, ante** adj • Inchangé • Ce mot était déjà soudé en 1990.

**bienvenir** v • Inchangé • Ce mot était déjà soudé en 1990.

**bienvenu, ue** adj, n et nf • Inchangé • Ce mot était déjà soudé en 1990.

**bienvieillir** nm (au lieu de *bien-vieillir), **des bienvieillirs** • A5 • **Le bienvieillir** (nom rare) : vieillissement qui vise la maximisation des gains et la minimisation des pertes liées à l'âge.

**bienvivre** nm (au lieu de *bien-vivre), **des bienvivres** • A5 • Soudure avec *bien*. **Le bienvivre** (nom rare) : état de quelqu'un qui vit dans le bonheur matériel.

**bienvoulu, ue** adj • A5 (ou G19) • Choisir la variante soudée avec *bien* (dictionnaire *Littré*).

**biftèque** nm (au lieu de *bifteck) • G11 • Francisation. L'accent grave est requis devant *-que*.

**bigbang** nm, **des bigbangs** • A4, B2 • Soudure (*bingbang* au lieu de **big-bang* ou **big bang*) et pluriel régulier (mot étranger).

**bignole** n • D3 • Un seul *l*.

**bigouden, ène** adj, n • G20 • Au féminin, choisir *bigoudène*, plus conforme que l'ancien fém. *bigouden*.

**Bigouden, ène** n • G20 • Le masculin rime avec *pain*. Le féminin se prononce « -ène ». Voir ci-dessus.

**bihebdomadaire** adj, nm (au lieu de *bi-hebdomadaire) • A3 • Soudure avec *bi* (préfixe savant).

**bijou** nm, **des bijoux** • Inchangé • Le pluriel de ce mot n'a pas été modifié (non touché par les règles B1 et B2, puisque celles-ci touchent le pluriel des noms composés et des mots étrangers seulement).

**bijoutier-joailler**, **bijoutière-joaillère** n • F4 • Terminaison *-iller* et non *-illier*. Rime avec *conseiller*.

**bio** adj, plur. : **bios** • G18 • Le pluriel régulier de l'adjectif est attesté : *produits bios* (*Petit Robert*).

**bioalimentaire** adj, nm • A3 • Soudure avec *bio* (préfixe savant), même devant *a*.

**biobibliographie** nf • A3 • Soudure avec *bio* (préfixe savant).

**biocénose** nf (au lieu de *biocœnose) • G7 • Entre les deux variantes en concurrence, choisir *é*.

**biodiésel** nm • C4 • Francisation : accent aigu. Ce mot avec *bio* était déjà soudé.

**bioéthique** nf • A3 • Soudure avec *bio* (préfixe savant), même devant *é*.

**biofeedback** (au lieu de *bio feed-back) nm, **des biofeedbacks** • A3, A4, B2 • Soudure. Pluriel régulier. Sorte de thérapie (en psychologie).

**biofertilisant** nm • Inchangé • Ce mot avec *bio* était déjà soudé, selon nos sources.

**bio-indicateur**, **trice** adj, nm • Inchangé • Exception A3 : trait d'union maintenu entre *o* et *i* pour éviter *oi* ou *oin*.

**bio-industrie** nf, **des bio-industries** • Inchangé • Exception A3 : trait d'union maintenu entre *o* et *i* pour éviter *oi* ou *oin*.

**bio-informatique** nf • Inchangé • Exception A3 : trait d'union entre *o* et *i* pour éviter *oi* ou *oin*.

**biostimulant** nm • Inchangé • Ce mot avec *bio* était déjà soudé, selon nos sources.

**bipbip** (ou **bip**) nm, **des bipbips** • A4 • Soudure (onomatopée) et pluriel régulier.

**biqueter** v, **je biquète**, **biquèterai**, **biquèterais** • D1 • Conjugaison *-ète* au lieu de *-ette*.

**birotor** adj, nm, **des birotors** • B2 • Pluriel régulier selon les travaux des éditions Le Robert.

**bisaigüe** nf • C3 • Tréma sur *u* (et non sur *i*). Ce mot rare est absent des dictionnaires courants.

[anc. *bischof] VOIR **bichof** • G13 • Préférer *ch* et non *sch*. On dit aussi *bishop*.

[anc. *bischop] VOIR **bishop** • G14 • Préférer *sh*. La variante avec *ch* n'existe pas, selon nos sources.

**bishop** nm (au lieu de *bischop) • G14 • Choisir *sh*. La variante *ch* n'existe pas. On dit aussi *bichof*.

**bite** « pénis » nf (au lieu de *bitte) • G17 • En ce sens, choisir un *t*. Registre très familier ou vulgaire.

**biter** « punir, comprendre » v (au lieu de *bitter) • G17 • En ce sens, choisir un *t*. Registre très familier.

**bitte** « objet pour enrouler les amarres » nf • Inchangé • En ce sens, ce mot prend toujours deux *t*.

[anc. *bitte « pénis »] VOIR **bite** • G17 • En ce sens, choisir un *t*. Registre très familier ou vulgaire.

**bitter** « enrouler les amarres » v • Inchangé • En ce sens, ce mot prend toujours deux *t*.

[anc. *bitter « punir, comprendre »] VOIR **biter** • G17 • En ce sens, choisir un *t*. Très familier.

**bitture** « longueur d'amarres » nf • Inchangé • En ce sens, ce mot prend toujours deux *t*.

[anc. *bitture « cuite (ivresse), vitesse »] VOIR **biture** • G17 • En ce sens, choisir un *t*. Très familier.

**biture** « cuite (ivresse), vitesse » nf (au lieu de *bitture) • G17 • En ce sens, choisir un *t*. Très familier.

**biturer (se)** v (au lieu de *bitturer) • G17 • Entre les deux, choisir un *t*. Registre très familier.

**bizness** n (au lieu de *business), **des bizness** • B2, G20 • Ce choix orthographique vient des travaux des éditions Le Robert. Pluriel régulier. Note : au Québec, ce mot est souvent féminin.

**biznessman** (anglic.) nm (au lieu de *businessman), **des biznessmans** • B2, G20 • Ce choix orthographique vient des travaux des éditions Le Robert. Le pluriel est régulier. Préférer la forme française *homme d'affaires*.

**biznesswoman** (anglic.) nf (au lieu de *businesswoman), **des biznesswomans** • B2, G20 • Le pluriel est régulier. Préférer la forme française *femme d'affaires*.

**bizut**, **bizute** n (au lieu de *bizuth) • Dans l'esprit de F1, G2 • Ce mot est de la famille de *bizuter* et *bizutage*, donc le *h* était une erreur : le *Rapport* du CSLF recommande de l'enlever (anomalie). Les dictionnaires connaissaient les deux variantes à l'époque.

**blabla**, **blablabla** nm, **des blablas**, **des blablablas** • A4 • Soudure (onomatopée) et pluriel régulier.

**blablater** v • A4 • Soudure (composé de formation onomatopéique).

**blackbass** nm (anglic.), **des blackbass** • A4, B2 • Soudure et pluriel régulier (mot étranger).

**blackbouler** v • G19 • Ce mot, adapté de l'anglais, est toujours soudé de nos jours.

**blackjack** nm (anglic.), **des blackjacks** • A4 • Soudure (mot étranger).

**blackout** nm, **des blackouts** • A4, B2 • Soudure et pluriel régulier. Anglicisme dans certains sens.

**blackrot** nm, **des blackrots** • A4, B2 • Soudure (mot étranger).

**blasphémer** v, **je blasphèmerai**, **blasphèmerais** • C1 • Accent grave au futur et au conditionnel.

**blatérer** v, **je blatèrerai**, **blatèrerais** • C1 • Accent grave au futur et au conditionnel.

**blédard** nm • C4 • Francisation : accent aigu.

---

**GDT** : Grand dictionnaire terminologique ; **RENOUVO** : Réseau pour la nouvelle orthographe (v. bibliogr.) ; **TLF** : Trésor de la langue française ; **travaux des éditions Le Robert** : voir bibliogr. sous Rey-Debove.

**blépharopigmentation** nf • A3 • Soudure avec *blépharo* (préfixe savant).

**blépharoshampoing** nm • A3, G20 • Soudure. Préférer *-poing* et non *-pooing*.

**bléser** v, **je blèserai, blèserais** • C1 • Accent grave au futur et au conditionnel.

**blini** nm, **des blinis** • B2 • Singulier et pluriel réguliers. En russe, le pluriel est *blini*, sans *s*.

**bluejean** nm, **des bluejeans** • A4, B2 • Soudure (mot étranger). Singulier et pluriel réguliers.

**blush** nm (anglic.), **des blushs** • B2 • Pluriel régulier.

**bochiman, ane** adj (au lieu de *boschiman) • G13 • Choisir la variante avec *ch*, et non celle avec *sch*.

**bochiman** « langue » nm (au lieu de *boschiman) • G13 • Choisir *ch*, et non *sch*.

**Bochiman, ane** n (au lieu de *Boschiman) • G13 • Choisir *ch*, et non *sch*.

**bodhisattva** nm, **des bodhisattvas** • B2 • Francisation : pluriel régulier.

**body** nm (anglic.), **des bodys** • B2 • Pluriel régulier.

**bodybuildeur, euse** n (anglic.) • A4, G21 • Soudure (mot étranger) et terminaison *-eur*.

**bodybuilding** nm (anglic.) • A4 • Soudure (mot étranger).

**bogie** « châssis, charriot (chemin de fer) » nm (au lieu de *boggie) • G17 • Le *Rapport* du CSLF recommande de choisir un seul *g*. Avis favorable des travaux des éditions Le Robert.

**bogue** « erreur informatique » nm (au lieu de *bug) • G20 • Francisation de la forme anglaise.

**boguet** « autrefois : petit cabriolet découvert à deux roues » nm (au lieu de *boghei ou *boghey) • G20 • Même prononciation. Choisir **boguet**. Avis favorable des travaux des éditions Le Robert. On dit aussi *buggy*.

**boguey** « un coup au-dessus de la normale (au golf) » nm, **des bogueys** • G20 • Choisir *gu*. La graphie *bogey est anglaise, comme l'explique le *GDT*.

**boite** nf • C2 • L'accent circonflexe disparait sur *i*.

**boitier** nm • C2 • L'accent circonflexe disparait sur *i*.

**bolchévique** ou **bolchevique** (selon la prononciation) adj, n • C4, G11 • Ce mot a plus d'une prononciation : si on veut prononcer « é », on met l'accent aigu (C4). La terminaison avec *k* était en concurrence avec *que* (G11), tant pour le nom que pour l'adjectif dans certains dictionnaires. Donc, préférer *que* en tout temps.

**bolchéviser** (ou **bolcheviser**, selon la prononciation) v • C4 • Ce mot a plus d'une prononciation. Si on prononce la deuxième syllabe « ché », on met l'accent aigu.

**bolchévisme** (ou **bolchevisme**, selon la prononciation) nm • C4 • Au choix. Voir *bolchéviser*.

**bolchéviste** (ou **bolcheviste**, selon la prononciation) n • C4 • Au choix. Voir *bolchéviser*.

**bole** nf (au lieu de *bolle) • D3 • Un seul *l*. Ce terme québécois familier signifie « personne très intelligente » ou « tête ».

**bolé, ée** adj, n (au lieu de *bollé) • D3 • Un seul *l*. Ce terme québécois familier (dérivé de *bole*) signifie « très intelligent, doué, brillant ».

**bolée** « contenu d'un bol » nf • Inchangé • Non touché par la règle D3 (il a déjà un seul *l*).

**boliviano** nm, **des bolivianos** • B2 • Pluriel régulier.

**bonard, arde** adj (au lieu de *bonnard) • G17 • Consonne simple : choisir un seul *n*.

**bonhommie** nf • F1 • Le CSLF harmonise la famille : deux *m*, comme *homme*.

**boniche** nf (au lieu de *bonniche) • G17 • Consonne simple : choisir un seul *n*.

**bonichon** nm (au lieu de *bonnichon) • G17 • Consonne simple : choisir un seul *n*.

**bonir** v (au lieu de *bonnir) • G17 • Choisir un seul *n*. Mot d'argot signifiant « raconter ».

[anc. *bonnard] VOIR **bonard** • G17 • Entre les deux, choisir la variante avec un seul *n*.

**bonneter** v, **je bonnète, bonnèterai, bonnèterais** • D1 • Conjugaison *-ète* au lieu de *-ette*.

**bonnèterie** (ou **bonneterie**, selon la prononciation) nf • F3 • Deux prononciations sont possibles, au choix. Si on prononce « è », on ajoute l'accent grave qui manquait.

[anc. *bonniche, *bonnichon, *bonnir] VOIR **boniche, bonichon, bonir** • G17 • Choisir un seul *n*.

**boogiewoogie** nm, **des boogiewoogies** • A4 • Soudure (mot étranger). Il n'existe pas de variante avec *ou*, alors la règle G9 ne s'applique pas : on maintient le *oo*.

**bookmakeur, euse** n (anglic.) • G21 • Terminaison en *-eur*. Il n'existe pas de variante avec *ou,* alors la règle G9 ne s'applique pas : on maintient *oo.* Le féminin ne relève pas des règles des rectifications.

[anc. *boom « fête scolaire (argot), réclame, forte impression, croissance ou hausse soudaine »] VOIR **boum** • G9 • Pour tous ces sens, préférer *ou* et non *oo*.

---

***** : graphie ancienne à ne plus utiliser; **A1, A2, A3, B1...** : codes qui renvoient aux règles (p. 17 à 34); **anc.** : anciennement; **anglic.** : anglicisme à éviter; **CSLF** : Conseil supérieur de la langue (voir bibliogr.).

[anc. *boomer] VOIR **boumeur**, **euse** « babyboomeur » • G9, G21 • Il existe une variante avec *ou* pour ce sens (comme *babyboum*) : elle est donc recommandée.

[anc. *boomer] VOIR **boomeur** « hautparleur » • G21 • Il n'existe pas de variante avec *ou* pour ce sens.

**boomeur** « hautparleur pour les sons graves » (anglic.) nm (au lieu de *boomer) • G21 • Il n'existe pas de variante avec *ou* pour ce sens. La règle G9 ne s'applique donc pas dans le sens de « hautparleur », mais la finale est francisée (G21).

**boosteur** nm (anglic.) • G21 • Terminaison *-eur*. Il n'existe pas de variante avec *ou*.

**bootleggeur** « contrebandier » n (anglic.) • G21 • Terminaison en *-eur*. Il n'existe pas de variante avec *ou*, alors la règle G9 ne s'applique pas : on maintient *oo*. Le féminin potentiel ne relève pas des règles des rectifications.

**boraginacée** nf (au lieu de *borraginacée) • G17 • Entre les deux, choisir un seul *r*.

**bortch** nm (au lieu de *bortsch ou *borchtch), **des bortchs** • B2, G13, G20 • Les trois graphies se prononçaient de la même façon. Choisir la plus simple. Le pluriel est régulier.

**boscop** nf (au lieu de *boskoop) • G10, G17 • Les deux formes avaient une prononciation identique (rime avec *syncope*). Choisir *c* (au lieu de *k*) et un seul *o*.

**boss** n (anglic.), **des boss** • B2 • Pluriel régulier.

**bossanova** nf, **des bossanovas** • A4, B2 • Soudure et pluriel régulier (mot étranger), selon les travaux des éditions Le Robert.

**bossèlement** nm • D1 • Dérivé d'un verbe en *-eler* : *-èlement* (et non *-ellement*).

**bosseler** v, **je bossèle**, **bossèlerai**, **bossèlerais** • D1 • Conjugaison *-èle* au lieu de *-elle*.

**botteler** v, **je bottèle**, **bottèlerai**, **bottèlerais** • D1 • Conjugaison *-èle* au lieu de *-elle*.

**botter** v • Inchangé • Exception D3 (*-otter*) : ce mot est de la famille de *botte*.

**bouche-bouteille** nm, **des bouche-bouteilles** • B1 • Singulier et pluriel réguliers.

**bouche-pore** nm, **des bouche-pores** • B1 • Singulier et pluriel réguliers.

**bouette** « appât pour la pêche » nf ou **boitte**, selon la prononciation • G20 • Mot d'origine bretonne avec deux prononciations possibles. Les anciennes variantes *boëte, *boëtte et *boette sont ambigües.

**bougainvillier** nm ou **bougainvillée** nf • Inchangé • Ce mot n'est pas touché par la règle F4, puisqu'on prononce le *l* devant *-ier*.

**bougeotte** nf • Inchangé • Non touché : ce mot s'écrit toujours avec deux *t* dans les dictionnaires.

**bougeotter** • Inchangé • Exception D3 (*-otter*) : ce verbe est de la famille de *bougeotte*, qui a deux *t*. On aurait pu hésiter sur le double *t*, puisque ce mot est construit avec le suffixe verbal *-ot(t)er*, mais une seule graphie existe. Le *Rapport* du CSLF dit explicitement de maintenir dans ce cas la seule graphie reconnue (avec *tt*).

**bouiboui** nm, **des bouibouis** • A4 • Soudure (onomatopée) et pluriel régulier.

**bouillotement** nm • D3 • Un seul *t* : ce mot est un dérivé du verbe *bouilloter*.

**bouilloter** « bouillir légèrement » v • D3 • Un seul *t*, selon les travaux des éditions Le Robert. Ce verbe est construit avec le suffixe diminutif *-oter*. Il vient de *bouill(ir) + oter*, et non de *bouillotte*.

**bouillotte** nf • Inchangé • Non touché par la règle D3 : ce mot vient de *bouillir*, et non de *bouilloter*.

**bouledogue** nm • Inchangé • Petit chien d'agrément aux oreilles dressées (dogue de race française).

**boulgour** nm (au lieu de *boulghour) • G2 • Entre les deux, choisir la variante sans *h*.

**bouloter** v (au lieu de *boulotter) • D3 • Un seul *t*. Ce mot viendrait probablement de *boulot*. L'Académie française donne cette graphie avec un *t* dans sa liste de mots rectifiés.

**boum** (au lieu de *boom « fête scolaire (argot), réclame, forte impression, croissance financière ou hausse soudaine ») nm • G9 • Pour tous ces sens, préférer *ou* et non *oo*.

**boum** « bruit, succès retentissant, croissance brutale, activité fébrile » nm • Inchangé • En ce sens, on écrivait et on écrit toujours *ou*.

**boum** « surprise-partie » nf • Inchangé • En ce sens, on écrivait et on écrit toujours *ou*.

**boumeur**, **euse** « babyboumeur » n (au lieu de *boomer) • G9, G21 • Il coexiste une variante avec *ou* pour ce sens (comme *babyboum*) : elle est donc recommandée. La terminaison française est aussi recommandée.

**bouracan** nm (au lieu de *bourracan) • G17 • Entre les deux, choisir un seul *r*.

**bourrèlement** nm • D1 • Dérivé d'un verbe en *-eler* : *-èlement* (et non *-ellement*).

**bourreler** v, **je bourrèle**, **bourrèlerai**, **bourrèlerais** • D1 • Conjugaison *-èle* au lieu de *-elle*.

**bourre-pâte** nm, **des bourre-pâtes** • B1 • Singulier et pluriel réguliers.

**bourre-pipe** nm, **des bourre-pipes** • B1 • Singulier et pluriel réguliers.

**boursoufflage** nm • F1 • Le CSLF harmonise la famille : deux *f*, comme *souffler*.

**boursoufflé, ée** adj • F1 • Le CSLF harmonise la famille : deux *f*, comme *souffler*.

**boursoufflement** nm • F1 • Le CSLF harmonise la famille : deux *f*, comme *souffler*.

**boursouffler** v • F1 • Le CSLF harmonise la famille : deux *f*, comme *souffler*.

**boursoufflure** nf • F1 • Le CSLF harmonise la famille : deux *f*, comme *souffler*.

**boutche** nf (au lieu de *butch) • G9, G20 • Choisir *ou* et la finale *che*. Terme familier (homosexuelle).

**bout-de-gite** nm • C2 • L'accent circonflexe disparait sur *i*.

[anc. *boute-en-train] voir **boutentrain** • A5, G22 • Voir l'explication sur *boutentrain*.

**boutéfas** ou **boutefas** nm • C4 • De nos jours, les dictionnaires courants ne prononcent plus « é ».

**boutefeu** nm • Inchangé • Ce mot s'écrivait déjà en un seul mot.

**boutehors** nm, **des boutehors** • A5 • Les travaux des éditions Le Robert sont favorables à la soudure de *boute-hors. Sur le modèle de *boutefeu* et *bouteroue,* déjà soudés. Expression vieillie. De nos jours, on dit plutôt *bout-dehors*.

**boutentrain** nm, des **boutentrains** • A5, G22 • Le CSLF recommande la soudure de *boute-en-train (et un seul *e*).

**bouterole** nf • D3 • Un seul *l*.

**bouteroue** nf • Inchangé • Ce mot s'écrivait déjà en un seul mot.

**bouteselle** nm, des **bouteselles** • A5 • Les travaux des éditions Le Robert soudent ce mot.

**boutiller** nm (ou **bouteiller**, selon la prononciation) • F4 • On écrit **boutiller** et non *boutillier. Rime avec *tortiller*. On peut aussi dire et écrire *bouteiller*.

**bouveter** v, **je bouvète, bouvèterai, bouvèterais** • D1 • Conjugaison *-ète* au lieu de *-ette*.

**bouzouki** nm (au lieu de *buzuki) • G9 • Entre les deux, préférer *ou* et non *u*.

**bowwindow** nm (anglic.) • A4 • Soudure attestée dans *Dictionnaire Hachette* (mot étranger).

**box** nm, **des box** • B2 • Pluriel régulier. Anglicisme dans certains de ses sens.

**boxcalf** nm • A4 • Soudure selon les travaux des éditions Le Robert.

**boxoffice** nm • A4 • Soudure (mot étranger). Anglicisme dans certains sens.

**boycotter** v • Inchangé • Exception D3 (*-otter*) : ce mot est de la famille de *boycottage*.

**boyscout** nm • A4 • Soudure. Mot vieilli pour dire *scout*.

**boyscoutisme** nm • A4 • Soudure. Dérivé du nom d'origine étrangère *boyscout*.

**brachiocéphalique** adj • A3 • Soudure avec *brachio* (préfixe savant).

**brachioradial, ale** adj, nm • A3 • Soudure avec *brachio* (préfixe savant).

**braintrust** nm (anglic.) • A4 • Soudure (mot étranger).

**branlebas** nm • A5 • Le *Rapport* du CSLF soude ce mot.

**branle-queue** nm, **des branle-queues** • B1 • Singulier et pluriel réguliers.

**braséro** nm • C4 • Francisation : accent aigu.

**brasse-camarade** nm, **des brasse-camarades** • B1 • Singulier et pluriel réguliers.

**bravo** nm, **des bravos** • B2 • Francisation : pluriel régulier.

**brèche-dent** nm, **des brèche-dents** • B1 • Singulier et pluriel réguliers.

**bréler** v, **je brèlerai, brèlerais** • C1 • Accent grave au futur et au conditionnel.

**bretteler** v, **je brettèle, brettèlerai, brettèlerais** • D1 • Conjugaison *-èle* au lieu de *-elle*.

**breveter** v, **je brevète, brevèterai, brevèterais** • D1 • Conjugaison *-ète* au lieu de *-ette*.

**bringeüre** nf • C3 • Rime avec *jure*. Ajout du tréma sur *u* pour éviter la combinaison *eu*.

**briqueter** v, **je briquète, briquèterai, briquèterais** • D1 • Conjugaison *-ète* au lieu de *-ette*.

**briquèterie** (ou **briqueterie**, selon la prononciation) nf • F3 • Deux prononciations sont possibles, au choix. Si on prononce « è », on ajoute l'accent grave qui manquait.

**brise-air** nm, **des brise-airs** • B1 • Singulier et pluriel réguliers.

**brise-balle** nm, **des brise-balles** • B1 • Singulier et pluriel réguliers.

**brise-béton** nm, **des brise-bétons** • B1 • Singulier et pluriel réguliers.

**brise-bise** nm, **des brise-bises** • B1 • Singulier et pluriel réguliers.

**brise-caillé** nm, **des brise-caillés** • B1 • Singulier et pluriel réguliers.

**brise-carotte** nm, **des brise-carottes** • B1 • Singulier et pluriel réguliers.

**brise-chapeau** nm, **des brise-chapeaux** • B1 • Singulier et pluriel réguliers.

**brise-charge** nm, **des brise-charges** • B1 • Singulier et pluriel réguliers.
**brise-clapot** nm, **des brise-clapots** • B1 • Singulier et pluriel réguliers.
**brise-copeau** nm, **des brise-copeaux** • B1 • Singulier et pluriel réguliers.
**brise-croute** nm, **des brise-croutes** • B1, C2 • Singulier et pluriel réguliers. L'accent disparait sur *u*.
**brise-fer** adj, n, **des brise-fers** • B1, G18 • Pluriel régulier. Adj. pluriel régulier attesté dans *Littré*.
**brise-glace** nm, **des brise-glaces** • B1 • Singulier et pluriel réguliers.
**brise-jet** nm, **des brise-jets** • B1 • Singulier et pluriel réguliers.
**brise-lame** nm, **des brise-lames** • B1 • Singulier et pluriel réguliers.
**brise-manchon** nm, **des brise-manchons** • B1 • Singulier et pluriel réguliers.
**brise-mariage** nm, **des brise-mariages** • B1 • Singulier et pluriel réguliers.
**brise-mèche** nm, **des brise-mèches** • B1 • Singulier et pluriel réguliers.
**brise-mer** nm, **des brise-mers** • B1 • Singulier et pluriel réguliers.
**brise-motte** nm, **des brise-mottes** • B1 • Singulier et pluriel réguliers.
**brise-palette** nm, **des brise-palettes** • B1 • Singulier et pluriel réguliers.
**brise-roche** nm, **des brise-roches** • B1 • Singulier et pluriel réguliers.
**brise-soleil** nm, **des brise-soleils** • B1 • Singulier et pluriel réguliers.
**brise-tome** nm, **des brise-tomes** • B1 • Singulier et pluriel réguliers.
**brise-tourteau** nm, **des brise-tourteaux** • B1 • Singulier et pluriel réguliers.
**brisetout** adj, n, **des brisetouts** • A5 • Les mots composés d'un verbe + *tout* sont soudés.
**brise-vague** nm, **des brise-vagues** • B1 • Singulier et pluriel réguliers.
**brise-vent** nm, **des brise-vents** • B1 • Singulier et pluriel réguliers.
**brise-vue** nm, **des brise-vues** • B1 • Singulier et pluriel réguliers.
**brocheter** v, **je brochète, brochèterai, brochèterais** • D1 • Conjugaison *-ète* au lieu de *-ette*.
**brocofleur** nm • A3, G20 • Soudure. Un seul *c* (G20, plus français), car le double *c* vient de l'anglais.
**brokeur, euse** n (anglic.) • G21 • Terminaison en *-eur*. L'existence du féminin ne relève pas des rectifications.
**bronchioloalvéolaire** adj • A3 • Soudure avec *bronchiolo* (préfixe savant), même devant *a*.
**bronchioloalvéolite** nf • A3 • Soudure avec *bronchiolo* (préfixe savant), même devant *a*.
**bronchoadénite** nf • A3 • Soudure avec *broncho* (préfixe savant), même devant *a*.
**bronchodilatateur, trice** adj, nm • A3 • Soudure avec *broncho* (préfixe savant).
**bronchoœsophagoscope** nm • A3 • Soudure, même devant *œ*. Voir la remarque sur *œsophage*.
**bronchopneumonie** nf • A3 • Soudure avec *broncho* (préfixe savant).
**bronchopneumopathie** nf • A3 • Soudure avec *broncho* (préfixe savant).
**bronchovasculaire** adj • A3 • Soudure avec *broncho* (préfixe savant).
**browseur** nm (anglic.) • G21 • Terminaison en *-eur*. Préférer un terme plus français.
**brulage** nm • C2 • L'accent circonflexe disparait sur *u*.
**brulant, ante** adj • C2 • L'accent circonflexe disparait sur *u*.
**brulé** nm • C2 • L'accent circonflexe disparait sur *u*.
**brulé, ée** adj • C2 • L'accent circonflexe disparait sur *u*.
**brule-bout** nm, **des brule-bouts** • B1, C2 • Singulier et pluriel réguliers. L'accent disparait sur *u*.
**brule-corne** nm, **des brule-cornes** • B1, C2 • Singulier et pluriel réguliers. L'accent disparait sur *u*.
**brule-gueule** nm, **des brule-gueules** • B1, C2 • Singulier et pluriel réguliers. L'accent disparait sur *u*.
**brulement** nm • C2 • L'accent circonflexe disparait sur *u*.
**brule-parfum** nm, **des brule-parfums** • B1, C2 • Singulier et pluriel réguliers. Circonflexe disparait.
**brule-pourpoint (à)** loc adv • C2 • L'accent circonflexe disparait sur *u*. Le trait d'union est maintenu.
**brule-queue** nm, **des brule-queues** • B1, C2 • Singulier et pluriel réguliers. L'accent disparait sur *u*.
**bruler** v • C2 • L'accent circonflexe disparait sur *u*.
**brulerie** nf • C2 • L'accent circonflexe disparait sur *u*.
**bruletout** nm, **des bruletouts** • A5, C2 • Soudure avec *tout*. L'accent circonflexe disparait sur *u*.
**bruleur, euse** n et nm • C2 • L'accent circonflexe disparait sur *u*.
**brulis** nm • C2 • L'accent circonflexe disparait sur *u*.
**bruloir** nm • C2 • L'accent circonflexe disparait sur *u*.

**brulot** nm • C2 • L'accent circonflexe disparait sur *u*.

**brulure** nf • C2 • L'accent circonflexe disparait sur *u*.

**brunch** nm (anglic.), **des brunchs** • B2 • Pluriel régulier. Contraction des mots *breakfast* et *lunch*.

**buccodentaire** adj • A3 • Soudure avec *bucco* (préfixe savant).

**buccogénital, ale** adj • A3 • Soudure avec *bucco* (préfixe savant).

**buccolingual, ale** adj • A3 • Soudure avec *bucco* (préfixe savant).

**bucconasal, ale** adj • A3 • Soudure avec *bucco* (préfixe savant).

**buccopharyngien, enne** adj • A3 • Soudure avec *bucco* (préfixe savant).

**buccosinusien, enne** adj • A3 • Soudure avec *bucco* (préfixe savant).

**buchage** nm • C2 • L'accent circonflexe disparait sur *u*.

**buche** nf • C2 • L'accent circonflexe disparait sur *u*.

**buché** « forêt exploitée, terrain déboisé (en foresterie) » nm • C2 • L'accent circonflexe disparait sur *u*. Ne pas confondre avec *un bucher*.

**buchement** nm • C2 • L'accent circonflexe disparait sur *u*.

**bucher** nm, v • C2 • Circonflexe disparait. Ne pas confondre avec *un buché* (terme rare de foresterie).

**bucherage** nm • C2 • L'accent circonflexe disparait sur *u*.

**bucheron, onne** n • C2 • L'accent circonflexe disparait sur *u*.

**bucheronnage** nm • C2 • L'accent circonflexe disparait sur *u*.

**bucheronner** v • C2 • L'accent circonflexe disparait sur *u*.

**buchette** nf • C2 • L'accent circonflexe disparait sur *u*.

**bucheur, euse** adj, n • C2 • L'accent circonflexe disparait sur *u*.

**bucheux, euse** adj, n • C2 • L'accent circonflexe disparait sur *u*.

**bucrane** nm (au lieu de *bucrâne) • G1 • Entre les deux graphies coexistantes, choisir la plus simple : celle sans accent. Note : ne rime pas avec *crâne*, mais avec *cane*.

**buddléia** nm • C4 • Francisation : accent aigu.

**buffeter** v, **je buffète, buffèterai, buffèterais** • D1 • Conjugaison *-ète* au lieu de *-ette*.

**buffeur** (anglic.) nm (au lieu de *buffer) • G21 • On dit *mémoire tampon* en français.

**bufflèterie** (ou **buffleterie**, selon la prononciation) nf • F3 • Deux prononciations sont possibles, au choix. Si on prononce « è », on ajoute l'accent grave qui manquait.

**buggy** « automobile tout-terrain à larges pneus et moteur arrière » nm, **des buggys** • B2 • Pluriel régulier. Le pluriel étranger était : des *buggies. Ce mot peut aussi avoir le sens de *boguet*.

**bulbe** « renflement de la quille (marine) » nm • G20 • Les travaux des éditions Le Robert choisissent la forme plus française, avec *e* final (plutôt que la forme anglaise *bulb).

**bulbocaverneux, euse** adj • A3 • Soudure avec le préfixe *bulbo*.

**bulldog** nm (au lieu de *bull-dog) • A4 • Chien de garde robuste aux oreilles tombantes (dogue de race anglaise). Dans la majorité des dictionnaires, *bulldog* et *bouledogue* ont des sens différents.

**bulldozeur** (anglic.) nm (au lieu de *bulldozer) • G21 • Termin. *-eur* (RENOUVO). D'autres variantes sont parfois proposées.

**bullfinch** nm (au lieu de *bull-finch), **des bullfinchs** • A4, B2 • Soudure et pluriel régulier (mot étranger).

**bullterrier** nm (au lieu de *bull-terrier) • A4 • Soudure (mot étranger).

**burnout** nm (anglic.), **des burnouts** • A4, B2 • Soudure de *burn-out. Préférer un terme français.

[anc. *business, *businessman, *businesswoman] VOIR **bizness**... • B2, G20 • Orthographe modifiée.

[anc. *butch] VOIR **boutche** • G9, G20 • Choisir *ou* et la finale *che*. Terme familier (homosexuelle).

**buter** « assassiner » v (au lieu de *butter) • G17 • En ce sens, préférer un seul *t*. Il existe aussi *buter* « heurter, appuyer, s'entêter... » et *butter* « disposer en buttes (de terre) ».

**buyback** nm (anglic.), **des buybacks** • A4, B2 • Soudure et pluriel régulier (mot étranger). Sorte de contrat de vente, reconversion, rachat, contrachat.

[anc. *buzuki] VOIR **bouzouki** • G9 • Entre les deux, préférer *ou* et non *u*.

**byebye** nm, **des byebyes** • A4, B2 • Soudure et pluriel régulier.

**bypass** (anglic.) nm (ou **bipasse**, selon la prononciation), **des bypass** • A4 • Soudure de *by-pass, selon les travaux des éditions Le Robert. Préférer une forme française : *dérivation, déviation, contournement.*

---

# C

**cabale** nf (au lieu de *kabbale) • G10, G17 • On rajeunit la graphie en rechoisissant *c* et un seul *b*.

**cabaliste** n (au lieu de *kabbaliste) • G10, G17 • On rajeunit la graphie en rechoisissant *c* et un seul *b*.

**cabalistique** adj (au lieu de *kabbalistique) • G10, G17 • On rajeunit la graphie : rechoisir *c* et un seul *b*.

**cabincruiseur** nm (anglic.) • A4, G21 • Soudure et terminaison *-eur*.

**câblodistributeur** nm • Inchangé • Ce mot avec le préfixe *câblo* était déjà soudé (A3), selon nos sources.

**câblodistribution** nf • Inchangé • Ce mot avec le préfixe *câblo* était déjà soudé (A3), selon nos sources.

**câblomodem** nm • A3 • Soudure avec *câblo* (préfixe savant).

**câbloopérateur** nm • A3 • Soudure avec *câblo*, même lorsqu'il y a rencontre de deux *o*.

**cacahouète** nf (au lieu de *cacahuète) • G9 • Préférer *ou* et non *u*.

**cacaoui** nm (au lieu de *kakawi), **des cacaouis** • B2, G9, G10 • Pluriel régulier. Préférer *c* et *ou*.

**cacatoès** nm (au lieu de *kakatoès) • G10 • Choisir *c* et non *k*.

**cache-antenne** nm, **des cache-antennes** • B1 • Singulier et pluriel réguliers.

**cache-boite** nm, **des cache-boites** • B1, C2 • Singulier et pluriel réguliers. L'accent disparait sur *i*.

**cache-brassière** nm, **des cache-brassières** • B1 • Singulier et pluriel réguliers.

**cachecache** nm, **des cachecaches** • A4 • Soudure et pluriel régulier.

**cache-clé** nm (au lieu de *cache-clef), **des cache-clés** • B1, G20 • Préférer **clé** plutôt que *clef. Singulier et pluriel réguliers.

**cache-cœur** nm, **des cache-cœurs** • B1 • Singulier et pluriel réguliers.

**cache-col** nm, **des cache-cols** • B1 • Singulier et pluriel réguliers.

**cache-collure** nm, **des cache-collures** • B1 • Singulier et pluriel réguliers.

**cache-corset** nm, **des cache-corsets** • B1 • Singulier et pluriel réguliers.

**cache-cou** nm, **des cache-cous** • B1 • Singulier et pluriel réguliers.

**cache-culbuteur** nm, **des cache-culbuteurs** • B1 • Singulier et pluriel réguliers.

**cache-entrée** nm, **des cache-entrées** • B1 • Singulier et pluriel réguliers.

**cache-fixation** nm, **des cache-fixations** • B1 • Singulier et pluriel réguliers.

**cache-flamme** nm, **des cache-flammes** • B1 • Singulier et pluriel réguliers.

**cache-folie** nm, **des cache-folies** • B1 • Singulier et pluriel réguliers.

**cache-garrot** nm, **des cache-garrots** • B1 • Singulier et pluriel réguliers.

**cache-jambe** nm, **des cache-jambes** • B1 • Singulier et pluriel réguliers.

**cache-lumière** nm, **des cache-lumières** • B1 • Singulier et pluriel réguliers.

**cache-maillot** nm, **des cache-maillots** • B1 • Singulier et pluriel réguliers.

**cache-marée** nm, **des cache-marées** • B1 • Singulier et pluriel réguliers.

**cache-mèche** nm, **des cache-mèches** • B1 • Singulier et pluriel réguliers.

**cachemire** nm (au lieu de *cashmere) • G13, G20 • Choisir la graphie plus française (même prononciation).

**cache-misère** nm, **des cache-misères** • B1 • Singulier et pluriel réguliers.

**cache-moineau** nm, **des cache-moineaux** • B1 • Singulier et pluriel réguliers.

**cache-moteur** nm, **des cache-moteurs** • B1 • Singulier et pluriel réguliers.

**cache-mouchoir** nm, **des cache-mouchoirs** • B1 • Singulier et pluriel réguliers.

**cache-moyeu** nm, **des cache-moyeux** • B1 • Singulier et pluriel réguliers.

**cache-museau** nm, **des cache-museaux** • B1 • Singulier et pluriel réguliers.

**cache-œil** nm, **des cache-œils** • B1 • Singulier et pluriel réguliers. Attesté dans le *GDT*.

**cache-ombrage** nm, **des cache-ombrages** • B1 • Singulier et pluriel réguliers.

**cache-oreille** nm, **des cache-oreilles** • B1 • Singulier et pluriel réguliers.

**cache-persienne** nm, **des cache-persiennes** • B1 • Singulier et pluriel réguliers.

**cache-pied** nm, **des cache-pieds** • B1 • Singulier et pluriel réguliers.

**cache-plaque** nm, **des cache-plaques** • B1 • Singulier et pluriel réguliers.

**cache-platine** nm, **des cache-platines** • B1 • Singulier et pluriel réguliers.

**cache-pot** nm, **des cache-pots** • B1 • Singulier et pluriel réguliers.

**cache-poubelle** nm, **des cache-poubelles** • B1 • Singulier et pluriel réguliers.

**cache-poussière** nm, **des cache-poussières** • B1 • Singulier et pluriel réguliers.

**cache-prise** nm, **des cache-prises** • B1 • Singulier et pluriel réguliers.

**cacher**, **ère** adj (plur. : **cachers**, **ères**) ou **cachère** (plur. : **cachères**) • B2, G10, G13, G20 • Ce mot s'écrivait de multiples façons, incluant **cachère** (*Petit Larousse* 2009, *Dictionnaire Hachette*, *GDT*, *Littré*), **cacher** (*Petit Larousse* 1988, *GDT*, *Dictionnaire de l'Académie française* 2000-2001), *casher, *cascher, *cawcher, *kasher, *kascher, *kachère. Le *GDT* recommande de privilégier la graphie **cacher** au masculin (sur le modèle de *fier*, *cher* ou *amer*) et **cachère** au féminin (comme *fière*, *chère* ou *amère*). Le *GDT* donne comme exemples : *vin cacher*, *cuisine cachère*, *produits cachers*, *viandes cachères*. Pour éviter la confusion avec le verbe *cacher* et pour avoir une prononciation non ambigüe, d'autres préfèreront choisir **cachère** au masculin comme au féminin (sur le modèle de *prospère*, *sévère*, *pubère* ou *sincère*) : *un vin cachère*, *des produits cachères*. On évitera assurément les variantes étrangères avec *k* (G10) et celles avec *sh* ou *sch* (G13). Le pluriel est régulier.

**cache-radiateur** nm, **des cache-radiateurs** • B1 • Singulier et pluriel réguliers.

**cachère** (plur. : **cachères**) ou **cacher**, **ère** adj (plur. : **cachers**, **ères**) • B2, G10, G13, G20 • Voir l'explication sur *cacher* (ci-dessus).

**cache-roue** nm, **des cache-roues** • B1 • Singulier et pluriel réguliers.

**cache-sexe** nm, **des cache-sexes** • B1 • Singulier et pluriel réguliers.

**cache-sommet** nm, **des cache-sommets** • B1 • Singulier et pluriel réguliers.

**cache-soufflet** nm, **des cache-soufflets** • B1 • Singulier et pluriel réguliers.

**cache-soupape** nm, **des cache-soupapes** • B1 • Singulier et pluriel réguliers.

**cache-ta-bague** nm inv • Inchangé • Ce mot n'est pas construit sur le modèle « verbe + nom » (B1), mais « verbe + déterminant singulier (*ta*) + nom ».

**cache-tampon** nm, **des cache-tampons** • B1 • Singulier et pluriel réguliers.

**cache-téléphone** nm, **des cache-téléphones** • B1 • Singulier et pluriel réguliers.

**cacheter** v, **je cachète**, **cachèterai**, **cachèterais** • D1 • Conjugaison *-ète* au lieu de *-ette*.

**cache-théière** nm, **des cache-théières** • B1 • Singulier et pluriel réguliers.

**cache-thyroïde** nm, **des cache-thyroïdes** • B1 • Singulier et pluriel réguliers.

**cachoter** v • D3 • Un seul *t* : ce verbe est construit avec le suffixe diminutif *-oter*.

**cachoterie** nf • D3 • Un seul *t* : ce mot est un dérivé du verbe rare *cachoter*.

**cachotier**, **ère** n • D3 • Un seul *t* : ce mot est un dérivé du verbe rare *cachoter*.

**caddie** « au golf : personne qui porte les bâtons d'un joueur » n, **des caddies** • B2, G20 • Choisir **caddie** et non *caddy. Ne pas confondre avec *cadi*.

**cadi** « magistrat musulman » nm (au lieu de *kadi) • G10 • Choisir *c*. Ne pas confondre avec *caddie*.

[anc. *cæsium] VOIR **césium** • G5 • Entre les deux formes existantes, choisir *é* et non æ.

**cafétéria** nf, **des cafétérias** • B2, C4 • On avait autrefois : **cafeteria* ou **caféteria*. On régularise les accents. Le pluriel est régulier.

**cagne** « classe préparatoire » nf (au lieu de *khâgne) • G1, G10 • Choisir sans accent et avec *c*.

**cagneux**, **euse** « élève de cagne » n (au lieu de *khâgneux) • G1, G10 • Choisir sans accent et avec *c*.

**cagneux**, **euse** « (cheval ou personne) ayant les genoux tournés en dedans » adj, n • Inchangé • En ce sens, ce mot s'écrit toujours sans accent et avec *c*.

**cagou** « oiseau » nm, **des cagous** • G10 • Entre **cagou** et *kagou, préférer *c*.

**cahincaha** adv • A4 • Soudure (altération de formation onomatopéique).

**cahutte** nf • F1 • Le CSLF harmonise la famille : deux *t*, comme *hutte*.

**caillebotter** v • Inchangé • Exception D3 (*-otter*) : verbe ancien, famille de *caillebotte* (avec deux *t*).

**caille-lait** nm, **des caille-laits** • B1 • Singulier et pluriel réguliers.

**cailleter** v, **je caillète**, **caillèterai**, **caillèterais** • D1 • Conjugaison *-ète* au lieu de *-ette*.

**caillou** nm, **des cailloux** • Inchangé • Le pluriel de ce mot n'a pas été modifié (non touché par les règles B1 et B2, puisque celles-ci touchent le plur. des noms composés et des mots étrangers seulement).

**cakewalk** nm (au lieu de *cake-walk) • A4 • Soudure selon les travaux des éditions Le Robert.

**caldarium** nm, **des caldariums** • B2 • Pluriel régulier.

**caldéra** (au lieu de *caldera) nf ou **caldeira** • C4 • Deux prononciations : **caldéra** ou **caldeira**.

**cale-cuisse** nm, **des cale-cuisses** • B1 • Singulier et pluriel réguliers.

**cale-dent** nm, **des cale-dents** • B1 • Singulier et pluriel réguliers.
**cale-genou** nm, **des cale-genoux** • B1 • Singulier et pluriel réguliers.
**cale-hanche** nm, **des cale-hanches** • B1 • Singulier et pluriel réguliers.
**caléidoscope** nm (au lieu de *kaléidoscope) • G10 • Entre les deux formes coexistantes, choisir *c* et non *k*. Avis favorable des travaux des éditions Le Robert.
**caléidoscopique** adj (au lieu de *kaléidoscopique) • G10 • Entre les deux, choisir *c* et non *k*.
**cale-main** nm, **des cale-mains** • B1 • Singulier et pluriel réguliers.
**cale-pied** nm, **des cale-pieds** • B1 • Singulier et pluriel réguliers.
**cale-porte** nm, **des cale-portes** • B1 • Singulier et plur. réguliers (généralement déjà conformes).
**cale-pot** nm, **des cale-pots** • B1 • Singulier et pluriel réguliers.
**califal, ale** adj (au lieu de *khalifal) • G10 • Choisir *c* et non *kh*.
**califat** nm (au lieu de *khalifat) • G10 • Choisir *c* et non *kh*.
**calife** nm (au lieu de *khalife) • G10 • Choisir *c* et non *kh*.
**callgirl** nf (anglic.) • A4 • Soudure (mot étranger).
**calo** (au lieu de *caló) nm • G1 • Entre les deux graphies existantes, choisir celle sans l'accent étranger.
**caloricoazoté** adj • A3 • Soudure avec *calorico* (préfixe savant), même devant *a*.
**calotter** • Inchangé • Exception D3 (*-otter*) : il y a hésitation sur l'étymologie (*calot* ou *calotte*), mais une seule graphie existe. Le *Rapport* du CSLF dit explicitement de maintenir dans ce cas la seule graphie reconnue (avec *tt*).
**caméraman** nm (anglic.), **des caméramans** • B2, C4 • Pluriel régulier et accent aigu.
**canada** nf, **des canadas** • B2 • Pluriel régulier.
**canaque** adj (au lieu de *kanak) • G10, G11 • Choisir la forme la plus française (*c* et *que*). Plur. régulier.
**Canaque** n (au lieu de *Kanak) • G10, G11 • Choisir la forme la plus française (*c* et *que*). Plur. régulier.
**candéla** nf • C4 • Francisation : accent aigu.
**canetage** nm (au lieu de *cannetage) • G17 • Entre les deux, choisir un seul *n*.
**canetière** nf (au lieu de *cannetière) • G17 • Consonne simple : choisir un seul *n*.
**canette** « petite cane (oiseau) » nf • Inchangé • En ce sens, ce mot prenait déjà un seul *n*.
**canette** « petite bouteille, bobine » nf • G17 • Il existait deux variantes en ce sens : choisir un seul *n*.
**canneler** v, **je cannèle, cannèlerai, cannèlerais** • D1 • Conjugaison *-èle* au lieu de *-elle*.
**cannelier** « arbre qui fournit la cannelle » nm (au lieu de *cannellier) • D2 • On prononce « -elier », le double *l* était donc une erreur. Les principaux dictionnaires donnent la graphie conforme.
**cannelloni** nm, **des cannellonis** • B2 • Francisation : pluriel régulier.
[anc. *cannetage, *cannetière] VOIR **canetage, canetière** • G17 • Choisir un seul *n*.
**cannette** « robinet pour tirer le vin, cannelle » nf • Inchangé • Prend toujours deux *n* en ce sens.
[anc. *cannette « petite bouteille, bobine »] VOIR **canette** • G17 • En ce sens, choisir un seul *n*.
**canoé** nm (au lieu de *canoë) • G20 • Choisir l'accent aigu. Dans le *GDT* et *Le Bon usage* (paragr. 105).
**canoé-kayak** (au lieu de *canoë-kayak) nm, **des canoés-kayaks** • B2, G20 • Voir *canoé* et voir *kayak*.
**canyon** nm (au lieu de *cañon) • G20 • Choisir la graphie plus française (*Rapport* du CSLF).
**canzone** nf, **des canzones** • B2 • Francisation : pluriel régulier. Le pluriel étranger était : des *canzoni.
**caoua** « café » nm (au lieu de *kawa) • G9, G10 • En ce sens, préférer *c* et *ou*. Mot du registre familier.
**caouane** nf (au lieu de *caouanne) • G17 • Entre les deux, choisir un seul *n*.
**capeler** v, **je capèle, capèlerai, capèlerais** • D1 • Conjugaison *-èle* au lieu de *-elle*.
**capella (à)** ou anc. *cappella (à) VOIR **à capella** • C4, G17 • Accent grave sur le *a*. Choisir un seul *p*.
**capelli d'angelo** nm, **des capellis d'angelo** • B2 • Francisation : singulier et pluriel réguliers.
[anc. *cappella (à)] VOIR **à capella** • C4, G17 • Accent grave sur le *a*. Choisir un seul *p*.
**cappelleti** nm, **des cappelletis** • B2 • Francisation : singulier et pluriel réguliers.
**capriccio** nm, **des capriccios** • B2 • Pluriel régulier.
**capronier** nm (au lieu de *capronnier) • G17 • Entre les deux, choisir un seul *n*.
**capte-suie** nm, **des capte-suies** • B1 • Singulier et pluriel réguliers.
**caqueter** v, **je caquète, caquèterai, caquèterais** • D1 • Conjugaison *-ète* au lieu de *-ette*.
**caquillier** nm • Inchangé • Ce mot n'est pas touché par la règle F4, puisqu'on prononce le *l* devant *-ier*.
**caracul** nm (au lieu de *karakul) • G10 • Choisir *c* et non *k*.

**carat** nm (au lieu de *karat) • G10 • La graphie avec *k* a disparu des dictionnaires.
**caravaning** (anglic.) nm (au lieu de l'ancien *caravanning) • G17 • Un *n*. Forme française : *caravanage*.
**carbonade** nf (au lieu de *carbonnade) • G17 • Choisir un seul *n*. La graphie avec *nn* est ancienne.
**carbonaro** nm, **des carbonaros** • B2 • Francisation : pluriel régulier.
**cardiopulmonaire** adj • A3 • Soudure avec *cardio* (préfixe savant).
**cardiorespiratoire** adj • A3 • Soudure avec *cardio* (préfixe savant).
**cardiovasculaire** adj • A3 • Soudure avec *cardio* (préfixe savant).
**caréner** v, **je carènerai, carènerais** • C1 • Accent grave au futur et au conditionnel.
**carferry** nm (anglic.), **des carferrys** • A4, B2 • Soudure et plur. rég. selon les travaux des éditions Le Robert.
**cari** nm (au lieu de *cary ou *carry) • G17, G20 • On emploie aussi la variante *curry*.
**cariatide** nf (au lieu de *caryatide) • G20 • Entre les deux, préférer *i* et non *y*.
**carneter** v, **je carnète, carnèterai, carnèterais** • D1 • Conjugaison *-ète* au lieu de *-ette*.
**carotter** « extraire des carottes du sol » v • Inchangé • Exception D3 (*-otter*) : de la famille de *carotte*.
**carpatique** adj (au lieu de *karpatique) • G10 • Choisir *c* et non *k*.
**carpetbaggeur** nm • G21 • Était déjà en un mot. Terminaison en *-eur*.
**carreler** v, **je carrèle, carrèlerai, carrèlerais** • D1 • Conjugaison *-èle* au lieu de *-elle*.
[anc. *carry ou *cary] VOIR **cari** • G17, G20 • Préférer *i* et un seul *r*.
[anc. *caryatide] VOIR **cariatide** • G20 • Entre les deux, préférer *i* et non *y*.
[anc. *cascher, *casher, *cawcher] VOIR **cacher** ou **cachère** • B2, G13, G20 • Voir les détails sur *cacher*.
**cashflow** nm (anglic.) • A4 • Soudure (mot étranger).
[anc. *cashmere] VOIR **cachemire** • G13, G20 • Choisir la graphie plus française (même prononciation).
**cashrout** nf (au lieu de *kashrout) • G10 • Les deux formes existent. Choisir *c* et non *k*.
**casse-chaine** nm, **des casse-chaines** • B1, C2 • Singulier et pluriel réguliers. L'accent disparait sur *i*.
**casse-cou** adj, n, **des casse-cous** • B1, G18 • Pluriel régulier. L'adjectif a un pluriel régulier attesté dans *Dictionnaire Hachette*.
**casse-couille** n, **des casse-couilles** • B1 • Singulier et pluriel réguliers.
**casse-croute** nm, **des casse-croutes** • B1, C2 • Le singulier et le pluriel sont réguliers. L'accent circonflexe disparait sur *u*. Le trait d'union est maintenu.
**casse-cul** adj, n, **des casse-culs** • B1, G18 • Pluriel régulier. Adj. plur. rég. attesté dans *Littré*.
**casse-dalle** nm, **des casse-dalles** • B1 • Singulier et pluriel réguliers.
**casse-fer** nm, **des casse-fers** • B1 • Singulier et pluriel réguliers.
**casse-fil** nm, **des casse-fils** • B1 • Singulier et pluriel réguliers.
**casse-fonte** nm, **des casse-fontes** • B1 • Singulier et pluriel réguliers.
**casse-graine** nm, **des casse-graines** • B1 • Singulier et pluriel réguliers.
**casse-gueule** adj, n, **des casse-gueules** • B1, G18 • Pluriel régulier pour le nom (B1). L'adjectif a aussi un pluriel régulier possible, attesté dans *Dictionnaire Hachette* et *Littré* (G18).
**casse-lunette** « plante » nm, **des casse-lunettes** • B1 • Sing. rég. Dans la liste de l'Académie française.
**casse-mariage** nm, **des casse-mariages** • B1 • Singulier et pluriel réguliers.
**casse-mèche** nm, **des casse-mèches** • B1 • Singulier et pluriel réguliers.
**casse-motte** nm, **des casse-mottes** • B1 • Singulier et pluriel réguliers.
**casse-mousse** nm, **des casse-mousses** • B1 • Singulier et pluriel réguliers.
**casse-noisette** nm, **des casse-noisettes** • B1 • Singulier et pluriel réguliers.
**casse-noix** « ustensile de table pour casser les noix » nm • Inchangé • Trait d'union en ce sens.
**cassenoix** « oiseau » nm (au lieu de *casse-noix) • G19 • De nos jours, le nom d'oiseau s'écrit en un mot. Voir page 16.
**casse-oreille** nm, **des casse-oreilles** • B1 • Singulier et pluriel réguliers.
**casse-patte** nm, **des casse-pattes** • B1 • Singulier et pluriel réguliers.
**casse-pied** adj, n, **des casse-pieds** • B1, G18 • Sing. régulier pour le nom (B1). L'adjectif a aussi un sing. régulier possible, attesté dans *Dictionnaire Hachette, Petit Robert* et *Littré* (G18).
**casse-pierre** nm, **des casse-pierres** • B1 • Singulier et pluriel réguliers.
**casse-pipe** nm, **des casse-pipes** • B1 • Singulier et pluriel réguliers.

**casse-poitrine** nm, **des casse-poitrines** • B1 • Singulier et pluriel réguliers.

**casse-pot** nm, **des casse-pots** • B1 • Singulier et pluriel réguliers.

**casse-poursuite** nm, **des casse-poursuites** • B1 • Singulier et pluriel réguliers.

**casse-tête** nm, **des casse-têtes** • B1 • Singulier et pluriel réguliers.

**cassetout** n, **des cassetouts** • A5 • Les mots composés d'un verbe + *tout* sont soudés.

**casse-trame** nm, **des casse-trames** • B1 • Singulier et pluriel réguliers.

**casse-vitesse** nm, **des casse-vitesses** • B1 • Singulier et pluriel réguliers.

**casse-voute** nm, **des casse-voutes** • B1, C2 • Singulier et pluriel réguliers. L'accent disparait sur *u*.

**catarhinien** nm (au lieu de *catarrhinien) • G17 • Entre les deux, choisir un seul *r*.

**cathéter** nm • Inchangé • L'accent aigu français est là depuis longtemps. Rime avec *hiver*.

**catleya** nm (au lieu de *cattleya) • G17 • Choisir un seul *t*, selon les travaux des éditions Le Robert.

**céder** v, **je cèderai, cèderais** • C1 • Accent grave au futur et au conditionnel, car on doit prononcer « è » et non « é » dans ce contexte (devant une syllabe contenant un *e* appelé « *e* muet »).

**cédex** nm (au lieu de *cedex) • G22 • Avis favorable pour l'accent dans les travaux des éditions Le Robert.

**cèdrela** nm • C1, C4 • Ce mot était sans accent ou parfois par erreur avec *é*.

**célébrer** v, **je célèbrerai, célèbrerais** • C1 • Accent grave au futur et au conditionnel.

**celebret** nm • Valeur de citation (B2, C4) • Premier mot latin d'un certificat ecclésiastique. Les rectifications le laissent donc inchangé (sans accent et invariable). Cependant, le *Dictionnaire Hachette* et le *Littré* permettent les accents français (*célébret*) et le pluriel régulier. Voir page 38.

**cèleri** nm • C1 • Accent grave. Selon *Petit Robert* et *Littré*, la seule prononciation permise est « cèleri ». Le CSLF recommande donc d'écrire è (et non *é*). Avis favorable des travaux des éditions Le Robert.

**cèleri-rave** nm • C1 • Accent grave et non accent aigu. Voir la note sur *cèleri*.

**céliadelphe** adj, n (au lieu de *cœliadelphe) • G7 • Choisir *é* et non *œ*.

**célialgie** nf (au lieu de *cœlialgie) • G7 • Choisir *é* et non *œ*.

**céliaque** adj (au lieu de *cœliaque) • G7 • Choisir *é* et non *œ*.

**célio** (au lieu de *cœlio) nf • G7 • Choisir *é* et non *œ*. Abréviation de *célioscopie*.

**céliochirurgie** nf (au lieu de *cœliochirurgie) • G7 • Choisir *é* et non *œ*.

**céliomyosite** nf (au lieu de *cœliomyosite) • G7 • Choisir *é* et non *œ*.

**célioscope** nm (au lieu de *cœlioscope) • G7 • Choisir *é* et non *œ*.

**célioscopie** nf (au lieu de *cœlioscopie) • G7 • Entre les deux variantes en concurrence, on choisit celle avec *é*. Synonyme de *laparoscopie*.

**céliotomie** nf (au lieu de *cœliotomie) • G7 • Choisir *é* et non *œ*.

**cella** nf, **des cellas** • B2 • Pluriel régularisé. Avis favorable des travaux des éditions Le Robert. Le pluriel latin était : des *cellæ.

**celluloponcture** nf • A3, G3 • Soudure avec *cellulo*. Choisir *on* et non *un*.

**cénesthésie** nf (au lieu de *cœnesthésie) • G7 • Choisir *é* et non *œ*.

**cénesthésique** adj • Inchangé • On écrit toujours *cé-* de nos jours pour ce mot (*cœ-* a disparu, G7).

**cénesthopathie** nf • Inchangé • On écrit toujours *cé-* de nos jours pour ce mot (*cœ-* a disparu, G7).

**cent** (numéral) : **cent-un, cent-unième, cent-deux, cent-trois, deux-cents, trois-cents, deux-cent-un, deux-cent-deux, cent-mille, deux-cent-mille, deux-cent-millions**, etc. • A6 • Trait d'union : on unit **cent** par des traits d'union dans les numéraux. Concernant la règle d'accord, le principe est le même qu'autrefois : *cent* prend un *s* uniquement s'il est multiplié et qu'il termine le nombre (donc non suivi d'un trait d'union) et qu'il n'indique pas un rang. Ainsi, on met un *s* dans *quatre-cents pages, trois-mille-quatre-cents pages*, mais pas dans *cent pages, trois-cent-deux pages, cinq-cent-millions de pages, la page deux-cent*.

**centième** (numéral) • A6 (indiquant le rang) • Trait d'union en ce sens : la **deux-centième** fois (200^e^).

**centième** (élément fractionnaire) • A6 (fraction) • Comme toujours, pas de trait d'union entre le numérateur et le dénominateur de la fraction : **deux centièmes** (2/100). On emploie cependant le trait d'union dans le dénominateur s'il est composé (c'était déjà le cas dans plusieurs dictionnaires et grammaires avant 1990). Ex. : **treize deux-centièmes** (13/200), **dix-sept six-centièmes** (17/600).

**cénure** nm (au lieu de *cœnure) • G7 • Choisir *é* et non *œ*.

**céphalopharyngien, enne** adj, nm • A3 • Soudure avec *céphalo* (préfixe savant).

**céphalorachidien, enne** adj • A3 • Soudure avec *céphalo* (préfixe savant).
**cératoglosse** adj, nm • A3 • Soudure avec *cérato* (préfixe savant).
**cératopharyngien, enne** adj, nm • A3 • Soudure avec *cérato* (préfixe savant).
**cérébrospinal, ale** adj • A3 • Soudure avec *cérébro* (préfixe savant).
**cérébrovasculaire** adj • A3 • Soudure avec *cérébro* (préfixe savant).
**cérite** « silicate de cérium » nf • Inchangé • En ce sens, ce mot s'écrivait déjà ainsi. On dit aussi *céritite*.
**cérite** nm « mollusque » (au lieu de *cérithe) • G2 • Entre les deux, choisir sans *h*.
**cervicobrachial, ale** adj • A3 • Soudure avec *cervico* (préfixe savant).
**cervicobrachialgie** nf • A3 • Soudure avec *cervico* (préfixe savant).
**cervico-intercostal, ale** adj • Inchangé • Exception A3 : trait d'union entre *o* et *i* pour éviter *oi* ou *oin*.
**cervicovaginal, ale** adj • A3 • Soudure avec *cervico* (préfixe savant).
**césium** nm (au lieu de *cæsium) • G5 • Entre les deux, choisir *é* plutôt que æ.
**cessez-le-feu** nm inv • Inchangé • Ce mot n'est pas construit sur le modèle « verbe + nom » (B1), mais « verbe + article + nom » (le déterminant singulier bloque la formation du pluriel).
**cétérac** nm (au lieu de *cétérach) • G10 • Les deux graphies rimaient avec *sac*.
**cétoacidose** nf • A3 • Soudure avec *céto* (préfixe savant), même devant *a*.
**cétoénolique** adj • A3 • Soudure avec *céto* (préfixe savant), même devant *é*.
**chabraque** nf (au lieu de *schabraque) • G13 • Entre les deux, choisir *ch*.
**chachacha** nm, **des chachachas** • A4 • Soudure (onomatopée) et pluriel régulier.
**chacone** nf (au lieu de *chaconne) • G17 • Choisir un seul *n*, selon les travaux des éditions Le Robert.
**chafiisme** nm (au lieu de *chafi'isme ou *shafi'isme) • G13, G20 • Choisir *ch* et sans apostrophe.
**chafiite** adj, n (au lieu de *chafi'ite ou *shafi'ite) • G13, G20 • Choisir *ch* et sans apostrophe.
**chah** « ancien souverain d'Iran » nm (au lieu de *schah ou *shah) • G13 • Entre les trois, choisir *ch*.
**chainage** nm • C2 • L'accent circonflexe disparait sur *i*.
**chaine** nf • C2 • L'accent circonflexe disparait sur *i*.
**chainer** v • C2 • L'accent circonflexe disparait sur *i*.
**chainetier, ère** n • C2 • L'accent circonflexe disparait sur *i*.
**chainette** nf • C2 • L'accent circonflexe disparait sur *i*.
**chaineur, euse** n • C2 • L'accent circonflexe disparait sur *i*.
**chainier, ère** n • C2 • L'accent circonflexe disparait sur *i*.
**chainiste** n • C2 • L'accent circonflexe disparait sur *i*.
**chainon** nm • C2 • L'accent circonflexe disparait sur *i*.
**chalenge** nm (anglic.) • G17 • Choisir un seul *l*. Ce mot était dans la liste du RENOUVO.
**chalengeur, euse** n (anglic.) • G17, G21 • Choisir un *l*. Terminaison *-eur*. Dans la liste du RENOUVO.
[anc. *chamærops] VOIR **chamérops** • G5 • Choisir *é* et non æ. Voir *chamérops*.
**chamane** n (au lieu de *chaman, *shaman ou *shamane) • G13, G20 • Choisir *ch* et non *sh*. De nos jours, ce mot rime avec *mélomane*, et non avec *maman*. Donc, préférer la variante non ambigüe **chamane** (avec *e*), même au masculin. Attesté dans le *TLF*, le *GDT* et le dictionnaire de l'Académie française.
**chamanique** adj (au lieu de *shamanique) • G13 • Entre les deux, choisir *ch* et non *sh*.
**chamanisme** nm (au lieu de *shamanisme) • G13 • Entre les deux, choisir *ch* et non *sh*.
**chamaniste** adj, n (au lieu de *shamaniste) • G13 • Entre les deux, choisir *ch* et non *sh*.
**chamanistique** adj (au lieu de *shamanistique) • G13 • Entre les deux, choisir *ch* et non *sh*.
**chamérops** nm (au lieu de *chamærops) • G5 • Entre les deux graphies coexistantes, choisir celle qui est la plus française : avec *é* (règle G5). Le *ch* au début du mot se prononce « k », mais aucune graphie concurrente n'existe avec *k* (alors la règle G10 ne peut pas s'appliquer).
**chamito-sémitique** adj • Inchangé • Exception A3 : pas de soudure (coordination, famille de langues).
**chancèlement** nm • D1 • Dérivé d'un verbe en *-eler* : *-èlement* (et non *-ellement*).
**chanceler** v, **je chancèle**, **chancèlerai**, **chancèlerais** • D1 • Conjugaison *-èle* au lieu de *-elle*.
**chantignole** nf • D3 • Un seul *l*.
**chantoung** nm (au lieu de *shantoung ou *shantung) • G9, G13 • Choisir *ch* et *ou*.
[anc. *chao ou *ciao] VOIR **tchao** • G20 • Voir la remarque sur *tchao*.

---

***** : graphie ancienne à ne plus utiliser; **A1, A2, A3, B1...** : codes qui renvoient aux règles (p. 17 à 34); **anc.** : anciennement; **anglic.** : anglicisme à éviter; **CSLF** : Conseil supérieur de la langue (voir bibliogr.).

**chapeler** v, **je chapèle, chapèlerai, chapèlerais** • D1 • Conjugaison *-èle* au lieu de *-elle*.
**chapska** nm (au lieu de *schapska) • G13 • Entre les deux, choisir *ch*.
**charia** nf (au lieu de *chari'a ou *sharia) • G13, G20 • Entre les trois, choisir *ch* et sans apostrophe.
**charriot** nm • F1 • Le CSLF harmonise la famille : deux *r*, comme *charrue*, *charrette*, etc.
**charriotage** nm • F1 • Le CSLF harmonise la famille : deux *r*, comme *charrue*, *charrette*, etc.
**charriotée** nf • F1 • Le CSLF harmonise la famille : deux *r*, comme *charrue*, *charrette*, etc.
**charrioter** v • F1 • Le CSLF harmonise la famille : deux *r*, comme *charrue*, *charrette*, etc.
**chasse-boucle** nm, **des chasse-boucles** • B1 • Singulier et pluriel réguliers.
**chasse-chien** nm, **des chasse-chiens** • B1 • Singulier et pluriel réguliers.
**chasse-clé** nm (au lieu de *chasse-clef), **des chasse-clés** • B1, G20 • Préférer **clé** plutôt que *clef. Singulier et pluriel réguliers.
**chasse-clou** nm, **des chasse-clous** • B1 • Singulier et pluriel réguliers.
**chasse-coin** nm, **des chasse-coins** • B1 • Singulier et pluriel réguliers.
**chasse-comédon** nm, **des chasse-comédons** • B1 • Singulier et pluriel réguliers.
**chasse-corps** nm, **des chasse-corps** • B1 • Singulier et pluriel réguliers.
**chassefiente** nm (au lieu de *chasse-fiente) • G19 • De nos jours, ce nom d'oiseau s'écrit en un mot. Voir page 16.
**chasse-fusée** nm, **des chasse-fusées** • B1 • Singulier et pluriel réguliers.
**chasse-goupille** nm, **des chasse-goupilles** • B1 • Sing. et plur. réguliers (déjà conformes).
**chasse-main** nm, **des chasse-mains** • B1 • Singulier et pluriel réguliers.
**chasse-marée** nm, **des chasse-marées** • B1 • Singulier et pluriel réguliers.
**chasse-mouche** nm, **des chasse-mouches** • B1 • Singulier et pluriel réguliers.
**chasse-moustique** nm, **des chasse-moustiques** • B1 • Singulier et pluriel réguliers.
**chasse-neige** nm, **des chasse-neiges** • B1 • Singulier et pluriel réguliers.
**chasse-pâte** nm, **des chasse-pâtes** • B1 • Singulier et pluriel réguliers.
**chasse-pierre** nm, **des chasse-pierres** • B1 • Singulier et pluriel réguliers.
**chasse-pluie** nm, **des chasse-pluies** • B1 • Singulier et pluriel réguliers.
**chasse-pointe** nm, **des chasse-pointes** • B1 • Singulier et pluriel réguliers.
**chasse-punaise** n, **des chasse-punaises** • B1 • Singulier et pluriel réguliers.
**chasse-rivet** nm, **des chasse-rivets** • B1 • Singulier et pluriel réguliers.
**chasse-roue** nm, **des chasse-roues** • B1 • Singulier et pluriel réguliers.
**chasse-sciure** nm, **des chasse-sciures** • B1 • Singulier et pluriel réguliers.
**chasse-tortue** nm, **des chasse-tortues** • B1 • Singulier et pluriel réguliers.
**chasse-vase** nm, **des chasse-vases** • B1 • Singulier et pluriel réguliers.
**chauffe-air** nm, **des chauffe-airs** • B1 • Singulier et pluriel réguliers.
**chauffe-assiette** nm, **des chauffe-assiettes** • B1 • Singulier et pluriel réguliers.
**chauffe-bain** nm, **des chauffe-bains** • B1 • Singulier et pluriel réguliers.
**chauffe-ballon** nm, **des chauffe-ballons** • B1 • Singulier et pluriel réguliers.
**chauffe-beurre** nm, **des chauffe-beurres** • B1 • Singulier et pluriel réguliers.
**chauffe-biberon** nm, **des chauffe-biberons** • B1 • Singulier et pluriel réguliers.
**chauffe-bouillie** nm, **des chauffe-bouillies** • B1 • Singulier et pluriel réguliers.
**chauffe-cire** nm, **des chauffe-cires** • B1 • Singulier et pluriel réguliers.
**chauffe-eau** nm, **des chauffe-eaux** • B1 • Singulier et pluriel réguliers.
**chauffe-fer** nm, **des chauffe-fers** • B1 • Singulier et pluriel réguliers.
**chauffe-glace** nm, **des chauffe-glaces** • B1 • Singulier et pluriel réguliers.
**chauffe-linge** nm, **des chauffe-linges** • B1 • Singulier et pluriel réguliers.
**chauffe-liquide** nm, **des chauffe-liquides** • B1 • Singulier et pluriel réguliers.
**chauffe-lit** nm, **des chauffe-lits** • B1 • Singulier et pluriel réguliers.
**chauffe-main** nm, **des chauffe-mains** • B1 • Singulier et pluriel réguliers.
**chauffe-moule** nm, **des chauffe-moules** • B1 • Singulier et pluriel réguliers.
**chauffe-mout** nm, **des chauffe-mouts** • B1, C2 • Singulier et pluriel réguliers. Circonflexe disparait.

**chauffe-pain** nm, **des chauffe-pains** • B1 • Singulier et pluriel réguliers.
**chauffe-pied** nm, **des chauffe-pieds** • B1 • Singulier et pluriel réguliers.
**chauffe-piscine** nm, **des chauffe-piscines** • B1 • Sing. et plur. rég. (généralement déjà conformes).
**chauffe-plat** nm, **des chauffe-plats** • B1 • Singulier et pluriel réguliers.
**chauffe-rivet** nm, **des chauffe-rivets** • B1 • Singulier et pluriel réguliers.
**chauffe-serviette** nm, **des chauffe-serviettes** • B1 • Singulier et pluriel réguliers.
**chauffe-sol** nm, **des chauffe-sols** • B1 • Singulier et pluriel réguliers.
**chauffe-vaisselle** nm, **des chauffe-vaisselles** • B1 • Singulier et pluriel réguliers.
**chauffe-vin** nm, **des chauffe-vins** • B1 • Singulier et pluriel réguliers.
**chaussepied** nm, **des chaussepieds** • A5 • Les travaux des éditions Le Robert soudent ce mot.
**chaussetrappe** nf • A5, F1 • Il existait *chausse-trape et *chausse-trappe. Le *Rapport* du CSLF choisit la graphie avec deux *p* (probablement par analogie avec *trappe*, même s'il n'appartient pas à la même famille). La soudure est recommandée. Avis favorable des travaux des éditions Le Robert.
**chauvesouris** nf • A5 • Le *Rapport* du CSLF soude ce mot.
**chébec** « petit navire » nm (au lieu de *chebec ou *chebek) • C4, G10 • Choisir la graphie la plus française des trois. De nos jours, on prononce « ché » (accent aigu).
**chéchia** nf • C4 • Francisation : accent aigu.
**checklist** nf (anglic.) • A4 • Soudure (mot étranger).
**checkpoint** nm (anglic.) • A4 • Soudure (mot étranger).
**checkup** nm (anglic.), **des checkups** • A4, B2 • Soudure et pluriel rég. selon les travaux des éditions Le Robert. Lorsque le mot a la mention « anglic. » (anglicisme), employer plutôt un terme français.
**cheesecake** nm (anglic.) • A4 • Soudure dans *Dictionnaire Hachette*.
**chef-lieu** nm, **des chefs-lieux** • Inchangé • Ce mot n'est pas touché par les règles des rectifications.
**cheik** nm (au lieu de *cheikh ou *scheik) • G2, G13 • Préférer *ch* au début, et la finale sans *h*.
**chéiroptère** nm (au lieu de *cheiroptère) • C4 • Ajout de l'accent aigu. On dit plus souvent *chiroptère*, mais les rectifications ne choisissent pas entre *chéiroptère* et *chiroptère*, puisque la prononciation n'est pas la même.
**chelem** nm (au lieu de *schelem) • G13 • Entre les deux, choisir *ch*.
**chémorécepteur** nm • A3 • Soudure avec *chémo* (préfixe savant).
**chènevotter** v • Inchangé • Exception D3 (*-otter*) : mot dérivé de *chènevotte*.
**chérer** v, **je chèrerai**, **chèrerais** • C1 • Accent grave au futur et au conditionnel.
**cherry** nm, **des cherrys** • B2 • Pluriel régulier.
**cheval** nm, **des chevaux** • **INCHANGÉ** • Le pluriel de ce mot n'a pas été modifié (non touché par les règles B1 et B2, puisque celles-ci touchent le pluriel des noms composés et des mots étrangers seulement).
**cheviller** nm (au lieu de *chevillier) • F4 • Terminaison *-iller* et non *-illier*. Rime avec *recroqueviller*.
**chevillère** nf (au lieu de *chevillière) • F4 • Terminaison *-illère* et non *-illière*. Rime avec *conseillère*.
**chèvrepied** nm • A5 • Le *Rapport* du CSLF soude ce mot.
**chevreter** v, **je chevrète, chevrèterai, chevrèterais** • D1 • Conjugaison *-ète* au lieu de *-ette*.
**chianti** nm, **des chiantis** • B2 • Pluriel régulier.
**chibouque** n (au lieu de *chibouk) • G11 • Choisir *que* et non *k*.
**chic** adj, plur. : **chics** • B2 • Pluriel régulier. *Des robes chics.*
**chicha** nf (au lieu de *shisha) • G13 • Choisir *ch* et non *sh*.
**chichekébab** nm, **des chichekébabs** • A4, B2, C4, G13 • Soudure, pluriel régulier, et accent aigu français. Il existait aussi une variante avec *sh* : il faut choisir la variante avec *ch*.
**chichetaouk** (au lieu de *chiche-taouk ou *shish-taouk) nm, **des chichetaouks** • A4, B2, G13 • Soudure. Pluriel régulier. Choisir *che* et non *sh*.
**chicote** nf (au lieu de *chicotte) • G17 • Choisir un seul *t*. Africanisme (« fouet »).
**chiisme** nm (au lieu de *chi'isme) • G20 • Entre les deux, choisir sans apostrophe.
**chiite** adj, n (au lieu de *chi'ite ou *shiite) • G13, G20 • Entre les trois, choisir *ch* et sans apostrophe.
**chilom** nm (au lieu de *shilom) • G13 • Préférer *ch* et non *sh*.
**chimicothermomécanique** adj • A3 • Soudure avec *chimico*, même dans les mots longs.
**chimioorganotrophe** nm • A3 • Soudure avec *chimio* (préfixe savant), même devant *o*.

**chiqueter** v, **je chiquète, chiquèterai, chiquèterais** • D1 • Conjugaison *-ète* au lieu de *-ette*.

**chistéra** nm ou nf • C4 • Francisation : accent aigu.

**chlamydia** nf, **des chlamydias** • B2 • Francisation : pluriel régulier.

[anc. *chlass ou *chlâsse] VOIR **chlasse** « ivre » adj • G1, G20 • Choisir sans accent et avec *e* final.

**chlasse** « ivre » adj (au lieu de *chlass, *chlâsse, *schlass ou *schlasse) • G1, G13, G20 • Graphie du *TLF*, reprise dans la liste du RENOUVO.

**chleu, chleue** « relatif aux Allemands ou aux Berbères » adj (au lieu de *chleuh ou *schleu) • G2, G13 • Préférer *ch* au début, et la finale sans *h*.

**chleu** « langue berbère, ou soldat des troupes territoriales en 1914-1918 » nm (au lieu de *chleuh ou *schleu) • G2, G13 • Préférer *ch* au début, et la finale sans *h*.

**Chleu, Chleue** « Allemand (en 1939-1945, péjoratif) ou Berbère » n (au lieu de *Chleuh ou *Schleu) • G2, G13 • Préférer *Ch* au début, et la finale sans *h*.

**chlinguer** v (au lieu de *schlinguer) • G13 • Choisir *ch* et non *sch*. Registre familier ou vulgaire.

**chloroalcalin, ine** adj • A3 • Soudure avec *chloro* (préfixe savant).

**chnoque** adj, n (au lieu de *schnocque, *schnoque ou *schnock) • G11, G13 • Choisir la forme la plus simple.

**chnouf** nf (au lieu de *schnouf ou *schnouff) • G13, G17 • Choisir *ch* et un seul *f*. Registre argotique.

**chocking** (anglic.) adj (au lieu de *shocking) • B2, G13 • Entre les deux, les travaux des éditions Le Robert sont favorables à la graphie *ch*. Pluriel régularisé. Éviter les anglicismes, trouver plutôt un autre mot équivalent.

**chokebore** nm (anglic.), **des chokebores** • A4 • Soudure (mot étranger).

**choppeur** « outil préhistorique ou moto » nm • G21 • Terminaison en *-eur*.

**chorioépithéliome** nm • A3 • Soudure avec *chorio*. On dit aussi *choroépithéliome*.

**choroépithéliome** nm • A3 • Soudure avec *choro*. On dit aussi *chorioépithéliome*.

**choroïdocyclite** nf • A3 • Soudure avec *choroïdo* (préfixe savant).

**choroïdorétinite** nf • A3 • Soudure avec *choroïdo* (préfixe savant).

**chou** nm, **des choux** • Inchangé • Le pluriel de ce mot n'a pas été modifié (non touché par les règles B1 et B2, puisque celles-ci touchent le pluriel des noms composés et des mots étrangers seulement).

**chou-fleur** nm, **des choux-fleurs** • Inchangé • Le CSLF n'a pas recommandé la soudure de ce mot.

**chouia** nm (au lieu de *chouïa ou *chouya) • G1, G20 • Trois variantes, même prononciation : préférer *i*.

**chowchow** nm, **des chowchows** • A4, B2 • Soudure et pluriel régulier (mot étranger).

**chronométrer** v, **je chronomètrerai, chronomètrerais** • C1 • Accent grave au futur et au conditionnel.

**chrysocole** nf (au lieu de *chrysocolle) • D3 • Un seul *l* : ce mot n'est pas de la famille de *colle*.

**chrysolite** nf • G2 • Entre les deux formes existantes, choisir *-lite* plutôt que *-lithe*.

[anc. *ciao ou *chao] VOIR **tchao** • G20 • Voir la remarque sur *tchao*.

**cicérone** n • C4 • Accent aigu. La graphie sans accent a disparu des dictionnaires courants. Note : le dernier *e* est muet, car, de nos jours, on ne prononce plus à l'italienne.

**ci-git** locution verbale (au lieu de *ci-gît) • C2 • L'accent circonflexe disparait sur *i*.

**cigüe** nf • C3 • Tréma sur le *u* (et non sur le *e* muet).

**cimaise** nf (au lieu de *cymaise) • G20 • Entre les deux, préférer *i* et non *y*.

**cinéclub** nm • A3 • Soudure avec *ciné* (préfixe savant).

**cinéparc** nm • A3 • Soudure avec *ciné* (préfixe savant).

**cinéroman** nm • A3 • Soudure avec *ciné* (préfixe savant).

**cinéshop** nm • A3 • Soudure avec *ciné* (préfixe savant).

**cinétir** nm • A3 • Soudure avec *ciné* (préfixe savant).

**cingalais, aise** adj (au lieu de *cinghalais) • G2 • Entre les deux, choisir sans *h*.

**cingalais** « langue » nm (au lieu de *cinghalais) • G2 • Entre les deux, choisir sans *h*.

**Cingalais, aise** « membre d'une ethnie vivant au Sri Lanka » n • G2 • Entre les deux, choisir sans *h*.

**cinq** (numéral) : **cent-cinq, cinq-cents, cinq-cent-cinq, cinq-mille, cinq-millions-cinq-cents, cinq-milliards**... • A6 • Trait d'union : on unit **cinq** par des traits d'union dans les numéraux.

**cinquante** (numéral) : **cinquante-et-un, cinquante-et-unième, cent-cinquante-deux, cinquante-mille, cinquante-et-un-millions**, etc. • A6 • Trait d'union : on unit **cinquante** par des traits d'union dans les numéraux.

**circumpolaire** adj • Inchangé • Ce mot n'est pas touché par la règle G4. Son préfixe *circum-* rime avec *pomme*.

**cirre** nm (au lieu de *cirrhe) • G2 • Entre les deux variantes coexistantes, choisir celle sans *h*.

**cirrocumulus** nm • A3 • Soudure avec *cirro* (préfixe savant). Tous les dictionnaires le soudent.

**cirrostratus** nm • A3 • Soudure avec *cirro* (préfixe savant). Tous les dictionnaires le soudent.

**cisèlement** nm • D1 • Dérivé d'un verbe en *-eler* : *-èlement* (et non *-ellement*).

**ciseler** v, **je cisèle**, **cisèlerai**, **cisèlerais** • D1 • Conjugaison *-èle* au lieu de *-elle*.

**clairevoie** nf • A5 • Les travaux des éditions Le Robert soudent ce mot.

**claqueter** v, **je claquète**, **claquèterai**, **claquèterais** • D1 • Conjugaison *-ète* au lieu de *-ette*.

**classicoromantique** adj • A3 • Soudure avec le préfixe *classico*.

**claveter** v, **je clavète**, **clavèterai**, **clavèterais** • D1 • Conjugaison *-ète* au lieu de *-ette*.

**clé** (au lieu de *clef) nf • G20 • Choisir la forme la plus simple (*clé*), même dans l'expression *clé de voute*.

**-clé** (comme élément apposé avec trait d'union, au lieu de *-clef) • G20 • Choisir l'accent aigu.

**clephte** nm (au lieu de *klephte) • G10 • Les deux formes existent. Choisir *c* et non *k*.

**cleptomane** adj, n (au lieu de *kleptomane) • G10 • Entre les deux, choisir *c* et non *k*.

**cleptomanie** nf (au lieu de *kleptomanie) • G10 • Entre les deux, choisir *c* et non *k*.

**clergyman** nm, **des clergymans** • B2 • Pluriel régulier.

**clic** « action de cliquer (informatique), léger bruit ou consonne africaine » interj, nm (au lieu de *click) • G10 • Choisir *c* et non *ck*. Ne pas confondre avec *une clique*.

**clinorhombique** adj • A3 • Soudure avec *clino* (préfixe savant). Ce mot s'écrit toujours avec un *h*.

**clippeur** « avion ou ancien voilier » nm • G21 • Terminaison francisée.

**cliquètement** nm • D1 • Dérivé d'un verbe en *-eter* : *-ètement* (et non *-ettement*).

**cliqueter** v, **je cliquète**, **cliquèterai**, **cliquèterais** • D1 • Conjugaison *-ète* au lieu de *-ette*.

**cliquotant, ante** adj (au lieu de *cliquottant) • D3 • Un seul *t* : ce mot est un dérivé de *cliquoter*.

**cliquoter** v (au lieu de *cliquotter) • D3 • Un seul *t*.

**clochepied (à)** loc adv • A5 • Les travaux des éditions Le Robert soudent ce mot.

**cloitre** nm • C2 • L'accent circonflexe disparait sur *i*.

**cloitré, ée** adj • C2 • L'accent circonflexe disparait sur *i*.

**cloitrer** v • C2 • L'accent circonflexe disparait sur *i*.

**clopinclopant** adv • A5 • Soudure. Ce mot était dans la liste du RENOUVO.

**clore** v, **il clôt** • Inchangé • Toujours avec accent circonflexe dans cette conjugaison. Il n'existe pas de graphie concurrente sans accent : la règle G1 ne peut donc pas s'appliquer sur **il clôt**.

**clubhouse** nm (anglic.) • A4 • Soudure (mot étranger).

**clubman** nm (anglic.), **des clubmans** • B2 • Pluriel régulier. Préférer un terme plus français, comme *clubiste* ou *membre d'un club*.

**clubwoman** nf (anglic.), **des clubwomans** • B2 • Pluriel régulier. Préférer un terme plus français, comme *clubiste* ou *membre d'un club*.

**CO-** (préfixe) • À souder • Le préfixe *co* est censé être déjà toujours soudé, comme mentionné dans la règle A2. C'est ce que l'on constate dans les dictionnaires courants : *coaccusé*, *coassurance*, *coexister*, etc. Ces mots ne figurent pas ici, car ils sont déjà conformes au principe de la soudure. Cependant, le *TLF* et le *GDT* contiennent quelques mots avec *co* ayant deux variantes : l'une soudée, l'autre avec trait d'union. Ces mots sont mentionnés ci-dessous. Beaucoup de mots nouveaux peuvent être créés avec ce préfixe. Il est impossible de tous les répertorier. Note : on ne soude pas devant *i* et *u*, pour éviter une prononciation défectueuse (*oi* et *ou*).

**coach** nm (anglic.), **des coachs** • B2 • Pluriel régulier. Préférer un terme plus français.

**coadaptation** nf • À souder • Soudure avec *co*, même devant *a*.

**coadapter** v • À souder • Soudure avec *co*, même devant *a*.

**coadministrateur, trice** n • À souder • Soudure avec *co*, même devant *a*.

**coagglutinant, ante** adj • À souder • Le préfixe *co* doit toujours être soudé.

**coagglutination** nf • À souder • Soudure avec *co*, même devant *a*.

**coagulum** nm, **des coagulums** • B2 • Francisation : pluriel régulier.

**coauteur, coauteure** n • Inchangé • Soudure avec *co*, même devant *a*.

**coaxial, ale** adj, nm • À souder • Soudure avec *co*, même devant *a*.

---

**cob** « cheval demi-sang d'origine française » nm • Inchangé • Ce mot, en ce sens, s'écrivait déjà avec *c*.

**cob** « antilope d'Afrique » nm (au lieu de *kob) • G10 • Choisir *c* et non *k*.

**coccolite** nf • G2 • Entre les deux formes existantes, choisir *-lite* plutôt que *-lithe*.

**coccolitophore** nm • G2 • Choisir *-lito-* plutôt que *-litho-*.

**coccolitophoridé** nm • G2 • Choisir *-lito-* plutôt que *-litho-*.

**coccus** « bactérie » nm, **des coccus** • B2 • Francisation : sing. et pluriel rég. Plur. étranger : des *cocci.

**cochercheur, euse** n • À souder • Le préfixe *co* doit toujours être soudé.

**cochenillier** nm • Inchangé • Exception F4 : sorte d'arbuste (on garde le suffixe *-ier*).

**cocondamné, ée** adj • À souder • Le préfixe *co* doit toujours être soudé.

**cocoter** v (au lieu de *cocotter) • D3 • Un seul *t*. On ne peut pas aisément établir un lien avec le nom *cocotte*, et de toute façon il y a hésitation dans l'usage (les deux variantes avec un ou deux *t* coexistent dans les dictionnaires). Dans ce cas, le *Rapport* du CSLF dit de fixer la graphie sous la forme *-oter*. Ne pas confondre avec le belgicisme **cokoter** (partager un logement).

**codétenu, ue** n • À souder • Le préfixe *co* doit toujours être soudé. L'accent aigu est maintenu.

**codineur, euse** n • C2 • L'accent circonflexe disparait sur *i*. Le préfixe *co* doit être soudé.

**codirecteur, trice** adj, n • À souder • Le préfixe *co* doit toujours être soudé.

**codirection** nf • À souder • Le préfixe *co* doit toujours être soudé - relire A2 (page 18).

**codiriger** v • À souder • Le préfixe *co* doit toujours être soudé - relire A2 (page 18).

**coélecteur, trice** n • À souder • Soudure avec *co*, même devant *é*.

[anc. *cœlia..., *cœlio...] VOIR **célia..., célio...** • G7 • Choisir *é* et non *œ*.

**coempereur** nm • À souder • Soudure avec *co* devant *e*. Voir le féminin *co-impératrice*.

[anc. *cœnesthésie] VOIR **cénesthésie** • G7 • Entre les deux formes coexistantes, choisir *é*.

[anc. *cœnure] VOIR **cénure** • G7 • Entre les deux formes coexistantes, choisir *é*.

**coenzyme** nf • À souder • Soudure avec *co*, même devant *en*.

**coétat** nm • À souder • Soudure avec *co*, même devant *é*.

**cofondateur, trice** n • À souder • Le préfixe *co* doit toujours être soudé.

**cofonder** v • À souder • Le préfixe *co* doit toujours être soudé - relire A2 (page 18).

**cogénération** nf • À souder • Le préfixe *co* doit toujours être soudé.

**cogérant, ante** n • À souder • Le préfixe *co* doit toujours être soudé - relire A2 (page 18).

**cogérer** v • À souder • Le préfixe *co* doit toujours être soudé - relire A2 (page 18).

**cogérer** v, **je cogèrerai, cogèrerais** • C1 • Accent grave au futur et au conditionnel.

**cogestion** nf • À souder • Le préfixe *co* doit toujours être soudé - relire A2 (page 18).

**co-idéateur, trice** n • Inchangé • Exception : trait d'union maintenu entre *o* et *i* pour éviter *oi*.

**co-impératrice** nf • Inchangé • Exception : trait d'union maintenu entre *o* et *i* pour éviter *oi* ou *oim*. Voir *coempereur*.

**coincoin** interj, nm, **des coincoins** • A4 • Soudure (onomatopée) et pluriel régulier.

**co-indicer** v • Inchangé • Exception : trait d'union maintenu pour éviter *oi* ou *oin*. On trouve aussi *coïndicer* : le tréma est un autre procédé possible pour éviter les prononciations défectueuses.

**co-infection** nf • Inchangé • Exception : trait d'union maintenu entre *o* et *i* pour éviter *oi* ou *oin*.

**co-intéressé, ée** n • Inchangé • Exception : trait d'union maintenu (citation de Jules Vernes avec trait d'union, dans *TLF*). On trouve souvent *coïntéressé* : le tréma est un procédé possible pour éviter les prononciations défectueuses.

**cola** « graine du colatier » n (au lieu de *kola) • G10 • Choisir *c* et non *k*.

**colatier** nm (au lieu de *kolatier) • G10 • Choisir *c* et non *k*.

**colbac** nm (au lieu de *colback) • G10 • Entre les deux, choisir *c* et non *ck*.

**colibacille** nm • Inchangé • De nos jours, ce mot avec *coli* s'écrit toujours en un mot (A3 - pas de trait d'union).

**colle** nf • Inchangé • Exception D3 : conserve sa finale en *-olle*.

**colleter (se)** v, **je me collète, me collèterai, me collèterais** • D1 • Conjugaison *-ète* au lieu de *-ette*.

**colocataire** n • À souder • Le préfixe *co* doit toujours être soudé - relire A2 (page 18).

**colombidé** nm (au lieu de *columbidé) • G4 • Préférer *om* et non *um* (même prononciation).

**colombiforme** nm (au lieu de *columbiforme) • G4 • Préférer *om* et non *um* (même prononciation).

**colombite** nf (au lieu de *columbite) • G4 • Préférer *om* et non *um* (même prononciation).
**colombium** nm (au lieu de *columbium) • G4 • Préférer *om* et non *um*.
**colpohystérectomie** nf • A3 • Soudure avec *colpo* (préfixe savant), même devant *h*.
**colpopérinéorraphie** nf • A3 • Soudure avec *colpo* (préfixe savant).
**columbarium** nm, **des columbariums** • B2 • Le début du mot (*columb-*) rime avec *colombe*, mais il n'existe pas de variante écrite avec *om*. Alors la règle G4 ne peut pas s'appliquer. Cependant, l'ancien pluriel (des *columbaria) est régularisé.
**colvert** « canard » nm (au lieu de *col-vert) • G19 • Entre les deux, choisir la graphie soudée.
**combattif, ive** adj • F1 • Le CSLF harmonise la famille : deux *t*, comme *battre*.
**combattivité** nf • F1 • Le CSLF harmonise la famille : deux *t*, comme *battre*.
**comeback** nm (anglic.), **des comebacks** • A4, B2 • Soudé dans la liste du RENOUVO (de 2003).
**comessager, ère** n • À souder • Le préfixe *co* doit toujours être soudé.
**comicographie** nf • Inchangé • Ce mot était déjà soudé, selon nos sources.
**commérer** v, **je commèrerai, commèrerais** • C1 • Accent grave au futur et au conditionnel.
**comparaitre** v, **elle comparait, je comparaitrai, comparaitrais** • C2 • Le circonflexe disparait sur *i*.
**compéter** v, **je compèterai, compèterais** • C1 • Accent grave au futur et au conditionnel.
**complaire** v, **il complait** • C2 • L'accent circonflexe disparait sur *i* dans cette conjugaison.
**complètement** nm • C1 • Accent grave et non accent aigu. L'adverbe *complètement* (signifiant « entièrement ») était déjà bien écrit. C'est le nom *complétement (en psychologie) qui avait besoin de cette rectification.
**compléter** v, **je complèterai, complèterais** • C1 • Accent grave au futur et au conditionnel.
**compte-bille** nm, **des compte-billes** • B1 • Singulier et pluriel réguliers.
**compte-bulle** nm, **des compte-bulles** • B1 • Singulier et pluriel réguliers.
**compte-coup** nm, **des compte-coups** • B1 • Singulier et pluriel réguliers.
**compte-écheveau** nm, **des compte-écheveaux** • B1 • Singulier et pluriel réguliers.
**compte-fil** nm, **des compte-fils** • B1 • Singulier et pluriel réguliers.
**compte-globule** nm, **des compte-globules** • B1 • Singulier et pluriel réguliers.
**compte-goutte** nm, **des compte-gouttes** • B1 • Singulier et pluriel réguliers.
**compte-levée** nm, **des compte-levées** • B1 • Singulier et pluriel réguliers.
**compte-lisse** nm, **des compte-lisses** • B1 • Singulier et pluriel réguliers.
**compte-minute** nm, **des compte-minutes** • B1 • Singulier et pluriel réguliers.
**compte-pas** nm, **des compte-pas** • B1 (inchangé) • Même forme au singulier et au pluriel.
**compte-pose** nm, **des compte-poses** • B1 • Singulier et plur. réguliers (généralement déjà conformes).
**compte-rang** nm, **des compte-rangs** • B1 • Singulier et pluriel réguliers.
**compte-tasse** nm, **des compte-tasses** • B1 • Singulier et pluriel réguliers.
**compte-touche** nm, **des compte-touches** • B1 • Singulier et pluriel réguliers.
**compte-tour** nm, **des compte-tours** • B1 • Singulier et pluriel réguliers.
**conard, arde** n • G17 • Consonne simple : choisir un seul *n*.
**conasse** nf • G17 • Consonne simple : choisir un seul *n*.
**concéder** v, **je concèderai, concèderais** • C1 • Accent grave au futur et au conditionnel.
**concélébrer** v, **je concélèbrerai, concélèbrerais** • C1 • Accent grave au futur et au conditionnel.
**concertina** nm, **des concertinas** • B2 • Pluriel régulier.
**concetti** nm, **des concettis** • B2 • Francisation : pluriel régulier.
**concréter** v, **je concrèterai, concrèterais** • C1 • Accent grave au futur et au conditionnel.
**condottière** nm, **des condottières** • B2, C4 • Francisation : accent grave et pluriel régulier.
**confédérer** v, **je confédèrerai, confédèrerais** • C1 • Accent grave au futur et au conditionnel.
**conférer** v, **je confèrerai, confèrerais** • C1 • Accent grave au futur et au conditionnel.
**confetti** nm, **des confettis** • B2 • Pluriel régulier. Autrefois, on avait parfois un pluriel invariable.
**confiteor** nm • Valeur de citation (B2, C4) • Premier mot d'une prière en latin. Les rectifications le laissent donc inchangé (sans accent et invariable, majuscule et italique possibles). Par contre, le *Littré* donne le pluriel régulier *des confiteors* et permet l'accent français *confitéor*. Voir page 38.
**conglomérer** v, **je conglomèrerai, conglomèrerais** • C1 • Accent grave au futur et au conditionnel.

**congrument** adv • C2 • L'accent circonflexe disparait sur *u*.
**conil** nm (au lieu de *connil) • G17 • Un seul *n*. Mot vieilli (« lapin »). On disait aussi *conin* autrefois.
**connaitre** v, **il connait**, **je connaitrai**, **connaitrais** • C2 • L'accent circonflexe disparait sur *i*.
[anc. *connard, *connasse] VOIR **conard**, **conasse** • G17 • Choisir un seul *n*.
**conquistador** nm, **des conquistadors** • B2 • Francisation : pluriel régulier.
**considérer** v, **je considèrerai**, **considèrerais** • C1 • Accent grave au futur et au conditionnel.
**conteneur** nm • Inchangé • Ce mot existait déjà ainsi. Éviter l'anglicisme *container.
**conteneurisation** nf • Inchangé • Ce mot existait déjà. Éviter la déformation de l'anglais *containérisation.
**conteneuriser** v • Inchangé • Ce mot existait déjà ainsi. Éviter la déformation de l'anglais *containériser.
**contigu**, **contigüe** adj • C3 • Au féminin, tréma sur le *u* (et non sur le *e* muet).
**contigüité** nf • C3 • Tréma sur *u* (et non sur *i*) pour séparer la combinaison *gu*.
**continument** adv • C2 • L'accent circonflexe disparait sur *u*.
**CONTR(E)-** (préfixe) • À souder • Voir l'explication sur *CONTRE-* plus loin.
**contraccusation** nf (au lieu de *contre-accusation) • A1 • Soudure avec *contr(e)*.
**contrachat** nm (au lieu de *contre-achat) • A1 • Soudure avec *contr(e)*.
**contraction** « crispation, crampe » nf • Inchangé • De la famille du verbe *contracter*.
**contraction** nf (au lieu de *contre-action) • A1 • Soudure avec *contr(e)*. Mot rare. En métallurgie, c'est la traduction de *feedback* (selon le *GDT*).
**contraffaire** nf (au lieu de *contre-affaire) • A1 • Soudure avec *contr(e)*.
**contragriculture** nf (au lieu de *contre-agriculture) • A1 • Soudure avec *contr(e)*.
**contraiguille** nf (au lieu de *contre-aiguille) • A1 • Soudure avec *contr(e)*.
**contralizé** nm (au lieu de *contre-alizé) • A1 • Soudure avec *contr(e)*.
**contrallée** nf (au lieu de *contre-allée) • A1 • Soudure avec *contr(e)*.
**contramiral**, **ale** n (au lieu de *contre-amiral) • A1 • Soudure avec *contr(e)*.
**contramour (à)** loc adj, loc adv • A1 • Soudure avec *contr(e)*.
**contranalyse** nf (au lieu de *contre-analyse) • A1 • Soudure avec *contr(e)*.
**contrangle** nm (au lieu de *contre-angle) • A1 • Soudure avec *contr(e)*.
**contraplanir** v (au lieu de *contre-aplanir) • A1 • Soudure avec *contr(e)*.
**contraponctique** (au lieu de *contrapunctique) adj • G3 • Forme rare avec *c* (initiative des travaux des éditions Le Robert). Choisir *on* (et non *un*). On dit plus souvent *contrapontique*.
**contrapontique** (au lieu de *contrapuntique) adj • G3 • Entre les deux graphies coexistantes (même prononciation), on choisit la plus française : celle avec *on* (et non *un*). On dit aussi *contraponctique*.
**contrapontiste** (au lieu de *contrapuntiste) n • G3 • Entre les deux graphies coexistantes (même prononciation), on choisit la plus française : celle avec *on* (et non *un*). On dit aussi *contrepointiste*.
**contrappel** nm (au lieu de *contre-appel) • A1 • Soudure avec *contr(e)*.
**contrapproche** nf (au lieu de *contre-approche) • A1 • Soudure avec *contr(e)*.
**contrarbre** nm (au lieu de *contre-arbre) • A1 • Soudure avec *contr(e)*.
**contrarc** nm (au lieu de *contre-arc) • A1 • Soudure avec *contr(e)*.
**contrarêtier** nm (au lieu de *contre-arêtier) • A1 • Soudure avec *contr(e)*.
**contrargument** nm (au lieu de *contre-argument) • A1 • Soudure avec *contr(e)*.
**contrargumentaire** nm (au lieu de *contre-argumentaire) • A1 • Soudure avec *contr(e)*.
**contrario (à)** VOIR **à contrario** • C4 • Accent grave sur *a*.
**contrarqué**, **ée** adj (au lieu de *contre-arqué) • A1 • Soudure avec *contr(e)*.
**contrassortiment** nm (au lieu de *contre-assortiment) • A1 • Soudure avec *contr(e)*.
**contrassurance** nf (au lieu de *contre-assurance) • A1 • Soudure avec *contr(e)*.
**contrattaquant**, **ante** n (au lieu de *contre-attaquant) • A1 • Soudure avec *contr(e)*.
**contrattaque** nf (au lieu de *contre-attaque) • A1 • Soudure avec *contr(e)*.
**contrattaquer** v (au lieu de *contre-attaquer) • A1 • Soudure avec *contr(e)*.
**contraveu** nm (au lieu de *contre-aveu) • A1 • Soudure avec *contr(e)*.
**contravis** nm (au lieu de *contre-avis) • A1 • Soudure avec *contr(e)*.

**CONTRE-** (préfixe) • À souder • Le préfixe-préposition *contre* se soude (règle A1). Les mots construits avec *contr(e)* qui étaient déjà soudés avant la mise en place des rectifications de 1990 ne figurent pas ici, puisqu'ils sont déjà conformes au principe de la soudure dans les dictionnaires. De nombreux mots nouveaux peuvent être créés avec ce préfixe : il est impossible de tous les répertorier. Note : le *e* du préfixe disparait devant une voyelle.

[anc. *contre-a...] VOIR **contra...** • A1 • Pour les mots construits avec *contre-* suivi d'un mot commençant par *a*, voir *contra...* (plus haut). Par exemple, pour *contre-accusation*, voir *contraccusation*.

**contre à deux** nm, **des contres à deux** • Inchangé • Il ne s'agit pas du préfixe (A1). Au volleyball, c'est un contre collectif (à deux joueurs) au filet.

**contre à trois** nm, **des contres à trois** • Inchangé • Il ne s'agit pas du préfixe (A1). Au volleyball, c'est un contre collectif (à trois joueurs) au filet.

**contrebâti** nm • A1 • Soudure avec *contre*.

**contrebatteur** nm • A1 • Soudure avec *contre*.

**contrebord** nm • A1 • Soudure avec *contre*. Notamment dans la locution *à contrebord*.

**contrebouter** v • A1 • Soudure avec *contre*. Synonyme de *contrebuter*.

**contrebraquage** nm • A1 • Soudure avec *contre*.

**contrebraquer** v • A1 • Soudure avec *contre*.

**contrebruit** nm • A1 • Soudure avec *contre*.

**contrebuter** v • A1 • Soudure avec *contre*. Synonyme de *contrebouter*.

**contrecache** nm • A1 • Soudure avec *contre*.

**contrechamp** nm • A1 • Soudure avec *contre*.

**contrechant** nm • A1 • Soudure avec *contre*.

**contréchantillon** nm (au lieu de *contre-échantillon) • A1 • Soudure avec *contr(e)*.

**contrechâssis** nm • A1 • Soudure avec *contre*.

**contrechoc** nm • A1 • Soudure avec *contre*.

**contréclairage** nm (au lieu de *contre-éclairage) • A1 • Soudure avec *contr(e)*.

**contreclé** (au lieu de *contreclef) nf • G20 • Ce mot était déjà soudé depuis longtemps. Le *Littré* atteste **contreclé**. Choisir cette forme avec accent aigu.

**contréclisse** nf (au lieu de *contre-éclisse) • A1 • Soudure avec *contr(e)*.

**contrecœur** nm • A1 • Soudure avec *contre*. Notamment dans la locution *à contrecœur*.

**contrecolleuse** nf • A1 • Soudure avec *contre*.

**contrecourant** nm • A1 • Soudure avec *contre*. Fréquent notamment dans la locution *à contrecourant*.

**contrecourbe** nf • A1 • Soudure avec *contre*.

**contrécrou** nm (au lieu de *contre-écrou) • A1 • Soudure avec *contr(e)*.

**contreculture** nf • A1 • Soudure avec *contre*.

**contreculturel, elle** adj • A1 • Soudure avec *contre*.

**contredénonciation** nf • A1 • Soudure avec *contre*.

**contredépouille** nf • A1 • Soudure avec *contre*.

**contredigue** nf • A1 • Soudure avec *contre*.

**contredo** nm (au lieu de *contre-do) • A1 • Soudure avec *contre*.

[anc. *contre-e...] VOIR **contre...** • A1 • Pour les mots construits avec *contre-* suivi d'un mot commençant par *e*, voir *contre...* Par exemple, pour *contre-espionnage*, voir *contrespionnage*.

[anc. *contre-é...] VOIR **contré...** • A1 • Pour les mots construits avec *contre-* suivi d'un mot commençant par *é*, voir *contré...* Par exemple, pour *contre-épreuve*, voir *contrépreuve*.

**contrefa** nm (au lieu de *contre-fa) • A1 • Soudure avec *contre*.

**contrefenêtre** nf • A1 • Soudure avec *contre*.

**contrefer** nm • A1 • Soudure avec *contre*.

**contrefeu** nm • A1 • Soudure avec *contre*.

**contrefiche** nf • A1 • Soudure avec *contre*.

**contrefil** nm • A1 • Soudure avec *contre*.

**contrefilet** nm • A1 • Soudure avec *contre*.

**contreflèche** nf • A1 • Soudure avec *contre*.

**contrefontaine** nf • A1 • Soudure avec *contre*.

**contrefraisage** nm • A1 • Soudure avec *contre*.
**contrefugue** nf • A1 • Soudure avec *contre*.
**contregriffe** nf • A1 • Soudure avec *contre*.
**contrehacher** v • A1 • Soudure avec *contre*.
**contrehachure** nf • A1 • Soudure avec *contre*.
**contrehaut (en)** loc adj, loc adv • A1 • Soudure avec *contre*. Note : l'expression *en contrebas* était déjà soudée.
**contrehermine** nf • A1 • Soudure avec *contre*.
**contreheurtoir** nm • A1 • Soudure avec *contre*.
**contrehiloire** nf • A1 • Soudure avec *contre*.
**contrehousse** nf (au lieu de *contre-housse) • A1 • Soudure avec *contr(e)*.
**contrehus** nm • A1 • Soudure avec *contre*.
[anc. *contre-i...] VOIR **contri...** • A1 • Pour les mots construits avec *contre-* suivi d'un mot commençant par *i*, voir *contri...* (plus loin). Par exemple, pour *contre-indication*, voir *contrindication*.
**contrejambage** nm • A1 • Soudure avec *contre*.
**contrejour** nm • A1 • Soudure avec *contre*.
**contrela** nm (au lieu de *contre-la) • A1 • Soudure avec *contre*.
**contrelame** nf • A1 • Soudure avec *contre*.
**contre-la-montre** nm • Inchangé • Ce mot n'est pas touché par la règle A1.
**contrelatte** nf • A1 • Soudure avec *contre*.
**contrelatter** v • A1 • Soudure avec *contre*.
**contrélectrode** nf (au lieu de *contre-électrode) • A1 • Soudure avec *contr(e)*.
**contrélectromoteur, trice** adj (au lieu de *contre-électromoteur) • A1 • Soudure avec *contr(e)*.
**contrelettre** nf • A1 • Soudure avec *contre*.
**contrelignage** nm • A1 • Soudure avec *contre*.
**contrémail** nm (au lieu de *contre-émail) • A1 • Soudure avec *contr(e)*.
**contrémailler** v(au lieu de *contre-émailler) • A1 • Soudure avec *contr(e)*.
**contremaitre** n (le fém. **contremaitresse** est aussi admis) • A1, C2 • Soudure. L'accent circonflexe disparait. Le choix du féminin (*une contremaitre* ou *contremaitresse*) ne relève pas des règles des rectifications.
**contremanifestant, ante** n • A1 • Soudure avec *contre*.
**contremanifestation** nf • A1 • Soudure avec *contre*.
**contremanifester** v • A1 • Soudure avec *contre*.
**contremarée** nf • A1 • Soudure avec *contre*.
**contremballage** nm (au lieu de *contre-emballage) • A1 • Soudure avec *contr(e)*.
**contremélodie** nf • A1 • Soudure avec *contre*.
**contremesure** nf • A1 • Soudure avec *contre*.
**contremi** nm (au lieu de *contre-mi) • A1 • Soudure avec *contre*.
**contremine** nf • A1 • Soudure avec *contre*.
**contreminer** v • A1 • Soudure avec *contre*.
**contrémission** nf (au lieu de *contre-émission) • A1 • Soudure avec *contr(e)*.
**contremploi** nm (au lieu de *contre-emploi) • A1 • Soudure avec *contr(e)*.
**contrempoise** nf (au lieu de *contre-empoise) • A1 • Soudure avec *contr(e)*.
**contrempreinte** nf (au lieu de *contre-empreinte) • A1 • Soudure avec *contr(e)*.
**contremur** nm • A1 • Soudure avec *contre*.
**contremurer** v • A1 • Soudure avec *contre*.
**contrengrènement** nm (au lieu de *contre-engrènement) • A1 • Soudure avec *contr(e)*.
**contrenquête** nf (au lieu de *contre-enquête) • A1 • Soudure avec *contr(e)*.
[anc. *contre-o...] VOIR **contro...** • A1 • Pour les mots construits avec *contre-* suivi d'un mot commençant par *o*, voir *contro...* (plus loin). Par exemple, pour *contre-offensive*, voir *controffensive*.
**contrepal** nm • A1 • Soudure avec *contre*.
**contrepas** nm • A1 • Soudure avec *contre*.

**contrepassation** nf • A1 • Soudure avec *contre*.
**contrepasser** v • A1 • Soudure avec *contre*.
**contrépaulette** nf (au lieu de *contre-épaulette) • A1 • Soudure avec *contr(e)*.
**contrepente** nf • A1 • Soudure avec *contre*.
**contreperçage** nm • A1 • Soudure avec *contre*.
**contrepercer** v • A1 • Soudure avec *contre*.
**contreperformance** nf • A1 • Soudure avec *contre*.
**contrepièce** nf • A1 • Soudure avec *contre*.
**contrepied** nm • A1 • Soudure avec *contre*.
**contreplacage** nm • A1 • Soudure avec *contre*.
**contreplaque** nf • A1 • Soudure avec *contre*.
**contreplaqué** nm • A1 • Soudure. Employé aussi comme adjectif : *planche contreplaquée*.
**contreplaquer** v • A1 • Soudure avec *contre*.
**contreplongée** nf • A1 • Soudure avec *contre*.
**contrepoil (à)** loc adv • A1 • Soudure avec *contre*.
**contrepoint** nm • A1 • Soudure avec *contre*.
**contrepointe** nf • A1 • Soudure avec *contre*.
**contrepointer** v • A1 • Soudure avec *contre*.
**contreporte** nf • A1 • Soudure avec *contre*.
**contrepoupée** nf • A1 • Soudure avec *contre*.
**contrepousser (se)** v • A1 • Soudure avec *contre*.
**contrepouvoir** nm • A1 • Soudure avec *contre*.
**contrepréparation** nf • A1 • Soudure avec *contre*.
**contrepression** nf • A1 • Soudure avec *contre*.
**contreprestation** nf • A1 • Soudure avec *contre*.
**contrépreuve** nf (au lieu de *contre-épreuve) • A1 • Soudure avec *contr(e)*.
**contreproductif, ive** adj • A1 • Soudure avec *contre*.
**contreprofil** nm • A1 • Soudure avec *contre*.
**contreprofiler** v • A1 • Soudure avec *contre*.
**contreprojet** nm • A1 • Soudure avec *contre*.
**contrepropagande** nf • A1 • Soudure avec *contre*.
**contreproposition** nf • A1 • Soudure avec *contre*.
**contrepublicité** nf • A1 • Soudure avec *contre*.
**contrequille** nf • A1 • Soudure avec *contre*.
**contrerail** nm • A1 • Soudure avec *contre*.
**contreré** nm (au lieu de *contre-ré) • A1 • Soudure avec *contre*.
**contreréaction** nf • A1 • Soudure avec *contre*.
**contreréforme** nf • A1 • Soudure avec *contre*.
**contreréformiste** adj • A1 • Soudure avec *contre*.
**contrerejet** nm • A1 • Soudure avec *contre*.
**contrerévolution** nf • A1 • Soudure avec *contre*.
**contrerévolutionnaire** adj, n • A1 • Soudure avec *contre*.
**contresangle** nf • A1 • Soudure avec *contre*.
**contresanglon** nm • A1 • Soudure avec *contre*.
**contresceau** nm • A1 • Soudure avec *contre*.
**contresceller** v • A1 • Soudure avec *contre*.
**contresel** nm • A1 • Soudure avec *contre*.
**contresep** nm • A1 • Soudure avec *contre*.
**contresi** nm (au lieu de *contre-si) • A1 • Soudure avec *contre*.
**contresociété** nf • A1 • Soudure avec *contre*.
**contresol** nm (au lieu de *contre-sol) • A1 • Soudure avec *contre*.

**contresommet** nm • A1 • Soudure avec *contre*.
**contrespalier** nm (au lieu de *contre-espalier) • A1 • Soudure avec *contr(e)*.
**contrespionnage** nm (au lieu de *contre-espionnage) • A1 • Soudure avec *contr(e)*.
**contressai** nm (au lieu de *contre-essai) • A1 • Soudure avec *contr(e)*.
**contresujet** nm • A1 • Soudure avec *contre*.
**contretaille** nf • A1 • Soudure avec *contre*.
**contrétambot** nm (au lieu de *contre-étambot) • A1 • Soudure avec *contr(e)*.
**contreténor** nm • A1 • Soudure avec *contre*.
**contreterrasse** nf • A1 • Soudure avec *contre*.
**contreterrorisme** nm • A1 • Soudure avec *contre*.
**contreterroriste** adj, n • A1 • Soudure avec *contre*.
**contretimbre** nm • A1 • Soudure avec *contre*.
**contrétiquette** nf (au lieu de *contre-étiquette) • A1 • Soudure avec *contr(e)*.
**contretirer** v • A1 • Soudure avec *contre*.
**contretitré, ée** adj • A1 • Soudure avec *contre*.
**contretoile** nf • A1 • Soudure avec *contre*.
**contretorpilleur** nm • A1 • Soudure avec *contre*.
**contretorsion** nf • A1 • Soudure avec *contre*.
**contretransfert** nm • A1 • Soudure avec *contre*.
**contrétrave** nf (au lieu de *contre-étrave) • A1 • Soudure avec *contr(e)*.
[anc. *contre-ut] VOIR **contrut** • A1 • Soudure avec *contr(e)*. Les variantes ont la même prononciation.
[anc. *contre-utopie] VOIR **contrutopie** • A1 • Soudure avec *contr(e)*. Même prononciation.
**contrevair** nm • A1 • Soudure avec *contre*.
**contrevairé, ée** adj, nm • A1 • Soudure avec *contre*.
**contrevaleur** nf • A1 • Soudure avec *contre*.
**contrevapeur** nf • A1 • Soudure avec *contre*.
**contrevérification** nf • A1 • Soudure avec *contre*.
**contrevérifier** v • A1 • Soudure avec *contre*.
**contrevérité** nf • A1 • Soudure avec *contre*.
**contrevisite** nf • A1 • Soudure avec *contre*.
**contrevoie (à)** loc adv • A1 • Soudure avec *contre*.
**contrexception** nf (au lieu de *contre-exception) • A1 • Soudure avec *contr(e)*.
**contrexemple** nm (au lieu de *contre-exemple) • A1 • Soudure avec *contr(e)*.
**contrexpérience** nf (au lieu de *contre-expérience) • A1 • Soudure avec *contr(e)*.
**contrexpert, contrexperte** n (au lieu de *contre-expert) • A1 • Soudure avec *contr(e)*.
**contrexpertise** nf (au lieu de *contre-expertise) • A1 • Soudure avec *contr(e)*.
**contrexpertiser** v (au lieu de *contre-expertiser) • A1 • Soudure avec *contr(e)*.
**contrexplosion** nf (au lieu de *contre-explosion) • A1 • Soudure avec *contr(e)*.
**contrextension** nf (au lieu de *contre-extension) • A1 • Soudure avec *contr(e)*.
**contrimbrication** nf (au lieu de *contre-imbrication) • A1 • Soudure avec *contr(e)*.
**contrindication** nf (au lieu de *contre-indication) • A1 • Soudure avec *contr(e)*.
**contrindiqué, ée** adj (au lieu de *contre-indiqué) • A1 • Soudure avec *contr(e)*.
**contrindiquer** v (au lieu de *contre-indiquer) • A1 • Soudure avec *contr(e)*.
**contringérence** nf (au lieu de *contre-ingérence) • A1 • Soudure avec *contr(e)*.
**contrinspection** nf (au lieu de *contre-inspection) • A1 • Soudure avec *contr(e)*.
**contrintention** nf (au lieu de *contre-intention) • A1 • Soudure avec *contr(e)*.
**contrinterférence** nf (au lieu de *contre-interférence) • A1 • Soudure avec *contr(e)*.
**contrinterrogatoire** nm (au lieu de *contre-interrogatoire) • A1 • Soudure avec *contr(e)*.
**contrinterroger** v (au lieu de *contre-interroger) • A1 • Soudure avec *contr(e)*.
**contrintrigue** nf (au lieu de *contre-intrigue) • A1 • Soudure avec *contr(e)*.
**contrintuitif, ive** adj (au lieu de *contre-intuitif) • A1 • Soudure avec *contr(e)*.

**contrinvestissement** nm (au lieu de *contre-investissement) • A1 • Soudure avec *contr(e)*.
**contrion** nm (au lieu de *contre-ion) • A1 • Soudure avec *contr(e)*.
**controffensive** nf (au lieu de *contre-offensive) • A1 • Soudure avec *contr(e)*.
**controffre** nf (au lieu de *contre-offre) • A1 • Soudure avec *contr(e)*.
**contrordre** nm (au lieu de *contre-ordre) • A1 • Soudure avec *contr(e)*.
**controutil** nm (au lieu de *contre-outil) • A1 • Soudure avec *contr(e)*.
**controuverture** nf (au lieu de *contre-ouverture) • A1 • Soudure avec *contr(e)*.
**contrut** nm (au lieu de *contre-ut) • A1 • Soudure avec *contr(e)*. Même prononciation.
**contrutopie** nf (au lieu de *contre-utopie) • A1 • Soudure avec *contr(e)*. Même prononciation.
**cooccurrence** nf • À souder • Soudure avec *co*, même devant *o*.
**cooccurrent**, **ente** adj, nm • À souder • Soudure avec *co*, même devant *o*.
**cool** adj, plur. : **cools** • B2 • Pluriel régularisé. Se dit d'un style de jazz, ou (registre familier) décontracté, sympathique, ouvert.
**coop** nf • Inchangé • Ce mot s'écrit encore et toujours en un mot (jamais de trait d'union).
**coopératif**, **ive** adj, nf • Inchangé • Ce mot s'écrit encore et toujours en un mot (jamais de trait d'union).
**coopérer** v, **je coopèrerai**, **coopèrerais** • C1 • Accent grave au futur et au conditionnel.
**copartageant**, **ante** adj, n • À souder • Le préfixe *co* doit toujours être soudé.
**coposséder** v, **je copossèderai**, **copossèderais** • C1 • Accent grave au futur et au conditionnel.
**copossession** nf • À souder • Le préfixe *co* doit toujours être soudé.
**copra** nm (au lieu de *coprah) • G2 • Entre les deux variantes coexistantes, choisir sans *h*.
**coprésence** nf • À souder • Le préfixe *co* doit toujours être soudé - relire A2 (page 18).
**coprésent**, **ente** adj • À souder • Le préfixe *co* doit toujours être soudé - relire A2 (page 18).
**coprêteur**, **euse** n • À souder • Le préfixe *co* doit toujours être soudé.
**copropriétaire** n • À souder • Le préfixe *co* doit toujours être soudé.
**copropriété** nf • À souder • Le préfixe *co* doit toujours être soudé - relire A2 (page 18).
**coproscrit**, **ite** n • À souder • Le préfixe *co* doit toujours être soudé - relire A2 (page 18).
**coqueter** v, **je coquète**, **coquèterai**, **coquèterais** • D1 • Conjugaison *-ète* au lieu de *-ette*.
**coquiller**, **ère** adj, nm (au lieu de *coquillier) • F4 • Terminaison *-iller* et *-illère*, et non *-illier* ni *-illière*. Au masculin, ce mot rime avec *briller* (*TLF*, *Petit Robert*, *Littré*) et l'adj. fém. rime avec *conseillère*.
**coracobrachial**, **ale** adj, nm • A3 • Soudure avec *coraco* (préfixe savant).
**coracoclaviculaire** adj, nm • A3 • Soudure avec *coraco* (préfixe savant).
**coracohuméral**, **ale** adj, nm • A3 • Soudure avec *coraco* (préfixe savant), même devant *h*.
**coracoradial**, **ale** adj, nm • A3 • Soudure avec *coraco* (préfixe savant).
**cordé** « animal à corde dorsale » nm (au lieu de *chordé, toujours prononcé « k ») • G10 • Les deux formes existent. Choisir *c* et non *ch*.
**corde dorsale** « ébauche de colonne vertébrale » nf (au lieu de *chorde dorsale, toujours prononcé « k ») • G10 • Les deux formes existent. Choisir *c* et non *ch*.
**cordeler** v, **je cordèle**, **cordèlerai**, **cordèlerais** • D1 • Conjugaison *-èle* au lieu de *-elle*.
**cordon bleu** « ruban de l'ordre du Saint-Esprit » nm • Inchangé • En ce sens, on écrit avec l'espace.
**cordon-bleu** « personne très habile en cuisine, ou escalope » n • Inchangé • Trait d'union en ce sens.
**cordonbleu** « oiseau » nm (au lieu de *cordon-bleu) • G19 • De nos jours, le nom d'oiseau s'écrit en un mot (voir page 16). Il y a deux espèces différentes d'oiseaux portant le nom de **cordonbleu**.
**coré** ou **corê** « statue grecque » nf, selon la prononciation • B2, G10 • Anciennes variantes : *koré ou *korê. Choisir *c* et non *k*. Le pluriel est régulier (avec *s*).
**corédacteur**, **trice** n • À souder • Le préfixe co doit toujours être soudé.
**corégent**, **ente** n • À souder • Le préfixe *co* doit toujours être soudé - relire A2 (page 18).
**coreprésentant**, **ante** n • À souder • Le préfixe co doit toujours être soudé.
**cornedbif** (anglic.) nm (au lieu de *corned-beef) • G22 • Cette graphie modifiée est une initative des travaux des éditions Le Robert en 1991. Le correcteur de poche *Vérifiez votre orthographe* (Le Robert, 2008) admet aussi cette forme francisée.
**cornflake** nm (anglic.), **des cornflakes** • A4, B2 • Soudure (mot étranger). Singulier et pluriel réguliers.
**cornpickeur** nm (anglic.) • A4, G21 • Soudure (mot étranger) et terminaison *-eur*.
**cornshelleur** nm (anglic.) • A4, G21 • Soudure (mot étranger) et terminaison *-eur*.

**corolaire** adj, nm • D3 • Un seul *l*, selon les travaux des éditions Le Robert et la liste du RENOUVO.
**corolairement** adv • D3 • Un seul *l*. Voir le commentaire sur *corolaire*.
**corole** nf • D3 • Un seul *l*.
**corrégidor** nm • C4 • Francisation : accent aigu.
**corréler** v, **je corrèlerai, corrèlerais** • C1 • Accent grave au futur et au conditionnel.
**corseter** v, **je corsète, corsèterai, corsèterais** • D1 • Conjugaison *-ète* au lieu de *-ette*.
**corticocérébelleux, euse** adj • A3 • Soudure avec *cortico* (préfixe savant).
**corticospinal, ale** adj • A3 • Soudure avec *cortico* (préfixe savant).
**corticostéroïde** nm • A3 • Soudure avec *cortico* (préfixe savant).
**corticostimuline** nf • A3 • Soudure avec *cortico* (préfixe savant).
**corticosurrénal, ale** adj • A3 • Soudure avec *cortico* (préfixe savant).
**corticosurrénale** nf • A3 • Soudure avec *cortico* (préfixe savant).
**cosectaire** adj, n • À souder • Le préfixe *co* doit toujours être soudé - relire A2 (page 18).
**cosociétaire** n • À souder • Le préfixe *co* doit toujours être soudé - relire A2 (page 18).
**cosouverain, aine** n • À souder • Le préfixe co doit toujours être soudé.
**cospectateur, trice** n • À souder • Le préfixe co doit toujours être soudé.
**costoclaviculaire** adj • A3 • Soudure avec *costo* (préfixe savant).
**costosternal, ale** adj • A3 • Soudure avec *costo* (préfixe savant).
**costotransversaire** adj • A3 • Soudure avec *costo* (préfixe savant).
**costovertébral, ale** adj • A3 • Soudure avec *costo* (préfixe savant).
**cotcot** interj, nm, **des cotcots** • A4 • Soudure (onomatopée).
**couche-tard** n inv, **des couche-tard** • Inchangé • Ce mot n'est pas construit sur le modèle « verbe + nom » (B1), mais « verbe + adverbe ».
**couche-tôt** n inv, **des couche-tôt** • Inchangé • Ce mot n'est pas construit sur le modèle « verbe + nom » (B1), mais « verbe + adverbe ».
**coucicouça** adv • A4 • Soudure. Ce mot était dans la liste du RENOUVO.
**coudou** « antilope d'Afrique » nm (au lieu de *koudou) • G10 • Choisir *c* et non *k*.
**coufique** adj, nm (au lieu de *kufique ou *kûfique) • G9, G10 • Préférer la forme commençant par *cou-*.
**cougar** ou **cougouar** nm (au lieu de *couguar) • G9, G20 • Deux prononciations sont possibles. La graphie *couguar était ambigüe et doit donc être évitée. Choisir **cougar** (*GDT*) ou **cougouar**, selon la prononciation souhaitée.
**cougouar** ou **cougar** nm (au lieu de *couguar) • G9, G20 • Selon la prononciation. Voir l'explication sur *cougar*.
**coupe-anche** nm, **des coupe-anches** • B1 • Singulier et pluriel réguliers.
**coupe-bande** nm, **des coupe-bandes** • B1 • Singulier et pluriel réguliers.
**coupe-batterie** nm, **des coupe-batteries** • B1 • Singulier et pluriel réguliers.
**coupe-béton** nm, **des coupe-bétons** • B1 • Singulier et pluriel réguliers.
**coupe-bise** nm, **des coupe-bises** • B1 • Singulier et pluriel réguliers.
**coupe-bordure** nm, **des coupe-bordures** • B1 • Singulier et pluriel réguliers.
**coupe-boulon** nm, **des coupe-boulons** • B1 • Singulier et pluriel réguliers.
**coupe-bourgeon** nm, **des coupe-bourgeons** • B1 • Singulier et pluriel réguliers.
**coupe-branche** nm, **des coupe-branches** • B1 • Singulier et pluriel réguliers.
**coupe-brise** nm, **des coupe-brises** • B1 • Singulier et pluriel réguliers.
**coupe-broussaille** nm, **des coupe-broussailles** • B1 • Singulier et pluriel réguliers.
**coupe-canne** nm, **des coupe-cannes** • B1 • Singulier et pluriel réguliers.
**coupe-carburant** nm, **des coupe-carburants** • B1 • Singulier et pluriel réguliers.
**coupe-carotte** nm, **des coupe-carottes** • B1 • Singulier et pluriel réguliers.
**coupe-chaine** nm, **des coupe-chaines** • B1, C2 • Singulier et pluriel réguliers. L'accent disparait sur *i*.
**coupe-chainette** nm, **des coupe-chainettes** • B1, C2 • Singulier et pluriel réguliers. L'accent circonflexe disparait sur *i*.
**coupe-chiffon** nm, **des coupe-chiffons** • B1 • Singulier et pluriel réguliers.
**coupe-chou** nm, **des coupe-choux** • B1 • Singulier et pluriel réguliers.

**coupe-cigare** nm, **des coupe-cigares** • B1 • Singulier et pluriel réguliers.
**coupe-circuit** nm, **des coupe-circuits** • B1 • Singulier et pluriel réguliers.
**coupe-coin** nm, **des coupe-coins** • B1 • Singulier et pluriel réguliers.
**coupe-cor** nm, **des coupe-cors** • B1 • Singulier et pluriel réguliers.
**coupe-coulée** nm, **des coupe-coulées** • B1 • Singulier et pluriel réguliers.
**coupecoupe** nm, **des coupecoupes** • A5 • Le *Rapport* du CSLF soude ce mot.
**coupe-courroie** nm, **des coupe-courroies** • B1 • Singulier et pluriel réguliers.
**coupe-cuillère** nm (au lieu de *coupe-cuiller), **des coupe-cuillères** • B1, G20 • Préférer **cuillère** plutôt que *cuiller. Singulier et pluriel réguliers.
**coupe-cuticule** nm, **des coupe-cuticules** • B1 • Singulier et pluriel réguliers.
**coupe-déchet** nm, **des coupe-déchets** • B1 • Singulier et pluriel réguliers.
**coupe-dent** nm, **des coupe-dents** • B1 • Singulier et pluriel réguliers.
**coupe-drisse** nm, **des coupe-drisses** • B1 • Singulier et pluriel réguliers.
**coupe-faim** nm, **des coupe-faims** • B1 • Singulier et pluriel réguliers.
**coupe-fer** nm, **des coupe-fers** • B1 • Singulier et pluriel réguliers.
**coupe-feu** nm, **des coupe-feux** • B1 • Pluriel régulier. Même en apposition (comme un adjectif), *Littré* permet le pluriel régulier.
**coupe-feuille** nm, **des coupe-feuilles** • B1 • Singulier et pluriel réguliers.
**coupe-feuillure** nm, **des coupe-feuillures** • B1 • Singulier et pluriel réguliers.
**coupe-fil** nm, **des coupe-fils** • B1 • Singulier et pluriel réguliers.
**coupe-file** nm, **des coupe-files** • B1 • Singulier et pluriel réguliers.
**coupe-foin** nm, **des coupe-foins** • B1 • Singulier et pluriel réguliers.
**coupe-frite** nm, **des coupe-frites** • B1 • Singulier et pluriel réguliers.
**coupe-froid** nm, **des coupe-froids** • B1 • Singulier et pluriel réguliers.
**coupe-gaz** nm, **des coupe-gaz** • B1 (inchangé) • Même forme au singulier et au pluriel.
**coupe-glace** nm, **des coupe-glaces** • B1 • Singulier et pluriel réguliers.
**coupe-gorge** nm, **des coupe-gorges** • B1 • Singulier et pluriel réguliers.
**coupe-herbe** nm, **des coupe-herbes** • B1 • Singulier et pluriel réguliers.
**coupe-jambon** nm, **des coupe-jambons** • B1 • Singulier et pluriel réguliers.
**coupe-jarret** nm, **des coupe-jarrets** • B1 • Singulier et pluriel réguliers.
**coupe-joint** nm, **des coupe-joints** • B1 • Singulier et pluriel réguliers.
**coupe-lande** nm, **des coupe-landes** • B1 • Singulier et pluriel réguliers.
**coupe-larme** nm, **des coupe-larmes** • B1 • Singulier et pluriel réguliers.
**coupe-légume** nm, **des coupe-légumes** • B1 • Singulier et pluriel réguliers.
**coupe-litière** nm, **des coupe-litières** • B1 • Singulier et pluriel réguliers.
**coupe-motte** nm, **des coupe-mottes** • B1 • Singulier et pluriel réguliers.
**coupe-mousse** nm, **des coupe-mousses** • B1 • Singulier et pluriel réguliers.
**coupe-œuf** nm, **des coupe-œufs** • B1 • Singulier et pluriel réguliers.
**coupe-ongle** nm, **des coupe-ongles** • B1 • Singulier et pluriel réguliers.
**coupe-onglon** nm, **des coupe-onglons** • B1 • Singulier et pluriel réguliers.
**coupe-papier** nm, **des coupe-papiers** • B1 • Singulier et pluriel réguliers.
**coupe-paraison** nm, **des coupe-paraisons** • B1 • Singulier et pluriel réguliers.
**coupe-passepoil** nm, **des coupe-passepoils** • B1 • Singulier et pluriel réguliers.
**coupe-pâte** nm, **des coupe-pâtes** • B1 • Singulier et pluriel réguliers.
**coupe-pellicule** nm, **des coupe-pellicules** • B1 • Singulier et pluriel réguliers.
**coupe-pizza** nm, **des coupe-pizzas** • B1 • Singulier et pluriel réguliers.
**coupe-puissance** nm, **des coupe-puissances** • B1 • Singulier et pluriel réguliers.
**coupe-queue** nm, **des coupe-queues** • B1 • Singulier et pluriel réguliers.
**coupe-racine** nm, **des coupe-racines** • B1 • Singulier et pluriel réguliers.
**coupe-rive** nm, **des coupe-rives** • B1 • Singulier et pluriel réguliers.
**coupe-son** nm, **des coupe-sons** • B1 • Singulier et pluriel réguliers.

**coupe-sonnerie** nm, **des coupe-sonneries** • B1 • Singulier et pluriel réguliers.
**coupe-soudure** nm, **des coupe-soudures** • B1 • Singulier et pluriel réguliers.
**coupe-tige** nm, **des coupe-tiges** • B1 • Singulier et pluriel réguliers.
**coupe-tirage** nm, **des coupe-tirages** • B1 • Singulier et pluriel réguliers.
**coupetout** nm, **des coupetouts** • A5 • Les mots composés d'un verbe + *tout* sont soudés.
**coupe-tranche** nm, **des coupe-tranches** • B1 • Singulier et pluriel réguliers.
**coupe-tube** nm, **des coupe-tubes** • B1 • Singulier et pluriel réguliers.
**coupe-tuyau** nm, **des coupe-tuyaux** • B1 • Singulier et pluriel réguliers.
**coupe-vapeur** nm, **des coupe-vapeurs** • B1 • Singulier et pluriel réguliers.
**coupe-vent** adj, nm, **des coupe-vents** • B1, G18 • Pluriel régulier. Adj. plur. rég. attesté dans le *GDT*.
**coupe-verre** nm, **des coupe-verres** • B1 • Singulier et pluriel réguliers.
**coupe-zinc** nm, **des coupe-zincs** • B1 • Singulier et pluriel réguliers.
**coupleter** v, **je couplète, couplèterai, couplèterais** • D1 • Conjugaison *-ète* au lieu de *-ette*.
**courbattu** adj • F1 • Harmonisation de la famille : deux *t*, comme *battre*, *battu*. Avis favorable des travaux des éditions Le Robert.
**courbatture** nf • F1 • Harmonisation : deux *t*. Voir *courbattu*.
**courbatturé** participe passé • F1 • Harmonisation : deux *t*. Voir *courbattu*.
**courbatturer** v • F1 • Harmonisation : deux *t*. Voir *courbattu*.
**couros** nm, **des couros** (au lieu de *kouros) • B2, G10 • Choisir *c* et non *k*. Le pluriel est régulier (l'ancienne forme avec *k* connaissait un pluriel étranger irrégulier).
**cout** nm • C2 • L'accent circonflexe disparait sur *u*.
**coutant, ante** adj • C2 • L'accent circonflexe disparait sur *u*.
**couter** v • C2 • L'accent circonflexe disparait sur *u*.
**couteusement** adv • C2 • L'accent circonflexe disparait sur *u*.
**couteux, euse** adj • C2 • L'accent circonflexe disparait sur *u*.
**couvre-amorce** nm, **des couvre-amorces** • B1 • Singulier et pluriel réguliers.
**couvre-barbe** nm, **des couvre-barbes** • B1 • Singulier et pluriel réguliers.
**couvre-bassinet** nm, **des couvre-bassinets** • B1 • Singulier et pluriel réguliers.
**couvre-borne** nm, **des couvre-bornes** • B1 • Singulier et pluriel réguliers.
**couvre-bouche** nm, **des couvre-bouches** • B1 • Singulier et pluriel réguliers.
**couvre-cadre** nm, **des couvre-cadres** • B1 • Singulier et pluriel réguliers.
**couvre-canon** nm, **des couvre-canons** • B1 • Singulier et pluriel réguliers.
**couvre-chaine** nm, **des couvre-chaines** • B1, C2 • Singulier et pluriel réguliers. L'accent disparait sur *i*.
**couvre-chaussure** nm, **des couvre-chaussures** • B1 • Singulier et pluriel réguliers.
**couvre-chef** nm, **des couvre-chefs** • B1 • Singulier et pluriel réguliers. Ce mot n'est pas soudé.
**couvre-cheveu** nm, **des couvre-cheveux** • B1 • Singulier et pluriel réguliers.
**couvre-culasse** nm, **des couvre-culasses** • B1 • Singulier et pluriel réguliers.
**couvre-culbuteur** nm, **des couvre-culbuteurs** • B1 • Singulier et pluriel réguliers.
**couvre-épaule** nm, **des couvre-épaules** • B1 • Singulier et pluriel réguliers.
**couvre-galet** nm, **des couvre-galets** • B1 • Singulier et pluriel réguliers.
**couvre-glissière** nm, **des couvre-glissières** • B1 • Singulier et pluriel réguliers.
**couvre-manche** nm, **des couvre-manches** • B1 • Singulier et pluriel réguliers.
**couvre-mur** nm, **des couvre-murs** • B1 • Singulier et pluriel réguliers.
**couvre-nœud** nm, **des couvre-nœuds** • B1 • Singulier et pluriel réguliers.
**couvre-nuque** nm, **des couvre-nuques** • B1 • Singulier et pluriel réguliers.
**couvre-objectif** nm, **des couvre-objectifs** • B1 • Singulier et pluriel réguliers.
**couvre-œil** nm, **des couvre-œils** • B1 • Singulier et pluriel réguliers. Attesté dans le *GDT*.
**couvre-oreille** nm, **des couvre-oreilles** • B1 • Singulier et pluriel réguliers.
**couvre-oreiller** nm, **des couvre-oreillers** • B1 • Singulier et pluriel réguliers.
**couvre-parquet** nm, **des couvre-parquets** • B1 • Singulier et pluriel réguliers.
**couvrepied** nm, **des couvrepieds** • A5 • Le *Rapport* du CSLF soude ce mot.

**couvre-plat** nm, **des couvre-plats** • B1 • Singulier et pluriel réguliers.

**couvre-plateau** nm, **des couvre-plateaux** • B1 • Singulier et pluriel réguliers.

**couvre-poussière** nm, **des couvre-poussières** • B1 • Singulier et pluriel réguliers.

**couvre-radiateur** nm, **des couvre-radiateurs** • B1 • Singulier et pluriel réguliers.

**couvre-sol** nm, **des couvre-sols** • B1 • Singulier et pluriel réguliers.

**couvre-terre** nm, **des couvre-terres** • B1 • Singulier et pluriel réguliers.

**couvre-tête** nm, **des couvre-têtes** • B1 • Singulier et pluriel réguliers.

**couvretout** nm, **des couvretouts** • A5 • Les mots composés d'un verbe + *tout* sont soudés.

**covergirl** nf (anglic.) • A4 • Soudure (mot étranger).

**covirtuose** n • À souder • Le préfixe *co* doit toujours être soudé - relire A2 (page 18).

**covoiturage** nm • À souder • Le préfixe *co* doit toujours être soudé - relire A2 (page 18).

**cowboy** nm, **des cowboys** • A4 • Soudure (mot étranger).

**cowpox** (anglic.) nm (au lieu de *cow-pox), **des cowpox** • A4 • Soudure attestée dans *Littré* et dans les travaux des éditions Le Robert.

**coxofémoral, ale** adj • A3 • Soudure avec *coxo* (préfixe savant).

**crac** « château fort des croisés » nm (au lieu de *krak) • G10 • Choisir deux *c* et non deux *k* pour ce mot. Ne pas confondre avec d'autres mots, comme *crack*, *craque* et *krach*. *Crac* a aussi d'autres sens.

**crackeur** « biscuit sec salé » (anglic.) nm (au lieu de *cracker) • G21 • On emploie *craquelin* en français.

**crackeur, euse** « pirate informatique » (anglic.) n (au lieu de *cracker) • G21 • Éviter les anglicismes.

**crado** adj, plur. : **crados** • G18 • Entre le pluriel invariable et le pluriel rég., choisir le pluriel régulier.

**craquèlement** nm • D1 • Dérivé d'un verbe en *-eler* : *-èlement* (et non *-ellement*).

**craqueler** v, **je craquèle, craquèlerai, craquèlerais** • D1 • Conjugaison *-èle* au lieu de *-elle*.

**craquètement** nm • D1 • Dérivé d'un verbe en *-eter* : *-ètement* (et non *-ettement*).

**craqueter** v, **je craquète, craquèterai, craquèterais** • D1 • Conjugaison *-ète* au lieu de *-ette*.

**crash** nm (anglic.), **des crashs** • B2 • Pluriel régulier.

**crècerelle** « oiseau de proie, petit faucon » nf • C1 • Accent grave et non accent aigu.

**crécher** v, **je crècherai, crècherais** • C1 • Accent grave au futur et au conditionnel.

**crédit-relai** nm (au lieu de *crédit-relais) • F2 • Voir l'explication sur *relai*.

**crédo** « principes » nm, **des crédos** • B2, C4 • Extension de sens de *Credo*. Pluriel régulier et accent aigu permis dans *Petit Robert* et *Littré*. Ne pas confondre avec *Credo* (ci-dessous). Voir aussi page 38.

**Credo** « texte religieux contenant les articles de la foi » nm • Valeur de citation (B2, C4) • Premier mot du Symbole des apôtres. Les rectifications le laissent donc inchangé (sans accent et invariable). Habituellement avec majuscule. Voir page 38. Ne pas confondre avec *crédo* (extension de sens).

**crématorium** nm • C4 • Francisation : accent aigu.

**crémer** v, **je crèmerai, crèmerais** • C1 • Accent grave au futur et au conditionnel.

**crèmerie** nf • C1 • Accent grave et non accent aigu. Il n'y a qu'une seule prononciation permise selon *Petit Robert* et *Littré* : « crèmerie », comme « crème ». Le CSLF recommande donc d'écrire *è*. Avis favorable des travaux des éditions Le Robert.

**crènelage** nm • C1 • Accent grave et non accent aigu. Recommandation du *Rapport* du CSLF et avis favorable des travaux des éditions Le Robert.

**crènelé, ée** adj • C1 • Accent grave (au lieu de *crénelé).

**crèneler** (au lieu de *créneler) v, **je crènelais, crènelai, nous crènelons, vous crèneliez, crènelant, crènelé**, mais **ils crénèlent, je crénèle, crénèlerai, crénèlerais** • C1, D1 • Accent grave si la syllabe qui suit contient le son « e » (*crène...*) (C1) ; accent aigu si la syllabe qui suit contient « è » (*crénè...*). Voir page 39. Se conjugue comme *geler* : conjugaison *-èle* au lieu de *-elle* (D1).

**crènelure** nf • C1 • Accent grave. On doit toujours prononcer « è ».

**créner** v, **je crènerai, crènerais** • C1 • Accent grave au futur et au conditionnel.

**crescendo** nm, **des crescendos** • B2 • Francisation : pluriel régulier.

**crèteler** (au lieu de *crételer) v, **je crètelais, crètelai, nous crètelons, vous crèteliez, crètelant, crètelé**, mais **ils crétèlent, je crétèle, crétèlerai, crétèlerais** • C1, D1 • Accent grave si la syllabe qui suit contient le son « e » (*crète...*) (C1), accent aigu si la syllabe qui suit contient « è » (*crétè...*). Voir page 39. Se conjugue comme *geler* : conjugaison *-èle* au lieu de *-elle* (D1).

**crève-canot** nm, **des crève-canots** • B1 • Singulier et pluriel réguliers.

---

***** : graphie ancienne à ne plus utiliser; **A1, A2, A3, B1...** : codes qui renvoient aux règles (p. 17 à 34); **anc.** : anciennement; **anglic.** : anglicisme à éviter; **CSLF** : Conseil supérieur de la langue (voir bibliogr.).

**crève-chien** nm, **des crève-chiens** • B1 • Singulier et pluriel réguliers.

**crève-cœur** nm, **des crève-cœurs** • B1 • Singulier et pluriel réguliers.

**crève-faim** (ou **crève-la-faim**) n, **des crève-faims** (ou **des crève-la-faim**) • B1 • Singulier et pluriel réguliers pour *crève-faim*.

**crève-la-faim** n inv ou **crève-faim** n (VOIR **crève-faim**) • Inchangé • Le nom composé **crève-la-faim** n'est pas construit sur le modèle « verbe + nom » (B1), mais « verbe + article + nom » (le déterminant singulier bloque la formation du pluriel). On dit aussi **crève-faim** (voir ce mot).

**crève-tonneau** nm, **des crève-tonneaux** • B1 • Singulier et pluriel réguliers.

**crevettier** nm • Inchangé • La double consonne (*tt*) est conforme ici à la prononciation. La règle D2 ne s'applique donc pas sur ce mot.

**crève-vessie** nm, **des crève-vessies** • B1 • Singulier et pluriel réguliers.

**crève-z-yeux** nm, **des crève-z-yeux** • Inchangé • Ce mot n'est pas construit sur le modèle « verbe + nom » (B1), puisqu'il inclut un élément supplémentaire (*-z-*). Ce terme familier désigne un insecte (demoiselle), selon le *GDT*.

**criccrac** interj, nm, **des criccracs** • A4 • Soudure (onomatopée).

**cricoaryténoïdien, enne** adj, nm • A3 • Soudure avec *crico* (préfixe savant), même devant *a*.

**cricri** nm, **des cricris** • A4 • Soudure (onomatopée) et pluriel régulier.

**criss** « poignard » nm (au lieu de *kriss) • G10 • Choisir *c* et non *k*.

**criste-marine** nf (au lieu de *christe-marine) • G10 • Même prononc. : choisir *c*. Plur. : *cristes-marines*.

**critérium** nm, **des critériums** • B2, C4 • Francisation : pluriel régulier et accent aigu.

**crochepied** nm • A5 • Le *Rapport* du CSLF soude ce mot.

**crocheter** v, **je crochète, crochèterai, crochèterais** • D1 • Conjugaison *-ète* au lieu de *-ette*.

**croit** « augmentation d'un troupeau » nm • C2 • L'accent circonflexe disparait sur le *i* du nom commun.

**croît** « grandit » v, **il croît** VOIR **croitre** • Inchangé • Exception à la règle C2 pour cette conjugaison.

**croitre** v, **je croitrai, je croitrais, nous croissons, je croissais, que je croisse**, mais **je croîs, tu croîs, elle croît, je crûs, tu crûs, il crût, nous crûmes, vous crûtes, ils crûrent, que je crûsse**..., **crû** • C2 • À l'infinitif, au futur et au conditionnel, le verbe **croitre** perd bien son accent, puisqu'il n'y a pas d'homographie possible, comme l'a précisé André Goosse dans la correction du texte du *Rapport* du CSLF qu'il a proposée en 1991 dans son livre *La « nouvelle » orthographe* (p. 54). Depuis, ceux qui appliquent les rectifications (dictionnaires et logiciels à jour) suivent le principe d'André Goosse, consistant à éliminer l'accent circonflexe sur **croitre** à l'infinitif, au futur et au conditionnel. Ce verbe conserve cependant son accent dans les autres conjugaisons où il en avait un, ce qui permet d'éviter alors la confusion avec les conjugaisons de *croire*.

**crole** nf (au lieu de *crolle) • D3 • Un seul *l*. Terme belge familier qui signifie « boucle de cheveux frisés, objet en forme de boucle, testicule ».

**crolé, ée** adj, n (au lieu de *crollé) • D3 • Un seul *l* : ce terme belge familier (dérivé de *crole*) signifie « bouclé, frisé ou personne qui a les cheveux bouclés ».

**croler** v (au lieu de *croller) • D3 • Un seul *l*. Voir le commentaire sur *crolé*.

**crooneur** n (anglic.) • G21 • Finale *-eur*. La forme potentielle du féminin ne relève pas des rectifications.

**croquemadame** nm, **des croquemadames** • A5 • Le *Rapport* du CSLF soude ce mot.

**croquemitaine** nm, **des croquemitaines** • G19 • Choisir la graphie soudée. Le CSLF le confirme.

**croquemonsieur** nm, **des croquemonsieurs** • A5 • Le *Rapport* du CSLF soude ce mot.

**croquemort** nm, **des croquemorts** • G19 • Choisir la graphie soudée. Le CSLF le confirme.

**croquenote** n, **des croquenotes** • G19 • Choisir la graphie soudée. Le CSLF le confirme.

**croquethon** nm • G19 • Choisir la graphie soudée.

**crosscountry** nm, **des crosscountrys** • A4, B2 • Soudure et pluriel régulier (mot étranger).

**crotter** • Inchangé • Exception D3 (*-otter*) : ce mot est de la famille de *crotte*.

**crouser** « draguer » (anglic.) v (au lieu de *cruiser) • G20 • Entre les deux formes existantes, choisir *ou*.

**crouseur, euse** « dragueur » (anglic.) n (au lieu de *cruiseur) • G20 • Entre les deux formes en concurrence, choisir la plus française. Ne pas confondre avec le petit yacht *(cruiseur)*.

**croute** nf • C2 • L'accent circonflexe disparait sur *u*.

**crouter** v • C2 • L'accent circonflexe disparait sur *u*.

**crouteux, euse** adj • C2 • L'accent circonflexe disparait sur *u*.

**crouton** nm • C2 • L'accent circonflexe disparait sur *u*.

**crû** participe passé (du verbe *croitre*) VOIR **croitre** • Inchangé • Exception à la règle C2. Comme autrefois, on met l'accent circonflexe sur le participe passé de *croitre*, sinon il y aurait confusion avec le participe passé du verbe *croire*.

**cru** participe passé (du verbe *croire*) ou adj « non cuit, brut, brutal » • Inchangé • Non touché par les règles. Le masc. est **cru** et **crus** : *il a cru cette histoire*. Le fém. est **crue** et **crues** : *carottes crues*.

**cru** « vignoble, vin » nm • Inchangé • Non touché par les règles. **Un cru, des crus** (ex. : *un grand cru*).

**crue** « montée de l'eau, croissance » nf • Inchangé • Non touché par les règles. **Une crue, des crues**.

[anc. *cruiser] VOIR **crouser** (anglic.) « draguer » • G20 • Entre les deux, préférer la variante avec *ou*.

**cruiseur** « petit yacht » nm (anglic.) • G21 • Ne pas confondre avec le dragueur (*crouseur*).

[anc. *cruiseur] VOIR **crouseur** (anglic.) « dragueur » • G20 • Ne pas confondre avec le yacht (*cruiseur*).

**crument** adv • C2 • L'accent circonflexe disparait sur *u*.

**cryolite** nf • G2 • Entre les deux formes existantes, choisir *-lite* plutôt que *-lithe*.

**cryptocristallin, ine** adj • A3 • Soudure avec *crypto* (préfixe savant).

**cryptoefflorescence** nf • A3 • Soudure avec *crypto* (préfixe savant), même devant *e*.

**cryptosocialiste** n • A3 • Soudure avec *crypto* (préfixe savant).

**cubitométacarpien, enne** adj, nm • A3 • Soudure avec *cubito* (préfixe savant).

**cubitoradial, ale** adj, nm • A3 • Soudure avec *cubito* (préfixe savant).

**cuicui** interj, nm, **des cuicuis** • A4 • Soudure (onomatopée) et pluriel régulier.

**cuillère** nf (au lieu de *cuiller) • G20 • Entre les deux, choisir la terminaison *-ère*, non ambigüe.

**cuillérée** (ou **cuillerée**, selon la prononciation) nf • F3 • Il existait plus d'une prononciation pour ce mot, pourtant on écrivait *cuillerée* même lorsque l'on prononçait « cuillérée ». On ajoute donc l'accent aigu manquant (avis favorable des travaux des éditions Le Robert).

**cuisseau** (au lieu de *cuissot) nm • F2 • On écrit **cuisseau,** qu'il s'agisse de veau ou de viande sauvage (cerf, sanglier, chevreuil), ou d'un cuissard d'armure.

**cuissemadame** (au lieu de *cuisse-madame) nf, **des cuissemadames** • A5 • Les travaux des éditions Le Robert soudent ce mot.

[anc. *cuissot] VOIR **cuisseau** • F2 • Voir l'explication sur *cuisseau*.

**cul-de-bassefosse** nm, **des culs-de-bassefosse** • A5 • On écrit maintenant *bassefosse* en un mot.

**culotage** « action de culoter une pipe, état de ce qui est noirci » nm • D3 • Un seul *t* : ce mot est de la famille de *culot* (dépôt ou résidu noir).

**culoté, ée** « qui a de l'audace ou qui est noirci » adj • D3 • Un seul *t* : ce mot est de la famille de *culot* (assurance effrontée ou résidu noir). Ne pas confondre avec *culotté*.

**culoter** « laisser se former un résidu noir (un culot) dans une pipe, noircir par le temps » v • D3 • Un seul *t* : ce mot est de la famille de *culot* (dépôt noir). Ne pas confondre avec *culotter*.

**culoteur, euse** « personne qui culote des pipes » n • D3 • Un seul *t* : ce mot est de la famille de *culot* (dépôt ou résidu noir).

[anc. *culottage] VOIR **culotage** • D3 • Un seul *t* : ce mot est de la famille de *culot* (dépôt ou résidu noir).

**culotté, ée** « vêtu d'une culotte » participe passé • Inchangé • Exception D3 (*tt*) : ce mot est de la famille de *culotte*. Ne pas confondre avec *culoté*.

[anc. *culotté] VOIR **culoté** « qui a de l'audace ou qui est noirci » • D3 • Un seul *t* en ce sens. Ne pas confondre *culoté* et *culotté* (sens différents).

**culotter** « vêtir d'une culotte » v • Inchangé • Exception D3 (*-otter*) : ce mot est de la famille de *culotte*. Ne pas confondre avec *culoter*.

[anc. *culotter] VOIR **culoter** « noircir par le temps, laisser un culot se former » • D3 • Un seul *t* en ce sens. Ne pas confondre *culoter* et *culotter* (sens différents).

**culottier, ère** « personne qui confectionne des culottes » n • Inchangé • Exception D3 (*tt*) : ce mot est de la famille de *culotte*.

**culturomondain, aine** adj • A3 • Soudure avec *culturo* (préfixe savant).

**cumulodôme** nm • A3 • Soudure avec *cumulo* (préfixe savant).

**cumulonimbus** nm • A3 • Soudure avec *cumulo* (préfixe savant). Tous les dictionnaires le soudent.

**cumulostratus** nm • A3 • Soudure avec *cumulo* (préfixe savant). Tous les dictionnaires le soudent.

**cumulovolcan** nm • A3 • Soudure avec *cumulo* (préfixe savant).

**cupcake** nm (anglic.) • Inchangé • Cet anglicisme était déjà soudé, selon nos sources.

**cuproalliage** nm • A3 • Soudure avec *cupro* (préfixe savant), même devant *a*.

**cuproaluminium** nm • A3 • Soudure avec *cupro* (préfixe savant), même devant *a*.
**cuproammoniacal, ale** adj • A3 • Soudure avec *cupro* (préfixe savant), même devant *a*.
**cuproammoniaque** nf • A3 • Soudure avec *cupro* (préfixe savant), même devant *a*.
**cupronickel** nm • A3 • Soudure avec *cupro* (préfixe savant).
**cuprosilicium** nm • A3 • Soudure avec *cupro* (préfixe savant).
**cure-buse** nm, **des cure-buses** • B1 • Singulier et pluriel réguliers.
**cure-dent** nm, **des cure-dents** • B1 • Singulier et pluriel réguliers.
**cure-langue** nm, **des cure-langues** • B1 • Singulier et pluriel réguliers.
**cure-ongle** nm, **des cure-ongles** • B1 • Singulier et pluriel réguliers.
**cure-oreille** nm, **des cure-oreilles** • B1 • Singulier et pluriel réguliers.
**cure-pipe** nm, **des cure-pipes** • B1 • Singulier et pluriel réguliers.
**cureter** v, **je curète, curèterai, curèterais** • D1 • Conjugaison *-ète* au lieu de *-ette*.
**cure-tête** nm, **des cure-têtes** • B1 • Singulier et pluriel réguliers.
**curriculum** nm (abréviation de *curriculum vitæ*), **des curriculums** • B2 • Abréviation de *curriculum vitæ*. Anglicisme si employé au sens de « cursus, plan d'étude, programme scolaire ». Le pluriel est maintenant régulier. L'ancien pluriel étranger était : des *curricula.
**curriculum vitæ** nm, **des curriculums vitæ** • B2 • Francisation : pluriel régulier.
**cutanéomuqueux, euse** adj • A3 • Soudure avec *cutanéo* (préfixe savant).
**cutback** (au lieu de *cut-back) nm, **des cutbacks** • A4, B2 • Soudure et pluriel régulier (mot étranger). Définition : bitume fluidifié.
**cutiréaction** nf • A3 • Soudure avec *cuti* (préfixe savant).
**cutteur** ou **cutter** nm (anglic.) • G21 au choix • Le CSLF et les dict. reconnaissent deux prononciations. La liste du RENOUVO et les travaux des éd. Le Robert donnent la terminaison *-eur* (admise dans *Petit Robert* maintenant). Choisir selon la prononciation souhaitée (rime avec *cœur* ou avec *hiver*).
**cuvèlement** nm • D1 • Dérivé d'un verbe en *-eler* : *-èlement* (et non *-ellement*).
**cuveler** v, **je cuvèle, cuvèlerai, cuvèlerais** • D1 • Conjugaison *-èle* au lieu de *-elle*.
**cyanobactérie** nf • A3 • Soudure avec *cyano* (préfixe savant).
**cyberachat** nm • Inchangé • Ce mot avec le préfixe *cyber* était déjà soudé (A3), selon nos sources.
**cyberacheteur, teuse** n • Inchangé • Ce mot avec le préfixe *cyber* était déjà soudé (A3), selon nos sources.
**cyberattaque** nf • Inchangé • Ce mot avec le préfixe *cyber* était déjà soudé (A3), selon nos sources.
**cybercafé** nm • Inchangé • Ce mot avec le préfixe *cyber* était déjà soudé (A3), selon nos sources.
**cyberconsommateur, trice** n • Inchangé • Ce mot avec le préfixe *cyber* était déjà soudé (A3), selon nos sources.
**cyberconsommation** nf • Inchangé • Ce mot avec le préfixe *cyber* était déjà soudé (A3), selon nos sources.
**cybermarkéting** (ou **cybermarketing**, selon la prononciation) nm • C4 • Ce mot était déjà soudé, mais l'accent est ajouté si désiré. Voir *markéting*.
**cyberrecherche** nf • A3 • Soudure avec *cyber* (préfixe savant), même devant *r*.
**cyberrecrutement** nm • A3 • Soudure avec *cyber* (préfixe savant), même devant *r*.
**cyberreligion** nf • A3 • Soudure avec *cyber* (préfixe savant), même devant *r*.
**cyclocampeur, euse** n • A3 • Soudure avec *cyclo* (préfixe savant).
**cyclocamping** nm • A3 • Soudure avec *cyclo* (préfixe savant).
**cyclocross** nm, **des cyclocross** • A3, A4, B2 • Soudure avec *cyclo* et pluriel régulier.
**cycloergomètre** nm • A3 • Soudure avec *cyclo* (préfixe savant), même devant *e*.
**cyclooxygénase** nf • A3 • Soudure avec *cyclo* (préfixe savant), même lorsqu'il y a rencontre de deux *o*.
**cyclopédestre** adj • A3 • Soudure avec *cyclo* (préfixe savant).
**cyclopousse** nm, **des cyclopousses** • A3 • Soudure avec *cyclo* (préfixe savant).
**cyclotourisme** nm • A3 • Soudure avec *cyclo* (préfixe savant).
**cyclotouriste** n • A3 • Soudure avec *cyclo* (préfixe savant).
[anc. *cymaise] VOIR **cimaise** • G20 • Entre les deux, préférer *i* et non *y*.
**cynorhodon** nm (au lieu de *cynorrhodon) • G17 • Entre les deux, choisir un seul *r*.
**cyphoscoliose** nf • A3 • Soudure avec *cypho* (préfixe savant).

**cytoarchitectonique** nf • A3 • Soudure avec *cyto* (préfixe savant), même devant *a*.
**cytobactériologique** adj • Inchangé • Ce mot avec *cyto* était déjà soudé (A3), selon nos sources.
**cytodiagnostic** nm • A3 • Soudure avec *cyto* (préfixe savant).

# D

**dacryoadénite** nf • A3 • Soudure avec *dacryo* (préfixe savant). On dit aussi *dacryadénite*.
**daïkon** nm (au lieu de *daikon) • G20 • Choisir la graphie avec tréma, qui illustre mieux la prononciation.
**daïmio** nm (au lieu de *daimyo) • G20 • La graphie **daïmio** est plus conforme à la prononciation.
**dalaïlama** nm • A4 • Soudure (mot étranger).
**dandy** nm, **des dandys** • B2 • Pluriel régulier.
**dansoter** v • D3 • Un seul *t* : ce verbe est construit avec le suffixe diminutif *-oter*.
**daredare** loc adv • A4 • Soudure (onomatopée).
**darshana** nm (au lieu de *darsana) • G20 • Se prononce toujours « ch », alors choisir *sh* et non *s*.
**dazibao** nm, **des dazibaos** • B2 • Francisation : pluriel régulier.
**deadheat** nm, **des deadheats** • A4 • Soudure selon les travaux des éditions Le Robert.
**dealeur, euse** n (anglic.) • G21 • Francisation : terminiaison *-eur*.
**débatteur, euse** n (au lieu de *debater) • C4, F1, G21 • Accent aigu par francisation, harmonisation avec la famille de *(dé)battre* et terminaison française en *-eur*. Recommandation du *Rapport* du CSLF et avis favorable des travaux des éditions Le Robert.
**débecqueter** « répugner, déplaire » (ou VOIR **débèqueter** ou **débecter**) v, **je débecquète, débecquèterai, débecquèterais** • D1 • Se conjugue comme *acheter* : conjugaison *-ète* au lieu de *-ette*. On emploie aussi *débèqueter* ou *débecter*.
**débecter** v • Inchangé • Conjugaison régulière, voir *becter*. On emploie aussi *débecqueter* ou *débèqueter*.
**débèqueter** « répugner, déplaire » (au lieu de *débéqueter) v (ou VOIR **débecqueter** ou **débecter**), **je débèquetais, débèquetai, nous débèquetons, vous débèquetiez, débèquetant, débèqueté**, mais **ils débéquètent, je débéquète, débéquèterai, débéquèterais** • C1, D1 • La première syllabe est toujours *dé-*. Accent grave sur le deuxième *e* si la syllabe qui le suit contient le son « e » (*débèque...*) (C1) ; accent aigu si la syllabe qui le suit contient « è » (*débéquè...*). Voir page 39. Se conjugue comme *acheter* : conjugaison *-ète* au lieu de *-ette* (D1).
**déblatérer** v, **je déblatèrerai, déblatèrerais** • C1 • Accent grave au futur et au conditionnel.
**déboitement** nm • C2 • L'accent circonflexe disparait sur *i*.
**déboiter** v • C2 • L'accent circonflexe disparait sur *i*.
**débosseler** v, **je débossèle, débossèlerai, débossèlerais** • D1 • Conjugaison *-èle* au lieu de *-elle*.
**débotter** « retirer les bottes » v • Inchangé • Exception D3 (*-otter*) : ce mot est de la famille de *botte*.
**décaampère** nm • Inchangé • Ce mot avec *déca* était déjà soudé.
**décacheter** v, **je décachète, décachèterai, décachèterais** • D1 • Conjugaison *-ète* au lieu de *-ette*.
**décalotter** • Inchangé • Exception D3 (*-otter*) : il y a hésitation sur l'étymologie (*calot* ou *calotte*), mais une seule graphie existe. Le *Rapport* du CSLF dit explicitement de maintenir dans ce cas la seule graphie reconnue (avec *tt*).
**décapeler** v, **je décapèle, décapèlerai, décapèlerais** • D1 • Conjugaison *-èle* au lieu de *-elle*.
**décarreler** v, **je décarrèle, décarrèlerai, décarrèlerais** • D1 • Conjugaison *-èle* au lieu de *-elle*.
**décéder** v, **je décèderai, décèderais** • C1 • Accent grave au futur et au conditionnel.
**décélérer** v, **je décélèrerai, décélèrerais** • C1 • Accent grave au futur et au conditionnel.
**décérébrer** v, **je décérèbrerai, décérèbrerais** • C1 • Accent grave au futur et au conditionnel.
**décerveler** v, **je décervèle, décervèlerai, décervèlerais** • D1 • Conjugaison *-èle* au lieu de *-elle*.
**déchainé, ée** adj • C2 • L'accent circonflexe disparait sur *i*.
**déchainement** nm • C2 • L'accent circonflexe disparait sur *i*.
**déchainer** v • C2 • L'accent circonflexe disparait sur *i*.
**décheveler** v, **je déchevèle, déchevèlerai, déchevèlerais** • D1 • Conjugaison *-èle* au lieu de *-elle*.
**déchiqueter** v, **je déchiquète, déchiquèterai, déchiquèterais** • D1 • Selon Grevisse-Goosse (*Le bon usage*, paragraphe 791a), la prononciation de l'ancienne forme *elle déchiquette* (maintenant *elle déchiquète* en nouvelle orthographe) est bien « èl dé-chi-kèt' » et non « èl dé-chikt' ».
**décillement** nm (au lieu de *dessillement) • F1 • Harmonisation : voir *déciller*.
**déciller** v (au lieu de *dessiller) • F1 • Le CSLF harmonise la famille : *c*, comme *cil* (et accent requis).

**déclaveter** v, **je déclavète, déclavèterai, déclavèterais** • D1 • Conjugaison *-ète* au lieu de *-ette*.
**décliqueter** v, **je décliquète, décliquèterai, décliquèterais** • D1 • Conjugaison *-ète* au lieu de *-ette*.
**déclore** v, **il déclot** (au lieu de *déclôt) • G1 • Entre les deux graphies, choisir celle sans accent.
**décolérer** v, **je décolèrerai, décolèrerais** • C1 • Accent grave au futur et au conditionnel.
**décolleter** v, **je décollète, décollèterai, décollèterais** • D1 • Conjugaison *-ète* au lieu de *-ette*.
**déconsidérer** v, **je déconsidèrerai, déconsidèrerais** • C1 • Accent grave au futur et au conditionnel.
**découpe-œuf** nm, **des découpe-œufs** • B1 • Singulier et pluriel réguliers.
**décrescendo** adv, nm, **des décrescendos** • B2, C4 • Francisation : pluriel régulier et accent aigu.
**décréter** v, **je décrèterai, décrèterais** • C1 • Accent grave au futur et au conditionnel.
**décroit** nm • C2 • L'accent circonflexe disparait sur *i*.
**décroitre** v, **elle décroit, je décroitrai, décroitrais** • C2 • L'accent circonflexe disparait sur *i*.
**décrotter** • Inchangé • Exception D3 (*-otter*) : ce mot est de la famille de *crotte*.
**décrouter** v • C2 • L'accent circonflexe disparait sur *u*.
**déculotter** v • Inchangé • Exception D3 (*-otter*) : ce mot est de la famille de *culotte*.
**déféquer** v, **je défèquerai, défèquerais** • C1 • Accent grave au futur et au conditionnel.
**déférer** v, **je défèrerai, défèrerais** • C1 • Accent grave au futur et au conditionnel.
**déficeler** v, **je déficèle, déficèlerai, déficèlerais** • D1 • Conjugaison *-èle* au lieu de *-elle*.
**défraichi, ie** adj • C2 • L'accent circonflexe disparait sur *i*.
**défraichir** v • C2 • L'accent circonflexe disparait sur *i*.
**dégénérer** v, **je dégénèrerai, dégénèrerais** • C1 • Accent grave au futur et au conditionnel.
**dégiter** v • C2 • L'accent circonflexe disparait sur *i*.
**dégoter** v • D3 • Un seul *t*. Entre les deux variantes en concurrence (on trouve avec un ou deux *t* dans les dictionnaires), on fixe la graphie sous la forme *-oter*.
**dégout** nm • C2 • L'accent circonflexe disparait sur *u*.
**dégoutamment** adv • C2 • L'accent circonflexe disparait sur *u*.
**dégoutant, ante** adj • C2 • L'accent circonflexe disparait sur *u*.
**dégoutation** nf • C2 • L'accent circonflexe disparait sur *u*.
**dégouté, ée** adj (au lieu de *dégoûté) • C2 • L'accent circonflexe disparait sur *u*.
**dégouter** v (au lieu de *dégoûter) • C2 • Le circonflexe disparait. Ne pas confondre avec *dégoutter*.
**dégraveler** v, **je dégravèle, dégravèlerai, dégravèlerais** • D1 • Conjugaison *-èle* au lieu de *-elle*.
**déhotter** v • Inchangé • Exception D3 (*-otter*) : ce mot est de la famille de *hotte*.
**déjeter** v, conjugaison (**il déjette**) VOIR **jeter** • Inchangé • Exception D1 : double *t* devant « *e* muet ».
**déléatur** nm, **des déléaturs** • B2, C4 • Francisation : pluriel régulier et accent aigu.
**déléguer** v, **je délèguerai, délèguerais** • C1 • Accent grave au futur et au conditionnel.
**délibérer** v, **je délibèrerai, délibèrerais** • C1 • Accent grave au futur et au conditionnel.
**délirium** nm, **des déliriums** • B2, C4 • Pluriel régulier et accent aigu. Abréviation de *délirium trémens*.
**délirium trémens** nm, **des déliriums trémens** • B2, C4 • Pluriel régulier et accent aigu (CSLF).
**delta** adj, nm, **des deltas** • B2 • Au sens de « zone alluviale d'un cours d'eau », le pluriel était déjà régulier. Le pluriel de la lettre grecque et celui du sens de « forme triangulaire » sont rectifiés, de même que le pluriel de l'adjectif signifiant « triangulaire » (*des ailes deltas*).
**démenotter** v • Inchangé • Exception D3 (*-otter*) : ce mot est de la famille de *menotte*.
**DEMI-** (préfixe) • Inchangé • Les mots construits avec le préfixe *demi-* prennent toujours le trait d'union. Les rectifications n'ont pas modifié cette règle. On écrit donc avec un trait d'union : *demi-cercle, demi-circulaire, demi-douzaine, demi-heure, demi-journée, demi-litre, demi-tour*, etc. Ces mots ne sont pas répertoriés ici, puisqu'ils sont inchangés. Ne pas confondre avec la locution *à demi*, qui ne prend pas de trait d'union : *à demi ouvert, à demi fermé*.
**demi-clé** nf (au lieu de *demi-clef) • G20 • Choisir la forme la plus simple (*clé*).
**démiurge** nm (au lieu de *demiurge) • F3 • On prononce « dé » : ajout de l'accent aigu manquant.
**démodex** nm • C4 • Francisation : accent aigu.
**démoéconomique** adj • A3 • Soudure avec *démo* (préfixe savant), même devant *é*.
**démoucheter** v, **je démouchète, démouchèterai, démouchèterais** • D1 • Conjug. *-ète* et non *-ette*.
**démuseler** v, **je démusèle, démusèlerai, démusèlerais** • D1 • Conjugaison *-èle* au lieu de *-elle*.
**dénivèlement** nm • D1 • Dérivé d'un verbe en *-eler* : *-èlement* (et non *-ellement*).

**déniveler** v, **je dénivèle, dénivèlerai, dénivèlerais** • D1 • Conjugaison *-èle* au lieu de *-elle*.

**denteler** v, **je dentèle, dentèlerai, dentèlerais** • D1 • Conjugaison *-èle* au lieu de *-elle*.

**dentelier, ère** adj, n (au lieu de *dentellier, *dentellière) • D2 • La double consonne (*ll*) après *e* était une anomalie, puisque ce mot rime avec *atelier*.

**dentoalvéolaire** adj • A3 • Soudure avec *dento* (préfixe savant), même devant *a*.

**dentofacial, ale** adj • A3 • Soudure avec *dento* (préfixe savant).

**dentomaxillofacial, ale** adj • A3 • Soudure de l'ancienne forme *dento-maxillo-facial.

**dépaqueter** v, **je dépaquète, dépaquèterai, dépaquèterais** • D1 • Conjugaison *-ète* au lieu de *-ette*. Voir la remarque sur *empaqueter*.

**déplaire** v, **il déplait** • C2 • L'accent circonflexe disparait sur *i* dans cette conjugaison.

**déposséder** v, **je dépossèderai, dépossèderais** • C1 • Accent grave au futur et au conditionnel.

**dépoussiérer** v, **je dépoussièrerai, dépoussièrerais** • C1 • Accent grave au futur et au conditionnel.

**déprotéger** v, **je déprotègerai, déprotègerais** • C1 • Accent grave au futur et au conditionnel.

**dépuceler** v, **je dépucèle, dépucèlerai, dépucèlerais** • D1 • Conjugaison *-èle* au lieu de *-elle*.

**derby** nm, **des derbys** • B2 • Pluriel régulier.

**dérèglementation** nf • C1 • Accent grave (au lieu de *déréglementation).

**dérèglementer** v • C1 • Accent grave (au lieu de *déréglementer).

**dérégler** v, **je dérèglerai, dérèglerais** • C1 • Accent grave au futur et au conditionnel.

**dériveter** v, **je dérivète, dérivèterai, dérivèterais** • D1 • Conjugaison *-ète* au lieu de *-ette*.

**dermatoarthrite** nf • A3 • Soudure avec *dermato* (préfixe savant), même devant *a*.

**dermatovénérologie** nf • A3 • Soudure avec *dermato* (préfixe savant).

**dermohygiène** nf • A3 • Soudure avec *dermo* (préfixe savant), même devant *h*.

**dermoponcture** nf • A3, G3 • Soudure avec *dermo*. Choisir *on* et non *un*.

**désaciérer** v, **je désacièrerai, désacièrerais** • C1 • Accent grave au futur et au conditionnel.

**désaérer** v, **je désaèrerai, désaèrerais** • C1 • Accent grave au futur et au conditionnel.

**désagréger** v, **je désagrègerai, désagrègerais** • C1 • Accent grave au futur et au conditionnel.

**désaliéner** v, **je désaliènerai, désaliènerais** • C1 • Accent grave au futur et au conditionnel.

**désaltérer** v, **je désaltèrerai, désaltèrerais** • C1 • Accent grave au futur et au conditionnel.

**désambigüisation** nf • C3 • Tréma sur *u* (et non sur *i*) pour séparer la combinaison *gu*.

**désambigüiser** v • C3 • Tréma sur *u* (et non sur *i*) pour séparer la combinaison *gu*.

**désenchainer** v • C2 • L'accent circonflexe disparait sur *i*.

**désensorceler** v, **je désensorcèle, désensorcèlerai, désensorcèlerais** • D1 • Conjugaison *-èle*.

**désenvouter** v • C2 • L'accent circonflexe disparait sur *u*.

**désespérer** v, **je désespèrerai, désespèrerais** • C1 • Accent grave au futur et au conditionnel.

**déshydrogéner** v, **je déshydrogènerai, déshydrogènerais** • C1 • Accent grave (futur et conditionnel).

**déshypothéquer** v, **je déshypothèquerai, déshypothèquerais** • C1 • Accent grave au futur et au conditionnel.

**désidérata** nm, **des désidératas** • B2, C4 • Francisation : accent aigu, et singulier et pluriel réguliers. Avis favorable des travaux des éditions Le Robert. Le singulier en langue didactique était *desideratum. L'Académie (2001) dit que le singulier *desideratum n'est plus employé et admet donc le singulier avec la finale en *a* (*Le bon usage*, paragraphe 535b).

**désign** ou **design** adj, nm (anglic.) • B2, C4 • On prononce « dé » ou « di » (prononciation anglaise).

**désigneur, euse** n (anglic.) ou **designeur**, selon la prononciation • C4, G21 • La première syllabe se prononce « dé » ou « di » (du mot anglais *design*). Si on prononce « dé », on ajoute l'accent aigu, comme le fait *Petit Larousse* dans **désigneur**. La terminaison française en *-eur* est de mise (*Dictionnaire Hachette* et *Petit Larousse*). Au féminin, on trouve parfois la terminaison en *-eure*, mais le choix de la forme au féminin ne relève pas des règles des rectifications.

**désincarcérer** v, **je désincarcèrerai, désincarcèrerais** • C1 • Accent grave au futur et au conditionnel.

**désintégrer** v, **je désintègrerai, désintègrerais** • C1 • Accent grave au futur et au conditionnel.

**désoxygéner** v, **je désoxygènerai, désoxygènerais** • C1 • Accent grave au futur et au conditionnel.

**despérado** nm, **des despérados** • B2, C4 • Francisation : pluriel régulier et accent aigu.

**dessécher** v, **je dessècherai, dessècherais** • C1 • Accent grave au futur et au conditionnel.

**dessemeler** v, **je dessemèle, dessemèlerai, dessemèlerais** • D1 • Conjugaison *-èle* au lieu de *-elle*.

[anc. *dessiller, dessillement] VOIR **déciller, décillement** • F1 • Voir l'explication sur *déciller*.

**dessouler** v • C2, G20 • Sans accent circonflexe sur le *u* (C2). La variante *dessaouler est vieillie. Préférer **dessouler** (G20, plus simple).

**dételer** v, **je détèle, détèlerai, détèlerais** • D1 • Conjugaison *-èle* au lieu de *-elle*.

**deux** (numéral) : **cent-deux, deux-cents, vingt-deux-mille, deux-mille-deux, deux-millions, deux-milliards**, etc. • A6 • Trait d'union : on unit **deux** par des traits d'union dans les numéraux.

**deuxième** (numéral) • Inchangé • L'orthographe de ce mot n'est pas touchée par les règles des rectifications. Nina Catach souhaitait créer la graphie avec *z* au lieu de *x*, mais cette proposition n'a pas été retenue.

**dévanagari** adj, nf • C2, C4, G1 • Francisation par l'ajout de l'accent aigu sur l'ancien *devanagari (C4). On trouvait aussi les graphies *devanâgari ou *devanâgarî, ou encore la graphie avec accents plats étrangers sur *a* et *i* (G1). Aujourd'hui, les accents ont disparu des dictionnaires. Le pluriel était déjà régulier : *des écritures dévanagaris*.

**devoir** v, **dû** participe passé (masc. plur. **dus;** fém. **due, dues**) • Participe passé inchangé • L'accent circonflexe est maintenu au masculin singulier pour ne pas confondre *dû* et *du*.

**devoir** v, **dussè-je** (au lieu de *dussé-je) • C1 • Accent grave devant *-je* (forme interrogative rare).

**dévon** nm • C4 • Francisation : accent aigu.

**dextrorsum** adj, plur. : **dextrorsums** • B2 • Francisation : pluriel régulier.

**diaspora** nf, **des diasporas** • B2 • Pluriel régulier.

**dictat** nm (au lieu de *diktat) • G10 • Entre les deux, choisir *c* et non *k*.

**Dies irae** nm • Valeur de citation (B2, C4) • Premiers mots d'un hymne latin. Les rectifications laissent donc cette expression invariable et inaccentuée. Majuscule ou min. Souvent en italique. Voir p. 38.

**diésel** nm • C4 • Francisation : accent aigu.

**diéser** v, **je dièserai, dièserais** • C1 • Accent grave au futur et au conditionnel.

**différer** v, **je diffèrerai, diffèrerais** • C1 • Accent grave au futur et au conditionnel.

**digamma** nm, **des digammas** • B2 • Pluriel régularisé. Lettre de l'alphabet grec.

**digérer** v, **je digèrerai, digèrerais** • C1 • Accent grave au futur et au conditionnel.

**digitoponcture** nf • A3, G3 • Soudure avec *digito*. Choisir *on* et non *un*.

**dilacérer** v, **je dilacèrerai, dilacèrerais** • C1 • Accent grave au futur et au conditionnel.

**dime** nf • C2 • L'accent circonflexe disparait sur *i*.

**diminuendo** nm, **des diminuendos** • B2 • Francisation : pluriel régulier.

**dinatoire** adj • C2 • L'accent circonflexe disparait sur *i*.

**dinée** nf • C2 • L'accent circonflexe disparait sur *i*.

**diner** nm, v • C2 • L'accent circonflexe disparait sur *i*.

**dinette** nf • C2 • L'accent circonflexe disparait sur *i*.

**dineur, euse** n • C2 • L'accent circonflexe disparait sur *i*.

**dinghie** nm (anglic.), **des dinghies** • B2, G20 • Choisir **dinghie** et non *dinghy. Avis favorable des travaux des éditions Le Robert.

**dinothérium** nm • C4 • Francisation : accent aigu.

**disaccaride** nm • F2 • Le CSLF élimine le *h* dans l'ancienne forme *disaccharide (famille de *saccarine*).

**disparaitre** v, **il disparait, je disparaitrai, disparaitrais** • C2 • L'accent circonflexe disparait sur *i*.

**dispatcheur, euse** « répartiteur ou régulateur » n (anglic.) • G21 • Terminaison *-eur*, selon les travaux des éditions Le Robert. Il est préférable d'employer un terme français équivalent.

**disque-jockey** n (anglic.) • G22 • Les travaux des éditions Le Robert donnent cette graphie modifiée et y sont favorables (à la place de *disc-jockey). Le *Dictionnaire Hachette* admet aussi la forme francisée. Pluriel : *des disques-jockeys*. On peut employer un terme plus français, comme *animateur*.

**disséquer** v, **je dissèquerai, dissèquerais** • C1 • Accent grave au futur et au conditionnel.

**dissoudre** v, **dissout, dissoute** participe passé • F2 • Le participe passé masculin est rectifié en **dissout** au lieu de *dissous, par cohérence avec le participe passé féminin **dissoute**.

**dissymétrie** nf (au lieu de *dyssymétrie) • G20 • La graphie avec *dys-* pour ce mot a disparu des dictionnaires.

**dissymétrique** adj (au lieu de *dyssymétrique) • G20 • La graphie *dys-* apparait plutôt dans le vocabulaire médical.

**distributionalisme** nm (au lieu de *distributionnalisme) • G17 • Les deux formes coexistaient dans *Petit Robert* en 1990 : la plus simple (un seul *n*) est recommandée.

**distributionaliste** adj, n (au lieu de *distributionnaliste) • G17 • *Petit Robert* donnait les deux variantes en 1990. Entre les deux, choisir la graphie avec un seul *n*.

**divertimento** nm, **des divertimentos** • B2 • Pluriel régulier.

**dix** (numéral) : **cent-dix**, **dix-mille**, **dix-mille-dix**, **dix-millions**, **dix-milliards**, etc. • A6 • Trait d'union : on unit **dix** par des traits d'union dans les numéraux.

**dixième** (numéral et élément fractionnaire) • Inchangé • L'orthographe de ce mot n'est pas touchée par les règles des rectifications. Nina Catach souhaitait créer la graphie avec *z* au lieu de *x*, mais cette proposition n'a pas été retenue.

**djaïn** (fém. **djaïne**) ou **jaïn** (fém. **jaïne**) adj, n (ou VOIR **djaïna** ou **jaïna**) • Au choix • Détails sur *jaïn*.

**djaïna** ou **jaïna** adj, n (ou VOIR **djaïn** ou **jaïn**) • Au choix • Voir l'explication sur *jaïna*.

**djaïnisme** ou **jaïnisme** nm, selon la prononciation • Au choix • Voir l'explication sur *jaïnisme*.

**djamaa** nf, **des djamaas** • B2 • Pluriel régularisé. On dit aussi *djémaa*.

**djébel** nm, **des djébels** • B2, C4 • Francisation : pluriel régulier et accent aigu.

**djémaa** nf, **des djémaas** • B2, C4, G1, G17 • Pluriel régulier (B2) et accent aigu (C4). Parmi toutes les variantes qui existaient, choisir celle sans accent circonflexe (*aa* plutôt que *ââ* : G1) et celle qui contient un seul *m* (G17) : **djémaa**. On peut dire aussi *djamaa*.

**docudrame** nm (au lieu de *docu-drame) • A3 • Soudure requise.

**docufiction** nf (au lieu de *docu-fiction) • A3 • Soudure requise.

**docusoap** nm (anglic.) • A3, A4 • Soudure. Préférer un terme plus français (*feuilleton documentaire*).

**docuthéâtre** nm (au lieu de *docu-théâtre) • A3 • Soudure requise.

**dogcart** nm (anglic.), **des dogcarts** • A4 • Soudure. « Voiture pour transporter des chiens de chasse ».

**dom** « titre d'honneur donné aux nobles du Portugal (parfois d'Espagne) et à certains religieux » nm • Inchangé • Ne pas confondre avec *don* (même prononciation).

**dompte-venin** nm, **des dompte-venins** • B1 • Singulier et pluriel réguliers.

**don** « titre de courtoisie espagnol, placé seulement devant le prénom » nm • Inchangé • Le féminin correspondant est *donia* (au lieu de *doña). Ne pas confondre avec *dom*.

[anc. *doña] VOIR **donia** • G22 • La graphie francisée provient des travaux des éditions Le Robert.

**donia** nf (au lieu de *doña) • G22 • Francisation (travaux Le Robert). Le masculin correspondant est *don*.

**donjuan** nm, **des donjuans** • A4, B2 • Soudure et pluriel régulier (mot étranger). Nom commun. Pas de majuscule. Signifie « séducteur ».

**Don Juan** nom propre • Inchangé • Personnage légendaire (séducteur) qui a inspiré plusieurs œuvres.

**donjuanesque** adj • G19 • Plusieurs graphies coexistaient, dont la graphie soudée : choisir la soudure.

**donjuaniser** v • G19 • Plusieurs graphies coexistaient, dont la graphie soudée : choisir la soudure.

**donjuanisme** nm • G19 • Plusieurs graphies coexistaient, dont la graphie soudée : choisir la soudure.

**donquichotte** nm, **des donquichottes** • A4, B2 • Soudure et plur. rég. (mot étranger). Nom commun. Pas de majuscule. Personne généreuse qui défend les opprimés. Ex. : *Jouer les donquichottes*.

**Don Quichotte** nom propre • Inchangé • Personnage du roman *Don Quichotte de la Manche,* de l'écrivain Miguel de Cervantès.

**donquichottesque** adj • G19 • Plusieurs graphies coexistaient. Choisir la graphie soudée.

**donquichottisme** nm • G19 • Plusieurs graphies coexistaient. Choisir la graphie soudée.

**dorade** nf (au lieu de *daurade) • G20 • Ce choix provient des travaux des éditions Le Robert (avis favorable - respect de l'étymologie).

**douçâtre** adj • F2 • Le CSLF élimine *douceâtre. La graphie *cea* d'autrefois est rendue inutile par l'emploi de la cédille.

**douze** (numéral) : **cent-douze**, **douze-cents**, **douze-mille-douze**, **douze-millions**, **douze-milliards**, etc. • A6 • Trait d'union : on unit **douze** par des traits d'union dans les numéraux.

**dracéna** nm (au lieu de *dracena ou *dracæna) • C4, G5 • Choisir la variante avec *é*.

**dramaticomusical**, **ale** adj • A3 • Soudure avec *dramatico* (préfixe savant).

**drible** nm (au lieu de *dribble) • G17 • La graphie avec deux *b* vient de l'anglais.

**dribler** v (au lieu de *dribbler) • G17 • En anglais, le verbe s'écrit *to dribble*.

**dribleur**, **euse** n (au lieu de *dribbleur) • G17 • La graphie avec deux *b* est inspirée de l'anglais.

**drifteur** « dériveur (bateau de pêche) » nm (anglic.) • G21 • Terminaison *-eur* (travaux Le Robert).

***** : graphie ancienne à ne plus utiliser; **A1, A2, A3, B1...** : codes qui renvoient aux règles (p. 17 à 34); **anc.** : anciennement; **anglic.** : anglicisme à éviter; **CSLF** : Conseil supérieur de la langue (voir bibliogr.).

**driveur**, **euse** (anglic.) n et nm • G21 • Terminaison *-eur* (travaux Robert). Préférer un terme français.

**droper** v (anglic.) • G17 • Consonne simple : choisir un seul *p*.

**dropout** n (anglic.), **des dropouts** • A4, B2 • Soudure et plur. rég. (travaux des éditions Le Robert).

**droséra** nm • C4 • Francisation : accent aigu. On emploie parfois *drosère*.

**drugstore** nm (anglic.) • A4 • Soudure (mot étranger).

**drument** adv (au lieu de *drûment) • C2 • L'accent circonflexe disparait sur *u*.

**drummeur**, **euse** n (anglic.) • G21 • Terminaison *-eur* dans les travaux des éditions Le Robert.

**dry** adj, nm (anglic.), **des drys** • B2 • Pluriel régulier (mot étranger).

**dryfarming** nm (anglic.) • A4 • Soudure attestée dans *Dictionnaire Hachette* (mot étranger).

**dû** participe passé (du verbe devoir) VOIR **devoir** • Inchangé • Exception à la règle C2. Comme avant, on met l'accent circonflexe au masculin singulier seulement : **dû**, **dus**, **due** et **dues**.

**dû** « dette, mérite » nm • Inchangé • Exception à la règle C2. Comme autrefois, on met l'accent circonflexe au masculin singulier seulement : **un dû**, **des dus**.

**du** (article contracté ou déterminant partitif) • Inchangé • Non touché par les règles. Ex. : *du pain*.

**duetto** nm, **des duettos** • B2 • Francisation : pluriel régulier.

**duffelcoat** nm (au lieu de *duffel-coat ou *duffle-coat) • A4, G20 • Soudure (A4). Les variantes se prononçaient de la même façon. Choisir *-fel-* (G20), selon les travaux des éditions Le Robert.

**dumdum** nf, **des dumdums** • A4, B2 • Soudure et pluriel régulier (mot étranger).

**dument** adv • C2 • L'accent circonflexe disparait sur *u*.

**dumpeur** « tombereau » nm (anglic.) • G21 • Il est préférable d'employer un terme français équivalent.

**duodénogastrectomie** nf • A3 • Soudure avec *duodéno* (préfixe savant).

**duodénojéjunostomie** nf • A3 • Soudure avec *duodéno* (préfixe savant).

**duodénum** nm, **des duodénums** • B2 • Francisation : pluriel régulier.

**duplicata** nm, **des duplicatas** • B2 • Francisation : pluriel régulier.

**durbec** nm (au lieu de *dur-bec) • G19 • Entre les variantes possibles, c'est la graphie en un mot qui est recommandée. Voir page 16. Soudure attestée notamment dans le *Grand Larousse*.

**dussè-je** VOIR **devoir** • C1 • Accent grave. Cette inversion rare est de niveau littéraire.

**duveter (se)** v, **je me duvète**, **me duvèterai**, **me duvèterais** • D1 • Conjugaison *-ète* et non *-ette*.

**dynamoélectrique** adj • A3 • Soudure avec *dynamo* (préfixe savant), même devant *é*.

**dysidrose** nf (au lieu de *dyshidrose ou *dyshydrose) • G2, G20 • Préférer la variante sans *h* (et avec *i*) : le *h* nuisait à la lecture, puisque ce mot se prononce toujours « dizi- ».

[anc. *dyssymétrie, dyssymétrique] VOIR **dissymétrie**, **dissymétrique** • G20 • Voir ces mots plus haut.

**dzêta** nm, **des dzêtas** • B2 • Pluriel régulier. Sixième lettre de l'alphabet grec. On rencontre plus souvent *zêta* (pluriel : *des zêtas*).

# E

**ébiseler** v, **j'ébisèle**, **ébisèlerai**, **ébisèlerais** • D1 • Conjugaison *-èle* au lieu de *-elle*.

**ébouqueter** v, **j'ébouquète**, **ébouquèterai**, **ébouquèterais** • D1 • Conjugaison *-ète* au lieu de *-ette*.

**ébrécher** v, **j'ébrècherai**, **ébrècherais** • C1 • Accent grave au futur et au conditionnel.

**écarte-pneu** nm, **des écarte-pneus** • B1 • Singulier et pluriel réguliers.

**écarte-talon** nm, **des écarte-talons** • B1 • Singulier et pluriel réguliers.

**échantignole** nf • D3 • Un seul *l*.

**èche** nf (au lieu de *esche) • G13 • Choisir *ch* au lieu de *sch* (G13). L'accent grave dans **èche** était déjà présent et il est maintenu. On emploie aussi la variante *aiche*.

**écheler** v, **j'échèle**, **échèlerai**, **échèlerais** • D1 • Conjugaison *-èle* au lieu de *-elle*.

**écher** v (au lieu de *escher ou *ècher) • C1, G13, G20 • Choisir *ch* au lieu de *sch* (G13). En français, on met l'accent grave devant une syllabe muette (conjugaison *il èche* et aussi règle C1 : *il èchera*, *ècherait*) ; devant les autres syllabes, on met l'accent aigu : **écher** plutôt que *ècher (G20), conjugaison *échons*, *échez*. On emploie aussi la variante *aicher*.

**écheveler** v, **j'échevèle**, **échevèlerai**, **échevèlerais** • D1 • Conjugaison *-èle* au lieu de *-elle*.

**échévéria** nm • C4 • Francisation : accents aigus.

**échoboumeur, euse** n • A3, A4, C4, G9, G21 • Accent aigu et soudure (préfixe francisé et mot étranger). Il coexiste une variante avec *ou* (comme dans *babyboum*) : elle est recommandée. La terminaison française est aussi recommandée.
**échoencéphalographie** nf • A3 • Soudure avec *écho* (préfixe savant), même devant *e*.
**éclore** v, **il éclot** (au lieu de *éclôt) • G1 • Entre les deux graphies, choisir celle sans accent.
**écoagriculture** nf • A3 • Soudure avec *éco* (préfixe savant), même devant *a*.
**écoaudit** nm • A3 • Soudure avec *éco* (préfixe savant), même devant *a*.
**écocentre** nm • A3 • Soudure avec *éco* (préfixe savant).
**écoconception** nf • A3 • Soudure avec *éco* (préfixe savant).
**écoconstruction** nf • A3 • Soudure avec *éco* (préfixe savant).
**écoenvironnemental, ale** adj • A3 • Soudure avec *éco* (préfixe savant), même devant *e*.
**écoéthologie** nf • A3 • Soudure avec *éco* (préfixe savant), même devant *é*.
**écoforestier, ère** adj • A3 • Soudure avec *éco* (préfixe savant).
**écogite** nm (au lieu de *éco-gîte) • A3, C2 • Soudure avec *éco*. L'accent circonflexe disparait sur *i*.
**éco-industrie** nf • Inchangé • Exception A3 : trait d'union maintenu entre *o* et *i* pour éviter *oi* ou *oin*.
**écolleter** v, **j'écollète, écollèterai, écollèterais** • D1 • Conjugaison *-ète* au lieu de *-ette*.
**écoloproduit** nm • A3 • Soudure avec *écolo* (préfixe savant).
**écomensonge** nm • A3 • Soudure avec *éco* (préfixe savant).
**écoproduit** nm • A3 • Soudure avec *éco* (préfixe savant).
**écoresponsable** adj, n • A3 • Soudure avec *éco* (préfixe savant).
**écotourisme** nm • A3 • Soudure avec *éco* (préfixe savant).
**écotouriste** n • A3 • Soudure avec *éco* (préfixe savant).
**écotouristique** adj • A3 • Soudure avec *éco* (préfixe savant).
**écoumène** nm (au lieu de *œkoumène ou *œcoumène) • G7, G10 • Les trois variantes coexistantes avaient une prononciation identique. Choisir la forme avec *é* et avec *c*. Avis favorable des travaux des éditions Le Robert.
**écrase-merde** nm, **écrase-merdes** • B1 • Singulier et pluriel réguliers.
**écrémer** v, **j'écrèmerai, écrèmerais** • C1 • Accent grave au futur et au conditionnel.
**écroutage** nm • C2 • L'accent circonflexe disparait sur *u*.
**écroutement** nm • C2 • L'accent circonflexe disparait sur *u*.
**écrouter** v • C2 • L'accent circonflexe disparait sur *u*.
**écrouteuse** nf • C2 • L'accent circonflexe disparait sur *u*.
[anc. *eczéma, *eczémateux...] VOIR **exéma**... • F2 • Voir l'explication sur *exéma*.
**édelweiss** nm • C4 • Francisation : accent aigu.
**éfendi** nm (au lieu de *efendi ou *effendi) • C4, G20 • Était dans liste du RENOUVO. Avis favorable des travaux des éditions Le Robert.
**éfrit** nm (au lieu de *efrit) • C4 • Accent aigu.
**égagropile** nm (au lieu de *ægagropile) • G5 • Entre les deux, choisir *é* plutôt que æ.
**égo** nm, **des égos** • B2, C4 • Francisation : pluriel régulier et accent aigu.
**égopodium** nm (au lieu de *ægopodium) • G5 • Entre les deux graphies coexistantes, choisir *é* et non æ. Avis favorable des travaux des éditions Le Robert.
**égosome** nm (au lieu de *ægosome) • G5 • Entre les deux graphies coexistantes, choisir *é* et non æ.
**égrare** nf (au lieu de *ægrare) • G5 • Entre les deux, choisir *é* plutôt que æ.
**égrugeüre** nf • C3 • Rime avec *jure*. Ajout du tréma sur *u* pour éviter la combinaison *eu*.
**éjectocompresseur** nm • A3 • Soudure avec *éjecto* (préfixe savant).
**éjectoconvecteur** nm • A3 • Soudure avec *éjecto* (préfixe savant).
[anc. *élæis] VOIR **éléis** • G5 • Entre les deux formes coexistantes, choisir *é* et non æ.
**électroacoumètre** nm • A3 • Soudure avec *électro* (préfixe savant), même devant *a*.
**électroacousticien, enne** adj, n • A3 • Soudure avec *électro* (préfixe savant), même devant *a*.
**électroacoustique** nf • A3 • Soudure avec *électro* (préfixe savant), même devant *a*.
**électroaérosol** nm • A3 • Soudure avec *électro* (préfixe savant), même devant *a*.
**électroaffinité** nf • A3 • Soudure avec *électro* (préfixe savant), même devant *a*.

**électroaimant** nm • A3 • Soudure avec *électro* (préfixe savant), même devant *a*.
**électroanalgésie** nf • A3 • Soudure avec *électro* (préfixe savant), même devant *a*.
**électroanalyse** nf • A3 • Soudure avec *électro* (préfixe savant), même devant *a*.
**électroanesthésie** nf • A3 • Soudure avec *électro* (préfixe savant), même devant *a*.
**électroattracteur, trice** adj • A3 • Soudure avec *électro* (préfixe savant), même devant *a*.
**électrocautérisation** nf • A3 • Soudure avec *électro* (préfixe savant).
**électrochoc** nm • A3 • Soudure avec *électro* (préfixe savant).
**électroclimatisation** nf • A3 • Soudure avec *électro* (préfixe savant).
**électrocoagulation** nf • A3 • Soudure avec *électro* (préfixe savant).
**électrocompresseur** nm • A3 • Soudure avec *électro* (préfixe savant).
**électrodiagnostic** nm • A3 • Soudure avec *électro* (préfixe savant).
**électrodiapason** nm • A3 • Soudure avec *électro* (préfixe savant).
**électrodistributeur** nm • A3 • Soudure avec *électro* (préfixe savant).
**électrodoublé** nm • A3 • Soudure avec *électro* (préfixe savant).
**électroéjaculation** nf • A3 • Soudure avec *électro* (préfixe savant), même devant *é*.
**électroélectronique** adj • A3 • Soudure avec *électro* (préfixe savant), même devant *é*.
**électroencéphalogramme** nm • A3 • Soudure avec *électro* (préfixe savant), même devant *e*.
**électroencéphalographe** nm • A3 • Soudure avec *électro* (préfixe savant), même devant *e*.
**électroencéphalographie** nf • A3 • Soudure avec *électro* (préfixe savant), même devant *e*.
**électroendosmose** nf • A3 • Soudure avec *électro* (préfixe savant), même devant *e*.
**électroérosion** nf • A3 • Soudure avec *électro* (préfixe savant), même devant *é*.
**électroesthésiomètre** nm • A3 • Soudure. Voir aussi *esthésiomètre*.
**électroextraction** nf • A3 • Soudure avec *électro* (préfixe savant), même devant *e*.
**électrofiltration** nf • A3 • Soudure avec *électro* (préfixe savant).
**électrofiltre** nm • A3 • Soudure avec *électro* (préfixe savant).
**électroforage** nm • A3 • Soudure avec *électro* (préfixe savant).
**électrofrein** nm • A3 • Soudure avec *électro* (préfixe savant).
**électrohydraulique** nf • A3 • Soudure avec *électro* (préfixe savant), même devant *h*.
**électro-immunodiffusion** nf • Inchangé • Exception A3 : trait d'union entre *o* et *i* pour éviter *oi* ou *oim*.
**électro-informatique** adj • Inchangé • Exception A3 : trait d'union entre *o* et *i* pour éviter *oi* ou *oin*.
**électro-iridogramme** nm • Inchangé • Exception A3 : trait d'union entre *o* et *i* pour éviter *oi*.
**électronettoyage** nm • A3 • Soudure avec *électro* (préfixe savant).
**électronucléaire** adj • A3 • Soudure avec *électro* (préfixe savant).
**électronvolt** nm (au lieu de *électron-volt), **des électronvolts** • G19 • Préférer la soudure.
**électroobtention** nf • A3 • Soudure avec *électro*, même lorsqu'il y a rencontre de deux *o*.
**électrooculogramme** nm • A3 • Soudure avec *électro*, même lorsqu'il y a rencontre de deux *o*.
**électrooculographe** nm • A3 • Soudure avec *électro*, même lorsqu'il y a rencontre de deux *o*.
**électrooculographie** nf • A3 • Soudure avec *électro*, même lorsqu'il y a rencontre de deux *o*.
**électroolfactogramme** nm • A3 • Soudure avec *électro*, même lorsqu'il y a rencontre de deux *o*.
**électroophtalmogramme** nm • A3 • Soudure avec *électro*, même lorsqu'il y a rencontre de deux *o*.
**électroophtalmographe** nm • A3 • Soudure avec *électro*, même lorsqu'il y a rencontre de deux *o*.
**électroophtalmographie** nf • A3 • Soudure avec *électro*, même lorsqu'il y a rencontre de deux *o*.
**électrooptique** adj, nf • A3 • Soudure avec *électro*, même lorsqu'il y a rencontre de deux *o*.
**électroosmose** nf • A3 • Soudure avec *électro*, même lorsqu'il y a rencontre de deux *o*.
**électroosmotique** adj • A3 • Soudure avec *électro*, même lorsqu'il y a rencontre de deux *o*.
**électropinceau** nm • A3 • Soudure avec *électro* (préfixe savant).
**électropompe** nf • A3 • Soudure avec *électro* (préfixe savant).
**électroponcture** nf • A3, G3 • Soudure avec *électro*. Choisir *on* et non *un*.
**électrorobinet** nm • A3 • Soudure avec *électro* (préfixe savant).
**électrosidérurgie** nf • Inchangé • Ce mot était déjà soudé. On continue de prononcer « s ».
**électrosynthèse** nf • A3 • Soudure avec *électro* (préfixe savant).

**électrotraumatisé, ée** adj • A3 • Soudure avec *électro* (préfixe savant).

**électrotraumatisme** nm • A3 • Soudure avec *électro* (préfixe savant).

**éléis** nm (au lieu de *élæis) • G5 • Entre les deux graphies existantes, choisir *é* plutôt que *æ*.

**éléphant** nm (et rare au féminin : **une éléphante**) • **INCHANGÉ** • Le *ph* est conservé, puisqu'il n'existe pas en français de graphie concurrente avec *f*. La règle G16 ne peut pas s'appliquer. Voir p. 39-40.

**ellébore** nm (au lieu de *hellébore) • G2 • Entre les deux, choisir sans *h*.

**élodée** nf (au lieu de *hélodée) • G2 • Entre les deux, choisir sans *h*.

**emballoter** « mettre en ballot » v (au lieu de *emballotter) • D3 • Un seul *t* : ce verbe est construit sur le nom *ballot*.

**embattage** nm • Dans l'esprit de F1 • Deux *t* (voir *embattre*). La graphie avec un seul *t* est ancienne.

**embattre** v (au lieu de *embatre) • Dans l'esprit de F1 • Le CSLF choisit deux *t*, comme *battre*.

**emboitable** adj • C2 • L'accent circonflexe disparait sur *i*.

**emboitage** nm • C2 • L'accent circonflexe disparait sur *i*.

**emboitant, ante** adj • C2 • L'accent circonflexe disparait sur *i*.

**emboité** nm (en danse) • C2 • L'accent circonflexe disparait sur *i*.

**emboitement** nm • C2 • L'accent circonflexe disparait sur *i*.

**emboiter** v • C2 • L'accent circonflexe disparait sur *i*.

**emboiture** nf • C2 • L'accent circonflexe disparait sur *i*.

**embotteler** v, **j'embottèle, embottèlerai, embottèlerais** • D1 • Conjugaison *-èle* au lieu de *-elle*.

**embouveter** v, **j'embouvète, embouvèterai, embouvèterais** • D1 • Conjug. *-ète* au lieu de *-ette*.

**embratteler** v, **j'embrattèle, embrattèlerai, embrattèlerais** • D1 • Conjugaison *-èle* (et non *-elle*).

**embreler** v, **j'embrèle, embrèlerai, embrèlerais** • D1 • Conjugaison *-èle* au lieu de *-elle*.

**embuche** nf • C2 • L'accent circonflexe disparait sur *u*.

**embucher** v • C2 • L'accent circonflexe disparait sur *u*.

**émécher** v, **j'émècherai, émècherais** • C1 • Accent grave au futur et au conditionnel.

**emmailloter** v • Inchangé • De nos jours, les dictionnaires écrivent ce mot avec un seul *t* (D3).

**emmanteler** v, **j'emmantèle, emmantèlerai, emmantèlerais** • D1 • Conjugaison *-èle* et non *-elle*.

**emmenotter** v • Inchangé • Exception D3 (*-otter*) : ce mot est de la famille de *menotte*.

**emmental** nm (au lieu de *emmenthal) • G2 • Entre les deux variantes coexistantes, choisir sans *h*.

**emmétrer** v, **j'emmètrerai, emmètrerais** • C1 • Accent grave au futur et au conditionnel.

**emmotter** v et **emmotté, ée** « garni de mottes de terre aux racines pour le transport » adj • Inchangé • Exception D3 (*-otter*) : de la famille de *motte*.

**emmuseler** v, **j'emmusèle, emmusèlerai, emmusèlerais** • D1 • Conjugaison *-èle* au lieu de *-elle*.

**émotter** « briser les mottes » v • Inchangé • Exception D3 (*-otter*) : ce mot est de la famille de *motte*.

**émoucheter** v, **j'émouchète, émouchèterai, émouchèterais** • D1 • Conjugaison *-ète* et non *-ette*.

**empaqueter** v, **j'empaquète, empaquèterai, empaquèterais** • D1 • Selon Grevisse-Goosse (*Le bon usage*, paragraphe 791a), la prononciation de l'ancienne forme *elle empaquette* (maintenant *elle empaquète* en nouvelle orthographe) est bien « èl an-pa-kèt' » et non « èl an-pakt' ».

**empenneler** v, **j'empennèle, empennèlerai, empennèlerais** • D1 • Conjugaison *-èle* et non *-elle*.

**empiéger** v, **j'empiègerai, empiègerais** • C1 • Accent grave au futur et au conditionnel.

**empiètement** nm • C1 • Accent grave. On doit toujours prononcer « è ».

**empiéter** v, **j'empièterai, empièterais** • C1 • Accent grave au futur et au conditionnel.

**emporium** nm, **des emporiums** • B2 • Francisation : pluriel régulier. Le pluriel étranger était : des *emporia.

**emporte-pièce** nm, **des emporte-pièces** • B1 • Singulier et pluriel réguliers.

**empoussiérer** v, **j'empoussièrerai, empoussièrerais** • C1 • Accent grave au futur et au conditionnel.

**en-but** nm, **des en-buts** • B1 • Singulier et pluriel réguliers (dans *Petit Robert* 2009).

**encablure** nf (au lieu de *encâblure) • G1 • Entre les deux graphies, choisir celle sans accent.

**encas** nm • G19 • Plusieurs graphies coexistaient, dont la graphie soudée : c'est elle qu'il faut privilégier.

**encéphalomyélite** nf • A3 • Soudure avec *encéphalo* (préfixe savant).

**enchainé, ée** adj • C2 • L'accent circonflexe disparait sur *i*.

**enchainement** nm • C2 • L'accent circonflexe disparait sur *i*.

**enchainer** v • C2 • L'accent circonflexe disparait sur *i*.
**enchanteler** v, **j'enchantèle, enchantèlerai, enchantèlerais** • D1 • Conjugaison *-èle* et non *-elle*.
**encliqueter** v, **j'encliquète, encliquèterai, encliquèterais** • D1 • Conjugaison *-ète* au lieu de *-ette*.
**encloitrer** v • C2 • L'accent circonflexe disparait sur *i*.
**enclore** v, **il enclot** (au lieu de *enclôt) • G1 • Entre les deux graphies, choisir celle sans accent.
**encorbellement** nm • Inchangé • Le verbe correspondant a deux *l* : *encorbeller* (et non *-eler*). Ce mot n'est donc pas touché par la règle D1.
**encours** nm • G19 • Plusieurs graphies coexistaient. La graphie soudée est à privilégier.
**encrouté, ée** adj • C2 • L'accent circonflexe disparait sur *u*.
**encroutement** nm • C2 • L'accent circonflexe disparait sur *u*.
**encrouter** v • C2 • L'accent circonflexe disparait sur *u*.
**enculotter** v • Inchangé • Exception D3 (*-otter*) : ce mot est de la famille de *culotte*.
**endoalvéolie** nf (au lieu de *endo-alvéolie) • A3 • Soudure avec *endo* (préfixe savant), même devant *a*.
**endocervical, ale** adj • Inchangé • Ce mot avec le préfixe *endo* était déjà soudé (A3), selon nos sources.
**enfaiteau** nm • C2 • L'accent circonflexe disparait sur *i*.
**enfaitement** nm • C2 • L'accent circonflexe disparait sur *i*.
**enfaiter** v • C2 • L'accent circonflexe disparait sur *i*.
**enficeler** v, **j'enficèle, enficèlerai, enficèlerais** • D1 • Conjugaison *-èle* au lieu de *-elle*.
**enfiévrer** v, **j'enfièvrerai, enfièvrerais** • C1 • Accent grave au futur et au conditionnel.
**enflécher** v, **j'enflècherai, enflècherais** • C1 • Accent grave au futur et au conditionnel.
**enfutage** nm • C2 • L'accent circonflexe disparait sur *u*.
**enfuter** v • C2 • L'accent circonflexe disparait sur *u*.
**enfuteur, euse** n et nf • C2 • L'accent circonflexe disparait sur *u*.
**engrumeler** v, **j'engrumèle, engrumèlerai, engrumèlerais** • D1 • Conjugaison *-èle* au lieu de *-elle*.
**enjaveler** v, **j'enjavèle, enjavèlerai, enjavèlerais** • D1 • Conjugaison *-èle* au lieu de *-elle*.
[anc. *enkikiner, enkikineur...] VOIR **enquiquiner, enquiquineur**... • G11 • Écrire *qu* et non *k*.
**enquiquinant, ante** adj • G11 • De nos jours, *qu* a remplacé *k*.
**enquiquinement** nm • G11 • De nos jours, *qu* a remplacé *k*.
**enquiquiner** v • G11 • L'ancienne forme *enkikiner a disparu des dictionnaires.
**enquiquineur, euse** adj, n • G11 • De nos jours, *qu* a remplacé *k*.
**ensoi** nm • A5 • Les travaux des éditions Le Robert soudent ce mot.
**ensorcèlement** nm • D1 • Dérivé d'un verbe en *-eler* : *-èlement* (et non *-ellement*).
**ensorceler** v, **j'ensorcèle, ensorcèlerai, ensorcèlerais** • D1 • Conjugaison *-èle* au lieu de *-elle*.
**enstérer** v, **j'enstèrerai, enstèrerais** • C1 • Accent grave au futur et au conditionnel.
**enténébrer** v, **j'enténèbrerai, enténèbrerais** • C1 • Accent grave au futur et au conditionnel.
**entérohépatique** adj • A3 • Soudure avec *entéro* (préfixe savant), même devant *h*.
**entérorénal, ale** adj • A3 • Soudure avec *entéro* (préfixe savant).
**entête** nm • A5 • Les travaux des éditions Le Robert soudent ce mot.
**ENTR(E)-** (préfixe) • À souder • Voir l'explication sur *ENTRE-* plus loin.
**entraccorder (s')** v (au lieu de *entr'accorder) • A1 • Soudure avec *entr(e)*.
**entraccuser (s')** v (au lieu de *entr'accuser) • A1 • Soudure avec *entr(e)*.
**entradmirer (s')** v • A1 • Soudure avec *entr(e)*.
**entraide** nf (au lieu de *entre-aide ou *entr'aide) • A1 • Soudure avec *entr(e)*.
**entraider (s')** v • A1 • Soudure avec *entr(e)*.
**entraimer (s')** v • A1 • Soudure avec *entr(e)*.
**entrainable** adj • C2 • L'accent circonflexe disparait sur *i*.
**entrainant, ante** adj • C2 • L'accent circonflexe disparait sur *i*.
**entrainement** nm • C2 • L'accent circonflexe disparait sur *i*.
**entrainer** v • C2 • L'accent circonflexe disparait sur *i*.
**entraineur, euse** n • C2 • L'accent circonflexe disparait sur *i*.
**entraineuse** nf • C2 • L'accent circonflexe disparait sur *i*.

**entrapercevoir** v • A1 • Soudure avec *entr(e)*.

**entrapparaitre** (au lieu de *entr'apparaitre) v, **il entrapparait**, **j'entrapparaitrai**, **entrapparaitrais** • A1, C2 • Soudure avec *entr(e)*. L'accent circonflexe disparait sur *i*.

**entrappeler (s')** v, conjugaison (**ils s'entrapellent**) VOIR **appeler** • A1 • Soudure avec *entr(e)*. Et exception à la règle D1 pour la conjugaison.

**entravertir (s')** v (au lieu de *entr'avertir) • A1 • Soudure avec *entr(e)*.

**entraxe** « distance entre deux axes » (au lieu de *entre-axe ou *entre-axes) nm, **des entraxes** • A1 • Soudure avec *entr(e)*. Ne pas confondre avec l'anglicisme *anthrax* (maladie du charbon).

**ENTRE-** (préfixe) • À souder • Le préfixe-préposition *entre* se soude (règle A1). Les mots construits avec *entr(e)* qui étaient déjà soudés avant la mise en place des rectifications de 1990 ne figurent pas ici, puisqu'ils sont déjà conformes au principe de la soudure dans les dictionnaires. De nombreux mots nouveaux peuvent être créés avec ce préfixe : il est impossible de tous les répertorier. Note : le *e* du préfixe disparait devant une voyelle.

[anc. *entre-a...] VOIR **entra...** • A1 • Pour les mots construits avec *entre-* suivi d'un mot commençant par *a*, voir *entra...* Par exemple, pour *entre-axe, voir *entraxe*.

**entrebande** nf, **des entrebandes** • A1 • Soudure avec *entre*.

**entredéchirer (s')** v • A1 • Soudure avec *entre*.

**entredétruire (s')** v • A1 • Soudure avec *entre*.

**entredeux** nm • A1 • Soudure avec *entre*.

**entre-deux-guerres** nm (parfois nf) inv • Inchangé • Ce mot n'est pas touché par la règle A1.

**entre-deux-mers** nm inv • Inchangé • Ce mot n'est pas touché par la règle A1.

**entre-deux-tours** nm inv • Inchangé • Ce mot n'est pas touché par la règle A1.

**entredévorer (s')** v • A1 • Soudure avec *entre*.

**entredonner (s')** v • A1 • Soudure avec *entre*.

**entrefenêtre** nm • A1 • Soudure avec *entre*.

**entrefrapper (s')** v • A1 • Soudure avec *entre*.

**entrégorger (s')** v • A1 • Soudure avec *entr(e)*.

**entrehaïr (s')** v • A1 • Soudure avec *entre*.

**entreheurter (s')** v • A1 • Soudure avec *entre*.

**entrejambe** nm, **des entrejambes** • A1 • Soudure avec *entre*.

**entreligne** nm, **des entrelignes** • A1 • Soudure avec *entre*.

**entrelouer (s')** v • A1 • Soudure avec *entre*.

**entremanger (s')** v • A1 • Soudure avec *entre*.

**entrenerf** nm, **des entrenerfs** • A1 • Soudure avec *entre*.

**entrenœud** nm, **des entrenœuds** • A1 • Soudure avec *entre*.

**entrenuire (s')** v • A1 • Soudure avec *entre*.

**entreplant** nm, **des entreplants** • A1 • Soudure avec *entre*.

**entrerail** nm, **des entrerails** • A1 • Soudure avec *entre*.

**entreregarder (s')** v • A1 • Soudure avec *entre*.

**entresoutenir (s')** v • A1 • Soudure avec *entre*.

**entresuivre (s')** v • A1 • Soudure avec *entre*.

**entretemps** adv, nm • A1 • Soudure avec *entre*.

**entretisser** v • A1 • Soudure avec *entre*.

**entretravée** nf, **des entretravées** • A1 • Soudure avec *entre*.

**entretuer (s')** v • A1 • Soudure avec *entre*.

**entrevoie** nf, **des entrevoies** • A1 • Soudure avec *entre*.

**entrevouter** v • C2 • L'accent circonflexe disparait sur *u*.

**entrouvrir** v (au lieu de *entr'ouvrir) • A1 • Soudure avec *entr(e)*.

**énumérer** v, **j'énumèrerai**, **énumèrerais** • C1 • Accent grave au futur et au conditionnel.

**envergeüre** nf • C3 • Rime avec *jure* (et non avec *heure*). Ajout du tréma pour éviter la combinaison *eu*.

**envoutant, ante** adj • C2 • L'accent circonflexe disparait sur *u*.

**envoutement** nm • C2 • L'accent circonflexe disparait sur *u*.

**envouter** v • C2 • L'accent circonflexe disparait sur *u*.

**envouteur, euse** n • C2 • L'accent circonflexe disparait sur *u*.

**éolipile** nm (au lieu de *éolipyle) • G20 • Entre les deux variantes, préférer *i* et non *y*.

**épanneler** v, **j'épannèle, épannèlerai, épannèlerais** • D1 • Conjugaison *-èle* au lieu de *-elle*.

**épeler** v, **j'épèle, épèlerai, épèlerais** • D1 • Conjugaison *-èle* au lieu de *-elle*.

**épiépineux, euse** adj, nm (au lieu de *épi-épineux) • A3 • Soudure avec le préfixe *épi*.

**épinceler** v, **j'épincèle, épincèlerai, épincèlerais** • D1 • Conjugaison *-èle* au lieu de *-elle*.

**épinceter** v, **j'épincète, épincèterai, épincèterais** • D1 • Conjugaison *-ète* au lieu de *-ette*.

**épistémé** nf (ou **épistémè** ou **épistémê**, selon la prononciation) • Au choix • *Petit Robert* reconnait deux prononciations : « é » ou « è ». Les travaux des éditions Le Robert donnent **épistémé** pour la prononciation en « é » ; cette graphie et cette prononciation sont aussi attestées dans *Littré*. Le *Dictionnaire Hachette* connait les variantes avec *é* et avec *è*. Donc, choisir la graphie selon la prononciation souhaitée. Le *GDT* donne plutôt la variante lexicale *épistème*.

**épithélioconjonctif, ive** adj • A3 • Soudure avec *épithélio* (préfixe savant).

**épitre** nf • C2 • L'accent circonflexe disparait sur *i*.

**épluche-légume** nm, **des épluche-légumes** • B1 • Singulier et pluriel réguliers.

**épluche-patate** nm, **des épluche-patates** • B1 • Singulier et pluriel réguliers.

**épousseter** v, **j'époussète, époussèterai, époussèterais** • D1 • Conjugaison *-ète* au lieu de *-ette*.

**epsilon** nm, **des epsilons** • B2 • Pluriel régularisé. Lettre de l'alphabet grec.

**épyornis** nm (au lieu de *æpyornis) • G5 • Entre les deux, choisir *é* plutôt que æ. Avis favorable des travaux des éditions Le Robert.

**équatoguinéen, enne** adj • A3 • Soudure avec *équato* (préfixe savant).

**Équatoguinéen, enne** n • A3 • Soudure avec le préfixe *équato*. Habitant de la Guinée équatoriale.

**erbue** nf (au lieu de *herbue) • G2 • Entre les deux, choisir sans *h*.

**erg** nm, **des ergs** • B2 • Francisation : pluriel régulier.

**erminette** nf (au lieu de *herminette) • G2 • Entre les deux, choisir sans *h*.

**ermitage** « lieu écarté, solitaire » nm • Inchangé • Ce mot s'écrit sans *h*. Aux siècles passés, on l'a déjà écrit avec *h* (mais ce n'est plus le cas à notre époque).

**ermite** « religieux, solitaire, bernard-l'ermite » n et nm • Inchangé • Voir l'explication sur *ermitage*.

**erpétologie** nf (au lieu de *herpétologie) • G2 • Choisir sans *h*.

**erpétologique** adj (au lieu de *herpétologique) • G2 • Choisir sans *h*.

**erpétologiste** n (au lieu de *herpétologiste) • G2 • Choisir sans *h*.

**errata** nm, **des erratas** • B2 • **Un errata** : une fiche sur laquelle sont mentionnées plusieurs erreurs. **Des erratas** : plusieurs fiches sur lesquelles sont mentionnées chaque fois plusieurs erreurs.

**erratum** nm, **des erratums** • B2 • Ne pas confondre *erratum* et *errata* (ci-dessus). **Un erratum** : une fiche sur laquelle est mentionnée une seule erreur. **Des erratums** : plusieurs fiches sur lesquelles sont mentionnées chaque fois une seule erreur.

**esbroufe** nf (au lieu de *esbrouffe) • G17 • Consonne simple : choisir un seul *f*.

**esbroufer** v (au lieu de *esbrouffer) • G17 • Consonne simple : choisir un seul *f*.

**esbroufeur, euse** n • G17 • Consonne simple : choisir un seul *f*.

**espéranto** nm • C4 • Francisation : accent aigu.

**espérer** v, **j'espèrerai, espèrerais** • C1 • Accent grave au futur et au conditionnel.

**espionite** nf (au lieu de *espionnite) • G17 • Entre les deux, choisir un seul *n*.

**essuie-câble** nm, **des essuie-câbles** • B1 • Singulier et pluriel réguliers.

**essuie-glace** nm, **des essuie-glaces** • B1 • Singulier et pluriel réguliers.

**essuie-main** nm, **des essuie-mains** • B1 • Singulier et pluriel réguliers.

**essuie-meuble** nm, **des essuie-meubles** • B1 • Singulier et pluriel réguliers.

**essuie-phare** nm, **des essuie-phares** • B1 • Singulier et pluriel réguliers.

**essuie-pied** nm, **des essuie-pieds** • B1 • Singulier et pluriel réguliers.

**essuie-plume** nm, **des essuie-plumes** • B1 • Singulier et pluriel réguliers.

**essuie-tige** nm, **des essuie-tiges** • B1 • Singulier et pluriel réguliers.

**essuietout** nm, **des essuietouts** • A5 • Les mots composés d'un verbe + *tout* sont soudés.

**essuie-verre** nm, **des essuie-verres** • B1 • Singulier et pluriel réguliers.

**essuie-vitre** nm, **des essuie-vitres** • B1 • Singulier et pluriel réguliers.

**esthésiogène** adj (au lieu de *æsthésiogène) • G6 • Les deux graphies coexisent : choisir *e* et non *æ*.

**esthésiomètre** nm (au lieu de *æsthésiomètre) • G6 • Choisir *e* et non *æ*.

**estradiol** nm (au lieu de *œstradiol) • G8 • Les deux graphies coexistent dans *Petit Robert* et dans *Littré* : la plus simple est recommandée.

**estrogène** adj, n (au lieu de *œstrogène) • G8 • Les deux graphies coexistent dans *Petit Robert* et dans *Littré* : la plus simple est recommandée.

**estrogénique** adj (au lieu de *œstrogénique) • G8 • Les deux graphies coexistaient : la plus simple est recommandée.

**estrogénothérapie** nf (au lieu de *œstrogénothérapie) • G8 • Choisir *e* et non *œ*.

**estrone** nf (au lieu de *œstrone) • G8 • Les deux graphies coexistaient : la plus simple est recommandée.

**estroprogestatif, ive** adj, nm (au lieu de *œstroprogestatif) • G8 • Choisir *e* et non *œ*.

**et** VOIR **vingt-et-un**, **trente-et-un**, etc. • A6 • Le **et** est uni par des traits d'union dans les numéraux.

**êta** nm, **des êtas** • B2 • Pluriel régularisé. Lettre de l'alphabet grec.

**etcétéra** nm, **des etcétéras** (au lieu de *et cætera ou *et cetera) • A4, B2, C4, G5 • La prononciation des variantes est identique. On écrit *é*. Soudure et pluriel régulier.

**ethnoculturel, elle** adj • A3 • Soudure avec *ethno* (préfixe savant).

**éthuse** nf (au lieu de *æthuse) • G5 • Entre les deux graphies coexistantes, choisir celle qui est la plus française : **éthuse**. Latin : *æthusa*.

**étincèlement** nm • D1 • Dérivé d'un verbe en *-eler* : *-èlement* (et non *-ellement*).

**étinceler** v, **j'étincèle**, **étincèlerai**, **étincèlerais** • D1 • Conjugaison *-èle* au lieu de *-elle*.

**étiqueter** v, **j'étiquète**, **étiquèterai**, **étiquèterais** • D1 • Conjugaison *-ète* au lieu de *-ette*.

**étouffe-chrétien** nm, **des étouffe-chrétiens** • B1 • Singulier et pluriel réguliers.

**être** v, **fussè-je** • C1 • Accent grave devant *-je* (forme interrogative rare).

**eucologe** (au lieu de *euchologe, prononcé « k ») nm (ou rare : **eucologue**) • G10 • Choisir *c* et non *ch*.

**eucologue** (au lieu de *euchologue, prononcé « k ») nm VOIR **eucologe** • G10 • Choisir la graphie avec *c* et non celle avec *ch*. Note : on emploie plus souvent la terminaison *-ge* que *-gue* (ce dernier choix ne relève pas des règles des rectifications).

**euristique** adj, nf (au lieu de *heuristique) • G2 • Entre les deux variantes, choisir sans *h*.

**euroobligation** nf • A3 • Soudure avec *euro*, même devant *o*.

**eurooptimisme** nm • A3 • Soudure avec *euro*, même devant *o*.

**eurooptimiste** adj, n • A3 • Soudure avec *euro*, même devant *o*.

**euscarien, enne** « du Pays basque » adj • G10 • Choisir **euscarien** au lieu de *euskarien. Ce mot connait aussi quelques autres variantes lexicales (de prononciation différente).

**euscarien** « langue basque » nm • G10 • Voir *euscarien* plus haut.

**Euscarien, enne** « Basque » n • G10 • Choisir *c* et non *k*. Ce mot connait aussi d'autres variantes.

**eussè-je** VOIR **avoir** • C1 • Accent grave. Cette inversion rare est de niveau littéraire.

**évènement** nm • C1 • Accent grave et non accent aigu. Il n'y a qu'une seule prononciation permise : « évènement », comme « avènement ». Le CSLF recommande donc d'écrire *è*. Avis favorable des travaux des éditions Le Robert. La graphie recommandée est maintenant dans tous les dictionnaires. Elle est même prioritaire (en première position) dans *Petit Robert* 2009, dans le *Dictionnaire Hachette* et dans le dictionnaire de l'Académie française.

**évènementiel, elle** adj • C1 • Accent grave (au lieu de *événementiel). Voir *évènement*.

**éventailler, ère** n (au lieu de *éventaillier) • F4 • Terminaison *-iller* et non *-illier*. Rime avec *poulailler*.

**éviscérer** v, **j'éviscèrerai**, **éviscèrerais** • C1 • Accent grave au futur et au conditionnel.

**évoé** interj (au lieu de *évohé) • G2 • Entre les deux variantes coexistantes, choisir sans *h*.

**EX-** (préfixe) • Inchangé • Les mots français construits avec le préfixe *ex-* signifiant « ancien, antérieurement » prennent toujours le trait d'union. Les rectifications n'ont pas modifié cette règle. On écrit donc avec un trait d'union : *ex-détenu*, *ex-femme*, *ex-mari*, *ex-ministre*, etc. Ces mots français ne sont pas répertoriés ici, puisqu'ils sont inchangés. Cependant, des noms latins commençant par *ex-* ont été soudés : *exlibris*, *exvoto*. Les locutions adverbiales ou adjectivales d'origine latine s'écrivent encore avec espace : *ex abrupto*, *ex cathédra* (accent C4), *ex nihilo*, etc.

**ex æquo** loc adj, loc adv • Inchangé • Les locutions adj. et adv. continuent de s'écrire avec espace.

**exæquo** n, **des exæquos** • A4, B2 • Le nom est soudé (comme *exlibris* et *exvoto*). Pluriel régulier.

**exagérer** v, **j'exagèrerai**, **exagèrerais** • C1 • Accent grave au futur et au conditionnel.

**ex anté** loc adj • C4 • Accent aigu. Parfois en italique (dans ce cas, en latin sans accent).

**exaspérer** v, **j'exaspèrerai**, **exaspèrerais** • C1 • Accent grave au futur et au conditionnel.

**ex cathéra** loc adj, loc adv • C4 • Accent aigu. Parfois en italique (dans ce cas, en latin sans accent).

**excéder** v, **j'excèderai**, **excèderais** • C1 • Accent grave au futur et au conditionnel.

**excitomoteur**, **trice** adj • A3 • Soudure avec *excito* (préfixe savant).

**excréter** v, **j'excrèterai**, **excrèterais** • C1 • Accent grave au futur et au conditionnel.

**exéat** nm, **des exéats** • B2, C4 • Francisation : pluriel régulier et accent aigu.

**exécrer** v, **j'exècrerai**, **exècrerais** • C1 • Accent grave au futur et au conditionnel.

**exéma** (au lieu de *eczéma) nm • F2 • On écrit *exé-*, comme dans *exécuter*. Recommandation du *Rapport* du CSLF. Le *Petit Robert* admet maintenant cette forme.

**exémateux**, **euse** (au lieu de *eczémateux) adj, n • F2 • Voir *exéma*.

**exématiforme** adj • F2 • Voir *exéma*.

**exématique** nf • F2 • Voir *exéma*.

**exématisation** nf • F2 • Voir *exéma*.

**exématiser** v • F2 • Voir *exéma*.

**exéquatur** nm, **des exéquaturs** • B2, C4 • Francisation : pluriel régulier et accent aigu.

**exhéréder** v, **j'exhérèderai**, **exhérèderais** • C1 • Accent grave au futur et au conditionnel.

**exigu**, **exigüe** adj • C3 • Au féminin, tréma sur le *u* (et non sur le *e* muet).

**exigüité** nf • C3 • Tréma sur *u* (et non sur *i*) pour séparer la combinaison *gu*.

**exit** « sortie de scène d'un personnage » nm, **des exits** • B2 • Pluriel régulier.

**exlibris** nm • A4 • Le *Rapport* du CSLF soude ce nom issu du latin.

**exoalvéolie** nf • A3 • Soudure avec *exo* (préfixe savant), même devant *a*.

**exoamylase** nf • A3 • Soudure avec *exo* (préfixe savant), même devant *a*.

**exoénergétique** adj • A3 • Soudure avec *exo* (préfixe savant), même devant *é*.

**exonérer** v, **j'exonèrerai**, **exonèrerais** • C1 • Accent grave au futur et au conditionnel.

**exsanguinotransfusion** nf • A3 • Soudure avec *exsanguino* (préfixe savant).

**extra** adj, nm, **des extras** • G18, G22 • Le nom est maintenant variable dans *Petit Robert*, *Petit Larousse*, *Littré* (G18). Le pluriel de l'adjectif (abréviation du mot *extraordinaire* ; sert à désigner des produits de qualité supérieure) est rectifié par l'Académie française (G22).

**extraatmosphérique** adj • A2 • Soudure avec *extra*, même lorsqu'il y a rencontre de deux *a*.

**extraaxillaire** adj • A2 • Soudure avec *extra*, même lorsqu'il y a rencontre de deux *a*.

**extrabuccal**, **ale** adj • A2 • Soudure avec *extra*.

**extrabudgétaire** adj • A2 • Soudure avec *extra*.

**extracellulaire** adj • A2 • Soudure. Signifie « qui est en dehors de la cellule » (en médecine, *GDT*).

**extracommercial**, **ale** adj • A2 • Soudure avec *extra*.

**extraconjugal**, **ale** adj • A2 • Soudure avec *extra*.

**extracorporel**, **elle** adj • A2 • Soudure avec *extra*.

**extracourant** nm, **des extracourants** • A2 • Soudure avec *extra*.

**extradry** (anglic.) adj, nm, **des extradrys** • A2, B2 • Soudure avec *extra* et pluriel régulier.

**extrafin**, **ine** adj • A2 • Soudure avec *extra*.

**extrafort**, **te** adj, nm • A2 • Soudure avec *extra*.

**extragrand**, **extragrande** adj • A2 • Soudure avec *extra*. Comme mensuration de vêtements, synonyme de *très grand* (abrév. *TG*).

**extragras**, **extragrasse** adj • A2 • Soudure avec *extra*.

**extrahospitalier**, **ère** adj • A2 • Soudure avec *extra*, même devant *h*.

**extrahumain**, **aine** adj • A2 • Soudure avec *extra*, même devant *h*.

**extra-institutionnel**, **elle** adj • Inchangé • Exception A2 : trait d'union entre *a* et *i* pour éviter *ai* ou *ain*.

**extralarge** adj • A2 • Soudure avec *extra*. On trouve ce mot dans *Vérifiez votre orthographe* (2008), des éditions Le Robert. Attention à son emploi : le *GDT* le mentionne en médecine notamment pour les lentilles et verres optométriques, mais il conseille de le remplacer par *très grand* pour qualifier des articles de grand format (la taille des vêtements, la dimension d'une pizza, etc.).

**extralégal**, **ale** adj • A2 • Soudure avec *extra*.

**extraléger**, **ère** adj • A2 • Soudure avec *extra*.

**extralight** (anglic.) adj, plur. : **extralights** • A2 • Soudure. Utiliser plutôt *extraléger, extralégère*.
**extralucide** adj • A2 • Soudure avec *extra*.
**extramince** adj • A2 • Soudure avec *extra*.
**extramunicipal, ale** adj • A2 • Soudure avec *extra*.
**extramuros** adj, adv • A2 • Soudure avec *extra*.
**extraoral, ale** adj • A2 • Soudure avec *extra*, même devant *o*.
**extraparlementaire** adj • A2 • Soudure avec *extra*.
**extrapetit, extrapetite** adj • A2 • Soudure avec *extra*. Comme taille de vêtements, synonyme de *très petit* (abrév. *TP*).
**extrapuissant, ante** adj • A2 • Soudure avec *extra*.
**extrarapide** adj • A2 • Soudure avec *extra*.
**extrarénal, ale** adj • A2 • Soudure avec *extra*.
**extrarésistant, ante** adj • A2 • Soudure avec *extra*.
**extrarobuste** adj • A2 • Soudure avec *extra*.
**extrasec, extrasèche** adj • A2 • Soudure avec *extra*.
**extrasensible** adj • A2 • Soudure avec *extra*.
**extrasensoriel, elle** adj • A2 • Soudure avec *extra*.
**extrasolaire** adj • A2 • Soudure avec *extra*.
**extrasystole** nf • A2 • Soudure avec *extra*.
**extraterrestre** adj, n • A2 • Soudure avec *extra*. La graphie avec trait d'union a disparu des dictionnaires.
**extraterritorial, ale** adj • A2 • Soudure avec *extra*.
**extraterritorialité** nf • A2 • Soudure avec *extra*.
**extra-utérin, ine** adj • Inchangé • Exception A2 : trait d'union maintenu entre *a* et *u* pour éviter *au*.
**extravasation** nf • A2 • Soudure avec *extra*.
**extravasculaire** adj • A2 • Soudure avec *extra*.
**extravaser** v • A2 • Soudure avec *extra*.
**extrémum** nm, **des extrémums** • B2, C4 • Francisation : pluriel régulier et accent aigu.
**exubérer** v, **j'exubèrerai, exubèrerais** • C1 • Accent grave au futur et au conditionnel.
**exulcérer** v, **j'exulcèrerai, exulcèrerais** • C1 • Accent grave au futur et au conditionnel.
**exvoto** nm, **des exvotos** • A4, B2 • Le *Rapport* du CSLF soude ce nom issu du latin. Pluriel régulier.

# F

**faciès** nm • C4 • Francisation : accent grave.
**facsimilé** nm, **des facsimilés** • A4, B2, C4 • Soudure, pluriel régulier, et accent aigu français. L'ancienne graphie sans accent a disparu des dictionnaires.
**faine** nf • C2 • Ce mot s'écrivait avec ou sans accent sur *i* avant 1990. On choisit la forme sans accent.
**fainée** nf • C2 • On choisit la forme sans accent circonflexe sur *i*. Voir *faine*.
**fairepart** nm, **des faireparts** • A5 • Les travaux des éditions Le Robert soudent ce mot.
**fairplay** nm (anglic.), **des fairplays** • A4, B2 • Soudure et pluriel régulier (mot étranger).
**faitage** nm • C2 • L'accent circonflexe disparait sur *i*.
**faite** nm • C2 • L'accent circonflexe disparait sur *i*.
**faiteau** nm • C2 • L'accent circonflexe disparait sur *i*.
**faitier, ère** adj, nf • C2 • L'accent circonflexe disparait sur *i*.
**faitout** nm, **des faitouts** • A5 • Les mots composés d'un verbe + *tout* sont soudés.
**fakir** n • Graphie *k* • Les dictionnaires de nos jours donnent tous **fakir** avec *k* (jamais avec *qu*).
**fakirisme** nm • Graphie *k* • Les dictionnaires de nos jours donnent **fakirisme** avec *k* (jamais avec *qu*).
**fanclub** nm (anglic.), **des fanclubs** • A4 • Soudure et pluriel régulier (mot étranger).
**fancyfair** (anglic.) nf (au lieu de *fancy-fair) • A4 • Soudure (mot étranger).
**fantasme** nm (au lieu de *phantasme) • G16 • L'ancienne graphie *phantasme a presque disparu déjà.
**faramineux, euse** adj (au lieu de *pharamineux) • G16 • La graphie *pharamineux a presque disparu.

**farouche** « trèfle cultivé » nm (au lieu de *farouch) • G20 • Mot rare. Entre les deux variantes, les travaux des éditions Le Robert choisissent celle dont la terminaison est plus française (avec *e* final). Il existe un autre mot *farouche*, plus fréquent (autre sens).

**faséyer** v, **je fasèyerai, fasèyerais** • C1 • Accent grave au futur et au conditionnel.

**fastfood** nm (anglic.) • A4 • Soudure (mot étranger).

**fatma** nf (au lieu de *fathma), **des fatmas** • B2, G2 • Choisir sans *h*. Le pluriel est régularisé.

**favéla** nf, **des favélas** • B2, C4 • Francisation : pluriel régulier et accent aigu.

**fayotage** nm • D3 • Un seul *t* : ce mot est un dérivé de *fayoter*.

**fayoter** v • D3 • Un seul *t*. Entre les deux variantes en concurrence (on trouve avec un ou deux *t* dans certains dictionnaires), on fixe la graphie sous la forme *-oter*.

**fécès** nf plur (ou **fèces**, selon la prononciation) • C4 • Graphies au choix selon les travaux des éditions Le Robert.

**fédayin** nm, **des fédayins** • B2, C4, G17 • Pluriel régulier, accent aigu français, choisir un seul *d*.

**fédérer** v, **je fédèrerai, fédèrerais** • C1 • Accent grave au futur et au conditionnel.

**feedback** nm (anglic.), **des feedbacks** • A4, B2 • Soudure et plur. rég. (travaux des éditions Le Robert).

**feedeur** nm (anglic.) • G21 • Terminaison *-eur* dans les travaux des éditions Le Robert.

**féérie** (ou **féerie**, selon la prononciation) nf • F3 • Deux prononciations sont possibles, au choix. Si on prononce « éé », on ajoute le second accent aigu qui manquait.

**féérique** (ou **féerique**, selon la prononciation) adj • F3 • Deux prononciations possibles. Voir *féérie*.

**feldwébel** nm (au lieu de *feldwebel) • C4 • Francisation : accent aigu. Attesté dans *Littré* et *Dictionnaire Hachette*. Le *w* se prononce « v », mais il n'existe pas de graphie concurrente avec *v*, alors on conserve le *w* (la règle G15 ne peut pas s'appliquer).

**fellaga** nm, **des fellagas** • B2, G2 • Entre **fellaga** et *fellagha, choisir la graphie sans *h*.

**fellah** nm, **des fellahs** • B2 • Pluriel régulier. Il n'existe pas de variante sans *h* en concurrence, alors on doit conserver le *h* (la règle G2 ne peut pas s'appliquer).

**fermailler, ère** n (au lieu de *fermaillier) • F4 • Terminaison *-iller* et *-illère*, et non *-illier* ni *-illière*.

**ferroactinolite** nf • A3 • Soudure avec *ferro* (préfixe savant), même devant *a*.

**ferroalliage** nm • A3 • Soudure avec *ferro* (préfixe savant), même devant *a*.

**ferroalluaudite** nf • A3 • Soudure avec *ferro* (préfixe savant), même devant *a*.

**ferroaluminium** nm • A3 • Soudure avec *ferro* (préfixe savant), même devant *a*.

**ferroanthophyllite** nf • A3 • Soudure avec *ferro* (préfixe savant), même devant *a*.

**ferroantigorite** nf • A3 • Soudure avec *ferro* (préfixe savant), même devant *a*.

**ferroaxinite** nf • A3 • Soudure avec *ferro* (préfixe savant), même devant *a*.

**ferrocarpholite** nf • A3 • Soudure avec *ferro* (préfixe savant).

**ferrocérium** nm • A3 • Soudure avec *ferro* (préfixe savant).

**ferrociment** nm • A3 • Soudure avec *ferro* (préfixe savant).

**ferroédénite** nf • A3 • Soudure avec *ferro* (préfixe savant), même devant *é*.

**ferroélectricité** nf • A3 • Soudure avec *ferro* (préfixe savant), même devant *é*.

**ferroélectrique** adj • A3 • Soudure avec *ferro* (préfixe savant), même devant *é*.

**ferromagnétisme** nm • A3 • Soudure avec *ferro* (préfixe savant).

**ferromanganèse** nm • A3 • Soudure avec *ferro* (préfixe savant).

**ferry** nm (anglic.), **des ferrys** • B2 • Pluriel régulier.

**ferryboat** nm (anglic.) • A4 • Soudure (mot étranger).

**festnoz** nm, **des festnoz** • A4, B2 • Soudure et pluriel régulier. Le plur. étranger était : des *festou-noz.

**féta** nm • C4 • Francisation : accent aigu.

**Fête-Dieu** nf, **des Fêtes-Dieu** • Inchangé • Pas touché par B1. C'est le nom féminin *fête* et non le verbe.

**feuilleter** v, **je feuillète, feuillèterai, feuillèterais** • D1 • Conjugaison *-ète* au lieu de *-ette*.

**feuilletonesque** adj (au lieu de *feuilletonnesque) • G17 • Entre les deux, choisir un seul *n*.

**feuilletoniste** n (au lieu de *feuilletonniste) • G17 • Entre les deux, choisir un seul *n*.

**fèverole** nf • C1, D3 • Accent grave (au lieu de *féverole). L'ancienne graphie en *-olle* a disparu des dictionnaires courants (D3). Note : on dit aussi *faverole*.

**fiasco** nm, **des fiascos** • B2 • Pluriel régulier.

**fiat** (en psychologie) nm, **des fiats** • B2 • Francisation : pluriel régulier.

---

**fibroangiome** nm • A3 • Soudure avec *fibro* (préfixe savant), même devant *a*.
**fibrocartilage** nm • A3 • Soudure avec *fibro* (préfixe savant).
**fibrochondrite** nf • A3 • Soudure avec *fibro* (préfixe savant).
**fibrociment** nm • A3 • Soudure avec *fibro* (préfixe savant).
**fibroélastose** nf • A3 • Soudure avec *fibro* (préfixe savant), même devant *é*.
**fibroépithéliome** nm • A3 • Soudure avec *fibro* (préfixe savant), même devant *é*.
**fibrofragmenteuse** nf • A3 • Soudure avec *fibro* (préfixe savant).
**fibrokystique** adj • A3 • Soudure avec *fibro* (préfixe savant).
**fibromuqueuse** nf • A3 • Soudure avec *fibro* (préfixe savant).
**fibroostéome** nm • A3 • Soudure avec *fibro* (préfixe savant), même lorsqu'il y a rencontre de deux *o*.
**fibrosigmoïdoscope** nm • A3 • Soudure avec *fibro* (préfixe savant).
**ficeler** v, **je ficèle**, **ficèlerai**, **ficèlerais** • D1 • Conjugaison *-èle* au lieu de *-elle*.
**fichument** adv (au lieu de *fichûment) • C2 • L'accent circonflexe disparait sur *u*.
**fiftyfifty** (anglic.) nm, **des fiftyfiftys** • A4, B2 • Soudure et pluriel régulier (mot étranger).
**fildefériste** n • G19 • Choisir la variante soudée (en un mot).
**filibeg** nm (au lieu de *philibeg) • G16 • Entre les deux, les travaux des éditions Le Robert sont favorables à *filibeg*.
**finir** v, **finissè-je** (au lieu de *finissé-je) • C1 • Accent grave devant *-je* (forme interrogative rare).
**finish** nm (anglic.), **des finishs** • B2 • Pluriel régulier.
**finissè-je** VOIR **finir** • C1 • Accent grave. Cette inversion rare est de niveau littéraire.
**finno-ougrien, enne** adj • Inchangé • Exception A3 : pas de soudure (coordination, famille de langues).
**finno-ougrien** « groupe de langues » nm • Inchangé • Exception A3 : pas de soudure (coordination).
**fiord** nm (au lieu de *fjord) • G20 • Les deux formes coexistaient (même prononciation). Les travaux des éditions Le Robert sont favorables au choix de *i* (plutôt que *j*), qui illustre mieux la prononciation.
**fioul** nm (au lieu de *fuel) • G20 • Les deux existaient et *fuel est la forme anglaise.
**fixe-au-toit** nm inv • Inchangé • Ce mot n'est pas construit sur le modèle « verbe + nom » (B1), puisqu'il inclut une préposition.
**fixe-cadre** nm, **des fixe-cadres** • B1 • Singulier et pluriel réguliers.
**fixe-chaussette** nm, **des fixe-chaussettes** • B1 • Singulier et pluriel réguliers.
**fixe-cravate** nm, **des fixe-cravates** • B1 • Singulier et pluriel réguliers.
**fixe-cuisse** nm, **des fixe-cuisses** • B1 • Singulier et pluriel réguliers.
**fixe-encoche** nm, **des fixe-encoches** • B1 • Singulier et pluriel réguliers.
**fixe-étiquette** nm, **des fixe-étiquettes** • B1 • Singulier et pluriel réguliers.
**fixe-fil** nm, **des fixe-fils** • B1 • Singulier et pluriel réguliers.
**fixe-jambe** nm, **des fixe-jambes** • B1 • Singulier et pluriel réguliers.
**fixe-lecture** nm, **des fixe-lectures** • B1 • Singulier et pluriel réguliers.
**fixe-manche** nm, **des fixe-manches** • B1 • Singulier et pluriel réguliers.
**fixe-moulinet** nm, **des fixe-moulinets** • B1 • Singulier et pluriel réguliers.
**fixe-nappe** nm, **des fixe-nappes** • B1 • Singulier et pluriel réguliers.
**fixe-plaquette** nm, **des fixe-plaquettes** • B1 • Singulier et pluriel réguliers.
**fixe-poignée** nm, **des fixe-poignées** • B1 • Singulier et pluriel réguliers.
**fixe-ressort** nm, **des fixe-ressorts** • B1 • Singulier et pluriel réguliers.
**fixe-revêtement** nm, **des fixe-revêtements** • B1 • Singulier et pluriel réguliers.
**fixe-tétine** nm, **des fixe-tétines** • B1 • Singulier et pluriel réguliers.
**fixe-tube** nm, **des fixe-tubes** • B1 • Singulier et pluriel réguliers.
**flafla** nm, **des flaflas** • A4 • Soudure (onomatopée) et pluriel régulier.
**flammerole** nf • D3 • Un seul *l*.
**flash** nm (anglic.), **des flashs** • B2 • Pluriel régulier.
**flashback** nm (anglic.), **des flashbacks** • A4, B2 • Soudure et pluriel régulier (mot étranger).
**flashlight** nf (anglic.) • A4 • Soudure (mot étranger). Préférer le terme français *lampe de poche*.
**flécher** v, **je flècherai**, **flècherais** • C1 • Accent grave au futur et au conditionnel.
**flegmagogue** adj (au lieu de *phlegmagogue) • G16 • La graphie *phlegmagogue a presque disparu.

**flegmasie** mf (au lieu de *phlegmasie) • G16 • Entre les deux, choisir *f*.

**flegmasique** adj (au lieu de *phlegmasique) • G16 • Entre les deux, choisir *f*.

**flegmatique** adj (au lieu de *phlegmatique) • G16 • L'ancienne graphie *phlegmatique a quasi disparu.

**flegmatiquement** adv (au lieu de *phlegmatiquement) • G16 • L'ancienne graphie *phlegmatiquement a presque disparu déjà.

**flegmatisant** adj (au lieu de *phlegmatisant) • G16 • L'ancienne graphie *phlegmatisant a quasi disparu.

**flegmatisation** nf (au lieu de *phlegmatisation) • G16 • La graphie *phlegmatisation a presque disparu.

**flegmatiser** v (au lieu de *phlegmatiser) • G16 • L'ancienne graphie *phlegmatiser a quasi disparu.

**flegme** nm (au lieu de *phlegme) • G16 • L'ancienne graphie *phlegme a presque disparu déjà.

**flegmon** nm (au lieu de *phlegmon) • G16 • Entre les deux variantes en concurrence, choisir *f*. Avis favorable des travaux des éditions Le Robert.

**flegmoneux**, **euse** adj (au lieu de *phlegmoneux) • G16 • Entre les deux, les travaux des éditions Le Robert sont favorables à *flegmoneux*.

**fléole** nf (au lieu de *phléole) • G16 • La graphie *phléole est qualifiée d'ancienne par *Littré*.

**fleureter** v, **je fleurète**, **fleurèterai**, **fleurèterais** • D1 • Conjugaison *-ète* au lieu de *-ette*.

**flicflac** interj, nm, **des flicflacs** • A4 • Soudure (onomatopée) et pluriel régulier.

**flintglass** nm, **des flintglass** • A4, B2 • Soudure et pluriel régulier (mot étranger).

**flipflap** nm, **des flipflaps** • A4, B2 • Soudure et pluriel régulier (mot étranger).

**flippeur** nm (anglic.) • G21 • Terminaison *-eur* dans les travaux des éditions Le Robert.

**flocculonodulaire** adj • A3 • Soudure avec *flocculo* (préfixe savant).

**flockbook** nm (anglic.) • A4 • Soudure (mot étranger).

**flood** adj, plur. : **floods** • B2 • Pluriel régularisé. Ex. : *Des lampes floods*. Ne pas confondre avec l'anglicisme *un flood* (inondation).

**flopée** nf (au lieu de *floppée) • G17 • De nos jours, les dictionnaires courants donnent un seul *p*.

**floper** v (au lieu de *flopper) • G17 • Entre les deux, choisir un seul *p*.

**flotter** v • Inchangé • Exception D3 (*-otter*) : il y a hésitation sur l'étymologie (*flot* ou *flotte*), mais une seule graphie existe. Le *Rapport* du CSLF dit explicitement de maintenir dans ce cas la seule graphie reconnue (avec *tt*).

**flush** « cinq cartes au poker » nm, **des flushs** • B2 • Pluriel régulier. Ce nom s'emploie au masculin.

**flute** nf • C2 • L'accent circonflexe disparait sur *u*.

**fluté**, **ée** adj • C2 • L'accent circonflexe disparait sur *u*.

**fluteau** nm • C2 • L'accent circonflexe disparait sur *u*.

**fluter** v • C2 • L'accent circonflexe disparait sur *u*.

**fluteur**, **euse** nm et nf • C2 • L'accent circonflexe disparait sur *u*.

**flutiau** nm • C2 • L'accent circonflexe disparait sur *u*.

**flutiste** n • C2 • L'accent circonflexe disparait sur *u*.

**fluvioglaciaire** adj • A3 • Soudure avec *fluvio* (préfixe savant).

**flysch** nm, **des flyschs** • B2 • Pluriel régulier.

**foéner** v, **je foènerai**, **foènerais** • C1 • Accent grave au futur et au conditionnel.

**fœtus** nm • Inchangé • Il n'existe qu'une seule façon d'écrire ce mot : il n'y a pas de variante en concurrence, donc on continue d'écrire œ (la règle G7, par exemple, ne pourrait pas s'appliquer).

**foirole** nf • D3 • Un seul *l*.

**folle** adj fém, nf • Inchangé • Exception D3 : conserve sa finale en *-olle*.

**folliculostimulant**, **ante** adj • A3 • Soudure avec *folliculo* (préfixe savant).

**folliculostimuline** nf • A3 • Soudure avec *folliculo* (préfixe savant).

**fontanili** nm, **des fontanilis** • B2 • Francisation : singulier et pluriel réguliers.

**footballeur**, **euse** n (au lieu de *footballer) • G21 • Il n'existe pas de variante avec *ou*.

**forjeter** v, conjugaison (**il forjette**) VOIR **jeter** • Inchangé • Exception D1 : double *t* devant « *e* muet ».

**forté** adv, nm, **des fortés** • B2, C4 • Francisation : pluriel régulier et accent aigu.

**fortépiano** nm, **des fortépianos** • A4, B2, C4 • Francisation : soudure, plur. rég. et accent aigu.

**fortiori (à)** VOIR **à fortiori** • C4 • Accent grave sur *a*.

**fortissimo** nm, **des fortissimos** • B2 • Francisation : pluriel régulier.

**fouette-queue** nm, **des fouette-queues** • B1 • Sing. et plur. rég. (généralement déjà conformes).

**fouille-merde** n, **des fouille-merdes** • B1 • Singulier et pluriel réguliers. Le singulier et le pluriel étaient généralement déjà conformes pour ce mot. Ce mot est du registre familier.

**fouille-poubelle** nm, **des fouille-poubelles** • B1 • Singulier et pluriel réguliers. Mot du registre familier.

**fouille-roche** nm, **des fouille-roches** • B1 • Singulier et pluriel réguliers.

**fourmilion** nm (au lieu de *fourmi-lion) • G19 • Entre les deux, choisir la variante soudée.

**fourretout** nm, **des fourretouts** • A5 • Les mots composés d'un verbe + *tout* sont soudés.

**fourretout-parapluie** nm • A5 • Soudure de *fourretout*.

**foxhound** nm • A4 • Soudure (mot étranger).

**foxterrier** nm • A4 • Soudure : *fox* et *terrier* sont des mots anglais.

**foxtrot** nm, **des foxtrots** • A4, B2 • Soudure et pluriel régulier (mot étranger).

**fraiche** nf • C2 • L'accent circonflexe disparait sur *i*. Ex. : *Dormir à la fraiche*.

**fraichement** adv • C2 • L'accent circonflexe disparait sur *i*.

**fraicheur** nf • C2 • L'accent circonflexe disparait sur *i*.

**fraichin** nm • C2 • L'accent circonflexe disparait sur *i*.

**fraichir** v • C2 • L'accent circonflexe disparait sur *i*.

**frais, fraiche** adj • C2 • L'accent circonflexe disparait sur *i*.

**FRANCO-** (élément de formation) • Attention • Pas de soudure si l'élément est lié pour indiquer une relation de coordination (exception à la règle A3). Lorsque l'adjectif est suivi de la catégorie « nm » dans la liste, le nom masculin sans majuscules désigne alors une variété de langue (*parler le franco-belge, le franco-québécois*). Voir ci-dessous les autres variétés de français composées de l'élément *franco-* (indiquées par *nm*). La liste n'est pas nécessairement exhaustive. Le nom masculin ou féminin avec majuscules désigne les personnes.

**franco-africain, aine** adj • Inchangé • Exception A3 : pas de soudure (relation de coordination).

**Franco-Africain, aine** n • Inchangé • Exception A3 : pas de soudure (relation de coordination).

**franco-albertain, aine** adj, nm • Inchangé • Exception A3 : pas de soudure (relation de coordination).

**Franco-Albertain, aine** n • Inchangé • Exception A3 : pas de soudure (relation de coordination).

**franco-allemand, ande** adj • Inchangé • Exception A3 : pas de soudure (relation de coordination).

**Franco-Allemand, ande** n • Inchangé • Exception A3 : pas de soudure (relation de coordination).

**franco-américain, aine** adj, nm • Inchangé • Exception A3 : pas de soudure (relation de coordination).

**Franco-Américain, aine** n • Inchangé • Exception A3 : pas de soudure (relation de coordination).

**franco-anglo-belge** adj • Inchangé • Exception A3 : pas de soudure (relation de coordination).

**franco-bavarois, oise** adj • Inchangé • Exception A3 : pas de soudure (relation de coordination).

**franco-belge** adj, nm • Inchangé • Exception A3 : pas de soudure (relation de coordination).

**Franco-Belge** n • Inchangé • Exception A3 : pas de soudure (relation de coordination).

**franco-britannique** adj • Inchangé • Exception A3 : pas de soudure (relation de coordination).

**Franco-Britannique** n • Inchangé • Exception A3 : pas de soudure (relation de coordination).

**franco-canadien, enne** adj, nm • Inchangé • Exception A3 : pas de soudure (relation de coordination).

**Franco-Canadien, enne** n • Inchangé • Exception A3 : pas de soudure (relation de coordination).

**franco-colombien, enne** adj, nm • Inchangé • Exception A3 : pas de soudure (relation de coordination).

**Franco-Colombien, enne** n • Inchangé • Exception A3 : pas de soudure (relation de coordination).

**franco-français, aise** adj • Inchangé • Exception A3 : pas de soudure (relation de coordination).

**franco-gallique** adj • Inchangé • Exception A3 : pas de soudure (relation de coordination).

**franco-germain, aine** adj • Inchangé • Exception A3 : pas de soudure (relation de coordination).

**franco-italien, enne** adj • Inchangé • Deux exceptions A3 : pas de soudure (rel. de coord. et *o* devant *i*).

**Franco-Italien, enne** n • Inchangé • Exception A3 : pas de soudure (relation de coordination).

**franco-manitobain, aine** adj, nm • Inchangé • Exception A3 : pas de soudure (relation de coordination).

**Franco-Manitobain, aine** n • Inchangé • Exception A3 : pas de soudure (relation de coordination).

**franco-musulman, ane** adj • Inchangé • Exception A3 : pas de soudure (relation de coordination).

**franco-ontarien, enne** adj, nm • Inchangé • Exception A3 : pas de soudure (relation de coordination).

**Franco-Ontarien, enne** n • Inchangé • Exception A3 : pas de soudure (relation de coordination).

**franco-piémontais, aise** adj • Inchangé • Exception A3 : pas de soudure (relation de coordination).

**franco-provençal, ale** adj, nm • Inchangé • Exception A3 : pas de soudure (relation de coordination).

**franco-québécois, oise** adj, nm • F3 • Exception A3. Voir aussi *québécois* pour les accents aigus (F3).

**Franco-Québécois, oise** n • F3 • Exception A3. Voir aussi *Québécois* pour les accents aigus (F3).

**franco-russe** adj • Inchangé • Exception A3 : pas de soudure (relation de coordination).

**franco-saskatchewanais, aise** adj, nm • Inchangé • Exception A3 : pas de soudure (relation de coordination).

**Franco-Saskatchewanais, aise** n • Inchangé • Exception A3 : pas de soudure (relation de coordination).

**franco-sémitique** adj • Inchangé • Exception A3 : pas de soudure (coordination, famille de langues).

**franco-suisse** adj, nm • Inchangé • Exception A3 : pas de soudure (relation de coordination).

**Franco-Suisse** n • Inchangé • Exception A3 : pas de soudure (relation de coordination).

**franco-syrien-libanais, franco-syrienne-libanaise** adj • Inchangé • Exception A3 : pas de soudure (relation de coordination).

**franco-ténois, oise** adj • Inchangé • Exception A3 : pas de soudure (relation de coordination).

**Franco-Ténois, oise** n • Inchangé • Exception A3 : pas de soudure (relation de coordination).

**franco-terre-neuvien, franco-terre-neuvienne** adj, nm • Inchangé • Exception A3 : pas de soudure (relation de coordination).

**Franco-Terre-Neuvien, Franco-Terre-Neuvienne** n • Inchangé • Exception A3 : pas de soudure (relation de coordination).

**franco-yukonais, aise** adj (au lieu de *franco-yukonnais, aise) • G17 • Exception A3 et un seul *n*.

**Franco-Yukonais, aise** n (au lieu de *Franco-Yukonnais, aise) • G17 • Exception A3 et un seul *n*.

**freefly** nm (anglic.) • A4 • Soudure (mot étranger). Attesté dans *Dictionnaire Hachette*.

**freeflyeur, euse** n (anglic.) • G21 • Terminaison *-eur* au lieu de *-er*. Ce mot était déjà soudé.

**freejazz** nm (anglic.) • A4 • Soudure (mot étranger). Attesté dans *Dictionnaire Hachette*.

**freelance** n (anglic.), **des freelances** • A4, B2 • Soudure et pluriel régulier (mot étranger).

**freemartin** nm • A4 • Soudure (mot étranger). Attesté dans *Dictionnaire Hachette*.

**freerideur, euse** n (anglic.) • G21 • Terminaison *-eur* au lieu de *-er*. Ce mot était déjà soudé.

**freeshop** nm (anglic.) • A4 • Soudure (mot étranger). Attesté dans *Dictionnaire Hachette*.

**freestyle** nm (anglic.) • A4 • Soudure (mot étranger). Attesté dans *Petit Robert*.

**freezeur** nm (anglic.) • G21 • Terminaison *-eur* dans les travaux des éditions Le Robert.

**frésia** (au lieu de *freesia) nm • G20 • Entre les deux variantes existantes, on préfère **frésia**.

**fréter** v, **je frèterai, frèterais** • C1 • Accent grave au futur et au conditionnel.

**fricfrac** nm, **des fricfracs** • A4 • Soudure (onomatopée) et pluriel régulier.

**frisotant, ante** adj • D3 • Un seul *t* : ce mot est un dérivé de *frisoter*.

**frisoter** v • D3 • Un seul *t* : ce verbe est construit avec le suffixe diminutif *-oter*.

**frisotis** nm • D3 • Un seul *t* : ce mot est un dérivé de *frisoter*.

**frotte-manche** nm, **des frotte-manches** • B1 • Singulier et pluriel réguliers.

**frotter** v • Inchangé • Ce mot n'a pas été rectifié dans les divers travaux sur les rectifications. Il n'est pas construit sur une base en *-ot* et on ne peut pas aisément établir un lien avec le suffixe *-oter* (D3). Dans l'usage, il n'y a aucune hésitation : on écrit *frotter*. Il n'y a pas de variante avec un seul *t* en concurrence de nos jours.

**froufrou** nm, **des froufrous** • A4 • Soudure (onomatopée) et pluriel régulier.

[anc. *fuel] VOIR **fioul** • G20 • Voir l'explication sur *fioul*.

**fueloil** (anglic.) nm (au lieu de *fuel-oil) • A4 • Soudure (mot étranger). Les travaux des éditions Le Robert ont pris l'initiative de suggérer la francisation *fioulole* en 1991. Cette forme francisée se prononce cependant différemment (ce n'est pas un simple choix orthographique) et *Petit Robert* a retiré ce terme de son dictionnaire depuis.

**fuéro** nm (au lieu de *fuero) • C4 • Francisation : accent aigu.

**fulmicoton** nm • A3 • Soudure avec *fulmi* (préfixe savant).

**fume-cigare** nm, **des fume-cigares** • B1 • Singulier et pluriel réguliers.

**fume-cigarette** nm, **des fume-cigarettes** • B1 • Singulier et pluriel réguliers.

**fumerole** nf • D3 • Un seul *l*.

**fumerolien, enne** adj • D3 • Un seul *l*. Ce mot est un dérivé de *fumerole*.

**funky** adj, nm, **des funkys** • B2 • Pluriel régularisé. Style de jazz.

**furane** nm (au lieu de *furanne) • G17 • Entre les deux, choisir un seul *n*.

**fureter** v, **je furète**, **furèterai**, **furèterais** • D1 • De nos jours, les dictionnaires conjuguent avec *-ète*.
**fusarole** nf • D3 • Un seul *l*.
**fuseler** v, **je fusèle**, **fusèlerai**, **fusèlerais** • D1 • Conjugaison *-èle* au lieu de *-elle*.
**fusilli** nm, **des fusillis** • B2 • Francisation : pluriel régulier.
**fusimoteur**, **trice** adj • Inchangé • Ce mot avec le préfixe *fusi* était déjà soudé (A3), selon nos sources.
**fusionite** nf (néologisme) • G24 • Création de mot (dérivé d'un nom en *-on* suivi de *i*) : un seul *n*.
**fusocellulaire** adj • A3 • Soudure avec *fuso* (préfixe savant).
**fusospirille** nm • A3 • Soudure avec *fuso* (préfixe savant).
**fussè-je** VOIR **être** • C1 • Accent grave. Cette inversion rare est de niveau littéraire.
**fut** nm • C2 • L'accent circonflexe disparait sur *u*. Ex. : *vin en fut*.
**futier** nm • C2 • L'accent circonflexe disparait sur *u*.

# G

**gabare** nf (au lieu de *gabarre) • G17 • Entre les deux, choisir un seul *r*.
**gabarier** nm (au lieu de *gabarrier) • G17 • Entre les deux, choisir un seul *r*.
**gable** nm (au lieu de *gâble) • G1 • Entre les deux graphies coexistantes, choisir celle sans accent.
**gadjo** nm, **des gadjos** • B2 • Francisation : pluriel régulier. Le pluriel étranger était : des *gadjé.
**gageüre** nf • C3 • Rime avec *jure* (et non avec *heure*). Ajout du tréma pour éviter la combinaison *eu*.
**gagman** nm (anglic.), **des gagmans** • B2 • Pluriel régulier.
**gagne-pain** nm, **des gagne-pains** • B1 • Singulier et pluriel réguliers.
**gagnepetit** nm, **des gagnepetits** • A5 • Soudure. Ce mot était dans la liste du RENOUVO.
**gagwoman** nf (anglic.), **des gagwomans** • B2 • Pluriel régulier.
**gai**, **gaie** « homosexuel » (en remplacement de *gay*) adj, n • G20 • Les dictionnaires reconnaissent *gai* comme synonyme de *gay*. *Petit Robert* dit qu'il s'agit d'une graphie francisée. Alors on devrait privilégier la forme avec *i* au lieu de la forme anglaise avec *y* (même si *gai* a déjà d'autres sens). Le *Grand dictionnaire terminologique* le recommande. *Un gai, une revue gaie, des drapeaux gais*.
**gaillèterie** (ou **gailleterie**, selon la prononciation) nf • F3 • Deux prononciations sont possibles, au choix. Si on prononce « è », on ajoute l'accent grave qui manquait.
**gaiment** adv (au lieu de *gaîment ou *gaiement) • C2, G20 • Sans accent circonflexe sur le *i* (C2). La variante *gaiement est moins conforme aux règles de formation des adverbes en *-ment* (*Le bon usage*, paragraphe 968b), alors préférer **gaiment** (G20).
**gaité** nf (au lieu de *gaîté ou *gaieté) • C2, G20 • Sans circonflexe (C2). Préférer **gaité** (G20).
**galatée** « crustacé » nf (au lieu de *galathée) • G2 • Dans ce sens, choisir sans *h*.
**Galatée** « divinité marine, satellite de Neptune » nom propre fém. • Inchangé • En ce sens, ce mot s'écrivait déjà ainsi.
**galéjer** v, **je galèjerai**, **galèjerais** • C1 • Accent grave au futur et au conditionnel.
**galérer** v, **je galèrerai**, **galèrerais** • C1 • Accent grave au futur et au conditionnel.
**gallo-romain**, **aine** adj • Inchangé • Exception A3 : pas de soudure (relation de coordination).
**gallo-roman**, **ane** adj, nm • Inchangé • Exception A3 : pas de soudure (relation de coordination).
**gamma** nm, **des gammas** • B2 • Pluriel régulier.
**gammaencéphalogramme** nm (au lieu de *gamma-encéphalogramme) • G19 • Soudure (dans *GDT*).
**gammaencéphalographie** nf (au lieu de *gamma-encéphalographie) • G19 • Choisir la soudure (*GDT*).
**ganadéria** nf • C4 • Francisation : accent aigu.
**gangréner** (ou **gangrener**, selon la prononciation) v, **gangrènerai**, **gangrènerais** • C1, F3 • Il existe plus d'une prononciation pour ce verbe, au choix. F3 : on ajoute l'accent aigu manquant si on prononce la finale « -éner » au lieu de « -ener » (avis favorable des travaux des éditions Le Robert). Autre règle (C1) : au futur et au conditionnel, le *é* devient *è*.
**gangréneux**, **euse** (ou **gangreneux**, **euse**, selon la prononciation) adj • F3 • Deux prononciations sont possibles, au choix. Si on prononce « é », on ajoute l'accent aigu qui manquait.
**gangster** nm • Inchangé • Ce mot rime avec *hiver*. La règle G21 ne s'applique donc pas.
**garde-aiguille** nm, **des garde-aiguilles** • B1 • Singulier et pluriel réguliers.
**garde-barrière** n, **des garde-barrières** • B1 • Singulier et pluriel réguliers.
**garde-bille** nm, **des garde-billes** • B1 • Singulier et pluriel réguliers.

**garde-bœuf** nm, **des garde-bœufs** • B1 • Singulier et pluriel réguliers.
**garde-boite** nm, **des garde-boites** • B1, C2 • Singulier et pluriel réguliers. L'accent disparait sur *i*.
**garde-boucle** nm, **des garde-boucles** • B1 • Singulier et pluriel réguliers.
**garde-boue** nm, **des garde-boues** • B1 • Singulier et pluriel réguliers.
**garde-bras** nm, **des garde-bras** • B1 (inchangé) • Même forme au singulier et au pluriel.
**garde-but** n, **des garde-buts** • B1 • Singulier et pluriel réguliers.
**garde-câble** nm, **des garde-câbles** • B1 • Singulier et pluriel réguliers.
**garde-cendre** nm, **des garde-cendres** • B1 • Singulier et pluriel réguliers.
**garde-chaine** nm, **des garde-chaine** • B1, C2 • Singulier et pluriel réguliers. L'accent disparait sur *i*.
**garde-chasse** n, **des garde-chasses** • B1 • Singulier et pluriel réguliers.
**garde-chaud** nm, **des garde-chauds** • B1 • Singulier et pluriel réguliers.
**garde-chiourme** n, **des garde-chiourmes** • B1 • Singulier et pluriel réguliers.
**garde-cierge** nm, **des garde-cierges** • B1 • Singulier et pluriel réguliers.
**garde-col** nm, **des garde-cols** • B1 • Singulier et pluriel réguliers.
**garde-corps** nm, **des garde-corps** • B1 (inchangé) • Même forme au singulier et au pluriel.
**garde-côte** « agent » n, **des garde-côtes** • B1 • Singulier et pluriel réguliers.
**garde-côte** « bateau » nm, **des garde-côtes** • B1 • Singulier et pluriel réguliers.
**garde-courroie** nm, **des garde-courroies** • B1 • Singulier et pluriel réguliers.
**garde-crotte** nm, **des garde-crottes** • B1 • Singulier et pluriel réguliers.
**garde-cuisse** nm, **des garde-cuisses** • B1 • Singulier et pluriel réguliers.
**garde-duvet** nm, **des garde-duvets** • B1 • Singulier et pluriel réguliers.
**garde-farine** nm, **des garde-farines** • B1 • Singulier et pluriel réguliers.
**garde-feu** nm, **des garde-feux** • B1 • Singulier et pluriel réguliers.
**garde-fou** nm, **des garde-fous** • B1 • Singulier et pluriel réguliers.
**garde-fourrure** nm, **des garde-fourrures** • B1 • Singulier et pluriel réguliers.
**garde-fraisil** nm, **des garde-fraisils** • B1 • Singulier et pluriel réguliers.
**garde-frasil** nm, **des garde-frasils** • B1 • Singulier et pluriel réguliers.
**garde-frein** n, **des garde-freins** • B1 • Singulier et pluriel réguliers.
**garde-frontière** n et nf, **des garde-frontières** • B1 • Singulier et pluriel réguliers.
**garde-grève** nm, **des garde-grèves** • B1 • Singulier et pluriel réguliers.
**garde-guichet** n, **des garde-guichets** • B1 • Singulier et pluriel réguliers.
**garde-hélice** nm, **des garde-hélices** • B1 • Singulier et pluriel réguliers.
**garde-jonc** nm, **des garde-joncs** • B1 • Singulier et pluriel réguliers.
**garde-ligne** n, **des garde-lignes** • B1 • Singulier et pluriel réguliers.
**garde-lisière** nm, **des garde-lisières** • B1 • Singulier et pluriel réguliers.
**garde-magasin** n, **des garde-magasins** • B1 • Singulier et pluriel réguliers.
**garde-main** nm, **des garde-mains** • B1 • Singulier et pluriel réguliers.
**garde-maison** n, **des garde-maisons** • B1 • Singulier et pluriel réguliers.
**garde-malade** n, **des garde-malades** • B1 • Singulier et pluriel réguliers.
**garde-manège** nm, **des garde-manèges** • B1 • Singulier et pluriel réguliers.
**garde-manger** nm, **des garde-mangers** • B1 • Singulier et pluriel réguliers.
**garde-marteau** n, **des garde-marteaux** • B1 • Singulier et pluriel réguliers.
**garde-meuble** nm, **des garde-meubles** • B1 • Singulier et pluriel réguliers (dans tous ses sens).
**garde-mite** n, **des garde-mites** • B1 • Singulier et pluriel réguliers.
**garde-nappe** nm, **des garde-nappes** • B1 • Singulier et pluriel réguliers.
**garde-navette** nm, **des garde-navettes** • B1 • Singulier et pluriel réguliers.
**garde-neige** nm, **des garde-neiges** • B1 • Singulier et pluriel réguliers.
**garden-partie** nf (anglic.), **des garden-parties** • B2, G20 • Préférer **garden-partie** plutôt que *garden-party, selon les travaux des éditions Le Robert. Certains se réjouiront de la demi-francisation (*-partie*).
**garde-pêche** « agent » n, **des garde-pêches** • B1 • Singulier et pluriel réguliers.
**garde-pêche** « bateau » nm, **des garde-pêches** • B1 • Singulier et pluriel réguliers.

**GDT** : Grand dictionnaire terminologique ; **RENOUVO** : Réseau pour la nouvelle orthographe (v. bibliogr.) ; **TLF** : Trésor de la langue française ; **travaux des éditions Le Robert** : voir bibliogr. sous Rey-Debove.

**garde-pied** nm, **des garde-pieds** • B1 • Singulier et pluriel réguliers.
**garde-pile** nm, **des garde-piles** • B1 • Singulier et pluriel réguliers.
**garde-pipeline** nm, **des garde-pipelines** • B1 • Singulier et pluriel réguliers.
**garde-place** nm, **des garde-places** • B1 • Singulier et pluriel réguliers.
**garde-plateau** nm, **des garde-plateaux** • B1 • Singulier et pluriel réguliers.
**garde-platine** nm, **des garde-platines** • B1 • Singulier et pluriel réguliers.
**garde-pont** n, **des garde-ponts** • B1 • Singulier et pluriel réguliers.
**garde-port** n, **des garde-ports** • B1 • Singulier et pluriel réguliers.
**garde-pouce** nm, **des garde-pouces** • B1 • Singulier et pluriel réguliers.
**garde-poulie** nm, **des garde-poulies** • B1 • Singulier et pluriel réguliers.
**garde-queue** nm, **des garde-queues** • B1 • Singulier et pluriel réguliers.
**garde-rat** nm, **des garde-rats** • B1 • Singulier et pluriel réguliers.
**garde-rein** nm, **des garde-reins** • B1 • Singulier et pluriel réguliers.
**garde-rivière** n, **des garde-rivières** • B1 • Singulier et pluriel réguliers.
**garde-robe** nm et nf, **des garde-robes** • B1 • Singulier et pluriel réguliers. Le singulier et le pluriel étaient généralement déjà conformes pour ce mot.
**garde-rôt** nm, **des garde-rôts** • B1 • Singulier et pluriel réguliers.
**garde-roue** nm, **des garde-roues** • B1 • Singulier et pluriel réguliers.
**garde-rouleau** nm, **des garde-rouleaux** • B1 • Singulier et pluriel réguliers.
**garde-temps** nm, **des garde-temps** • B1 (inchangé) • Même forme au singulier et au pluriel.
**garde-touche** nm, **des garde-touches** • B1 • Singulier et pluriel réguliers.
**garde-vaisselle** n, **des garde-vaisselles** • B1 • Singulier et pluriel réguliers.
**garde-vente** n, **des garde-ventes** • B1 • Singulier et pluriel réguliers.
**garde-ventilateur** nm, **des garde-ventilateurs** • B1 • Singulier et pluriel réguliers.
**garde-verre** nm, **des garde-verres** • B1 • Singulier et pluriel réguliers.
**garde-viande** nm, **des garde-viandes** • B1 • Singulier et pluriel réguliers.
**garde-ville** n, **des garde-villes** • B1 • Singulier et pluriel réguliers.
**garde-voie** n, **des garde-voies** • B1 • Singulier et pluriel réguliers.
**garde-vue** nm, **des garde-vues** • B1 • Singulier et pluriel réguliers.
**gariguette** nf (au lieu de *garriguette) • G17 • Entre les deux, choisir un seul *r*.
**garrotage** nm • D3 • Un seul *t* : ce mot est un dérivé de *garroter*.
**garrote** nf • D3 • Un seul *t*, selon les travaux des éditions Le Robert.
**garroter** v • D3 • Un seul *t* : ce verbe a été construit à partir du mot *garrot*.
**gasoil** (anglic.) nm (au lieu de *gas-oil) (on dit plutôt **gazole**) • A4 • Soudure (mot étranger). La forme plus française **gazole** se prononce différemment.
**gastrocolique** adj • A3 • Soudure avec *gastro* (préfixe savant).
**gastrocolite** nf • A3 • Soudure avec *gastro* (préfixe savant).
**gastroduodénal, ale** adj • A3 • Soudure avec *gastro* (préfixe savant).
**gastroduodénostomie** nf • A3 • Soudure avec *gastro* (préfixe savant).
**gastroentérite** nf • A3 • Soudure avec *gastro* (préfixe savant), même devant *e*.
**gastroentéritique** adj • A3 • Soudure avec *gastro* (préfixe savant), même devant *e*.
**gastroentérocolite** nf • A3 • Soudure avec *gastro* (préfixe savant), même devant *e*.
**gastroentérologie** nf • A3 • Soudure avec *gastro* (préfixe savant), même devant *e*.
**gastroentérologique** adj • A3 • Soudure avec *gastro* (préfixe savant), même devant *e*.
**gastroentérologue** n • A3 • Soudure avec *gastro* (préfixe savant), même devant *e*.
**gastroentéropathie** nf • A3 • Soudure avec *gastro* (préfixe savant), même devant *e*.
**gastroentéroptôse** nf • A3 • Soudure avec *gastro* (préfixe savant), même devant *e*.
**gastroentérostomie** nf • A3 • Soudure avec *gastro* (préfixe savant), même devant *e*.
**gastroépiploïque** adj • A3 • Soudure avec *gastro* (préfixe savant), même devant *é*.
**gastroferrine** nf • A3 • Soudure avec *gastro* (préfixe savant).
**gastrohépatique** adj • A3 • Soudure avec *gastro* (préfixe savant), même devant *h*.
**gastro-intestinal, ale** adj • Inchangé • Exception A3 : trait d'union entre *o* et *i* pour éviter *oi* ou *oin*.

**gastrojéjunostomie** nf • A3 • Soudure avec *gastro* (préfixe savant).

**gastronévrose** nf • A3 • Soudure avec *gastro* (préfixe savant).

**gastrœsophagien, enne** nf • A3 • Soudure, même devant œ. Voir la remarque sur *œsophage*.

**gastropancréatique** adj • A3 • Soudure avec *gastro* (préfixe savant).

**gastropylorique** adj • A3 • Soudure avec *gastro* (préfixe savant).

**gastropylorospasme** nm • A3 • Soudure avec *gastro* (préfixe savant).

**gastrosplénique** adj • A3 • Soudure avec *gastro* (préfixe savant).

**gâte-bois** nm, **des gâte-bois** • B1 (inchangé) • Même forme au singulier et au pluriel.

**gâte-métier** nm, **des gâte-métiers** • B1 • Singulier et pluriel réguliers.

**gâte-papier** nm, **des gâte-papiers** • B1 • Singulier et pluriel réguliers.

**gâte-sauce** n, **des gâte-sauces** • B1 • Singulier et pluriel réguliers.

**gaulthéria** nf (au lieu de *gaultheria) ou **gaulthérie** • C4 • Ajout de l'accent aigu. La forme plus française *gaulthérie* est plus fréquente de nos jours, mais les rectifications ne choisissent pas entre *gaulthéria* et *gaulthérie*, puisque la prononciation n'est pas la même.

**gay** (anglic. orthographique) adj, n, **gays** (VOIR **gai**) • B2 • Si la graphie anglaise est employée, régulariser le pluriel (ce mot était dans la liste du RENOUVO) : *des parades gays*. Le *GDT* recommande la francisation : *des parades gaies*. Voir le mot **gai** pour d'autres explications.

**geisha** ou **guécha** nf, selon la prononciation • Au choix • Selon les travaux des éditions Le Robert, **guécha** et **geisha** existent mais se prononcent différemment. Il faut donc laisser le choix entre les deux formes. Voir le mot **guécha** pour de plus amples explications.

**gélatinobromure** nm • A3 • Soudure avec *gélatino* (préfixe savant).

**gélatinochlorure** nm • A3 • Soudure avec *gélatino* (préfixe savant).

**gélinotte** nf (au lieu de *gelinotte) • F3 • Accent aigu manquant. De nos jours, on prononce toujours « gé- ».

**générer** v, **je génèrerai, génèrerais** • C1 • Accent grave au futur et au conditionnel.

**genestrole** nf • D3 • Un seul *l*.

**génioglosse** adj, nm • A3 • Soudure avec *génio* (préfixe savant).

**géniohyoïdien, enne** adj, nm • A3 • Soudure avec *génio* (préfixe savant).

**géniopalatin, ine** adj, nm • A3 • Soudure avec *génio* (préfixe savant).

**géniopharyngien, enne** adj, nm • A3 • Soudure avec *génio* (préfixe savant).

**génitocrural, ale** adj • A3 • Soudure avec *génito* (préfixe savant).

**génitospinal, ale** adj • A3 • Soudure avec *génito* (préfixe savant).

**génitosurrénal, ale** adj • A3 • Soudure avec *génito* (préfixe savant).

**génito-urinaire** adj • Inchangé • Exception A3 : trait d'union maintenu entre *o* et *u* pour éviter *ou*.

**genou** nm, **des genoux** • Inchangé • Le pluriel de ce mot n'a pas été modifié (non touché par les règles B1 et B2, puisque celles-ci touchent le plur. des noms composés et des mots étrangers seulement).

**gentamicine** nf (au lieu de *gentamycine) • G20 • Préférer *i* et non *y*.

**gentleman** nm, **des gentlemans** • B2 • Pluriel régulier.

**gentleman-cambrioleur** nm, **des gentlemans-cambrioleurs** • B2 • Pluriel régulier. Parfois écrit avec espace.

**gentleman-farmeur** nm (anglic.), **des gentlemans-farmeurs** • B2, G21 • Pluriel régulier. Terminaison *-eur*.

**gentleman-rideur** nm (anglic.), **des gentlemans-rideurs** • B2, G21 • Pluriel régulier. Terminaison avec *-eur*. Préférer un terme plus français. Signifie : « jockey amateur ».

**gentry** nf (anglic.), **des gentrys** • B2 • Pluriel régulier.

**géomarkéting** (ou **géomarketing**, selon la prononciation) nm • C4 • Ce mot était déjà soudé, mais l'accent est ajouté si désiré. Voir *markéting*.

**gerbéra** nm • C4 • Francisation : accent aigu. Ma fleur préférée est le gerbéra.

**gérer** v, **je gèrerai, gèrerais** • C1 • Accent grave au futur et au conditionnel.

**germano-anglo-américain, aine** adj • Inchangé • Exception A3 : pas de soudure (relation de coordination).

**germano-soviétique** adj • Inchangé • Exception A3 : pas de soudure (relation de coordination).

**gésir** v, **il git** • C2 • L'accent circonflexe disparait sur *i* dans la conjugaison *gît.

[anc. *ghesha] VOIR **guécha** (ou **geisha**, selon la prononciation) • C4, G13, G20 • Détails sur *guécha*.

**GDT** : Grand dictionnaire terminologique ; **RENOUVO** : Réseau pour la nouvelle orthographe (v. bibliogr.) ; **TLF** : Trésor de la langue française ; **travaux des éditions Le Robert** : voir bibliogr. sous Rey-Debove.

**ghetto** nm, **des ghettos** • Inchangé • Il n'existe pas de variante avec *gu* au lieu de *gh :* on continue d'écrire **ghetto**.

[anc. *ghilde ou *gilde] VOIR **guilde** • G20 • Voir l'explication sur *guilde*.

**gigaélectronvolt** nm, **des gigaélectronvolts** • A3, G19 • Choisir la variante en un seul mot.

**gigaeuro** nm, **des gigaeuros** • A3 • Soudure avec *giga* (préfixe savant), même devant *e* ou *eu*.

**gigantocellulaire** adj • A3 • Soudure avec *giganto* (préfixe savant).

**gigaoctet** nm • A3 • Soudure avec *giga* (préfixe savant), même devant *o*.

**gigawattheure** nm (au lieu de *gigawatt-heure), **des gigawattheures** • G19 • Préférer la soudure.

**gigoté, ée** « se dit d'un animal (chien ou cheval) dont les cuisses ont la forme remplie d'un gigot de mouton » adj • G17 • Consonne simple : l'ancienne forme avec deux *t* a disparu des dictionnaires. Mot rare. Vient de *gigot*. Ne pas confondre avec *gigoter*.

**gigoter** « agiter ses jambes ou ses membres (enfant), se trémousser, bouger ou agiter convulsivement ses pattes en mourant (lièvre) » v • Inchangé • Ce verbe s'écrit déjà avec un seul *t* dans les dictionnaires. L'ancienne forme avec deux *t* a disparu.

[anc. *gilde ou *ghilde] VOIR **guilde** • G20 • Voir l'explication sur *guilde*.

**gileter** v, **je gilète**, **gilèterai**, **gilèterais** • D1 • Conjugaison *-ète* au lieu de *-ette*.

**ginko** « arbre » nm (au lieu de *ginkgo) • G20 • La finale se prononce toujours « ko ».

**giorno (à)** VOIR **à giorno** • C4 • Accent grave sur *a*.

**gipsy** n, **des gipsys** • B2 • Pluriel régulier.

**girafidé** nm (au lieu de *giraffidé) • G17 • Choisir un *f*. Famille de *girafe* (dans l'esprit de la règle F1).

**girole** nf • D3 • Un seul *l*.

**git (il)** VOIR **gésir** • C2 • L'accent circonflexe disparait sur *i* dans cette conjugaison.

**gitage** nm • C2 • L'accent circonflexe disparait sur *i*.

**gitanologie** nf (néologisme) • G23 • Création de mot (dérivé d'un nom en *-an*) : un seul *n*.

**gite** nf et nm • C2 • L'accent circonflexe disparait sur *i*.

**giter** v • C2 • L'accent circonflexe disparait sur *i*.

**gitologie** nf • C2 • L'accent circonflexe disparait sur *i*.

**gitologue** n • C2 • L'accent circonflexe disparait sur *i*.

**glavioter** v • D3 • Un seul *t* : ce verbe a été construit à partir du mot *glaviot* (terme très familier). L'ancienne forme avec deux *t* disparait des dictionnaires.

**glécome** nm (au lieu de *gléchome, toujours prononcé « k ») • G10 • Choisir *c* et non *ch*.

**gléner** v, **je glènerai**, **glènerais** • C1 • Accent grave au futur et au conditionnel.

**globetrotteur, euse** n • A4, G21 • Soudure et francisation de la terminaison (*-er* devient *-eur*).

**globocellulaire** adj • A3 • Soudure avec *globo* (préfixe savant).

**glomérulonéphrite** nf • Inchangé • Soudure avec *glomérulo* (préfixe savant).

**gloria** nm • Valeur de citation (B2) • Premier mot d'un hymne latin. Les rectifications le laissent donc invariable en ce sens (majuscule et italique possibles), mais *TLF* et *Littré* permettent le pluriel régulier. Au sens de « café sucré », le pluriel est toujours *des glorias*. Voir page 38.

**glossopharyngé, ée** adj • A3 • Soudure avec *glosso* (préfixe savant).

**glossopharyngien, enne** adj, nm • A3 • Soudure avec *glosso* (préfixe savant).

**glossostaphylin, ine** adj, nm • A3 • Soudure avec *glosso* (préfixe savant).

**glouglou** nm, **des glouglous** • A4 • Soudure (onomatopée). Était déjà conforme en 1990 dans les dictionnaires.

**glucocorticoïde** adj, nm • Inchangé • Ce mot avec *gluco* était déjà soudé (A3), selon nos sources.

**glucohexokinase** nf • A3 • Soudure avec *gluco* (préfixe savant), même devant *h*.

**glucokinase** nf • Inchangé • Ce mot avec le préfixe *gluco* était déjà soudé (A3), selon nos sources.

**glucolipide** nm • Inchangé • Ce mot avec le préfixe *gluco* était déjà soudé (A3), selon nos sources.

**glucoprotéine** nf • Inchangé • Ce mot avec le préfixe *gluco* était déjà soudé (A3), selon nos sources.

**glycérocolle** nf • Inchangé • Exception D3 : conserve sa finale en *-olle* (famille de *colle*).

**glycocolle** nm • Inchangé • Exception D3 : conserve sa finale en *-olle* (famille de *colle*).

**glycolipide** nm • Inchangé • Ce mot avec le préfixe *glyco* était déjà soudé (A3), selon nos sources.

**glycoprotéine** nf • Inchangé • Ce mot avec le préfixe *glyco* était déjà soudé (A3), selon nos sources.

**glycorégulateur, trice** adj • A3 • Soudure avec *glyco* (préfixe savant).

---

***** : graphie ancienne à ne plus utiliser; **A1, A2, A3, B1...** : codes qui renvoient aux règles (p. 17 à 34); **anc.** : anciennement; **anglic.** : anglicisme à éviter; **CSLF** : Conseil supérieur de la langue (voir bibliogr.).

**gnaf** nm (au lieu de *gniaf) • G20 • Même prononciation. Mot rare et vieilli signifiant « cordonnier ».

**gnangnan** adj, n, **des gnangnans** • A4, G18, G20 • Soudé. Plur. rég. attesté. Graphie *gn* au lieu de *gni*.

**gnocchi** nm, **des gnocchis** • B2 • Francisation : singulier et pluriel réguliers.

**gnognote** nf (au lieu de *gnognotte) • G17 • Entre les deux, choisir un seul *t*.

**gobe-canette** (au lieu de *gobe-cannette ou *gobe-canettes) nm, **des gobe-canettes** • B1, G17 • Singulier et pluriel réguliers. Choisir un seul *n*. Voir *canette*.

**gobelèterie** nf (au lieu de *gobeleterie) • F3 • Ajout de l'accent grave manquant pour prononcer « è ». Avis favorable des travaux des éditions Le Robert. On rencontre parfois *gobeletterie* (*Littré*, *TLF*).

**gobelétier**, **ère** n (ou **gobeletier**, selon la prononciation) • F3 • Deux prononciations sont possibles, au choix : « e » ou « é ». Si on prononce « é », on ajoute l'accent aigu qui manquait. *Littré* donne aussi la variante *gobelettier* pour prononcer « é ».

**gobelotage** nm • D3 • Un seul *t*. Ce mot est de la famille de *gobeloter*.

**gobeloter** v • D3 • Choisir *-oter* et non *-otter*. Construit historiquement sur *gobelot* (*gobelet*).

**gobeloteur**, **euse** n • D3 • Un seul *t*. Ce mot est de la famille de *gobeloter*.

**gobemouche** nm (au lieu de *gobe-mouche ou *gobe-mouches) • G19 • Peu importe le sens (« oiseau, plante, récipient, homme naïf... »), c'est la graphie soudée qui est recommandée (la soudure était en concurrence avec le trait d'union notamment dans *Petit Larousse* et *TLF*). Voir page 16.

**gobemoucheron** nm • G19 • Soudure recommandée. Attesté notamment dans le *GDT*. Voir page 16.

**gobe-sou** nm, **des gobe-sous** • B1 • Singulier et pluriel réguliers.

**gobeter** v, **je gobète**, **gobèterai**, **gobèterais** • D1 • Conjugaison *-ète* au lieu de *-ette*.

**goï** nm, **des goïs** • B2 • Pluriel régulier (le pluriel étranger était : des *goïm). On écrit aussi *goy*.

**golden** « pomme à peau jaune d'or » nf, **des goldens** • B2 • Pluriel régulier.

**golden rétrieveur** « chien d'arrêt » nm (anglic.) • C4, G21 • Voir l'explication sur *rétrieveur*.

**golmote** nf (au lieu de *golmotte) • G17 • Entre les deux, choisir un seul *t*.

**gonelle** nf (au lieu de *gonnelle) • G17 • Entre les deux, choisir un seul *n*.

**gono-inhibiteur**, **trice** adj • Inchangé • Exception A3 : trait d'union entre *o* et *i* pour éviter *oi* ou *oin*.

**gore** adj, plur. : **gores** • B2 • Francisation : pluriel régulier.

**gorgebleue** nm ou nf, **des gorgebleues** • G19 • Entre les variantes possibles, c'est la graphie en un mot qui est recommandée. Voir page 16. Soudure attestée notamment dans le *Grand Larousse*.

**gothique** « médiéval (style, architecture, écriture) » adj, nm et nf • Inchangé • En ce sens, on écrit avec *h*. La règle G2 ne s'applique pas puisqu'il n'y a pas de variante sans *h* en concurrence pour ce sens.

[anc. *gothique] VOIR **gotique** « langue germanique » adj, nm • G2 • Au sens de « langue germanique », il y avait deux variantes en concurrence : on choisit la variante sans *h*. Dans les autres sens, le mot prend toujours un *h*.

**gotique** « langue germanique ou relatif à cette langue » adj, nm (au lieu de *gothique) • G2 • Il y avait deux variantes en concurrence en ce sens : on choisit la variante sans *h*. Les autres sens prennent toujours un *h*.

**goulache** n (au lieu de *goulash ou *goulasch) • G13 • Préférer la finale *-che*, plus française.

**goulument** adv • C2 • L'accent circonflexe disparait sur le second *u*.

**gour** nm, **des gours** • B2 • Francisation : singulier et pluriel réguliers.

**gourou** nm (au lieu de *guru) • G9 • Entre les deux, préférer *ou* et non *u*.

**gout** nm • C2 • L'accent circonflexe disparait sur *u*.

**gouter** nm, v • C2 • L'accent circonflexe disparait sur *u*.

**gouteur**, **euse** n • C2 • L'accent circonflexe disparait sur le premier *u*.

**gouteux**, **euse** adj, n • C2 • L'accent circonflexe disparait sur le premier *u*.

**goute-vin** nm, **des goute-vins** • B1, C2 • Singulier et pluriel réguliers. L'accent disparait sur *u*.

**goutu**, **ue** adj (au lieu de *goûtu) • C2 • L'accent circonflexe disparait sur le premier *u*. Se dit d'un aliment qui a beaucoup de gout (*Grand Larousse*).

**gouzigouzi** nm, **des gouzigouzis** • A4 • Soudure (onomatopée) et pluriel régulier.

**goy** nm, **des goys** • B2 • Pluriel régulier (le pluriel étranger était : des *goyim). On écrit aussi *goï*.

**graffiti** nm, **des graffitis** • B2 • Francisation : pluriel régulier.

**grafigner** v (au lieu de *graffigner) • G17 • Consonne simple : choisir un seul *f*.

**grainèterie** nf (ou **graineterie**, selon la prononciation) • F3 • Deux prononciations sont possibles, au choix. Si on prononce « è », on ajoute l'accent grave qui manquait.

---

**GDT** : Grand dictionnaire terminologique ; **RENOUVO** : Réseau pour la nouvelle orthographe (v. bibliogr.) ; **TLF** : Trésor de la langue française ; **travaux des éditions Le Robert** : voir bibliogr. sous Rey-Debove.

**granite** nm (au lieu de *granit) • G20 • Les deux coexistaient (même prononciation). La graphie **granite** est recommandée, peu importe le sens (roche plutonique, roche dure, symbole, apparence...)

**grapefruit** nm (anglic.) • A4 • Soudure (mot étranger).

**graphoanalyse** nf • A3 • Soudure avec *grapho* (préfixe savant), même devant *a*.

**graphoanalyste** n • A3 • Soudure avec *grapho* (préfixe savant), même devant *a*.

**graphophonétique** adj, nf • A3 • Soudure avec *grapho* (préfixe savant).

**gratte-ciel** nm, **des gratte-ciels** • B1 • Singulier et pluriel réguliers.

**gratte-cul** nm, **des gratte-culs** • B1 • Singulier et pluriel réguliers.

**gratte-dos** nm, **des gratte-dos** • B1 (inchangé) • Même forme au singulier et au pluriel.

**gratte-fond** nm, **des gratte-fonds** • B1 • Singulier et pluriel réguliers.

**gratte-langue** nm, **des gratte-langues** • B1 • Singulier et pluriel réguliers.

**gratteler** v, **je grattèle**, **grattèlerai**, **grattèlerais** • D1 • Conjugaison *-èle* au lieu de *-elle*.

**gratte-ongle** nm, **des gratte-ongles** • B1 • Singulier et pluriel réguliers.

**gratte-papier** nm, **des gratte-papiers** • B1 • Singulier et pluriel réguliers.

**gratte-pied** nm, **des gratte-pieds** • B1 • Singulier et pluriel réguliers.

**gratte-tube** nm, **des gratte-tubes** • B1 • Singulier et pluriel réguliers.

**graveler** v, **je gravèle**, **gravèlerai**, **gravèlerais** • D1 • Conjugaison *-èle* au lieu de *-elle*.

**grec**, **grecque** adj, n • Inchangé • Ce mot n'est pas touché par les règles des rectifications. Nina Catach souhaitait créer la graphie au féminin avec un accent grave et sans le *c* devant *que*, mais cette proposition n'a pas été retenue. Majuscule requise quand le nom désigne les habitants de la Grèce.

**gréco-bouddhique** adj • Inchangé • Exception A3 : pas de soudure (relation de coordination).

**gréco-égyptien**, **enne** adj • Inchangé • Exception A3 : pas de soudure (relation de coordination).

**gréco-latin**, **gréco-latine** adj • Inchangé • Exception A3 : pas de soudure (relation de coordination).

**gréco-romain**, **aine** adj • Inchangé • Exception A3 : pas de soudure (relation de coordination).

**grelotant**, **ante** adj • D3 • Un seul *t* : ce mot est un dérivé de *greloter*.

**grelotement** nm • D3 • Un seul *t* : ce mot est un dérivé de *greloter*.

**greloter** v • D3 • Un seul *t* : ce verbe a été construit à partir du mot *grelot*.

**grelotière** nf • D3 • Un seul *t* : ce mot est un dérivé de *greloter*.

**greneler** v, **je grenèle**, **grenèlerai**, **grenèlerais** • D1 • Conjugaison *-èle* au lieu de *-elle*.

**gréser** v, **je grèserai**, **grèserais** • C1 • Accent grave au futur et au conditionnel.

**grigri** nm, **des grigris** • A4 • Soudure (onomatopée) et pluriel régulier.

**grille-écran** nf, **des grilles-écrans** • Inchangé • Il s'agit du nom féminin *une grille*, et non du verbe *griller* (non touché par la règle B1 pour le pluriel).

**grille-hotdog** nm, **des grille-hotdogs** • A4, B1, B2 • Soudure de *hotdog*, et singulier et pluriel réguliers. Parfois considéré comme anglicisme.

**grille-pain** nm, **des grille-pains** • B1 • Singulier et pluriel réguliers.

**grille-pâtisserie** nm, **des grille-pâtisseries** • B1 • Singulier et pluriel réguliers. Nom masculin. Ne pas confondre avec *une grille à pâtisserie.*

**grille-sandwich** nm, **des grille-sandwichs** • B1, B2 • Singulier et pluriel réguliers.

**grille-saucisse** nm, **des grille-saucisses** • B1 • Singulier et pluriel réguliers.

**grille-saucisson** nm, **des grille-saucissons** • B1 • Singulier et pluriel réguliers.

**gringoter** « chanter en parlant des oiseaux, ou fredonner mal » v • D3 • Ce mot rare vient du mot *gringot* en moyen français (sorte de chant).

**grippe-sou** adj, n, **des grippe-sous** • B1, G18 • Sing. et plur. rég. Le sing. régulier de l'adj. est attesté.

**grippotyphosique** adj • A3 • Soudure avec le préfixe *grippo*.

**griveler** v, **je grivèle**, **grivèlerai**, **grivèlerais** • D1 • Conjugaison *-èle* au lieu de *-elle*.

**grizzli** (au lieu de *grizzly) nm, **des grizzlis** (au lieu de *grizzlies) • B2, G20 • Les travaux des éditions Le Robert sont favorables à **grizzli** (et à un pluriel régulier).

**grole** nf • D3 • Un seul *l*.

**grommèlement** nm • D1 • Dérivé d'un verbe en *-eler* : *-èlement* (et non *-ellement*).

**grommeler** v, **je grommèle**, **grommèlerai**, **grommèlerais** • D1 • Conjugaison *-èle* au lieu de *-elle*.

**groschen** nm, **des groschens** • B2 • Pluriel régulier. On conserve *sch*, car il n'y a pas de variante concurrente avec *ch* (la règle G13 ne peut pas s'appliquer).

**groseillier** nm • Inchangé • Exception F4 : sorte d'arbre ou d'arbuste (on maintient le suffixe *-ier*).

**grumeler (se)** v, **je me grumèle**, **me grumèlerai**, **me grumèlerais** • D1 • Conjugaison *-èle* au lieu de *-elle*.

**gruppetto** nm, **des gruppettos** • B2 • Francisation : pluriel régulier.

**guarani** adj, nm, **des guaranis** • B2 • Il y avait deux pluriels : on choisit le pluriel régulier (avis favorable des travaux des éditions Le Robert). Certains grammairiens souhaitent ajouter un *e* au féminin pour franciser. Ce mot représente une langue (nm), une unité monétaire (nm) ou sert d'adjectif, comme dans *une pirogue guarani* (ou *guaranie*).

**Guarani** n, **des Guaranis** • B2 • Membre d'une ethnie amérindienne du Paraguay. Voir *guarani*.

**guécha** nf (au lieu de *ghesha) ou **geisha**, selon la prononciation • C4, G13, G20 • Selon les travaux des éditions Le Robert, **guécha** et **geisha** existent, mais ils se prononcent différemment. Entre la forme existante **guécha** et une ancienne forme *ghesha, préférer la forme la plus française : **guécha** (C4, G13, G20) ; mais on peut aussi choisir **geisha** (choix entre **guécha** et **geisha**, selon la prononciation souhaitée).

**guérilléro** nm (au lieu de *guérillero) • C4 • Francisation : accent aigu.

**guet-apens** nm, **des guets-apens** • Inchangé • Ce mot n'a pas fait l'objet d'une soudure. On l'écrit toujours avec trait d'union.

**guibole** nf • D3 • Un seul *l*.

**guide-âne** nm, **des guide-ânes** • B1 • Singulier et pluriel réguliers.

**guide-fil** nm, **des guide-fils** • B1 • Singulier et pluriel réguliers.

**guilde** (au lieu de *ghilde ou *gilde) nf • G20 • Les trois variantes avaient une prononciation identique. Le *Rapport* du CSLF recommande la graphie *guilde*. Avis favorable des travaux des éditions Le Robert.

**guiliguili** nm, **des guiliguilis** • A4 • Soudure (onomatopée) et pluriel régulier.

**guilleméter** (ou **guillemeter**, selon la prononciation) v, **je guillemèterai**, **guillemèterais** • C1, F3 • Il existe plus d'une prononciation pour ce verbe, au choix. Règle F3 : on ajoute l'accent aigu manquant si on prononce la finale « -éter » au lieu de « -eter » (avis favorable des travaux des éditions Le Robert). Autre règle (C1) : au futur et au conditionnel, le *é* devient *è*.

**guillemeter** (ou **guilleméter**, selon la prononciation) v, **je guillemète**, **guillemèterai**, **guillemèterais** • D1 • Conjugaison *-ète* au lieu de *-ette*.

**guitguit** nm (au lieu de *guit-guit), **des guitguits** • A4 • L'origine serait onomatopéique. Soudure pour ce nom d'oiseau.

**guppy** nm, **des guppys** • B2 • Pluriel régulier. Petit poisson aux couleurs vives.

[anc. *guru] VOIR **gourou** • G9 • Même prononciation : choisir *ou* et non *u*.

**guttapercha** nf, **des guttaperchas** • A4, B2 • Soudure et pluriel régulier (mot étranger).

# H

**habanéra** nf • C4 • Francisation : accent aigu.

**hach** nm (au lieu de *hasch) • G13 • Choisir la forme la plus simple (*ch* et non *sch*). Abréviation du mot *hachich*.

**hache-balle** nm, **des hache-balles** • B1 • Singulier et pluriel réguliers.

**hache-écorce** nm, **des hache-écorces** • B1 • Singulier et pluriel réguliers.

**hache-fourrage** nm, **des hache-fourrages** • B1 • Singulier et pluriel réguliers.

**hache-herbe** nm, **des hache-herbes** • B1 • Singulier et pluriel réguliers.

**hache-légume** nm, **des hache-légumes** • B1 • Singulier et pluriel réguliers.

**hache-paille** nm, **des hache-pailles** • B1 • Singulier et pluriel réguliers.

**hache-tabac** nm, **des hache-tabacs** • B1 • Singulier et pluriel réguliers.

**hache-viande** nm, **des hache-viandes** • B1 • Singulier et pluriel réguliers.

**hachich** nm • G13 • Il y avait plusieurs anciennes graphies : *haschich, *haschisch, *hachisch.

**hachiché, ée** adj • G13 • Choisir *ch* et non *sch*.

**hachichin** nm • G13 • Choisir *ch* et non *sch*.

**hachichine** nf • G13 • Choisir *ch* et non *sch*.

**hachichisme** nm • G13 • Choisir *ch* et non *sch*.

**hackeur, euse** « pirate informatique » n (anglic.) • G21 • Terminaison en *-eur*. Recommandation officielle : *fouineur*. Le féminin ne relève pas des rectifications.

**hadj** (au lieu de *hadjdj) nm, **des hadjs** • B2, G20 • Même prononciation. Préférer la forme la plus simple.

**hadji** (au lieu de *hadjdji) nm, **des hadjis** • B2, G20 • Même prononciation. Préférer la forme la plus simple.

**halal** adj, plur. : **halals** • B2, G17 • Entre **halal** et *hallal, choisir la graphie avec simple *l*. Pluriel régulier.

**halebas** nm (au lieu de *hale-bas) • G19 • Entre les deux variantes, choisir celle qui est soudée.

**hale-breu** nm, **des hale-breux** • B1 • Singulier et pluriel réguliers.

**hale-croc** nm, **des hale-crocs** • B1 • Singulier et pluriel réguliers.

**haleter** v, **je halète**, **halèterai**, **halèterais** • D1 • Conjugaison *-ète* au lieu de *-ette*.

**halfcourt** nm (anglic.) • A4 • Soudure (mot étranger).

**halfpipe** nm (anglic.) • A4 • Soudure (mot étranger).

**halftrack** nm (anglic.) • A4 • Soudure (mot étranger).

[anc. *hallal] VOIR **halal** • B2, G17 • Choisir la variante avec simple *l*. Pluriel régulier.

**hallier** nm « groupe de buissons touffus » • Inchangé • Dans ce sens, ce mot s'écrit toujours avec *h*.

[anc. *hallier] VOIR **allier** « filet à oiseaux, à perdrix, à cailles » • G2 • Choisir sans *h* en ce sens. Mot rare.

**halva** nm, **des halvas** • B2 • Pluriel régulier.

**handball** nm • A4 • Soudure (mot étranger).

**handballeur, euse** n • Inchangé • Ce mot avait déjà une terminaison française (G21) et il était déjà soudé (A4).

[anc. *hapax] VOIR **apax** • G2 • Choisir sans *h*. Voir les détails de l'explication sur *apax*.

**haquebute** nf (au lieu de *hacquebute) • G11 • De nos jours, *qu* a remplacé *cqu*.

**harakiri** nm • A4 • Soudure (mot étranger).

**harcèlement** nm • Inchangé • Ce nom était déjà conforme à la règle D1.

**harceler** v, **je harcèle**, **harcèlerai**, **harcèlerais** • D1 • Conjugaison *-èle* au lieu de *-elle*.

**hardiller** nm (au lieu de *hardillier) • F4 • Terminaison *-iller* et non *-illier*. Ce mot rime avec *briller*

**harmatan** nm (au lieu de *harmattan) • G17 • Entre les deux, choisir un seul *t*.

[anc. *haruspice] VOIR **aruspice** • G2 • Choisir sans *h*. Note : ce mot est rare.

[anc. *hasch...] VOIR **hach...** • G13 • Choisir *ch* et non *sch*.

**hausse-bébé** nm, **des hausse-bébés** • B1 • Singulier et plur. réguliers (généralement déjà conformes).

**hausse-col** nm, **des hausse-cols** • B1 • Singulier et pluriel réguliers (généralement déjà conformes).

**hausse-pied** nm, **des hausse-pieds** • B1 • Singulier et pluriel réguliers.

**hausse-queue** nm, **des hausse-queues** • B1 • Singulier et pluriel réguliers.

**hausse-repère** nm, **des hausse-repères** • B1 • Singulier et pluriel réguliers. Le singulier et le pluriel étaient généralement déjà conformes pour ce mot.

**haussier, ière** « relatif à la hausse des cours, personne qui spécule à la bourse » adj, n • Inchangé • On écrit toujours avec *h* dans ce sens. La règle G2 ne s'applique donc pas (pas de variante en concurrence en ce sens).

[anc. *haussière] VOIR **aussière** « gros cordage » • G2 • Choisir sans *h*. Note : ce mot est rare.

**haut-alpin, ine** adj • Inchangé • Seuls certains mots ciblés avec *haut-* ont été soudés.

**Haut-Alpin, ine** n • Inchangé • Seuls certains mots ciblés avec *haut-* ont été soudés.

**Haut-Arctique** nm • Inchangé • Seuls certains mots ciblés avec *haut-* ont été soudés.

**Haut-Canada** nm • Inchangé • Seuls certains mots ciblés avec *haut-* ont été soudés.

**haut-commissaire** n • Inchangé • Seuls certains mots ciblés avec *haut-* ont été soudés.

**haut-commissariat** nm • Inchangé • Seuls certains mots ciblés avec *haut-* ont été soudés.

**haut-côté** nm • Inchangé • Seuls certains mots ciblés avec *haut-* ont été soudés.

**hautecontre** n, **des hautecontres** • A5 • Le *Rapport* du CSLF soude ce mot avec *haute*.

**Haute-Corse** nf • Inchangé • Seuls certains mots ciblés avec *haute-* ont été soudés.

**Haute-Côte-Nord** nf • Inchangé • Seuls certains mots ciblés avec *haute-* ont été soudés.

**hautefidélité** adj, nf, **des hautefidélités** • A5 • Soudure. Ce mot était dans la liste du RENOUVO.

**hauteforme** nm, **des hauteformes** (on dit aussi **haut-de-forme**) • A5 • Les travaux des éditions Le Robert soudent *hauteforme*.

**haute-futaie** nf • Inchangé • Seuls certains mots ciblés avec *haute-* ont été soudés.

**Haute-Garonne** nf • Inchangé • Seuls certains mots ciblés avec *haute-* ont été soudés.
**Haute-Gatineau** nf • Inchangé • Seuls certains mots ciblés avec *haute-* ont été soudés.
**hautelice** nf, **des hautelices** • A5 • Soudure. Variante de *hautelisse*.
**hautelicier**, **ère** n, **des hauteliciers**, **ères** • A5 • Soudure. Variante de *hautelissier*.
**hautelisse** nf, **des hautelisses** • A5 • Le *Rapport* du CSLF soude ce mot avec *haute*.
**hautelissier**, **ère** n, **des hautelissiers**, **ères** • A5 • Soudure, comme *hautelisse*.
**Haute-Loire** nf • Inchangé • Seuls certains mots ciblés avec *haute-* ont été soudés.
**Haute-Marne** nf • Inchangé • Seuls certains mots ciblés avec *haute-* ont été soudés.
**Haute-Normandie** nf • Inchangé • Seuls certains mots ciblés avec *haute-* ont été soudés.
**Haute-Saône** nf • Inchangé • Seuls certains mots ciblés avec *haute-* ont été soudés.
**Haute-Savoie** nf • Inchangé • Seuls certains mots ciblés avec *haute-* ont été soudés.
**hautetaille** nf, **des hautetailles** • A5 • Soudure, comme *bassetaille*.
**haute-tige** nf • Inchangé • Seuls certains mots ciblés avec *haute-* ont été soudés.
**Haute-Vienne** nf • Inchangé • Seuls certains mots ciblés avec *haute-* ont été soudés.
**haute-ville** (parfois **haute ville**) nf • Inchangé • Seuls certains mots ciblés avec *haute-* ont été soudés.
**Haute-Volta** nf • Inchangé • Seuls certains mots ciblés avec *haute-* ont été soudés.
**Haute-Yamaska** nf • Inchangé • Seuls certains mots ciblés avec *haute-* ont été soudés.
**hautfond** nm, **des hautfonds** • A5 • Soudure, comme *basfond*.
**haut-fourneau** (parfois **haut fourneau**) nm • Inchangé • Seuls certains mots avec *haut-* ont été soudés.
**haut-garonnais**, **aise** adj • Inchangé • Seuls certains mots ciblés avec *haut-* ont été soudés.
**Haut-Garonnais**, **aise** n • Inchangé • Seuls certains mots ciblés avec *haut-* ont été soudés.
**haut-marnais**, **aise** adj • Inchangé • Seuls certains mots ciblés avec *haut-* ont été soudés.
**Haut-Marnais**, **aise** n • Inchangé • Seuls certains mots ciblés avec *haut-* ont été soudés.
**haut-parc** nm • Inchangé • Seuls certains mots ciblés avec *haut-* ont été soudés.
**hautparleur** nm, **des hautparleurs** • A5 • Le *Rapport* du CSLF soude ce mot avec *haut*.
**haut-pyrénéen**, **enne** adj • Inchangé • Seuls certains mots ciblés avec *haut-* ont été soudés.
**Haut-Pyrénéen**, **enne** n • Inchangé • Seuls certains mots ciblés avec *haut-* ont été soudés.
**haut-relief** nm • Inchangé • Seuls certains mots ciblés avec *haut-* ont été soudés.
**haut-rhénan** nm • Inchangé • Seuls certains mots ciblés avec *haut-* ont été soudés.
**Haut-Rhin** nm • Inchangé • Seuls certains mots ciblés avec *haut-* ont été soudés.
**haut-rhinois**, **oise** adj • Inchangé • Seuls certains mots ciblés avec *haut-* ont été soudés.
**Haut-Rhinois**, **oise** n • Inchangé • Seuls certains mots ciblés avec *haut-* ont été soudés.
**haut-vannetais** nm • Inchangé • Seuls certains mots ciblés avec *haut-* ont été soudés.
**haut-viennois**, **oise** adj • Inchangé • Seuls certains mots ciblés avec *haut-* ont été soudés.
**Haut-Viennois**, **oise** n • Inchangé • Seuls certains mots ciblés avec *haut-* ont été soudés.
**hébètement** nm • C1 • Accent grave. On doit toujours prononcer « è ».
**hébéter** v, **j'hébèterai**, **hébèterais** • C1 • Accent grave au futur et au conditionnel.
**hectowattheure** nm (au lieu de *hectowatt-heure), **des hectowattheures** • G19 • Entre les deux variantes coexistantes, préférer la variante soudée.
**héler** v, **je hèlerai**, **hèlerais** • C1 • Accent grave au futur et au conditionnel.
[anc. *hellébore] VOIR **ellébore** • G2 • Entre les deux, choisir sans *h*.
[anc. *hélodée] VOIR **élodée** • G2 • Entre les deux, choisir sans *h*.
**hématidrose** nf (au lieu de *hémathidrose) • G2 • Entre les deux, choisir sans *h*.
**hématoencéphalique** adj • A3 • Soudure avec *hémato* (préfixe savant), même devant *e*.
**hématooncologie** nf • A3 • Soudure avec *hémato* (préfixe savant), même devant *o*.
**hématooncologue** n • A3 • Soudure avec *hémato* (préfixe savant), même devant *o*.
**HÉMI-** (préfixe) • À souder • Les mots avec le préfixe *hémi* sont soudés dans les dictionnaires récents. Ex. : *hémianopsie, hémicellulose, hémicylindrique, hémiédrie, hémioxyde,* etc. Seuls quelques cas sont signalés ici à titre indicatif.
**hémiataxie** nf • A3 • Soudure avec *hémi* (préfixe savant), même devant *a*.
**hémicellule** nf • A3 • Soudure avec *hémi* (préfixe savant).
**hémodynamique** adj, nf • Inchangé • Soudure avec *hémo* (préfixe savant).

**hépatobiliaire** adj • A3 • Soudure avec *hépato* (préfixe savant).
**hépatoentérostomie** nf • A3 • Soudure avec *hépato* (préfixe savant), même devant *e*.
**hépatolenticulaire** adj • A3 • Soudure avec *hépato* (préfixe savant).
**hépatonéphrite** nf • A3 • Soudure avec *hépato* (préfixe savant).
**hépatosplénomégalie** nf • A3 • Soudure avec *hépato* (préfixe savant).
**hépatotoxémie** nf • A3 • Soudure avec *hépato* (préfixe savant).
**hépatovésiculaire** adj • A3 • Soudure avec *hépato* (préfixe savant).
[anc. *herbue] VOIR **erbue** • G2 • Entre les deux, choisir sans *h*.
**herchage** nm (au lieu de *herschage) • G13 • Entre les deux, choisir *ch* et non *sch*.
**hercher** v (au lieu de *herscher) • G13 • Entre les deux, choisir *ch* et non *sch*.
**hercheur**, **euse** n (au lieu de *herscheur) • G13 • Entre les deux, choisir *ch* et non *sch*.
**herdbook** nm (anglic.) • A4 • Soudure (mot étranger).
**hérédodégénérescence** nf • A3 • Soudure avec *hérédo* (préfixe savant).
**hérédoprédisposition** nf • A3 • Soudure avec *hérédo* (préfixe savant).

*SUITE DE LA LISTE À LA PAGE 139*

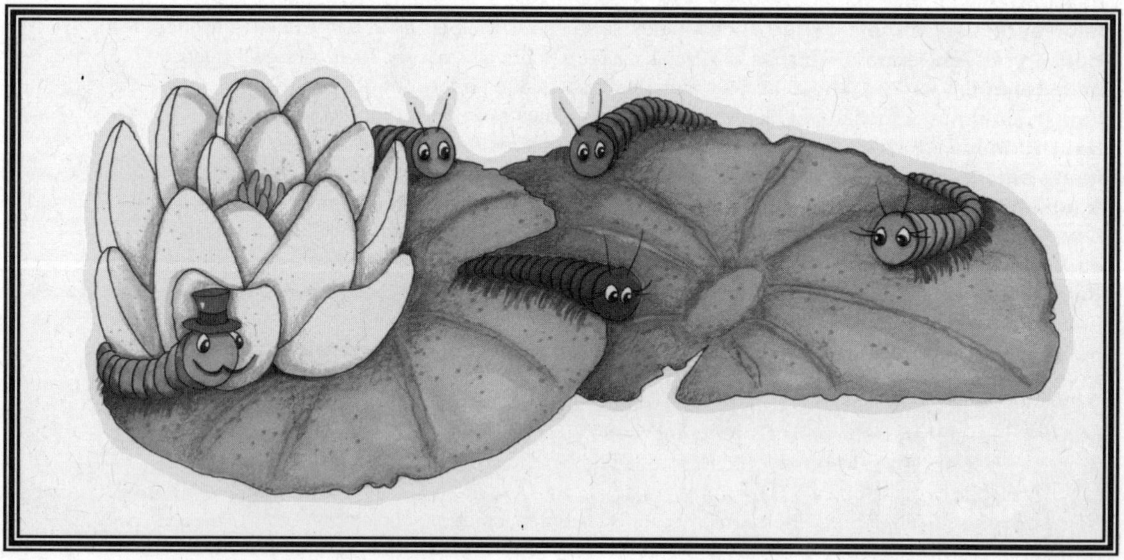

**Grand vadémécum de l'orthographe moderne recommandée**
**cinq millepattes sur un nénufar**
Par Chantal Contant

Intermède

# COMMENT LIRE CE LIVRE EN CINQ MINUTES

# Comment lire ce livre en cinq minutes

Voici, en cinq minutes, un résumé de la situation.

### Officielle et recommandée

La nouvelle orthographe est **officielle** et **en vigueur**. Les formes les plus modernes sont **recommandées**. Ce livre en dresse la liste. Pour bien comprendre les règles, voyez les pages 17 à 34 ou le résumé pratique à la page 128. Pour d'autres détails sur les rectifications de l'orthographe française, consultez le site www.nouvelleorthographe.info.

### Dictionnaires et correcteurs

Beaucoup de **dictionnaires** sont maintenant à jour, mais certains ne le sont que partiellement. Comment le savoir ? Si vous trouvez **brûler** et **bruler** (sans accent) dans votre dictionnaire, alors il est à jour. Les **correcteurs informatiques** les plus courants (Word, Antidote, ProLexis, OpenOffice.org) sont à jour. Vérifiez si vous avez une version récente. Ajustez les **réglages** pour activer la correction avec l'orthographe rectifiée.

### À l'école

Les **milieux scolaires** doivent tenir compte des rectifications de l'orthographe. Aucun **élève** ne peut être pénalisé s'il utilise les graphies modernes à l'école, puisqu'elles sont recommandées, entre autres, par le Conseil supérieur de la langue française. Vous trouverez les **consignes des ministères de l'Éducation** des différents pays francophones sur le site www.orthographe-recommandee.info/enseignement.

### Au sujet du *Grand vadémécum*

Dans la **liste alphabétique** du *Grand vadémécum de l'orthographe moderne recommandée*, chaque mot touché est suivi d'une explication et d'un renvoi au code (numéro) de la règle en jeu. Certains mots inchangés sont signalés, pour confirmer qu'ils ne sont pas modifiés par les rectifications.

Le *Grand vadémécum* contient **beaucoup plus de mots** que le petit *Vadémécum* du RENOUVO parce que des mots ont été puisés dans des **sources supplémentaires** (dictionnaires spécialisés, travaux scientifiques de lexicographes, etc.), et parce que les **recommandations générales** du ***Rapport*** du Conseil supérieur de la langue française sont totalement intégrées dans cet ouvrage. Le *Grand vadémécum* devient **la référence** en orthographe moderne.

### Écrivez de façon moderne et régulière

La nouvelle orthographe, **utilisez-la au bureau** comme **à la maison**, et **parlez-en** autour de vous. Elle apporte plus de **régularité**, elle élimine des anomalies injustifiées. Il vous appartient de donner au français un visage plus moderne. Vous avez l'outil idéal entre les mains pour y parvenir sans peine.

### Encore deux minutes

Lisez la **page suivante** pour découvrir les mots les plus fréquents touchés par la nouvelle orthographe dans les textes.

# Les mots les plus fréquents

La liste du *Grand vadémécum* est substantielle. Elle contient notamment beaucoup de mots rares.

Quand vous écrivez en nouvelle orthographe, ce sont souvent les mêmes mots rectifiés qui reviennent de page en page (en moyenne : un mot par page).

## L'essentiel de la nouvelle orthographe en deux minutes

Si vous retenez l'orthographe des 50 mots suivants et que vous utilisez cette orthographe dans vos textes, vous aurez déjà fait un grand pas vers la modernité.

Dans un texte courant, l'essentiel des changements réside dans ces 50 mots. Pensez-y lorsque vous les écrivez. Ajustez les réglages de votre correcteur informatique (Word, Antidote) pour imposer la nouvelle orthographe dans vos textes. Ces outils informatiques vous faciliteront la tâche (détails au www.orthographe-recommandee.info/label).

### Les 50 mots les plus fréquents de l'orthographe rectifiée (à retenir)

**Accent circonflexe**
**(règle C2)**

accroitre
aout
apparaitre
boite
brulant, brulante
bruler
brulure
buche
chaine
connaitre
couter
couteux, couteuse
croute
diner
disparaitre
entrainer
flute
fraiche, fraicheur
gite
gout
gouter
ile
maitre
maitresse
maitrise
murir
naitre
paraitre
rafraichir
réapparaitre
reconnaitre
s'il vous plait
surement
trainer
traitre
traitresse

**Accent grave plus conforme**
**(règle C1)**

évènement
sècheresse
cèdera *(futur)*
cèderait *(conditionnel)*

**Pluriel régulier**
**(règles B1 et B2)**

après-midi :
des après-midis
maximum :
des maximums
minimum :
des minimums

**Accent aigu sur les mots empruntés**
**(règle C4)**

révolver

**Tréma (règle C3)**

aigüe

**Soudure (A5 ou G19)**

plateforme

**Anomalie rectifiée**
**(règle F2)**

assoir

# Résumé des règles

Ce résumé des règles est schématique et n'inclut pas les exceptions occasionnelles. Pour tous les détails, reportez-vous à la présentation complète des règles à la page 17.

## A Soudure et trait d'union

**Soudure...**

**A1** **...avec *contr(e)-* et *entr(e)-*** (*contrejour, entretemps*)
**A2** **...avec *extra-, infra-, intra-, ultra-*** (*extraterrestre, ultrason*)
**A3** **...dans les composés d'éléments savants** (*microanalyse, socioculturel*)
**A4.1** **...dans les onomatopées** (*blabla, cuicui*)
**A4.2** **...dans des mots d'origine étrangère** (*baseball, statuquo, weekend*)
**A5.1** **...dans plusieurs composés avec *bas(se)-, bien-, haut(e)-, mal-, mille-,* et dans quelques autres composés** (*bienfondé, millepatte*)
**A5.2** **...dans les composés formés d'un verbe et de *tout*** (*brisetout*)

**A6 Trait d'union dans les numéraux composés** (*deux-mille-huit-cent-trente-et-un*)

## B Singulier et pluriel réguliers...

**B1** **...dans les noms composés avec trait d'union formés à l'origine...**
**B1.1** **...d'un verbe et d'un nom** (*un presse-fruit, des brise-glaces*)
**B1.2** **...d'une préposition et d'un nom** (*des sans-abris*)
**B2** **...dans les noms et adjectifs empruntés** (*des raviolis, des maximums*)

## C Accents et tréma

**C1 Accent grave** ---- **é ➲ è** (devant syllabe contenant un « *e* muet ») ----
**C1.1 Dans des mots comme** *évènement, règlementaire, crèmerie, assèchement*;
**C1.2 Au futur et au conditionnel des verbes du type *céder*** (*cèdera, cèderait*);
**C1.3 Dans les inversions interrogatives avec *-je*** (*aimè-je, eussè-je*).

**C2 Accent circonflexe** ---- **î ➲ i** ---- (*boite, connaitre, il plait*)
Exceptions : *je croîs, elle croît, nous finîmes/vous écrivîtes/qu'il fît...*

---- **û ➲ u** ---- (*bruler, flute, assidument*)
Exceptions : *dû, mûr, sûr, jeûne(s), je crûs, il crût, eûmes/fûtes/qu'il bût...*

**C3.1 Tréma déplacé** ---- -guë- ➲ **-güe-** ---- (*aigüe, exigüe*)

---- -guï- ➲ **-güi-** ---- (*ambigüité, exigüité*)

**C3.2 Tréma ajouté** ---- arguer ➲ **argüer** ---- (*argüer, j'argüe, argüons*)

---- -geure ➲ **-geüre** ---- (*gageüre, bringeüre*)

**C4 Accents français sur les mots empruntés**

**C4.1** ---- e ➲ **é** (dans les mots empruntés, selon la prononciation) ---- (*diésel, pizzéria*)

**C4.2** ---- e ➲ **è** (dans les mots empruntés, selon la prononciation) ---- (*faciès*)

---- a ➲ **à** (comme une préposition – expressions étrangères) ---- (*à priori*)

## D Consonne simple

**D1** | ---- -elle ➲ **-èle** (dans la conjugaison des verbes en *-eler*) ---- | (*je renouvèle*)
Exceptions : *appeler* et sa famille.

| ---- -ellement ➲ **-èlement** (dérivé d'un verbe en *-eler*) ---- | (*renouvèlement*)

| ---- -ette ➲ **-ète** (dans la conjugaison des verbes en *-eter*) ---- | (*il cliquète*)
Exceptions : *jeter* et sa famille.

| ---- -ettement ➲ **-ètement** (dérivé d'un verbe en *-eter*) ---- | (*cliquètement*)

**D2** **Consonne simple (et non double) après le son « e »** (*interpeler, prunelier*)

**D3.1** | ---- -olle ➲ **-ole** (et les dérivés de ces mots) ---- | (*corole, corolaire*)
Exceptions : *colle, folle, molle*.

**D3.2** | ---- -otter ➲ **-oter** (et les dérivés de ces verbes) ---- | (*frisoter, frisotis*)

## E Participe passé de *laisser*

**Le participe *laissé* suivi d'un infinitif est invariable.** (*je les ai laissé dormir*)

## F Anomalies

**F1** **Quelques familles de mots sont harmonisées.** (*boursouffler, charriot, combattif*)

**F2** **Quelques anomalies sont supprimées.** (*exéma, levreau, ognon, nénufar, relai*)

**F3** | ---- e ➲ **é** (si la prononciation est « é » et que l'accent manquait [mot français]) ---- | (*asséner*)

| ---- e ➲ **è** (si la prononciation est « è » et que l'accent manquait [mot français]) ---- | (*louvèterie*)

**F4** | ---- -illier, -illière ➲ **-iller, -illère** (si le dernier *i* ne s'entend pas) ---- | (*quincailler*)

## G Recommandations générales

**G1** | ---- avec circonflexe ou **sans circonflexe** ➲ **sans circonflexe** (♥) | (*allo*)

| ---- avec accent étranger ou **sans accent** ➲ **sans accent** (♥) | (*nagari*)

| ---- avec tréma inutile ou **sans tréma** ➲ **sans tréma** (♥) | (*souimanga*)

**G2** | ---- avec h ou **sans h** ➲ **sans h** (♥) | (*rapsodie, ululer*)

**G3** | ---- un ou **on** ➲ **on** (♥) | (*acuponcture*)

**G4** | ---- um ou **om** ➲ **om** (♥) | (*nélombo*)

**G5** | ---- æ ou **é** ➲ **é** (♥) | (*égagropile*)

**G6** | ---- æ ou **e** ➲ **e** (♥) | (*esthésiogène*)

**G7** | ---- œ ou **é** ➲ **é** (♥) | (*célioscopie*)

**G8** | ---- œ ou **e** ➲ **e** (♥) | (*estrogène*)

| | | |
|---|---|---|
| **G9** | ---- u, û, w, oo ou **ou** ➲ **ou** (♥) | (*cacahouète, iglou*) |
| **G10** | ---- k, kh, ch, ck, cqu ou **c** ➲ **c** (♥) | (*cleptomane, sanscrit*) |
| **G11** | ---- k, ck, cqu, **qu** ou **que** ➲ **qu** ou **que** (♥) | (*quichenotte, riquiqui*) |
| **G12** | ---- ck, ch ou **k** ➲ **k** (♥) | (*melkite, yak*) |
| **G13** | ---- sh, sch, **ch** ou **che** ➲ **ch** ou **che** (♥) | (*chelem, goulache*) |
| **G14** | ---- sch ou **sh** ➲ **sh** (♥) | (*shako*) |
| **G15** | ---- w ou **v** ➲ **v** (♥) | (*svastika*) |
| **G16** | ---- ph ou **f** ➲ **f** (♥) | (*fantasme, parafer*) |
| **G17** | ---- consonne double ou **consonne simple** ➲ **consonne simple** (♥) | (*mafia*) |
| **G18** | ---- sing./plur. invariables ou **sing./plur. réguliers** ➲ **réguliers** (♥) | (*bio*) |
| **G19** | ---- trait d'union ou **soudure** ➲ **soudure** (♥) | (*encas*) |
| **G20** | ---- (autres cas) complexe ou **simple** ➲ **simple** (♥) | |
| | ---- (autres cas) étranger ou **français** ➲ **français** (♥) | |
| | ---- (autres cas) ambigu ou **non ambigu** ➲ **non ambigu** (♥) | |

(ex. : *canyon, fiord, shampoing, granite*)

| | | |
|---|---|---|
| **G21** | ---- -er (ou **-eur**) ➲ **-eur** (francisation de la finale) ☺ | (*rockeur, squatteur*) |
| **G22** | ---- ➲ Tenir compte de certaines innovations reconnues ☺ | |

(ex. : *paélia, piéta, séniorita, taliatelle, volapuk*)

Pour les lexicographes et créateurs de mots

**G23** -✍- **Néologisme** dérivé d'un nom en *-an* :
➲ Créer le mot avec un *n* simple -✍- (*gitanologie*)

**G24** -✍- **Néologisme** dérivé d'un nom en *-on* :
➲ Créer le mot avec un *n* simple si suivi de *a*, *i* ou *o* -✍- (*fusionite*)

✧


ISBN 978-2-9808720-2-0

# Connaitre et maitriser la nouvelle orthographe

## Le guide complet pour les enseignants et les professionnels de l'écriture

Le guide pratique avec exercices et corrigés ***Connaitre et maitriser la nouvelle orthographe*** est destiné aux **professionnels de l'écriture** et aux **enseignants**. Il plaira aussi à toute personne qui veut se familiarier avec les nouvelles règles et s'exercer à employer les graphies rectifiées.

Plus de la moitié du livre est consacrée aux **exercices**, **corrigés**, **explications**, justifications, tour d'horizon, interrogations et curiosités. L'autre partie du livre répond à toutes les questions que vous vous posez et présente de nombreuses **informations pratiques** : utilisation des correcteurs informatiques, logos de conformité, passage à la nouvelle orthographe en entreprise, ministères de l'Éducation, ouvrages de référence à jour, fausses rumeurs, un peu d'histoire, etc.

On trouve ce livre en librairie en Europe et au Canada (ISBN 978-2-9808720-4-4). Ce guide pratique et complet de 144 pages est distribué auprès des libraires par DNM (Europe) et par DLM (Canada).

# Exercices

Pour que vous puissiez vous exercer à écrire en orthographe moderne, voici quelques extraits des exercices du guide pratique complet ***Connaitre et maitriser la nouvelle orthographe.***

**Mettez les mots suivants au pluriel (en nouvelle orthographe).**

*un match, des* ______________________________

*un maximum, des* ______________________________

*un ravioli, des* ______________________________

*un sandwich, des* ______________________________

*un jazzman, des* ______________________________

*un lobby, des* ______________________________

*un ou une soprano, des* ______________________________

® *des matchs*; *maximums*; *raviolis*; *sandwichs*; *jazzmans*; *lobbys*; *sopranos.*

Il suffisait d'ajouter un *s* au pluriel.

**Complétez les phrases par les formes proposées. Utilisez la nouvelle orthographe et faites les accords requis.**

- (*Paraitre* à l'indicatif présent.) Il ____________________ que Marielle est très sportive.
- (*Plaire* à l'indicatif présent.) Jocelyn ____________________ à beaucoup de jeunes filles.
- (*Couter* à l'indicatif présent.) Mon violon ____________________ plus cher que ta flute traversière.
- (*Croitre* à l'indicatif présent.) Véronique croit que son enfant ____________________ en beauté et en sagesse.

® *parait*; *plait*; *coute*; *croît.*

Pour distinguer le verbe *croitre* du verbe *croire*, on continue d'utiliser l'accent circonflexe lorsqu'une confusion serait autrement possible (*elle croît/elle croit*).

**Écrivez les nombres suivants en lettres.**

*2006* : ______________________________

*34 121* : ______________________________

*500 409* : ______________________________

*71ᵉ* : ______________________________

*218ᵉ* : ______________________________

® *deux-mille-six*; *trente-quatre-mille-cent-vingt-et-un*; *cinq-cent-mille-quatre-cent-neuf*; *soixante-et-onzième*; *deux-cent-dix-huitième.*

Il suffisait de mettre des traits d'union partout... Facile, non?

**Utilisez adéquatement les préfixes ci-dessous en écrivant correctement la combinaison demandée et en tenant compte des rectifications.**

*contre + attaquer :* ______________________

*contre + exemple* : ______________________

*extra + sensoriel* : ______________________

*intra + oculaire* : ______________________

*intra + utérin* : ______________________

® *contrattaquer*; *contrexemple*; *extrasensoriel*; *intraoculaire*; *intra-utérin*.

*Contr(e)-* perd le *e* lorsque l'élément qui suit commence par une voyelle.
Attention à *intra-utérin* : la soudure engendrerait une prononciation défectueuse (*au*).

**Choisissez la série recommandée en nouvelle orthographe.**

❑ *Je m'assois ici, et tu vas t'asseoir là.*
ou ❑ *Je m'assois ici, et tu vas t'assoir là.*

❑ *Il est dissous, elle est dissoute.*
ou ❑ *Il est dissout, elle est dissoute.*

❑ *Baleineau, chevreau, lionceau, levraut.*
ou ❑ *Baleineau, chevreau, lionceau, levreau.*

❑ *Trognons, rognons, oignons.*
ou ❑ *Trognons, rognons, ognons.*

❑ *Balayer, balai ; essayer, essai ; relayer, relais.*
ou ❑ *Balayer, balai ; essayer, essai ; relayer, relai.*

® Les séries rectifiées et recommandées étaient toujours les séries les plus cohérentes, c'est-à-dire les secondes.

**Conjuguez ces verbes.**

| | **indicatif présent** | **futur simple** |
|---|---|---|
| *chanceler* : | je ____________ | je ____________ |
| *épousseter* : | il ____________ | nous ____________ |
| *ensorceler* : | elle ____________ | elle ____________ |
| *feuilleter* : | elle ____________ | ils ____________ |
| *projeter* : | elle ____________ | il ____________ |

® *je chancèle*, *je chancèlerai*; *il époussète*, *nous époussèterons*; *elle ensorcèle*, *elle ensorcèlera*; *elle feuillète*, *ils feuillèteront*; *elle projette*, *il projettera* (*projeter* est une exception : double *t*).

**Choisissez la graphie en vigueur aujourd'hui, en tenant compte des rectifications orthographiques s'il y a lieu.**

❑ *allégement* ou ❑ *allègement*

❑ *déréglementer* ou ❑ *dérèglementer*

❑ *édredon* ou ❑ *èdredon*

❑ *événement* ou ❑ *évènement*

❑ *réglementation* ou ❑ *règlementation*

❑ *médecine* ou ❑ *mèdecine*

® *allègement*; *dérèglementer*; *édredon*; *évènement*; *règlementation*; *médecine*.

Attention. On continue d'écrire *édredon* et *médecine*. Rappelez-vous : même si généralement devant une syllabe graphique contenant un e instable (dit « *e* muet ») on écrit *è* et non *é*, on ne le fait pas pour les *é-* initiaux ni pour *médecin* et *médecine*.

D'autres exercices vous attendent dans le guide complet avec exercices et corrigés ***Connaitre et maitriser la nouvelle orthographe***. Procurez-vous-en un exemplaire en librairie pour votre autoformation, pour votre personnel ou encore pour vos élèves.

# Pour un aperçu complet mais simplifié de la nouvelle orthographe

à l'aide de tableaux attrayants, en couleurs :

## *Les rectifications de l'orthographe du français*

- Les règles et leur résumé
- Les mots les plus fréquents pour chaque règle
- De nombreux conseils pratiques pour l'écriture au quotidien

En librairie :
— au Canada par ERPI-DLM (couverture illustrée à la page 135 ci-contre) ;
— en Europe par De Boeck (couverture différente, mais même contenu intérieur).

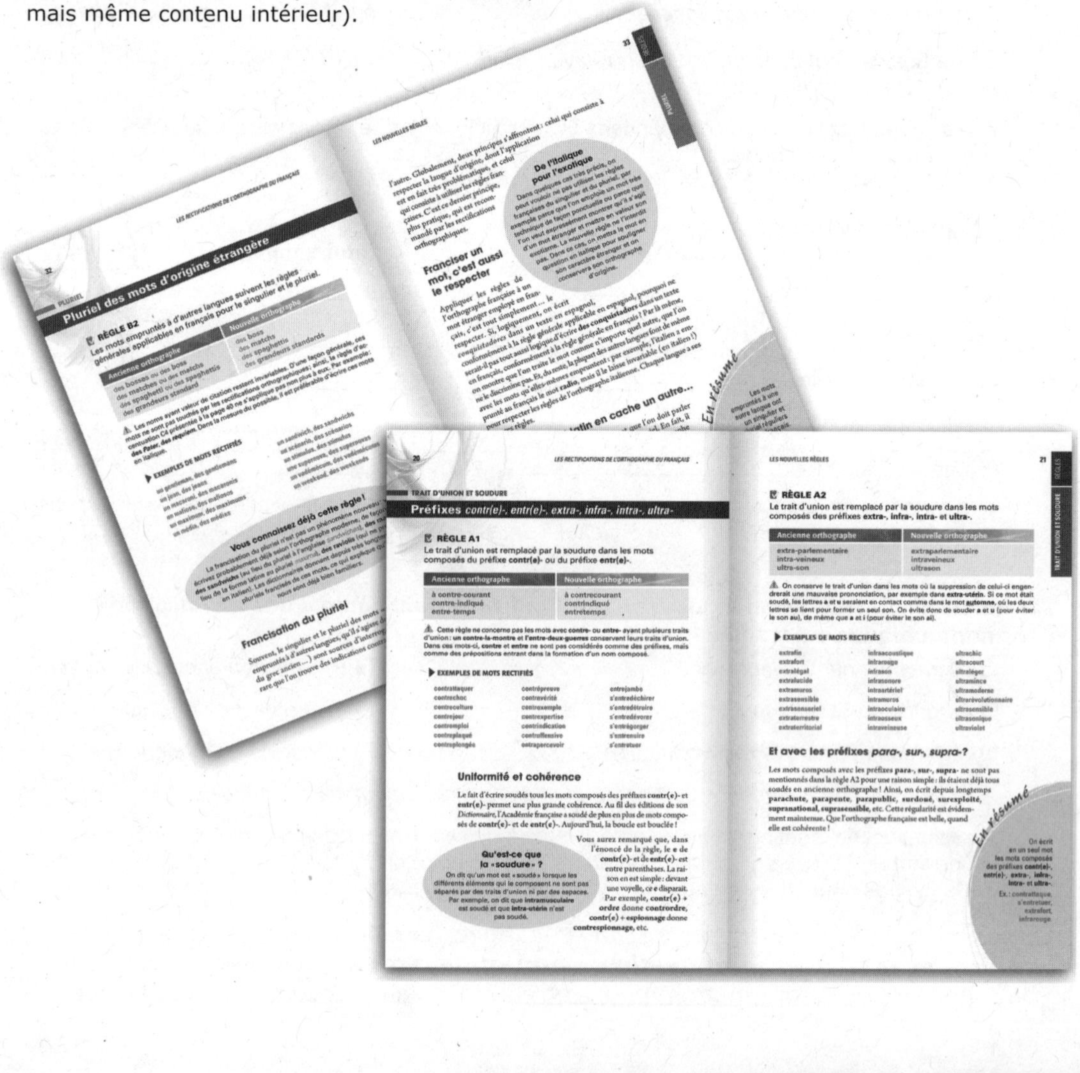

# Les rectifications de l'orthographe du français

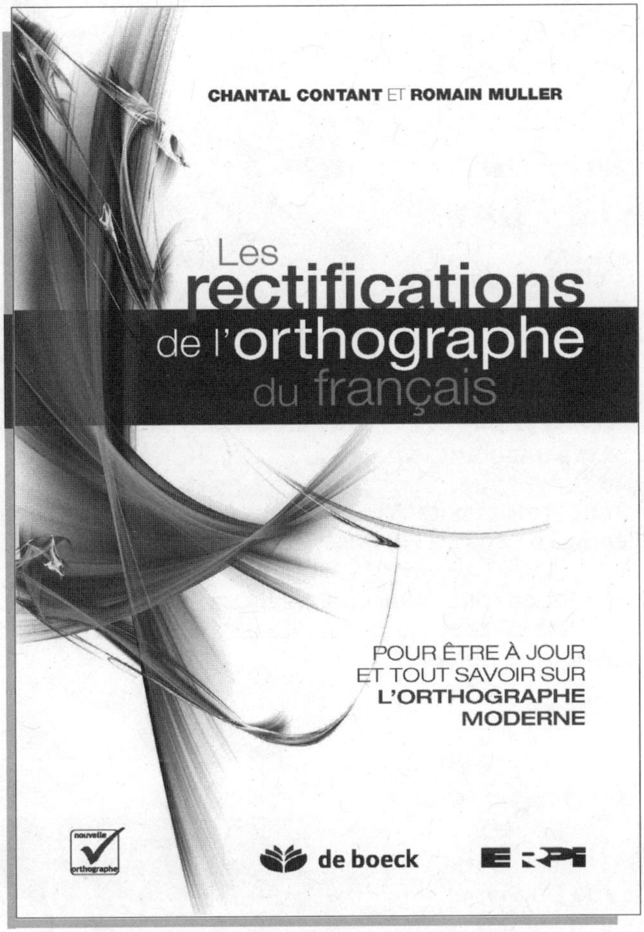


## Accessible à tous

### simple, coloré et agréable à lire

Vous cherchez un livre pour le **grand public**, en **langage simple et clair** (non didactique) pour les employés de bureau, les parents, les élèves ou les personnes qui ne sont pas spécialistes de la langue française ?

***Les rectifications de l'orthographe du français*** répondra aux besoins de tous ceux et celles qui veulent avoir un aperçu de la nouvelle orthographe, dans un livre agréable à lire de 64 pages, à prix abordable.

Des tableaux simples et en couleurs, des exemples qui se concentrent sur les mots courants, des encadrés attrayants. Bref, un livre facile d'accès, pour tout le monde ! Demandez-le dès maintenant à votre libraire. Il est publié par ERPI-DLM au Canada et par De Boeck en Europe.

# Contes éducatifs en grammaire

Écrits conformément à la nouvelle orthographe.
En librairie au Canada et en Europe.

## *Les habitants du village de La Phrase*

Une initiation aux **classes de mots.**

Rencontrez le *Nom Commun*, son meilleur ami le chien *Déterminant*, ses copains les *Adjectifs*, etc. Dans ce conte, le roi *Le Verbe* cherche un sujet. En parcourant le pays du Texte, il croisera toutes les classes de mots.

Les parents aimeront lire ce conte à leurs enfants dès leur plus jeune âge. Un cédérom permet aussi à l'enfant d'écouter l'histoire et de répondre aux questions du livre.

Une trousse pédagogique [contes@dechamplain.ca] guidera judicieusement les enseignants qui utilisent ce conte pour familiariser leurs élèves avec les différentes catégories de mots dans la phrase.

## *Le Verbe visite les pronoms*

Suivez le roi *Le Verbe* sur la rue Du Singulier et la rue Du Pluriel pour visiter les boutiques des *pronoms*.
**Conjuguez** le plaisir et l'apprentissage des **terminaisons verbales**.

## *L'histoire amusante de Participe Passé*

*Participe Passé* adore être avec *Être*, son meilleur ami. Mais le voisin *Avoir* est beaucoup moins aimable. Heureusement que marraine *Complément Direct* est là pour **faire régner l'accord**.

Grâce à ce conte, même les plus grands se réconcilieront avec l'accord du participe passé...

**www.dechamplain.ca/livres**

Rectifiez
en douceur
Antidote

# **Les mots de la liste** (suite)

*SUITE DE LA PAGE 124*

**hérédotraumatique** adj • A3 • Soudure avec *hérédo* (préfixe savant).

[anc. *herminette] VOIR **erminette** • G2 • Entre les deux, choisir sans *h*.

**héroïcomique** adj (au lieu de *héroï-comique) • A3 • Soudure.

[anc. *herpétolog...] VOIR **erpétolog**... • G2 • Entre les deux, choisir sans *h*.

**hétéroanticorps** nm • A3 • Soudure avec *hétéro*, même devant *a*. L'élément *anti* était déjà soudé.

**hétéroantigène** nm • A3 • Soudure avec *hétéro*, même devant *a*. L'élément *anti* était déjà soudé.

[anc. *heuristique] VOIR **euristique** • G2 • Entre les deux variantes, choisir sans *h*.

**hibou** nm, **des hiboux** • Inchangé • Le pluriel n'a pas été modifié (non touché par les règles B1 et B2, puisque celles-ci touchent le plur. des noms composés et des mots étrangers seulement).

**hic** nm, **des hics** • B2 • Choisir le pluriel régulier (mot d'origine latine).

**hifi** (anglic.) nf, **des hifis** • A4, B2 • Soudure et pluriel régulier (mot étranger).

**hihan** interj, nm, **des hihans** • A4 • Soudure (onomatopée) et pluriel régulier.

[anc. *hilote] VOIR **ilote** • G2 • Entre les deux formes en concurrence, choisir celle sans *h*.

[anc. *hilotisme] VOIR **ilotisme** • G2 • Préférer la graphie la plus simple : sans *h*.

[anc. *hindou...] VOIR **indou...** • G2 • Entre les deux, choisir sans *h*.

**hippie** adj, n, **des hippies** • B2, G20 • Choisir **hippie** et non *hippy, selon les travaux des éditions Le Robert.

**hispano-américain**, **hispano-américaine** adj • Inchangé • Exception A3 : pas de soudure (relation de coordination).

**Hispano-Américain**, **Hispano-Américaine** n • Inchangé • Exception A3 : pas de soudure (relation de coordination).

**hitparade** nm (anglic.), **des hitparades** • A4 • Soudure. Préférer un terme français (ex. : *palmarès*).

**hobby** nm (anglic.), **des hobbys** • B2 • Pluriel régulier.

**hochequeue** nm (au lieu de *hoche-queue) • G19 • Soudure. La variante avec trait d'union a disparu des dictionnaires. Voir page 16.

[anc. *hodograph...] VOIR **odograph**... • G2 • Entre les deux, choisir sans *h*.

[anc. *hodomètre, *hodométrie] VOIR **odomètre**, **odométrie** • G2 • Choisir sans *h*.

**holdup** nm (anglic.), **des holdups** • A4, B2 • Soudure et pluriel régulier (mot étranger).

[anc. *holographe] VOIR **olographe** adj • G2 • Se dit d'un testament écrit à la main. Entre les deux formes qui coexistaient en concurrence en ce sens, choisir celle sans *h*.

**holographie** nf • Inchangé • En lien avec les rayons lasers, ce mot s'écrit toujours avec *h*. La règle G2 ne s'applique donc pas (pas de variante en concurrence en ce sens).

**holographier** v • Inchangé • En lien avec les rayons lasers, ce mot s'écrit toujours avec *h*.

**holographique** adj • Inchangé • En lien avec les rayons lasers, ce mot s'écrit toujours avec *h*.

**homéo-** (au lieu de *homœo-) élément de formation • G7 • Francisation : le CSLF recommande d'écrire *homéo-* dans tous les mots qui utilisent cet élément de formation. La graphie latine et la graphie française coexistaient en 1990. Aujourd'hui, la variante *homœo- a disparu des dictionnaires.

**homme-sandwich** nm, **des hommes-sandwichs** • B2 • Pluriel régulier.

[anc. *homœo-] VOIR **homéo-** • G7 • De nos jours : toujours *é*. Voir l'explication sur *homéo*.

**homoncule** nm (au lieu de *homuncule) • G3 • Choisir *on* et non *un* (même prononciation).

[anc. *hooligan...] VOIR **houligan...** • G9 • Choisir *ou* et non *oo*.

**hoqueter** v, **je hoquète**, **hoquèterai**, **hoquèterais** • D1 • Conjugaison *-ète* au lieu de *-ette*.

[anc. *hormin] VOIR **ormin** • G2 • La graphie avec *h* a disparu des dictionnaires.

**hors-bilan** nm, **des hors-bilans** • B1 • Singulier et pluriel réguliers.

---

**GDT** : Grand dictionnaire terminologique ; **RENOUVO** : Réseau pour la nouvelle orthographe (v. bibliogr.) ; **TLF** : Trésor de la langue française ; **Travaux des éditions Le Robert** : voir bibliogr. sous Rey-Debove.

**hors-bord** nm, **des hors-bords** • B1 • Singulier et pluriel réguliers.

**hors-caste** n, **des hors-castes** • B1 • Singulier et pluriel réguliers.

**hors-champ** nm, **des hors-champs** • B1 • Singulier et pluriel réguliers.

**hors-cote** nm, **des hors-cotes** • B1 • Singulier et pluriel réguliers.

**hors-d'œuvre** « nourriture avant le repas, pièce en saillie, élément superflu ou en introduction » nm inv • Inchangé • Ce mot n'est pas touché, il ne s'agit pas d'une préposition simple suivie d'un trait d'union et d'un nom (B1).

**horseball** nm (anglic.) • A4 • Soudure (mot étranger).

**horseguard** nm • A4 • Soudure (mot étranger).

**horsepox** (anglic.) nm (au lieu de *horse-pox), **des horsepox** • A4 • Soudure, comme *cowpox*.

**hors-jeu** nm, **des hors-jeux** • B1 • Singulier et pluriel réguliers.

**hors-la-loi** n inv • Inchangé • Ce mot n'est pas construit sur le modèle « préposition + nom » (B1), puisqu'il inclut l'article singulier *la* (ce déterminant singulier bloque la formation du pluriel).

**hors-ligne** nm, **des hors-lignes** • B1 • Singulier et pluriel réguliers.

**hors-média** nm, **des hors-médias** • B1 • Singulier et pluriel réguliers.

**hors-piste** nm, **des hors-pistes** • B1 • Singulier et pluriel réguliers.

**hors-profil** nm, **des hors-profils** • B1 • Singulier et pluriel réguliers.

**hors-série** nm, **des hors-séries** • B1 • Singulier et pluriel réguliers.

**hors-sol** nm, **des hors-sols** • B1 • Singulier et pluriel réguliers.

**hors-statut** nm, **des hors-statuts** • B1 • Singulier et pluriel réguliers.

**hors-texte** nm, **des hors-textes** • B1 • Singulier et pluriel réguliers.

**hospitalo-universitaire** adj • Inchangé • Exception A3 : trait d'union entre *o* et *u* pour éviter *ou*.

[anc. *host] VOIR **ost** • G2 • Entre les deux variantes coexistantes, choisir sans *h*.

**hotdog** nm, **des hotdogs** • A4, B2 • Soudure et pluriel régulier. Parfois considéré comme anglicisme.

**hotter** v • Inchangé • Exception D3 (*-otter*) : ce mot est de la famille de *hotte*.

**houillère** « mine de houille » nf • Inchangé • Ne pas confondre avec *ouillère*.

**houligan**, **ane** n (au lieu de *hooligan) • G9 • Entre les deux, préférer *ou* et non *oo*.

**houliganisme** nm (au lieu de *hooliganisme) • G9 • Entre les deux, préférer *ou* et non *oo*.

**hourra** (au lieu de *hurrah) interj, nm, **des hourras** • G2, G9 • Choisir *ou* et sans *h* final.

**huit** (numéral) : **cent-huit**, **huit-cents**, **trente-huit-mille**, **huit-mille-huit**, **huit-millions**, **huit-milliards**, etc. • A6 • Trait d'union : on unit **huit** par des traits d'union dans les numéraux.

**huitante** (numéral) : **huitante-et-un**, **huitante-et-unième**, **cent-huitante**, **huitante-mille**, **huitante-et-un-millions**, etc. • A6 • Trait d'union : on unit **huitante** par des traits d'union dans les numéraux.

**huitre** nf • C2 • L'accent circonflexe disparait sur *i*.

**huitrier** nm • C2 • L'accent circonflexe disparait sur *i*.

**huitrier**, **ère** adj • C2 • L'accent circonflexe disparait sur *i*.

**huitrière** nf • C2 • L'accent circonflexe disparait sur *i*.

[anc. *hululation, *hululement, *hululer] VOIR **ululation**, **ululement**, **ululer** • G2 • Choisir sans *h*.

**humérocubital**, **ale** adj • A3 • Soudure avec *huméro* (préfixe savant).

**humérométacarpien**, **enne** adj • A3 • Soudure avec *huméro* (préfixe savant).

**huméroolécranien**, **enne** adj • A3 • Soudure avec *huméro*, même lorsqu'il y a rencontre de deux *o*. Ce mot est attesté uniquement sans accent circonflexe sur *a*. Voir remarque sur *olécrane*.

**hurdleur**, **euse** n (anglic.) • G21 • Terminaison *-eur* dans les travaux des éditions Le Robert.

[anc. *hurrah] VOIR **hourra** • G2, G9 • Choisir *ou* et sans *h* final.

**husky** nm (anglic.), **des huskys** • B2 • Pluriel régulier.

**hydroagricole** adj • A3 • Soudure avec *hydro* (préfixe savant), même devant *a*.

**hydrocellulose** nf • A3 • Soudure avec *hydro* (préfixe savant).

**hydrochalumeau** nm • A3 • Soudure avec *hydro* (préfixe savant).

**hydrocyclone** nm • A3 • Soudure avec *hydro* (préfixe savant).

**hydrodésulfurisation** nf • A3 • Soudure avec *hydro* (préfixe savant).

**hydroécosystème** nm • A3 • Soudure avec *hydro* (préfixe savant), même devant *é*.

**hydroéjecteur** nm • A3 • Soudure avec *hydro* (préfixe savant), même devant *é*.
**hydroélectricité** nf • A3 • Soudure avec *hydro* (préfixe savant), même devant *é*.
**hydroélectrique** adj • A3 • Soudure avec *hydro* (préfixe savant), même devant *é*.
**hydroextracteur** nm • A3 • Soudure avec *hydro* (préfixe savant), même devant *e*.
**hydroextraction** nf • A3 • Soudure avec *hydro* (préfixe savant), même devant *e*.
**hydrogéner** v, **j'hydrogènerai, hydrogènerais** • C1 • Accent grave au futur et au conditionnel.
**hydrogrue** nf • A3 • Soudure avec *hydro* (préfixe savant).
**hydrojet** nm • A3 • Soudure avec *hydro* (préfixe savant).
**hydrolaccolite** nm • G2 • Préférer *-lite* et non *-lithe*.
**hydroméduse** nf • A3 • Soudure avec *hydro* (préfixe savant).
**hydroremplisseur** nm • A3 • Soudure avec *hydro* (préfixe savant).
**hydrosoluble** adj • Inchangé • Ce mot avec le préfixe *hydro* était déjà soudé (A3), selon nos sources.
**hyoglosse** adj, nm • A3 • Soudure avec *hyo* (préfixe savant).
**hyopharyngien, enne** adj, nm • A3 • Soudure avec *hyo* (préfixe savant).
**hyothyréoïdien, enne** adj, nm • A3 • Soudure avec *hyo* (préfixe savant).
**HYPER-** (préfixe) • À souder • La plupart des mots avec le préfixe *hyper* sont déjà soudés depuis longtemps dans les dictionnaires. Pour des détails sur son emploi adverbial, voir page 36.
**hyperémie** nf (au lieu de *hyperhémie) • G2 • Entre les deux, choisir sans *h*.
**hyperémier** v (au lieu de *hyperhémier) • G2 • Entre les deux, choisir sans *h*.
**hyperréaliste** adj, n • Inchangé • Ce mot avec le préfixe *hyper* était déjà soudé (A3), selon nos sources.
**hypnoanalyse** nf • A3 • Soudure avec *hypno* (préfixe savant), même devant *a*.
**hypocagne** nf (au lieu de *hypokhâgne) • G1, G10 • Avec *c* et sans accent.
**hypo-iodeux, hypo-iodeuse** adj • Inchangé • Exception A3 : trait d'union pour éviter *oi*.
**hypo-iodite** nm • Inchangé • Exception A3 : trait d'union maintenu entre *o* et *i* pour éviter *oi*.
[anc. *hyponomeute] VOIR **yponomeute** • G2 • Entre les deux variantes, choisir sans *h*.
**hyposcénium** nm • A3 • Soudure avec *hypo* (préfixe savant).
**hypothalamohypophysaire** adj • A3 • Soudure avec *hypothalamo* (préfixe savant), même devant *h*.
**hypothalamohypophysogonadique** adj • A3 • Soudure de l'ancienne forme *hypothalamo-hypophyso-gonadique.
**hypothalamohypophysosurrénalien, enne** adj • A3 • Soudure de l'ancienne forme *hypothalamo-hypophyso-surrénalien.
**hypothéquer** v, **j'hypothèquerai, hypothèquerais** • C1 • Accent grave au futur et au conditionnel.
**hypothéticodéductif, ive** adj • A3 • Soudure avec *hypothético* (préfixe savant).
**hypoventilation** nf • Inchangé • Ce mot avec le préfixe *hypo* était déjà soudé (A3), selon nos sources.
**hystéroépilepsie** nf • A3 • Soudure avec *hystéro* (préfixe savant), même devant *é*.

# I

**iambe** nm (au lieu de *ïambe) • G1 • Même prononciation : choisir la forme sans tréma.
**iambique** adj (au lieu de *ïambique) • G1 • Même prononciation : choisir la forme sans tréma.
**iceboat** nm (anglic.) • A4 • Soudure selon les travaux des éditions Le Robert.
**icecream** nm (anglic.) • A4 • Soudure selon les travaux des éd. Le Robert. Préférer un terme français.
**icefield** nm • A4 • Soudure (mot étranger).
**ichtyocolle** nf • Inchangé • Exception D3 : conserve sa finale en *-olle* (famille de *colle*).
**ictérohémorragique** adj • A3 • Soudure avec *ictéro* (préfixe savant), même devant *h*.
**idéomoteur, trice** adj • A3 • Soudure avec *idéo* (préfixe savant).
**iglou** nm • G9 • Il existait **iglou** et *igloo : préférer la forme plus française. Pluriel : *des iglous*.
**igniponcture** nf (au lieu de *ignipuncture) • G3 • Choisir *on* et non *un* (même prononciation).
**ile** nf • C2 • L'accent circonflexe disparait sur *i*.
**iléocæcal, ale** adj (au lieu de *iléo-cæcal) • A3 • Soudure avec *iléo*. Note : le début du radical *cæcal* se prononce comme le « cé- » du mot *céleste*, mais il n'existe pas de variante coexistante s'écrivant avec *cé-* dans les dictionnaires, selon nos sources. On continue donc d'écrire toujours æ et non *é* (la règle G5 ne peut pas s'appliquer).

**iléocolique** adj • A3 • Soudure avec *iléo* (préfixe savant).
**iléocolite** nf • A3 • Soudure avec *iléo* (préfixe savant).
**iléocolostomie** nf • A3 • Soudure avec *iléo* (préfixe savant).
**iléocystoplastie** nf • A3 • Soudure avec *iléo* (préfixe savant).
**iléoportographie** nf • A3 • Soudure avec *iléo* (préfixe savant).
**iléorectocoloplastie** nf • A3 • Soudure de l'ancienne forme *iléo-recto-coloplastie.
**iléorectostomie** nf • A3 • Soudure avec *iléo* (préfixe savant).
**iléosigmoïdostomie** nf • A3 • Soudure avec *iléo* (préfixe savant).
**iléotransversostomie** nf • A3 • Soudure avec *iléo* (préfixe savant).
**ilet** nm • C2 • L'accent circonflexe disparait sur *i*.
**ilien, enne** adj • C2 • L'accent circonflexe disparait sur *i*.
**iliocostal, ale** adj • A3 • Soudure avec *ilio* (préfixe savant).
**iliolombaire** adj • A3 • Soudure avec *ilio* (préfixe savant).
**ilot** nm • C2 • L'accent circonflexe disparait sur *i*.
**ilotage** nm • C2 • L'accent circonflexe disparait sur *i*.
**ilote** « esclave à Sparte, miséreux » n (au lieu de *hilote) • G2 • Choisir sans *h*.
**ilotier, ère** n • C2 • L'accent circonflexe disparait sur *i*.
**ilotisme** « état d'ilote » nm (au lieu de *hilotisme) • G2 • Entre les deux, choisir sans *h*.
**imbécilité** nf • F1 • Le CSLF harmonise la famille : un seul *l*, comme *imbécile*.
**imbitable** « incompréhensible » (du verbe *biter*) adj • G17 • Choisir un *t*. Très familier ou vulgaire.
**imbrulable** adj • C2 • L'accent circonflexe disparait sur *u*.
**imbrulé, ée** adj, nm • C2 • L'accent circonflexe disparait sur *u*.
**immunoadhérence** nf • A3 • Soudure avec *immuno* (préfixe savant), même devant *a*.
**immunoadsorbant** nm • A3 • Soudure. Du verbe *adsorber* (fixation d'ions libres, de molécules).
**immunoadsorption** nf • A3 • Soudure avec *immuno* (préfixe savant), même devant *a*.
**immunoautoradiographie** nf • A3 • Soudure avec *immuno*. L'élément *auto* était déjà soudé.
**immunochimiothérapie** nf • A3 • Soudure avec *immuno* (préfixe savant).
**immunocompétence** nf • A3 • Soudure avec *immuno* (préfixe savant).
**immunocomplément** nm • A3 • Soudure avec *immuno* (préfixe savant).
**immunocomplexe** nm • A3 • Soudure avec *immuno* (préfixe savant).
**immunodépresseur, euse** nm et adj • A3 • Soudure avec *immuno* (préfixe savant).
**immunodépressif, ive** nm et adj • A3 • Soudure avec *immuno* (préfixe savant).
**immunodépression** nf • A3 • Soudure avec *immuno* (préfixe savant).
**immunoélectrophorèse** nf • A3 • Soudure avec *immuno* (préfixe savant), même devant *é*.
**immunoempreinte** nf • A3 • Soudure avec *immuno* (préfixe savant), même devant *e*.
**immunohématologie** nf • A3 • Soudure avec *immuno* (préfixe savant), même devant *h*.
**immunohématologiste** n • A3 • Soudure avec *immuno* (préfixe savant), même devant *h*.
**immuno-inhibiteur, trice** adj, nm • Inchangé • Exception A3 : trait d'union pour éviter *oi* ou *oin*.
**immuno-inhibition** nf • Inchangé • Exception A3 : trait d'union entre *o* et *i* pour éviter *oi* ou *oin*.
**immunostimulant** nm • A3 • Soudure avec *immuno* (préfixe savant).
**immunosuppresseur, euse** nm et adj • A3 • Soudure avec *immuno* (préfixe savant).
**immunosuppression** nf • A3 • Soudure avec *immuno* (préfixe savant).
**immunotransfusion** nm • A3 • Soudure avec *immuno* (préfixe savant).
**impédimenta** nm, **des impédimentas** • B2, C4 • Francisation : pluriel régulier et accent aigu.
**impérium** nm • C4 • Francisation : accent aigu.
**impétrer** v, **j'impètrerai, impètrerais** • C1 • Accent grave au futur et au conditionnel.
**imprégner** v, **j'imprègnerai, imprègnerais** • C1 • Accent grave au futur et au conditionnel.
**imprésario** nm, **des imprésarios** • B2, C4 • Francisation : pluriel régulier et accent aigu.
**imprimatur** nm, **des imprimaturs** • B2 • Francisation : pluriel régulier.
**Inca** n, **des Incas** • B2 • Il y avait deux pluriels : on choisit le pluriel régulier (avis favorable des travaux des éditions Le Robert), comme c'est déjà le cas pour l'adjectif correspondant. Ex. : *Les Incas ont des traditions incas*.

**incarcérer** v, **j'incarcèrerai, incarcèrerais** • C1 • Accent grave au futur et au conditionnel.
**incinérer** v, **j'incinèrerai, incinèrerais** • C1 • Accent grave au futur et au conditionnel.
**incipit** nm, **des incipits** • B2 • Francisation : pluriel régulier.
**incongrument** adv • C2 • L'accent circonflexe disparait sur *u*.
**indifférer** v, **j'indiffèrerai, indiffèrerais** • C1 • Accent grave au futur et au conditionnel.
**indo-aryen, indo-aryenne** adj, nm • Inchangé • Exception A3 : pas de soudure (coordination, famille de langues).
**Indochine** nf • Inchangé • Ce nom propre s'écrivait et s'écrit encore en un mot.
**indochinois, oise** adj • Inchangé • Cet adjectif (relatif à l'Indochine) s'écrivait déjà en un seul mot.
**Indochinois, oise** n • Inchangé • Ce nom propre s'écrivait et s'écrit encore en un mot.
**indo-européen, enne** adj, nm • Inchangé • Exception A3 : trait d'union (coord., famille de langues).
**indo-hellénique** adj • Inchangé • Exception A3 : pas de soudure (coordination, famille de langues).
**indou, indoue** adj, n (au lieu de *hindou, *hindoue) • G2 • Entre les deux variantes coexistantes, choisir la graphie sans *h*, selon les travaux des éditions Le Robert. Le pluriel est : *des indous*. Le féminin est : *des indoues*.
**indouisme** nm (au lieu de *hindouisme) • G2 • Entre les deux variantes coexistantes, choisir sans *h*.
**indouiste** adj, n (au lieu de *hindouiste) • G2 • Entre les deux, choisir sans *h*.
**indument** adv • C2 • L'accent circonflexe disparait sur *u*.
**in extrémis** loc adj, loc adv • C4 • Francisation : accent aigu.
**inférer** v, **j'infèrerai, infèrerais** • C1 • Accent grave au futur et au conditionnel.
**infobulle** nf (au lieu de *info-bulle ou *info bulle) • G19 • Entre les différentes variantes, choisir la forme soudée. Ce mot est construit à partir de l'abréviation du mot *information* (*une info*).
**infolio** nm, **des infolios** • A4, B2 • Le CSLF n'a pas donné de précisions sur ce mot. Le nom devrait en principe être soudé selon la règle A4, puisqu'il s'agit d'un nom latin intégré dans l'usage français (domaine de l'imprimerie). Son pluriel devrait aussi être régularisé (B2). La soudure a été recommandée par Catach-Golfand (voir dans *TLF*) et le nom soudé figure dans la liste du RENOUVO (2003-2008), mais les travaux des éditions Le Robert de même que J. Hanse donnent plutôt : **in-folio, des in-folios**. L'élément *in-* rime habituellement avec *marine* (parfois avec *marin*, selon le *TLF*). Le vocabulaire de l'imprimerie connait notamment les termes suivants pour les indications de format : *in-quarto, in-4°, in-six, in-6, in-octavo, in-8°, in-douze, in-12, in-seize, in-16, in-dix-huit, in-18, in-vingt-quatre, in-24, in-trente-deux, in-32, in-plano*. Le terme *in-folio* s'abrège parfois en *in-f°*. Le désir de maintenir une cohérence dans cette série pourrait expliquer que certains veuillent conserver le trait d'union dans le nom.
**informaticojudiciaire** adj • A3 • Soudure avec *informatico*.
**infraacoustique** adj • A2 • Soudure avec *infra*, même lorsqu'il y a rencontre de deux *a*.
**infraalvéolie** nf • A2 • Soudure avec *infra*, même lorsqu'il y a rencontre de deux *a*.
**infraglaciaire** adj • A2 • Soudure avec *infra*.
**infraliminaire** adj • A2 • Soudure avec *infra*.
**inframicroscopique** adj • A2 • Soudure avec *infra*.
**infrarouge** adj • A2 • Soudure avec *infra*.
**infrason** nm • A2 • Soudure avec *infra*.
**infrasonore** adj • A2 • Soudure avec *infra*.
**infratentoriel, elle** adj • A2 • Soudure avec *infra*.
**ingérer** v, **j'ingèrerai, ingèrerais** • C1 • Accent grave au futur et au conditionnel.
**innommable** adj • Dans l'esprit de F1 • Deux *m*. Famille de *nommer*. La variante coexistante avec un seul *m* a disparu des dictionnaires.
**innommé, ée** adj • Dans l'esprit de F1 • Le CSLF choisit deux *m*, comme *nommé*.
**inoctavo** nm, **des inoctavos** • A4, B2 • Voir l'explication sur *infolio*.
**inplano** nm, **des inplanos** • A4, B2 • Voir l'explication sur *infolio*.
**inquarto** nm, **des inquartos** • A4, B2 • Voir l'explication sur *infolio*.
**inquiéter** v, **j'inquièterai, inquièterais** • C1 • Accent grave au futur et au conditionnel.
**inselberg** nm, **des inselbergs** • B2 • Pluriel régulier.
**insérer** v, **j'insèrerai, insèrerais** • C1 • Accent grave au futur et au conditionnel.
**insulinodépendance** nf • A3 • Soudure avec *insulino* (préfixe savant).

**insulinodépendant**, **ante** adj • A3 • Soudure avec *insulino* (préfixe savant).

**insulinorésistance** nf • A3 • Soudure avec *insulino* (préfixe savant).

**insulinorésistant**, **ante** adj • A3 • Soudure avec *insulino* (préfixe savant).

**intégrer** v, **j'intègrerai**, **intègrerais** • C1 • Accent grave au futur et au conditionnel.

**INTER-** (préfixe) • À souder • La plupart des mots avec le préfixe *inter* sont déjà soudés depuis longtemps dans les dictionnaires : seuls les cas jugés utiles sont signalés ici. Pour les adjectifs construits sur la base d'un nom (*une réunion intergroupe, des réunions intergroupes*), les dictionnaires ne s'entendent pas toujours. J. Hanse conseille de préférer le singulier régulier (mais certains mots résistent). Le *Rapport* du CSLF recommande de façon générale les formes les plus régulières en cas de concurrence (premier des trois principes de la règle G, et voir G18). Le singulier régulier est donc signalé ici chaque fois qu'au moins un des dictionnaires l'attestait.

**interbanque** adj, plur. : **interbanques** • G18 • Singulier régulier attesté dans Antidote. Synonyme du mot *interbancaire*.

**intercéder** v, **j'intercèderai**, **intercèderais** • C1 • Accent grave au futur et au conditionnel.

**interclub** nm, **des interclubs** • G18 • Singulier régulier pour le nom attesté dans Antidote et *GDT*.

**intercrosse** nf (au lieu de *inter-crosse) • G19 • Entre les deux, choisir la soudure. Sport (*GDT*).

**interférer** v, **j'interfèrerai**, **interfèrerais** • C1 • Accent grave au futur et au conditionnel.

**intergroupe** adj, nm, **des intergroupes** • A3, G18 • Soudure. Singulier régulier attesté.

**interjeter** v, conjug. (**il interjette**) VOIR **jeter** • Inchangé • Exception D1 : double *t* devant « *e* muet ».

**intermezzo** nm, **des intermezzos** • B2 • Pluriel francisé *-os* et non *-i*.

**interpeler** v, conjugaison (**j'interpelle**, **nous interpelons**) VOIR **appeler** • D2 • La double consonne (*ll*) après *e* à l'infinitif était une anomalie, puisque ce mot rime avec *appeler*. On lui met donc un seul *l* à l'infinitif. Sa conjugaison est la même que *appeler* : *-el* ou *-ell* selon le son qui suit (pas d'accent grave, exception à la règle D1).

**interpénétrer (s')** v, **je m'interpénètrerai**, **m'interpénètrerais** • C1 • Accent grave au futur et au conditionnel.

**interpréter** v, **j'interprèterai**, **interprèterais** • C1 • Accent grave au futur et au conditionnel.

**interronégatif**, **ive** adj, nf • A3 • Soudure avec *interro* (préfixe savant).

**intertropical**, **ale** adj • A3 • Soudure avec *inter*. On trouvait encore ce mot avec trait d'union.

**intervieweur**, **euse** n • G21 • Terminaison francisée.

**interzone** adj, plur. : **interzones** • G18 • Singulier régulier attesté dans *Dictionnaire Hachette* et *Petit Robert*.

**intraabdominal**, **ale** adj • A2 • Soudure avec *intra*, même lorsqu'il y a rencontre de deux *a*.

**intraartériel**, **elle** adj • A2 • Soudure avec *intra*, même lorsqu'il y a rencontre de deux *a*.

**intraarticulaire** adj • A2 • Soudure avec *intra*, même lorsqu'il y a rencontre de deux *a*.

**intraatomique** adj • A2 • Soudure avec *intra*, même lorsqu'il y a rencontre de deux *a*.

**intraaural**, **ale** adj • A2 • Soudure avec *intra*. Synonyme du mot *intraauriculaire* (à l'intérieur de l'oreille).

**intraauriculaire** adj • A2 • Soudure avec *intra*, même lorsqu'il y a rencontre de deux *a*.

**intrabuccal**, **ale** adj • A2 • Soudure avec *intra*.

**intracapsulaire** adj • A2 • Soudure avec *intra*.

**intracellulaire** adj • A2 • Soudure avec *intra*.

**intracérébral**, **ale** adj • A2 • Soudure avec *intra*.

**intracrânien**, **enne** adj • A2 • Soudure avec *intra*.

**intradermoréaction** nf • A2, A3 • Soudure avec *intra* (A2) et avec l'élément *dermo* (A3).

**intradural**, **ale** adj • A2 • Soudure avec *intra*.

**intraépithélial**, **ale** adj • A2 • Soudure avec *intra*, même devant é.

**intrahépatique** adj • A2 • Soudure avec *intra*, même devant *h*.

**intra-image** « image-clé, image de référence » nf • Inchangé • Exception A2 : trait d'union entre *a* et *i*.

**intra-individuel**, **elle** adj • Inchangé • Exception A2 : trait d'union entre *a* et *i* pour éviter *ai* ou *ain*.

**intralobulaire** adj • A2 • Soudure avec *intra*.

**intramédullaire** adj • A2 • Soudure avec *intra*.

**intramuros** adj, adv • A2 • Soudure avec *intra*.

**intranasal**, **ale** adj • A2 • Soudure avec *intra*.

**intraoculaire** adj • A2 • Soudure avec *intra*, même devant *o*.

**intraoral, ale** adj • A2 • Soudure avec *intra*, même devant *o*.
**intraosseux, euse** adj • A2 • Soudure avec *intra*, même devant *o*.
**intrapéritonéal, ale** adj • A2 • Soudure avec *intra*.
**intrapersonnel, elle** adj • A2 • Soudure avec *intra*.
**intrathécal, ale** adj • A2 • Soudure avec *intra*.
**intratrachéal, ale** adj • A2 • Soudure avec *intra*.
**intra-utérin, ine** adj • Inchangé • Exception A2 : trait d'union entre *a* et *u* pour éviter *au*.
**intravasculaire** adj • A2 • Soudure avec *intra*.
**intraveineuse** nf • A2 • Soudure avec *intra*.
**intraveineux, euse** adj • A2 • Soudure avec *intra*.
**intraventriculaire** adj • A2 • Soudure avec *intra*.
**introjeter** v, conjug. (**il introjette**) VOIR **jeter** • Inchangé • Exception D1 : double *t* devant « *e* muet ».
**inuit, inuite** adj, plur. : **inuits, inuites** • B2, G22 • Pluriel et féminin réguliers (recomm. dans le *GDT*).
**Inuit, Inuite** n, **des Inuits, Inuites** • B2, G22 • Singulier, pluriel et féminin réguliers (recommandation de francisation de l'Office québécois de la langue française, dans le *GDT*). Le singulier en langue inuktituk est *Inuk. Le pluriel en langue inuktituk est : des *Inuit, sans *s*, et sans *e* au féminin.
**in utéro** loc adj, loc adv • C4 • Accent aigu. Parfois en italique (dans ce cas, en latin sans accent).
**invétérer** v, **j'invétèrerai, invétèrerais** • C1 • Accent grave au futur et au conditionnel.
**iodler** v (au lieu de *jodler ou *yodler) • G20 • Choisir *i*, selon la liste du RENOUVO. On dit aussi parfois *iouler* (variante vieillie, sortie de l'usage selon *Le bon usage* et *Littré*).
**iodoorganique** adj • A3 • Soudure avec *iodo*, même lorsqu'il y a rencontre de deux *o*.
**iota** nm, **des iotas** • B2 • Pluriel régularisé. Lettre grecque ou petit détail.
**iourte** nf (au lieu de *yourte) • G20 • Les travaux des éd. Le Robert sont favorables au choix de **iourte**.
**ipécacuana** nm (au lieu de *ipécacuanha) • G2 • Choisir la variante sans *h*. Note : il existe aussi plus fréquemment l'abréviation *ipéca*.
**irako-turc, irako-turque** adj • Inchangé • Exception A3 : pas de soudure (relation de coordination).
**iridochoroïdite** nf • A3 • Soudure avec *irido* (préfixe savant).
**iridocyclite** nf • A3 • Soudure avec *irido* (préfixe savant).
**iridodiagnostic** nm • A3 • Soudure avec *irido* (préfixe savant).
**iridokératite** nf • A3 • Soudure avec *irido* (préfixe savant).
**ischiocaverneux, euse** adj, nm • A3 • Soudure avec *ischio* (préfixe savant).
**ischiococcygien, enne** adj, nm • A3 • Soudure avec *ischio* (préfixe savant).
**isoagglutination** nf • A3 • Soudure avec le préfixe *iso*, même devant *a*.
**iso-ionique** adj • Inchangé • Exception A3 : trait d'union maintenu entre *o* et *i* pour éviter *oi*. On trouve aussi *isoïonique* : le tréma est un autre procédé possible pour éviter le son « oi ».
**isopet** nm (au lieu de *ysopet) • G20 • Les travaux des éd. Le Robert sont favorables au choix de **isopet**.
**israélo-palestinien, enne** adj • Inchangé • Exception A3 : pas de soudure (relation de coordination).
**italo-français, aise** adj • Inchangé • Exception A3 : pas de soudure (relation de coordination).
**itérer** v, **j'itèrerai, itèrerais** • C1 • Accent grave au futur et au conditionnel.

## J

**jachérer** v, **je jachèrerai, jachèrerais** • C1 • Accent grave au futur et au conditionnel.
[anc. *jacket] VOIR **jaquette** « couronne dentaire » • G11, G20 • Terme de dentisterie. Avec *-qu-* et *-ette*.
[anc. *jacko ou *jacquot] VOIR **jaco** ou **jacot** « perroquet d'Afrique » • G10 • Choisir *c* et non *cqu* ni *ck*.
**jackup** nm (anglic.), **des jackups** • A4, B2 • Soudure et pluriel régulier (mot étranger).
**jaco** ou **jacot** « perroquet d'Afrique » nm • G10 • Choisir *c* et non *cqu* ni *ck*.
**jacquard** nm • Inchangé • La seule graphie existante s'écrit avec *cqu*.
[anc. *jacque] VOIR **jaque** « jaquette pour homme au Moyen Âge » • G11 • Choisir *qu* et non *cqu*.
**Jacquelin** ou **Jacqueline** noms propres (personnes) • Inchangés • Les noms propres ne sont pas touchés.
[anc. *jacquelin ou *jacqueline] VOIR **jaquelin** ou **jaqueline** « cruche, bouteille » • G11 • Choisir *qu*.
[anc. *jacquemart] VOIR **jaquemart** • G11 • Choisir *qu* et non *cqu*.
**jacquerie** ou **Jacquerie** nf • Inchangé • La seule graphie existante s'écrit avec *cqu*.

---

**jacques** ou **Jacques** « imbécile, niais, paysan français ou membre de la Jacquerie » nm • Inchangé • La seule graphie existante s'écrit avec *cqu*.

**Jacques** nom propre de personne • Inchangé • Les noms propres ne sont pas touchés.

**jacquet** « jeu avec des dés et des pions » nm • Inchangé • En ce sens, la seule graphie existante s'écrit avec *cqu*. Ne pas confondre avec *jaquet* (écureuil).

[anc. *jacquet] VOIR **jaquet** « écureuil » • G11 • Choisir *qu* et non *cqu*.

[anc. *jacquier] VOIR **jaquier** « arbre tropical » • G11 • Choisir *qu* et non *cqu*.

**Jacquot** nom propre de personne • Inchangé • Les noms propres ne sont pas touchés.

[anc. *jacquot ou *jacko] VOIR **jaco** ou **jacot** « perroquet d'Afrique » • G10 • Choisir *c* et non *cqu* ni *ck*.

**jaïn** (fém. **jaïne**) ou **djaïn** (fém. **djaïne**) adj, n (ou VOIR **jaïna** ou **djaïna**) • Au choix • Les quatre variantes **jaïn**, **djaïn**, **jaïna** et **djaïna** sont acceptées (quatre prononciations différentes).

**jaïna** ou **djaïna** adj, n (ou VOIR **jaïn** ou **djaïn**) • Au choix • Les quatre variantes sont acceptées (quatre prononciations différentes). Le pluriel est régulier. *Un (d)jaïna, une (d)jaïna, des (d)jaïnas.*

**jaïnisme** ou **djaïnisme** nm, selon la prononciation • Au choix • Les deux variantes sont acceptées (prononciations différentes). On dit aussi parfois *jinisme*.

**jamborée** (ou **jamboree**, selon la prononciation) nm • C4 • Ce mot a plus d'une prononciation. Si on prononce « é » la finale de ce mot, on met l'accent aigu (francisation : C4). Si on la prononce « i », on laisse la graphie étrangère intacte, car il n'existe pas de graphie concurrente avec *i*.

**jaque** « fruit du jaquier » nm • Inchangé • Ce mot s'écrit toujours avec *qu*.

**jaque** n « jaquette pour homme au Moyen Âge » (au lieu de *jacque) • G11 • Choisir *qu* et non *cqu*.

**jaquelin** nm ou **jaqueline** nf « cruche, bouteille » • G11 • En ce sens, choisir *qu* et non *cqu*.

**jaquemart** nm (au lieu de *jacquemart) • G11 • Choisir *qu* et non *cqu*.

**jaquet** « écureuil » nm (au lieu de *jacquet) • G11 • En ce sens, choisir *qu* et non *cqu*.

**jaquette** « vêtement ou couverture de protection » nf • Inchangé • Ce mot s'écrit toujours avec *qu*.

**jaquette** « couronne dentaire » adj, nf (au lieu de *couronne jacket ou *jacket) • G11, G20 • Terme de dentisterie. Avec *-qu-* et *-ette*. Note : le mot *jacket (pour « veston, blouson ») n'est pas français.

**jaquier** « arbre tropical » nm (au lieu de *jacquier) • G11 • Choisir *qu* et non *cqu*.

**jarreter** v, **je jarrète**, **jarrèterai**, **jarrèterais** • D1 • Conjugaison *-ète* au lieu de *-ette*.

**jataka** nm, **des jatakas** • B2 • Pluriel régulier (mot étranger).

**javeler** v, **je javèle**, **javèlerai**, **javèlerais** • D1 • Conjugaison *-èle* au lieu de *-elle*.

**jazzman** nm (anglic.), **des jazzmans** • B2 • Francisation : pluriel régulier.

**jean** nm, **des jeans** • B2 • Francisation : singulier et pluriel réguliers.

**jeanfoutre** nm, **des jeanfoutres** • A5 • Le *Rapport* du CSLF soude ce mot.

**jeanfoutrerie** nf, **des jeanfoutreries** • A5 • Soudure. Dérivé de *jeanfoutre*.

**jéjuno-iléon** adj • Inchangé • Exception A3 : trait d'union maintenu entre *o* et *i* pour éviter *oi*.

**jéjunum** nm • C4 • Francisation : accent aigu.

**jerricane** (anglic.) nm (au lieu de *jerrycan ou *jerrican) • G20 • Avec *i* et non *y*. La graphie francisée prend un *-e* final. Avis favorable des travaux des éditions Le Robert.

**jeter** v, **je jette**, **jetterai**, **jetterais** (mais **jetons**, **vous jetiez**, **jetant**, **jeté**, **je jetais**, **jetai**) • Inchangé • Exception D1 : conjugaison avec double *t* devant *e* muet pour *jeter* et ses composés.

**jetset** (anglic.) nm ou nf, **des jetsets** • A4 • Soudure (mot étranger).

**jetsetteur, euse** n (anglic.) • A4 • Soudure. La terminaison est déjà francisée dans les dictionnaires.

**jetsociety** nf (anglic.), **des jetsocietys** • A4, B2 • Soudure et pluriel régulier (mot étranger).

**jetstream** nm (anglic.), **des jetstreams** • A4 • Soudure (mot étranger).

**jeunais**, **jeunait**, **jeunaient**, **jeunai**, **jeunant**, **jeunasse**, **jeunât** VOIR **jeuner** • C2 • Détails sur *jeuner*.

**jeûne** « privation de nourriture » nm, **des jeûnes** • Inchangé • Exception C2 : accent maintenu sur *u*.

**jeûne**, **jeûnes**, mais **jeunez**, **jeunent**, **jeuné**, **jeunerez**, **jeunerions** VOIR **jeuner** • C2 • Voir le verbe.

**jeuner** v, **je jeûne**, **tu jeûnes**, **il jeûne**, mais **jeuné**, **nous jeunons**, **vous jeunez**, **ils jeunent**, **je jeunais**, **jeunerai**, **jeunerais**, **jeunai** • C2 • Ce verbe perd son accent circonflexe sur le *u*, sauf dans les formes **jeûne** et **jeûnes**, pour éviter la confusion avec *jeune(s)* (« qui n'est pas vieux »).

**jeuneur, euse** n • C2 • L'accent circonflexe disparait sur *u*.

**jeuniez**, **jeunions** VOIR **jeuner** • C2 • L'accent sur *u* disparait dans ces conjugaisons. Détails sur *jeuner*.

**jeunons** VOIR **jeuner** • C2 • L'accent sur *u* disparait dans cette conjugaison. Voir les détails sur *jeuner*.

**jiujitsu** (au lieu de *jiu-jitsu) nm, **des jiujitsus** • A4, B2 • Soudure et plur. régulier. On dit aussi *jujitsu*.

**joailler, ère** n (au lieu de *joaillier) • F4 • Le second *i* inutile disparait. Ce mot rime avec *conseiller*.
[anc. *jodler] VOIR **iodler** • G20 • Choisir *i*. On dit aussi parfois *iouler* (vieilli).
**joggeur, euse** « chaussure de sport; coureur » nm et n (anglic.) • G21 • Terminaison *-eur*.
**joujou** nm, **des joujoux** • Inchangé • Le pluriel de ce mot n'a pas été modifié (non touché par les règles B1 et B2, puisque celles-ci touchent le plur. des noms composés et des mots étrangers seulement).
**judéo-allemand, ande** adj • Inchangé • Exception A3 : pas de soudure (relation de coordination).
**judéo-allemand** « langue » nm • Inchangé • Exception A3 : pas de soudure (coordination, langue).
**judéo-arabe** adj • Inchangé • Exception A3 : pas de soudure (relation de coordination).
**judéo-araméen** « langue » nm • Inchangé • Exception A3 : pas de soudure (coordination, langue).
**judéo-chrétien, enne** adj, n • Inchangé • Exception A3 : pas de soudure (relation de coordination).
**judéo-christianisme** nm • Inchangé • Exception A3 : pas de soudure (relation de coordination).
**judéo-espagnol, ole** adj • Inchangé • Exception A3 : pas de soudure (relation de coordination).
**judéo-espagnol** « dialecte » nm • Inchangé • Exception A3 : pas de soudure (coordination, langue).
**judico-informatique** adj • Inchangé • Exception A3 : trait d'union entre *o* et *i* pour éviter *oi* ou *oin*.
**jujitsu** (au lieu de *ju-jitsu) nm, **des jujitsus** • A4, B2 • Soudure et plur. régulier. On dit aussi *jiujitsu*.
**jukebox** nm (anglic.), **des jukebox** • A4, B2 • Soudure et pluriel régulier (mot étranger).
**jumeler** v, **je jumèle, jumèlerai, jumèlerais** • D1 • Conjugaison *-èle* au lieu de *-elle*.
**junkfood** nm (anglic.) • A4 • Soudure (mot étranger). Équivalent français : *malbouffe*.
**junkie** (anglic.) adj, n, **des junkies** • B2, G20 • Choisir **junkie** et non *junky.
**juxtaarticulaire** adj • A3 • Soudure avec *juxta*, même lorsqu'il y a rencontre de deux *a* (dans *TLF*).
**juxtabasal, ale** adj • A3 • Soudure avec *juxta* (préfixe savant).
**juxtaépendymaire** adj • A3 • Soudure avec *juxta* (préfixe savant), même devant *é*.
**juxtaépiphysaire** adj • A3 • Soudure avec *juxta* (préfixe savant), même devant *é*.
**juxtaglomérulaire** adj • Inchangé • Ce mot avec le préf. *juxta* était déjà soudé (A3), selon nos sources.
**juxtamédullaire** adj • A3 • Soudure avec *juxta* (préfixe savant).
**juxtaosseux, euse** adj • A3 • Soudure avec *juxta* (préfixe savant), même devant *o*.
**juxtapleural, ale** adj • A3 • Soudure avec *juxta* (préfixe savant).
**juxtathyroïdien, enne** adj • A3 • Soudure avec *juxta* (préfixe savant).
**juxtatrachéal, ale** adj • A3 • Soudure avec *juxta* (préfixe savant).
**juxtatropical, ale** adj • A3 • Soudure avec *juxta* (préfixe savant).
**juxtatumoral, ale** adj • A3 • Soudure avec *juxta* (préfixe savant).

# K

[anc. *kabbale, *kabbalist...] VOIR **cabale, cabalist**... • G10, G17 • Choisir *c* et un seul *b*.
[anc. *kachère] VOIR **cacher** ou **cachère** • G10, G20 • Voir les explications sur *cacher, cachère*.
[anc. *kadi] VOIR **cadi** • G10 • Entre les deux variantes existantes, choisir *c* et non *k*.
[anc. *kakawi] VOIR **cacaoui** • G9, G10 • Préférer *c* et *ou*.
**kakémono** nm • C4 • Francisation : accent aigu.
[anc. *kaléidoscope] VOIR **caléidoscope** • G10 • Entre les deux, choisir *c* et non *k*.
[anc. *kaléidoscopique] VOIR **caléidoscopique** • G10 • Entre les deux, choisir *c* et non *k*.
**kalmouk, ouke** adj, nm (au lieu de *kalmuk ou *kalmouck) • G9, G12 • De nos jours, les dictionnaires donnent tous **kalmouk** avec *ou*, et avec *k* en finale (jamais avec *que*)
**Kalmouk, ouke** n (au lieu de *Kalmuk ou *Kalmouck) • G9, G12 • Voir l'explication sur *kalmouk*.
**kan** « titre mongol ou caravansérail » nm (au lieu de *khan) • G2 • Entre les deux, choisir sans *h*.
**kana** « caractère japonais » nm, **des kanas** • B2 • Francisation : pluriel régulier.
[anc. *kanak, Kanak] VOIR **canaque, Canaque** • G10, G11 • Choisir *c* et *que*. Pluriel régulier.
**kanat** « fonction de kan ou territoire d'un kan » nm (au lieu de *khanat) • G2 • Choisir sans *h*.
**kappa** nm, **des kappas** • B2 • Pluriel régularisé. Lettre de l'alphabet grec.
[anc. *karakul] VOIR **caracul** • G10 • Choisir *c* et non *k*.
[anc. *karat] VOIR **carat** • G10 • La graphie avec *k* a disparu des dictionnaires.
**karatéka** n • C4 • Francisation : accent aigu.

[anc. *karpatique] VOIR **carpatique** • G10 • Entre les deux, choisir *c* et non *k*.

[anc. *kascher, *kasher] VOIR **cacher** ou **cachère** • B2, G10, G13, G20 • Explications sur *cacher*, *cachère*.

[anc. *kashrout] VOIR **cashrout** • G10 • Les deux formes existent. Choisir *c* et non *k*.

**kawa** « poivrier de Polynésie, boisson alcoolisée euphorisante » nm • Inchangé • En ce sens, il n'existe pas de variante avec *c* ou avec *ou*. Donc les règles G9 et G10 ne s'appliquent pas (ne pas confondre avec le terme familier signifiant « café », voir ci-dessous). Remarque : on dit et on écrit aussi *kava*, mais la prononciation est différente, donc la règle G15 ne s'applique pas.

[anc. *kawa] VOIR **caoua** « café » • G9, G10 • En ce sens, préférer *c* et *ou*. Mot du registre familier.

**kayak** nm, **des kayaks** • B2 • Le pluriel est régularisé. En français comme en anglais, les variantes étaient nombreuses, même avec *c* et *ck* en finale de mot, mais les dictionnaires courants écrivent de nos jours uniquement **kayak** et **des kayaks**. Les dérivés sont aussi tous formés avec *k*.

**kébab** nm • C4 • Francisation : accent aigu.

**kéfié** (au lieu de *keffieh) nm • G20 • Entre les deux variantes, on préfère **kéfié** lorsqu'on prononce « é ». Avis favorable des travaux des éditions Le Robert.

**kéfir** nm (au lieu de *képhir ou *képhyr) • G16, G20 • On a même déjà écrit *kephyr. Parmi toutes les variantes existantes, préférer la plus française : **kéfir**. Avis favorable des travaux des éditions Le Robert.

**képlérien, enne** adj (au lieu de *keplérien) • C4 • Accent aigu sur la première syllabe.

**kératoconjonctival, ale** adj • A3 • Soudure avec *kérato* (préfixe savant).

**kératoconjonctivite** nf • A3 • Soudure avec *kérato* (préfixe savant).

**ketch** nm, **des ketchs** • B2 • Pluriel régulier. Voilier à deux mâts.

[anc. *khâgne, *khâgneux] VOIR **cagne**, **cagneux** • G1, G10 • Choisir *c* et sans accent.

[anc. *khalifal, *khalifat, *khalife] VOIR **califal**, **califat**, **calife** • G10 • Choisir *c* et non *kh*.

**khi** nm, **des khis** • B2 • Pluriel régularisé. Lettre de l'alphabet grec.

**kibboutz** nm, **des kibboutz** • B2 • Pluriel régulier. Le pluriel étranger était : des *kibboutzim.

[anc. *kichenotte] VOIR **quichenotte** • G11 • Entre les deux, choisir *qu* et non *k*.

**kickboxing** nm (anglic.) • A4 • Soudure (mot étranger). Attesté dans *Petit Robert*.

**kidnappeur, euse** n • G21 • Terminaison francisée. Synonyme de *ravisseur*, *ravisseuse*.

**kieselgur** nm (au lieu de *kieselguhr) • G2 • Entre les deux, choisir sans *h*.

**kiésérite** nf (au lieu de *kiesérite) • C4 • Francisation : accent aigu.

**kifer** v (au lieu de *kiffer) • G17 • Entre les deux, choisir un seul *f*. Registre familier.

**kifkif**, adj, plur. : **kifkifs** • A4 • Soudure (*Rapport* du CSLF) et pluriel régulier.

**kikouyou** « relatif aux Kikouyous » adj (au lieu de *kikuyu) • G9 • Préférer la forme avec *ou*. Le féminin est aussi *kikouyou*. Le pluriel est *kikouyous*.

**kikouyou** « langue » nm (au lieu de *kikuyu) • G9 • Préférer la forme avec *ou*.

**Kikouyou** « membre d'un peuple du Kenya » n (au lieu de *Kikuyu) • G9 • Détails sur l'adjectif *kikouyou*.

**kiloeuro** nm, **des kiloeuros** • A3 • Soudure avec *kilo* (préfixe savant), même devant *e* ou *eu*.

**kilométrer** v, **je kilomètrerai**, **kilomètrerais** • C1 • Accent grave au futur et au conditionnel.

**kilooctet** nm • A3 • Soudure avec *kilo* (préfixe savant), même lorsqu'il y a rencontre de deux *o*.

**kilovarheure** nm, **des kilovarheures** • Inchangé • Ce mot était déjà écrit soudé, selon nos sources.

**kilovoltampère** nm (au lieu de *kilovolt-ampère), **des kilovoltampères** • G19 • Préférer la soudure.

**kilovoltampèreheure** nm, **des kilovoltampèreheures** • Inchangé • Ce mot était déjà écrit soudé.

**kilowattheure** (au lieu de *kilowatt-heure) nm, **des kilowattheures** • G19 • Préférer la soudure.

**kinball** nm • A4 • Soudure (mot étranger).

**kippa** nm, **des kippas** • B2 • Pluriel régulier.

**kirch** nm • G13 • Choisir *ch* et non *sch*. Avis favorable des travaux des éditions Le Robert.

**kitch** (au lieu de *kitsch) adj, nm, **des kitchs** • B2, G13 • Entre les deux, choisir *ch* plutôt que *sch*. Le pluriel est régulier.

**klaxon** nm (nom déposé pour « avertisseur ») • Inchangé • Les noms déposés ne devraient pas être rectifiés.

**klaxonnant, ante** adj • Inchangé • Dérivé du nom déposé *klaxon*.

**klaxonner** v • Inchangé • Dérivé du nom déposé *klaxon*.

[anc. *klephte] VOIR **clephte** • G10 • Les deux formes existent. Choisir *c* et non *k*.

[anc. *kleptomane] VOIR **cleptomane** • G10 • Entre les deux, choisir *c* et non *k*.

[anc. *kleptomanie] VOIR **cleptomanie** • G10 • Entre les deux, choisir *c* et non *k*.

**knicker** nm, **des knickers** • B2 • Les dictionnaires ne s'entendent pas sur la prononciation de ce mot, mais plusieurs d'entre eux permettent maintenant un singulier régulier (sans *s*).

**knickerbocker** nm, **des knickerbockers** • B2 • Voir l'explication sur son abréviation *knicker*.

**knockdown** (anglic.) nm, **des knockdowns** • A4, B2 • Soudure et pluriel régulier.

**knockout** nm, **des knockouts** • A4, B2 • Soudure et pluriel régulier (mot étranger).

[anc. *kob] VOIR **cob** « antilope d'Afrique » • G10 • Entre les deux, choisir *c* et non *k*.

[anc. *kola, *kolatier] VOIR **cola, colatier** • G10 • Choisir *c* et non *k*.

**kolkhoze** nm, **des kolkhozes** • B2 • *Petit Robert* et *Dict. Hachette* donnent maintenant uniquement **un kolkhoze, des kolkhozes**. Note : la variante *un kolkhoz, des kolkhoz* tend à disparaitre.

[anc. *koré ou *korê] VOIR **coré** ou **corê** • G10 • Choisir *c* et non *k*.

**kouba** nf (au lieu de *koubah ou *koubba) • G2, G17 • Choisir la consonne simple et sans *h*. Avis favorable des travaux des éditions Le Robert.

[anc. *koudou] VOIR **coudou** • G10 • Entre les deux, choisir *c* et non *k*.

**kouignamann** nm, **des kouignamanns** • A4, B2 • Soudure et pluriel régulier (mot étranger).

**koumis** nm (au lieu de *koumys) • G20 • Préférer *i* au lieu de *y*.

[anc. *kouros] VOIR **couros** • G10 • Entre les deux, choisir *c* et non *k*.

[anc. *krak] VOIR **crac** « château fort des croisés » • G10 • CEn ce sens, choisir deux *c* et non deux *k*. Ne pas confondre avec d'autres mots, comme *crack*, *craque* et *krach*.

[anc. *kriss] VOIR **criss** « poignard » • G10 • Entre les deux, choisir *c* et non *k*.

**ksar** nm, **des ksars** • B2 • Francisation : pluriel régulier.

**kshatriya** (au lieu de *ksatriya) nm, **des kshatriyas** • B2, G20 • Entre les deux variantes, choisir *ksha-* plutôt que *ksa-*, puisque la prononciation en début de mot était la même : « kcha- ». Note : la forme avec *ch* n'existe pas, alors la règle G13 ne peut pas s'appliquer. Le mot n'est plus invariable.

**ksi** nm, **des ksis** • B2 • Pluriel régulier. Quatorzième lettre de l'alphabet grec. On écrit aussi *xi* (*des xis*).

[anc. *kufique ou *kûfique] VOIR **coufique** • G9, G10 • Choisir *cou-* plutôt que *ku-*.

**kungfu** nm, **des kungfus** • A4, B2 • Soudure et pluriel régulier (mot étranger).

**kvas** nm (ou parfois **kwas**, selon la prononciation) • Inchangé • Les règles des rectifications ne choisissent pas entre les deux variantes, puisqu'elles se prononcent différemment (la règle G15 ne peut pas s'appliquer). La prononciation « v » est cependant beaucoup plus fréquente et moderne.

**kyrie** ou **kyrie eleison** nm • Valeur de citation (B2, C4) • Mots signifiant « Seigneur, prends pitié ». Les rectifications les laissent inchangés (sans accents et invariables, majuscules et italique possibles). *Littré* permet les accents français *kyrié éléison* et donne un pluriel régulier au premier mot. Voir page 38.

# L

**labiodental, ale** adj, nf • A3 • Soudure avec *labio* (préfixe savant).

**laccolite** nm ou nf • G2 • Entre les deux formes existantes, choisir *-lite* plutôt que *-lithe*.

**laccolitique** adj • G2 • Choisir *-litique* plutôt que *-lithique*.

**lacérer** v, **je lacèrerai, lacèrerais** • C1 • Accent grave au futur et au conditionnel.

**lacrymonasal, ale** adj • A3 • Soudure avec *lacrymo* (préfixe savant).

**lactobacille** nm • Inchangé • Ce mot avec le préfixe *lacto* était déjà soudé (A3), selon nos sources.

**lactodensimètre** nm • A3 • Soudure avec *lacto* (préfixe savant).

**lady** nf, **des ladys** • B2 • Pluriel régulier.

**laguillère** nf (au lieu de *laguillière) • F4 • Terminaison *-ère* et non *-ière*. Rime avec *conseillère*.

**laiche** nf • C2 • Ce mot s'écrivait avec ou sans accent circonflexe sur *i* avant 1990. On choisit la forme sans accent.

**laie** « partie de l'orgue » nf (au lieu de *laye) • G20 • Rime avec *lait*. Choisir la graphie non ambigüe.

**laissé** participe passé du verbe *laisser* • Règle E • Le participe passé **laissé** suivi d'un infinitif est invariable, qu'il soit conjugué avec *avoir* ou qu'il soit en contexte pronominal. Exemples : *Ces vins, je les ai laissé vieillir. Elles se sont laissé tomber par terre.*

**lambda** adj, nm, **des lambdas** • B2 • Pluriel rég. L'adjectif signifie « ordinaire » : *des citoyens lambdas*.

**lambic** nm (au lieu de *lambick) • G10 • Choisir *c* et non *ck*.
**lance-amarre** adj, nm, **des lance-amarres** • B1, G18 • Pluriel rég. Adj. plur. rég. dans *Petit Larousse*.
**lance-balle** nm, **des lance-balles** • B1 • Singulier et pluriel réguliers.
**lance-bol** nm, **des lance-bols** • B1 • Singulier et pluriel réguliers.
**lance-bombe** nm, **des lance-bombes** • B1 • Singulier et pluriel réguliers.
**lance-boulette** nm, **des lance-boulettes** • B1 • Singulier et pluriel réguliers.
**lance-câble** nm, **des lance-câbles** • B1 • Singulier et pluriel réguliers.
**lance-canon** nm, **des lance-canons** • B1 • Singulier et plur. réguliers (généralement déjà conformes).
**lance-capsule** nm, **des lance-capsules** • B1 • Singulier et pluriel réguliers.
**lance-engin** nm, **des lance-engins** • B1 • Singulier et pluriel réguliers.
**lance-feuillard** nm, **des lance-feuillards** • B1 • Singulier et pluriel réguliers.
**lance-flamme** nm, **des lance-flammes** • B1 • Singulier et pluriel réguliers.
**lance-fusée** nm, **des lance-fusées** • B1 • Singulier et pluriel réguliers.
**lance-glace** nm, **des lance-glaces** • B1 • Singulier et pluriel réguliers.
**lance-grenade** nm, **des lance-grenades** • B1 • Singulier et pluriel réguliers.
**lance-harpon** nm, **des lance-harpons** • B1 • Singulier et plur. réguliers (généralement déjà conformes).
**lance-leurre** nm, **des lance-leurres** • B1 • Singulier et pluriel réguliers.
**lance-missile** nm, **des lance-missiles** • B1 • Singulier et pluriel réguliers.
**lance-paillette** nm, **des lance-paillettes** • B1 • Singulier et pluriel réguliers.
**lance-pierre** nm, **des lance-pierres** • B1 • Singulier et pluriel réguliers.
**lance-pot** nm, **des lance-pots** • B1 • Singulier et pluriel réguliers.
**lance-poussière** nm, **des lance-poussières** • B1 • Singulier et pluriel réguliers.
**lance-rideau** nm, **des lance-rideaux** • B1 • Singulier et pluriel réguliers.
**lance-roquette** nm, **des lance-roquettes** • B1 • Singulier et pluriel réguliers.
**lance-satellite** nm, **des lance-satellites** • B1 • Singulier et pluriel réguliers.
**lance-torpille** nm, **des lance-torpilles** • B1 • Singulier et pluriel réguliers.
**land** nm, **des lands** • B2 • Pluriel régularisé. Le pluriel non francisé était : des *länder.
**langueter** v, **je languète**, **languèterai**, **languèterais** • D1 • Conjugaison *-ète* au lieu de *-ette*.
**lapilli** nm, **des lapillis** • B2 • Francisation : singulier et pluriel réguliers.
**lapon**, **lapone** adj (au lieu du féminin *laponne) • G17 • Un seul *n*. Adjectif signifiant « de la Laponie ».
**Lapon**, **Lapone** n (au lieu du fém. *Laponne) • G17 • Un seul *n* au féminin. Nom propre signifiant « habitant de la Laponie ».
**lapsus** nm, **des lapsus** • B2 • Pluriel régularisé. Le pluriel non francisé était : des *lapsi.
**larghetto** adv, nm, **des larghettos** • B2 • Pluriel régulier. Puisqu'il n'existe pas de variante coexistante avec *gu* au lieu de *gh*, on écrit toujours **larghetto** avec *h*.
**largo** nm, **des largos** • B2 • Francisation : pluriel régulier.
**laryngotrachéal**, **ale** adj • A3 • Soudure avec *laryngo* (préfixe savant).
**laryngotrachéobronchite** nf • A3 • Soudure de l'ancienne forme *laryngo-trachéo-bronchite.
**laryngotrachéotomie** nf • A3 • Soudure avec *laryngo* (préfixe savant).
**lasagne** nf, **des lasagnes** • B2 • Francisation : singulier et pluriel réguliers.
**latéré (à)** VOIR **à latéré** • C4 • Accents : *à* et *é*.
**latéroflexion** nf • A3 • Soudure avec *latéro* (préfixe savant).
**latérolatéral**, **ale** adj • A3 • Soudure avec *latéro* (préfixe savant).
**latéroterminal**, **ale** adj • A3 • Soudure avec *latéro* (préfixe savant).
**latifundium** nm, **des latifundiums** • B2 • Francisation : pluriel régulier.
**latino-américain**, **latino-américaine** adj • Inchangé • Exception A3 : pas de soudure (relation de coordination).
**Latino-Américain**, **Latino-Américaine** n • Inchangé • Exception A3 : pas de soudure (relation de coordination).
**lavatory** nm (anglic.), **des lavatorys** • B2 • Pluriel régulier.
**lave-auto** nm, **des lave-autos** • B1 • Singulier et pluriel réguliers. Le singulier et le pluriel étaient généralement déjà conformes pour ce mot.

---

***** : graphie ancienne à ne plus utiliser; **A1, A2, A3, B1...** : codes qui renvoient aux règles p. 17 à 34; **anc.** : anciennement; **anglic.** : anglicisme à éviter; **CSLF** : Conseil supérieur de la langue (voir bibliogr.).

**lave-balle** nm, **des lave-balles** • B1 • Singulier et pluriel réguliers.
**lave-batterie** nm, **des lave-batteries** • B1 • Singulier et pluriel réguliers.
**lave-bouteille** nm, **des lave-bouteilles** • B1 • Singulier et pluriel réguliers.
**lave-convoyeur** nm, **des lave-convoyeurs** • B1 • Singulier et pluriel réguliers.
**lave-dos** nm, **des lave-dos** • B1 (inchangé) • Même forme au singulier et au pluriel.
**lave-glace** nm, **des lave-glaces** • B1 • Singulier et plur. réguliers (généralement déjà conformes).
**lave-linge** nm, **des lave-linges** • B1 • Singulier et pluriel réguliers.
**lave-main** nm, **des lave-mains** • B1 • Singulier et pluriel réguliers.
**lave-masse** nm, **des lave-masses** • B1 • Singulier et pluriel réguliers.
**lave-moquette** nm, **des lave-moquettes** • B1 • Singulier et pluriel réguliers.
**lave-oreille** nm, **des lave-oreilles** • B1 • Singulier et pluriel réguliers.
**lave-panier** nm, **des lave-paniers** • B1 • Singulier et pluriel réguliers.
**lave-phare** nm, **des lave-phares** • B1 • Singulier et pluriel réguliers.
**lave-pied** nm, **des lave-pieds** • B1 • Singulier et pluriel réguliers.
**lave-pinceau** nm, **des lave-pinceaux** • B1 • Singulier et pluriel réguliers.
**lave-plat** nm, **des lave-plats** • B1 • Singulier et pluriel réguliers.
**lave-pont** nm, **des lave-ponts** • B1 • Singulier et plur. réguliers (généralement déjà conformes).
**lave-seau** nm, **des lave-seaux** • B1 • Singulier et pluriel réguliers.
**lave-tête** nm, **des lave-têtes** • B1 • Singulier et pluriel réguliers.
**lave-tuyau** nm, **des lave-tuyaux** • B1 • Singulier et pluriel réguliers.
**lave-vaisselle** nm, **des lave-vaisselles** • B1 • Singulier et pluriel réguliers.
**lave-verre** nm, **des lave-verres** • B1 • Singulier et pluriel réguliers.
**lave-verrerie** nm, **des lave-verreries** • B1 • Singulier et pluriel réguliers.
**lave-vitre** nm, **des lave-vitres** • B1 • Singulier et plur. réguliers (généralement déjà conformes).
**laz(z)arone** nm, **des laz(z)arones** • B2 • Plur. rég. Un *z* (*Littré*, *TLF*) ou deux, selon la prononciation.
**lazzi** nm, **des lazzis** • B2 • Francisation : pluriel régulier.
**leadeur, euse** n (au lieu de *leader) • G21 • Tous les dictionnaires s'entendent pour dire que l'on prononce « -eur ». Francisation *-eur* dans les travaux des éditions Le Robert. La forme du féminin ne relève pas des règles des rectifications, mais la plupart des dictionnaires donnent maintenant *une leadeuse*.
**leadeurship** nm • G21 • Francisation *-eur-* au lieu de *-er-* dans les travaux des éditions Le Robert. Préférer un terme équivalent plus français.
**lèche-botte** n, **des lèche-bottes** • B1 • Singulier et pluriel réguliers.
**lèche-cul** adj, n, **des lèche-culs** • B1, G18 • Plur. régulier. Adj. plur. rég. attesté dans Antidote (G18).
**lèche-écran** nm, **des lèche-écrans** • B1 • Singulier et pluriel réguliers.
**lèche-glace** nm, **des lèche-glaces** • B1 • Singulier et plur. réguliers (généralement déjà conformes).
**lèche-mur** nm, **des lèche-murs** • B1 • Singulier et pluriel réguliers.
**lécher** v, **je lècherai, lècherais** • C1 • Accent grave au futur et au conditionnel.
**lèche-vitre** nm, **des lèche-vitres** • B1 • Singulier et plur. réguliers (généralement déjà conformes).
**lèche-vitrine** nm, **des lèche-vitrines** • B1 • Singulier et pluriel réguliers.
**légato** nm, **des légatos** • B2, C4 • Francisation : pluriel régulier et accent aigu.
**leggin** ou **legging** (anglic.) nm ou nf, **des leggins** ou **des leggings** • B2 • Les prononciations sont différentes pour les deux formes, alors on ne peut pas choisir orthographiquement entre les deux. Le singulier et le pluriel sont cependant régularisés pour chaque forme. Existe au fém. et au masc.
**légiférer** v, **je légifèrerai, légifèrerais** • C1 • Accent grave au futur et au conditionnel.
**léguer** v, **je lèguerai, lèguerais** • C1 • Accent grave au futur et au conditionnel.
**leitmotiv** nm, **des leitmotivs** • B2 • Pluriel régulier. Le pluriel non francisé était : des *leitmotive.
**lemongrass** nm (anglic.) • A4 • Soudure (mot étranger), comme *raygrass*.
**lento** nm, **des lentos** • B2 • Francisation : pluriel régulier.
**lépidolite** nm • G2 • Entre les deux formes existantes, choisir *-lite* plutôt que *-lithe*.
**lépidosirène** nm (au lieu de *lépidosiren) • G20 • Francisé avec *-e* en fin de mot (et accent grave). En latin, on écrivait *lepidosiren* (famille de *sirène*).

**GDT** : Grand dictionnaire terminologique ; **RENOUVO** : Réseau pour la nouvelle orthographe (v. bibliogr.) ; **TLF** : Trésor de la langue française ; **Travaux des éditions Le Robert** : voir bibliogr. sous Rey-Debove.

**lerche** adv (au lieu de *lerch) • G20 • Dans l'expression argotique **pas lerche** (pas beaucoup).
**lèse-humanité** nm, **des lèse-humanités** • B1 • Singulier et pluriel réguliers.
**lèse-majesté** nf, **des lèse-majestés** • B1 • Singulier et pluriel réguliers.
**léser** v, **je lèserai, lèserais** • C1 • Accent grave au futur et au conditionnel.
**letchi** (plus rare) ou **litchi** VOIR **litchi** • Au choix • Ces deux formes sont admises, selon la prononciation.
**letton, lettone** adj (au lieu du féminin *lettonne) • G17 • Consonne simple au féminin : un seul *n*. Adjectif signifiant « de la Lettonie ». On emploie aussi *lette* ou *latvien*.
**Letton, Lettone** n (au lieu du féminin *Lettonne) • G17 • Consonne simple au féminin : un seul *n*. Nom propre signifiant « habitant de la Lettonie ». On emploie aussi *Lette* ou *Latvien*.
**leucocolorant** nm • A3 • Soudure avec *leuco* (préfixe savant).
**leucoencéphalite** nf • A3 • Soudure avec *leuco* (préfixe savant), même devant *e*.
**leucoencéphalomalacie** nf • A3 • Soudure avec *leuco* (préfixe savant), même devant *e*.
**leucogrenat** nm • A3 • Soudure avec *leuco* (préfixe savant).
**leucosaphir** nm • A3 • Soudure avec *leuco* (préfixe savant).
**lève-cadre** nm, **des lève-cadres** • B1 • Singulier et pluriel réguliers.
**lève-culasse** nm, **des lève-culasses** • B1 • Singulier et pluriel réguliers.
**lève-cuve** nm, **des lève-cuves** • B1 • Singulier et pluriel réguliers.
**lève-derme** nm, **des lève-dermes** • B1 • Singulier et pluriel réguliers.
**lève-et-baisse** nm inv, **des lève-et-baisse** • Inchangé • Ce mot n'est pas construit sur le modèle « verbe + nom » (B1), mais « verbe + *et* + verbe ».
**lève-fil** nm, **des lève-fils** • B1 • Singulier et pluriel réguliers.
**lève-gazon** nm, **des lève-gazons** • B1 • Singulier et pluriel réguliers.
**lève-glace** nm, **des lève-glaces** • B1 • Singulier et pluriel réguliers.
**lève-lame** nm, **des lève-lames** • B1 • Singulier et pluriel réguliers.
**lève-ligne** nm, **des lève-lignes** • B1 • Singulier et pluriel réguliers.
**lève-nez** nm, **des lève-nez** • B1 (inchangé) • Même forme au singulier et au pluriel.
**lève-palette** nm, **des lève-palettes** • B1 • Singulier et pluriel réguliers.
**lève-pétrin** nm, **des lève-pétrins** • B1 • Singulier et pluriel réguliers.
**lève-rail** nm, **des lève-rails** • B1 • Singulier et pluriel réguliers.
**lève-roue** nm, **des lève-roues** • B1 • Singulier et pluriel réguliers.
**lève-selle** nm, **des lève-selles** • B1 • Singulier et pluriel réguliers.
**lève-soupape** nm, **des lève-soupapes** • B1 • Sing. et plur. rég. (généralement déjà conformes).
**lève-tard** n inv, **des lève-tard** • Inchangé • Ce mot n'est pas construit sur le modèle « verbe + nom » (B1), mais « verbe + adverbe ».
**lève-tige** nm, **des lève-tiges** • B1 • Singulier et pluriel réguliers.
**lève-tôle** nm, **des lève-tôles** • B1 • Singulier et pluriel réguliers.
**lève-tôt** n inv, **des lève-tôt** • Inchangé • Ce mot n'est pas construit sur le modèle « verbe + nom » (B1), mais « verbe + adverbe ».
**lève-tube** nm, **des lève-tubes** • B1 • Singulier et pluriel réguliers.
**lève-verrou** nm, **des lève-verrous** • B1 • Singulier et pluriel réguliers.
**lève-vitre** nm, **des lève-vitres** • B1 • Singulier et pluriel réguliers.
[anc. *levraut] VOIR **levreau** • F2 • Voir l'explication sur *levreau*.
**levreau** nm (au lieu de *levraut) • F2 • Jeune lièvre. Finale *-eau*, comme *lionceau*, *agneau*, *baleineau*...
**lexicostylistique** adj • A3 • Soudure avec *lexico* (préfixe savant).
**li** « mesure chinoise » nm, **des lis** • B2 • Pluriel régulier.
**liano** nm, **des lianos** (au lieu de *llanos) • B2, G22 • Le *Rapport* du CSLF recommande d'écrire *lia-* au lieu de *lla-* (plus conforme à la prononciation). Ce mot est rare au singulier (dans *TLF*).
**libera** nm • Valeur de citation (B2, C4) • Premier mot d'une prière en latin. Les rectifications le laissent donc inchangé (sans accent et invariable, italique parfois). *Littré* donne cependant *des liberas* et permet l'accent français *libéra*. Voir page 38.
**libérer** v, **je libèrerai, libèrerais** • C1 • Accent grave au futur et au conditionnel.
**libéro** nm • C4 • Francisation : accent aigu.
**libéroligneux, euse** adj • A3 • Soudure avec *libéro* (préfixe savant).

***** : graphie ancienne à ne plus utiliser ; **A1, A2, A3, B1...** : codes qui renvoient aux règles p. 17 à 34 ; **anc.** : anciennement ; **anglic.** : anglicisme à éviter ; **CSLF** : Conseil supérieur de la langue (voir bibliogr.).

**libretto** nm, **des librettos** • B2 • Francisation : pluriel régulier. Le pluriel étranger était : des *libretti.
**libyco-berbère** adj, nm • Inchangé • Exception A3 : pas de soudure (coordination, famille de langues).
**lied** nm, **des lieds** • B2 • Francisation : pluriel régulier. Le pluriel étranger était : des *lieder.
**liéger** v, **je liègerai**, **liègerais** • C1 • Accent grave au futur et au conditionnel.
**lieudit** nm, **des lieudits** • G19 • Choisir la graphie soudée. Le CSLF le confirme.
**lignerole** nf • D3 • Un seul *l*.
**limès** nm • C4 • Francisation : accent grave.
**linga** nm, **des lingas** • B2 • Francisation : pluriel régulier. On dit aussi *un lingam*, *des lingams*.
**lingam** nm, **des lingams** • B2 • Francisation : pluriel régulier. On dit aussi *un linga*, *des lingas*.
**linoléum** nm, **des linoléums** • B2, C4 • Francisation : pluriel régulier et accent aigu.
**lipoatrophie** nf • A3 • Soudure avec *lipo* (préfixe savant), même devant *a*.
**lipoatrophique** adj • A3 • Soudure avec *lipo* (préfixe savant), même devant *a*.
**lipoprotéine** nf • Inchangé • Ce mot avec le préfixe *lipo* était déjà soudé (A3), selon nos sources.
**liposoluble** adj • Inchangé • Ce mot avec le préfixe *lipo* était déjà soudé (A3), selon nos sources.
**lis** nm (au lieu de *lys) • G20 • Entre les deux formes en concurrence, préférer *i* et non *y*.
**lisérer** v, **je lisèrerai**, **lisèrerais** • C1 • Accent grave au futur et au conditionnel. On dit aussi *liserer*.
**listéria** nf, **des listérias** • B2, C4 • Pluriel régulier et accent aigu.
**litchi** (au lieu de *lichee ou *lychee) nm, ou **letchi**, selon la prononciation • G20 • Avec -*i* en finale.
Note : **litchi** (prononcé « li- ») est plus fréquent que **letchi** (prononcé « lè- »).
**lituanien**, **enne** « de Lituanie » adj (au lieu de *lithuanien) • G2 • Choisir sans *h*.
**lituanien** « langue » nm (au lieu de *lithuanien) • G2 • Entre les deux, choisir sans *h*.
**Lituanien**, **enne** « habitant de Lituanie » n • G2 • Choisir sans *h*.
**live** (anglic.) adj, nm, **des lives** • B2 • Pluriel régulier (mot étranger).
**livédo** nm • C4 • Francisation : accent aigu.
**loadeur** nm (anglic.) • G21 • Terminaison -*eur* dans les travaux des éditions Le Robert.
**lobby** nm (anglic.), **des lobbys** • B2 • Pluriel régulier.
**lockout** nm (anglic.), **des lockouts** • A4, B2 • Soudure et pluriel régulier (mot étranger).
**lockouter** v (anglic.) • A4 • Soudure selon les travaux des éditions Le Robert.
**logicohistorique** adj • A3 • Soudure avec *logico* (préfixe savant), même devant *h*.
**logicomathématique** adj • A3 • Soudure avec *logico* (préfixe savant).
**logicopositivisme** nm • A3 • Soudure avec *logico* (préfixe savant).
**lombago** ou **lumbago** nm • Au choix • Prononciations différentes. Ces deux formes permises existaient déjà.
**lombosacré**, **ée** adj • A3 • Soudure avec *lombo* (préfixe savant).
**lombosciatalgie** nf • A3 • Soudure avec *lombo* (préfixe savant).
**lombosciatique** nf • A3 • Soudure avec *lombo* (préfixe savant).
**longseller** nm (au lieu de *long-seller) • A4 • Soudure (mot étranger).
**loqueter** v, **je loquète**, **loquèterai**, **loquèterais** • D1 • Conjugaison -*ète* au lieu de -*ette*.
**lorry** nm, **des lorrys** • B2 • Pluriel régulier. Petit wagon.
**loseur** (anglic.) n (au lieu de *loser) • G21 • Terminaison -*eur* dans les travaux des éditions Le Robert.
La forme potentielle du féminin ne relève pas des rectifications.
**lote** nf (au lieu de *lotte) • G17 • Entre les deux, choisir un seul *t*.
**loupiote** « petite lampe » nf • Inchangé • En ce sens, ce mot prend toujours un seul *t*.
**loupiote** « enfant » nf (au lieu de *loupiotte) • G17 • Choisir un seul *t* (féminin de *loupiot*).
**louveter** v, **je louvète**, **louvèterai**, **louvèterais** • D1 • Conjugaison -*ète* au lieu de -*ette*.
**louvèterie** (ou **louveterie**, selon la prononciation) nf • F3 • Deux prononciations sont possibles, au choix.
Si on prononce « è », on ajoute l'accent grave qui manquait.
**ludoéducatif**, **ive** adj • A3 • Soudure avec *ludo* (préfixe savant), même devant *é*.
**lumbago** ou **lombago** • Au choix • Deux prononciations possibles. Détails sur **lombago**.
**lunch** nm, **des lunchs** • B2 • Pluriel régulier. Le pluriel étranger était : des *lunches.
**lunetier**, **ère** (ou **lunettier**, **ère**, selon la prononciation) n • D2 • Au choix. Ce mot a plus d'une prononciation possible. Si le premier *e* est muet ou se prononce « e », la consonne est simple.

**lunisolaire** adj • A3 • Soudure avec *luni* (préfixe savant).

**lymphoénergique** adj • A3 • Soudure avec *lympho* (préfixe savant), même devant *é*.

# M

**macaroni** nm, **des macaronis** • B2 • Sing. et plur. réguliers. En italien, le singulier était *mac(c)arone*.

**macchabée** nm • Inchangé • Le *h* est maintenu. La règle G2 ne s'applique pas, puisqu'il n'existe pas de graphie concurrente sans *h*.

**macérer** v, **je macèrerai, macèrerais** • C1 • Accent grave au futur et au conditionnel.

**mâche-bouchon** nm, **des mâche-bouchons** • B1 • Singulier et pluriel réguliers.

[anc. *macque, *macquer] VOIR **maque, maquer** • G11 • Choisir *qu* et non *cqu*.

**MACRO-** (préfixe) • À souder • La plupart des mots avec *macro* sont déjà soudés : la consultation d'un dictionnaire récent suffit pour le confirmer. Seuls les cas jugés utiles sont signalés ici. De nombreux mots nouveaux peuvent être créés avec ce préfixe. Il est impossible de les répertorier tous. Note : on ne soude pas devant *i* et *u*, pour éviter une prononciation défectueuse (*oi* et *ou*).

**macroarchitecture** nf • A3 • Soudure avec *macro* (préfixe savant), même devant *a*.

**macrocouverture** nf • A3 • Soudure avec *macro* (préfixe savant).

**macroéconomie** nf • A3 • Soudure avec *macro* (préfixe savant), même devant *é*.

**macroéconomique** adj • A3 • Soudure avec *macro* (préfixe savant), même devant *é*.

**macroélément** nm • A3 • Soudure avec *macro* (préfixe savant), même devant *é*.

**macroétape** nf • A3 • Soudure avec *macro* (préfixe savant), même devant *é*.

**macroévolution** nf • A3 • Soudure avec *macro* (préfixe savant), même devant *é*.

**macroexcrément** nm • A3 • Soudure avec *macro* (préfixe savant), même devant *e*.

**macrogénérateur** nm • A3 • Soudure avec *macro* (préfixe savant).

**macro-informatique** nf • Inchangé • Exception A3 : trait d'union entre *o* et *i* pour éviter *oi* ou *oin*.

**macro-instruction** nf • Inchangé • Exception A3 : trait d'union entre *o* et *i* pour éviter *oi* ou *oin*.

**macromarkéting** (ou **macromarketing**, selon la prononciation) nm • A3, C4 • Soudure avec *macro*, et l'accent est ajouté si désiré. Voir la remarque sur *markéting*.

**macronucléus** nm, **des macronucléus** • B2, C4 • Plur. régulier et accent aigu. Ce mot était déjà soudé.

**macroorchidie** nf • A3 • Soudure avec *macro*, même lorsqu'il y a rencontre de deux *o*.

**macroorganisme** nm • A3 • Soudure avec *macro*, même lorsqu'il y a rencontre de deux *o*.

**macrosocial, ale** adj • A3 • Soudure avec *macro* (préfixe savant).

**madrasa** nf, **des madrasas** • B2 • Pluriel régulier. On dit aussi *médersa*.

[anc. *maelstrom ou *maelström] VOIR **malstrom** ou **malström** • G20 • La forme avec *ö* se prononce « eu », celle avec *-om* rime avec *pomme* (prononciation plus française, selon le *Rapport* du CSLF).

**maerl** (au lieu de *maërl) nm ou **merl**, selon la prononciation • G1 • Sable, sédiment (ne pas confondre avec l'oiseau : *merle*). Les travaux des éditions Le Robert sont favorables à la variante sans tréma **maerl** (même prononciation). Si on choisit de ne pas prononcer le *a*, on écrit alors **merl**.

**mafia** nf (au lieu de *maffia) • G17 • Consonne simple : choisir un seul *f*.

**mafieux, euse** adj (au lieu de *maffieux) • G17 • Consonne simple : choisir un seul *f*.

**mafioso** nm, **des mafiosos** • B2, G17 • Le pluriel non francisé était : des *maf(f)iosi.

**magicoreligieux, euse** adj • A3 • Soudure avec le préfixe *magico*.

**magnétoélectrique** adj • A3 • Soudure avec *magnéto* (préfixe savant), même devant *é*.

**magnificat** nm • Valeur de citation (B2) • Premier mot d'un chant latin. Les rectifications le laissent donc invariable (majuscule et italique possibles). Voir page 38.

**magrébin, ine** adj (au lieu de *maghrébin) • G2 • Les deux variantes coexistaient déjà. Les travaux des éditions Le Robert sont favorables au choix de la graphie sans *h*.

**Magrébin, ine** n (au lieu de *Maghrébin) • G2 • Voir ci-dessus. Voir l'explication p. 16 (noms propres).

**maharadja** nm, **des maharadjas** • B2, G2, G20 • On avait *maharadjah, *maharajah, *maharaja ou **maharadja**. Entre les quatre, choisir *-dja* (avec *d*, puisque les dictionnaires disent qu'on prononce toujours le *d*, et sans le *h* final inutile). Pluriel régulier.

**maharané** nf, **des maharanés** • B2 • Pluriel régulier. De nos jours, on dit plus souvent *maharani*.

**maharani** nf, **des maharanis** • B2 • Pluriel régulier. On peut dire aussi *maharané*.

[anc. *mah-jong ou *ma-jong] VOIR **majong** • A4, G2 • Soudure (mot étranger) et choisir sans *h*.

---

***** : graphie ancienne à ne plus utiliser; **A1, A2, A3, B1...** : codes qui renvoient aux règles p. 17 à 34; **anc.** : anciennement; **anglic.** : anglicisme à éviter; **CSLF** : Conseil supérieur de la langue (voir bibliogr.).

[anc. *mahous, fém. : *mahousse] VOIR **maous**, fém. : **maousse** • G2 • Choisir la variante sans *h*.

[anc. *mahratte, Mahratte] VOIR **marathe, Marathe** • G20 • Voir explication sur *marathe*.

**mailcoach** nm, **des mailcoachs** • A4, B2 • Soudure (mot étranger), selon les travaux des éd. Le Robert.

**mainforte** nf • A5 • Le *Rapport* du CSLF soude ce mot. Il est au singulier dans les dictionnaires, dans des expressions comme *prêter mainforte*.

**maitre**, **maitresse** adj, n • C2 • L'accent circonflexe disparait. Ce mot s'emploie aussi comme adjectif ou en apposition. Il sert à former plusieurs mots composés. La forme *maitre* est parfois épicène.

**maitre-à-danser** nm • C2 • L'accent circonflexe disparait sur *i*.

**maitre-autel** nm • C2 • L'accent circonflexe disparait sur *i*.

**maitre-chien** nm • C2 • L'accent circonflexe disparait sur *i*.

**maitre-coq** nm • C2 • L'accent circonflexe disparait sur *i*.

**maitre-couple** nm • C2 • L'accent circonflexe disparait sur *i*.

**maitre-cylindre** nm • C2 • L'accent circonflexe disparait sur *i*.

**maitre-penseur, maitre-penseuse** n • C2 • L'accent circonflexe disparait sur *i*.

**maitresse** nf • C2 • L'accent circonflexe disparait sur *i*.

**maitrisable** adj • C2 • L'accent circonflexe disparait sur *i*.

**maitrise** nf • C2 • L'accent circonflexe disparait sur *i*.

**maitriser** v • C2 • L'accent circonflexe disparait sur *i*.

**majong** (au lieu de *mah-jong ou *ma-jong) nm • A4, G2 • Soudure (mot étranger) et choisir sans *h*.

**major** adj, plur. : **majors** • G18 • Choisir le pluriel régulier pour l'adjectif. Le nom avait déjà un plur. rég.

**maladresse** nf • Inchangé • Ce mot était déjà soudé en 1990.

**maladroit, oite** adj, n • Inchangé • Ce mot était déjà soudé en 1990.

**maladroitement** adv • Inchangé • Ce mot était déjà soudé en 1990.

**malaimé, malaimée** adj, n • A5 (ou G19) • Soudure avec *mal* attestée dans *Littré*.

**malaise** nm • Inchangé • Ce mot était déjà soudé en 1990.

**malaisé, ée** adj • Inchangé • Ce mot était déjà soudé en 1990.

**malaisément** adv • Inchangé • Ce mot était déjà soudé en 1990.

**malappris, ise** n • Inchangé • Ce mot était déjà soudé en 1990.

**malavisé, ée** adj • Inchangé • Ce mot était déjà soudé en 1990.

**malayo-polynésien, enne** adj • Inchangé • Exception A3 : pas de soudure (coord., famille de langues).

**malbouffe** nf • Inchangé • Ce mot est déjà soudé.

**malchance** nf • Inchangé • Ce mot était déjà soudé en 1990.

**malchanceux, euse** adj, n • Inchangé • Ce mot était déjà soudé en 1990.

**malcommode** adj, n • Inchangé • Ce mot était déjà soudé en 1990.

**maldonne** nf • Inchangé • Ce mot était déjà soudé en 1990.

**malentendant, ante** n • Inchangé • Ce mot était déjà soudé en 1990.

**malentendu** nm • Inchangé • Ce mot était déjà soudé en 1990.

**malêtre** nm, **des malêtres** • A5 • Soudure. Ce mot était dans la liste du RENOUVO (2008).

**malfaçon** nf • Inchangé • Ce mot était déjà soudé en 1990.

**malfaire** v • A5 (ou G19) • Existait soudé ou avec espace. Signifie « commettre des méfaits ».

**malfaisance** nf • Inchangé • Ce mot était déjà soudé en 1990.

**malfaisant, ante** adj, n • Inchangé • Ce mot était déjà soudé en 1990.

**malfaiteur, trice** n • Inchangé • Ce mot était déjà soudé en 1990.

**malfamé, ée** adj • A5 • Les travaux des éditions Le Robert soudent ce mot.

**malformation** nf • Inchangé • Ce mot était déjà soudé en 1990.

**malgracieux, euse** adj • Inchangé • Ce mot était déjà soudé en 1990.

**malhabile** adj • Inchangé • Ce mot était déjà soudé en 1990.

**malheureusement** adv • Inchangé • Ce mot était déjà soudé en 1990.

**malheureux, euse** adj, n • Inchangé • Ce mot était déjà soudé en 1990.

**malhonnête** adj • Inchangé • Ce mot était déjà soudé en 1990.

**malhonnêtement** adv • Inchangé • Ce mot était déjà soudé en 1990.

**malhonnêteté** nf • Inchangé • Ce mot était déjà soudé en 1990.

**maljugé** nm • A5 • Soudure avec *mal*, comme *bienjugé*.
**malmener** v • Inchangé • Ce mot était déjà soudé en 1990.
**malnutrition** nf • Inchangé • Ce mot était déjà soudé en 1990.
**malocclusion** nf • Inchangé • Ce mot était déjà soudé en 1990.
**malodorant**, **ante** adj • Inchangé • Ce mot était déjà soudé en 1990.
**malpoli**, **ie** adj, n • Inchangé • Ce mot était déjà soudé en 1990.
**malportant**, **ante** adj, n • A5 • Soudure avec *mal*, comme *malfaisant* ou *malodorant*.
**malposition** nf • Inchangé • Ce mot était déjà soudé en 1990.
**malpropre** adj, n • Inchangé • Ce mot était déjà soudé en 1990.
**malpropreté** nf • Inchangé • Ce mot était déjà soudé en 1990.
**malsain**, **aine** adj • Inchangé • Ce mot était déjà soudé en 1990.
**malséant**, **ante** adj • Inchangé • Ce mot était déjà soudé en 1990.
**malsonnant**, **ante**, adj • Inchangé • Ce mot était déjà soudé en 1990.
**malstrom** (au lieu de *maelstrom) nm, ou **malström** (au lieu de *maelström) • G20 • Au choix, selon la prononciation. La variante avec *-om* rime avec *pomme* (prononciation plus française, selon le *Rapport* du CSLF), alors que le *ö* se prononce « eu » (comme dans « pneu »). De nos jours, le début de ce mot se prononce toujours « mal », et on trouvait déjà en 1990 la graphie commençant par **mal**-. Donc, il est recommandé de cesser d'écrire ce mot sous la forme *mael-.
**malström** (au lieu de *maelström) nm, ou **malstrom** (au lieu de *maelstrom) • G20 • Au choix, selon la prononciation. Voir les explications sur *malstrom* (ci-dessus).
**maltraitance** nf • Inchangé • Ce mot était déjà soudé en 1990.
**maltraitant**, **ante** adj • Inchangé • Ce mot était déjà soudé en 1990.
**maltraiter** v • Inchangé • Ce mot était déjà soudé en 1990.
**malveillance** nf • Inchangé • Ce mot était déjà soudé en 1990.
**malveillant**, **ante** adj, n • Inchangé • Ce mot était déjà soudé en 1990.
**malvenu**, **ue** adj • Inchangé • Ce mot était déjà soudé en 1990.
**malvie** nf • A5 • Soudure avec *mal*. Ce nom (**la malvie**) est un mot rare.
**malvivre** (au lieu de *mal-vivre) nm, **des malvivres** • A5 • Soudure. Ce nom (**le malvivre**) est rare.
**malvoyant**, **ante** n • Inchangé • Ce mot était déjà soudé en 1990.
**mamelouk** nm (au lieu de *mameluk) • G9 • Entre les deux, préférer *ou* et non *u*.
**mamie** « mon amie » (au lieu de *m'amie) • G20 • Choisir sans apostrophe (travaux des éd. Le Robert).
**mamie** « grand-maman » nf (au lieu de *mamy ou *mammy) • G17, G20 • Choisir *ie* et simple *m*.
**manageur**, **euse** n (anglic.) • G21 • Terminaison *-eur*.
**mancenillier** nm • Inchangé • Exception F4 : sorte d'arbre (on maintient le suffixe *-ier*).
**manéger** v, **je manègerai**, **manègerais** • C1 • Accent grave au futur et au conditionnel.
**mange-disque** nm, **des mange-disques** • B1 • Singulier et pluriel réguliers.
**mange-maringouin** nm, **des mange-maringouins** • B1 • Singulier et pluriel réguliers.
**mangeoter** v • D3 • Un seul *t* : ce verbe est construit avec le suffixe diminutif *-oter*.
**mangetout** adj, nm, nf, **des mangetouts** • A5 • Soudé avec *tout*. Le nom est masculin au sens de « haricot », il peut être masculin ou féminin au sens vieilli de « personne dépensière ».
**mangeüre** nf • C3 • Rime avec *jure*. Ajout du tréma sur *u* pour éviter la combinaison *eu*.
**maniacodépressif**, **ive** adj • A3 • Soudure avec *maniaco* (préfixe savant).
**manicordion** (au lieu de *manichordion, toujours prononcé « k ») nm • G10 • Choisir *c* et non *ch*. On dit aussi *manicorde*.
**manicoti** nm, **des manicotis** • B2 • Francisation : pluriel régulier.
**maniérer** v, **je manièrerai**, **manièrerais** • C1 • Accent grave au futur et au conditionnel.
**maous**, fém. : **maousse** adj (au lieu de *mahous, fém. : *mahousse) • G2 • Choisir la variante sans *h*.
**maque** « outil pour broyer le lin ou le chanvre » nf (au lieu de *macque) • G11 • Choisir *qu* et non *cqu*.
**maquer** « broyer avec une maque » v (au lieu de *macquer) • G11 • Choisir *qu* et non *cqu*.
**maraichage** nm • C2 • L'accent circonflexe disparait sur *i*.
**maraiche** « requin » nf • C2 • L'accent circonflexe disparait sur *i*.
**maraicher**, **ère** adj, n • C2 • L'accent circonflexe disparait sur *i*.
**maraichin**, **ine** adj, n • C2 • L'accent circonflexe disparait sur *i*.

**marathe** « relatif aux Marathes » adj (au lieu de *mahratte) • G20 • Les travaux des éditions Le Robert choisissent **marathe**.

**marathe** « langue » nm (au lieu de *mahratte) • G20 • Voir ci-dessus. Pour la langue, on dit aussi *le marathi*.

**Marathe** « habitant de l'ouest de l'Inde (près de Bombay) » n (au lieu de *Mahratte) • G20 • Voir l'adjectif *marathe*.

**marcotter** v • Inchangé • Exception D3 (*-otter*) : ce mot est de la famille de *marcotte*.

**marengo** nm, **des marengos** • B2 • Pluriel régulier.

**margoter** v • D3 • Un seul *t*. Entre les deux variantes en concurrence (on trouve avec un ou deux *t* dans les dictionnaires), on fixe la graphie sous la forme *-oter*. Note : on dit aussi *margauder*.

**marguiller**, **ère** n • F4 • Terminaison *-iller* et non *-illier*. Ce mot rime avec *conseiller*, *conseillère*.

**marihuana** ou **marijuana** (selon la prononciation) nf • Au choix • Dans *marihuana*, la séquence *-hua-* se prononce « oi ». Dans *marijuana*, la séquence *-jua-* se prononce « roi » et parfois « joi » (*joie*).

**marijuana** ou **marihuana** (selon la prononciation) nf • Au choix • Voir l'explication sur *marihuana*.

**maringote** nf (au lieu de *maringotte) • G17 • Entre les deux, choisir un seul *t*.

**mariole** adj, n (au lieu de *mariolle) • D3 • Un seul *l*. On trouve aussi *mariol*.

**mark** « monnaie » nm, **des marks** • B2 • Pluriel régulier.

**marketer** v, **je markète, markèterai, markèterais** • D1 • Ce verbe a plus d'une prononciation : on peut choisir entre *marketer* et *markéter*. Si on choisit la forme sans accent à l'infinitif, il faut le conjuguer comme *acheter* (*-ète* et non *-ette*, règle D1). Ne pas confondre avec *marqueter*.

**markéter** v, **je markèterai, markèterais** • C1, C4 • Ce verbe a plus d'une prononciation : on peut choisir entre *markéter* et *marketer*. Si on prononce « é », on met l'accent aigu à l'infinitif (C4) et on le conjugue comme *céder* (notamment accent grave au futur et au conditionnel, règle C1).

**markéteur**, **euse** n (ou **marketeur**, **euse**, selon la prononciation) n • C4 • Ce mot a plus d'une prononciation. Si on veut prononcer « é », on met l'accent aigu.

**markéting** (ou **marketing**, selon la prononciation) nm • C4 • Ce mot a plus d'une prononciation. Si on veut prononcer « é », on met l'accent aigu. Certains le considèrent comme un anglic., d'autres non.

**marque-page** nm, **des marque-pages** • B1 • Sing. et plur. rég. (généralement déjà conformes).

**marqueter** v, **je marquète, marquèterai, marquèterais** • D1 • Conjugaison *-ète* au lieu de *-ette*. Ne pas confondre avec *marketer* ou *markéter*.

**marquèterie** (ou **marqueterie**, selon la prononciation) nf • F3 • Deux prononciations sont possibles, au choix. Si on prononce « è », on ajoute l'accent grave qui manquait.

**martèlement** nm • D1 • Choisir *-èlement* (et non *-ellement*). Les deux existaient.

**mass média** nm (anglic.), **des mass médias** • B2, C4 • Pluriel régulier et accent aigu.

**match** nm, **des matchs** • B2 • Pluriel régulier. Le pluriel non francisé était : des *matches.

**matchplay** (anglic.) nm, **des matchplays** • A4 • Soudure (mot étranger).

**mateau** nm (au lieu de *matteau) • G17 • Entre les deux, choisir un seul *t*.

**matefaim** nm, **des matefaims** • G18 • Choisir le pluriel régulier. Tous les dictionnaires le donnent aujourd'hui.

**maternothérapie** nf • A3 • Soudure avec *materno* (préfixe savant).

**maxijupe** nf • A3 • Soudure avec *maxi* (préfixe savant).

**maxima (à)** VOIR **à maxima** • C4 • Accent grave sur *a*.

**maxima** adj, nm, **des maximas** • B2 • Singulier et pluriel réguliers permis, selon la liste du RENOUVO, ce qui permet de conserver la même prononciation en nouvelle orthographe dans certaines expressions. Voir aussi la forme *maximum(s)*, plus fréquente en général. Concernant l'adjectif, lire la note sur *maximum*.

**maximanteau** nm • A3 • Soudure avec *maxi* (préfixe savant).

**maximum** adj, nm, **des maximums** • B2 • Pluriel régulier. Voir aussi la forme *maxima(s)*, plus rare. Concernant l'adjectif, la forme du féminin ne relève pas des règles des rectifications : le *Rapport* du CSLF ne précise pas le féminin des mots. On rencontre deux féminins pour l'adjectif dans les dictionnaires : *maximum* ou *maxima*. Note : l'Académie des sciences critique l'emploi de l'adjectif, alors il serait préférable d'employer son synonyme *maximal* (adj.), ce qui évite la confusion des accords de l'adjectif (selon *TLF*).

**maya** adj, n, **des mayas** • B2 • Pluriel régulier pour l'adjectif et le nom (langue ou apparence illusoire).

**Maya** n, **des Mayas** • B2 • De nos jours, le nom propre aussi a un pluriel régulier.

**mea culpa** nm • Valeur de citation (B2, C4) • Expression latine signifiant « par ma faute » ou « c'est ma faute ». Le *Rapport* du CSLF la laisse inchangée (sans accent et invariable). Dans ce cas, l'italique est souhaitable. Note : de plus en plus, les dictionnaires mettent un trait d'union pour la nominalisation : *un mea-culpa*. Le *Littré* permet l'accent français : *méa-culpa*. Voir page 38.

**mécanoassemblé, ée** adj • A3 • Soudure avec *mécano* (préfixe savant), même devant *a*.

**mécanochimique** adj • A3 • Soudure avec *mécano* (préfixe savant).

**mécanofonctionnel, elle** adj • A3 • Soudure avec *mécano* (préfixe savant).

**mécanosoudage** nm • A3 • Soudure avec *mécano* (préfixe savant).

**mécanosoudé, ée** adj • A3 • Soudure avec *mécano* (préfixe savant).

**mécher** v, **je mècherai, mècherais** • C1 • Accent grave au futur et au conditionnel.

**méconnaitre** v, **il méconnait, je méconnaitrai, méconnaitrais** • C2 • L'accent circonflexe disparait sur *i*.

**médailler** nm (au lieu de *médaillier) • F4 • Terminaison *-iller* et non *-illier*. Ce mot rime avec *conseiller*. Meuble à tiroirs plats ou collection de médailles. Ne pas confondre avec *un médaillé olympique*.

**médecin** n • Inchangé • Exception C1 : accent aigu. Au féminin, on dit *une médecin*.

**médecin-conseil** n • Inchangé • Exception C1 : on maintient l'accent aigu.

**médecine** nf • Inchangé • Exception C1 : on maintient l'accent aigu.

**médersa** (au lieu de *medersa) nf, **des médersas** • B2, C4 • Plur. régulier. Accent. On dit aussi *madrasa*.

**média** nm, **des médias** • B2, C4 • Accent. Sing. et plur. rég. On avait autrefois un sing. *medium en ce sens. Le mot *médium* accentué était régulier (*des médiums*) dans les dictionnaires (autres sens).

**médicoactuariel, elle** adj • A3 • Soudure avec *médico* (préfixe savant), même devant *a*.

**médicochirurgical, ale** adj • A3 • Soudure avec *médico* (préfixe savant).

**médicoéducatif, ive** adj • A3 • Soudure avec *médico* (préfixe savant), même devant *é*.

**médicohospitalier, ère** adj • A3 • Soudure avec *médico* (préfixe savant), même devant *h*.

**médicolégal, ale** adj • A3 • Soudure avec *médico* (préfixe savant).

**médicopédagogique** adj • A3 • Soudure avec *médico* (préfixe savant).

**médicoprofessionnel, elle** adj • A3 • Soudure avec *médico* (préfixe savant).

**médicopsychologique** adj • A3 • Soudure avec *médico* (préfixe savant).

**médicopsychopédagogique** adj • A3 • Soudure avec *médico* (préfixe savant).

**médicosocial, ale** adj • A3 • Soudure avec *médico* (préfixe savant).

**médicosportif, ive** adj • A3 • Soudure avec *médico* (préfixe savant).

**médicotechnique** adj • A3 • Soudure avec *médico* (préfixe savant).

**médicovétérinaire** adj • A3 • Soudure avec *médico* (préfixe savant).

**médioocéanique** adj • A3 • Soudure avec *médio* (préfixe savant), même s'il y a rencontre de deux *o*.

**médiopalatal, ale** adj • Inchangé • Ce mot avec *médio* était déjà soudé (A3), selon nos sources.

**médulloépithéliome** nm • A3 • Soudure avec *médullo* (préfixe savant), même devant *é*.

**médullostimuline** nf • A3 • Soudure avec *médullo* (préfixe savant).

**médullosurrénal, ale** adj, nf • A3 • Soudure avec *médullo* (préfixe savant).

**médullosurrénalome** nm • A3 • Soudure avec *médullo* (préfixe savant).

**mégaeuro** nm, **des mégaeuros** • A3 • Soudure avec *méga* (préfixe savant), même devant *e* ou *eu*.

**mégaévènement** nm • A3, C1 • Soudure avec *méga*. Accent grave dans *évènement*.

**mégaoctet** nm • A3 • Soudure avec *méga* (préfixe savant), même devant *o*.

**mégaporcherie** nf • A3 • Soudure avec *méga* (préfixe savant).

**mégawattheure** nm, **des mégawattheures** • Inchangé • Était déjà écrit soudé, selon nos sources.

**méhalla** nf • C4 • Francisation : accent aigu.

**méhari** nm, **des méharis** • B2 • Francisation : pluriel régulier. Le pluriel étranger était : des *méhara.

**meitnérium** nm (au lieu de *meitnerium) • C4 • Francisation : accent aigu.

**mélanoaméloblastome** nm • A3 • Soudure avec *mélano* (préfixe savant), même devant *a*.

**mélanoépithéliome** nm • A3 • Soudure avec *mélano* (préfixe savant), même devant *é*.

**mélanosarcome** nm • A3 • Soudure avec *mélano* (préfixe savant).

**mélanostimulant, ante** adj • A3 • Soudure avec *mélano* (préfixe savant).

**mélanostimuline** nf • A3 • Soudure avec *mélano* (préfixe savant).

**melba** adj, nf, **des melbas** • B2 • Pluriel régulier.

**méléna** nm (au lieu de *melæna ou *mélæna) • C4, G5 • Les trois variantes existaient et se prononçaient de façon identique. On choisit donc la forme la plus française (C4 et G5).

**mêletout** n, **des mêletouts** • A5 • Les mots composés d'un verbe + *tout* sont soudés.

**mélimélo** nm, **des mélimélos** • A4 • Le *Rapport* du CSLF soude ce mot.

**melkite** adj, n (au lieu de *melchite, toujours prononcé « k ») • G12 • Entre les deux formes existantes, préférer *k* et non *ch*. Avis favorable des travaux des éditions Le Robert.

**mellah** nm (au lieu de *mellâh) • G1 • Entre les deux graphies coexistantes, choisir celle sans accent.

**mémento** nm • C4 • Francisation : accent aigu.

**mémérer** v, **je mémèrerai, mémèrerais** • C1 • Accent grave au futur et au conditionnel.

**mémorandum** nm, **des mémorandums** • B2, C4 • Francisation : pluriel régulier et accent aigu.

**menchévique** adj, n • C4, G11 • Francisation : accent aigu. Terminaison *que* plutôt que *k* ou *ck*.

**ménin, ine** n • C4 • Francisation : accent aigu.

**méningoangiomatose** nf • A3 • Soudure avec *méningo* (préfixe savant), même devant *a*.

**méningoencéphalique** adj • A3 • Soudure avec *méningo* (préfixe savant), même devant *e*.

**méningoencéphalite** nf • A3 • Soudure avec *méningo* (préfixe savant), même devant *e*.

**méningoencéphalocèle** nf • A3 • Soudure avec *méningo* (préfixe savant), même devant *e*.

**méningoencéphalomyélite** nf • A3 • Soudure de l'ancienne forme *méningo-encéphalo-myélite.

**méningomyélite** nf • A3 • Soudure avec *méningo* (préfixe savant).

**méningomyélocèle** nf • A3 • Soudure avec *méningo* (préfixe savant).

**méningomyéloradiculite** nf • A3 • Soudure de l'ancienne forme *méningo-myélo-radiculite.

**méningonévraxite** nf • A3 • Soudure avec *méningo* (préfixe savant).

**méningooculofacial, ale** adj • A3 • Soudure de l'ancienne forme *méningo-oculo-facial.

**méningoradiculite** nf • A3 • Soudure avec *méningo* (préfixe savant).

**méningotyphus** nm • A3 • Soudure avec *méningo* (préfixe savant).

**méningovasculaire** adj • A3 • Soudure avec *méningo* (préfixe savant).

**menotter** v • Inchangé • Exception D3 (*-otter*) : ce mot est de la famille de *menotte*.

**merle bleu** « oiseau d'Europe » nm, **des merles bleus** • Inchangé • Le **merle bleu** (avec espace) est l'ancien nom du *monticole bleu*. Ne pas confondre avec *merlebleu* (en un mot).

**merlebleu** « oiseau d'Amérique » (au lieu de *merle-bleu) nm, **des merlebleus** • G19 • Le **merlebleu** (en un mot, anciennement *merle-bleu avec trait d'union) est une espèce différente du *merle bleu* (avec espace). Il désigne une autre sorte d'oiseau, qui n'est d'ailleurs pas un merle, mais un parent lointain du merle. On trouve ce mot, par exemple, dans les noms d'oiseaux suivants : *merlebleu à poitrine rouge*, *merlebleu de l'Est*, *merlebleu de l'Ouest*. Voir page 16.

**mésa** nf (au lieu de *mesa) • C4 • Francisation : accent aigu.

**mésinterpréter** v, **je mésinterprèterai, mésinterprèterais** • C1 • Accent grave au futur et au conditionnel.

**mésoaméricain, aine** adj • A3 • Soudure avec *méso* (préfixe savant), même devant *a*.

**méso-inositol** nm • Inchangé • Exception A3 : trait d'union maintenu entre *o* et *i* pour éviter *oi* ou *oin*.

**mésosens** nm • A3 • Soudure avec *méso* (préfixe savant).

[anc. *messeoir] VOIR **messoir** • F2 • Le *e* de l'infinitif disparait.

**messoir** (au lieu de *messeoir) v • F2 • Le CSLF élimine le *e* inutile. Voir *assoir*.

**métacommunication** nf • A3 • Soudure avec *méta* (préfixe savant).

**métrer** v, **je mètrerai, mètrerais** • C1 • Accent grave au futur et au conditionnel.

**métrorragie** nf (au lieu de *métrorrhagie) • G2 • Entre les deux, choisir sans *h*. Avis favorable des travaux des éditions Le Robert. Le suffixe *-rrhagie* est vieilli et tend à disparaitre des dictionnaires.

**mezzosoprano** n, **des mezzosopranos** • A4, B2 • Soudure (comme *mezzotinto*) et pluriel régulier.

**mezzotinto** nm, **des mezzotintos** • A4, B2 • Soudure et pluriel régulier (mot étranger).

**MI-** (préfixe) • Inchangé • Les mots construits avec le préfixe *mi-* prennent toujours le trait d'union. Les rectifications n'ont pas modifié cette règle. On écrit donc avec un trait d'union : *mi-carême*, *mi-fermé*, *mi-janvier*, *mi-long*, etc. Ces mots ne sont pas répertoriés ici, puisqu'ils sont inchangés.

**miammiam** interj, nm, **des miammiams** • A4 • Soudure (onomatopée). On dit aussi simplement *miam !*

**MICRO-** (préfixe) • À souder • La plupart des mots avec le préfixe *micro* sont déjà soudés : la consultation d'un dictionnaire récent suffit pour le confirmer. Seuls les cas jugés utiles sont signalés ici. De nombreux mots peuvent être créés avec ce préfixe. Il est impossible de les répertorier tous. Note : on ne soude pas devant *i* et *u*, pour éviter une prononciation défectueuse (*oi* et *ou*).

**microaiguille** nf • A3 • Soudure avec *micro* (préfixe savant), même devant *a*.

**microalvéole** nf • Inchangé • Soudure avec *micro* (préfixe savant), même devant *a*.

**microampère** nm • A3 • Soudure avec *micro* (préfixe savant), même devant *a*.

**microampèremètre** nm • A3 • Soudure avec *micro* (préfixe savant), même devant *a*.

**microanalyse** nf • A3 • Soudure avec *micro* (préfixe savant), même devant *a*.

**microbrasserie** nf • A3 • Soudure avec *micro* (préfixe savant).

**microbrasseur, euse** n • A3 • Soudure avec *micro* (préfixe savant).

**micro-casque** nm • Inchangé • « Casque muni d'un microphone ». Non touché par A3 : il ne s'agit pas du préfixe *micro* pour signifier « petit casque », mais du nom *un micro* (abréviation de *microphone*). Le trait d'union est donc maintenu. Le pluriel est : *des micros-casques*.

**microcouverture** nf • A3 • Soudure avec *micro* (préfixe savant).

**micro-cravate** nm • Inchangé • « Microphone miniaturisé qu'on fixe sur ses vêtements (à la cravate ou au revers) lors d'une émission ». Non touché par A3 : il ne s'agit pas du préfixe *micro* pour signifier « petite cravate », mais du nom *un micro* (abréviation de *microphone*). Le trait d'union est donc maintenu. Le pluriel est : *des micros-cravates*.

**microéconomie** nf • A3 • Soudure avec *micro* (préfixe savant), même devant *é*.

**microéconomique** adj • A3 • Soudure avec *micro* (préfixe savant), même devant *é*.

**microédition** nf • A3 • Soudure avec *micro* (préfixe savant), même devant *é*.

**microélectrode** nf • A3 • Soudure avec *micro* (préfixe savant), même devant *é*.

**microélectronique** adj, nf • A3 • Soudure avec *micro* (préfixe savant), même devant *é*.

**microélément** nm • A3 • Soudure avec *micro* (préfixe savant), même devant *é*.

**microemprunteur, euse** n • A3 • Soudure avec *micro* (préfixe savant), même devant *e*.

**microencapsulage** nm • A3 • Soudure avec *micro* (préfixe savant), même devant *e*.

**microévolution** nf • A3 • Soudure avec *micro* (préfixe savant), même devant *é*.

**micro-informatique** adj, nf • Inchangé • Exception A3 : trait d'union maintenu pour éviter *oi* ou *oin*.

**microlite** « cristal microscopique ou silex d'un outil préhistorique » nm • G2 • Préférer la forme avec *-lite* plutôt que celle avec *-lithe*.

**microlitique** adj • G2 • Choisir *-litique* plutôt que *-lithique*.

**micromarkéting** (ou **micromarketing**, selon la prononciation) nm • A3, C4 • Soudure avec *micro*, et l'accent est ajouté si désiré. Voir la remarque sur *markéting*.

**micrométéorite** nf • A3 • Soudure avec *micro* (préfixe savant).

**micronettoyage** nf • Inchangé • Ce mot avec le préfixe *micro* était déjà soudé (A3), selon nos sources.

**micronettoyer** v • Inchangé • Ce mot avec le préfixe *micro* était déjà soudé (A3), selon nos sources.

**micronettoyeur** nm • Inchangé • Ce mot avec le préfixe *micro* était déjà soudé (A3), selon nos sources.

**micronucléus** nm, **des micronucléus** • B2, C4 • Pluriel régulier et accent aigu. Ce mot était déjà soudé.

**microonde** « onde électromagnétique » nf • A3 • Soudure avec *micro* (préfixe savant), même devant *o*.

**microonde** « four » nm, **des microondes** • A3, G18 • Soudure avec *micro*. Le singulier régulier (sans *s*) est maintenant attesté dans *Petit Robert*, même pour le nom masculin au sens de « four ».

**microordinateur** nm • A3 • Soudure avec *micro* (préfixe savant), même s'il y a rencontre de deux *o*.

**microorganisme** nm • A3 • Soudure avec *micro* (préfixe savant), même s'il y a rencontre de deux *o*.

**microrafale** nf • Inchangé • Ce mot avec le préfixe *micro* était déjà soudé (A3), selon nos sources.

**microsens** nm • A3 • Soudure avec *micro* (préfixe savant).

**micro-trottoir** nm • Inchangé • Non touché par A3 : enquête journalistique par un interview des gens dans la rue. Ce n'est pas le préfixe pour signifier « petit trottoir », mais le nom *un micro* (abrév. de *microphone*). Les dictionnaires maintiennent donc le trait d'union. Pluriel : *des micros-trottoirs*.

**midrash** nm, **des midrashs** • B2 • Francisation : pluriel rég. Le pluriel étranger était : des *midrashim.

**midshipman** nm, **des midshipmans** • B2 • Pluriel régularisé. On dit aussi (plus souvent) *midship*.

**mieux-disant, mieux-disante** adj, n, **des mieux-disants** • Inchangé • Les mots avec *mieux* ne sont pas soudés.

**mieux-être** nm inv • Inchangé • Les mots avec *mieux* ne sont pas soudés (mais *bienêtre* est soudé).

**mieux-faisant**, **mieux-faisante** adj, plur. : **mieux-faisants**, **mieux-faisantes** • Inchangé • Les mots avec *mieux* ne sont pas soudés (mais *bienfaisant* est soudé).

**mieux-vivre** nm inv • Inchangé • Les mots avec *mieux* ne sont pas soudés.

**mignoter** v • Inchangé • Ce verbe s'écrivait déjà avec un seul *t* dans les dictionnaires. Il fait partie de la famille de *mignot*.

**mihrab** nm (au lieu de *mihrâb) • G1 • Entre les deux graphies coexistantes, choisir celle qui est sans accent circonflexe.

**milady** nf, **des miladys** • B2 • Pluriel régulier. Titre donné à certaines dames anglaises.

**militaro-industriel**, **elle** adj • Inchangé • Exception A3 : trait d'union maintenu pour éviter *oi* ou *oin*.

**milkbar** nm (anglic.) • A4 • Soudure selon les travaux des éditions Le Robert (mot étranger).

**milkshake** nm (anglic.), **des milkshakes** • A4, B2 • Soudure et pluriel régulier (mot étranger).

**mille** (numéral) : **mille-un**, **mille-et-un**, **mille-et-unième**, **mille-deux**, **mille-trois**, **deux-mille**, **trois-mille**, **deux-mille-dix**, **trois-mille-trente-huit**, **cent-mille**, **deux-cent-mille**, **mille-millions**, etc. • A6 • Trait d'union : on unit **mille** par des traits d'union dans les numéraux. Le numéral *mille* était et est encore toujours invariable.

**millefeuille** nm, **des millefeuilles** • A5 (ou G19) • La soudure est recommandée par le *Rapport* du CSLF.

**milléfiori** nm, **des milléfioris** • B2, C4 • Francisation : pluriel régulier et accent aigu.

**millefleur** nf, **des millefleurs** • A5 (ou G19 et G18) • Choisir la graphie soudée. Le singulier perd son *s*.

**millepatte** nm, **des millepattes** • A5 • Le CSLF soude ce mot et l'écrit sans *s* au singulier.

**millepertuis** nm • A5 (ou G19) • La soudure est recommandée par le *Rapport* du CSLF.

**milleraie** nm • A5 (ou G19 et G18) • Choisir la graphie soudée. Le singulier perd son *s*.

**milliard** (entrant dans la composition d'un numéral) : **un-milliard**, **un-milliard-douze**, **sept-milliards**, **trois-milliards-huit-cent-mille**, **cent-milliards**, **cinq-cent-milliards** de dollars, etc. • A6 • Trait d'union : on unit **milliard** par des traits d'union dans les numéraux. Concernant la règle d'accord, le principe est le même qu'autrefois : *milliard* provient de la catégorie des noms, alors il prend un *s* dès qu'il y en a deux ou plus (peu importe qu'il termine le nombre ou non).

**milliardième** (numéral) • A6 (indiquant le rang) • Trait d'union en ce sens. Ex. : le **six-milliardième** habitant (6 000 000 000$^{e}$), la **trente-huit-milliardième** molécule (38 000 000 000$^{e}$).

**milliardième** (élément fractionnaire) • A6 (fraction) • Comme toujours, on ne met pas de trait d'union entre le numérateur et le dénominateur de la fraction : **six milliardièmes** (6/1 000 000 000). On emploie cependant le trait d'union dans le dénominateur lorsque celui-ci est composé. Ex. : **treize deux-milliardièmes** (13/2 000 000 000), **cinquante-sept trente-deux-milliardièmes** (57/32 000 000 000).

**millième** (numéral) • A6 (indiquant le rang) • Trait d'union en ce sens. Ex. : la **trois-millième** fois (3 000$^{e}$), le **vingt-cinq-millième** client (25 000$^{e}$).

**millième** (élément fractionnaire) • A6 (fraction) • Comme toujours, pas de trait d'union entre le numérateur et le dénominateur de la fraction : **trois millièmes** (3/1 000). On emploie cependant le trait d'union dans le dénominateur lorsque celui-ci est composé (c'était déjà le cas dans plusieurs dictionnaires et grammaires avant 1990). Ex. : **quarante-sept deux-millièmes** (47/2 000), **treize vingt-cinq-millièmes** (13/25 000).

**millier** nm • Inchangé • Ce mot n'est pas touché par la règle F4, puisqu'on prononce le *l* devant *-ier*.

**million** (entrant dans la composition d'un numéral) : **un-million**, **un-million-dix**, **deux-millions**, **deux-millions-trois-cent-mille**, **cent-millions**, **six-cent-millions** de dollars, etc. • A6 • Trait d'union : on unit **million** par des traits d'union dans les numéraux. Concernant la règle d'accord, le principe est le même qu'autrefois : *million* provient de la catégorie des noms, alors il prend un *s* dès qu'il y en a deux ou plus (peu importe qu'il termine ou non le nombre).

**millionième** (numéral) • A6 (indiquant le rang) • Trait d'union en ce sens. Ex. : la **deux-millionième** fois (2 000 000$^{e}$), le **dix-sept-millionième** visiteur (17 000 000$^{e}$). Note : ce mot prend toujours un seul *n*, contrairement à *millionnaire*, qui en prend deux.

**millionième** (élément fractionnaire) • A6 (fraction) • Comme toujours, pas de trait d'union entre le numérateur et le dénominateur de la fraction : **deux millionièmes** (2/1 000 000). On emploie cependant le trait d'union dans le dénominateur s'il est composé. Ex. : **treize deux-millionièmes** (13/2 000 000), **soixante-trois quarante-huit-millionièmes** (63/48 000 000).

**millionnaire** n • Inchangé • Les rectifications n'ont pas modifié ce mot (toujours deux *n*).

**milliwattheure** nm, **des milliwattheures** • Inchangé • Ce mot était déjà écrit soudé, selon nos sources.

**MINI-** (préfixe) • À souder • La plupart des mots avec *mini* sont déjà soudés : la consultation d'un dictionnaire récent suffit pour le confirmer. Seuls les cas jugés utiles sont signalés ici. De nombreux mots nouveaux peuvent être créés avec ce préfixe. Il est impossible de tous les répertorier.

**miniapplication** nf • A3 • Soudure avec *mini* (préfixe savant), même devant *a*.

**minibus** nm • A3 • Soudure avec *mini* (préfixe savant).

**minicar** nm • A3 • Soudure avec *mini* (préfixe savant).

**minicarte** nf • A3 • Soudure avec *mini* (préfixe savant).

**minichaine** nf • A3, C2 • Soudure avec *mini* (préfixe savant). L'accent circonflexe disparait sur *i*.

**miniconférence** nf • A3 • Soudure avec *mini* (préfixe savant).

**minicrevette** nf • A3 • Soudure avec *mini* (préfixe savant).

**minicroissant** nm • A3 • Soudure avec *mini* (préfixe savant).

**minicupcake** nm (anglic.) • A3 • Soudure avec *mini*. Voir *cupcake*.

**minideuil** nm • A3 • Soudure avec *mini* (préfixe savant).

**minidisque** nm • A3 • Soudure avec *mini* (préfixe savant).

**minidose** nf • A3 • Soudure avec *mini* (préfixe savant).

**minientrepôt** nm • A3 • Soudure avec *mini* (préfixe savant), même devant *e* ou *en*.

**miniextraction** nf • A3 • Soudure avec *mini* (préfixe savant), même devant *e*.

**minifiche** nf • A3 • Soudure avec *mini* (préfixe savant).

**miniformat** nm • A3 • Soudure avec *mini* (préfixe savant).

**minifour** nm • A3 • Soudure avec *mini* (préfixe savant).

**minifourgonnette** nf • A3 • Soudure avec *mini* (préfixe savant).

**minigâteau** nm • A3 • Soudure avec *mini* (préfixe savant).

**minigolf** nm • A3 • Soudure avec *mini* (préfixe savant).

**miniguide** nm • A3 • Soudure avec *mini* (préfixe savant).

**miniinvasif, ive** adj • A3 • Soudure avec *mini*, même devant *i* (dans *Dictionnaire Hachette*).

**minijupe** nf • A3 • Soudure avec *mini* (préfixe savant).

**minima (à)** VOIR **à minima** • C4 • Accent grave sur *a*.

**minima** adj, nm, **des minimas** • B2 • Sing. et pluriel réguliers permis, selon la liste du RENOUVO, ce qui permet de conserver la même prononciation en nouvelle orthographe dans des expressions comme *des minimas socia*ux (anciennement **des minima sociaux*). Voir aussi la forme *minimum(s)*, plus fréquente en général dans les autres expressions. Concernant l'adjectif, lire la note sur *minimum*.

**minimaison** nf • A3 • Soudure avec *mini* (préfixe savant).

**minimarché** nm • A3 • Soudure avec *mini* (préfixe savant).

**minimodem** nm • A3 • Soudure avec *mini* (préfixe savant).

**minimum** adj, nm, **des minimums** • B2 • Pluriel régulier. Voir aussi la forme *minima(s)*, plus rare. Concernant l'adjectif, la forme du féminin ne relève pas des règles des rectifications : le *Rapport* du CSLF ne précise pas le féminin des mots. On rencontre deux féminins pour l'adjectif dans les dictionnaires : *minimum* ou *minima*. Note : l'Académie des sciences critique l'emploi de l'adjectif, alors il serait préférable d'employer son synonyme *minimal* (adj.), ce qui évite la confusion des accords de l'adjectif (selon *TLF*).

**miniordinateur** nm • A3 • Soudure avec *mini* (préfixe savant), même devant *o*.

**minipilule** nf • A3 • Soudure avec *mini* (préfixe savant).

**minipoêle** nf • A3 • Soudure avec *mini* (préfixe savant).

**minirévolution** nf • A3 • Soudure avec *mini* (préfixe savant).

**miniroman** nm (au lieu de *mini-roman) • A3 • Soudure avec *mini* (préfixe savant).

**minislip** nm • A3 • Soudure avec *mini* (préfixe savant).

**minisondage** nm • A3 • Soudure avec *mini* (préfixe savant).

**minitest** nm • A3 • Soudure avec *mini* (préfixe savant).

**minithéâtre** nm • A3 • Soudure avec *mini* (préfixe savant).

**minivélo** nm • A3 • Soudure avec *mini* (préfixe savant).

**mire-étoile** nf, **des mires-étoiles** • Inchangé • Il s'agit du nom féminin *une mire*, et non du verbe *mirer* (non touché par la règle B1 pour le pluriel).

**mire-jalon** nm, **des mire-jalons** • B1 • Singulier et pluriel réguliers.

**mire-œuf** nm, **des mire-œufs** • B1 • Singulier et pluriel réguliers.

**mire-test** nf, **des mires-tests** • Inchangé • Il s'agit du nom féminin *une mire*, et non du verbe *mirer* (non touché par la règle B1 pour le pluriel).

**mire-vin** nm, **des mire-vins** • B1 • Singulier et pluriel réguliers.

**mirmidon** nm (au lieu de *myrmidon) • G20 • Avis favorable des éditions Le Robert pour *i*. L'étymologie lointaine était *y*, mais on a écrit ce mot avec *i* au cours du dernier millénaire. Tous les dictionnaires reconnaissent l'orthographe avec *i*.

**miserere** « psaume, chant religieux » nm • Valeur de citation (B2, C4) • Premier mot d'un psaume en latin. Les rectifications le laissent en principe inchangé (sans accent et invariable, souvent en italique). Cependant, l'Académie française a rectifié ce mot et, de nos jours, tous les dictionnaires permettent les accents français et le pluriel régulier : *des miséréré*s. Voir page 38.

**miss** nf, **des miss** • B2 • Pluriel régulier.

**mixeur**, **mixeuse** (anglic.) n et nm • G21 • Terminaison *-eur* dans les travaux des éditions Le Robert.

**moco** « marin du Sud de la France » nm (au lieu de *moko) • G10 • Choisir *c* et non *k*.

**modérato** adv, nm, **des modératos** • B2, C4 • Francisation : pluriel régulier et accent aigu.

**modérer** v, **je modèrerai, modèrerais** • C1 • Accent grave au futur et au conditionnel.

**modus opérandi** nm • C4 • Francisation : accent aigu.

**moellonage** nm (au lieu de *moellonnage) • G17 • Les deux formes coexistaient dans *Petit Robert* en 1990 : la plus simple (un seul *n*) est recommandée.

**moère** nf • C4 • Accent grave, selon les travaux des éditions Le Robert. Définition : « lagune asséchée ». Ne pas confondre avec *mohair*.

[anc. *moko] VOIR **moco** • G10 • Choisir *c* et non *k*.

**moletage** nm (au lieu de *molettage) • D2 • On prononce « -etage », le double *t* était donc une erreur. Les principaux dictionnaires donnent la graphie conforme.

**moleter** v, **je molète, molèterai, molèterais** • D1 • Conjugaison *-ète* au lieu de *-ette*.

**molle** adj fém, nf • Inchangé • Exception D3 : conserve sa finale en *-olle*.

**môn-khmer** nm • Inchangé • Il s'agit de la coordination de deux langues (pas de soudure). Ce mot rime avec *hiver*.

**monoamine** nf • A3 • Soudure avec *mono* (préfixe savant), même devant *a*.

**monoatomique** adj • A3 • Soudure avec *mono* (préfixe savant), même devant *a*.

**monobloc** adj, nm, **des monoblocs** • G18 • Pluriel régulier dans *Petit Larousse* (et toujours soudé).

**monoï** nm, **des monoïs** • B2 • Francisation : pluriel régulier.

**mono-inducteur** nm • Inchangé • Exception A3 : trait d'union maintenu entre *o* et *i* pour éviter *oi* ou *oin*.

**mono-insaturé, mono-insaturée** adj • Inchangé • Exception A3 : trait d'union maintenu entre *o* et *i* pour éviter *oi* ou *oin*.

**mono-iodotyrosine** nf • Inchangé • Exception A3 : trait d'union maintenu entre *o* et *i* pour éviter *oi*.

**monoobjectif** adj • A3 • Soudure avec *mono* (préfixe savant), même s'il y a rencontre de deux *o*.

**monoparental**, **ale** adj • A3 • Soudure avec *mono* (préfixe savant).

**monorail** adj, nm, **des monorails** • G18 • Pluriel régulier dans *Petit Larousse* (et toujours soudé).

**monorème** nm (au lieu de *monorhème) • G2 • Entre les deux, choisir sans *h*.

**monosaccaride** nm • F2 • Le CSLF élimine le *h*. Voir *saccarine*.

**monosubstitué**, **ée** adj • A3 • Soudure avec *mono* (préfixe savant).

**monosynaptique** adj • Inchangé • Ce mot avec le préfixe *mono* était déjà soudé (A3), selon nos sources.

**mono-usager** nm • Inchangé • Exception A3 : trait d'union maintenu entre *o* et *u* pour éviter *ou*.

**mono-utilisateur** nm • Inchangé • Exception A3 : trait d'union maintenu entre *o* et *u* pour éviter *ou*.

**monsignor** nm, **des monsignors** • B2, G20 • Ce choix reçoit un avis favorable des travaux des éditions Le Robert, au lieu de la forme italienne *monsignore, des *monsignori.

**monte-bagage** nm, **des monte-bagages** • B1 • Singulier et pluriel réguliers.

**monte-bille** nm, **des monte-billes** • B1 • Singulier et pluriel réguliers.

**monte-boule** nm, **des monte-boules** • B1 • Singulier et pluriel réguliers.

**monte-chaine** nm, **des monte-chaines** • B1, C2 • Sing. et plur. rég. L'accent circonflexe disparait sur *i*.

**monte-charge** nm, **des monte-charges** • B1 • Singulier et pluriel réguliers.

**monte-commande** nm, **des monte-commandes** • B1 • Singulier et pluriel réguliers.
**monte-courrier** nm, **des monte-courriers** • B1 • Singulier et pluriel réguliers.
**monte-courroie** nm, **des monte-courroies** • B1 • Singulier et pluriel réguliers.
**monte-décor** nm, **des monte-décors** • B1 • Singulier et pluriel réguliers.
**monte-en-l'air** n inv, **des monte-en-l'air** • Inchangé • Ce mot n'est pas construit sur le modèle « verbe + nom » (B1), mais « verbe + préposition (*en*) + article singulier + nom » (le déterminant singulier bloque la formation du pluriel).
**monte-fut** nm, **des monte-futs** • B1, C2 • Sing. et pluriel réguliers. L'accent circonflexe disparait sur *u*.
**monte-glace** nm, **des monte-glaces** • B1 • Singulier et pluriel réguliers.
**monte-grume** nm, **des monte-grumes** • B1 • Singulier et pluriel réguliers.
**monte-lettre** nm, **des monte-lettres** • B1 • Singulier et pluriel réguliers.
**monte-livre** nm, **des monte-livres** • B1 • Singulier et pluriel réguliers.
**monte-matériau** nm, **des monte-matériaux** • B1 • Singulier et pluriel réguliers.
**monte-meuble** nm, **des monte-meubles** • B1 • Sing. et plur. rég. (généralement déjà conformes).
**monte-panier** nm, **des monte-paniers** • B1 • Singulier et pluriel réguliers.
**monte-pente** nm, **des monte-pentes** • B1 • Singulier et pluriel réguliers.
**monte-plat** nm, **des monte-plats** • B1 • Singulier et pluriel réguliers.
**monte-projectile** nm, **des monte-projectiles** • B1 • Singulier et pluriel réguliers.
**monte-sac** nm, **des monte-sacs** • B1 • Singulier et pluriel réguliers.
**montjoie** (au lieu de *mont-joie) nf, **des montjoies** • G19 • Entre les deux, choisir la graphie soudée.
**Montpelier** nom propre géographique (ville des États-Unis) • Inchangé • Ce nom propre (aux États-Unis) s'écrivait déjà avec un seul *l*.
**Montpellier** nom propre géographique (en France) • Inchangé • Les noms propres ne sont pas rectifiés, ni leurs dérivés (habitant : *Montpelliérain*). Devant une consonne double (*ll,* règle D2), la prononciation « pe » est une anomalie linguistique. *Petit Larousse* permet de prononcer « pé ».
**morcèlement** nm • D1 • Dérivé d'un verbe en *-eler* : *-èlement* (et non *-ellement*).
**morceler** v, **je morcèle**, **morcèlerai**, **morcèlerais** • D1 • Conjugaison *-èle* au lieu de *-elle*.
**morène** nf (au lieu de *morrène) • G17 • Entre les deux, choisir un seul *r*.
**morigéner** v, **je morigènerai**, **morigènerais** • C1 • Accent grave au futur et au conditionnel.
**morphosémantique** adj • A3 • Soudure avec *morpho* (préfixe savant).
**morphosyntaxe** nf • A3 • Soudure avec *morpho* (préfixe savant).
**morphosyntaxique** adj • A3 • Soudure avec *morpho* (préfixe savant).
[anc. *morrène] VOIR **morène** • G17 • Entre les deux, choisir un seul *r*.
**mot-clé** nm (au lieu de *mot-clef) • G20 • Choisir la forme la plus simple (*clé*). S'écrit parfois avec espace au lieu de trait d'union : **mot clé**.
**motocross** nm, **des motocross** • A4, B2 • Soudure et pluriel régulier.
**motomarine** nf • A3 • Soudure avec *moto* (préfixe savant).
**motomariniste** n • A3 • Soudure avec *moto* (préfixe savant).
**motoneige** nf • A3 • Soudure avec *moto* (préfixe savant).
**motter** v • Inchangé • Exception D3 (*-otter*) : ce mot est de la famille de *motte*.
**moucharabié** nm (au lieu de *moucharabieh) • G20 • Les deux graphies coexistaient.
**moucherole** nf • D3 • Un seul *l*.
**moucheter** v, **je mouchète**, **mouchèterai**, **mouchèterais** • D1 • Conjugaison *-ète* au lieu de *-ette*.
**moudjahid** nm, **des moudjahids** • B2 • On dit aussi *moudjahidine*. On choisit *un moudjahid* ou *un moudjahidine*, selon la prononciation souhaitée. Le pluriel est régulier, avec *s*.
**moudjahidine** nm, **des moudjahidines** • B2, G17 • De nos jours, les dictionnaires écrivent ce mot avec un seul *d*. Les travaux des éditions Le Robert sont favorables à la forme avec *e* final (*-ine* plutôt que *-in*) au singulier, et à un pluriel régulier avec *s* (*-ines*). On dit aussi *moudjahid*.
**moufeter** (au lieu de *mouffeter) v, **je moufète**, **moufèterai**, **moufèterais** • D1, G17 • Conjug. *-ète* au lieu de *-ette* (même si la conjugaison est rare). Choisir un seul *f*. On emploie aussi *moufter*.
**moufette** « animal » nf (au lieu de *mouffette) • G17 • Un seul *f*. On dit parfois *mofette*.
**mouflet, ette** « enfant » n (au lieu de *moufflet) • G17 • Entre les deux, choisir un seul *f*.
**Mouloud** nm (au lieu de *Mulud) • G9 • Préférer la forme avec *ou*. S'écrit parfois avec minuscule.

**mouquère** nf (au lieu de *moukère) • G11 • Choisir *qu* et non *k*.

**mousmée** (au lieu de *mousmé) nf • G20 • Entre les deux formes existantes, on préfère celle avec *-ée*, selon les travaux des éditions Le Robert.

**mousquèterie** (ou **mousqueterie**, selon la prononciation) nf • F3 • Deux prononciations sont possibles, au choix. Si on prononce « è », on ajoute l'accent grave qui manquait.

**mout** nm • C2 • L'accent circonflexe disparait sur *u*.

**mouvoir** v, **mu** participe passé (masc. plur. **mus**, fém. **mue**, **mues**) • C2 • L'accent circonflexe disparait sur le participe passé **mu** (il était mis autrefois sur le masculin singulier).

**mu** « lettre grecque » nm, **des mus** • B2 • Pluriel régulier.

**mu** participe passé VOIR **mouvoir** • C2 • L'accent circonflexe disparait sur *mû. Voir *mouvoir*.

**mucomembraneux**, **euse** adj • A3 • Soudure avec *muco* (préfixe savant).

**mucopolysaccaride** nm (au lieu de *mucopolysaccharide) • F2 • Le CSLF élimine le *h*. Voir *saccarine*.

**mucopurulence** nf • A3 • Soudure avec *muco* (préfixe savant).

**mucopurulent**, **ente** adj • A3 • Soudure avec *muco* (préfixe savant).

**mucopus** nm (au lieu de *muco-pus) • A3 • Soudure avec *muco* (préfixe savant).

**muesli** (au lieu de *müesli) ou **musli** VOIR **musli** • G1, G20 • Voir l'explication sur *musli*.

**muezzine** (au lieu de *muezzin) ou **muézine** (au lieu de *muézin) nm • G20 • Les anciennes graphies se terminant par *-in* se prononçaient toujours comme celles qui se terminent par *-ine*.

**mufti** nm (au lieu de *muphti) • G16 • Entre les deux graphies coexistantes, choisir celle avec *f*.

**mugueter** v, **je muguète**, **muguèterai**, **muguèterais** • D1 • Conjugaison *-ète* au lieu de *-ette*.

**muléta** nf • C4 • Francisation : accent aigu.

**mulla** nm (au lieu de *mullah) • G2 • Choisir d'écrire **mulla** sans *h*. On dit aussi *mollah*.

**MULTI-** (préfixe) • À souder • Voir l'explication sur le préfixe *ANTI-*.

**multibroche** adj, plur. : **multibroches** • A3, G18 • Soudé. Singulier régulier dans *Petit Robert*.

**multicéréale** adj, plur. : **multicéréales** • A3, G18 • Soudé. Singulier régulier attesté dans Antidote.

**multicritère** adj, plur. : **multicritères** • A3, G18 • Soudé. Sing. et plur. réguliers dans *Petit Robert*.

**multiétage** adj, plur. : **multiétages** • A3, G18 • Soudé. Singulier régulier dans le *GDT*.

**multiethnique** adj • A3 • Soudure avec *multi*, même devant *e*.

**multifacette** adj, plur. : **multifacettes** • A3, G18 • Soudé. Singulier régulier attesté dans Antidote.

**multifichier** adj, plur. : **multifichiers** • A3, G18 • Soudé. Singulier régulier attesté dans Antidote.

**multifonction** adj, plur. : **multifonctions** • A3, G18 • Sing. régulier dans les principaux dictionnaires.

**multigenre** adj, plur. : **multigenres** • A3 • Soudure avec *multi* (préfixe savant).

**multigrain** adj, plur. : **multigrains** • A3, G18 • Soudé. Singulier régulier dans le *GDT*.

**multiinstrumentiste** adj • A3 • Soudure avec *multi*, même lorsqu'il y a rencontre de deux *i*.

**multijoueur** adj, plur. : **multijoueurs** • A3, G18 • Soudé. Sing. et plur. réguliers dans *Petit Robert*.

**multilentille** nf, **des multilentilles** • A3 • Soudure avec *multi* (préfixe savant).

**multimodal**, **ale** adj • A3 • Soudure avec *multi* (préfixe savant).

**multimode** adj, plur. : **multimodes** • A3, G18 • Soudé. Sing. et plur. réguliers dans le *GDT*.

**multiniveau** adj, plur. : **multiniveaux** • A3, G18 • Soudé. Singulier et pluriel réguliers.

**multinorme** adj, nm, **des multinormes** • A3, G18 • Pluriel régulier dans *Dictionnaire Hachette* et *Petit Larousse*.

**multiplateforme** adj, plur. : **multiplateformes** • G18, G19 • Soudé. Sing. et plur. rég. dans Antidote.

**multipoche** adj, plur. : **multipoches** • A3, G18 • Soudé. Singulier régulier attesté dans *Littré*.

**multipoint** adj, plur. : **multipoints** • A3, G18 • Soudé. Singulier rég. attesté dans *Petit Larousse*.

**multipot** nm, **des multipots** • A3 • Soudure avec *multi* (préfixe savant).

**multipropriété** nf, **des multipropriétés** • A3 • Soudure avec *multi* (préfixe savant).

**multirisque** adj, plur. : **multirisques** • A3, G18 • Sing. rég. dans *Petit Robert* et *Petit Larousse*.

**multisalle** adj, plur. : **multisalles** • A3, G18 • Soudé. Singulier régulier dans *Petit Robert*.

**multisectoriel**, **elle** adj • A3 • Soudure avec *multi* (préfixe savant).

**multiséjour** adj, plur. : **multiséjours** • A3, G18 • Soudé. Singulier et pluriel réguliers.

**multiservice** adj, plur. : **multiservices** • A3, G18 • Les dictionnaires donnent un singulier régulier.

**multisoupape** adj, nm, **des multisoupapes** • A3, G18 • Soudé. Singulier régulier dans *Littré*.

**multisport** adj, plur. : **multisports** • A3, G18 • Soudé. Singulier régulier dans le *GDT*.

**multistandard** adj, nm, **des multistandards** • A3, G18 • Pluriel régulier dans *Littré* et *Petit Larousse*.

**multitâche** adj, plur. : **multitâches** • A3, G18 • Pluriel régulier dans *Littré* et *Petit Larousse*.

**multiusager** adj, plur. : **multiusagers** • A3 • Soudure avec *multi*, même devant *u*.

**multiutilisateur** adj, plur. : **multiutilisateurs** • A3 • Soudure avec *multi*, même devant *u*.

**mûr** « qui a atteint la maturité » adj : masc. plur. **murs** ; fém. **mure**, **mures** ; mais masc. sing. **mûr** • C2 • Selon le *Rapport* du CSLF, l'accent est conservé uniquement au masculin singulier (même règle que pour *dû*). Certains auraient aimé que le *Rapport* publié maintienne l'accent circonflexe en tout temps sur cet adjectif. Dans l'usage, chacun est libre de maintenir l'accent, puisque ni les graphies anciennes ni les graphies nouvelles ne sont fautives.

**mur** « cloison, écran » nm, **des murs** • Inchangé • Ce mot n'est pas touché par les règles.

**muraie** nf • C2 • L'accent circonflexe disparait sur *u*. Plantation de muriers. On dit aussi *mureraie*.

**mure** « petit fruit » nf, **des mures** • C2 • L'accent circonflexe disparait sur *u*.

**murement** adv • C2 • L'accent circonflexe disparait sur *u*.

**mureraie** nf • C2 • L'accent circonflexe disparait sur *u*. Plantation de muriers. On dit aussi *muraie*.

**murier** nm • C2 • L'accent circonflexe disparait sur *u*.

**murir** v • C2 • L'accent circonflexe disparait sur *u*.

**murissage** nm • C2 • L'accent circonflexe disparait sur *u*.

**murissant**, **ante** adj • C2 • L'accent circonflexe disparait sur *u*.

**murissement** nm • C2 • L'accent circonflexe disparait sur *u*.

**murisserie** nf • C2 • L'accent circonflexe disparait sur *u*.

**muron** nm • C2 • L'accent circonflexe disparait sur *u*.

**musculocartilagineux**, **euse** adj • A3 • Soudure avec *musculo* (préfixe savant).

**musculocutané**, **ée** adj • A3 • Soudure avec *musculo* (préfixe savant).

**musculomembraneux**, **euse** adj • A3 • Soudure avec *musculo* (préfixe savant).

**musculosquelettique** adj • A3 • Soudure avec *musculo* (préfixe savant).

**musculotendineux**, **euse** adj • A3 • Soudure avec *musculo* (préfixe savant).

**musèlement** nm • D1 • Dérivé d'un verbe en *-eler* : *-èlement* (et non *-ellement*).

**museler** v, **je musèle**, **musèlerai**, **musèlerais** • D1 • Conjugaison *-èle* au lieu de *-elle*.

**muserole** nf • D3 • Un seul *l*.

**music-hall** nm • Inchangé • Exception A4 : trait d'union maintenu entre *c* et *h* pour éviter *ch*.

**musli** ou **muesli** (au lieu de *müesli) nm, selon la prononciation • G1, G20 • Le tréma disparait (G1, avis favorable des travaux des éditions Le Robert). On peut prononcer le *e* comme un « è », comme dans le mot *muet* : dans ce cas, on écrit **muesli**. On peut aussi prononcer « mus- », comme dans *muscle* : dans ce cas, on choisit la variante **musli** (G20, CSLF).

**myéloaraphie** nf • A3 • Soudure avec *myélo* (préfixe savant), même devant *a*.

**myéloarchitectonie** nf • A3 • Soudure avec *myélo* (préfixe savant), même devant *a*.

**mylohyoïdien**, **enne** adj, nf • A3 • Soudure avec *mylo* (préfixe savant), même devant *h*.

**myoesthésimètre** nm • A3 • Soudure avec *myo* (préfixe savant), même devant *e*. Le *o* et le *e* ne sont pas ligaturés (non fusionnés en œ).

**myxofibrome** nm • A3 • Soudure avec *myxo* (préfixe savant).

# N

[anc. *nævo..., *nævus] VOIR **névo**..., **névus** • G5 • Choisir *é* et non *æ*.

**nagari** adj, nf (au lieu de *nâgarî ou *nâgari) • C2, G1 • On trouvait aussi la graphie avec accents plats étrangers sur *a* et *i* (G1). Aujourd'hui, les accents ont disparu des dictionnaires. Le pluriel était déjà régulier : *des écritures nagaris*.

**naitre** v, **elle nait**, **je naitrai**, **naitrais** • C2 • L'accent circonflexe disparait sur *i* à l'infinitif, à l'indicatif présent, au futur et au conditionnel présent.

**nanoobjet** nm • A3 • Soudure avec *nano* (préfixe savant), même s'il y a rencontre de deux *o*.

**nanooptique** nf • A3 • Soudure avec *nano* (préfixe savant), même s'il y a rencontre de deux *o*.

**narcoanalyse** nf • A3 • Soudure avec *narco* (préfixe savant), même devant *a*.

**narcodollar** nm, **des narcodollars** • A3 • Soudure avec *narco* (préfixe savant).

**narcoéconomie** nf • A3 • Soudure avec *narco* (préfixe savant), même devant *é*.

**narcotrafic** nm • Inchangé • Ce mot avec le préfixe *narco* est toujours soudé (A3), selon nos sources.

**narcotrafiquant, ante** n • Inchangé • Ce mot avec *narco* est toujours soudé (A3), selon nos sources.

**narguilé** nm (au lieu de *narghilé ou *narghileh) • G20 • Choisir *gu*. Le graphie *-eh* a disparu des dictionnaires.

**nasogastrique** adj • A3 • Soudure avec *naso* (préfixe savant).

**nasolabial, ale** adj • A3 • Soudure avec *naso* (préfixe savant).

**nasopharynx** nm (au lieu de *naso-pharynx) • A3 • Soudure avec *naso* (préfixe savant).

**néandertalien, enne** adj, n (au lieu de *néanderthalien) • G2 • Entre les deux, choisir sans *h*.

**néandertaloïde** adj, n (au lieu de *néanderthaloïde) • G2 • Entre les deux, choisir sans *h*.

**négondo** (au lieu de *négundo ou *negundo) nm • C4, G3 • Entre les trois graphies coexistantes (même prononciation), on choisit la plus française : celle avec accent aigu et avec *on* (et non *un*).

**négro-africain, aine** adj • Inchangé • Exception A3 : pas de soudure (relation de coordination).

**Négro-Africain, aine** n • Inchangé • Exception A3 : pas de soudure (relation de coordination).

**négro-américain, aine** adj • Inchangé • Exception A3 : pas de soudure (relation de coordination).

**Négro-Américain, aine** n • Inchangé • Exception A3 : pas de soudure (relation de coordination).

**négrospiritual** nm • A4, C4 • Soudure (mot étranger) et accentuation pour franciser. Ce mot s'écrivait *negro-spiritual ou *negro spiritual. Pluriel : *des négrospirituals*.

**nélombo** (au lieu de *nelumbo) nm, **des nélombos** • B2, C4, G4 • Pluriel régulier et accent aigu. Entre les graphies avec *om* et *um*, choisir *om* (même prononciation).

**nénufar** nm • F2 • L'erreur d'étymologie sur ce mot a été corrigée. Son origine est *f* (et non *ph*). Le mot vient de l'arabe (et non du grec). C'est le seul mot dont le *ph* a été changé en *f* dans les rectifications de 1990, et cette décision est justifiée. On trouvait *nénufar* dans les dictionnaires avant 1935, puis l'Académie française a fait disparaitre malencontreusement cette graphie de son *Dictionnaire*. Le CSLF lui redonne vie. L'Académie l'a réintégré dans son *Dictionnaire*. Le *Petit Robert* admet maintenant la graphie avec *f*. Note : il existe quelques mots qui ont deux orthographes (*f* et *ph*) de nos jours, comme *parafer* ou *parapher*, *téléférique* ou *téléphérique*. Voir la règle G16 concernant les variantes en concurrence et voir aussi les explications de la page 40.

**NÉO-** (préfixe) • À souder sauf devant une majuscule • Soudure avec le préfixe *néo-*, sauf lorsqu'il se place devant un nom propre d'habitant (avec majuscule) pour signifier qu'il s'agit d'une personne nouvellement établie dans un lieu géographique. Voir les exemples détaillés avec *néo-* à la page 37.

**néoallemand, ande** adj « relatif aux néo-Allemands » • A3 • Soudure même devant *a*. Voir page 37.

**néo-Allemand, ande** n « personne nouvellement établie en Allemagne » • Inchangé • Exception A3 : pas de soudure devant la majuscule du nom propre. Voir page 37.

**néobelge** adj « relatif aux néo-Belges » • A3 • Soudure. Voir page 37.

**néo-Belge** n « personne nouvellement établie en Belgique » • Inchangé • Exception A3 : pas de soudure devant la majuscule du nom propre. Voir page 37.

**néobrunswickois, oise** adj « relatif au Nouveau-Brunswick ou à ses habitants (les Néobrunswickois) » • A3 • Soudure. Voir page 37.

**Néobrunswickois, oise** n « personne habitant au Nouveau-Brunswick (Canada) » • A3 • Soudure. Voir pages 16 et 37.

**néocalédonien, enne** adj « relatif à la Nouvelle-Calédonie ou à ses habitants » • A3 • Soudé. Voir p. 37.

**Néocalédonien, enne** n « personne habitant en Nouvelle-Calédonie » • A3 • Soudure. Voir p. 16 et 37.

**néocanadien, enne** adj « relatif aux néo-Canadiens » • A3 • Soudure. Voir page 37.

**néo-Canadien, enne** « personne nouvellement établie au Canada » n • Inchangé • Exception A3 : pas de soudure devant la majuscule du nom propre. Voir page 37.

**néocapitalisation** nf • A3 • Soudure avec *néo* (préfixe savant).

**néocapitalisme** nm • A3 • Soudure avec *néo* (préfixe savant).

**néocapitaliste** adj • A3 • Soudure avec *néo* (préfixe savant).

**néoceltique** adj, nm • A3 • Soudure avec *néo* (préfixe savant).

**néoclassicisme** nm • A3 • Soudure avec *néo* (préfixe savant).

**néoclassique** adj, n • A3 • Soudure avec *néo* (préfixe savant).

**néocolonialisme** nm • A3 • Soudure avec *néo* (préfixe savant).

**néocolonialiste** adj, n • A3 • Soudure avec *néo* (préfixe savant).

**néoconservateur**, **trice** adj, n • A3 • Soudure avec *néo* (préfixe savant).
**néocortex** nm • Inchangé • Ce mot avec le préfixe *néo* était déjà soudé (A3), selon nos sources.
**néocriticisme** nm • A3 • Soudure avec *néo* (préfixe savant).
**néocriticiste** adj, n • A3 • Soudure avec *néo* (préfixe savant).
**néodarwinisme** nm • A3 • Soudure avec *néo* (préfixe savant).
**néodémocrate** adj, n • A3 • Soudure avec *néo* (préfixe savant).
**néoécossais, aise** adj « relatif à la Nouvelle-Écosse (ou à ses habitants, les Néoécossais) au Canada, ou relatif aux néo-Écossais (en Écosse) » • A3 • Soudure. Voir page 37.
**Néoécossais, aise** n « personne habitant en Nouvelle-Écosse (au Canada) » • A3 • Soudure. Voir tous les détails et d'autres exemples à la page 37. Voir aussi la page 16.
**néo-Écossais, aise** n « personne nouvellement établie en Écosse (en Europe) » • Inchangé • Exception A3 : pas de soudure devant la majuscule du nom propre. Voir page 37.
**néoespagnol, ole** adj « relatif aux néo-Espagnols » • A3 • Soudure même devant *e*. Voir page 37.
**néo-Espagnol, ole** n « personne nouvellement établie en Espagne » • Inchangé • Exception A3 : pas de soudure devant la majuscule du nom propre. Voir page 37.
**néofrançais, aise** adj « relatif au néofrançais ou aux néo-Français » • A3 • Soudure. Voir page 37.
**néofrançais** nm « style d'écriture » • A3 • Soudure.
**néo-Français, aise** n « personne nouvellement établie en France » • Inchangé • Exception A3 : pas de soudure devant la majuscule du nom propre. Voir page 37.
**néogothique** adj, nm • A3 • Soudure avec *néo*. Exemple donné par le CSLF dans son *Rapport*.
**néogrec**, **néogrecque** adj • A3 • Soudure avec *néo* (préfixe savant). Voir aussi le mot *grec*.
**néoguinéen, enne** adj « relatif à la Nouvelle-Guinée ou à ses habitants » • A3 • Soudure. Voir page 37.
**Néoguinéen, enne** n « personne habitant en Nouvelle-Guinée » • A3 • Soudure. Voir pages 16 et 37.
**néohaïtien, enne** adj « relatif aux néo-Haïtiens » • A3 • Soudure. Voir page 37.
**néo-Haïtien, enne** n « personne nouvellement établie en Haïti » • Inchangé • Exception A3 : pas de soudure devant la majuscule du nom propre. Voir page 37.
**néohébridais, aise** adj « relatif aux Nouvelles-Hébrides ou à ses habitants » • A3 • Soudure. Voir p. 37.
**Néohébridais, aise** n « personne habitant aux Nouvelles-Hébrides (maintenant le Vanuatu) » • A3 • Soudure. Voir pages 16 et 37.
**néohellénique** adj • A3 • Soudure avec *néo* (préfixe savant). Relatif à la Grèce moderne.
**néo-italien, enne** adj « relatif aux néo-Italiens » • Inchangé • Exception : le trait d'union doit être maintenu entre *o* et *i* pour éviter une prononciation défectueuse (*oi*).
**néo-Italien, enne** n « personne nouvellement établie en Italie » • Inchangé • Exception A3 : pas de soudure devant la majuscule du nom propre. Voir page 37.
**néokantisme** nm • A3 • Soudure avec *néo* (préfixe savant).
**néolatin, ine** adj « se dit des langues dont le latin est la langue mère » • A3 • Soudure avec *néo*.
**néolatin, ine** n « écrivain ou écrivaine moderne écrivant en latin » • A3 • Soudure. Pas de majuscule.
**néolibéral, ale** adj, n • A3 • Soudure avec *néo* (préfixe savant).
**néolibéralisme** nm • A3 • Soudure avec *néo* (préfixe savant).
**néomarxiste** adj • A3 • Soudure avec *néo* (préfixe savant).
**néomexicain, aine** adj « relatif au Nouveau-Mexique (ou à ses habitants, les Néomexicains) aux États-Unis, ou relatif aux néo-Mexicains (au Mexique) » • A3 • Soudure. Voir page 37.
**Néomexicain, aine** n « personne habitant au Nouveau-Mexique (un des états des États-Unis) » • A3 • Soudure. Voir pages 16 et 37.
**néo-Mexicain, aine** n « personne nouvellement établie au Mexique » • Inchangé • Exception A3 : pas de soudure devant la majuscule du nom propre. Voir page 37.
**néonatal, ale** adj • A3 • Soudure avec *néo* (préfixe savant).
**néonationalisme** nm • A3 • Soudure avec *néo* (préfixe savant).
**néonazi, ie** adj, n • A3 • Soudure avec *néo* (préfixe savant).
**néonazisme** nm • A3 • Soudure avec *néo* (préfixe savant).
**néoorléanais, aise** adj « relatif à la Nouvelle-Orléans ou à ses habitants » • A3 • Soudure. Voir page 37.
**Néoorléanais, aise** n « personne habitant à la Nouvelle-Orléans » • A3 • Soudure. Voir pages 16 et 37.
**néoplatonicien, enne** adj, n • A3 • Soudure avec *néo* (préfixe savant).
**néoplatonisme** nm • A3 • Soudure avec *néo* (préfixe savant).

**néopositivisme** nm • A3 • Soudure avec *néo* (préfixe savant).
**néopositiviste** adj, n • A3 • Soudure avec *néo* (préfixe savant).
**néoprotectionnisme** nm • A3 • Soudure avec *néo* (préfixe savant).
**néoquébécois, oise** adj « relatif aux néo-Québécois ou relatif au Nouveau-Québec (et à ses habitants, les Néoquébécois) » • A3, F3 • Soudure. Voir page 37. Voir aussi *québécois* pour les accents (F3).
**néo-Québécois, oise** « personne nouvellement établie au Québec » n • F3 • Exception A3 : pas de soudure devant la majuscule du nom propre. Voir page 37. Voir *québécois* pour les accents (F3).
**Néoquébécois, oise** n « personne qui est née ou a habité dans l'ancienne région administrative appelée le Nouveau-Québec de 1966 à 1987, appelée aujourd'hui le Nord-du-Québec, dans la partie nord de la province de Québec » • A3, F3 • Soudure. Voir page 37. Voir *québécois* pour les accents (F3). Cette appellation est rare puisque la région administrative du Nouveau-Québec n'existe plus.
**néoréalisme** nm • A3 • Soudure avec *néo* (préfixe savant).
**néoréaliste** adj • A3 • Soudure avec *néo* (préfixe savant).
**néosaussurien, enne** adj • A3 • Soudure avec *néo* (préfixe savant).
**néosuisse** adj « relatif aux néo-Suisses » • A3 • Soudure. Voir page 37.
**néo-Suisse** n « personne nouvellement établie en Suisse » • Inchangé • Exception A3 : pas de soudure devant la majuscule du nom propre. Voir page 37.
**néothomisme** nm • A3 • Soudure avec *néo* (préfixe savant).
**néovieux, néovieille** adj, n • A3 • Soudure avec *néo* (préfixe savant).
**néozélandais, aise** adj « relatif à la Nouvelle-Zélande ou à ses habitants » • A3 • Soudure. Voir page 37.
**Néozélandais, aise** n « personne habitant en Nouvelle-Zélande » • A3 • Soudure. Voir pages 16 et 37.
**nettoie-phare** nm, **des nettoie-phares** • B1 • Singulier et pluriel réguliers.
**neuf** (numéral) : **cent-neuf, neuf-cents, neuf-cent-neuf, neuf-mille, neuf-millions-neuf-cents, neuf-milliards**, etc. • A6 • Trait d'union : on unit **neuf** par des traits d'union dans les numéraux.
**neuneu** adj, plur. : **neuneus** • A4 • Soudure (onomatopée) et pluriel régulier.
**neurodermatose** nf • A3 • Soudure avec *neuro* (préfixe savant).
**neuroectodermique** adj • A3 • Soudure avec *neuro* (préfixe savant), même devant *e*.
**neuroectodermodysplasie** nf • A3 • Soudure de l'ancienne forme *neuro-ectodermo-dysplasie.
**neuroendocrinien, enne** adj • A3 • Soudure avec *neuro* (préfixe savant), même devant *e*.
**neuroendocrinologie** nf • A3 • Soudure avec *neuro* (préfixe savant), même devant *e*.
**neuroendocrinologue** n • A3 • Soudure avec *neuro* (préfixe savant), même devant *e*.
**neuroépithélium** nm • A3 • Soudure avec *neuro* (préfixe savant), même devant *é*.
**neuroergonologie** nf • A3 • Soudure avec *neuro* (préfixe savant), même devant *e*.
**neurofibrome** nm • A3 • Soudure avec *neuro* (préfixe savant).
**neurohypophyse** nf • A3 • Soudure avec *neuro* (préfixe savant), même devant *h*.
**neuro-imagerie** nf • Inchangé • Exception A3 : trait d'union entre *o* et *i* pour éviter *oi* ou *oim*.
**neuro-immunologie** nf • Inchangé • Exception A3 : trait d'union entre *o* et *i* pour éviter *oi* ou *oim*.
**neuro-informatique** nf • Inchangé • Exception A3 : trait d'union entre *o* et *i* pour éviter *oi* ou *oin*.
**neurolymphomatose** nf • A3 • Soudure avec *neuro* (préfixe savant).
**neuromusculaire** adj • A3 • Soudure avec *neuro* (préfixe savant).
**neurooculocutané, ée** adj • A3 • Soudure de l'ancienne forme *neuro-oculo-cutané.
**neuroordinateur** nm • A3 • Soudure avec *neuro* (préfixe savant), même s'il y a rencontre de deux *o*.
**neurootologie** nf • A3 • Soudure avec *neuro* (préfixe savant), même s'il y a rencontre de deux *o*.
**neurootologiste** n • A3 • Soudure avec *neuro* (préfixe savant), même s'il y a rencontre de deux *o*.
**neurootologue** n • A3 • Soudure avec *neuro* (préfixe savant), même s'il y a rencontre de deux *o*.
**neuroradiologie** nf • A3 • Soudure avec *neuro* (préfixe savant).
**neuroradiologue** n • A3 • Soudure avec *neuro* (préfixe savant).
**neurorétinopathie** nf • A3 • Soudure avec *neuro* (préfixe savant).
**neurosécrétion** nf • A3 • Soudure avec *neuro* (préfixe savant).
**neurosensoriel, elle** adj • A3 • Soudure avec *neuro* (préfixe savant).
**neurosyphilis** nf • A3 • Soudure avec *neuro* (préfixe savant).
**neurovégétatif, ive** adj • A3 • Soudure avec *neuro* (préfixe savant).
**neurovertébral, ale** adj • A3 • Soudure avec *neuro* (préfixe savant).

**névocancer** nm (au lieu de *nævo-cancer) • A3, G5 • Soudure. Choisir *é* et non æ, comme *névus*.

**névocarcinome** nm (au lieu de *nævo-carcinome) • A3, G5 • Soudure. Choisir *é* (non æ), comme *névus*.

**névus** nm (au lieu de *nævus) nm, **des névus** • B2, G5 • Choisir la graphie *é*, attestée dans *Dictionnaire Hachette* et *Littré*. Le pluriel non francisé était : des *nævi.

**newlook** nm, **des newlooks** • A4, B2 • Soudure et pluriel régulier. Anglicisme dans certains sens.

**newwave** nm, **des newwaves** • A4, B2 • Soudure et pluriel régulier (mot étranger).

**nickeler** v, **je nickèle, nickèlerai, nickèlerais** • D1 • Conjugaison *-èle* au lieu de *-elle*.

**nicnac** nm, **des nicnacs** • A4 • Soudure (onomatopée) et pluriel régulier.

**nightclub** nm (anglic.) • A4 • Soudure (mot étranger). Dans la liste des mots rectifiés de l'Académie.

**nightclubbeur, euse** n (anglic.) • A4, G21 • Soudure. Terminaison *-eur*.

**nightclubbing** nm (anglic.) • A4 • Soudure attestée dans le *Dictionnaire Hachette*.

**nilgau** nm (au lieu de *nilgaut) • G20 • Les travaux des éd. Le Robert sont favorables à la graphie sans *t*.

**nilo-saharien, enne** adj • Inchangé • Exception A3 : pas de soudure (coordination, famille de langues).

**nimbostratus** nm • A3 • Soudure avec *nimbo* (préfixe savant). Tous les dictionnaires le soudent.

**Nîmes** nom propre • Inchangé • L'accent circonflexe est maintenu sur les noms propres.

**nîmois, oise** adj • Inchangé • Le *Rapport* du CSLF conserve l'accent sur le dérivé du nom propre.

**Nîmois, oise** n • Inchangé • Le *Rapport* du CSLF demande de conserver l'accent circonflexe.

**nippon, nippone** adj (au lieu du féminin *nipponne) • G17 • Un seul *n*. Adjectif signifiant « du Japon ».

**Nippon, Nippone** n (au lieu du fém. *Nipponne) • G17 • Un seul *n*. Nom propre : « habitant du Japon ».

**nirvana** nm (au lieu de *nirvâna) • G1 • Entre les deux graphies, choisir celle sans accent (plus simple).

**nivèlement** nm • D1 • Dérivé d'un verbe en *-eler* : *-èlement* (et non *-ellement*).

**niveler** v, **je nivèle, nivèlerai, nivèlerais** • D1 • Conjugaison *-èle* au lieu de *-elle*.

**nivéoéolien, enne** adj (au lieu de *nivéo-éolien) • A3 • Soudure. Il existe aussi le synonyme *nivéolien*.

**niverole** nm • D3 • Un seul *l*.

**nivoglaciaire** adj • A3 • Soudure avec *nivo* (préfixe savant).

**nivopluvial, ale** adj • A3 • Soudure avec *nivo* (préfixe savant).

**nobélium** nm (au lieu de *nobelium) • C4 • Francisation : accent aigu.

**noli me tangere** nm • Valeur de citation (B2, C4) • Expression latine signifiant « ne me touche pas ». Les rectifications la laissent donc inchangée (sans accents et inv.). Cette expression sert à désigner une plante ou un ulcère. Certains dictionnaires y mettent des traits d'union, pour fixer la nominalisation : *un noli-me-tangere*.

**no man's land** nm (anglic.), **des no man's lands** • B2 • Pluriel régulier attesté dans *TLF* et *Dictionnaire Hachette*. Le *Littré* semble être le seul dictionnaire à permettre l'emploi de deux traits d'union.

**nonante** (numéral) : **nonante-et-un, nonante-et-unième, cent-nonante, nonante-mille, nonante-et-un-millions**, etc. • A6 • Trait d'union : on unit **nonante** par des traits d'union dans les numéraux.

**non-évènement** nm • C1 • Accent grave. Voir l'explication sur *évènement*.

**nonpareil, nonpareille** adj, nm et nf (au lieu de *non-pareil) • G19 • De nos jours, ce mot s'écrit en un mot dans les dictionnaire courants. L'adjectif est vieilli ou littéraire. Le nom a plusieurs sens, par exemple oiseau (nm, parfois nf), œillet (nm ou nf), ruban (nf, vieilli), dragée de petite taille (nf), etc.

**nonstop** (au lieu de *non-stop) nm, **des nonstops** • A4, B2 • Soudure et pluriel régulier.

**nord-africain, aine** adj • Inchangé • Il ne s'agit pas d'un préfixe savant (pas touché par règle A3).

**Nord-Africain, aine** n • Inchangé • Il ne s'agit pas d'un préfixe savant (pas touché par règle A3).

**nord-américain, aine** adj • Inchangé • Il ne s'agit pas d'un préfixe savant (pas touché par règle A3).

**Nord-Américain, aine** n • Inchangé • Il ne s'agit pas d'un préfixe savant (pas touché par règle A3).

**nord-vietnamien, enne** adj • Inchangé • Il ne s'agit pas d'un préfixe savant (pas touché par règle A3).

**Nord-Vietnamien, enne** n • Inchangé • Il ne s'agit pas d'un préfixe savant (pas touché par règle A3).

**norois, oise** « langue scandinave » adj, nm (au lieu de *norrois) • G17 • Choisir un seul *r*.

**noroit** « vent du nord-ouest » nm • C2 • Accent disparait sur *i*. S'oppose à *suroit*. On écrit parfois *norois*.

**notocorde** « corde dorsale » nf (au lieu de *notochorde, toujours prononcé « k ») • G10 • Choisir *c* et non *ch*.

**nova** nf, **des novas** • B2 • Francisation : pluriel régulier. Le pluriel étranger était : des *novæ.

**novilléro** nm • C4 • Francisation : accent aigu.

**nu** « lettre grecque » nm, **des nus** • B2 • Pluriel régulier.

**nucléocytoplasmique** adj • A3 • Soudure avec *nucléo* (préfixe savant).

**nucléus** nm, **des nucléus** • B2, C4 • Francisation : plur. régulier (au lieu de la finale en *i*) et accent aigu.

**nument** adv • C2 • Sans accent circonflexe sur le *u* (C2). La variante *nuement est moins conforme aux règles de formation des adverbes en *-ment*. Préférer **nument** (G20).

**numérus clausus** nm • C4 • Francisation : accent aigu.

**nuocmam** nm, **des nuocmams** (au lieu de *nuoc-mam ou *nuoc-mâm) • A4, G1 • Soudure (A4) selon les travaux des éditions Le Robert et choisir la forme sans accent (G1).

**nuraghé** nm, **des nuraghés** (ou **nuraghe, des nuraghes**, selon la prononciation) • B2, C4 • L'ancien pluriel (des *nuraghi) disparait et est régularisé (B2). On a le choix de mettre l'accent aigu sur le *e* final (C4) ou non, selon la prononciation finale souhaitée (rime avec *blague* ou avec *blaguer*). Le *u* se prononce parfois « ou », mais on ne le modifie pas, car il n'y a pas de variante coexistante avec *ou* (règle G9). On ne modifie pas le *gh* en *gu*, car il n'y a pas de variante coexistante avec *gu*.

**nurserie** nm (anglic.), **des nurseries** • B2, G20 • Choisir **nurserie** et non *nursery (liste du RENOUVO).

# O

**obérer** v, **j'obèrerai, obèrerais** • C1 • Accent grave au futur et au conditionnel.

**oblitérer** v, **j'oblitèrerai, oblitèrerais** • C1 • Accent grave au futur et au conditionnel.

**obséder** v, **j'obsèderai, obsèderais** • C1 • Accent grave au futur et au conditionnel.

**obtempérer** v, **j'obtempèrerai, obtempèrerais** • C1 • Accent grave au futur et au conditionnel.

**occasionalisme** nm (au lieu de *occasionnalisme) • G17 • Les deux formes coexistaient : la plus simple (un seul *n*) est recommandée, et c'est la seule que *Littré* reconnait.

**occipitofrontal, ale** adj, nm • A3 • Soudure avec *occipito* (préfixe savant).

**occlusioarticulaire** adj • A3 • Soudure avec *occlusio* (préfixe savant), même devant *a*.

**octante** (numéral) : **octante-et-un, octante-et-unième, cent-octante, octante-mille, octante-et-un-millions**, etc. • A6 • Trait d'union : on unit **octante** par des traits d'union dans les numéraux.

**oculus** nm, **des oculus** • B2 • Francisation : pluriel régulier. Le pluriel étranger était : des *oculi.

**odographe** nm (au lieu de *hodographe) • G2 • Entre les deux, choisir sans *h*.

**odographie** nf (au lieu de *hodographie) • G2 • Entre les deux, choisir sans *h*.

**odographique** adj (au lieu de *hodographique) • G2 • Entre les deux, choisir sans *h*.

**odomètre** nm (au lieu de *hodomètre) • G2 • Entre les deux, choisir sans *h*.

**odométrie** nf (au lieu de *hodométrie) • G2 • Entre les deux, choisir sans *h*.

**odontogérontologie** nf • A3 • Soudure avec *odonto* (préfixe savant).

**odontostomatologie** nf (au lieu de *odonto-stomatologie) • A3 • Soudure avec *odonto* (préfixe savant).

**odontostomatologiste** n • A3 • Soudure avec *odonto* (préfixe savant).

**odontostomatologue** n (au lieu de *odonto-stomatologue) • A3 • Soudure avec *odonto* (préfixe savant).

[anc. *œcoumène ou *œkoumène] VOIR **écoumène** • G7, G10 • Voir l'explication sur *écoumène*.

**œdémateux, euse** adj • Inchangé • Il n'existe qu'une seule façon d'écrire ce mot.

**œdématier** v et **œdématié, ée** adj • Inchangé • Il n'existe qu'une seule façon d'écrire ces mots.

**œdème** nm • Inchangé • Il n'existe qu'une seule façon d'écrire ce mot : il n'y a pas de variante en concurrence, donc on continue d'écrire *œ* (la règle G7, par exemple, ne pourrait pas s'appliquer).

**œdicnème** nm • Inchangé • Il n'existe qu'une seule façon d'écrire ce mot.

**œdipe** nm et **Œdipe** nom propre masc. • Inchangé • Il n'existe qu'une seule façon d'écrire ces mots.

**œdipien, enne** adj • Inchangé • Il n'existe qu'une seule façon d'écrire ce mot.

**œdogoniale** nf • Inchangé • Il n'existe qu'une seule façon d'écrire ce mot.

**œdogonium** « plante » nm • Inchangé • Il n'existe qu'une seule façon d'écrire ce mot.

**œdomètre** « appareil mesurant le tassement des sols » nm • Inchangé • Il n'existe qu'une seule façon d'écrire ce mot.

**œdométrie** « mesure du tassement des sols sous les fondations » nf • Inchangé • Il n'existe qu'une seule façon d'écrire ce mot.

**œdométrique** adj • Inchangé • Il n'existe qu'une seule façon d'écrire ce mot.

[anc. *œkoumène ou *œcoumène] VOIR **écoumène** • G7, G10 • Voir l'explication sur *écoumène.*

**œn(o)-** élément de formation, du grec « vin » • Inchangé • Il n'existe qu'une seule orthographe pour ce terme.

**œnanthe** nf • Inchangé • Il n'existe qu'une seule façon d'écrire ce mot : il n'y a pas de variante en concurrence, donc on continue d'écrire *œ* (la règle G7, par exemple, ne pourrait pas s'appliquer).

**œnanthique** adj • Inchangé • Il n'existe qu'une seule façon d'écrire ce mot.

**œnolisme** nm • Inchangé • S'écrit toujours avec *œ*. On dit plus rarement *œnilisme*.

**œnologie** nf • Inchangé • Il n'existe qu'une seule façon d'écrire ce mot.

**œnologique** adj • Inchangé • Il n'existe qu'une seule façon d'écrire ce mot.

**œnologue** n • Inchangé • On conserve le *œ* (pas de variante en concurrence). On disait *œnologiste* autrefois. Aujourd'hui, on dit *œnologue*.

**œnomancie** nf • Inchangé • Il n'existe qu'une seule façon d'écrire ce mot.

**œnomancien, enne** n • Inchangé • Il n'existe qu'une seule façon d'écrire ce mot.

**œnomètre** nm • Inchangé • Il n'existe qu'une seule façon d'écrire ce mot.

**œnométrie** nf • Inchangé • Il n'existe qu'une seule façon d'écrire ce mot.

**œnométrique** adj • Inchangé • Il n'existe qu'une seule façon d'écrire ce mot.

**œnothèque** nf • Inchangé • Il n'existe qu'une seule façon d'écrire ce mot.

**œnothéra** nm (au lieu de *œnothera) • C4 • Accent aigu. On dit plus souvent *œnothère*, forme française.

**œrsted** nm • Inchangé • Il n'existe qu'une seule façon d'écrire ce mot : il n'y a pas de variante en concurrence, donc on continue d'écrire *œ* (les règles G7 et G8 ne peuvent pas s'appliquer).

**œrstite** nf • Inchangé • Il n'existe qu'une seule façon d'écrire ce mot.

**œsogastroduodénal, ale** adj • A3 • Soudure de *œso-gastro-duodénal. Voir la remarque sur *œsophage*.

**œsogastroduodénoscopie** nf • A3 • Soudure de *œso-gastro-duodénoscopie. Voir la remarque sur *œsophage*.

**œsophage** nm et ses composés : **œsophagectomie** nf, **œsophagien, enne** adj, **œsophagique** adj, **œsophagisme** nm, **œsophagite** nf, **œsophagomalacie** nf, **œsophagoplastie** nf, **œsophagoscope** nm, **œsophagoscopie** nf, **œsophagostomie** nf, **œsophagotomie** nf • Inchangés • Tous ces mots n'ont qu'une forme : avec *œ* en début de mot. Ils n'ont pas de graphie concurrente. La règle G7, par exemple, ne pourrait donc pas s'appliquer.

[anc. *œstradiol] VOIR **estradiol** • G8 • Entre les deux variantes existantes, choisir *e* et non *œ*.

**œstre** nm • Inchangé • Il n'existe qu'une seule façon d'écrire ce mot, selon nos sources.

[anc. *œstrogène] et ses composés VOIR **estrogène** • G8 • Choisir *e* (dans *Littré* et *Petit Robert*).

[anc. *œstrone] VOIR **estrone** • G8 • Les deux graphies coexistent dans *Petit Robert* et dans *Littré* : la plus simple est recommandée (avec *e*).

[anc. *œstroprogestatif, *œstroprogestative] VOIR **estroprogestatif, estroprogestative** • G8 • Choisir *e* et non *œ*.

**off** adj (anglic.), **offs** • B2 • Pluriel régulier.

**offset** (anglic.) adj, nm, **des offsets** • B2 • Pluriel régulier.

**offshore** nm (anglic.), **des offshores** • A4, B2 • Soudure et pluriel régulier (mot étranger).

**oflag** nm (au lieu de *offlag) • G17 • Entre les deux, choisir un seul *f*.

**ogam** adj, nm (au lieu de *ogham) • G2 • Entre les deux, choisir sans *h*.

**ogamique** adj (au lieu de *oghamique) • G2 • Sans *h*. Avis favorable des travaux des éditions Le Robert.

**ognon** nm (au lieu de *oignon) • F2 • Le CSLF élimine le *i* inutile, pour éviter la prononciation fautive « oi ». Autrefois, on écrivait *oignon et **ognon**. Puis, **ognon** a malencontreusement disparu des dictionnaires. Le CSLF lui redonne vie. Il s'harmonise avec *rognon de veau* et *trognon de pomme*.

**ognonade** nf (au lieu de *oignonade) • F2 • Dans les travaux des éditions Le Robert. Voir *ognon*.

**ognonet** nm (au lieu de *oignonet) • F2 • Voir *ognon*.

**ognonière** nf (au lieu de *oignonière) • F2 • Dans les travaux des éditions Le Robert. Voir *ognon*.

**oiseler** v, **j'oisèle, oisèlerai, oisèlerais** • D1 • Conjugaison *-èle* au lieu de *-elle*.

**olécrane** nm (au lieu de *olécrâne) • G1 • Entre les deux graphies coexistantes, choisir la forme sans accent circonflexe sur *a* (les principaux dictionnaires l'écrivent sans accent circonflexe). Signifie « saillie du coude ». Ne rime pas avec *crâne*, mais avec *cane*.

**olécranien, enne** adj (au lieu de *olécrânien) • G1 • Choisir la forme sans accent circonflexe. Voir *olécrane*.

***** : graphie ancienne à ne plus utiliser; **A1, A2, A3, B1...** : codes qui renvoient aux règles p. 17 à 34; **anc.** : anciennement; **anglic.** : anglicisme à éviter; **CSLF** : Conseil supérieur de la langue (voir bibliogr.).

**oléopneumatique** adj • A3 • Soudure avec *oléo* (préfixe savant).

**oléosoluble** adj • A3 • Soudure avec *oléo* (préfixe savant).

**olifant** nm (au lieu de *oliphant) • G16 • L'ancienne graphie *oliphant a presque disparu déjà.

**oligoamnios** nm • A3 • Soudure avec *oligo* (préfixe savant), même devant *a*.

**oligoélément** nm • A3 • Soudure avec *oligo* (préfixe savant), même devant *é*.

**oligoholoside** nm • A3 • Soudure avec *oligo* (préfixe savant), même devant *h*.

**oligo-isoadénylate** nm • Inchangé • Exception A3 : trait d'union maintenu entre *o* et *i* pour éviter *oi*.

**oligonucléotide** nm • A3 • Soudure avec *oligo* (préfixe savant).

**oligosaccarase** nf • F2 • Le CSLF élimine le *h* dans l'ancienne forme *oligosaccharase. Le préfixe *oligo* était déjà soudé.

**oligosaccaride** nm • F2 • Le CSLF élimine le *h*. Voir *saccarine*.

**oligosaccaridose** nf • F2 • Le CSLF élimine le *h*. Le préfixe *oligo* était déjà soudé.

**olim** nm, **des olims** • B2 • Francisation : pluriel régulier.

**olivocérébelleux, euse** adj • A3 • Soudure avec *olivo.*

**ollapodrida** nf, **des ollapodridas** • A4, B2 • Soudure selon les travaux des éditions Le Robert. Pluriel régularisé.

**olographe** adj (au lieu de *holographe) • G2 • Se dit d'un testament écrit à la main. Choisir sans *h*.

**ombudsman** n, **des ombudsmans** • B2 • Pluriel régulier. Attention au sens correct : « personne qui défend les droits des citoyens, dans les pays scandinaves ». Ne pas confondre avec *médiateur* ou *protecteur du citoyen*.

**oméga** nm, **des omégas** • B2 • Pluriel régularisé.

**omicron** nm, **des omicrons** • B2 • Pluriel régularisé. Lettre de l'alphabet grec.

**omniérudit, ite** adj, n • A3 • Soudure avec *omni* (préfixe savant), même devant *é*.

**omnisport** adj, plur. : **omnisports** • A3, G18 • Soudure. Singulier régulier attesté dans le *GDT*.

**omohyoïdien, enne** adj, nm • A3 • Soudure avec *omo* (préfixe savant), même devant *h*.

**oncohématologie** nf • A3 • Soudure avec *onco* (préfixe savant), même devant *h*.

**oncohématologue** n • A3 • Soudure avec *onco* (préfixe savant), même devant *h*.

**onestep** (au lieu de *one-step) nm, **des onesteps** • A4, B2 • Soudure et pluriel régulier (mot étranger).

**oniroanalyse** nf • A3 • Soudure avec *oniro* (préfixe savant), même devant *a*.

**onques** « jamais » adv (au lieu de *oncques) • G11 • Mot vieilli. Il existe aussi la variante *onc*.

**ontothéologie** nf • A3 • Soudure avec *onto* (préfixe savant).

**ontothéologique** adj • A3 • Soudure avec *onto* (préfixe savant).

**onychoostéodysplasie** nf (au lieu de *onycho-ostéodysplasie) • A3 • Soudure avec *onycho* (préfixe savant), même lorsqu'il y a rencontre de deux *o*.

**onze** (numéral) : **cent-onze**, **onze-cents**, **onze-mille-onze**, **onze-millions**, **onze-milliards**, etc. • A6 • Trait d'union : on unit **onze** par des traits d'union dans les numéraux.

**oolite** nm ou nf (au lieu de *oolithe) • G2 • Entre les deux formes, préférer *-lite* et non *-lithe*.

**oolitique** adj, nm (au lieu de *oolithique) • G2 • Préférer *-litique* et non *-lithique*.

**open** adj (anglic.), **opens** • B2 • Pluriel régulier.

**openfield** nm (anglic.) • A4 • Soudure (mot étranger).

**opérer** v, **j'opèrerai**, **opèrerais** • C1 • Accent grave au futur et au conditionnel.

**oppidum** nm, **des oppidums** • B2 • Francisation : pluriel régulier.

**optimum** adj, nm, **des optimums** • B2 • Pluriel régulier : *des optimums*. La liste du RENOUVO ne donne pas **optima(s)* au singulier ni au pluriel en nouvelle orthographe, contrairement à *minima(s)* et à *maxima(s)*, mais ce serait concevable si c'était requis dans une expression figée employant traditionnellement la forme *optima*. Concernant l'adjectif, la forme du féminin ne relève pas des règles des rectifications : le *Rapport* du CSLF ne précise pas le féminin des mots. On rencontre deux féminins pour l'adjectif dans les dictionnaires : *optimum* ou *optima*. Note : l'Académie des sciences critique l'emploi de l'adjectif, alors il serait préférable d'employer son synonyme *optimal* (adj.), ce qui évite la confusion des accords de l'adjectif (selon le *TLF*).

**optocoupleur** nm • A3 • Soudure avec *opto* (préfixe savant).

**optodétecteur** nm • A3 • Soudure avec *opto* (préfixe savant).

**optoélectronicien, enne** n • A3 • Soudure avec *opto* (préfixe savant), même devant *é*.

---

**GDT** : Grand dictionnaire terminologique; **RENOUVO** : Réseau pour la nouvelle orthographe (v. bibliogr.); **TLF** : Trésor de la langue française; **Travaux des éditions Le Robert** : voir bibliogr. sous Rey-Debove.

**optoélectronique** adj, nf • A3 • Soudure avec *opto* (préfixe savant), même devant *é*.
**opto-isoler** v • Inchangé • Exception A3 : trait d'union maintenu entre *o* et *i* pour éviter *oi*.
**optoliaison** nf • A3 • Soudure avec *opto* (préfixe savant).
**optostrié, ée** adj • A3 • Soudure avec *opto* (préfixe savant).
**ordo** nm, **des ordos** • B2 • Francisation : pluriel régulier.
**orémus** nm, **des orémus** • C4 • De nos jours, les dictionnaires mettent tous l'accent aigu.
**orfèvre-joailler, orfèvre-joaillère** n • F4 • On écrit **joailler** et non *joaillier. Rime avec *conseiller*.
**ormin** nm (au lieu de *hormin) • G2 • La graphie avec *h* a disparu des dictionnaires.
**orohydrographique** adj • A3 • Soudure avec *oro* (préfixe savant), même devant *h*.
**oropharynx** nm • A3 • Soudure avec *oro* (préfixe savant).
**orthobenzoylbenzoate** nm • A3 • Soudure avec *ortho* (préfixe savant).
**orthodichlorobenzène** nm • A3 • Soudure avec *ortho* (préfixe savant).
**orthoécologique** adj • A3 • Soudure avec *ortho* (préfixe savant), même devant *é*.
**orthoexcrément** nm • A3 • Soudure avec *ortho* (préfixe savant), même devant *e*.
**orthographe** nf • Inchangé • Le *ph* est conservé, puisqu'il n'existe pas en français de graphie concurrente avec *f*. La règle G16 ne peut pas s'appliquer. Voir pages 39-40.
**orthokératologie** nf • A3 • Soudure avec *ortho* (préfixe savant).
**orthokératologiste** n • A3 • Soudure avec *ortho* (préfixe savant).
**orthonitrophénol** nm • A3 • Soudure avec *ortho* (préfixe savant).
**orthophénylènediamine** nf • A3 • Soudure avec *ortho* (préfixe savant).
**osmorécepteur** nm • Inchangé • Ce mot avec le préfixe *osmo* était déjà soudé (A3), selon nos sources.
**ossobuco** nm, **des ossobucos** • A4, B2 • Soudure et pluriel régulier (mot étranger).
**ost** nm (au lieu de *host) • G2 • Entre les deux variantes coexistantes, choisir sans *h*.
**ostéoarthrite** nf • A3 • Soudure avec *ostéo* (préfixe savant), même devant *a*.
**ostéoarthropathie** nf • A3 • Soudure avec *ostéo* (préfixe savant), même devant *a*.
**ostéoarthrotomie** nf • A3 • Soudure avec *ostéo* (préfixe savant), même devant *a*.
**ostéoarticulaire** adj • A3 • Soudure avec *ostéo* (préfixe savant), même devant *a*.
**ostéocolle** nf • Inchangé • Exception D3 : conserve sa finale en *-olle* (famille de *colle*).
**ostéodystrophie** nf • A3 • Soudure avec *ostéo* (préfixe savant).
**ostéomalacie** nf • A3 • Soudure avec *ostéo* (préfixe savant).
**ostéomusculoarticulaire** adj • A3 • Soudure de l'ancienne forme *ostéo-musculo-articulaire.
**ostéonécrose** nf • A3 • Soudure avec *ostéo* (préfixe savant).
**ostéoodontokératoprothèse** nf • A3 • Soudure de l'ancienne forme *ostéo-odonto-kératoprothèse.
**ostéoonychodysostose** nf • A3 • Soudure avec *ostéo*, même lorsqu'il y a rencontre de deux *o*.
**ostéoonychodysplasie** nf • A3 • Soudure avec *ostéo*, même lorsqu'il y a rencontre de deux *o*.
**ostéopériostique** adj • A3 • Soudure avec *ostéo* (préfixe savant).
**ostéosarcome** nm • A3 • Soudure avec *ostéo* (préfixe savant).
**ostéotendineux, euse** adj • A3 • Soudure avec *ostéo* (préfixe savant).
**ostiak** nm (au lieu de *ostyak) • G20 • Entre les deux variantes en concurrence, préférer *i*.
**ostrogot, ote** adj, n (au lieu de *ostrogoth) • G2 • Choisir sans *h* (pour tous les sens du mot).
**Ostrogot, ote** n (au lieu de *Ostrogoth) • G2 • Entre les deux variantes, choisir celle qui est sans *h*.
**ostrogotique** adj (au lieu de *ostrogothique) • G2 • Sans *h*.
**otoémission** nf • A3 • Soudure avec *oto* (préfixe savant), même devant *é*. Dans le domaine de l'audiologie, en médecine (*GDT*).
**otolite** nm ou nf • G2 • Entre les deux formes existantes, choisir *-lite* plutôt que *-lithe*.
**otoneurologie** nf • A3 • Soudure avec *oto* (préfixe savant).
**otoneurologiste** n • A3 • Soudure avec *oto* (préfixe savant).
**otoneurologue** n • A3 • Soudure avec *oto* (préfixe savant).
**otorhino** n • A3 • Soudure de *oto-rhino (dans *Petit Robert*). Abréviation du mot *otorhinolaryngologiste*.
**otorhinolaryngologie** nf • A3 • Soudure de l'ancienne forme *oto-rhino-laryngologie. Avis favorable des travaux des éditions Le Robert, même si le mot est long. Maintenant soudé dans *Petit Robert*.
**otorhinolaryngologique** adj • A3 • Soudure de l'ancienne forme *oto-rhino-laryngologique.

**otorhinolaryngologiste** n • A3 • Soudure de l'ancienne forme *oto-rhino-laryngologiste. Avis favorable des travaux des éditions Le Robert, même si le mot est long. Maintenant soudé dans *Petit Robert*.

**otorhinolaryngologue** n • A3 • Soudure. Synonyme du mot *otorhinolaryngologiste*.

**otorrée** nf (au lieu de *otorrhée) • G2 • Entre les deux variantes en concurrence, préférer celle sans *h*. Avis favorable des travaux des éditions Le Robert. Note : une vieille graphie avec deux *t* a aussi déjà existé.

**oued** nm, **des oueds** • B2 • Francisation : pluriel régulier.

**ouïgour** adj, nm (au lieu de *ouïghour) • G2 • Choisir sans *h*. Avis favorable dans les travaux Le Robert.

**ouille** interj (au lieu de *ouïe) • G20 • Même principe que pour le choix de la graphie *pagaille* (*Rapport* du CSLF). La graphie *ouïe* comme interjection n'est pas conforme à sa prononciation « ouille ». Ne pas confondre avec le nom féminin *l'ouïe* (sens de l'audition, fentes ou ouvertures).

**ouillère** (au lieu de *ouillière) nf ou **oullière**, selon la prononciation • F4 • Le second *i* inutile disparait dans *ouillère*, qui rime avec *conseillère*. On peut aussi dire et écrire *oullière* (attention : le premier *i* n'est plus là), qui rime avec *Molière* (on entend le son « l »). Ne pas confondre avec *houillère*.

**oukase** nm (au lieu de *ukase) • G9 • Entre les deux, préférer *ou* et non *u*.

**ouléma** ou **uléma** nm • Au choix • Les deux formes existent. Prononciations différentes.

**ouralo-altaïque** adj • Inchangé • Exception A3 : pas de soudure (coordination, famille de langues).

**ourdou, ourdoue** adj, nm (au lieu de *urdu) • G9 • Entre les deux, préférer *ou* et non *u*.

**out** adj (anglic.), **outs** • B2 • Pluriel régulier.

**outriggeur** nm • G21 • Terminaison *-eur* dans les travaux des éditions Le Robert.

**ouvre-boite** nm, **des ouvre-boites** • B1, C2 • Sing. et plur. rég. L'accent circonflexe disparait sur *i*.

**ouvre-bouche** nm, **des ouvre-bouches** • B1 • Singulier et pluriel réguliers.

**ouvre-bouteille** nm, **des ouvre-bouteilles** • B1 • Singulier et pluriel réguliers.

**ouvre-boyau** nm, **des ouvre-boyaux** • B1 • Singulier et pluriel réguliers.

**ouvre-clapet** nm, **des ouvre-clapets** • B1 • Singulier et pluriel réguliers.

**ouvre-gant** nm, **des ouvre-gants** • B1 • Singulier et pluriel réguliers.

**ouvre-huitre** nm, **des ouvre-huitres** • B1, C2 • Sing. et plur. rég. L'accent circonflexe disparait sur *i*.

**ouvre-lettre** nm, **des ouvre-lettres** • B1 • Singulier et pluriel réguliers.

**ouvre-mâchoire** nm, **des ouvre-mâchoires** • B1 • Singulier et pluriel réguliers.

**ouvre-pneu** nm, **des ouvre-pneus** • B1 • Singulier et pluriel réguliers.

**ouvrier-joailler, ouvrière-joaillère** n • F4 • On écrit **joailler** et non *joaillier. Rime avec *conseiller*.

**ouzbek, èke** adj, nm (au lieu de *uzbek) • G9, G20 • Choisir *ou*. Au féminin, choisir *ouzbèke* (accent grave).

**Ouzbek, èke** n (au lieu de *Uzbek) • G9, G20 • Voir l'explication sur *ouzbek*.

**ovariotubaire** adj • A3 • Soudure avec *ovario* (préfixe savant).

**oxobiodégradable** adj • A3 • Soudure avec *oxo* (préfixe savant).

**oxodégradable** adj • A3 • Soudure avec *oxo* (préfixe savant).

**oxydoréductase** nf • A3 • Soudure avec *oxydo* (préfixe savant).

**oxydoréduction** nf • A3 • Soudure avec *oxydo* (préfixe savant).

**oxygéner** v, **j'oxygènerai, oxygènerais** • C1 • Accent grave au futur et au conditionnel.

# P

**pacemakeur** nm (anglic.) • A4, G21 • Soudure. La terminaison *-er* devient *-eur*.

**pacfung** nm (au lieu de *packfung) • G10 • Entre les deux variantes coexistantes, choisir *c* et non *ck*.

**packageur, euse** n • G21 • Signifie « sous-traitant d'une maison d'édition ». Terminaison francisée.

[anc. *pacquage] VOIR **paquage** (pour poisson en baril) • G11 • Ne pas confondre avec *pacage* (pour le bétail) ni avec l'anglicisme *package*.

[anc. *pacquer] VOIR **paquer** (entasser le poisson en baril) • G11 • Choisir *qu* et non *cqu*.

**paddy** nm, **des paddys** • B2 • Pluriel régulier (il était anciennement invariable).

**padichah** nm (au lieu de *padishah ou *padischah) • G13 • Choisir *ch* et non *sh* ni *sch*.

[anc. *pæan] VOIR **péan** • G5 • Entre les deux formes coexistantes, choisir *é* et non *æ*.

**paélia** nf (au lieu de *paëlla ou *paella) • C4, G22 • Le *Rapport* du CSLF recommande **paélia** : accent aigu (C4) et graphie francisée (G22) plus conforme à la prononciation.

**paf** « ivre » adj, plur. : **pafs** • G18 • Le pluriel régulier de cet adjectif est attesté dans *Petit Robert*.

**pagaille** nf (au lieu de *pagaïe ou *pagaye) • G20 • Le CSLF recommande explicitement de choisir, parmi les variantes, la forme **pagaille**, disant qu'elle est la plus conforme aux règles et la moins ambigüe.

**pagus** nm, **des pagus** • B2 • Francisation : pluriel régulier. Le pluriel étranger était : des *pagi.

**pailleter** v, **je paillète**, **paillèterai**, **paillèterais** • D1 • Conjugaison *-ète* au lieu de *-ette*.

**paisseler** v, **je paissèle**, **paissèlerai**, **paissèlerais** • D1 • Conjugaison *-èle* au lieu de *-elle*.

**paitre** v, **elle pait**, **je paitrai**, **paitrais** • C2 • L'accent circonflexe disparait sur *i*.

**pal** « pieu, plantoire, pièce honorable, standard audiovisuel » nm • Inchangé • S'écrivait déjà ainsi.

**palatoalvéolaire** nf • A3 • Soudure avec *palato* (préfixe savant), même devant *a*.

**palatoglosse** nf • A3 • Soudure avec *palato* (préfixe savant).

**palatostaphylin** nm • A3 • Soudure avec *palato* (préfixe savant).

**pale** « palette (rame, hélice), vanne » nf • Inchangé • En ce sens, ce mot s'écrivait déjà avec un seul *l*.

**pale** « linge sacré » nf (au lieu de *palle) • G17 • Choisir la variante avec un seul *l*.

**pâle** « blême » adj • Inchangé • S'écrivait déjà ainsi (un seul *l*). Ne pas confondre *pal*, *pale* et *pâle*.

**paléoocéanographie** nf • A3 • Soudure avec *paléo*, même s'il y a rencontre de deux *o*.

**paléoornithologie** nf • A3 • Soudure avec *paléo*, même s'il y a rencontre de deux *o*.

**paléooued** nm • A3 • Soudure avec *paléo*, même s'il y a rencontre de deux *o*.

**paléophyllophagie** nf • A3 • Soudure avec *paléo* (préfixe savant).

**paléopoésie** nf • A3 • Soudure avec *paléo* (préfixe savant).

**palicare** nm (au lieu de *palikare ou *pallikare) • G10, G17 • Choisir *c* et un seul *l*. Avis favorable des travaux des éditions Le Robert.

[anc. *palle] VOIR **pale** « linge sacré » • G17 • Entre les deux formes coexistantes, choisir un seul *l*.

**palude** nm ou **palud** ou **palus**, selon la prononciation • Inchangé • Vieux terme signifiant « marais ». Les dictionnaires ne s'entendent pas tous sur la prononciation. Si on choisit de faire rimer le mot avec *rude*, écrire **palude** avec *e* pour cette prononciation (avis favorable des travaux des éd. Le Robert). De nos jours, **palud** rime avec *rue*. La forme **palus** rime avec *rue* ou *virus*.

**pampéro** nm • C4 • Francisation : accent aigu.

**panatéla** nm • C4 • Les travaux des éditions Le Robert sont favorables à l'ajout de l'accent aigu manquant sur la graphie non francisée *panatela. La forme *panatella* existe aussi. De plus, *Littré* connait la variante *panétéla* accentuée (anciennement *panetela).

**panca** nm (au lieu de *panka) • G10 • Entre les deux variantes qui coexistent, choisir *c* et non *k*.

**pancanadien**, **enne** adj • Inchangé • Les mots avec le préfixe *pan* sont déjà soudés (A3).

**panchenlama** nm • A4 • Soudure (mot étranger).

**pancréaticoduodénal**, **ale** adj • A3 • Soudure avec *pancréatico* (préfixe savant).

**pancréaticoentérique** adj • A3 • Soudure avec *pancréatico* (préfixe savant), même devant *e*.

**pancréaticoentérostomie** nf • A3 • Soudure avec *pancréatico*. On dit aussi *pancréatoentérostomie*.

**pancréaticojéjunostomie** nf • A3 • Soudure avec *pancréatico*. On dit aussi *pancréatojéjunostomie*.

**pancréaticosplénique** adj • A3 • Soudure avec *pancréatico* (préfixe savant).

**pancréatoentérostomie** nf • A3 • Soudure avec *pancréato*. On dit aussi *pancréaticoentérostomie*.

**pancréatojéjunostomie** nf • A3 • Soudure avec *pancréato*. On dit aussi *pancréaticojéjunostomie*.

**pancréatostimuline** nf • A3 • Soudure avec *pancréato* (préfixe savant).

**panèterie** (ou **paneterie**, selon la prononciation) nf • F3 • Deux prononciations sont possibles, au choix. Si on prononce « è », on ajoute l'accent grave qui manquait.

**panfrancophone** adj • Inchangé • Les mots avec le préfixe *pan* sont déjà soudés (A3).

**panini** nm, **des paninis** • B2 • Francisation : singulier et pluriel réguliers.

[anc. *panka] VOIR **panca** • G10 • Entre les deux, choisir *c* et non *k*.

**panquébécois**, **oise** adj • F3 • Les mots avec le préfixe *pan* sont déjà soudés (A3). Voir aussi *québécois* pour les deux accents aigus sur ce mot (F3).

**pansyndicalisme** nm • Inchangé • Les mots avec le préfixe *pan* sont déjà soudés (A3).

**panteler** v, **je pantèle**, **pantèlerai**, **pantèlerais** • D1 • Conjugaison *-èle* au lieu de *-elle*.

**paparazzi** nm, **des paparazzis** • B2 • Francisation : singulier et pluriel régularisés. En italien, le singulier est *paparazzo* et le pluriel est *paparazzi* (sans *s* dans cette langue).

**paparmane** nf (au lieu de *paparmanne) • G17 • Consonne simple : choisir un seul *n*.

**papèterie** (ou **papeterie**, selon la prononciation) nf • F3 • Deux prononciations sont possibles, au choix. Si on prononce « è », on ajoute l'accent grave qui manquait.

**papi** nm (au lieu de *papy) • G20 • Entre les deux variantes en concurrence, préférer celle avec *i*.

**papyboum** nm (au lieu de *papy-boom) • A4, G9 • Soudure. Choisir *ou* (*Petit Robert* signale une variante en *ou*). Écrire *y*, car il n'y a pas de variante avec *i* pour ce mot : la règle G20 ne peut s'appliquer.

**paquage** « opération d'entasser le poisson » nm (au lieu de *pacquage) • G11 • Ne pas confondre avec *pacage* (pour le bétail) ni avec l'anglicisme *package*.

**paquer** « entasser le poisson dans un baril » nm (au lieu de *pacquer) • G11 • Choisir *qu* et non *cqu*.

**paqueter** v, **je paquète**, **paquèterai**, **paquèterais** • D1 • Conjugaison *-ète* au lieu de *-ette*. Voir la remarque sur *empaqueter*.

**PARA-** (préfixe) • À souder • La plupart des mots avec le préfixe *para* sont déjà soudés : la consultaton d'un dictionnaire récent suffit pour le confirmer. Seuls les cas jugés utiles sont signalés ici. Note : on ne soude pas devant *i* et *u*, pour éviter une prononciation défectueuse (*ai* et *au*).

**paraaminohippurate** nm • A3 • Soudure avec *para* (préfixe savant), même s'il y a rencontre de deux *a*.

**parabellum** nm, **des parabellums** • B2 • Francisation : pluriel régulier.

**parafe** nm (au lieu de *paraphe) • G16 • Choisir *f*. Les deux formes coexistaient dans les dictionnaires.

**parafer** v (au lieu de *parapher) • G16 • Les deux formes coexistaient dans les dictionnaires.

**parafeur** nm (au lieu de *parapheur) • G16 • Les deux formes coexistaient dans les dictionnaires.

**paragouvernemental**, **-ale** adj • A3 • Soudure avec *para* (préfixe savant).

**paragraphe** nm • Inchangé • Le *ph* est conservé, puisqu'il n'existe pas en français de graphie concurrente avec *f*. La règle G16 ne peut pas s'appliquer. Voir pages 39-40.

**para-infectieux**, **euse** adj • Inchangé • Exception : trait d'union entre *a* et *i* pour éviter *ai* ou *ain*.

**paraitre** nm • C2 • L'accent circonflexe disparait sur *i*.

**paraitre** v, **il parait**, **je paraitrai**, **paraitrais** • C2 • L'accent circonflexe disparait sur *i*.

**paramédical**, **-ale** adj • A3 • Soudure avec *para* (préfixe savant).

**paramilitaire** adj, n • A3 • Soudure avec *para* (préfixe savant).

**paramunicipal**, **-ale** adj, n • A3 • Soudure avec *para* (préfixe savant).

**parascolaire** adj • A3 • Soudure avec *para* (préfixe savant).

**paravalanche** (au lieu de *pare-avalanches) nm, **des paravalanches** • G19 • De nos jours, les dictionnaires privilégient la graphie soudée.

**pare-aiguille** nm, **des pare-aiguilles** • B1 • Singulier et pluriel réguliers.

**pare-air** nm, **des pare-airs** • B1 • Singulier et pluriel réguliers.

**pare-arc** nm, **des pare-arcs** • B1 • Singulier et pluriel réguliers.

[anc. *pare-avalanches] VOIR **paravalanche** • G19 • Voir l'explication sur *paravalanche*.

**pare-balle** adj, nm, **des pare-balles** • B1, G18 • Singulier et pluriel réguliers (B1). L'adjectif singulier maintenant régulier est attesté dans *Petit Robert* (G18).

**pare-ballon** nm, **des pare-ballons** • B1 • Singulier et pluriel réguliers.

**pare-boue** nm, **des pare-boues** • B1 • Singulier et pluriel réguliers.

**parebrise** nm, **des parebrises** • G19 • Des dictionnaires privilégient la soudure (avec pluriel régulier).

**parebroussaille** nm, **des parebroussailles** • G19 • Soudure, comme pour *parechoc* et *parebrise* (*GDT*).

**pare-bruit** nm, **des pare-bruits** • B1 • Singulier et pluriel réguliers.

**pare-buffle** nm, **des pare-buffles** • B1 • Singulier et pluriel réguliers.

**pare-cabine** nm, **des pare-cabines** • B1 • Singulier et pluriel réguliers.

**pare-caillou** nm, **des pare-cailloux** • B1 • Singulier et pluriel réguliers.

**pare-cendre** nm, **des pare-cendres** • B1 • Singulier et pluriel réguliers.

**parechignon** nm, **des parechignons** • G19 • Soudure, selon le *GDT*.

**parechoc** nm, **des parechocs** • G19 • Des dictionnaires privilégient la soudure (avec singulier régulier).

**pare-chute** nm, **des pare-chutes** • B1 • Singulier et pluriel réguliers.

**pare-clou** nm, **des pare-clous** • B1 • Singulier et pluriel réguliers.

**pare-copeau** nm, **des pare-copeaux** • B1 • Singulier et pluriel réguliers.

**pare-dent** nm, **des pare-dents** • B1 • Singulier et pluriel réguliers.

**pare-détergent** nm, **des pare-détergents** • B1 • Singulier et pluriel réguliers.

**pare-douche** nm, **des pare-douches** • B1 • Singulier et pluriel réguliers.

**pare-éclaboussure** nm, **des pare-éclaboussures** • B1 • Singulier et pluriel réguliers.
**pare-éclat** nm, **des pare-éclats** • B1 • Singulier et pluriel réguliers.
**pare-écume** nm, **des pare-écumes** • B1 • Singulier et pluriel réguliers.
**pare-étincelle** nm, **des pare-étincelles** • B1 • Singulier et pluriel réguliers.
**pare-étoupille** nm, **des pare-étoupilles** • B1 • Singulier et pluriel réguliers.
**pare-feu** adj, nm, **des pare-feux** • B1, G18 • Pluriel régulier. Adj. pluriel régulier attesté dans *Littré*.
**pare-flamme** nm, **des pare-flammes** • B1 • Singulier et pluriel réguliers.
**pare-fumée** nm, **des pare-fumées** • B1 • Singulier et pluriel réguliers.
**pare-goutte** nm, **des pare-gouttes** • B1 • Singulier et pluriel réguliers.
**pare-grain** nm, **des pare-grains** • B1 • Singulier et pluriel réguliers.
**pare-grume** nm, **des pare-grumes** • B1 • Singulier et pluriel réguliers.
**pare-haleine** nm, **des pare-haleines** • B1 • Singulier et pluriel réguliers.
**pare-insecte** nm, **des pare-insectes** • B1 • Singulier et pluriel réguliers.
**parélie** nm (au lieu de *parhélie) • G2 • Entre les deux variantes coexistantes, choisir sans *h*. Avis favorable des travaux des éditions Le Robert.
**pare-lumière** nm, **des pare-lumières** • B1 • Singulier et pluriel réguliers.
**pare-main** nm, **des pare-mains** • B1 • Singulier et pluriel réguliers.
**pare-navette** nm, **des pare-navettes** • B1 • Singulier et pluriel réguliers.
**pare-neige** nm, **des pare-neiges** • B1 • Singulier et pluriel réguliers.
**pare-paille** nm, **des pare-pailles** • B1 • Singulier et pluriel réguliers.
**pare-pierre** nm, **des pare-pierres** • B1 • Singulier et pluriel réguliers.
**pare-pluie** nm, **des pare-pluies** • B1 • Singulier et pluriel réguliers.
**pare-poussière** nm, **des pare-poussières** • B1 • Singulier et pluriel réguliers.
**pare-reflet** nm, **des pare-reflets** • B1 • Singulier et pluriel réguliers.
**pare-soleil** nm, **des pare-soleils** • B1 • Singulier et pluriel réguliers.
**pare-son** nm, **des pare-sons** • B1 • Singulier et pluriel réguliers.
**pare-souffle** nm, **des pare-souffles** • B1 • Singulier et pluriel réguliers.
**pare-vapeur** nm, **des pare-vapeurs** • B1 • Singulier et pluriel réguliers.
**pare-vent** nm, **des pare-vents** • B1 • Singulier et pluriel réguliers.
**pare-visage** nm, **des pare-visages** • B1 • Singulier et pluriel réguliers.
[anc. *parhélie] VOIR **parélie** • G2 • Entre les deux variantes coexistantes, choisir sans *h*.
**pari (à)** VOIR **à pari** • C4 • Accent grave sur *a*. Se dit d'un argument fondé sur un rapport de parité.
**parlote** nf • D3 • Un seul *t :* ce mot est un dérivé de *parloter*.
**parloter** v • D3 • Un seul *t* : ce verbe est construit avec le suffixe diminutif *-oter*.
**parloterie** nf • D3 • Un seul *t :* ce mot est un dérivé de *parloter*.
**parqueter** v, **je parquète, parquèterai, parquèterais** • D1 • Conjugaison *-ète* au lieu de *-ette*.
**parquèterie** (ou **parqueterie**, selon la prononciation) nf • F3 • Deux prononciations sont possibles, au choix. Si on prononce « è », on ajoute l'accent grave qui manquait.
**partita** nf, **des partitas** • B2 • Francisation : pluriel régulier.
**paséo** nm • C4 • Francisation : accent aigu.
**pasodoble** nm, **des pasodobles** • A4, B2 • Soudure et pluriel régulier (mot étranger). Le *e* final de ce mot est muet.
**passamezzo** nm, **des passamezzos** • B2 • Pluriel francisé *-os* et non *-i*. Variante : *passémezzo*.
**passavant** (au lieu de *passe-avant) nm, **des passavants** • G19 • De nos jours, il est en un mot.
**passe-barre** nm, **des passe-barres** • B1 • Singulier et pluriel réguliers.
**passe-bille** nm, **des passe-billes** • B1 • Singulier et pluriel réguliers.
**passe-bouillon** nm, **des passe-bouillons** • B1 • Singulier et pluriel réguliers.
**passe-boule** nm, **des passe-boules** • B1 • Singulier et pluriel réguliers.
**passe-bout** nm, **des passe-bouts** • B1 • Singulier et pluriel réguliers.
**passe-bouteille** nm, **des passe-bouteilles** • B1 • Singulier et pluriel réguliers.
**passe-bouton** nm, **des passe-boutons** • B1 • Singulier et pluriel réguliers.
**passe-bras** nm, **des passe-bras** • B1 (inchangé) • Même forme au singulier et au pluriel.

**passe-canalisation** nm, **des passe-canalisations** • B1 • Singulier et pluriel réguliers.
**passe-carreau** nm, **des passe-carreaux** • B1 • Singulier et pluriel réguliers.
**passe-cassette** nm, **des passe-cassettes** • B1 • Singulier et pluriel réguliers.
**passe-coque** nm, **des passe-coques** • B1 • Singulier et pluriel réguliers.
**passe-corde** nm, **des passe-cordes** • B1 • Singulier et pluriel réguliers.
**passe-corniche** nm, **des passe-corniches** • B1 • Singulier et pluriel réguliers.
**passe-coupe** nm, **des passe-coupes** • B1 • Singulier et pluriel réguliers.
**passe-crassane** nf, **des passe-crassanes** • B1 • Singulier et pluriel réguliers.
**passe-document** nm, **des passe-documents** • B1 • Singulier et pluriel réguliers.
**passe-droit** nm, **des passe-droits** • B1 • Singulier et pluriel réguliers.
**passe-fil** nm, **des passe-fils** • B1 • Singulier et pluriel réguliers.
**passe-film** nm, **des passe-films** • B1 • Singulier et pluriel réguliers.
**passegris** nm (au lieu de *passe-gris) • G19 • Maintenant, ce nom d'oiseau s'écrit en un mot. Voir p. 16.
**passe-lac** nm, **des passe-lacs** • B1 • Singulier et pluriel réguliers.
**passe-lacet** nm, **des passe-lacets** • B1 • Singulier et pluriel réguliers.
**passe-lait** nm, **des passe-laits** • B1 • Singulier et pluriel réguliers.
**passe-légume** nm, **des passe-légumes** • B1 • Singulier et pluriel réguliers.
**passe-lettre** nm, **des passe-lettres** • B1 • Singulier et pluriel réguliers.
**passe-main** nm, **des passe-mains** • B1 • Singulier et pluriel réguliers.
**passémezzo** nm, **des passémezzos** • B2, C4 • Pluriel et accent français. Variante : *passamezzo.*
**passe-monnaie** nm, **des passe-monnaies** • B1 • Singulier et pluriel réguliers.
**passe-montagne** nm, **des passe-montagnes** • B1 • Singulier et pluriel réguliers.
**passe-orteil** nm, **des passe-orteils** • B1 • Singulier et pluriel réguliers.
**passepartout** adj, nm, **des passepartouts** • A5 • Le *Rapport* du CSLF soude ce mot.
**passepasse** nm, **des passepasses** • A5 • Le *Rapport* du CSLF soude ce mot.
**passe-pied** « danse folklorique ou musique à trois temps » nm, **des passe-pieds** • B1 • Singulier et pluriel réguliers.
**passe-pierre** nf, **des passe-pierres** • B1 • Singulier et pluriel réguliers.
**passe-plat** nm, **des passe-plats** • B1 • Singulier et pluriel réguliers.
**passepoil** nm • Inchangé • Ce mot s'écrivait déjà soudé.
**passeport** nm • Inchangé • Ce mot s'écrivait déjà soudé.
**passe-purée** nm, **des passe-purées** • B1 • Singulier et pluriel réguliers.
**passe-queue** nm, **des passe-queues** • B1 • Singulier et pluriel réguliers.
**passerose** nf, **des passeroses** • G19 • Depuis longtemps, on écrit **passerose** en un mot (graphie ancienne avec trait d'union).
**passe-ruban** nm, **des passe-rubans** • B1 • Singulier et pluriel réguliers.
**passe-sangle** nm, **des passe-sangles** • B1 • Singulier et pluriel réguliers.
**passetemps** nm • A5 • Les travaux des éditions Le Robert soudent ce mot.
**passe-thé** nm, **des passe-thés** • B1 • Singulier et pluriel réguliers.
**passe-trame** nm, **des passe-trames** • B1 • Singulier et pluriel réguliers.
**passe-tringle** nm, **des passe-tringles** • B1 • Singulier et pluriel réguliers.
**passe-velours** nm, **des passe-velours** • B1 (inchangé) • Même forme au singulier et au pluriel.
**passe-volant** nm, **des passe-volants** • B1 • Singulier et pluriel réguliers.
**passe-vue** nm, **des passe-vues** • B1 • Singulier et pluriel réguliers.
**Pater** « prière » nm • Valeur de citation (B2) • Premier mot d'une prière en latin. Les rectifications le laissent donc invariable. Majuscule (selon les dictionnaires) et parfois italique. Voir page 38.
**paterfamilias** nm (au lieu de *pater familias) • A4 • Soudure (mot étranger).
**paturon** nm (au lieu de *pâturon) • G1 • Entre les deux, choisir sans accent (même prononciation).
**péan** nm (au lieu de *pæan) • G5 • Entre les deux graphies coexistantes, choisir *é* plutôt que æ.
**pécher** « commettre une faute » v, **je pècherai, pècherais** • C1 • Accent grave au futur et au condit.
**pècheresse** nf • C1 • Accent grave et non accent aigu.
**pêchetout** nm, **des pêchetouts** • A5 • Les mots composés d'un verbe + *tout* sont soudés.

**pécile** nm (au lieu de *pœcile) • G7 • Entre les deux formes coexistantes, choisir la graphie avec *é*, donnée dans le *Grand Larousse* (selon le *TLF*). Avis favorable des travaux des éditions Le Robert.

**pécorino** nm • C4 • Francisation : accent aigu.

**pédibus** adv (au lieu de *pedibus) • C4 • Francisation : accent aigu. Abréviation du latin *pedibus cum jambis* (avec les pieds et les jambes). Signifie « à pied ».

**pédibus cum jambis** loc adv • C4 • Francisation : accent aigu. Si on tient à conserver la locution originale, on écrit alors sans accent, mais en italique. Voir ci-dessus le sens de cette expression.

**pédigrée** ou **pédigri** nm, selon la prononciation • C4, G22 • La forme *pedigree est un anglicisme. Le *Rapport* du CSLF recommande **pédigrée** (C4), conforme à l'une des prononciations de ce mot en français (avis favorable des travaux des éditions Le Robert). Le *GDT* recommande **pédigri** (G22), conforme à une autre prononciation admise (mention aussi dans le *TLF*). Choisir selon la prononciation souhaitée.

**pédoérotisme** nm • A3 • Soudure avec *pédo* (préfixe savant), même devant *é*.

**pédopsychiatre** n • A3 • Soudure avec *pédo* (préfixe savant).

**pédopsychiatrie** nf • A3 • Soudure avec *pédo* (préfixe savant).

**pédum** nm • C4 • Francisation : accent aigu.

**peewee** n, **des peewees** • A4 • Soudure (mot étranger).

**peigne-cul** n, **des peigne-culs** • B1 • Singulier et pluriel réguliers.

[anc. *péket] VOIR **péquet** • G11 • Choisir *qu* et non *k*.

**pékin** « étoffe de soie, pékiné » nm • Inchangé • En ce sens, ce mot s'écrit toujours avec *k*.

[anc. *pékin] VOIR **péquin** « civil (argot militaire) ou individu » • G11 • Favoriser *qu* en ce sens.

**Pékin** « Beijing, en Chine » nom propre géographique • Inchangé • En ce sens, ce mot s'écrit toujours avec *k*. Note : on a déjà écrit *Pei-king*.

**pékoe** nm • C4 • Francisation : accent aigu.

**pélagos** nm • C4 • Francisation : accent aigu.

**pélamide** nf (au lieu de *pélamyde) • G20 • Entre les deux, préférer *i* et non *y*.

**pêlemêle** adv, nm, **des pêlemêles** • A4 • Le *Rapport* du CSLF soude ce mot.

**pelleter** v, **je pellète, pellèterai, pellèterais** • D1 • Conjugaison *-ète* au lieu de *-ette*. Selon la grammaire de Grevisse-Goosse (*Le bon usage*, paragraphe 791a), la prononciation de l'ancienne forme *elle *pellette* (maintenant **elle pellète** en nouvelle orthographe) est bien « èl pè-lèt' » et non « èl pèlt' », puisque le deuxième *e* du verbe est lui aussi suivi d'une consonne double dans cette conjugaison (il ne peut donc pas être muet devant *tt*). Les rectifications de l'orthographe ne changent rien à ce fait. Elles ont cependant l'avantage de rendre la prononciation du deuxième *e* beaucoup plus claire lors de la lecture : **pellète**.

**pénalty** nm (anglic.), **des pénaltys** • B2, C4 • Pluriel régulier et accent aigu.

**pénétrer** v, **je pénètrerai, pénètrerais** • C1 • Accent grave au futur et au conditionnel.

**pénicillinorésistant, ante** adj • A3 • Soudure avec *pénicillino* (préfixe savant).

**pénicillium** nm • C4 • Francisation : accent aigu.

**pentode** nf (au lieu de *penthode) • G2 • Entre les deux variantes coexistantes, choisir sans *h*.

**pentrite** nf (au lieu de *penthrite) • G2 • Entre les deux variantes coexistantes, choisir sans *h*.

**pèperin** nm (ou **pépérin**, selon la prononciation) • C1 • Accent grave (au lieu de *péperin). Avis favorable des travaux des éditions Le Robert. Note : on dit parfois aussi *pépérin*.

**peppéroni** nm (au lieu de *pepperoni) • C4 • Francisation : accent aigu sur le second *e*. Le premier *e* ne prend pas l'accent, puisqu'il est suivi d'une double consonne.

**pèquenaud, aude** ou **pèquenot, otte** n • C1 • Accent grave et non accent aigu.

**péquet** nm (au lieu de *péket) • G11 • Choisir *qu* et non *k*.

**péquin** « civil (argot militaire) ou individu » nm (au lieu de *pékin) • G11 • Favoriser *qu* en ce sens.

**perce-bouchon** nm, **des perce-bouchons** • B1 • Singulier et pluriel réguliers.

**perce-cigare** nm, **des perce-cigares** • B1 • Singulier et pluriel réguliers.

**perce-cône** nm, **des perce-cônes** • B1 • Singulier et pluriel réguliers.

**percefleur** nm • Inchangé • Ce nom d'oiseau est toujours écrit en un mot.

**perce-lettre** nm, **des perce-lettres** • B1 • Singulier et pluriel réguliers.

**perce-maille** nm, **des perce-mailles** • B1 • Singulier et pluriel réguliers.

**perce-membrane** nm, **des perce-membranes** • B1 • Singulier et pluriel réguliers.

**perce-muraille** nf, **des perce-murailles** • B1 • Singulier et pluriel réguliers.
**perce-neige** nm ou nf, **des perce-neiges** • B1 • Singulier et pluriel réguliers.
**perce-oreille** nm, **des perce-oreilles** • B1 • Singulier et pluriel réguliers.
**perce-pierre** nm, **des perce-pierres** • B1 • Singulier et pluriel réguliers.
**perce-pousse** nm, **des perce-pousses** • B1 • Singulier et pluriel réguliers.
**perce-rameau** nm, **des perce-rameaux** • B1 • Singulier et pluriel réguliers.
**perce-tige** nm, **des perce-tiges** • B1 • Singulier et pluriel réguliers.
**percutiréaction** nf • A3 • Soudure.
**pérestroïka** nf • C4 • Francisation : accent aigu.
**périinformatique** nf • A3 • Soudure avec *péri*, même lorsqu'il y a rencontre de deux *i*.
**périsaccarophiliste** n (au lieu de *périsaccharophiliste) • F2 • Le CSLF élimine le *h*. Voir *saccarine*.
**péritonéodialyse** nf • A3 • Soudure avec *péritonéo* (préfixe savant).
**péritonéovaginal, ale** adj • A3 • Soudure avec *péritonéo* (préfixe savant).
**périurbain, aine** adj • A3 • Soudure avec *péri* (préfixe savant), même devant *u*.
**périutérin, ine** adj • A3 • Soudure avec *péri* (préfixe savant), même devant *u*.
**perpétrer** v, **je perpètrerai, perpètrerais** • C1 • Accent grave au futur et au conditionnel.
**persévérer** v, **je persévèrerai, persévèrerais** • C1 • Accent grave au futur et au conditionnel.
**persifflage** nm • F1 • Le CSLF harmonise la famille : deux *f*, comme *siffler*.
**persiffler** v • F1 • Le CSLF harmonise la famille : deux *f*, comme *siffler*.
**persiffleur, euse** adj, n • F1 • Le CSLF harmonise la famille : deux *f*, comme *siffler*.
**pèse-acide** nm, **des pèse-acides** • B1 • Singulier et pluriel réguliers.
**pèse-alcool** nm, **des pèse-alcools** • B1 • Singulier et pluriel réguliers.
**pèse-antigel** nm, **des pèse-antigels** • B1 • Singulier et pluriel réguliers.
**pèse-bébé** nm, **des pèse-bébés** • B1 • Singulier et pluriel réguliers.
**pèse-bouche** nm, **des pèse-bouches** • B1 • Singulier et pluriel réguliers.
**pèse-copeau** nm, **des pèse-copeaux** • B1 • Singulier et pluriel réguliers.
**pèse-esprit** nm, **des pèse-esprits** • B1 • Singulier et pluriel réguliers.
**pèse-filtre** nm, **des pèse-filtres** • B1 • Singulier et pluriel réguliers.
**pèse-grain** nm, **des pèse-grains** • B1 • Singulier et pluriel réguliers.
**pèse-lait** nm, **des pèse-laits** • B1 • Singulier et pluriel réguliers.
**pèse-lettre** nm, **des pèse-lettres** • B1 • Singulier et pluriel réguliers.
**pèse-liqueur** nm, **des pèse-liqueurs** • B1 • Singulier et pluriel réguliers.
**pèse-mout** nm, **des pèse-mouts** • B1, C2 • Singulier et pluriel réguliers. Le circonflexe disparait sur *u*.
**pèse-nappe** nm, **des pèse-nappes** • B1 • Singulier et pluriel réguliers.
**pèse-papier** nm, **des pèse-papiers** • B1 • Singulier et pluriel réguliers.
**pèse-personne** nm, **des pèse-personnes** • B1 • Singulier et pluriel réguliers.
**pèse-portion** nm, **des pèse-portions** • B1 • Singulier et pluriel réguliers.
**pèse-pulpe** nm, **des pèse-pulpes** • B1 • Singulier et pluriel réguliers.
**pèse-roue** nm, **des pèse-roues** • B1 • Singulier et pluriel réguliers.
**pèse-sang** nm, **des pèse-sangs** • B1 • Singulier et pluriel réguliers.
**pèse-saumure** nm, **des pèse-saumures** • B1 • Singulier et pluriel réguliers.
**pèse-sel** nm, **des pèse-sels** • B1 • Singulier et pluriel réguliers.
**pèse-sirop** nm, **des pèse-sirops** • B1 • Singulier et pluriel réguliers.
**pèse-substance** nm, **des pèse-substances** • B1 • Singulier et pluriel réguliers.
**péséta** nm (ou **peseta**, selon la prononciation) • C4 • Ce mot a plus d'une prononciation. Si on prononce « é », on met les accents aigus.
**pèse-vin** nm, **des pèse-vins** • B1 • Singulier et pluriel réguliers.
**péso** nm (ou **peso**, selon la prononciation) • C4 • Ce mot a plus d'une prononciation. Si on prononce « é », on met l'accent aigu.
**pestiférer** v, **je pestifèrerai, pestifèrerais** • C1 • Accent grave au futur et au conditionnel.
**péta-** préfixe • C4 • Francisation : ce préfixe prend l'accent aigu.
**péter** v, **je pèterai, pèterais** • C1 • Accent grave au futur et au conditionnel.

**pètesec** adj, n, **des pètesecs** • G18, G19 • Choisir la soudure. La graphie en un mot existait déjà. Pluriel régulier attesté dans *Dictionnaire Hachette*. Les travaux des éditions Le Robert y sont favorables.

**petit-maitre**, **petite-maitresse** n • C2 • L'accent circonflexe disparait sur *i*.

**pétrodollar** nm • A3 • Soudure. Le singulier existe (*Petit Larousse, Dictionnaire Hachette, Littré*).

**pétroléoélectrique** adj • A3 • Soudure de l'ancienne forme *pétroléo-électrique.

**pétronodule** nm • A3 • Soudure avec *pétro* (préfixe savant).

**pétroobligation** nf • A3 • Soudure avec *pétro* (préfixe savant), même s'il y a rencontre de deux *o*.

**pétrosalpingopharyngien**, **enne** adj, nm • A3 • Soudure de l'ancienne forme *pétro-salpingo-pharyngien.

**pétrovraquier** nm • A3 • Soudure avec *pétro* (préfixe savant).

**peucédanum** nm • C4 • Accent aigu (mot étranger). De nos jours, on dit plus souvent *peucédan*.

**peul**, **peule** « relatif aux Peuls » adj (au lieu de *peuhl, *peuhle) • G2 • Choisir la variante sans *h*. Le féminin de **peul** est **peule**.

**peul** « langue » nm (au lieu de *peuhl) • G2 • Choisir sans *h*.

**Peul**, **Peule** « membre d'un peuple d'Afrique » n, adj (au lieu de *Peuhl, *Peuhle) • G2 • Sans *h*.

**peut-être** adv • Inchangé • L'adverbe s'écrit toujours avec un trait d'union. Le *Rapport* du CSLF n'a pas recommandé la soudure.

**pfennig** nm, **des pfennigs** • B2 • Pluriel régulier.

**pharmacie** nf • Inchangé • Le *ph* est conservé, puisqu'il n'existe pas en français de graphie concurrente avec *f*. La règle G16 ne peut pas s'appliquer. Voir pages 39-40.

**pharyngoépiglottique** adj • A3 • Soudure avec *pharyngo* (préfixe savant), même devant *é*.

**pharyngolaryngé**, **ée** adj • A3 • Soudure avec *pharyngo* (préfixe savant).

**pharyngolaryngite** nf • A3 • Soudure avec *pharyngo* (préfixe savant).

**pharyngomycose** nf • A3 • Soudure avec *pharyngo* (préfixe savant).

**pharyngoœsophagique** adj • A3 • Soudure, même devant *œ*. Voir la remarque sur *œsophage*.

**pharyngosalpingite** nf • A3 • Soudure avec *pharyngo* (préfixe savant).

**pharyngostaphylin**, **ine** adj • A3 • Soudure avec *pharyngo* (préfixe savant).

**pharyngosténose** nf • A3 • Soudure avec *pharyngo* (préfixe savant).

**phénix** « oiseau ou animal fabuleux, personne unique en son genre, variété de coq » nm • Inchangé • En ce sens, on écrivait et on écrit toujours *é*. Écrire *œ* en ce sens est une faute d'orthographe.

**phénix** « variété de palmier » (au lieu de *phœnix) nm • G7 • En botanique, au sens de « palmier », ce mot pouvait s'écrire **phénix** ou *phœnix. Entre les deux graphies coexistantes, c'est la forme la plus française qu'il faut choisir. Avis favorable des travaux des éditions Le Robert.

**phérohormone** nf (au lieu de *phéro-hormone) • A3 • Soudure avec *phéro* (préfixe savant), même devant *h*. Avis favorable des travaux des éditions Le Robert. On trouve plus fréquemment de nos jours les variantes lexicales (prononciations différentes) suivantes : *phéromone* (forme retenue par les scientifiques) et *phérormone*. On a déjà vu aussi *phérhormone*.

**phi** nm, **des phis** • B2 • Pluriel régularisé. Lettre de l'alphabet grec.

**philante** « insecte » nm (au lieu de *philanthe) • G2 • Entre les deux variantes, choisir celle qui se termine par *-te* plutôt que *-the*. Ne pas confondre avec l'adjectif *filante*.

**philosophie** nf • Inchangé • Le *ph* est conservé, puisqu'il n'existe pas en français de graphie concurrente avec *f*. La règle G16 ne peut pas s'appliquer. Voir pages 39-40.

[anc. *phlegm...] VOIR **flegm**... **(flegmatique**, **flegme**, **flegmon**, etc.) • G16 • Préférer *f*.

[anc. *phœnix « palmier »] VOIR **phénix** • G7 • Voir l'explication sur les deux mots *phénix* (divers sens).

**phonéticographique** adj • A3 • Soudure avec *phonético* (préfixe savant).

**phonolite** nm ou nf • G2 • Entre les deux formes existantes, choisir *-lite* plutôt que *-lithe*.

**phonolitique** adj • G2 • Choisir *-litique* plutôt que *-lithique*.

**photo-choc** nf • Inchangé • Non touché par A3. Il ne s'agit pas du préfixe ici (pas de soudure), mais du nom *photo (photographie)*. On conserve donc le trait d'union. Le pluriel est : *des photos-chocs*.

**photoélasticimétrie** nf • A3 • Soudure avec *photo* (préfixe savant), même devant *é*.

**photoélasticité** nf • A3 • Soudure avec *photo* (préfixe savant), même devant *é*.

**photoélectricité** nf • A3 • Soudure avec *photo* (préfixe savant), même devant *é*.

**photoélectrique** adj • A3 • Soudure avec *photo* (préfixe savant), même devant *é*.

**photofinish** nf (anglic.), **des photofinishs** • A3, B2 • Soudure et pluriel régulier. Avis favorable des travaux des éditions Le Robert.

**photographie** ou **photo** nf • Inchangé • Le *ph* est conservé, puisqu'il n'existe pas en français de graphie concurrente avec *f*. La règle G16 ne peut pas s'appliquer. Voir pages 39-40.

**photogravure** nf • Inchangé • Ce mot avec le préfixe *photo* était déjà soudé (A3), selon nos sources.

**photo-interprétation** nf • Inchangé • Exception A3 : trait d'union entre *o* et *i* pour éviter *oi* ou *oin*.

**photo-ionisation** nf • Inchangé • Exception A3 : trait d'union maintenu entre *o* et *i* pour éviter *oi*.

**photojournalisme** nm • Inchangé • Ce mot avec le préfixe *photo* était déjà soudé (A3), selon nos sources.

**photojournaliste** n • Inchangé • Ce mot avec le préfixe *photo* était déjà soudé (A3), selon nos sources.

**photoluminescence** nf • Inchangé • Ce mot avec le préfixe *photo* était déjà soudé (A3), selon nos sources.

**photoluminescent, ente** adj • Inchangé • Ce mot avec le préfixe *photo* était déjà soudé (A3), selon nos sources.

**photorobot** nf • A3 • Soudure avec *photo*. Dans la liste du RENOUVO.

**photoroman** nm • A3 • Soudure avec *photo*, attestée dans le *GDT*.

**photo-souvenir** ou **photo souvenir** nf, **des photos-souvenirs** ou **des photos souvenirs** • Inchangé • Il ne s'agit pas du préfixe ici, mais du nom *photo (photographie)*. Donc pas touché par A3.

**photostop** nm • A3 • Soudure avec *photo*, attestée dans le dictionnaire d'Antidote.

**photostoppeur**, **euse** n • A3 • Soudure avec *photo*, attestée dans *Petit Larousse*.

**phototéléphone** nm • A3 • Soudure avec *photo*, attestée dans le dictionnaire d'Antidote.

**photovérité** nf • A3 • Soudure avec *photo*, attestée dans le dictionnaire d'Antidote.

**phylloxéra** nm • C4 • Francisation : accent aigu.

**phylum** nm, **des phylums** • B2 • Francisation : pluriel régulier.

**physicochimie** nf • A3 • Soudure avec *physico* (préfixe savant).

**physicochimique** adj • A3 • Soudure avec *physico* (préfixe savant).

**physicochimiste** n • A3 • Soudure avec *physico* (préfixe savant).

**physicomathématique** adj, nf • A3 • Soudure avec *physico* (préfixe savant).

**physicothéologique** adj • A3 • Soudure avec *physico* (préfixe savant).

**physique** adj, nm et nf • Inchangé • Le *ph* est conservé, puisqu'il n'existe pas en français de graphie concurrente avec *f*. La règle G16 ne peut pas s'appliquer. Voir pages 39-40.

**phytoécologie** nf • A3 • Soudure avec *phyto* (préfixe savant), même devant *é*.

**pi** nm, **des pis** • B2 • Pluriel régularisé. Lettre de l'alphabet grec.

**pianissimo** nm, **des pianissimos** • B2 • Francisation : pluriel régulier.

**pianoforté** nm, **des pianofortés** • A4, B2, C4 • Francisation : soudure, pluriel régulier et accent aigu.

**pickup** nm (anglic.), **des pickups** • A4, B2 • Soudure et pluriel régulier (mot étranger).

**picolo** « flute ou vin » nm, **des picolos** • B2, G17 • Entre **picolo** et *piccolo, préférer un seul *c*.

**piédestal** nm, **des piédestaux** • Inchangé • Était déjà en un seul mot.

**piédouche** nm, **des piédouches** • Inchangé • Était déjà en un seul mot.

**piédroit** (au lieu de *pied-droit) nm, **des piédroits** • G19, G20 • Entre les deux variantes coexistantes, les travaux des éditions Le Robert sont favorables au choix de la forme soudée.

**piéfort** (au lieu de *pied-fort) nm, **des piéforts** • G19, G20 • Même explication que celle de *piédroit*.

**piéger** v, **je piègerai**, **piègerais** • C1 • Accent grave au futur et au conditionnel.

**piémont** « glacis alluvial » nm (au lieu de l'anglic. *piedmont) • G20 • La graphie *piedmont est la forme anglaise (nom commun), à ne pas confondre avec le nom propre *Piedmont* (ville canadienne).

**Piémont** « région de l'Italie » nom propre masc. • Inchangé • Ce nom propre s'écrivait déjà ainsi.

**pierregarin** nm • Inchangé • De nos jours, ce nom d'oiseau est toujours écrit en un mot.

**piéta** (au lieu de *pietà) nf, **des piétas** • B2, C4, G22 • Cette rectification figurait dans le *Rapport* du CSLF. Avis favorable des travaux des éditions Le Robert. *Dictionnaire Hachette* et *Littré* attestent la graphie **piéta**.

**piètement** nm • C1 • Accent grave. On doit toujours prononcer « è ».

**piéter** v, **je pièterai**, **pièterais** • C1 • Accent grave au futur et au conditionnel.

**piézoadhésivité** nf • A3 • Soudure avec *piézo* (préfixe savant), même devant *a*.

---

**GDT** : Grand dictionnaire terminologique ; **RENOUVO** : Réseau pour la nouvelle orthographe (v. bibliogr.) ; **TLF** : Trésor de la langue française ; **Travaux des éditions Le Robert** : voir bibliogr. sous Rey-Debove.

**piézoélectricité** nf • A3 • Soudure avec *piézo* (préfixe savant), même devant *é*.
**piézoélectrique** adj • A3 • Soudure avec *piézo* (préfixe savant), même devant *é*.
**piézorésistivité** nf • A3 • Soudure avec *piézo* (préfixe savant).
**piézotransmissivité** nf • A3 • Soudure avec *piézo* (préfixe savant).
**pifer** v (au lieu de *piffer) • G17 • Entre les deux, choisir un seul *f*.
**pilosébacé, ée** adj • A3 • Soudure avec *pilo* (préfixe savant).
**pimbina** nm (au lieu de *pembina) • G20 • Même prononciation. Préférer la graphie française.
**pince-aiguille** nm, **des pince-aiguilles** • B1 • Singulier et pluriel réguliers.
**pince-balle** nm, **des pince-balles** • B1 • Singulier et pluriel réguliers.
**pince-bouton** nm, **des pince-boutons** • B1 • Singulier et pluriel réguliers.
**pince-câble** nm, **des pince-câbles** • B1 • Singulier et pluriel réguliers.
**pince-cravate** nm, **des pince-cravates** • B1 • Singulier et pluriel réguliers.
**pince-cul** nm, **des pince-culs** • B1 • Singulier et pluriel réguliers. Mot très familier.
**pince-fesse** nm, **des pince-fesses** • B1 • Singulier et pluriel réguliers. Mot familier.
**pince-feuille** nm, **des pince-feuilles** • B1 • Singulier et pluriel réguliers.
**pince-fil** nm, **des pince-fils** • B1 • Singulier et pluriel réguliers.
**pince-glace** nm, **des pince-glaces** • B1 • Singulier et pluriel réguliers.
**pince-gouge** nm, **des pince-gouges** • B1 • Singulier et pluriel réguliers.
**pince-maille** nm, **des pince-mailles** • B1 • Singulier et pluriel réguliers.
**pince-monseigneur** nf, **des pinces-monseigneur** • Inchangé • Il s'agit du nom féminin *une pince*, et non du verbe *pincer* (non touché par la règle B1 pour le pluriel).
**pince-nerf** nm, **des pince-nerfs** • B1 • Singulier et pluriel réguliers.
**pince-nez** nm, **des pince-nez** • B1 (inchangé) • Même forme au singulier et au pluriel.
**pince-note** nm, **des pince-notes** • B1 • Singulier et pluriel réguliers.
**pince-oreille** nm, **des pince-oreilles** • B1 • Singulier et pluriel réguliers.
**pince-queue** nm, **des pince-queues** • B1 • Singulier et pluriel réguliers. Nom masculin formé avec le verbe *pincer*. Synonyme de *serre-queue*.
**pince-rail** nm, **des pince-rails** • B1 • Singulier et pluriel réguliers.
**pince-sans-rire** adj inv, n inv • Inchangé • Ce mot n'est pas construit sur le modèle « verbe + nom » (B1), puisqu'il inclut une préposition.
**pinceter** v, **je pincète, pincèterai, pincèterais** • D1 • Conjugaison *-ète* au lieu de *-ette*.
**pince-ticket** nm, **des pince-tickets** • B1 • Singulier et pluriel réguliers.
**pince-tissu** nm, **des pince-tissus** • B1 • Singulier et pluriel réguliers.
**pingpong** (selon le CSLF) nm, **des pingpongs** • A4, B2 • Le mot *Ping Pong* (onomatopée anglaise) est un nom déposé qui a été enregistré en Angleterre en 1901 et dont les droits ont été vendus à une entreprise américaine. Les dictionnaires l'écrivent pourtant comme un nom commun maintenant : *ping-pong ou **pingpong.** Le *Rapport* du CSLF a recommandé explicitement la soudure. Cependant, les marques de commerce ne devraient pas être touchées par les rectifications.
**pinnotère** nm (au lieu de *pinnothère) • G2 • Entre les deux, choisir sans *h*.
**pinup** nf (anglic.), **des pinups** • A4, B2 • Soudure et pluriel régulier (mot étranger).
**pipeline** nm • A4 • Soudure (mot étranger).
**pique-assiette** nm, **des pique-assiettes** • B1 • Singulier et pluriel réguliers.
**piquebaie** nm • Inchangé • Ce nom d'oiseau est toujours écrit en un mot.
**pique-bœuf** nm, **des pique-bœufs** • B1 • Singulier et pluriel réguliers.
**pique-bouton** nm, **des pique-boutons** • B1 • Singulier et pluriel réguliers.
**pique-épi** nm, **des pique-épis** • B1 • Singulier et pluriel réguliers.
**pique-feu** nm, **des pique-feux** • B1 • Singulier et pluriel réguliers.
**pique-feuille** nm, **des pique-feuilles** • B1 • Singulier et pluriel réguliers.
**pique-fleur** nm, **des pique-fleurs** • B1 • Singulier et pluriel réguliers.
**pique-fruit** nm, **des pique-fruits** • B1 • Singulier et pluriel réguliers.
**piquenique** nm, **des piqueniques** • G19 • Choisir la graphie soudée. Le *Rapport* du CSLF le confirme.
**piqueniquer** v • G19 • Choisir la graphie soudée. Elle a la priorité (première position) dans *Petit Robert*.
**piqueniqueur, euse** n • G19 • Choisir la graphie soudée. Elle a la priorité dans *Petit Robert* 2009.

**pique-note** nm, **des pique-notes** • B1 • Singulier et pluriel réguliers.

**pique-olive** nm, **des pique-olives** • B1 • Singulier et pluriel réguliers.

**pique-orange** nm, **des pique-oranges** • B1 • Singulier et pluriel réguliers. Un pique-orange de la Jamaïque : sorte d'oiseau.

**pique-papier** nm, **des pique-papiers** • B1 • Singulier et pluriel réguliers.

**pique-pâte** nm, **des pique-pâtes** • B1 • Singulier et pluriel réguliers.

**pique-perche** nm, **des pique-perches** • B1 • Singulier et pluriel réguliers.

**piqueter** v, **je piquète, piquèterai, piquèterais** • D1 • Conjugaison *-ète* au lieu de *-ette*.

**piqure** nf • C2 • L'accent circonflexe disparait sur *u*.

**pirojki** nm, **des pirojkis** • B2 • Francisation : singulier et pluriel réguliers.

**pisolite** nf • G2 • Entre les deux formes existantes, choisir *-lite* plutôt que *-lithe*.

**pisolitique** adj • G2 • Choisir *-litique* plutôt que *-lithique*.

**pisse-au-lit** n inv • Inchangé • Ce mot n'est pas construit sur le modèle « verbe + nom » (B1), puisqu'il inclut une préposition.

**pisse-copie** n, **des pisse-copies** • B1 • Singulier et pluriel réguliers.

**pissefroid** nm, **des pissefroids** • A5 • Les travaux des éditions Le Robert soudent ce mot.

**pisse-vinaigre** n, **des pisse-vinaigres** • B1 • Singulier et pluriel réguliers.

**pistoléro** nm • C4 • Francisation : accent aigu.

**pitbull** nm (au lieu de *pit-bull) • A4 • Soudure (mot étranger).

**pitpit** interj, nm, **des pitpits** • A4 • Soudure (onomatopée). Pour le nom (sorte de passereau), on dit plus souvent *pipit*.

**pizzéria** nf • C4 • Francisation : accent aigu.

**pizzicato** nm, **des pizzicatos** • B2 • Francisation : pluriel régulier.

**placébo** nm • C4 • Francisation : accent aigu.

**plaire** v, **il plait** • C2 • L'accent circonflexe disparait sur *i* dans cette conjugaison et dans *s'il vous plait*.

**plantiflexion** nf • A3 • Soudure avec *planti* (préfixe savant).

**platebande** nf, **des platebandes** • G19 • Choisir la graphie soudée. Le CSLF le confirme.

**plateforme** nf, **des plateformes** • G19 • Choisir la graphie soudée.

**platelonge** nf, **des platelonges** • G19 • Choisir la graphie soudée (dans *Petit Robert* et *Littré*).

**platyrhinien** nm (au lieu de *platyrrhinien) • G17 • Choisir la consonne simple (un seul *r*). L'ancienne graphie avec deux *r* a presque disparu déjà. Le *h* est maintenu, car il n'y a pas de variante coexistante sans *h*.

**playback** nm (anglic.), **des playbacks** • A4, B2 • Soudure et pluriel régulier (mot étranger).

**playboy** nm (anglic.), **des playboys** • A4 • Soudure (mot étranger).

**plénum** nm • C4 • Francisation : accent aigu.

**pleure-misère** n, **des pleure-misères** • B1 • Singulier et pluriel réguliers.

**pleuropéricardique** adj • A3 • Soudure avec *pleuro* (préfixe savant).

**pleuropéricardite** nf • A3 • Soudure avec *pleuro* (préfixe savant).

**pleuropneumonie** nf • A3 • Soudure avec *pleuro* (préfixe savant).

**pleuropulmonaire** adj • A3 • Soudure avec *pleuro* (préfixe savant).

**plumpouding** nm (au lieu de *plum-pudding) • A4, G9, G17, G22 • En fait, la graphie francisée pour ce mot ne coexistait pas, mais les travaux des éditions Le Robert ont pris l'initiative (G22) de remplacer *pudding (dans le mot composé *plum-pudding) par la variante *pouding* (G9, G17), qui, elle, coexistait déjà à l'époque comme mot simple. On soude le tout (A4).

**pluridirectionnel, elle** adj • A3 • Soudure avec *pluri* (préfixe savant).

**pluridisciplinarité** nf • A3 • Soudure avec *pluri* (préfixe savant).

**pluriethnicité** nf • A3 • Soudure avec *pluri* (préfixe savant), même devant *e*.

**pluriethnique** adj • A3 • Soudure avec *pluri* (préfixe savant), même devant *e*.

**plurifocale** nf • A3 • Soudure avec *pluri* (préfixe savant).

**plurilentille** nf • A3 • Soudure avec *pluri* (préfixe savant).

**plurimicrobien, enne** adj • A3 • Soudure avec *pluri* (préfixe savant).

**plurispécialisation** nf • A3 • Soudure avec *pluri* (préfixe savant).

**plurisystème** nm • A3 • Soudure avec *pluri* (préfixe savant).

**pluviolessivage** nm • A3 • Soudure avec *pluvio* (préfixe savant).

**pluvionival, ale** adj • A3 • Soudure avec *pluvio* (préfixe savant).

**pneumobacille** nm • Inchangé • Ce mot avec*pneumo* était déjà soudé (A3), selon nos sources.

**pneumoentérite** nf • A3 • Soudure avec *pneumo* (préfixe savant), même devant *e*.

**pneumohémorragie** nf • A3 • Soudure avec *pneumo* (préfixe savant), même devant *h*.

**pneumophtisiologie** nf • A3 • Soudure avec *pneumo* (préfixe savant).

**pneumophtisiologue** n • A3 • Soudure avec *pneumo* (préfixe savant).

**pneumo-urétéropyélographie** nf • A3 • L'ancienne forme était *pneumo-urétéro-pyélographie. On élimine le trait d'union entre *urétéro* et *pyélographie*, mais on maintient le premier trait d'union (entre *o* et *u*) pour éviter *ou*.

**pocheter** v, **je pochète, pochèterai, pochèterais** • D1 • Conjugaison *-ète* au lieu de *-ette*.

[anc. *pœcile] VOIR **pécile** • G7 • Voir l'explication sur *pécile*.

**poètereau** nm • C1 • Accent grave et non accent aigu.

**pogrome** nm (au lieu de *pogrom) • G20 • La graphie avec *-e* final est non ambigüe.

**pointerole** nf • D3 • Un seul *l*.

**pointeur** « race de chien » nm (au lieu de *pointer) • G21 • Dans les travaux des éditions Le Robert.

**polaque** « cavalier polonais pour la France (17^e^ et 18^e^ siècles) » nm • Inchangé • Ce mot s'écrivait déjà avec *que*.

**polaque** « de Pologne ou langue polonaise (péjoratif) » adj, nm (au lieu de *polack ou *polak) • G11 • Choisir *que* et non *k* ni *ck*.

**Polaque** « Polonais (péjoratif) » n (au lieu de *Polack ou *Polak) • G11 • Entre les trois, choisir *que*.

**policeman** nm (anglic.), **des policemans** • B2 • Pluriel régulier.

**polioencéphalomyélite** nf • A3 • Soudure. On trouvait *polioencéphalo-myélite (un seul trait d'union).

**politicofinancier, ère** adj • A3 • Soudure avec le préfixe *politico*.

**poljé** nm, **des poljés** • B2 • Pluriel régulier.

**polysaccaride** nm • F2 • Le CSLF élimine le *h* dans l'ancienne forme *polysaccharide (voir *saccarine*).

**polyuréthane** nm (au lieu de *polyuréthanne) • G17 • Entre les deux, choisir un seul *n*.

**pomélo** nm • C4 • Francisation : accent aigu.

**pomérium** nm • C4 • Francisation : accent aigu.

**pomiculteur, trice** n • Inchangé • Ce mot n'est pas touché par la règle F1. Il vient du latin *pomum* (fruit). « Personne qui cultive des arbres donnant des fruits à pépins (pommiers, poiriers, etc.) ». Un pomiculteur peut donc cultiver uniquement des poires, pas nécessairement des pommes. Le CSLF n'a pas modifié l'orthographe de ce mot.

**pomiculture** ou **pomoculture** nf • Inchangés • Ces mots ne sont pas touchés par la règle F1. Ils viennent du latin *pomum* (fruit). « Culture des arbres fruitiers à pépins (pommiers, poiriers, etc.) ». Le CSLF n'a pas modifié l'orthographe de ces mots.

**pomme** nf • Inchangé • Ce mot n'est pas touché par les règles des rectifications.

**pommeler (se)** v, **je me pommèle, me pommèlerai, me pommèlerais** • D1 • Conjugaison *-èle*.

**pommier** nm • Inchangé • Pas touché par les règles des rectifications.

**pomoculture** ou **pomiculture** nf • Inchangés • Ces mots ne sont pas touchés par la règle F1. Ils viennent du latin *pomum* (fruit). « Culture des arbres fruitiers à pépins (pommiers, poiriers, etc.) ». Le CSLF n'a pas modifié l'orthographe de ces mots.

**pomologie** nf • Inchangé • Ce mot n'est pas touché par la règle F1. Il vient du latin *pomum* (fruit), et non du nom *pomme*. « Science de la culture des fruits comestibles ». Le CSLF n'a pas modifié ce mot.

**ponch** « boisson » (ou **punch**, selon la prononciation) nm • F2 • Au sens de « boisson », ce mot a plus d'une prononciation, selon les régions. Le *Rapport* du CSLF innove en créant la graphie **ponch** pour correspondre à la prononciation qui rime avec *bronche*. Si on prononce autrement (par exemple, en faisant rimer ce mot avec *lunch*), on continue alors d'écrire **punch**.

**poncture** nf (et dans la formation de mots avec ce terme) • G3 • Choisir *on* et non *un*.

**pondérer** v, **je pondèrerai, pondèrerais** • C1 • Accent grave au futur et au conditionnel.

**pongé** nm (au lieu de *pongée) • G20 • Entre les deux, choisir *-é* (car masculin) plutôt que *-ée*.

**pop** adj, plur. : **pops** • B2 • Francisation : pluriel régulier.

**popcorn** nm (anglic.), **des popcorns** • A4, B2 • Soudure et pluriel régulier (mot étranger).

**PORTE-** • Attention • **REMARQUE** : Voir l'explication au sujet de la soudure avec *porte-* à la page 37.
**porte-accessoire** nm, **des porte-accessoires** • B1 • Singulier et pluriel réguliers.
**porte-adresse** nm, **des porte-adresses** • B1 • Singulier et pluriel réguliers.
**porte-aéronef** nm, **des porte-aéronefs** • B1 • Singulier et pluriel réguliers.
**porte-affiche** nm, **des porte-affiches** • B1 • Singulier et pluriel réguliers.
**porte-aigle** n, **des porte-aigles** • B1 • Singulier et pluriel réguliers.
**porte-aiguille** nm, **des porte-aiguilles** • B1 • Singulier et pluriel réguliers (peu importe le sens).
**porte-aiguillon** adj, nm, **des porte-aiguillons** • B1, G18 • Pluriel régulier. Attesté aussi pour l'adjectif.
**porte-aimant** nm, **des porte-aimants** • B1 • Singulier et pluriel réguliers.
**porte-alésoir** nm, **des porte-alésoirs** • B1 • Singulier et pluriel réguliers.
**porte-allège** nm, **des porte-allèges** • B1 • Singulier et pluriel réguliers.
**porte-allumette** nm, **des porte-allumettes** • B1 • Singulier et pluriel réguliers.
**porte-amalgame** nm, **des porte-amalgames** • B1 • Singulier et pluriel réguliers.
**porte-amarre** nm, **des porte-amarres** • B1 • Singulier et pluriel réguliers.
**porte-anneau** nm, **des porte-anneaux** • B1 • Singulier et pluriel réguliers.
**porte-annonce** nm, **des porte-annonces** • B1 • Singulier et pluriel réguliers.
**porte-anode** nm, **des porte-anodes** • B1 • Singulier et pluriel réguliers.
**porte-anse** nm, **des porte-anses** • B1 • Singulier et pluriel réguliers.
**porte-arquebuse** nm, **des porte-arquebuses** • B1 • Singulier et pluriel réguliers.
**porte-assiette** nm, **des porte-assiettes** • B1 • Singulier et pluriel réguliers.
**porte-auberon** nm, **des porte-auberons** • B1 • Singulier et pluriel réguliers.
**porte-auto** adj, nm, **des porte-autos** • B1, G18 • Sing. et plur. réguliers. Adj. rég. attesté dans *Littré*.
**porte-automobile** adj, nm, **des porte-automobiles** • B1, G18 • Voir *porte-auto*.
**porte-avion** nm, **des porte-avions** • B1 • Singulier et pluriel réguliers.
**porte-axe** nm, **des porte-axes** • B1 • Singulier et pluriel réguliers.
**porte-bagage** nm, **des porte-bagages** • B1 • Singulier et pluriel réguliers.
**porte-baguette** nm, **des porte-baguettes** • B1 • Singulier et pluriel réguliers.
**porte-baïonnette** nm, **des porte-baïonnettes** • B1 • Singulier et pluriel réguliers.
**porte-balai** nm, **des porte-balais** • B1 • Singulier et pluriel réguliers.
**porteballe** « petit mercier portant les marchandises dans une balle sur son dos » nm, **des porteballes** • G19 • La forme soudée coexiste, il faut la choisir. Voir pages 37-38.
**porte-bande** nm, **des porte-bandes** • B1 • Singulier et pluriel réguliers.
**porte-bannière** n, **des porte-bannières** • B1 • Singulier et pluriel réguliers.
**porte-barge** nm, **des porte-barges** • B1 • Singulier et pluriel réguliers.
**porte-bassin** nm, **des porte-bassins** • B1 • Singulier et pluriel réguliers.
**porte-bât** nm, **des porte-bâts** • B1 • Singulier et pluriel réguliers.
**porte-bateau** nm, **des porte-bateaux** • B1 • Singulier et pluriel réguliers.
**porte-battant** « traverse où repose le battant du métier à tisser » nm, **des porte-battants** • B1 • Pluriel régulier. Nom masculin rare. Vient du verbe *porter*. Ne pas confondre avec *une porte battante*.
**porte-bébé** nm, **des porte-bébés** • B1 • Singulier et pluriel réguliers.
**porte-bec** nm, **des porte-becs** • B1 • Singulier et pluriel réguliers.
**porte-béquille** nm, **des porte-béquilles** • B1 • Singulier et pluriel réguliers.
**porte-berceau** nm, **des porte-berceaux** • B1 • Singulier et pluriel réguliers.
**porte-bibelot** nm, **des porte-bibelots** • B1 • Singulier et pluriel réguliers.
**porte-biberon** nm, **des porte-biberons** • B1 • Singulier et pluriel réguliers.
**porte-bicyclette** nm, **des porte-bicyclettes** • B1 • Singulier et pluriel réguliers.
**porte-bidon** nm, **des porte-bidons** • B1 • Singulier et pluriel réguliers.
**porte-bijou** nm, **des porte-bijoux** • B1 • Singulier et pluriel réguliers.
**porte-bille** nm, **des porte-billes** • B1 • Singulier et pluriel réguliers.
**porte-billet** nm, **des porte-billets** • B1 • Singulier et pluriel réguliers.

**porte-bloc** nm, **des porte-blocs** • B1 • Singulier et pluriel réguliers.
**porte-bobine** nm, **des porte-bobines** • B1 • Singulier et pluriel réguliers.
**porte-bois** nm, **des porte-bois** • B1 (inchangé) • Même forme au singulier et au pluriel.
**porte-boite** nm, **des porte-boites** • B1, C2 • Sing. et plur. rég. L'accent circonflexe disparait sur *i*.
**porte-bonheur** nm, **des porte-bonheurs** • B1 • Singulier et pluriel réguliers.
**porte-botte** nm, **des porte-bottes** • B1 • Singulier et pluriel réguliers.
**porte-bouchon** nm, **des porte-bouchons** • B1 • Singulier et pluriel réguliers.
**porte-boulon** nm, **des porte-boulons** • B1 • Singulier et pluriel réguliers.
**porte-bouquet** nm, **des porte-bouquets** • B1 • Singulier et pluriel réguliers.
**porte-bouteille** nm, **des porte-bouteilles** • B1 • Singulier et pluriel réguliers.
**porte-boyau** nm, **des porte-boyaux** • B1 • Singulier et pluriel réguliers.
**porte-brancard** nm, **des porte-brancards** • B1 • Singulier et pluriel réguliers.
**porte-branche** nm, **des porte-branches** • B1 • Singulier et pluriel réguliers.
**porte-bretelle** nm, **des porte-bretelles** • B1 • Singulier et pluriel réguliers.
**porte-bride** nm, **des porte-brides** • B1 • Singulier et pluriel réguliers.
**porte-broche** nm, **des porte-broches** • B1 • Singulier et pluriel réguliers.
**porte-brosse** nm, **des porte-brosses** • B1 • Singulier et pluriel réguliers.
**porte-buche** nm, **des porte-buches** • B1, C2 • Sing. et plur. rég. L'accent circonflexe disparait sur *u*.
**porte-burin** nm, **des porte-burins** • B1 • Singulier et pluriel réguliers.
**porte-buse** nm, **des porte-buses** • B1 • Singulier et pluriel réguliers.
**porte-busette** nm, **des porte-busettes** • B1 • Singulier et pluriel réguliers.
**porte-butée** nm, **des porte-butées** • B1 • Singulier et pluriel réguliers.
**porte-câble** nm, **des porte-câbles** • B1 • Singulier et pluriel réguliers.
**porte-cache** nm, **des porte-caches** • B1 • Singulier et pluriel réguliers.
**porte-came** nm, **des porte-cames** • B1 • Singulier et pluriel réguliers.
**porte-canette** (au lieu de *porte-cannette ou *porte-canettes) nm, **des porte-canettes** • B1, G17 • Singulier et pluriel réguliers. Choisir un seul *n*. Voir *canette*.
**porte-canne** nm, **des porte-cannes** • B1 • Singulier et pluriel réguliers.
**porte-canon** nm, **des porte-canons** • B1 • Singulier et pluriel réguliers.
**porte-canule** nm, **des porte-canules** • B1 • Singulier et pluriel réguliers.
**porte-caractère** nm, **des porte-caractères** • B1 • Singulier et pluriel réguliers.
**porte-carbone** nm, **des porte-carbones** • B1 • Singulier et pluriel réguliers.
**porte-carnier** nm, **des porte-carniers** • B1 • Singulier et pluriel réguliers.
**porte-carte** nm, **des porte-cartes** • B1 • Singulier et pluriel réguliers.
**porte-case** nm, **des porte-cases** • B1 • Singulier et pluriel réguliers.
**porte-cassette** nm, **des porte-cassettes** • B1 • Singulier et pluriel réguliers.
**porte-ceinture** nm, **des porte-ceintures** • B1 • Singulier et pluriel réguliers.
**porte-cercle** nm, **des porte-cercles** • B1 • Singulier et pluriel réguliers.
**porte-chaland** nm, **des porte-chalands** • B1 • Singulier et pluriel réguliers.
**porte-chalumeau** nm, **des porte-chalumeaux** • B1 • Singulier et pluriel réguliers.
**porte-chance** nm, **des porte-chances** • B1 • Singulier et pluriel réguliers.
**porte-chandelle** nm, **des porte-chandelles** • B1 • Singulier et pluriel réguliers.
**porte-chapeau** nm, **des porte-chapeaux** • B1 • Singulier et pluriel réguliers.
**porte-charbon** nm, **des porte-charbons** • B1 • Singulier et pluriel réguliers.
**porte-charge** nm, **des porte-charges** • B1 • Singulier et pluriel réguliers.
**porte-chaussure** nm, **des porte-chaussures** • B1 • Singulier et pluriel réguliers.
**porte-chéquier** nm, **des porte-chéquiers** • B1 • Singulier et pluriel réguliers.
**porte-cible** nm, **des porte-cibles** • B1 • Singulier et pluriel réguliers.
**porte-cierge** nm, **des porte-cierges** • B1 • Singulier et pluriel réguliers.
**porte-cigare** nm, **des porte-cigares** • B1 • Singulier et pluriel réguliers.
**porte-cigarette** nm, **des porte-cigarettes** • B1 • Singulier et pluriel réguliers.

**porte-civière** nm, **des porte-civières** • B1 • Singulier et pluriel réguliers.
**porte-clapet** nm, **des porte-clapets** • B1 • Pluriel régulier.
**porte-clayette** nm, **des porte-clayettes** • B1 • Singulier et pluriel réguliers.
**porteclé** nm, **des porteclés** • A5 • Le *Rapport* du CSLF soude ce mot. Voir page 37.
**porte-cliché** nm, **des porte-clichés** • B1 • Singulier et pluriel réguliers.
**porte-clichet** nm, **des porte-clichets** • B1 • Singulier et pluriel réguliers.
**porte-cliquet** nm, **des porte-cliquets** • B1 • Singulier et pluriel réguliers.
**porte-coin** nm, **des porte-coins** • B1 • Singulier et pluriel réguliers.
**porte-combiné** nm, **des porte-combinés** • B1 • Singulier et pluriel réguliers.
**porte-combustible** nm, **des porte-combustibles** • B1 • Singulier et pluriel réguliers.
**porte-cône** nm, **des porte-cônes** • B1 • Singulier et pluriel réguliers.
**porte-conteneur** nm, **des porte-conteneurs** • B1 • Singulier et pluriel réguliers.
**porte-copie** nm, **des porte-copies** • B1 • Singulier et pluriel réguliers.
**porte-coton** nm, **des porte-cotons** • B1 • Singulier et pluriel réguliers.
**porte-couleur** n, **des porte-couleurs** • B1 • Singulier et pluriel réguliers.
**porte-coupure** nm, **des porte-coupures** • B1 • Singulier et pluriel réguliers.
**porte-coussinet** nm, **des porte-coussinets** • B1 • Singulier et pluriel réguliers.
**porte-couteau** nm, **des porte-couteaux** • B1 • Singulier et pluriel réguliers.
**porte-craie** nm, **des porte-craies** • B1 • Singulier et pluriel réguliers.
**porte-cravate** nm, **des porte-cravates** • B1 • Singulier et pluriel réguliers.
**portecrayon** nm, **des portecrayons** • A5 • Le CSLF soude ce mot, comme *portemine*. Voir page 37.
**porte-creuset** nm, **des porte-creusets** • B1 • Singulier et pluriel réguliers.
**porte-croix** nm, **des porte-croix** • B1 (inchangé) • Même forme au singulier et au pluriel.
**porte-crosse** nm, **des porte-crosses** • B1 • Singulier et pluriel réguliers.
**porte-crotte** nm, **des porte-crottes** • B1 • Singulier et pluriel réguliers. Mot familier.
**porte-cuillère** (au lieu de *porte-cuiller) nm, **des porte-cuillères** • B1, G20 • Préférer **cuillère** plutôt que *cuiller. Singulier et pluriel réguliers.
**porte-cuisse** nm, **des porte-cuisses** • B1 • Singulier et pluriel réguliers.
**porte-cuvette** nm, **des porte-cuvettes** • B1 • Singulier et pluriel réguliers.
**porte-cylindre** nm, **des porte-cylindres** • B1 • Singulier et pluriel réguliers.
**porte-dais** nm, **des porte-dais** • B1 (inchangé) • Même forme au singulier et au pluriel.
**porte-déchet** nm, **des porte-déchets** • B1 • Singulier et pluriel réguliers.
**porte-détonateur** nm, **des porte-détonateurs** • B1 • Singulier et pluriel réguliers.
**porte-diamant** nm, **des porte-diamants** • B1 • Singulier et pluriel réguliers.
**porte-dictionnaire** nm, **des porte-dictionnaires** • B1 • Singulier et pluriel réguliers.
**porte-Dieu** nm inv • Inchangé • Formé avec un nom propre (majusc.), donc pas touché par la règle B1.
**porte-diner** nm, **des porte-diners** • B1, C2 • Sing. et plur. rég. L'accent circonflexe disparait sur *i*.
**porte-diode** nm, **des porte-diodes** • B1 • Singulier et pluriel réguliers.
**porte-disque** nm, **des porte-disques** • B1 • Singulier et pluriel réguliers.
**porte-document** nm, **des porte-documents** • B1 • Singulier et pluriel réguliers.
**porte-dollar** nm, **des porte-dollars** • B1 • Singulier et pluriel réguliers.
**porte-dop** nm, **des porte-dops** • B1 • Singulier et pluriel réguliers.
**porte-dosimètre** nm, **des porte-dosimètres** • B1 • Singulier et pluriel réguliers.
**porte-douille** nm, **des porte-douilles** • B1 • Singulier et pluriel réguliers.
**porte-draisine** nm, **des porte-draisines** • B1 • Singulier et pluriel réguliers.
**porte-drapeau** n, **des porte-drapeaux** • B1 • Singulier et pluriel réguliers.
**porte-duc** nm, **des porte-ducs** • B1 • Singulier et pluriel réguliers.
**porte-échantillon** nm, **des porte-échantillons** • B1 • Singulier et pluriel réguliers.
**porte-écuelle** nm, **des porte-écuelles** • B1 • Singulier et pluriel réguliers.
**porte-éjecteur** nm, **des porte-éjecteurs** • B1 • Singulier et pluriel réguliers.
**porte-électrode** nm, **des porte-électrodes** • B1 • Singulier et pluriel réguliers.

**porte-embrasse** nm, **des porte-embrasses** • B1 • Singulier et pluriel réguliers.
**porte-empreinte** nm, **des porte-empreintes** • B1 • Singulier et pluriel réguliers.
**porte-encoche** nm, **des porte-encoches** • B1 • Singulier et pluriel réguliers.
**porte-engin** nm, **des porte-engins** • B1 • Singulier et pluriel réguliers.
**porte-enseigne** n, **des porte-enseignes** • B1 • Singulier et pluriel réguliers.
**porte-ensouple** nm, **des porte-ensouples** • B1 • Singulier et pluriel réguliers.
**porte-entonnoir** nm, **des porte-entonnoirs** • B1 • Singulier et pluriel réguliers.
**porte-épée** nm, **des porte-épées** • B1 • Singulier et pluriel réguliers.
**porte-éperon** nm, **des porte-éperons** • B1 • Singulier et pluriel réguliers.
**porte-épice** nm, **des porte-épices** • B1 • Singulier et pluriel réguliers.
**porte-éprouvette** nm, **des porte-éprouvettes** • B1 • Singulier et pluriel réguliers.
**porte-équipement** nm, **des porte-équipements** • B1 • Singulier et pluriel réguliers.
**porte-étendard** n, **des porte-étendards** • B1 • Singulier et pluriel réguliers.
**porte-étiquette** nm, **des porte-étiquettes** • B1 • Singulier et pluriel réguliers.
**porte-étrier** nm, **des porte-étriers** • B1 • Singulier et pluriel réguliers.
**porte-étrivière** nm, **des porte-étrivières** • B1 • Singulier et pluriel réguliers.
**portefaix** (au lieu de *porte-faix) nm, **des portefaix** • G19 • La graphie avec trait d'union était désuète et rare : elle a disparu des dictionnaires. Voir page 37.
**porte-fanion** nm, **des porte-fanions** • B1 • Singulier et pluriel réguliers.
**porte-fenêtre** nf, **des portes-fenêtres** • Inchangé • Il s'agit du nom féminin *une porte*, et non du verbe *porter* (non touché par la règle B1 pour le pluriel).
**porte-fer** nm, **des porte-fers** • B1 • Singulier et pluriel réguliers.
**porte-feu** nm, **des porte-feux** • B1 • Singulier et pluriel réguliers.
**portefeuille** nm, **des portefeuilles** • Inchangé • Le mot **portefeuille** était déjà soudé.
**porte-fil** nm, **des porte-fils** • B1 • Singulier et pluriel réguliers.
**porte-film** nm, **des porte-films** • B1 • Singulier et pluriel réguliers.
**porte-filtre** nm, **des porte-filtres** • B1 • Singulier et pluriel réguliers.
**porte-flacon** nm, **des porte-flacons** • B1 • Singulier et pluriel réguliers.
**porte-flambeau** n, **des porte-flambeaux** • B1 • Singulier et pluriel réguliers.
**porte-flingue** nm, **des porte-flingues** • B1 • Singulier et pluriel réguliers.
**porte-foret** « support pour un foret (instrument tranchant) » nm, **des porte-forets** • B1 • Singulier et pluriels réguliers. Ne pas confondre *un foret* (mèche pour forer) et *une forêt* (arbres).
**portefort** nm, **des porteforts** • G19 • Choisir la soudure (attestée dans *TLF*). Voir page 37.
**porte-fouet** nm, **des porte-fouets** • B1 • Singulier et pluriel réguliers.
**porte-fusée** nm, **des porte-fusées** • B1 • Singulier et pluriel réguliers.
**porte-fusible** nm, **des porte-fusibles** • B1 • Singulier et pluriel réguliers.
**porte-fut** nm, **des porte-futs** • B1, C2 • Sing. et plur. rég. L'accent circonflexe disparait sur *u*.
**porte-gabarit** nm, **des porte-gabarits** • B1 • Singulier et pluriel réguliers.
**porte-galette** nm, **des porte-galettes** • B1 • Singulier et pluriel réguliers.
**porte-garniture** nm, **des porte-garnitures** • B1 • Singulier et pluriel réguliers.
**porte-gélatine** nm, **des porte-gélatines** • B1 • Singulier et pluriel réguliers.
**porte-genou** nm, **des porte-genoux** • B1 • Singulier et pluriel réguliers.
**porte-gerbe** nm, **des porte-gerbes** • B1 • Singulier et pluriel réguliers.
**porte-glaive** nm, **des porte-glaives** • B1 • Singulier et pluriel réguliers.
**porte-gobelet** nm, **des porte-gobelets** • B1 • Singulier et pluriel réguliers.
**porte-gomme** nm, **des porte-gommes** • B1 • Singulier et pluriel réguliers.
**porte-gourde** nm, **des porte-gourdes** • B1 • Singulier et pluriel réguliers.
**porte-grain** nm, **des porte-grains** • B1 • Singulier et pluriel réguliers.
**porte-grappin** nm, **des porte-grappins** • B1 • Singulier et pluriel réguliers.
**porte-greffe** nm, **des porte-greffes** • B1 • Singulier et pluriel réguliers.
**porte-grille** nm, **des porte-grilles** • B1 • Singulier et pluriel réguliers.
**porte-grume** nm, **des porte-grumes** • B1 • Singulier et pluriel réguliers.

**porte-habit** nm, **des porte-habits** • B1 • Singulier et pluriel réguliers.
**porte-hauban** nm, **porte-haubans** • B1 • Singulier et pluriel réguliers.
**porte-hélice** adj, plur. : **porte-hélices** • G18 • Le pluriel régulier de cet adjectif est attesté.
**porte-hélicoptère** nm, **des porte-hélicoptères** • B1 • Singulier et pluriel réguliers.
**porte-image** nm, **des porte-images** • B1 • Singulier et pluriel réguliers.
**porte-insigne** nm, **des porte-insignes** • B1 • Singulier et pluriel réguliers.
**porte-instrument** nm, **des porte-instruments** • B1 • Singulier et pluriel réguliers.
**porte-jambe** nm, **des porte-jambes** • B1 • Singulier et pluriel réguliers.
**porte-jante** nm, **des porte-jantes** • B1 • Singulier et pluriel réguliers.
**porte-jarretelle** nm, **des porte-jarretelles** • B1 • Singulier et pluriel réguliers.
**porte-jeton** nm, **des porte-jetons** • B1 • Singulier et pluriel réguliers.
**porte-joint** nm, **des porte-joints** • B1 • Singulier et pluriel réguliers.
**porte-journal** nm, **des porte-journaux** • B1 • Singulier et pluriel réguliers (dans tous ses sens), de la même manière qu'on a *un porte-revue, des porte-revues* dans presque tous les dictionnaires.
**porte-jupe** nm, **des porte-jupes** • B1 • Singulier et pluriel réguliers.
**porte-lame** nm, **des porte-lames** • B1 • Singulier et pluriel réguliers.
**porte-lamelle** nm, **des porte-lamelles** • B1 • Singulier et pluriel réguliers.
**porte-lampe** nm, **des porte-lampes** • B1 • Singulier et pluriel réguliers.
**porte-lance** nm, **des porte-lances** • B1 • Singulier et pluriel réguliers.
**porte-lancette** nm, **des porte-lancettes** • B1 • Singulier et pluriel réguliers.
**porte-languette** nm, **des porte-languettes** • B1 • Singulier et pluriel réguliers.
**porte-lanière** nm, **des porte-lanières** • B1 • Singulier et pluriel réguliers.
**porte-lanterne** nm, **des porte-lanternes** • B1 • Singulier et pluriel réguliers.
**porte-latte** nm, **des porte-lattes** • B1 • Singulier et pluriel réguliers.
**porte-lentille** nm, **des porte-lentilles** • B1 • Singulier et pluriel réguliers.
**porte-ligature** nm, **des porte-ligatures** • B1 • Singulier et pluriel réguliers.
**porte-lime** nm, **des porte-limes** • B1 • Singulier et pluriel réguliers.
**porte-liqueur** nm, **des porte-liqueurs** • B1 • Singulier et pluriel réguliers.
**porte-lisse** nm, **des porte-lisses** • B1 • Singulier et pluriel réguliers.
**porte-livre** nm, **des porte-livres** • B1 • Singulier et pluriel réguliers.
**porte-lof** nm, **des porte-lofs** • B1 • Singulier et pluriel réguliers.
**porte-lyre** nm, **des porte-lyres** • B1 • Singulier et pluriel réguliers.
**porte-mâchoire** nm, **des porte-mâchoires** • B1 • Singulier et pluriel réguliers.
**porte-main** nm, **des porte-mains** • B1 • Singulier et pluriel réguliers.
**porte-malheur** nm, **des porte-malheurs** • B1 • Singulier et pluriel réguliers.
**porte-manchon** nm, **des porte-manchons** • B1 • Singulier et pluriel réguliers.
**porte-mandrin** nm, **des porte-mandrins** • B1 • Singulier et pluriel réguliers.
**porte-manille** nm, **des porte-manilles** • B1 • Singulier et pluriel réguliers.
**portemanteau** (au lieu de *porte-manteau) nm, **des portemanteaux** • G19 • Il y avait deux façons d'écrire ce mot : dans ce cas, la soudure est recommandée. Voir page 37.
**porte-maquette** nm, **des porte-maquettes** • B1 • Singulier et pluriel réguliers.
**porte-masselotte** nm, **des porte-masselottes** • B1 • Singulier et pluriel réguliers.
**porte-matériel** nm, **des porte-matériels** • B1 • Singulier et pluriel réguliers.
**porte-matrice** nm, **des porte-matrices** • B1 • Singulier et pluriel réguliers.
**porte-mèche** nm, **des porte-mèches** • B1 • Singulier et pluriel réguliers.
**porte-médicament** nm, **des porte-médicaments** • B1 • Singulier et pluriel réguliers.
**porte-menu** nm, **des porte-menus** • B1 • Singulier et pluriel réguliers.
**porte-mesure** nm, **des porte-mesures** • B1 • Singulier et pluriel réguliers.
**porte-meule** nm, **des porte-meules** • B1 • Singulier et pluriel réguliers.
**portemine** nm, **des portemines** • G19 • Choisir la variante qui est soudée. Le *Rapport* du CSLF le confirme. Voir page 37.
**porte-mire** nm, **des porte-mires** • B1 • Singulier et pluriel réguliers.

**porte-modèle** nm, **des porte-modèles** • B1 • Singulier et pluriel réguliers.

**porte-molette** nm, **des porte-molettes** • B1 • Singulier et pluriel réguliers.

**portemonnaie** nm, **des portemonnaies** • A5 • Le *Rapport* du CSLF soude ce mot, sur le modèle de *portefeuille*. Voir page 37.

**porte-montre** nm, **des porte-montres** • B1 • Singulier et pluriel réguliers.

**porte-mordache** nm, **des porte-mordaches** • B1 • Singulier et pluriel réguliers.

**porte-mouchette** nm, **des porte-mouchettes** • B1 • Même si *mouchette* était souvent pluriel, la règle B1 s'applique au mot composé : sans *s* au singulier.

**porte-mouchoir** nm, **des porte-mouchoirs** • B1 • Singulier et pluriel réguliers.

**porte-moule** nm, **des porte-moules** • B1 • Singulier et pluriel réguliers.

**porte-moulinet** nm, **des porte-moulinets** • B1 • Singulier et pluriel réguliers.

**porte-mousqueton** nm, **des porte-mousquetons** • B1 • Singulier et pluriel réguliers.

**porte-moyeu** nm, **des porte-moyeux** • B1 • Singulier et pluriel réguliers.

**porte-musc** nm, **des porte-muscs** • B1 • Singulier et pluriel réguliers.

**porte-musique** nm, **des porte-musiques** • B1 • Singulier et pluriel réguliers.

**porte-négatif** nm, **des porte-négatifs** • B1 • Singulier et pluriel réguliers.

**porte-nitrate** nm, **des porte-nitrates** • B1 • Singulier et pluriel réguliers.

**porte-nom** nm, **des porte-noms** • B1 • Singulier et pluriel réguliers.

**porte-numéro** nm, **des porte-numéros** • B1 • Singulier et pluriel réguliers.

**porte-objectif** nm, **des porte-objectifs** • B1 • Singulier et pluriel réguliers.

**porte-objet** nm, **des porte-objets** • B1 • Singulier et pluriel réguliers.

**porte-obturateur** nm, **des porte-obturateurs** • B1 • Singulier et pluriel réguliers.

**porte-œuf** nm, **des porte-œufs** • B1 • Singulier et pluriel réguliers.

**porte-oiseau** nm, **des porte-oiseaux** • B1 • Singulier et pluriel réguliers.

**porte-opercule** nm, **des porte-opercules** • B1 • Singulier et pluriel réguliers.

**porte-ordure** nm, **des porte-ordures** • B1 • Même si *ordure* est souvent pluriel, la règle B1 s'applique au nom composé : sans *s* au singulier.

**porte-outil** nm, **des porte-outils** • B1 • Singulier et pluriel réguliers.

**porte-page** nm, **des porte-pages** • B1 • Singulier et pluriel réguliers.

**porte-palette** nm, **des porte-palettes** • B1 • Singulier et pluriel réguliers.

**porte-palonnier** nm, **des porte-palonniers** • B1 • Singulier et pluriel réguliers.

**porte-panier** adj, n, **des porte-paniers** • B1 • Sing. et plur. rég. (généralement déjà conformes).

**porte-pantalon** nm, **des porte-pantalons** • B1 • Singulier et pluriel réguliers.

**porte-papier** nm, **des porte-papiers** • B1 • Singulier et pluriel réguliers.

**porte-paquet** n, **des porte-paquets** • B1 • Singulier et pluriel réguliers.

**porte-parapluie** nm, **des porte-parapluies** • B1 • Singulier et pluriel réguliers.

**porte-parfum** nm, **des porte-parfums** • B1 • Singulier et pluriel réguliers.

**porte-parole** n, **des porte-paroles** • B1 • Singulier et pluriel réguliers.

**porte-passeport** nm, **des porte-passeports** • B1 • Singulier et pluriel réguliers.

**porte-patin** nm, **des porte-patins** • B1 • Singulier et pluriel réguliers.

**porte-patron** nm, **des porte-patrons** • B1 • Singulier et pluriel réguliers.

**porte-pelle** nm, **des porte-pelles** • B1 • Singulier et pluriel réguliers.

**porte-pelote** nm, **des porte-pelotes** • B1 • Singulier et pluriel réguliers.

**porte-pétard** nm, **des porte-pétards** • B1 • Singulier et pluriel réguliers.

**porte-photo** nm, **des porte-photos** • B1 • Singulier et pluriel réguliers.

**porte-pièce** nm, **des porte-pièces** • B1 • Singulier et pluriel réguliers.

**porte-pied** nm, **des porte-pieds** • B1 • Singulier et pluriel réguliers.

**porte-pierre** nm, **des porte-pierres** • B1 • Singulier et pluriel réguliers.

**porte-pince** nm, **des porte-pinces** • B1 • Singulier et pluriel réguliers.

**porte-pincette** nm, **des porte-pincettes** • B1 • Singulier et pluriel réguliers.

**porte-pipe** nm, **des porte-pipes** • B1 • Singulier et pluriel réguliers.

**porte-piston** nm, **des porte-pistons** • B1 • Singulier et pluriel réguliers.

**porte-piton** nm, **des porte-pitons** • B1 • Singulier et pluriel réguliers.
**porte-planche** nm, **des porte-planches** • B1 • Singulier et pluriel réguliers.
**porte-plant** nm, **des porte-plants** • B1 • Singulier et pluriel réguliers.
**porte-plante** nm, **des porte-plantes** • B1 • Singulier et pluriel réguliers.
**porte-plaque** nm, **des porte-plaques** • B1 • Singulier et pluriel réguliers.
**porte-plaquette** nm, **des porte-plaquettes** • B1 • Singulier et pluriel réguliers.
**porte-plat** nm, **des porte-plats** • B1 • Singulier et pluriel réguliers.
**porteplume** nm, **des porteplumes** • A5 • Le CSLF soude ce mot, comme *portemine*. Voir page 37.
**porte-pneu** nm, **des porte-pneus** • B1 • Singulier et pluriel réguliers.
**porte-poinçon** nm, **des porte-poinçons** • B1 • Singulier et pluriel réguliers.
**porte-pointe** nm, **des porte-pointes** • B1 • Singulier et pluriel réguliers.
**porte-pompe** nm, **des porte-pompes** • B1 • Singulier et pluriel réguliers.
**porte-pot** nm, **des porte-pots** • B1 • Singulier et pluriel réguliers.
**porte-potence** nm, **des porte-potences** • B1 • Singulier et pluriel réguliers.
**porte-poupée** nm, **des porte-poupées** • B1 • Singulier et pluriel réguliers.
**porte-poussière** nm, **des porte-poussières** • B1 • Singulier et pluriel réguliers.
**porte-presse** nm, **des porte-presses** • B1 • Singulier et pluriel réguliers.
**porte-protecteur** nm, **des porte-protecteurs** • B1 • Singulier et pluriel réguliers.
**porte-puce** nm, **des porte-puces** • B1 • Singulier et pluriel réguliers.
**porte-queue** nm, **des porte-queues** • B1 • Singulier et pluriel réguliers.
**porte-racle** nm, **des porte-racles** • B1 • Singulier et pluriel réguliers.
**porte-râteau** nm, **des porte-râteaux** • B1 • Singulier et pluriel réguliers.
**porte-râtelier** nm, **des porte-râteliers** • B1 • Singulier et pluriel réguliers.
**porte-récipient** nm, **des porte-récipients** • B1 • Singulier et pluriel réguliers.
**porte-réflecteur** nm, **des porte-réflecteurs** • B1 • Singulier et pluriel réguliers.
**porte-règle** nm, **des porte-règles** • B1 • Singulier et pluriel réguliers.
**porte-remorque** nm, **des porte-remorques** • B1 • Singulier et pluriel réguliers.
**porte-respect** nm, **des porte-respects** • B1 • Singulier et pluriel réguliers.
**porte-revue** nm, **des porte-revues** • B1 • Singulier et pluriel réguliers.
**porte-rouleau** nm, **des porte-rouleaux** • B1 • Singulier et pluriel réguliers.
**porte-sabot** nm, **des porte-sabots** • B1 • Singulier et pluriel réguliers.
**porte-sabre** nm, **des porte-sabres** • B1 • Singulier et pluriel réguliers.
**porte-sac** nm, **des porte-sacs** • B1 • Singulier et pluriel réguliers.
**porte-sachet** nm, **des porte-sachets** • B1 • Singulier et pluriel réguliers.
**porte-sacoche** nm, **des porte-sacoches** • B1 • Singulier et pluriel réguliers.
**porte-sangle** nm, **des porte-sangles** • B1 • Singulier et pluriel réguliers.
**porte-sanglon** nm, **des porte-sanglons** • B1 • Singulier et pluriel réguliers.
**porte-satellite** nm, **des porte-satellites** • B1 • Singulier et pluriel réguliers.
**porte-savon** nm, **des porte-savons** • B1 • Singulier et pluriel réguliers.
**porte-scalpe** nm, **des porte-scalpes** • B1 • Singulier et pluriel réguliers.
**porte-scie** nm, **des porte-scies** • B1 • Singulier et pluriel réguliers.
**porte-segment** nm, **des porte-segments** • B1 • Singulier et pluriel réguliers.
**porte-sel** nm, **des porte-sels** • B1 • Singulier et pluriel réguliers.
**porte-selle** nm, **des porte-selles** • B1 • Singulier et pluriel réguliers.
**porte-semelle** nm, **des porte-semelles** • B1 • Singulier et pluriel réguliers.
**porte-sérum** nm, **des porte-sérums** • B1 • Singulier et pluriel réguliers.
**porte-serviette** nm, **des porte-serviettes** • B1 • Singulier et pluriel réguliers.
**porte-siccateur** nm, **des porte-siccateurs** • B1 • Singulier et pluriel réguliers.
**porte-siège** nm, **des porte-sièges** • B1 • Singulier et pluriel réguliers.
**porte-signal** nm, **des porte-signaux** • B1 • Singulier et pluriel réguliers.
**porte-ski** nm, **des porte-skis** • B1 • Singulier et pluriel réguliers.

**porte-soudure** nm, **des porte-soudures** • B1 • Singulier et pluriel réguliers.
**porte-spécimen** nm, **des porte-spécimens** • B1 • Singulier et pluriel réguliers.
**porte-stylet** nm, **des porte-stylets** • B1 • Singulier et pluriel réguliers.
**porte-stylo** nm, **des porte-stylos** • B1 • Singulier et pluriel réguliers.
**porte-sucette** nm, **des porte-sucettes** • B1 • Singulier et pluriel réguliers.
**porte-tambour** nf, **des portes-tambours** • Inchangé • Il s'agit du nom féminin *une porte*, et non du verbe *porter* (non touché par la règle B1 pour le pluriel).
**porte-tampon** nm, **des porte-tampons** • B1 • Sing. et plur. réguliers. Synonyme de *porte-timbre*.
**porte-tapisserie** nm, **des porte-tapisseries** • B1 • Singulier et pluriel réguliers.
**porte-taraud** nm, **des porte-tarauds** • B1 • Singulier et pluriel réguliers.
**porte-téléviseur** nm, **des porte-téléviseurs** • B1 • Singulier et pluriel réguliers.
**porte-tension** nm, **des porte-tensions** • B1 • Singulier et pluriel réguliers.
**porte-ticket** nm, **des porte-tickets** • B1 • Singulier et pluriel réguliers.
**porte-timbre** nm, **des porte-timbres** • B1 • Singulier et pluriel réguliers.
**porte-timon** nm, **des porte-timons** • B1 • Singulier et pluriel réguliers.
**porte-toast** nm, **des porte-toasts** • B1 • Singulier et pluriel réguliers.
**porte-tolet** nm, **des porte-tolets** • B1 • Singulier et pluriel réguliers.
**porte-torpille** nm, **des porte-torpilles** • B1 • Singulier et pluriel réguliers.
**porte-touret** nm, **des porte-tourets** • B1 • Singulier et pluriel réguliers.
**porte-tourie** nm, **des porte-touries** • B1 • Singulier et pluriel réguliers.
**porte-traine** nm, **des porte-traines** • B1, C2 • Sing. et plur. rég. L'accent circonflexe disparait sur *i*.
**porte-trait** nm, **des porte-traits** • B1 • Singulier et pluriel réguliers.
**porte-traite** nm, **des porte-traites** • B1 • Singulier et pluriel réguliers.
**porte-trame** nm, **des porte-trames** • B1 • Singulier et pluriel réguliers.
**porte-transparent** nm, **des porte-transparents** • B1 • Singulier et pluriel réguliers.
**porte-trésor** nm, **des porte-trésors** • B1 • Singulier et pluriel réguliers.
**porte-tresse** nm, **des porte-tresses** • B1 • Singulier et pluriel réguliers.
**porte-tube** nm, **des porte-tubes** • B1 • Singulier et pluriel réguliers.
**porte-tuyau** nm, **des porte-tuyaux** • B1 • Singulier et pluriel réguliers.
**porte-ustensile** nm, **des porte-ustensiles** • B1 • Singulier et pluriel réguliers.
**porte-véhicule** nm, **des porte-véhicules** • B1 • Singulier et pluriel réguliers.
**porte-veine** nm, **des porte-veines** • B1 • Singulier et pluriel réguliers.
**porte-vélo** nm, **des porte-vélos** • B1 • Singulier et pluriel réguliers.
**porte-vent** nm, **des porte-vents** • B1 • Singulier et pluriel réguliers.
**porte-verre** nm, **des porte-verres** • B1 • Singulier et pluriel réguliers.
**porte-vin** nm, **des porte-vins** • B1 • Singulier et pluriel réguliers.
**porte-voiture** nm, **des porte-voitures** • B1 • Singulier et pluriel réguliers.
**portevoix** (au lieu de *porte-voix) nm, **des portevoix** • A5 • Le CSLF soude ce mot. Voir page 37.
**pose-bague** nm, **des pose-bagues** • B1 • Singulier et pluriel réguliers.
**pose-bande** nm, **des pose-bandes** • B1 • Singulier et pluriel réguliers.
**pose-clavette** nm, **des pose-clavettes** • B1 • Singulier et pluriel réguliers.
**pose-corde** nm, **des pose-cordes** • B1 • Singulier et pluriel réguliers.
**pose-crayon** nm, **des pose-crayons** • B1 • Singulier et pluriel réguliers.
**pose-genou** nm, **des pose-genoux** • B1 • Singulier et pluriel réguliers.
**pose-ligature** nm, **des pose-ligatures** • B1 • Singulier et pluriel réguliers.
**pose-pied** nm, **des pose-pieds** • B1 • Singulier et pluriel réguliers.
**pose-plume** nm, **des pose-plumes** • B1 • Singulier et pluriel réguliers.
**pose-pointe** nm, **des pose-pointes** • B1 • Singulier et pluriel réguliers.
**pose-poteau** nm, **des pose-poteaux** • B1 • Singulier et pluriel réguliers.
**pose-tube** nm, **des pose-tubes** • B1 • Singulier et pluriel réguliers.
**posséder** v, **je possèderai**, **possèderais** • C1 • Accent grave au futur et au conditionnel.
**postabortum** nm, **des postabortums** • A4, B2 • Soudure et pluriel régulier.

**postaccélération** nf • A3 • Soudure avec *post*.
**postbeethovénien, enne** adj • A3 • Soudure avec *post*.
**postcollégial, ale** adj • A3 • Soudure avec *post*.
**postconsommation** nf • A3 • Soudure avec *post*.
**postcure** nf • A3 • Soudure avec *post*.
**postenquête** nf • Inchangé • Ce mot avec le préfixe *post* était déjà soudé (A3), selon nos sources.
**postériori** VOIR **à postériori** (loc adj, loc adv) et **apostériori** (nm) • Selon le contexte • Les graphies sont différentes selon la catégorie du mot. Voir les détails sur ces deux mots.
**postérolatéral, ale** adj • A3 • Soudure avec *postéro* (préfixe savant).
**postganglionnaire** adj • A3 • Soudure avec *post*.
**posthomérique** adj • A3 • Soudure avec *post*.
**postindustriel, elle** adj • A3 • Soudure avec *post*.
**postkantien, enne** adj • A3 • Soudure avec *post*.
**postmarché** nm, **des postmarchés** • A3 • Soudure avec *post*.
**postmoderne** adj • A3 • Soudure avec *post*.
**postmodernisme** nm • A3 • Soudure avec *post*.
**postnatal, ale** adj • A3 • Soudure avec *post*.
**postpartum** nm, **des postpartums** • A4, B2 • Soudure et pluriel régulier.
**postproduction** nf • A3 • Soudure avec *post*.
**postréférendaire** adj • A3 • Soudure avec *post*.
**postrotatoire** adj • A3 • Soudure avec *post*.
**postscriptum** nm, **des postscriptums** • A4, B2 • Soudure et pluriel régulier, selon les travaux des éditions Le Robert et la liste du RENOUVO).
PS — L'abréviation s'écrit « PS », sans points, ni trait d'union, ni italique.
**postsecondaire** adj • Inchangé • Ce mot avec le préfixe *post* était déjà soudé (A3), selon nos sources.
**postsynaptique** adj • A3 • Soudure avec *post*.
**postsynchronisation** nf • A3 • Soudure avec *post*.
**postsynchroniser** v • A3 • Soudure avec *post*.
**posttendu, ue** adj • A3 • Soudure avec *post*, même devant *t*.
**posttension** nf • A3 • Soudure avec *post*, même devant *t*.
**posttest** nm • A3 • Soudure avec *post*, même devant *t*.
**posttétanique** adj, nm • A3 • Soudure avec *post*, même devant *t*.
**posttonique** adj • A3 • Soudure avec *post* devant *t*, attestée dans *TLF*.
**posttraitement** nm • A3 • Soudure avec *post*, même devant *t*.
**posttransfusionnel, elle** adj • A3 • Soudure avec *post* devant *t*, attestée dans *Dictionnaire Hachette*.
**posttransport** nm • A3 • Soudure avec *post*, même devant *t*.
**posttransporteur, euse** n • A3 • Soudure avec *post*, même devant *t*.
**posttraumatique** adj • A3 • Soudure avec *post* devant *t*, attestée dans *Dictionnaire Hachette*.
**posttrématique** adj • A3 • Soudure avec *post*, même devant *t*.
**postuniversitaire** adj • A3 • Soudure avec *post*.
**potpourri** nm, **des potpourris** • A5 • Le *Rapport* du CSLF soude ce mot.
**pottok** nm (au lieu de *pottock) • G12 • Entre les deux, préférer *k* plutôt que *ck*.
**pou** « insecte » nm, **des poux** • Inchangé • Le pluriel de ce mot n'a pas été modifié (non touché par les règles B1 et B2, puisque celles-ci touchent les noms composés et les mots étrangers seulement).
**poucepied** « crustacé » nm, **des poucepieds** • A5 • Soudure selon le *Rapport* du CSLF. Pluriel régulier. Avis favorable des travaux des éditions Le Robert. Plusieurs dictionnaires disent que la variante *pousse-pied* n'est pas recommandée en ce sens (fausse graphie).
**pouding** nm (au lieu de *pudding) • G9, G17 • Choisir la variante avec *ou* et un seul *d*.
**pourcompte** nm, **des pourcomptes** • G18, G19 • Choisir soudé et plur. rég. Domaine du droit (acte).
**pourlécher** v, **je pourlècherai, pourlècherais** • C1 • Accent grave au futur et au conditionnel.
**poursoi** nm, **des poursois** • A5 • Soudure. Ce mot était dans la liste du RENOUVO.
**poussa** nm (au lieu de *poussah) • G2 • Choisir sans *h*, selon les travaux des éditions Le Robert.

**pousse-alcool** nm, **des pousse-alcools** • B1 • Singulier et pluriel réguliers.
**pousse-barre** nm, **des pousse-barres** • B1 • Singulier et pluriel réguliers.
**pousse-bobine** nm, **des pousse-bobines** • B1 • Singulier et pluriel réguliers.
**pousse-broche** nm, **des pousse-broches** • B1 • Singulier et pluriel réguliers.
**pousse-café** nm, **des pousse-cafés** • B1 • Singulier et pluriel réguliers.
**pousse-caillou** nm, **des pousse-cailloux** • B1 • Singulier et pluriel réguliers.
**pousse-cassette** nm, **des pousse-cassettes** • B1 • Singulier et pluriel réguliers.
**pousse-cul** nm, **des pousse-culs** • B1 • Singulier et pluriel réguliers.
**pousse-élan** nm, **des pousse-élans** • B1 • Singulier et pluriel réguliers.
**pousse-fiche** nm, **des pousse-fiches** • B1 • Singulier et pluriel réguliers.
**pousse-fil** nm, **des pousse-fils** • B1 • Singulier et pluriel réguliers.
**pousse-flan** nm, **des pousse-flans** • B1 • Singulier et pluriel réguliers.
**pousse-goupille** nm, **des pousse-goupilles** • B1 • Singulier et pluriel réguliers.
**pousse-ligne** nm, **des pousse-lignes** • B1 • Singulier et pluriel réguliers.
**pousse-neige** nm, **des pousse-neiges** • B1 • Singulier et pluriel réguliers.
**pousse-pied** « petit bateau léger que l'on pousse avec le pied » nm, **des pousse-pieds** • B1 • Singulier et pluriel réguliers. Ne pas confondre avec *poucepied* (crustacé).
**pousse-pointe** nm, **des pousse-pointes** • B1 • Singulier et pluriel réguliers.
**poussepousse** nm, **des poussepousses** • A5 • Le *Rapport* du CSLF soude ce mot.
**pousse-sac** nm, **des pousse-sacs** • B1 • Singulier et pluriel réguliers.
**pousse-seringue** nm, **des pousse-seringues** • B1 • Singulier et pluriel réguliers.
**pousse-talon** nm, **des pousse-talons** • B1 • Singulier et pluriel réguliers.
**pousse-toc** nm, **des pousse-tocs** • B1 • Singulier et pluriel réguliers.
**pousse-wagon** nm, **des pousse-wagons** • B1 • Singulier et pluriel réguliers.
**pouvoir** v, **puissè-je** (au lieu de *puissé-je), **pussè-je** (au lieu de *pussé-je) • C1 • Accent grave devant *-je* (forme interrogative rare).
**pracrit** nm (au lieu de *prâkrit ou *prakrit ou *prâcrit) • G1, G10 • Puisque les quatre variantes coexistaient en concurrence, on choisit celle qui est sans accent et avec c.
[anc. *præsidium] VOIR **présidium** • B2, G5 • Entre les deux, choisir *é* plutôt que æ. Le pluriel est régulier.
**praticopratique** adj • A3 • Soudure.
**PRÉ-** (préfixe) • À souder • Les mots construits avec le préfixe *pré* sont déjà soudés : la consultation d'un dictionnaire récent suffit pour le confirmer. De nombreux mots peuvent être créés avec ce préfixe. Il est impossible de tous les répertorier. Seuls certains cas sont signalés ici, à titre indicatif.
**préaccentuation** nf • A3 • Soudure avec *pré*, même devant *a*.
**préaccord** nm • A3 • Soudure avec *pré*, même devant *a*.
**préacheminement** • A3 • Soudure avec *pré*, même devant *a*.
**préacheminer** v • A3 • Soudure avec *pré*, même devant *a*.
**préacquisition** nf • A3 • Soudure avec *pré*, même devant *a*.
**préadhérisage** nm • A3 • Soudure avec *pré*, même devant *a*.
**préadmission** nf • A3 • Soudure avec *pré*, même devant *a*.
**préadolescence** nf • A3 • Soudure avec *pré*, même devant *a*.
**préadolescent, ente** n • A3 • Soudure avec *pré*, même devant *a*.
**préaération** nf • A3 • Soudure avec *pré*, même devant *a*.
**préaiguilleteuse** nf • A3 • Soudure avec *pré*, même devant *a*.
**préajusté** nm • A3 • Soudure avec *pré*, même devant *a*.
**préalarme** nf • A3 • Soudure avec *pré*, même devant *a*.
**préalerte** nf • A3 • Soudure avec *pré*, même devant *a*.
**préallumage** nm • A3 • Soudure avec *pré*, même devant *a*.
**préamplificateur** nm • A3 • Soudure avec *pré*, même devant *a*.
**préannonce** nf • A3 • Soudure avec *pré*, même devant *a*.
**préapoptotique** adj • A3 • Soudure avec *pré*, même devant *a*.

**préappel** nm • A3 • Soudure avec *pré*, même devant *a*.
**préapprêté**, **ée** adj • A3 • Soudure avec *pré*, même devant *a*.
**préarrangement** nm • Inchangé • Ce mot avec le préfixe *pré* était déjà soudé (A3), selon nos sources.
**préassemblé**, **ée** adj • A3 • Soudure avec *pré*, même devant *a*.
**préattaque** nf • A3 • Soudure avec *pré*, même devant *a*.
**préaudit** nm • A3 • Soudure avec *pré*, même devant *a*.
**préauditer** v • A3 • Soudure avec *pré*, même devant *a*.
**préautomnal**, **ale** adj • A3 • Soudure avec *pré*, même devant *a*.
**préautorisation** nf • A3 • Soudure avec *pré*, même devant *a*.
**préautoriser** v • A3 • Soudure avec *pré*, même devant *a*.
**précéder** v, **je précèderai**, **précèderais** • C1 • Accent grave au futur et au conditionnel.
**prêchiprêcha** nm, **des prêchiprêchas** • A4 • Le *Rapport* du CSLF soude ce mot.
**préchrétien**, **enne** adj • Inchangé • Ce mot avec le préfixe *pré* était déjà soudé (A3), selon nos sources.
**précipitodiagnostic** nm • A3 • Soudure avec *précipito* (préfixe). Recherche de précipitine dans le sang.
**précondition** nf • A3 • Soudure. Les dictionnaires soudent les mots avec *pré*.
**précongrès** nm • A3 • Soudure. Les dictionnaires soudent les mots avec *pré*.
**prédéfinir** v • A3 • Soudure. Les dictionnaires soudent les mots avec *pré*.
**prédémarrage** nm • A3 • Soudure. Les dictionnaires soudent les mots avec *pré*.
**prédessert** nm • A3 • Soudure. Les dictionnaires soudent les mots avec *pré*.
**préébranchage** nm • A3 • Soudure avec *pré*, même devant *é*.
**préécharnage** nm • A3 • Soudure avec *pré*, même devant *é*.
**préécharner** v • A3 • Soudure avec *pré*, même devant *é*.
**préécho** nm • A3 • Soudure avec *pré*, même devant *é*.
**prééclair** nm • A3 • Soudure avec *pré*, même devant *é*.
**préélectoral**, **ale** adj • A3 • Soudure avec le préfixe *pré*, même devant *é*.
**préélinguer** v • A3 • Soudure avec *pré*, même devant *é*.
**préemballé**, **ée** adj • A3 • Soudure avec le préfixe *pré*, même devant *e*.
**préembryon** nm • A3 • Soudure avec *pré*, même devant *e*.
**préemphase** nf • A3 • Soudure avec *pré*, même devant *e*.
**préenduit** nm • A3 • Soudure avec *pré*, même devant *e*.
**préenquête** nf • A3 • Soudure avec *pré*, même devant *e*.
**préépuration** nf • A3 • Soudure avec *pré*, même devant *é*.
**prééruptif**, **ive** adj • A3 • Soudure avec *pré*, même devant *é*.
**préestomac** nm • A3 • Soudure avec *pré*, même devant *e*.
**préétirage** nm • A3 • Soudure avec *pré*, même devant *é*.
**préétirer** v • A3 • Soudure avec *pré*, même devant *é*.
**préexcitateur** nm • A3 • Soudure avec *pré*, même devant *e*.
**préexpanseur** nm • A3 • Soudure avec *pré*, même devant *e*.
**préexploitation** nf • A3 • Soudure avec *pré*, même devant *e*.
**préexposition** nf • A3 • Soudure avec *pré*, même devant *e*.
**préfaisabilité** nf • A3 • Soudure. Les dictionnaires soudent les mots avec *pré*.
**préférer** v, **je préfèrerai**, **préfèrerais** • C1 • Accent grave au futur et au conditionnel.
**préfiltration** nf • A3 • Soudure. Les dictionnaires soudent les mots avec *pré*.
**préfiltre** nm • A3 • Soudure. Les dictionnaires soudent les mots avec *pré*.
**préfiltrer** v • A3 • Soudure. Les dictionnaires soudent les mots avec *pré*.
**préformation** nf • A3 • Soudure. Les dictionnaires soudent les mots avec *pré*.
**préhabillage** nm • A3 • Soudure avec *pré*, même devant *h*.
**préharmonisation** nf • A3 • Soudure avec *pré*, même devant *h*.
**préincurvé**, **ée** adj • A3 • Soudure avec *pré*, même devant *i*.
**préindication** nf • A3 • Soudure avec *pré*, même devant *i*.
**préinvestissement** nm • A3 • Soudure avec *pré*, même devant *i*.

**prélavé**, **ée** adj • Inchangé • Ce mot avec le préfixe *pré* était déjà soudé (A3), selon nos sources.
**prélaver** v • Inchangé • Ce mot avec le préfixe *pré* était déjà soudé (A3), selon nos sources.
**prélocation** nf • A3 • Soudure. Les dictionnaires soudent les mots avec *pré*.
**prémahlérien**, **enne** adj • A3 • Soudure avec le préfixe *pré*.
**prémarital**, **ale** adj • A3 • Soudure. Les dictionnaires soudent les mots avec *pré*.
**prématernelle** nf • A3 • Soudure. Les dictionnaires soudent les mots avec *pré*.
**premier-maitre** nm • C2 • L'accent circonflexe disparait sur *i*.
**prémium** nm • C4 • Francisation : accent aigu.
**prémoderne** adj • A3 • Soudure. Les dictionnaires soudent les mots avec *pré*.
**préouverture** nf • Inchangé • Ce mot avec le préfixe *pré* était déjà soudé (A3), selon nos sources.
**préouvreuse** nf • A3 • Soudure avec *pré*, même devant *o*.
**prépresse** nm • A3 • Soudure avec *pré*.
**préréférendaire** adj • A3 • Soudure. Les dictionnaires soudent les mots avec *pré*.
**prérégler** v, **je prérèglerai**, **prérèglerais** • C1 • Accent grave au futur et au conditionnel.
**préretraite** nf • Inchangé • Ce mot avec le préfixe *pré* était déjà soudé (A3), selon nos sources.
**préretraité**, **ée** adj, n • Inchangé • Ce mot avec le préfixe *pré* était déjà soudé (A3), selon nos sources.
**présaison** nf • A3 • Soudure. Les dictionnaires soudent les mots avec *pré*.
**présalé**, **ée** « salé à l'avance » adj • A3 • Soudure en ce sens avec le préfixe *pré*.
**pré-salé** « mouton dans des prés inondés par la mer » nm, **des prés-salés** • Inchangé • Non touché par A3 en ce sens. Il ne s'agit pas du préfixe ici (pas de soudure), mais du nom *un pré* (qui est salé).
**presbyacoustie** nf • A3 • Soudure avec *presby*, même devant *a*.
**présidium** (au lieu de *præsidium) nm, **des présidiums** • B2, G5 • Entre les deux, choisir *é* plutôt que *æ*. Le pluriel est régulier.
**presqu'ile** nf • C2 • L'accent circonflexe disparait sur *i*.
**pressbook** nm (anglic.) • A4 • Soudure (mot étranger).
**presse-agrume** nm, **des presse-agrumes** • B1 • Singulier et pluriel réguliers.
**presse-ail** nm, **des presse-ails** • B1 • Pluriel régulier.
**presse-balle** nm, **des presse-balles** • B1 • Singulier et pluriel réguliers.
**presse-bande** nm, **des presse-bandes** • B1 • Singulier et pluriel réguliers.
**presse-billet** nm, **des presse-billets** • B1 • Singulier et pluriel réguliers.
**presse-bouton** nm, **des presse-boutons** • B1 • Singulier et pluriel réguliers.
**presse-carotte** nm, **des presse-carottes** • B1 • Singulier et pluriel réguliers. Dans l'industrie minière.
**presse-carte** nm, **des presse-cartes** • B1 • Singulier et pluriel réguliers.
**presse-carton** nm, **des presse-cartons** • B1 • Singulier et pluriel réguliers.
**presse-citron** nm, **des presse-citrons** • B1 • Singulier et pluriel réguliers.
**presse-déchet** nm, **des presse-déchets** • B1 • Singulier et pluriel réguliers.
**presse-document** nm, **des presse-documents** • B1 • Singulier et pluriel réguliers.
**presse-ergot** nm, **des presse-ergots** • B1 • Singulier et pluriel réguliers.
**presse-étoupe** nm, **des presse-étoupes** • B1 • Singulier et pluriel réguliers.
**presse-film** nm, **des presse-films** • B1 • Singulier et pluriel réguliers.
**presse-fond** nm, **des presse-fonds** • B1 • Singulier et pluriel réguliers.
**presse-fruit** nm, **des presse-fruits** • B1 • Singulier et pluriel réguliers.
**presse-garniture** nm, **des presse-garnitures** • B1 • Singulier et pluriel réguliers.
**presse-glace** nm, **des presse-glaces** • B1 • Singulier et pluriel réguliers.
**presse-joint** nm, **des presse-joints** • B1 • Singulier et pluriel réguliers.
**presse-mouture** nm, **des presse-moutures** • B1 • Singulier et pluriel réguliers.
**presse-orange** nm, **des presse-oranges** • B1 • Singulier et pluriel réguliers.
**presse-ordure** nm, **des presse-ordures** • B1 • Même si *ordure* est souvent pluriel, la règle B1 s'applique au nom composé : sans *s* au singulier.
**presse-papier** nm, **des presse-papiers** • B1 • Singulier et pluriel réguliers.
**presse-pâte** nm, **des presse-pâtes** • B1 • Singulier et pluriel réguliers.
**presse-pédale** nm, **des presse-pédales** • B1 • Singulier et pluriel réguliers.

**presse-purée** nm, **des presse-purées** • B1 • Singulier et pluriel réguliers.
**presse-raquette** nm, **des presse-raquettes** • B1 • Singulier et pluriel réguliers.
**presse-ski** nm, **des presse-skis** • B1 • Singulier et pluriel réguliers.
**presse-tête** nm, **des presse-têtes** • B1 • Singulier et pluriel réguliers.
**presse-tôle** nm, **des presse-tôles** • B1 • Singulier et pluriel réguliers.
**presse-tube** nm, **des presse-tubes** • B1 • Singulier et pluriel réguliers.
**presse-viande** nm, **des presse-viandes** • B1 • Singulier et pluriel réguliers.
**prestissimo** nm, **des prestissimos** • B2 • Francisation : pluriel régulier.
**presto** « mouvement excuté rapidement (musique) » nm, **des prestos** • B2 • Pluriel régulier en ce sens.
**prétest** nm • A3 • Soudure. Les dictionnaires soudent les mots avec *pré*.
**prétrachéobronchique** adj • A3 • Soudure de l'ancienne forme *pré-trachéo-bronchique.
**prétraitement** nm • A3 • Soudure. Les dictionnaires soudent les mots avec *pré*.
**prétraiter** v • A3 • Soudure. Les dictionnaires soudent les mots avec *pré*.
**préuniversitaire** adj • A3 • Soudure avec *pré*, même devant *u*.
**préusiné**, **ée** adj • A3 • Soudure avec *pré*, même devant *u*.
**prévente** nf • Inchangé • Ce mot avec le préfixe *pré* était déjà soudé (A3), selon nos sources.
**prie-Dieu** nm inv • Inchangé • Ce mot est formé avec un nom propre (majuscule), donc il n'est pas touché par la règle B1.
**primadonna** nf, **des primadonnas** • A4, B2 • Soudure et pluriel régulier (mot étranger).
**primodébiteur**, **trice** n • A3 • Soudure avec *primo* (préfixe savant).
**primo-infection** nf • Inchangé • Exception A3 : trait d'union maintenu entre *o* et *i* pour éviter *oi* ou *oin*.
**primomigrant**, **ante** n • A3 • Soudure avec *primo* (préfixe savant).
**primovaccination** nf • A3 • Soudure avec *primo* (préfixe savant).
**priori** VOIR **à priori** (loc adj, loc adv) et **apriori** (nm) • Selon le contexte • Les graphies sont différentes selon la catégorie du mot. Voir les détails sur ces deux mots.
**privatdocent** nm (au lieu de *privat-docent) • A4 • Soudure (mot étranger). On dit parfois *privatdozent*.
**privatdozent** nm (au lieu de *privat-dozent) • A4 • Soudure (mot étranger). On dit souvent *privatdocent*.
**proactif**, **ive** adj • A3 • Soudure avec *pro*, même devant *a*.
**proactivité** nf • A3 • Soudure avec *pro*, même devant *a*.
**procéder** v, **je procèderai**, **procèderais** • C1 • Accent grave au futur et au conditionnel.
**procommuniste** adj • A3 • Soudure avec *pro*, attestée dans le dictionnaire d'Antidote.
**procordé** (au lieu de *prochordé, toujours prononcé « k ») nm • G10 • Choisir *c* et non *ch*. On dit aussi *protocordé*.
**proférer** v, **je profèrerai**, **profèrerais** • C1 • Accent grave au futur et au conditionnel.
**pro-inflammatoire** adj • Inchangé • Exception A3 : trait d'union entre *o* et *i* pour éviter *oi* ou *oin*.
**projeter** v, conjugaison (**il projette**) VOIR **jeter** • Inchangé • Exception D1 : double *t* devant « *e* muet ».
**proliférer** v, **je prolifèrerai**, **prolifèrerais** • C1 • Accent grave au futur et au conditionnel.
**pronucléus** nm, **des pronucléus** • B2, C4 • Pluriel régulier et accent aigu. Ce mot était déjà soudé.
**prooccidental**, **ale** adj, n • A3 • Soudure avec *pro*, même lorsqu'il y a rencontre de deux *o*.
**prorata** nm, **des proratas** • B2 • Francisation : pluriel régulier.
**proscénium** nm, **des proscéniums** • B2, C4 • Francisation : pluriel régulier et accent aigu.
**prospérer** v, **je prospèrerai**, **prospèrerais** • C1 • Accent grave au futur et au conditionnel.
**protège-aliment** nm, **des protège-aliments** • B1 • Singulier et pluriel réguliers.
**protège-borne** nm, **des protège-bornes** • B1 • Singulier et pluriel réguliers.
**protège-cabine** nm, **des protège-cabines** • B1 • Singulier et pluriel réguliers.
**protège-câble** nm, **des protège-câbles** • B1 • Singulier et pluriel réguliers.
**protège-chaine** nm, **des protège-chaines** • B1, C2 • Singulier et pluriel réguliers. L'accent circonflexe disparait sur *i*.
**protège-col** nm, **des protège-cols** • B1 • Singulier et pluriel réguliers.
**protège-côte** nm, **des protège-côtes** • B1 • Singulier et pluriel réguliers.
**protège-cou** nm, **des protège-cous** • B1 • Singulier et pluriel réguliers.
**protège-couture** nm, **des protège-coutures** • B1 • Singulier et pluriel réguliers.

**protège-crâne** nm, **des protège-crânes** • B1 • Singulier et pluriel réguliers.
**protège-dent** nm, **des protège-dents** • B1 • Singulier et pluriel réguliers.
**protège-doigt** nm, **des protège-doigts** • B1 • Singulier et pluriel réguliers.
**protège-feu** nm, **des protège-feux** • B1 • Singulier et pluriel réguliers.
**protège-feuille** nm, **des protège-feuilles** • B1 • Singulier et pluriel réguliers.
**protège-front** nm, **des protège-fronts** • B1 • Singulier et pluriel réguliers.
**protège-galet** nm, **des protège-galets** • B1 • Singulier et pluriel réguliers.
**protège-genou** nm, **des protège-genoux** • B1 • Singulier et pluriel réguliers.
**protège-gonade** nm, **des protège-gonades** • B1 • Singulier et pluriel réguliers.
**protège-gorge** nm, **des protège-gorges** • B1 • Singulier et pluriel réguliers.
**protège-guidon** nm, **des protège-guidons** • B1 • Singulier et pluriel réguliers.
**protège-haleine** nm, **des protège-haleines** • B1 • Singulier et pluriel réguliers.
**protège-jambe** nm, **des protège-jambes** • B1 • Singulier et pluriel réguliers.
**protège-lanière** nm, **des protège-lanières** • B1 • Singulier et pluriel réguliers.
**protège-lentille** nm, **des protège-lentilles** • B1 • Singulier et pluriel réguliers.
**protège-lèvre** nm, **des protège-lèvres** • B1 • Singulier et pluriel réguliers.
**protège-main** nm, **des protège-mains** • B1 • Singulier et pluriel réguliers.
**protège-menton** nm, **des protège-mentons** • B1 • Singulier et pluriel réguliers.
**protège-nuque** nm, **des protège-nuques** • B1 • Singulier et pluriel réguliers.
**protège-objectif** nm, **des protège-objectifs** • B1 • Singulier et pluriel réguliers.
**protège-oreille** nm, **des protège-oreilles** • B1 • Singulier et pluriel réguliers.
**protège-orteil** nm, **des protège-orteils** • B1 • Singulier et pluriel réguliers.
**protège-pantalon** nm, **des protège-pantalons** • B1 • Singulier et pluriel réguliers.
**protège-paume** nm, **des protège-paumes** • B1 • Singulier et pluriel réguliers.
**protège-pied** nm, **des protège-pieds** • B1 • Singulier et pluriel réguliers.
**protège-pignon** nm, **des protège-pignons** • B1 • Singulier et pluriel réguliers.
**protège-poitrine** nm, **des protège-poitrines** • B1 • Singulier et pluriel réguliers.
**protège-poussière** nm, **des protège-poussières** • B1 • Singulier et pluriel réguliers.
**protège-pulpe** nm, **des protège-pulpes** • B1 • Singulier et pluriel réguliers.
**protège-queue** nm, **des protège-queues** • B1 • Singulier et pluriel réguliers.
**protéger** v, **je protègerai, protègerais** • C1 • Accent grave au futur et au conditionnel.
**protège-raphé** nm, **des protège-raphés** • B1 • Singulier et pluriel réguliers.
**protège-rayon** nm, **des protège-rayons** • B1 • Singulier et pluriel réguliers.
**protège-rein** nm, **des protège-reins** • B1 • Singulier et pluriel réguliers.
**protège-terre** nm, **des protège-terres** • B1 • Singulier et pluriel réguliers.
**protège-tête** nm, **des protège-têtes** • B1 • Singulier et pluriel réguliers.
**protège-tibia** nm, **des protège-tibias** • B1 • Singulier et pluriel réguliers.
**protège-touche** nm, **des protège-touches** • B1 • Singulier et pluriel réguliers.
**protège-tympan** nm, **des protège-tympans** • B1 • Singulier et pluriel réguliers.
**protège-vêtement** nm, **des protège-vêtements** • B1 • Singulier et pluriel réguliers.
**protège-voie** nm, **des protège-voies** • B1 • Singulier et pluriel réguliers.
**protocordé** (au lieu de *protochordé, toujours prononcé « k ») nm • G10 • Choisir *c* et non *ch*. On dit aussi *procordé*.
**protoétoile** nf • A3 • Soudure avec *proto*, même devant *é*.
**protojaponais** nm • A3 • Soudure avec *proto*.
**protolangage** nm • A3 • Soudure avec *proto*.
**protooncogène** nm • A3 • Soudure avec *proto*, même lorsqu'il y a rencontre de deux *o*.
**protoroumain** nm • A3 • Soudure avec *proto*.
**protosulfate** nm • A3 • Soudure avec *proto*.
**prudhommal, ale** adj (au lieu de *prud'homal) • F1 • Le CSLF régularise la famille : deux *m* comme *homme*, et sans apostrophe.
**prudhomme** nm (au lieu de *prud'homme) • F1 • Le CSLF régularise la famille : sans apostrophe.

**prudhommerie** nf • Inchangé • Pas touché par la règle F1. Le mot s'écrivait déjà soudé et avec deux *m*. Il vient du nom du personnage Joseph Prudhomme.

**prudhommesque** adj • Inchangé • Pas touché par la règle F1. Voir l'explication sur *prudhommerie*.

**prudhommie** nf (au lieu de *prud'homie) • F1 • Le CSLF régularise la famille : deux *m* comme *homme*, et sans apostrophe.

**prunelier** nm • D2 • La double consonne (*ll*) après *e* était une anomalie, puisque ce mot rime avec *atelier*.

**PSEUDO-** (préfixe) • À souder • Le préfixe *pseudo* est très productif : on peut le mettre devant un très grand nombre de mots. Préférer la soudure (règle A3), même lors de créations occasionnelles, par cohérence avec les mots déjà soudés dans les dictionnaires. Note : on ne soude pas devant *i* et *u*, pour éviter une prononciation défectueuse (*oi* et *ou*).

**pseudoacanthosis** nm • A3 • Soudure avec *pseudo*, même devant *a*.

**pseudoaccent** nm • A3 • Soudure avec *pseudo*, même devant *a*.

**pseudoaccord** nm • A3 • Soudure avec *pseudo*, même devant *a*.

**pseudoadaptation** nf • A3 • Soudure avec *pseudo*, même devant *a*.

**pseudoaffleurement** nm • A3 • Soudure avec *pseudo*, même devant *a*.

**pseudoallèle** nm • A3 • Soudure avec *pseudo*, même devant *a*.

**pseudoalliage** nm • A3 • Soudure avec *pseudo*, même devant *a*.

**pseudoamnésie** nf • A3 • Soudure avec *pseudo*, même devant *a*.

**pseudoanaphylaxie** nf • A3 • Soudure avec *pseudo*, même devant *a*.

**pseudoangine** nf • A3 • Soudure avec *pseudo*, même devant *a*.

**pseudoanodontie** nf • A3 • Soudure avec *pseudo*, même devant *a*.

**pseudoasthme** nm • A3 • Soudure avec *pseudo*, même devant *a*.

**pseudoatoll** nm • A3 • Soudure avec *pseudo*, même devant *a*.

**pseudoautunite** nf • A3 • Soudure avec *pseudo*, même devant *a*.

**pseudobasedowisme** nm • A3 • Soudure avec *pseudo*.

**pseudobégaiement** nm • A3 • Soudure avec *pseudo*.

**pseudobulbaire** adj • A3 • Soudure. Avis favorable des travaux des éditions Le Robert.

**pseudobulbe** nm • A3 • Soudure avec *pseudo*.

**pseudochalazion** nm • A3 • Soudure avec *pseudo*.

**pseudochoIéra** nm • A3 • Soudure avec *pseudo*.

**pseudoclivage** nm • A3 • Soudure avec *pseudo*.

**pseudoclonus** nm • A3 • Soudure avec *pseudo*.

**pseudocoarctation** nf • A3 • Soudure avec *pseudo*.

**pseudocode** nm • A3 • Soudure avec *pseudo*.

**pseudocomplément** nm • A3 • Soudure avec *pseudo*.

**pseudoconcordance** nf • A3 • Soudure avec *pseudo*.

**pseudoconditionnement** nm • A3 • Soudure avec *pseudo*.

**pseudocouleur** nf • A3 • Soudure avec *pseudo*.

**pseudocristal** nm • A3 • Soudure avec *pseudo*.

**pseudocroup** nm • A3 • Soudure avec *pseudo*.

**pseudodémence** nf • A3 • Soudure avec *pseudo*.

**pseudodépression** nf • A3 • Soudure avec *pseudo*.

**pseudodiphtérique** adj • A3 • Soudure avec *pseudo*.

**pseudodiphtongaison** nf • A3 • Soudure avec *pseudo*.

**pseudodipsomanie** nf • A3 • Soudure avec *pseudo*.

**pseudodiptère** nm • A3 • Soudure avec *pseudo*.

**pseudoemprunt** nm • A3 • Soudure avec *pseudo*, même devant *e*.

**pseudoespèce** nf • A3 • Soudure avec *pseudo*, même devant *e*.

**pseudoétat** nm • A3 • Soudure avec *pseudo*, même devant *é*.

**pseudoéversion** nf • A3 • Soudure avec *pseudo*, même devant *é*.

**pseudoexfoliation** nf • A3 • Soudure avec *pseudo*, même devant *e*.

**pseudoexophorie** nf • A3 • Soudure avec *pseudo*, même devant *e.*
**pseudofécondation** nf • A3 • Soudure. Avis favorable des travaux des éditions Le Robert.
**pseudoferment** nm • A3 • Soudure avec *pseudo.*
**pseudofovéa** nf • A3 • Soudure avec *pseudo.*
**pseudofréquence** nf • A3 • Soudure avec *pseudo.*
**pseudoglaucome** nm • A3 • Soudure avec *pseudo.*
**pseudoglissement** nm • A3 • Soudure avec *pseudo.*
**pseudogravidité** nf • A3 • Soudure avec *pseudo.*
**pseudogynécomastie** nf • A3 • Soudure avec *pseudo.*
**pseudohallucination** nf • A3 • Soudure avec *pseudo*, même devant *h.*
**pseudohémophilie** nf • A3 • Soudure avec *pseudo*, même devant *h.*
**pseudohermaphrodisme** nm • A3 • Soudure avec *pseudo*, même devant *h.*
**pseudohermaphrodite** adj, n • A3 • Soudure avec *pseudo*, même devant *h.*
**pseudohéroïnomanie** nf • A3 • Soudure avec *pseudo*, même devant *h.*
**pseudohétérophorie** nf • A3 • Soudure avec *pseudo*, même devant *h.*
**pseudohypoaldostéronisme** nm • A3 • Soudure avec *pseudo*, même devant *h.*
**pseudohypoparathyroïdisme** nm • A3 • Soudure avec *pseudo*, même devant *h.*
**pseudo-instruction** nf • Inchangé • Exception A3 : trait d'union entre *o* et *i* pour éviter *oi* ou *oin.*
**pseudolagunage** nm • A3 • Soudure avec *pseudo.*
**pseudolamelle** nf • A3 • Soudure avec *pseudo.*
**pseudolocation** nf • A3 • Soudure avec *pseudo.*
**pseudoluxation** nf • A3 • Soudure avec *pseudo.*
**pseudomembrane** nf • A3 • Soudure. Avis favorable des travaux des éditions Le Robert.
**pseudomembraneux, euse** adj • A3 • Soudure avec *pseudo.*
**pseudoméningite** nf • A3 • Soudure avec *pseudo.*
**pseudominerai** nm • A3 • Soudure avec *pseudo.*
**pseudomorve** nf • A3 • Soudure avec *pseudo.*
**pseudomyopie** nf • A3 • Soudure avec *pseudo.*
**pseudonévroptère** nm • A3 • Soudure avec *pseudo.*
**pseudonodule** nm • A3 • Soudure avec *pseudo.*
**pseudonymphal, ale** adj • A3 • Soudure avec *pseudo.*
**pseudonymphe** nf • A3 • Soudure avec *pseudo.*
**pseudonymphose** nf • A3 • Soudure avec *pseudo.*
**pseudoopération** nf • A3 • Soudure avec *pseudo*, même lorsqu'il y a rencontre de deux *o.*
**pseudooratorio** nm • A3 • Soudure avec *pseudo*, même lorsqu'il y a rencontre de deux *o.*
**pseudooscillation** nf • A3 • Soudure avec *pseudo*, même lorsqu'il y a rencontre de deux *o.*
**pseudoparasite** nm • A3 • Soudure avec *pseudo.*
**pseudoperception** nf • A3 • Soudure avec *pseudo.*
**pseudopériode** nf • A3 • Soudure avec *pseudo.*
**pseudopériodique** adj • A3 • Soudure avec *pseudo.*
**pseudopériptère** nm • A3 • Soudure avec *pseudo.*
**pseudopeste** nf • A3 • Soudure avec *pseudo.*
**pseudoplégie** nf • A3 • Soudure avec *pseudo.*
**pseudopolyarthrite** nf • A3 • Soudure avec *pseudo.*
**pseudoprogramme** nm • A3 • Soudure avec *pseudo.*
**pseudopsychopathie** nf • A3 • Soudure avec *pseudo.*
**pseudoptosis** nm • A3, G1 • Soudure (A3). Voir *ptosis* pour l'absence d'accent circonflexe sur *o* (G1).
**pseudoquadrillage** nm • A3 • Soudure avec *pseudo.*
**pseudoquadriphonie** nf • A3 • Soudure avec *pseudo.*
**pseudorage** nf • A3 • Soudure avec *pseudo.*
**pseudoreconstitution** nf • A3 • Soudure avec *pseudo.*

**pseudoréduction** nf • A3 • Soudure avec *pseudo.*
**pseudorépétition** nf • A3 • Soudure avec *pseudo.*
**pseudorétinite** nf • A3 • Soudure avec *pseudo.*
**pseudorhumatisme** nm • A3 • Soudure avec *pseudo.*
**pseudorubis** nm • A3 • Soudure avec *pseudo.*
**pseudosaphir** nm • A3 • Soudure avec *pseudo.*
**pseudoscience** nf • A3 • Soudure avec *pseudo.*
**pseudoscientifique** adj, n • A3 • Soudure avec *pseudo.*
**pseudosigne** nm • A3 • Soudure avec *pseudo.*
**pseudosolarisation** nf • A3 • Soudure avec *pseudo.*
**pseudostéréophonie** nf • A3 • Soudure avec *pseudo.*
**pseudotachylite** nf • A3 • Soudure avec *pseudo.*
**pseudotempérature** nf • A3 • Soudure avec *pseudo.*
**pseudototal** nm • A3 • Soudure avec *pseudo.*
**pseudotourelle** nf • A3 • Soudure avec *pseudo.*
**pseudotronc** nm • A3 • Soudure avec *pseudo.*
**pseudotuberculose** nf • A3 • Soudure avec *pseudo.*
**pseudotumeur** nf • A3 • Soudure avec *pseudo.*
**pseudovariole** nf • A3 • Soudure avec *pseudo.*
**pseudoviscosité** nf • A3 • Soudure avec *pseudo.*
**pseudovitesse** nf • A3 • Soudure avec *pseudo.*
**psi** nm, **des psis** • B2 • Pluriel régularisé. Lettre de l'alphabet grec.
**PSYCHO-** (préfixe) • À souder • La plupart des mots avec le préfixe *psycho* sont déjà soudés : la consultaton d'un dictionnaire récent suffit pour le confirmer. Seuls les cas jugés utiles sont signalés ici. Note : on ne soude pas devant *i* et *u*, pour éviter une prononciation défectueuse (*oi* et *ou*).
**psychoaffectif, ive** adj • A3 • Soudure avec *psycho* (préfixe savant), même devant *a.*
**psychoanaleptique** adj, nm • A3 • Soudure avec *psycho* (préfixe savant), même devant *a.*
**psychocorporel, elle** adj • A3 • Soudure avec *psycho* (préfixe savant).
**psychoculturel, elle** adj • A3 • Soudure avec *psycho* (préfixe savant).
**psychodiagnostic** nm • A3 • Soudure avec *psycho* (préfixe savant).
**psychoéconomie** nf • A3 • Soudure avec *psycho* (préfixe savant), même devant *é.*
**psychoéducateur, trice** n • A3 • Soudure avec *psycho* (préfixe savant), même devant *é.*
**psychoéducatif, ive** adj • A3 • Soudure avec *psycho* (préfixe savant), même devant *é.*
**psychoéducation** nf • A3 • Soudure avec *psycho* (préfixe savant), même devant *é.*
**psychogalvanomètre** nm • A3 • Soudure avec *psycho* (préfixe savant).
**psychogériatrie** nf • A3 • Soudure avec *psycho* (préfixe savant).
**psycho-immunologie** nf • Inchangé • Exception A3 : trait d'union entre *o* et *i* pour éviter *oi* ou *oim.*
**psychokinésithérapie** nf • A3 • Soudure avec *psycho* (préfixe savant).
**psychologicopolicier, ère** adj • A3 • Soudure.
**psychomédicosocial, ale** adj • A3 • Soudure.
**psychomoteur, trice** adj • A3 • Soudure avec *psycho* (préfixe savant).
**psychonévrose** nf • A3 • Soudure avec *psycho* (préfixe savant).
**psychopolynévrite** nf • A3 • Soudure avec *psycho* (préfixe savant).
**psychorééducateur, trice** n • A3 • Soudure avec *psycho* (préfixe savant).
**psychosensorimoteur, trice** adj • A3 • Soudure de l'ancienne forme *psycho-sensori-moteur. Avis favorable des travaux des éditions Le Robert. Même les mots longs sont soumis à la règle A3.
**psychosocial, ale** adj • A3 • Soudure avec *psycho* (préfixe savant).
**psychosociologie** nf • A3 • Soudure avec *psycho* (préfixe savant).
**psychosociologique** adj, nf • A3 • Soudure. L'emploi comme nom (*la psychosociologique*) est rare.
**psychosociologue** n • A3 • Soudure avec *psycho* (préfixe savant).
**ptérygomaxillaire** adj • A3 • Soudure avec *ptérygo* (préfixe savant).
**ptérygopalatin, ine** adj • A3 • Soudure avec *ptérygo* (préfixe savant).

**ptose** nf (au lieu de *ptôse) • G1 • Entre les deux graphies coexistantes, choisir celle sans accent.

**ptosis** nm (au lieu de *ptôsis) • G1 • Entre les deux graphies coexistantes, choisir celle qui est sans accent (dans *Petit Robert*).

**publiatelier** nm • A3 • Soudure avec *publi*, même devant *a*.

**publifiche** nf • A3 • Soudure avec *publi*.

**publiinformation** nf • A3 • Soudure avec *publi*, même lorsqu'il y a rencontre de deux *i*.

**puiné, ée** adj, n • C2 • L'accent circonflexe disparait sur *i*.

**puissè-je** VOIR **pouvoir** • C1 • Accent grave. Cette inversion rare est de niveau littéraire.

**pullover** ou **pulloveur** nm, selon la prononciation • A4 et G21 au choix • Soudure. Deux prononciations sont possibles selon le CSLF. La forme **pullover** rime avec *hiver* (travaux des éd. Le Robert), mais **pulloveur** rime avec *cœur* (liste 2004 du RENOUVO). Choisir selon la prononciation souhaitée.

**pulqué** nm • C4 • Francisation : accent aigu.

**punch** « efficacité, dynamisme, vitalité ou aptitude pour un boxeur à porter des coups puissants » nm, **des punchs** • B2 • L'orthographe de ce mot n'est pas touchée : *avoir du punch*. Son pluriel est cependant régularisé (rare au pluriel).

**punch** « boisson » nm ou **ponch** (selon la prononciation) VOIR **ponch** • Au choix • Voir l'explication sur *ponch*.

**punchingball** nm (au lieu de *punching-ball) • A4 • Soudure (mot étranger).

**puntilléro** nm • C4 • Francisation : accent aigu.

**pupazzo** nm, **des pupazzos** • B2 • Francisation : pluriel régulier. Le pluriel étranger était : des *pupazzi.

**pushpull** nm (anglic.), **des pushpulls** • A4, B2 • Mot étranger : soudure attestée dans *Dictionnaire Hachette*.

**pushup** nm (anglic.), **des pushups** • A4, B2 • Soudure et pluriel régulier (mot étranger). Employer plutôt un terme français.

**pussè-je** VOIR **pouvoir** • C1 • Accent grave. Cette inversion rare est de niveau littéraire.

**putsch** nm, **des putschs** • B2 • Francisation : pluriel régulier.

**putto** nm, **des puttos** • B2 • Francisation : pluriel régulier. Le pluriel étranger était : des *putti.

**pyélonéphrite** nf • A3 • Soudure avec *pyélo* (préfixe savant).

**pyroacide** nm • A3 • Soudure avec *pyro* (préfixe savant), même devant *a*.

**pyroélectricité** nf • A3 • Soudure avec *pyro* (préfixe savant), même devant *é*.

**pyroélectrique** adj • A3 • Soudure avec *pyro* (préfixe savant), même devant *é*.

**pyrotraumatologie** nf • A3 • Soudure avec *pyro* (préfixe savant).

# Q

**quanta** nm, **des quantas** • B2 • Singulier et pluriel réguliers permis, selon la liste du RENOUVO et les travaux des éditions Le Robert, ce qui permet de conserver la même prononciation en nouvelle orthographe dans des expressions comme *la théorie des quantas* (anciennement **la théorie des quanta*). Voir aussi la forme *quantum(s)* ci-dessous (également dans la liste du RENOUVO).

**quantum** nm, **des quantums** • B2 • Pluriel régulier. Voir aussi la forme *quanta(s)*, également admise.

**quarante** (numéral) : **quarante-et-un, quarante-et-unième, cent-quarante, quarante-six-mille, quarante-et-un-millions**, etc. • A6 • On unit **quarante** par des traits d'union dans les numéraux.

**quartanier** nm (au lieu de *quartannier) • G17 • Consonne simple : choisir un seul *n*.

**quartet** « unité de mesure informatique » nm • Inchangé • Ce mot rime avec *garçonnet*. Ne pas confondre avec *quartette*.

**quartet** « groupe de deux protons et deux neutrons (physique nucléaire) » nm • Inchangé • Ce mot rime avec *garçonnet*. Ne pas confondre avec *quartette*.

**quartette** « ensemble de quatre musiciens de jazz » nm (au lieu de *quartet) • G20 • Les deux graphies riment avec *nette*.

**quartier-maitre** n • C2 • L'accent circonflexe disparait sur *i*.

**QUASI-** (préfixe) • Inchangé • Les noms communs construits avec le préfixe *quasi-* prennent toujours le trait d'union. Par contre, *quasi* est suivi de l'espace s'il ne forme pas un nom avec ce qui suit : c'est le cas notamment lorsqu'il modifie un adjectif ou un adverbe. Les rectifications n'ont pas modifié cette règle. On écrit donc avec un trait d'union des noms comme : *la quasi-certitude, un quasi-contrat, un quasi-synonyme, la quasi-totalité*, etc., mais on écrit avec espace : *je suis quasi certaine, ils sont quasi parfaits, il marche quasi aussi lentement que moi*.

**quatorze** (numéral) : **cent-quatorze**, **quatorze-cents**, **quatorze-mille-quatorze**, **quatorze-millions**, **quatorze-milliards**, etc. • A6 • On unit **quatorze** par des traits d'union dans les numéraux.

**quatre** (numéral) : **cent-quatre**, **quatre-cents**, **vingt-quatre-mille**, **quatre-mille-quatre**, **quatre-millions**, **quatre-milliards**, etc. • A6 • On unit **quatre** par des traits d'union dans les numéraux.

**québécois, oise** adj • F3 • Étant donné que ce mot est construit à partir du mot *Québec,* on a déjà écrit autrefois *québecois. Cette orthographe avec un seul accent a disparu des dictionnaires. Le CSLF rappelle de mettre l'accent aigu manquant (deux accents aigus sont requis).

**québécois** « langue » nm • F3 • Deux accents aigus. Voir *québécois* ci-dessus.

**Québécois, oise** n • F3 • Deux accents aigus. Voir page 16 et voir l'adjectif *québécois* ci-dessus.

**québracho** nm • C4 • Francisation : accent aigu.

**quéchua** nm (au lieu de *quechua) • C4 • Francisation : accent aigu. On dit aussi parfois *quichua*.

**quésadilla** nf • C4 • Francisation : accent aigu.

**quichenotte** nf (au lieu de *kichenotte) • G11 • Choisir *qu* et non *k*. Avis favorable des travaux des éditions Le Robert.

**quiller** nm (au lieu de *quillier) • F4 • Terminaison *-iller* et non *-illier*. Ce mot rime avec *briller*.

**quincailler, ère** n (au lieu de *quincaillier) • F4 • Terminaison *-iller* et non *-illier*. Ce mot rime avec *briller*

**quindécemvir** ou **quindécimvir** nm • Au choix • Les deux formes existent. Prononciations différentes.

**quintette** « ensemble de cinq musiciens de jazz » nm (au lieu de *quintet) • G20 • Les deux graphies riment avec *nette*.

**quinze** (numéral) : **cent-quinze**, **quinze-cents**, **quinze-mille-quinze**, **quinze-millions**, **quinze-milliards**, etc. • A6 • Trait d'union : on unit **quinze** par des traits d'union dans les numéraux.

**quipou** nm (au lieu de *quipu) • G9 • Entre *ou* et *u* (même prononc.), choisir *ou*. On dit parfois *quipo*.

**quocngu** nm (au lieu de *quoc-ngu ou *quôc-ngu) • A4, B2, G1 • Soudure et pluriel régulier (mot étranger). Choisir sans accent circonflexe.

**quotepart** nf, **des quoteparts** • A5 • Le *Rapport* du CSLF soude ce mot.

# R

**rabat-eau** nm, **des rabat-eaux** • B1 • Singulier et pluriel réguliers.

**rabat-feuille** nm, **des rabat-feuilles** • B1 • Singulier et pluriel réguliers.

**rabat-foin** nm, **des rabat-foins** • B1 • Singulier et pluriel réguliers.

**rabat-joie** adj, nm, **des rabat-joies** • B1, G18 • Plur. régulier. Adj. plur. rég. attesté dans *Dictionnaire Hachette*.

**rabat-vent** nm, **des rabat-vents** • B1 • Singulier et pluriel réguliers.

**rabiole** nf • D3 • Un seul *l*.

**raca** interj (au lieu de *racca) • G17 • Entre les deux, choisir un seul *c*.

**rachianesthésie** nf • A3 • Soudure avec *rachi* (préfixe savant), même devant *a*.

**racketteur, euse** « extorqueur » n (anglic.) • G21 • Terminaison *-eur*. Ne pas confondre avec *raquetteur* (qui marche avec des raquettes).

**racquetball** nm • A4 • Soudure (mot étranger), attestée dans *Littré*.

**radiculocordonal, ale** adj • A3 • Soudure avec *radiculo* (préfixe savant).

**RADIO-** (préfixe) • À souder • La plupart des mots avec le préfixe *radio* sont déjà soudés : la consultation d'un dictionnaire récent suffit pour le confirmer. Seuls les cas jugés utiles sont signalés ici. Note : on ne soude pas devant *i* et *u*, pour éviter une prononciation défectueuse (*oi* et *ou*).

**radioactif, ive** adj • A3 • Soudure avec *radio* (préfixe savant), même devant *a*.

**radioactivité** nf • A3 • Soudure avec *radio* (préfixe savant), même devant *a*.

**radioalignement** nm • A3 • Soudure avec *radio* (préfixe savant), même devant *a*.

**radioaltimétrique** adj • A3 • Soudure avec *radio* (préfixe savant), même devant *a*.

**radioastronomie** nf • A3 • Soudure avec *radio* (préfixe savant), même devant *a*.

**radiocarpien, enne** adj • A3 • Soudure avec *radio* (préfixe savant).

**radiocubital, ale** adj • A3 • Soudure avec *radio* (préfixe savant).

**radioélectricien, enne** n • A3 • Soudure avec *radio* (préfixe savant), même devant *é*.

**radioélectricité** nf • A3 • Soudure avec *radio* (préfixe savant), même devant *é*.

**radioélectrique** adj • A3 • Soudure avec *radio* (préfixe savant), même devant *é*.
**radioélément** nm • A3 • Soudure avec *radio* (préfixe savant), même devant *é*.
**radioguidage** nm • A3 • Soudure avec *radio* (préfixe savant).
**radiohuméral, ale** adj • A3 • Soudure avec *radio* (préfixe savant), même devant *h*.
**radio-immunologie** nf • Inchangé • Exception A3 : trait d'union entre *o* et *i* pour éviter *oi* ou *oim*.
**radio-indicateur** nm • Inchangé • Exception A3 : trait d'union entre *o* et *i* pour éviter *oi* ou *oin*.
**radio-induit, ite** adj • Inchangé • Exception A3 : trait d'union entre *o* et *i* pour éviter *oi* ou *oin*.
**radio-isotope** nm • Inchangé • Exception A3 : trait d'union maintenu entre *o* et *i* pour éviter *oi*. On trouve aussi *radioïsotope* : le tréma est un autre procédé possible pour éviter le son « oi ».
**radiojournal** nm • A3 • Soudure avec *radio*. Pluriel : *des radiojournaux*.
**radionavigation** nf • A3 • Soudure avec *radio* (préfixe savant).
**radiooncologie** nf • A3 • Soudure avec *radio* (préfixe savant), même lorsqu'il y a rencontre de deux *o*.
**radiooncologue** n • A3 • Soudure avec *radio* (préfixe savant), même lorsqu'il y a rencontre de deux *o*.
**radioréveil** nm, **des radioréveils** • A3 • Soudure avec *radio* (*Petit Larousse*, *Dictionnaire Hachette* et *Littré*).
**radioroman** nm • A3 • Soudure avec *radio*.
**radiotaxi** nm, **des radiotaxis** • A3 • Soudure. Avis favorable des travaux des éditions Le Robert. La soudure est attestée notamment dans *Littré*.
**radiotélédiffusion** nf • A3 • Soudure.
**radiotélévision** nf • A3 • Soudure avec *radio*.
**radiotrottoir** nm et nf • A3 • Soudure attestée dans *Dictionnaire Hachette* et *Littré*.
[anc. *raffle] VOIR **rafle** • G17 • Entre les deux, choisir un seul *f*. Ne pas confondre avec *râfle*.
**rafflésia** nf (au lieu de *rafflesia) • C4 • Francisation : accent aigu. On dit aussi *rafflésie*.
**raffut** « vacarme, scandale » nm • Inchangé • Dans ce sens, le mot s'écrivait déjà sans accent sur *u*.
**raffut** « rugby : geste du joueur qui raffute » nm (au lieu de *raffût) • C2 • L'accent circonflexe disparait sur *u*.
**raffutage** nm • C2 • L'accent circonflexe disparait sur *u*.
**raffuter** « affuter (aiguiser) de nouveau, ou écarter un plaqueur avec son bras (au rugby) » v • C2 • L'accent circonflexe disparait sur *u*.
**rafle** (en botanique) nf (au lieu de *raffle) • G17 • Choisir un seul *f*. Ne pas confondre avec *râfle*.
**rafraichi, ie** adj • C2 • L'accent circonflexe disparait sur *i*.
**rafraichir** v • C2 • L'accent circonflexe disparait sur *i*.
**rafraichissage** nm • C2 • L'accent circonflexe disparait sur *i*.
**rafraichissant, ante** adj • C2 • L'accent circonflexe disparait sur *i*.
**rafraichissement** nm • C2 • L'accent circonflexe disparait sur *i*.
**rafraichisseur, euse** adj, n • C2 • L'accent circonflexe disparait sur *i*.
**rafraichissoir** nm • C2 • L'accent circonflexe disparait sur *i*.
**ragout** nm • C2 • L'accent circonflexe disparait sur *u*.
**ragoutant, ante** adj • C2 • L'accent circonflexe disparait sur *u*.
**ragouter** v • C2 • L'accent circonflexe disparait sur *u*.
**ragtime** nm (anglic.) • A4 • Soudure selon les travaux des éditions Le Robert.
**railroute** adj, nm, **des railroutes** • G18, G19 • Choisir la soudure avec pluriel régulier (*Petit Robert*).
**raja** ou **radja** (selon la prononciation) nm (au lieu de *rajah ou *radjah) • G2 • Sans *h* à la fin. Ce mot a deux prononciations possibles. Si on prononce le *d*, alors écrire **radja** ; sinon, écrire **raja**.
**ralléger** v, **je rallègerai, rallègerais** • C1 • Accent grave au futur et au conditionnel.
**ramasse-balle** nm, **des ramasse-balles** • B1 • Singulier et pluriel réguliers.
**ramasse-boulon** nm, **des ramasse-boulons** • B1 • Singulier et pluriel réguliers.
**ramasse-buchette** nm, **des ramasse-buchettes** • B1, C2 • Sing. et plur. rég. Circonflexe disparait.
**ramasse-couvert** nm, **des ramasse-couverts** • B1 • Singulier et pluriel réguliers.
**ramasse-feuille** nm et n, **des ramasse-feuilles** • B1 • Sing. rég. L'objet (nm) ou la personne (n).
**ramasse-foin** nm, **des ramasse-foins** • B1 • Singulier et pluriel réguliers.
**ramasse-goutte** nm, **des ramasse-gouttes** • B1 • Singulier et pluriel réguliers.

**ramasse-herbe** nm, **des ramasse-herbes** • B1 • Singulier et pluriel réguliers.
**ramasse-miette** nm, **des ramasse-miettes** • B1 • Singulier et pluriel réguliers.
**ramasse-monnaie** nm, **des ramasse-monnaies** • B1 • Singulier et pluriel réguliers.
**ramasse-pâte** nm, **des ramasse-pâtes** • B1 • Singulier et pluriel réguliers.
**ramasse-pétouille** nm, **des ramasse-pétouilles** • B1 • Singulier et pluriel réguliers.
**ramasse-poussière** nm, **des ramasse-poussières** • B1 • Singulier et pluriel réguliers.
**ranch** nm, **des ranchs** • B2 • Pluriel régulier.
**range-cassette** nm, **des range-cassettes** • B1 • Singulier et pluriel réguliers.
**range-couvert** nm, **des range-couverts** • B1 • Singulier et pluriel réguliers.
**range-foret** nm, **des range-forets** • B1 • Singulier et pluriel réguliers. Ne pas confondre *un foret* (drille pour forer) et *une forêt* (arbres).
**range-monnaie** nm, **des range-monnaies** • B1 • Singulier et pluriel réguliers.
**rangetout** nm, **des rangetouts** • A5 • Les mots composés d'un verbe + *tout* sont soudés.
**rapiécer** v, **je rapiècerai**, **rapiècerais** • C1 • Accent grave au futur et au conditionnel.
**rapièceter** (au lieu de *rapiéceter) v, **je rapiècetais**, **rapiècetai**, **nous rapiècetons**, **vous rapiècetiez**, **rapièceté**, **rapiècetant**, mais **ils rapiécètent**, **je rapiécète**, **rapiécèterai**, **rapiécèterais** • C1, D1 • Accent grave si la syllabe qui suit contient le son « e » (*rapièce...*) (C1), accent aigu si la syllabe qui suit contient « è » (*rapiécè...*). Voir page 39. Se conjugue comme *acheter* : conjugaison *-ète* au lieu de *-ette* (D1).
**rapointir** v (au lieu de *rappointir) • G17 • Entre les deux, choisir un seul *p*.
**rappeler** v, conjug. (**il rappelle**) VOIR **appeler** • Inchangé • Exception D1 : double *l* devant « *e* muet ».
**rapsode** nm (au lieu de *rhapsode) • G2 • Entre les deux variantes coexistantes, choisir sans *h*. Avis favorable des travaux des éditions Le Robert pour ce mot et ceux de sa famille (ci-dessous).
**rapsoder** v (au lieu de *rhapsoder) • G2 • Entre les deux, choisir sans *h*.
**rapsodie** nf (au lieu de *rhapsodie) • G2 • Entre les deux, choisir sans *h*.
**rapsodique** adj (au lieu de *rhapsodique) • G2 • Choisir sans *h*.
**rapsodiste** n (au lieu de *rhapsodiste) • G2 • Choisir sans *h*.
**raquetier**, **ère** n ou **raquettier**, **ère** (selon la prononciation) • D2 • Au choix. Si le premier *e* est muet ou se prononce « e », la consonne est simple.
**rase-bouloche** nm, **des rase-bouloches** • B1 • Singulier et pluriel réguliers.
**rase-motte** nm, **des rase-mottes** • B1 • Singulier et pluriel réguliers.
**rase-pet** nm, **des rase-pets** • B1 • Singulier et pluriel réguliers.
**rase-rouleau** nm, **des rase-rouleaux** • B1 • Singulier et pluriel réguliers.
**rase-vague** nm, **des rase-vagues** • B1 • Singulier et pluriel réguliers.
**rash** nm (anglic.), **des rashs** • B2 • Pluriel régulier.
[anc. *rasseoir] VOIR **rassoir** • F2 • Le *e* de l'infinitif disparait.
**rassérènement** nm (au lieu de *rassérénement) • C1 • Accent grave devant la syllabe contenant *e*.
**rasséréner** v, **je rassérènerai**, **rassérènerais** • C1 • Accent grave au futur et au conditionnel.
**rassoir** (au lieu de *rasseoir) v • F2 • Sans *e*, comme on avait déjà *rassoit, rassoira*. Voir les détails sur *assoir*.
**râteler** v, **je râtèle**, **râtèlerai**, **râtèlerais** • D1 • Conjugaison *-èle* au lieu de *-elle*.
**ravioli** nm, **des raviolis** • B2 • Francisation : singulier et pluriel réguliers.
**raviolini** nm, **des raviolinis** • B2 • Francisation : pluriel régulier.
**ravioloni** nm, **des raviolonis** • B2 • Francisation : pluriel régulier.
**raygrass** nm, **des raygrass** • A4 • Soudure (mot étranger), selon les travaux des éditions Le Robert.
**readymade** nm, **des readymades** • A4, B2 • Soudure (mot étranger), attestée dans *Dictionnaire Hachette*. Pluriel régulier. Sorte d'objet d'art, dans le domaine des beaux-arts.
**réaffutage** nm • C2 • L'accent circonflexe disparait sur *u*.
**réaffuter** v • C2 • L'accent circonflexe disparait sur *u*.
**réaléser** v, **je réalèserai**, **réalèserais** • C1 • Accent grave au futur et au conditionnel.
**réalpolitique** nf (au lieu de *realpolitik ou *réalpolitik) • C4, G11 • Accent aigu (C4). *Petit Robert* donne maintenant **réalpolitique**, alors on favorise la finale avec *que* au lieu de *k* (G11).
**réapparaitre** v, **il réapparait**, **je réapparaitrai**, **réapparaitrais** • C2 • Le circonflexe disparait sur *i*.

**rebéquer** v, **je rebèquerai, rebèquerais** • C1 • Accent grave au futur et au conditionnel.

**rebotter** v • Inchangé • Exception D3 (*-otter*) : ce mot est de la famille de *botte*.

**rebruler** v • C2 • L'accent circonflexe disparait sur *u*.

**recacheter** v, **je recachète, recachèterai, recachèterais** • D1 • Conjugaison *-ète* au lieu de *-ette*.

**recarreler** v, **je recarrèle, recarrèlerai, recarrèlerais** • D1 • Conjugaison *-èle* au lieu de *-elle*.

**recéder** v, **je recèderai, recèderais** • C1 • Accent grave au futur et au conditionnel.

**recélé** nm (ou **recelé**, selon la prononciation) • F3 • Signifie « recel des effets d'une société, d'une succession ». Deux prononciations possibles. Voir *recéler*.

**recéler** v, **je recèlerai, recèlerais** (on dit aussi **receler**) • C1, F3 • Il existe deux prononciations possibles, au choix. F3 : on ajoute l'accent aigu manquant si on prononce la finale « -éler » au lieu de « -eler » (recommandation du *Rapport* du CSLF et avis favorable des travaux des éditions Le Robert). Autre règle (C1) : au futur et au conditionnel, le *é* devient *è*.

**recéleur, euse** n (ou **receleur, euse**, selon la prononciation) • F3 • Deux prononciations. Voir *recéler*.

**recépage** nm (ou **recepage**, selon la prononciation) • F3 • Il existe deux prononc. pour ce mot, au choix. F3 : on ajoute l'accent aigu manquant si on prononce la finale « -épage » au lieu de « -epage » (recommandation du *Rapport* du CSLF et avis favorable des travaux des éditions Le Robert).

**recépée** nf (ou **recepée**, selon la prononciation) • F3 • Deux prononciations possibles. Voir *recéper*.

**recéper** v, **je recèperai, recèperais** (on dit aussi **receper**) • C1, F3 • Il existe deux prononciations possibles, au choix. F3 : on ajoute l'accent aigu manquant si on prononce la finale « -éper » au lieu de « -eper » (recommandation du *Rapport* du CSLF et avis favorable des travaux des éditions Le Robert). Autre règle (C1) : au futur et au conditionnel, le *é* devient *è*.

**réchauffe-air** nm, **des réchauffe-airs** • B1 • Singulier et pluriel réguliers.

**réchauffe-pain** nm, **des réchauffe-pains** • B1 • Singulier et pluriel réguliers.

**réchauffe-sang** nm, **des réchauffe-sangs** • B1 • Singulier et pluriel réguliers.

**reclore** v, **il reclôt** • Inchangé • Accent circonflexe maintenu dans cette conjugaison : il n'existe pas de graphie concurrente sans accent. La règle G1 ne peut donc pas s'appliquer sur **il reclôt**.

**réclusionnaire** n • F3 • Accent aigu manquant. De nos jours, on prononce toujours « ré- ».

**recomparaitre** v, **il recomparait, je recomparaitrai, recomparaitrais** • C2 • L'accent circonflexe disparait sur *i*.

**reconnaitre** v, **elle reconnait, je reconnaitrai, reconnaitrais** • C2 • Le circonflexe disparait sur *i*.

**reconsidérer** v, **je reconsidèrerai, reconsidèrerais** • C1 • Accent grave au futur et au conditionnel.

**recordman** nm (anglic.), **des recordmans** • B2 • Pluriel régulier.

**recordwoman** nf (anglic.), **des recordwomans** • B2 • Pluriel régulier.

**récréotouristique** adj • A3 • Soudure avec *récréo* (préfixe savant).

**recroitre** v, **il recroit, je recroitrai, je recroitrais, recru** (participe passé) • C2 • L'accent circonflexe disparait à l'infinitif, au futur, au conditionnel présent et sur le participe passé.

**recru** participe passé (du verbe *recroitre*) • C2 • L'accent circonflexe disparait sur le *u* du participe passé. Les dictionnaires et logiciels à jour attestant les rectifications appliquent la règle générale C2 sur ce mot, comme ici, puisque le *Rapport* du CSLF n'a pas fait de ce mot une exception (et ce, même si les experts avaient décidé de maintenir l'accent pour ne pas le confondre avec l'adjectif *recru* « fatigué », comme le signale André Goosse dans *Le bon usage*, paragraphe 845c).

**recru** nm • C2 • L'accent circonflexe disparait sur *u*. Terme de sylviculture.

**rectocolite** nf (au lieu de *recto-colite) • A3 • Soudure avec *recto* (préfixe savant).

**reculotter** v • Inchangé • Exception D3 (*-otter*) : ce mot est de la famille de *culotte*.

**récupérer** v, **je récupèrerai, récupèrerais** • C1 • Accent grave au futur et au conditionnel.

**redevoir** v, **redu** participe passé (masc. plur. **redus**, fém. **redue, redues**) • C2 • L'accent circonflexe disparait sur le participe passé **redu** (il était mis autrefois sur le masculin singulier).

**redu** participe passé (au lieu de *redû) VOIR **redevoir** • C2 • L'accent circonflexe disparait sur le *u*.

**référendum** nm, **des référendums** • B2, C4 • Francisation : pluriel régulier et accents aigus.

**référer** v, **je réfèrerai, réfèrerais** • C1 • Accent grave au futur et au conditionnel.

**refléter** v, **je reflèterai, reflèterais** • C1 • Accent grave au futur et au conditionnel.

**réflex** « appareil (photo) » adj, nm (au lieu de *reflex) • C4 • Accent aigu. Ne pas confondre avec le mot *réflexe*.

**réfrènement** nm • F3 • Accent aigu manquant. Voir *réfréner*.

---

***** : graphie ancienne à ne plus utiliser; **A1, A2, A3, B1...** : codes qui renvoient aux règles p. 17 à 34; **anc.** : anciennement; **anglic.** : anglicisme à éviter; **CSLF** : Conseil supérieur de la langue (voir bibliogr.).

**réfréner** v, **je réfrènerai, réfrènerais** • C1, F3 • Il existait deux prononciations pour ce verbe, pourtant on écrivait *refréner* même lorsque l'on prononçait « réfréner ». On ajoute donc l'accent aigu manquant (F3) sur la première syllabe (recommandation du *Rapport* du CSLF et avis favorable des travaux des éditions Le Robert). La prononciation « re- » est vieillie selon Robert (1985). Le *Petit Robert* 2009 donne maintenant une seule prononciation : « ré- ». D'autres dictionnaires donnent encore « re- ». Autre règle (C1) : au futur et au conditionnel, le second *é* devient *è*.

**réfrigérer** v, **je réfrigèrerai, réfrigèrerais** • C1 • Accent grave au futur et au conditionnel.

**régénérer** v, **je régénèrerai, régénèrerais** • C1 • Accent grave au futur et au conditionnel.

**règlementaire** adj • C1 • Accent grave et non aigu. Même explication que *règlementation*.

**règlementairement** adv • C1 • Accent grave et non aigu. Même explication que *règlementation*.

**règlementarisme** nm • C1 • Accent grave et non aigu. On prononce toujours « è ».

**règlementariste** adj, n • C1 • Accent grave et non aigu. On prononce toujours « è ».

**règlementateur, trice** n • C1 • Accent grave et non aigu. On prononce toujours « è ».

**règlementation** nf • C1 • Accent grave et non accent aigu. Il n'y a qu'une seule prononciation permise selon *Petit Robert* et *Littré* : « règlementation », comme « règle ». Le CSLF recommande donc d'écrire è. Avis favorable des travaux des éditions Le Robert.

**règlementer** v • C1 • Accent grave et non aigu. Même explication que *règlementation*.

**régler** v, **je règlerai, règlerais** • C1 • Accent grave au futur et au conditionnel.

**régner** v, **je règnerai, règnerais** • C1 • Accent grave au futur et au conditionnel.

**réincarcérer** v, **je réincarcèrerai, réincarcèrerais** • C1 • Accent grave au futur et au conditionnel.

**réinsérer** v, **je réinsèrerai, réinsèrerais** • C1 • Accent grave au futur et au conditionnel.

**réintégrer** v, **je réintègrerai, réintègrerais** • C1 • Accent grave au futur et au conditionnel.

**réinterpréter** v, **je réinterprèterai, réinterprèterais** • C1 • Accent grave au futur et au conditionnel.

**réitérer** v, **je réitèrerai, réitèrerais** • C1 • Accent grave au futur et au conditionnel.

**reitre** nm • C2 • L'accent circonflexe disparait sur *i*.

**rejeter** v, conjugaison (**il rejette**) VOIR **jeter** • Inchangé • Exception D1 : double *t* devant « *e* muet ».

**relai** nm (au lieu de *relais) • F2 • Le *s* était une anomalie : **relai** (de *relayer*) s'écrit comme *balai* (de *balayer*) et *essai* (de *essayer*).

**reléguer** v, **je relèguerai, relèguerais** • C1 • Accent grave au futur et au conditionnel.

**reloqueter** v, **je reloquète, reloquèterai, reloquèterais** • D1 • Conjugaison *-ète* au lieu de *-ette*.

**remboitage** nm • C2 • L'accent circonflexe disparait sur *i*.

**remboitement** nm • C2 • L'accent circonflexe disparait sur *i*.

**remboiter** v • C2 • L'accent circonflexe disparait sur *i*.

**remonte-pente** nm, **des remonte-pentes** • B1 • Singulier et pluriel réguliers.

**rempaqueter** v, **je rempaquète, rempaquèterai, rempaquèterais** • D1 • Conjugaison *-ète* au lieu de *-ette*. Voir la remarque sur *empaqueter*.

**rempiètement** nm • C1 • Accent grave. On doit toujours prononcer « è ».

**rempiéter** v, **je rempièterai, rempièterais** • C1 • Accent grave au futur et au conditionnel.

**remue-ménage** nm, **des remue-ménages** • B1 • Singulier et pluriel réguliers.

**remue-méninge** nm, **des remue-méninges** • B1 • Singulier et pluriel réguliers.

**rémunérer** v, **je rémunèrerai, rémunèrerais** • C1 • Accent grave au futur et au conditionnel.

**renaitre** v, **elle renait, je renaitrai, renaitrais** • C2 • L'accent circonflexe disparait sur *i* à l'infinitif, à l'indicatif présent, au futur et au conditionnel présent.

**renchainer** v • C2 • L'accent circonflexe disparait sur *i*.

**renfaitage** nm • C2 • L'accent circonflexe disparait sur *i*.

**renfaiter** v • C2 • L'accent circonflexe disparait sur *i*.

**rengréner** v, **je rengrènerai, rengrènerais** • C1 • Accent grave au futur et au conditionnel. On dit aussi *rengrener* (prononciation différente à l'infinitif, mais même conjugaison au futur et au conditionnel notamment).

**renouvèlement** nm • D1 • Dérivé d'un verbe en *-eler* : *-èlement* (et non *-ellement*).

**renouveler** v, **je renouvèle, renouvèlerai, renouvèlerais** • D1 • Conjugaison *-èle* au lieu de *-elle*.

**renvergeüre** nf • C3 • Rime avec *jure*. Ajout du tréma sur *u* pour éviter la combinaison *eu*.

**réopérer** v, **je réopèrerai, réopèrerais** • C1 • Accent grave au futur et au conditionnel.

**repaitre** v, **elle repait**, **je repaitrai**, **repaitrais** • C2 • L'accent circonflexe disparait sur *i*.

**reparaitre** v, **il reparait**, **je reparaitrai**, **reparaitrais** • C2 • L'accent circonflexe disparait sur *i*.

**répartie** « réplique, réponse orale » nf (ou **repartie**, selon la prononciation) • F3 • Il existe deux prononciations pour ce mot, au choix. F3 : on ajoute l'accent aigu manquant si on prononce « ré- » au lieu de « re- ». La prononciation « ré- » est plus fréquente. Avis favorable des travaux des éditions Le Robert.

**répartir** « répliquer » v (ou **repartir**, selon la prononciation) • F3 • Deux prononciations possibles. Voir *répartie*. Ne pas confondre avec *repartir* (partir de nouveau) ni avec *répartir* (distribuer, partager).

**repérer** v, **je repèrerai**, **repèrerais** • C1 • Accent grave au futur et au conditionnel.

**répéter** v, **je répèterai**, **répèterais** • C1 • Accent grave au futur et au conditionnel.

**repose-arc** nm, **des repose-arcs** • B1 • Singulier et pluriel réguliers.

**repose-chaine** nm, **des repose-chaines** • B1, C2 • Sing. et plur. rég. Le circonflexe disparait sur *i*.

**repose-coude** nm, **des repose-coudes** • B1 • Singulier et pluriel réguliers.

**repose-cuillère** (au lieu de *repose-cuiller) nm, **des repose-cuillères** • B1, G20 • Préférer **cuillère** plutôt que *cuiller. Singulier et pluriel réguliers.

**repose-doigt** nm, **des repose-doigts** • B1 • Singulier et pluriel réguliers.

**repose-fer** nm, **des repose-fers** • B1 • Singulier et pluriel réguliers.

**repose-flèche** nm, **des repose-flèches** • B1 • Singulier et pluriel réguliers.

**repose-genou** nm, **des repose-genoux** • B1 • Singulier et pluriel réguliers.

**repose-jambe** nm, **des repose-jambes** • B1 • Singulier et pluriel réguliers.

**repose-main** nm, **des repose-mains** • B1 • Singulier et pluriel réguliers.

**repose-marteau** nm, **des repose-marteaux** • B1 • Singulier et pluriel réguliers.

**repose-paume** nm, **des repose-paumes** • B1 • Singulier et pluriel réguliers.

**repose-pied** nm, **des repose-pieds** • B1 • Singulier et pluriel réguliers.

**repose-poignet** nm, **des repose-poignets** • B1 • Singulier et pluriel réguliers.

**repose-talon** nm, **des repose-talons** • B1 • Singulier et pluriel réguliers.

**repose-tête** nm, **des repose-têtes** • B1 • Singulier et pluriel réguliers.

**repousse-fesse** nm, **des repousse-fesses** • B1 • Singulier et pluriel réguliers.

**repousse-peau** nm, **des repousse-peaux** • B1 • Singulier et pluriel réguliers.

**repousse-taquet** nm, **des repousse-taquets** • B1 • Singulier et pluriel réguliers.

**requiem** nm • Valeur de citation (B2, C4) • Premier mot d'une prière en latin. Les rectifications le laissent donc inchangé (sans accent et invariable, majuscule et italique possibles). *Littré* donne cependant *des requiems* et permet l'accent français *réquiem, des réquiems*. Voir page 38.

**réséquer** v, **je résèquerai**, **résèquerais** • C1 • Accent grave au futur et au conditionnel.

**résonance** nf (au lieu de *résonnance) • G17 • Entre les deux, choisir un seul *n*.

**résonant, ante** adj (au lieu de *résonnant) • G17 • Entre les deux, choisir un seul *n*.

**résoudre** v, **résout**, **résoute** participe passé • F2 • Le part. passé courant de *résoudre* est aujourd'hui *résolu, résolue*. La forme plus rare et d'emploi restreint *résous est tout de même rectifiée au masculin (**résout**), par cohérence avec le féminin rare **résoute**. *Le brouillard est résout en pluie.*

**ressemeler** v, **je ressemèle**, **ressemèlerai**, **ressemèlerais** • D1 • Conjugaison *-èle*.

**réticulocérébelleux, euse** adj • A3 • Soudure avec *réticulo* (préfixe savant).

**réticuloendothélial, ale** adj • A3 • Soudure avec *réticulo* (préfixe savant), même devant *e*.

**réticuloendothéliose** nf • A3 • Soudure avec *réticulo* (préfixe savant), même devant *e*.

**réticulofilamenteux, euse** adj • A3 • Soudure avec *réticulo* (préfixe savant).

**réticulohistiocytaire** adj • A3 • Soudure avec *réticulo* (préfixe savant), même devant *h*.

**réticulohistiocytose** nf • A3 • Soudure avec *réticulo* (préfixe savant), même devant *h*.

**réticulopéritonite** nf • A3 • Soudure avec *réticulo* (préfixe savant).

**réticulosarcome** nm • A3 • Soudure avec *réticulo* (préfixe savant).

**réticulospinal, ale** adj • A3 • Soudure avec *réticulo* (préfixe savant).

**rétien, rétienne** adj, nm (au lieu de *rhétien) • G2 • Avis favorable des travaux des éditions Le Robert. Le *TLF* confirme que ce mot s'écrit parfois *ré-* (de même que *rétique*, proche étymologiquement).

**rétinochoroïdite** nf • A3 • Soudure avec *rétino* (préfixe savant).

**rétinopapillite** nf • A3 • Soudure avec *rétino* (préfixe savant).

**rétique** adj, nm (au lieu de *rhétique) • G2 • Entre les deux, choisir sans *h*.

**réto-roman, réto-romane** adj, nm (au lieu de *rhéto-roman) • G2 • Favoriser sans *h* (mot de même famille que *rétique*). Le trait d'union est gardé : exception A3 (coordination, famille de langues).

**rétreindre** v (ou **retreindre**, selon la prononciation) • Inchangé • Les deux graphies existaient, les deux prononciations sont possibles. Les travaux des éditions Le Robert sont favorables à l'accent aigu : ce mot vient du préfixe *r(e)* + *étreindre*. Les dictionnaires de nos jours favorisent **rétreindre**.

**rétreint** nm • Inchangé • Ce nom masculin portait déjà un accent aigu (famille de *rétreindre*), même en 1990.

**rétreinte** nf (ou **retreinte**, selon une prononciation plus ancienne) • Au choix (mais la forme sans accent disparait des dictionnaires) • Ce nom féminin est synonyme de *un rétreint*. Il ne portait pas d'accent aigu dans *Petit Robert* et *Petit Larousse* avant 1990 et se prononçait « re- ». Les travaux des éditions Le Robert ont donné un avis en faveur de l'accent aigu (famille de *rétreindre*), et les dictionnaires courants donnent maintenant uniquement l'accent aigu et la prononciation « ré- ».

**rétrieveur** « chien d'arrêt » (anglic.) nm (au lieu de *retriever) • C4, G21 • Accent aigu (C4) et terminaison française en *-eur* (G21). Aucune règle des rectifications ne demande de remplacer *ie* par *i*. Puisqu'il n'existe pas de variante avec seulement *i*, alors on conserve *ie*.

**rétroaction** nf • A3 • Soudure avec *rétro* (préfixe savant), même devant *a*.

**rétroaplanir** v • A3 • Soudure avec *rétro* (préfixe savant), même devant *a*.

**rétrobalayage** nm • A3 • Soudure avec *rétro* (préfixe savant).

**rétrocéder** v, **je rétrocèderai**, **rétrocèderais** • C1 • Accent grave au futur et au conditionnel.

**rétrocentreur** nm • A3 • Soudure avec *rétro* (préfixe savant).

**rétrocontrôle** nm • A3 • Soudure avec *rétro* (préfixe savant).

**rétrocouplage** nm • A3 • Soudure avec *rétro* (préfixe savant).

**rétrocristallinien, enne** adj • A3 • Soudure avec *rétro* (préfixe savant).

**rétrocroisement** nm • A3 • Soudure avec *rétro* (préfixe savant).

**rétrodiffusion** nf • A3 • Soudure avec *rétro* (préfixe savant).

**rétroéclairage** nm • Inchangé • Ce mot avec le préfixe *rétro* était déjà soudé (A3), selon nos sources.

**rétroéclairer** v • Inchangé • Ce mot avec le préfixe *rétro* était déjà soudé (A3), selon nos sources.

**rétrofocus** nm • A3 • Soudure avec *rétro* (préfixe savant).

**rétro-induction** nf • Inchangé • Exception A3 : trait d'union maintenu entre *o* et *i* pour éviter *oi* ou *oin*.

**rétro-information** nf • Inchangé • Exception A3 : trait d'union entre *o* et *i* pour éviter *oi* ou *oin*.

**rétro-ingénierie** nf • Inchangé • Exception A3 : trait d'union maintenu entre *o* et *i* pour éviter *oi* ou *oin*.

**rétro-inhibition** nf • Inchangé • Exception A3 : trait d'union maintenu entre *o* et *i* pour éviter *oi* ou *oin*.

**rétro-installation** nf • Inchangé • Exception A3 : trait d'union maintenu entre *o* et *i* pour éviter *oi* ou *oin*.

**rétro-installer** v • Inchangé • Exception A3 : trait d'union maintenu entre *o* et *i* pour éviter *oi* ou *oin*.

**rétrolabyrinthique** adj • A3 • Soudure avec *rétro* (préfixe savant).

**rétrolisthésis** nm • A3 • Soudure avec *rétro* (préfixe savant).

**rétrooculaire** adj • A3 • Soudure avec *rétro* (préfixe savant), même lorsqu'il y a rencontre de deux *o*.

**rétroprojecteur** nm • A3 • Soudure avec *rétro* (préfixe savant).

**rétrovirus** nm • A3 • Soudure avec *rétro* (préfixe savant).

**réunionite** nf (au lieu de *réunionnite) • G17 • Entre les deux, choisir un seul *n*.

**réveille-matin** nm, **des réveille-matins** • B1 • Singulier et pluriel réguliers. La soudure ne s'applique pas sur ce mot (même si la grammaire *Le bon usage* y fait allusion).

**révéler** v, **je révèlerai**, **révèlerais** • C1 • Accent grave au futur et au conditionnel.

**réverbérer** v, **je réverbèrerai**, **réverbèrerais** • C1 • Accent grave au futur et au conditionnel.

**révérer** v, **je révèrerai**, **révèrerais** • C1 • Accent grave au futur et au conditionnel.

**révolutionarisme** nm (au lieu de *révolutionnarisme) • G17 • Les deux formes coexistaient : la plus simple (un seul *n*) est recommandée.

**révolutionariste** adj, n (au lieu de *révolutionnariste) • G17 • Plusieurs ouvrages des éditions Le Robert reconnaissent la forme avec un seul *n*.

**révolver** nm • C4 • Francisation : accent aigu. Note : ce mot rime avec *hiver*.

**révolvériser** v (au lieu de *revolvériser) • C4 • Accent aigu sur la première syllabe.

**révolving** adj (anglic.), plur. : **révolvings** • B2, C4 • Pluriel régulier et accent aigu.

**rewriteur, euse** n (anglic.) • G21 • Terminaison *-eur* selon les travaux des éditions Le Robert. Préférer le terme plus français *réécrivain, réécrivaine*.

[anc. *rhapsode, rhapsodie...] VOIR **rapsode, rapsodie...** • G2 • Choisir sans *h*.

[anc. *rhétien] VOIR **rétien** • G2 • Choisir sans *h*. Voir l'explication sur *rétien*.

[anc. *rhétique] VOIR **rétique** • G2 • Choisir sans *h*.

[anc. *rhéto-roman] VOIR **réto-roman** • G2 • Sans *h*. Avec trait d'union. Voir l'explication sur *réto-roman*.

**rhinoamygdalite** nf • A3 • Soudure avec *rhino* (préfixe savant), même devant *a*.

**rhinobronchite** nf • A3 • Soudure avec *rhino* (préfixe savant).

**rhinoentomophtorophycomycose** nf • A3 • Soudure de l'ancienne forme *rhino-entomophtoro-phycomycose.

**rhinolaryngite** nf • A3 • Soudure avec *rhino* (préfixe savant).

**rhinopharyngé, ée** adj • A3 • Soudure avec *rhino* (préfixe savant).

**rhinopharyngien, enne** adj • A3 • Soudure avec *rhino* (préfixe savant).

**rhinopharyngite** nf • A3 • Soudure avec *rhino* (préfixe savant).

**rhinopharynx** nm • A3 • Soudure avec *rhino* (préfixe savant).

**rhinopneumonie** nf • A3 • Soudure avec *rhino* (préfixe savant).

**rhinosalpingite** nf • A3 • Soudure avec *rhino* (préfixe savant).

**rhinosclérome** nm • A3 • Soudure avec *rhino* (préfixe savant).

**rhinosinusal, ale** adj • A3 • Soudure avec *rhino* (préfixe savant).

**rhinotrachéite** nf • A3 • Soudure avec *rhino* (préfixe savant).

**rho** nm, **des rhos** • B2, G1 • Dix-septième lettre de l'alphabet grec. Entre les deux variantes coexistantes **rho** et *rhô, choisir la plus simple. Le pluriel est régularisé.

**rhyolite** nf (au lieu de *rhyolithe) • G2 • Choisir *-lite* et non *-lithe*.

**rhyolitique** adj (au lieu de *rhyolithique) • G2 • Choisir *-litique* et non *-lithique*.

**ricercaré** nm, **des ricercarés** • B2, C4 • Accent et pluriel régulier. Le plur. étranger était des *ricercari.

**richi** nm (au lieu de *rishi) • G13 • Entre les deux, choisir *ch*.

**ricrac** adv • A4 • Soudure (onomatopée).

**riesling** nm, **des rieslings** • B2 • Pluriel régulier.

**rigatoni** nm, **des rigatonis** • B2 • Singulier et pluriel réguliers (mot étranger).

[anc. *rikiki] VOIR **riquiqui** • G11 • Choisir *qu* et non *k*.

**rince-bouche** nm, **des rince-bouches** • B1 • Singulier et pluriel réguliers.

**rince-bouteille** nm, **des rince-bouteilles** • B1 • Singulier et pluriel réguliers.

**rince-doigt** nm, **des rince-doigts** • B1 • Singulier et pluriel réguliers.

**rince-fut** nm, **des rince-futs** • B1, C2 • Singulier et pluriel réguliers. L'accent circonflexe disparait sur *u*.

**rince-verre** nm, **des rince-verres** • B1 • Singulier et pluriel réguliers.

**riole** nf • D3 • Un seul *l*.

**ripeur** « défonceuse » nm, au lieu de *ripper (anglic.) ou *rippeur (anglic.) • G17, G21 • Choisir la consonne simple (un seul *p*). Terminaison *-eur*. Recommandation officielle : **ripeur**, selon *Petit Robert*.

**ripiéno** nm, **des ripiénos** • B2, C4 • Le pluriel est régulier. Accent aigu requis.

**ripou** nm, **des ripous** ou **des ripoux** (au choix) • Inchangé • Ce mot a toujours deux pluriels possibles (il n'est pas touché par les règles B1 et B2 : ce n'est ni un nom composé ni un mot étranger).

**ripplemark** nm (anglic.) • A4 • Soudure (mot étranger).

**riquiqui** adj, nm, **des riquiquis** • G11, G18 • Favoriser *qu* et non *k*. L'adjectif au féminin a la même forme : *riquiqui*. L'adjectif régulier au pluriel est attesté dans *Littré*.

[anc. *rishi] VOIR **richi** • G13 • Entre les deux, choisir *ch*.

**risquetout** adj, n, **des risquetouts** • A5 • Les mots composés d'un verbe + *tout* sont soudés.

**rite** nm (au lieu de *rit) • G20 • On prononce toujours le *t*, mais en liturgie ancienne on écrivait *rit. La forme **rite** est recommandée.

**riveter** v, **je rivète, rivèterai, rivèterais** • D1 • Conjugaison *-ète* au lieu de *-ette*.

**roadmovie** nm (anglic.) • A4 • Soudure (mot étranger).

**robinétier, ère** n (ou **robinetier**, selon la prononciation) • F3 • Deux prononciations sont possibles, au choix. Si on prononce « é », on ajoute l'accent aigu qui manquait.

**roc** « oiseau fabuleux » nm (au lieu de *rock) • G10 • Les travaux des éditions Le Robert choisissent *c* et non *ck* en ce sens. Ne pas confondre avec d'autres mots existants : *roque* (au croquet ou aux échecs), *rock* (musique), *roc* (pierre), *Roch* (prénom), etc.

[anc. *rocket] VOIR **roquette** « projectile ou fusée » • G11, G20 • Prononciation : ce mot rime avec *briquette*.

**rockeur, euse** n • G21 • Terminaison francisée (-*eur* au lieu de -*er*).

**rockingchair** nm (anglic.) • A4 • Soudure attestée dans *Dictionnaire Hachette*.

**rodéo** nm • C4 • Francisation : accent aigu.

**rœntgen** nm (au lieu de *röntgen) • G20 • Entre les deux graphies, les travaux des éditions Le Robert sont favorables à celle avec œ. Les dictionnaires ne s'entendent pas sur la prononciation.

**rœntgenthérapie** nf (au lieu de *röntgenthérapie) • G20 • Voir *rœntgen*.

**rœsti** (au lieu de *rösti), **des rœstis** nm • B2, G20 • Même prononciation : le *ö* (comme le *œ*) se prononçait « eu » dans ce mot. Le singulier est permis dans plusieurs dictionnaires de nos jours.

**rogne-papier** nm, **des rogne-papiers** • B1 • Singulier et pluriel réguliers.

**rogne-pied** nm, **des rogne-pieds** • B1 • Singulier et pluriel réguliers.

**rôle** « fonction, registre, influence, personnage » nm • Inchangé • Toujours avec accent circonflexe. Il n'existe pas de graphie concurrente sans accent (la règle G1 ne peut pas s'appliquer).

**role** « oiseau » (rare) nm (au lieu de *rolle) • D3 • Un seul *l*. Ne pas confondre avec *rôle*.

**romancéro** nm • C4 • Francisation : accent aigu.

**romsteck** nm (au lieu de *rumsteck) • G20 • Même prononciation. Choisir *om*. On dit parfois *romsteak*.

**rondpoint** nm, **des rondpoints** • A5 • Les travaux des éditions Le Robert soudent ce mot.

**rongeüre** « défaut de drap » nf • C3 • Rime avec *jure* (et non avec *heure*). Ajout du tréma sur *u* pour éviter la combinaison *eu*. Mot rare. Ne pas confondre avec *un rongeur* (animal).

[anc. *roof] VOIR **rouf** « structure sur le pont d'un navire » • G9 • Entre les deux, préférer *ou* et non *oo*.

**rookerie** nf (anglic.), **des rookeries** • B2, G20 • Choisir **rookerie** et non *rookery. On peut dire aussi *roquerie* (prononciation différente).

**roquer** (aux échecs/au croquet) v (au lieu de *rocquer) • G11 • À distinguer du verbe *rauquer* et du nom *rocker (*rockeur*).

**roquet** « chien ou individu hargneux » nm • Inchangé • Prononciation : ce mot rime avec *paquet*.

**roquette** « projectile ou fusée » nf (au lieu de *rocket) • G11, G20 • La graphie francisée s'écrit avec *qu* et la terminaison -*ette*.

**roquette** « plante » ou **rouquette** nf • Au choix • Choisir selon la prononciation.

**rosegorge** nm, **des rosegorges** • Inchangé • De nos jours, ce nom d'oiseau s'écrit toujours en un mot.

**rottweileur** nm (au lieu de *rottweiler ou *rottweiller) • G17, G21 • Choisir simple *l*. Terminaison -*eur*.

**rouf** « structure sur le pont d'un navire » nm (au lieu de *roof) • G9 • Choisir *ou* et non *oo*.

**rougegorge** nm (au lieu de *rouge-gorge), **des rougegorges** • G19 • Les spécialistes en ornithologie soudent ce nom d'oiseau. Voir page 16. Soudure attestée notamment dans le *GDT*.

**rougequeue** nm (au lieu de *rouge-queue), **des rougequeues** • G19 • Voir l'explication de *rougegorge*.

**roulotage** « action de rouloter » nm (au lieu de *roulottage) • D3 • Un seul *t* en ce sens, car ce mot est construit ici à partir de *rouler* et -*oter*. Ne pas confondre avec *roulottage* (« vol à la roulotte »).

**rouloté** « enroulement d'un tissu » nm (au lieu de *roulotté) • D3 • Un seul *t*. Ce mot est dérivé du verbe *rouloter*. La graphie *rouleauté* est également admise.

**rouloté, ée** « dont le bord est légèrement roulé » adj (au lieu de *roulotté) • D3 • Voir le nom ci-dessus.

**rouloter** v (au lieu de *roulotter) • D3 • Un seul *t*. Ce mot vient de *rouler* et du suffixe diminutif -*oter*.

**roulottage** « vol à la roulotte » nm • Inchangé • Ce mot a deux sens. Au sens de « vol à la roulotte », il constitue une exception à la règle D3, car il est de la famille de *roulotte* : il prend alors deux *t*.

[anc. *roulottage] VOIR **roulotage** « action de rouloter » nm • D3 • Ce mot a deux sens. Au sens de « action de rouloter », il est construit à partir de *rouler* et -*oter* : il prend alors un seul *t*.

**roulotte** nf • Inchangé • Non touché : ce mot s'écrit toujours avec deux *t* dans les dictionnaires.

**roulottier, ère** « personne qui commet un vol à la roulotte » n • Inchangé • Exception D3 (*tt*) : ce mot vient de *roulotte*.

**rouspéter** v, **je rouspèterai, rouspèterais** • C1 • Accent grave au futur et au conditionnel.

**rousserole** nf • D3 • Un seul *l*.

**royaltie** nf (anglic.), **des royalties** • B2 • Singulier et pluriel réguliers (le singulier n'existait pas).

**rubrocérébelleux**, **euse** adj • A3 • Soudure avec *rubro* (préfixe savant).

**rubrospinal**, **ale** adj • A3 • Soudure avec *rubro* (préfixe savant).

**rugbyman** nm (anglic.), **des rugbymans** • B2 • Pluriel régulier.

**ruine-babine** nm, **des ruine-babines** • B1 • Singulier et pluriel réguliers.

**ruine-culotte** nm, **des ruine-culottes** • B1 • Singulier et pluriel réguliers.

**ruine-fer** adj, n, **des ruine-fers** • B1, G18 • Pluriel régulier. Synonyme de *brise-fer*.

**ruissèlement** nm • D1 • Dérivé d'un verbe en *-eler* : *-èlement* (et non *-ellement*).

**ruisseler** v, **je ruissèle**, **ruissèlerai**, **ruissèlerais** • D1 • Conjugaison *-èle* au lieu de *-elle*.

**rumb** nm (au lieu de *rhumb) • G2 • Choisir sans *h*. Dans la liste du RENOUVO (de 2003). Avis favorable des travaux des éditions Le Robert. Rime avec *bombe*. Ne pas confondre avec *rhum* (alcool).

**rush** nm (anglic.), **des rushs** • B2 • Pluriel régulier.

**russo-turc**, **russo-turque** adj • Inchangé • Exception A3 : pas de soudure (relation de coordination).

# S

**sabbathien**, **enne** n • Inchangé • Toujours *h*. Pas de variante en concurrence, donc la règle G2 ne s'applique pas. Membre d'une secte fondée par Sabbathius (ce qui justifie la présence du *h*).

**saccar(o)-** élément de formation, au lieu de *sacchar(o)- • F2 • Le CSLF élimine le *h* dans tous les mots qui utilisent cet élément de formation. Voir *saccarine*.

**saccarase** nf • F2 • Le CSLF élimine le *h* dans l'ancienne forme *saccharase (famille de *saccarine*).

**saccarate** nm • F2 • Le CSLF élimine le *h*. Voir *saccarine*.

**saccaréine** nf • F2 • Le CSLF élimine le *h*. Voir *saccarine*.

**saccareux**, **euse** adj • F2 • Le CSLF élimine le *h*. Voir *saccarine*.

**saccaride** nm • F2 • Le CSLF élimine le *h*. Voir *saccarine*. Note : ce mot existe au singulier (par exemple dans le *Petit Larousse*).

**saccaridé** nm • F2 • Le CSLF élimine le *h*. Voir *saccarine*.

**saccarifère** adj • F2 • Le CSLF élimine le *h*. Voir *saccarine*.

**saccarifiable** adj • F2 • Le CSLF élimine le *h*. Voir *saccarine*.

**saccarificateur** nm • F2 • Le CSLF élimine le *h*. Voir *saccarine*.

**saccarification** nf • F2 • Le CSLF élimine le *h*. Voir *saccarine*.

**saccarifier** v • F2 • Le CSLF élimine le *h*. Voir *saccarine*.

**saccarimètre** nm • F2 • Le CSLF élimine le *h*. Voir *saccarine*.

**saccarimétrie** nf • F2 • Le CSLF élimine le *h*. Voir *saccarine*.

**saccarimétrique** adj • F2 • Le CSLF élimine le *h*. Voir *saccarine*.

**saccarin**, **ine** adj • F2 • Le CSLF élimine le *h*. Voir *saccarine*.

**saccarine** nf • F2 • Le CSLF recommande l'élimination du *h* dans ce mot et ses dérivés. Il s'agit d'une innovation, puisque la graphie sans *h* n'existait pas en concurrence (il ne s'agit pas de la règle G2, mais d'une recommandation officielle de rectification du CSLF : règle F2).

**saccariné**, **ée** adj • F2 • Le CSLF élimine le *h*. Voir *saccarine*.

**saccariner** v • F2 • Le CSLF élimine le *h*. Voir *saccarine*.

**saccarinique** adj • F2 • Le CSLF élimine le *h*. Voir *saccarine*.

**saccarique** adj • F2 • Le CSLF élimine le *h*. Voir *saccarine*.

**saccaroïde** adj • F2 • Le CSLF élimine le *h*. Voir *saccarine*.

**saccarolé** nm • F2 • Le CSLF élimine le *h*. Voir *saccarine*.

**saccarolectique** adj • F2 • Le CSLF élimine le *h*. Voir *saccarine*.

**saccaromètre** nm • F2 • Le CSLF élimine le *h*. Voir *saccarine*.

**saccaromycès** nm • C4, F2 • Francisation par l'ajout de l'accent grave (C4). Rectification du *h* (F2).

**saccaromycétacée** nf • F2 • Le CSLF élimine le *h*. Voir *saccarine*.

**saccaromycète** nm • F2 • Le CSLF élimine le *h*. Voir *saccarine*.

**saccaromycose** nf • F2 • Le CSLF élimine le *h*. Voir *saccarine*.

**saccarose** nm • F2 • Le CSLF élimine le *h*. Voir *saccarine*.

**saccarure** nm • F2 • Le CSLF élimine le *h*. Voir *saccarine*.

[anc. *saccharine, sacchar...] VOIR **saccar...** • F2 • Le CSLF élimine le *h*. Voir *saccarine*.

---

***** : graphie ancienne à ne plus utiliser; **A1, A2, A3, B1...** : codes qui renvoient aux règles p. 17 à 34; **anc.** : anciennement; **anglic.** : anglicisme à éviter; **CSLF** : Conseil supérieur de la langue (voir bibliogr.).

[anc. *sacqueboute, *sacquebute, *sacquer] VOIR **saqueboute**, **saquebute**, **saquer** • G11 • Choisir *qu*.
**sacrococcygien**, **enne** adj • A3 • Soudure avec *sacro* (préfixe savant).
**sacrocoxalgie** nf • A3 • Soudure avec *sacro* (préfixe savant).
**sacro-iliaque** adj • Inchangé • Exception A3 : trait d'union entre *o* et *i* pour éviter *oi*.
**sacrolombaire** adj • A3 • Soudure avec *sacro* (préfixe savant).
**sacrosaint**, **te** adj • A3 • Soudure avec *sacro* (préfixe savant).
**sacrosciatique** adj • A3 • Soudure avec *sacro* (préfixe savant).
**sacrovertébral**, **ale** adj • A3 • Soudure avec *sacro* (préfixe savant).
**sadicoanal**, **ale** adj • A3 • Soudure avec *sadico* (préfixe savant), même devant *a*.
**saducéen**, **enne** adj, n (au lieu de *sadducéen) • G17 • Entre les deux, choisir un seul *d*.
**sagefemme** nf, **des sagefemmes** • A5 • Le *Rapport* du CSLF soude ce mot.
**sainbois** (au lieu de *sain-bois) nm, **des sainbois** • G19 • Entre les deux, choisir la forme soudée.
**sainfoin** nm, **des sainfoins** • Inchangé • Ce mot était déjà soudé.
**saladéro** nm • C4 • Francisation : accent aigu.
**salmonella** nf, **des salmonellas** • B2 • Pluriel régulier. De nos jours, on dit plus souvent *salmonelle*.
**salpingoovariectomie** nf • A3 • Soudure avec *salpingo*, même s'il y a rencontre de deux *o*.
**salpingoovarien**, **enne** adj • A3 • Soudure avec *salpingo*, même s'il y a rencontre de deux *o*.
**salpingoovarite** nf • A3 • Soudure avec *salpingo*, même s'il y a rencontre de deux *o*.
**salve** « prière » nm • Valeur de citation (B2, C4) • Premier mot d'un chant latin. Les rectifications le laissent donc inchangé (sans accent et invariable). *Petit Robert* permet cependant l'accent français *salvé*, et le pluriel est permis dans certains dictionnaires. Majuscule et italique possibles. Voir p. 38.
**sammy** nm, **des sammys** • B2 • Pluriel régulier.
**samouraï** (au lieu de *samurai) nm, **des samouraïs** • G9, G20 • Même prononciation. Choisir la graphie la moins ambigüe.
**sampleur** nm (anglic.) • G21 • Terminaison *-eur*. Préférer un terme plus français, comme *échantillonneur*.
**sanatorium** nm, **des sanatoriums** • B2 • Pluriel régulier. L'ancien pluriel (latin) était *sanatoria.
**sanbénito** nm, **des sanbénitos** • A4, B2, C4 • Soudure, pluriel régulier et accent aigu français.
**sandix** nm (au lieu de *sandyx) • G20 • Entre les deux variantes en concurrence, préférer *i*.
**sandwich** nm, **des sandwichs** • B2 • Pluriel régulier.
**sans-abri** n, **des sans-abris** • B1 • Singulier et pluriel réguliers.
**sans-allure** n, **des sans-allures** • B1 • Singulier et pluriel réguliers.
**sans-chemise** n, **des sans-chemises** • B1 • Singulier et pluriel réguliers.
**sans-cœur** n, **des sans-cœurs** • B1 • Singulier et pluriel réguliers.
**sanscrit** nm (au lieu de *sanskrit) • G10 • Entre les deux, choisir *c* et non *k*.
**sanscrit**, **ite** adj • G10 • Entre les deux, choisir *c* et non *k*.
**sanscritisme** nm • G10 • Choisir *c* et non *k*.
**sanscritiste** n • G10 • Choisir *c* et non *k*.
**sans-culotte** nm, **des sans-culottes** • B1 • Singulier et pluriel réguliers.
**sans-dessein** n, **des sans-desseins** • B1 • Singulier et pluriel réguliers.
**sans-emploi** n, **des sans-emplois** • B1 • Singulier et pluriel réguliers.
**sans-façon** nm, **des sans-façons** • B1 • Singulier et pluriel réguliers.
**sans-faute** nm, **des sans-fautes** • B1 • Singulier et pluriel réguliers.
**sans-fil** « téléphone ou radiogramme » nm, **des sans-fils** • B1 • Singulier et pluriel réguliers.
**sans-fil** « télégraphie » nf, **des sans-fils** • B1 • Singulier et pluriel réguliers.
**sans-filiste** n, **des sans-filistes** • B1 • Singulier et pluriel réguliers.
**sans-gêne** n, **des sans-gênes** • B1 • Singulier et pluriel réguliers.
**sans-génie** n, **des sans-génies** • B1 • Singulier et pluriel réguliers.
**sans-grade** n, **des sans-grades** • B1 • Singulier et pluriel réguliers.
**sans-le-sou** adj, n, **des sans-le-sou** (inv) • Inchangé • Ce mot n'est pas construit sur le modèle « préposition + nom » (B1), puisqu'il inclut l'article singulier *le* (ce déterminant singulier bloque la formation du pluriel).

**sans-papier** n, **des sans-papiers** • B1 • Singulier et pluriel réguliers.
**sans-parti** n, **des sans-partis** • B1 • Singulier et pluriel réguliers.
**sans-patrie** n, **des sans-patries** • B1 • Singulier et pluriel réguliers.
**sans-plomb** nm, **des sans-plombs** • B1 • Singulier et pluriel réguliers.
**sans-soin** n, **des sans-soins** • B1 • Singulier et pluriel réguliers.
**sans-souci** n, **des sans-soucis** • B1 • Singulier et pluriel réguliers.
[anc. *saoul, *saouler, *saoulerie] VOIR **soul, souler, soulerie** • G20 • Voir l'explication sur ces mots.
**sapotillier** nm (ou **sapotier**, selon la prononciation) • Inchangé • Exception F4 : sorte d'arbre (suffixe *-ier* maintenu). Le fruit est la sapotille ou la sapote (d'où les deux termes pour l'arbre).
**saqueboute** nf (au lieu de *sacqueboute) • G11 • Choisir *qu* et non *cqu*. On dit aussi *saquebute*.
**saquebute** nf (au lieu de *sacquebute) • G11 • Choisir *qu* et non *cqu*. On dit aussi *saqueboute*.
**saquer** v (au lieu de *sacquer) • G11 • Choisir *qu* et non *cqu*.
**sarracénia** nm (au lieu de *sarracenia) • C4 • Accent aigu. On dit aussi *sarracénie* (nf).
**satellite-relai** nm (au lieu de *satellite-relais) • F2 • Voir l'explication sur *relai*.
**sati** adj, nf, **des satis** (au lieu de *satî ou *sâti) • B2, C2, G1 • Entre **sati,** *satî (C2) et *sâti (G1), choisir la forme sans accent (la prononciation était la même). Pluriel rég. (B2) : *des femmes satis*.
**sati** nm, **des satis** (au lieu de *satî ou *sâti) • B2, C2, G1 • Pluriel rég. Pour les accents, voir ci-dessus.
**satisfécit** nm, **des satisfécits** • B2, C4 • Francisation : pluriel régulier et accent aigu.
**saufconduit** nm, **des saufconduits** • A5 • Le *Rapport* du CSLF soude ce mot.
**sauteler** v, **je sautèle, sautèlerai, sautèlerais** • D1 • Conjugaison *-èle* au lieu de *-elle*.
**saute-mine** nm, **des saute-mines** • B1 • Singulier et pluriel réguliers.
**saute-mouton** nm, **des saute-moutons** • B1 • Singulier et pluriel réguliers.
**saute-ruisseau** nm, **des saute-ruisseaux** • B1 • Singulier et pluriel réguliers.
**saute-vent** nm, **des saute-vents** • B1 • Singulier et pluriel réguliers.
**scampi** nm, **des scampis** • B2 • Francisation : singulier et pluriel réguliers.
**scapulohuméral, ale** adj • A3 • Soudure avec *scapulo* (préfixe savant), même devant *h*.
**scatostriotubule** nm • A3 • Soudure avec *scato* (préfixe savant).
**scénario** nm, **des scénarios** • B2 • Pluriel régulier. Le pluriel non francisé était : des *scenarii.
**scénotest** nm • A3 • Soudure avec *scéno* (préfixe savant).
[anc. *schabraque] VOIR **chabraque** • G13 • Entre les deux, choisir *ch*.
[anc. *schah ou *shah] VOIR **chah** • G13 • Entre les trois, choisir *ch*.
[anc. *schako] VOIR **shako** • G14 • Choisir *sh* et non *sch*. Il n'existe pas de variante avec *ch*.
[anc. *schapska] VOIR **chapska** • G13 • Entre les deux, choisir *ch*.
**schefflléra** nf • C4 • Francisation : accent aigu requis sur le second *e*.
[anc. *scheik] VOIR **cheik** • G13 • Choisir *ch* et non *sch*.
[anc. *schelem] VOIR **chelem** • G13 • Choisir *ch* et non *sch*.
[anc. *schéol] VOIR **shéol** • G14 • Choisir *sh* et non *sch*. Il n'existe pas de variante avec *ch*.
**schizosaccaromycès** nm • C4, F2 • Francisation par l'ajout de l'accent grave (C4). Rectification du *h* (F2). Le préfixe *schizo* était déjà soudé.
**schlass** « couteau » nm • Inchangé • Toujours *sch-* en ce sens (pas de variante). Langage populaire.
[anc. *schlass ou *schlasse] VOIR **chlasse** « ivre » adj • G13, G20 • Détails sur *chlasse*. Langage familier.
[anc. *schleu, *Schleu] VOIR **chleu, Chleu** • G13 • Choisir *ch* et non *sch*.
[anc. *schlinguer] VOIR **chlinguer** • G13 • Entre les deux variantes existantes, choisir la forme avec *ch*.
[anc. *schnock ou *schnoque ou *schnocque] VOIR **chnoque** • G11, G13 • Voir l'explication sur *chnoque*.
**schnorkel** nm (au lieu de *schnorchel, toujours prononcé « k ») • G12 • Entre les deux formes existantes, préférer *k* et non *ch*. Avis favorable des travaux des éditions Le Robert.
[anc. *schnouf ou *schnouff] VOIR **chnouf** • G13, G17 • Choisir *ch* et un seul *f*.
**schooneur** (anglic.) « goélette, voilier » nm (au lieu de *schooner) • G21 • Finale *-eur* dans les travaux des éd. Le Robert. Pas de variante avec *ch* ou *ou*, les règles G9 et G13 ne s'appliquent donc pas.
**sciotter** v • Inchangé • Exception D3 (*-otter*) : ce mot vient de *sciotte* (sorte de scie).
**sclérochoroïdite** nf • A3 • Soudure avec *scléro* (préfixe savant).
**scléroconjonctivite** nf • A3 • Soudure avec *scléro* (préfixe savant).

**sclérocornéen, enne** adj • A3 • Soudure avec *scléro* (préfixe savant).

**scléro-iritis** nf • Inchangé • Exception A3 : trait d'union maintenu entre *o* et *i* pour éviter *oi*.

**sclérokératite** nf • A3 • Soudure avec *scléro* (préfixe savant).

**scoliaste** n (au lieu de *scholiaste, toujours prononcé « k ») • G10 • Choisir *c* et non *ch*.

**scolie** nm et nf (au lieu de *scholie, toujours prononcé « k ») • G10 • Choisir *c* et non *ch*.

**sconse** « moufette, fourrure de moufette » nm • G3, G10, G20 • Ce mot connait de nombreuses variantes, notamment *skunks, *skuns, *skons, etc. Entre toutes, le CSLF a choisi la graphie **sconse**. Avis favorable des travaux des éditions Le Robert.

**scooteur** nm (ou **scooter**, selon la prononciation) • Au choix • La forme **scooter** rime avec *hiver*, tandis que **scooteur** rime avec *cœur* (G21). Les travaux des éditions Le Robert donne le choix entre les deux. Le CSLF confirmait dans son *Rapport* de 1990 les deux prononciations possibles pour la finale. Depuis 2005, le *Grand dictionnaire terminologique* dit que « pour favoriser l'intégration de l'emprunt au système du français, sur le plan graphique et phonétique, c'est la forme francisée **scouteur** qui est recommandée pour remplacer l'emprunt intégral *scooter* et la forme hybride *scooteur* ». Cette innovation lexicographique (G22) pour ce mot au sens de « motocycle » avait également été recommandée par Catach-Golfand (voir dans *TLF*) auparavant, et pourra être retenue dans l'avenir. Le *GDT* recommande la même chose pour *scoutériste*, en remplacement de *scootériste*. En Belgique, *scooter* peut avoir le sens de « auto tamponneuse ». Il s'écrit alors parfois avec *k*, mais il faut préférer *c* (G10), et le *oo* peut se prononcer différemment de « ou » (comme dans *cotte*).

**scotch** « whisky écossais » nm, **des scotchs** • B2 • Pluriel régulier. Ne pas confondre avec la marque déposée (désignant du ruban adhésif).

**scrapbook** nm (anglic.) • Inchangé • Ce terme emprunté était déjà soudé (A4). Il n'existe pas de variante avec *ou* qui ferait concurrence à la forme avec *oo*, alors on doit maintenir la graphie *oo* (la règle G9 ne peut pas s'appliquer, puisqu'il y a une seule façon reconnue d'écrire ce mot : avec *oo*).

**scrapbooking** nm (anglic.) • Inchangé • Voir l'explication sur *scrapbook*. Préférer un terme plus français.

**scrapeur** nm (anglic.) • G21 • Terminaison *-eur* dans les travaux des éditions Le Robert.

**scratch** (anglic.) nm et nf, **des scratchs** • B2 • Pluriel régulier.

**scriptovisuel, elle** adj, nm • A3 • Soudure avec *scripto* (préfixe savant).

**scrubbeur** nm (anglic.) • G21 • Terminaison *-eur* dans les travaux des éditions Le Robert.

**scutum** nm, **des scutums** • B2 • Francisation : pluriel régulier.

**sebka** nf (au lieu de *sebkha) • G2 • Entre les deux variantes coexistantes, choisir sans *h*.

**sécam** adj, nm (au lieu de *secam ou *Secam ou *SECAM) • G22 • Les travaux des éditions Le Robert ont donné un avis favorable à l'accentuation de cet acronyme, que *Petit Robert* traite comme un nom commun ou un adjectif, sans majuscules.

**sèche-bord** nm, **des sèche-bords** • B1 • Singulier et pluriel réguliers.

**sèche-bouclette** nm, **des sèche-bouclettes** • B1 • Singulier et pluriel réguliers.

**sèche-cheveu** nm, **des sèche-cheveux** • B1 • Singulier et pluriel réguliers.

**sèche-glace** nm, **des sèche-glaces** • B1 • Singulier et pluriel réguliers.

**sèche-linge** nm, **des sèche-linges** • B1 • Singulier et pluriel réguliers.

**sèche-main** nm, **des sèche-mains** • B1 • Singulier et pluriel réguliers.

**sécher** v, **je sècherai**, **sècherais** • C1 • Accent grave au futur et au conditionnel.

**sècheresse** nf • C1 • Accent grave et non accent aigu. Il n'y a qu'une seule prononciation permise selon *Petit Robert* et *Littré* : « sècheresse », comme « sèche ». Le CSLF recommande donc d'écrire *è*. Avis favorable des travaux des éditions Le Robert.

**sècherie** nf • C1 • Accent grave et non accent aigu.

**sèche-serviette** nm, **des sèche-serviettes** • B1 • Singulier et pluriel réguliers.

**secréter** v, **je secrèterai**, **secrèterais** • C1 • Accent grave au futur et cond. Sens différent de *sécréter*.

**sécréter** v, **je sécrèterai**, **sécrèterais** • C1 • Accent grave au futur et cond. Sens différent de *secréter*.

**sédum** (au lieu de *sedum) nm • C4 • Accent aigu. On dit aussi *sédon* (prononciation différente).

**séfarade** adj, n, **des séfarades** • B2, C4, G16 • Pluriel régulier, accent aigu français, choisir *f* et non *ph*. Les dictionnaires ne s'entendent pas sur la majuscule ou non sur le nom.

**séfardi** adj, n, **des séfardis** • B2, C4 • Pluriel régulier, accent aigu. On emploie plus souvent *séfarade*.

**séguia** nf (au lieu de *seguia ou *séghia ou *seghia) • C4, G20 • Choisir la graphie la plus française entre les quatre formes qui coexitaient (même prononciation) : *gu* (G20) et accent aigu (C4).

**séguidilla** nf (au lieu de *seguidilla) • C4 • Accent aigu. La forme *séguedille* est plus fréquente de nos jours dans les dictionnaires, mais les rectifications ne choisissent pas entre *séguidilla* et *séguedille*, puisque la prononciation n'est pas la même. Voir page 10.

**seize** (numéral) : **cent-seize**, **seize-cents**, **seize-mille-seize**, **seize-millions**, **seize-milliards**, etc. • A6 • Trait d'union : on unit **seize** par des traits d'union dans les numéraux.

**sélect**, **sélecte** adj • C4 • Francisation : accent aigu.

**self-made-man** nm (anglic.), **des self-made-mans** • B2 • Pluriel régulier.

**self-made-woman** nf (anglic.), **des self-made-womans** • B2 • Pluriel régulier.

**sémanticologique** adj • A3 • Soudure avec *sémantico* (préfixe savant).

**sémanticosyntaxique** adj • A3 • Soudure avec *sémantico* (préfixe savant).

**sémencontra** (au lieu de *semen-contra) nm, **des sémencontras** • A4, B2, C4 • Soudé. Accent. Plur.

**SEMI-** (préfixe) • Inchangé • Les mots construits avec le préfixe *semi-* prennent toujours le trait d'union. Les rectifications n'ont pas modifié cette règle. On écrit donc avec un trait d'union : *semi-automatique*, *semi-conducteur*, *semi-palmé*, *semi-remorque*, etc. Ces mots ne sont pas répertoriés ici, puisqu'ils sont inchangés.

**sémioculturel**, **elle** adj • A3 • Soudure avec *sémio* (préfixe savant).

**sémiolinguistique** nf • A3 • Soudure avec *sémio* (préfixe savant).

**sempervivum** nm, **des sempervivums** • B2 • Francisation : pluriel régulier.

**sèneçon** nm • C1 • Accent grave. On doit toujours prononcer « sè- » dans ce contexte (règle C1).

**sénescence** nf • F3 • Accent aigu manquant. Le CSLF rappelle de l'ajouter.

**sénescent**, **ente** adj • F3 • Accent aigu manquant à ajouter. On prononce « sé- ».

**sénestre** adj • F3 • Deux prononciations existaient : « sé- » ou « se- », mais l'accent aigu était souvent manquant. La forme *senestre* correspond à une prononciation plus ancienne. Aujourd'hui, les dictionnaires courants donnent souvent comme unique prononciation « sé- », tout en admettant encore les deux graphies *sé-* ou *se-*. Si on prononce « sé- » (prononciation moderne), choisir l'accent aigu (recommandation du *Rapport* du CSLF).

**sénestrochère** nm • F3 • Ce mot ne portait pas d'accent aigu dans *Petit Robert* et *Petit Larousse* avant 1990 et se prononçait pourtant « se- » ou « sé- ». Les travaux des éditions Le Robert de 1991 ont donné un avis en faveur de l'accent aigu (F3). Si on prononce « sé- » (prononciation moderne), choisir l'accent aigu. À l'inverse, *senestrochère* correspond à une prononciation plus ancienne.

**sénestrogyre** adj • F3 • Accent aigu manquant à ajouter. On prononce « sé- ».

**sénestrorsum** adv, adj, plur. : **sénestrorsums** • B2, C4 • Francisation : accent aigu (puisqu'on prononce « sé- », selon les dictionnaires) et pluriel régulier. On dit parfois *sinistrorsum*.

**sènevé** nm • C1 • Accent grave. Prononcer « sè- » dans ce contexte (règle C1).

**sénior**, **e** adj, n (au lieu de *senior) • C4 • Francisation : accent aigu.

**séniora** nf (au lieu de *señora) • C4, G22 • Francisation sur le modèle de *séniorita* (voir ci-dessous).

**séniorerie** nf (au lieu de *seniorerie) • C4 • Accent aigu. On dit aussi *séniorie* ou *seigneurie*. Belgicisme : résidence pour personnes âgées.

**séniorie** nf (au lieu de *seniorie) • C4 • Accent aigu. On dit aussi *seigneurie*, et parfois *séniorerie*.

**séniorita** nm et nf (au lieu de *señorita) • C4, G22 • Accent aigu (C4) et graphie rectifiée francisée provenant des travaux des éditions Le Robert (G22). Signifie petit cigare (nm) ou demoiselle (nf).

**sensitivomoteur**, **trice** adj • A3 • Soudure avec *sensitivo* (préfixe savant).

**sensitivosensitif**, **ive** adj • A3 • Soudure avec *sensitivo* (préfixe savant).

**sensitivosensoriel**, **elle** adj • A3 • Soudure avec *sensitivo* (préfixe savant).

**sensorimoteur**, **trice** adj • A3 • Soudure avec *sensori* (préfixe savant).

[anc. *seoir] VOIR **soir** • F2 • Mot rare (désuet). Le *e* de l'infinitif disparait.

**sept** (numéral) : **cent-sept**, **sept-cents**, **sept-cent-sept**, **sept-mille**, **sept-millions-sept-cents**, **sept-milliards**, etc. • A6 • On unit **sept** par des traits d'union dans les numéraux.

**septante** (numéral) : **septante-et-un**, **septante-et-unième**, **cent-septante**, **septante-mille**, **septante-et-un-millions**, etc. • A6 • On unit **septante** par des traits d'union dans les numéraux.

**Sept-Îles** nom propre géographique • Inchangé • L'accent circonflexe est maintenu sur les noms propres.

**septilien**, **enne** adj • Inchangé • Ce mot s'écrivait déjà sans accent (relatif à la ville de Sept-Îles).

**Septilien**, **enne** n • Inchangé • Ce mot s'écrivait déjà sans accent (habitant de Sept-Îles).

**séquoia** nm • C4 • Francisation : accent aigu.

---

***** : graphie ancienne à ne plus utiliser ; **A1, A2, A3, B1...** : codes qui renvoient aux règles p. 17 à 34 ; **anc.** : anciennement ; **anglic.** : anglicisme à éviter ; **CSLF** : Conseil supérieur de la langue (voir bibliogr.).

**sérapéum** nm • C4 • Francisation : accents aigus.
**serbo-croate** adj, nm • Inchangé • Exception A3 : pas de soudure (relation de coordination).
**séringuéro** nm • C4 • Francisation : accents aigus.
**séroagglutination** nf • A3 • Soudure avec *séro* (préfixe savant), même devant *a*.
**séroanatoxithérapie** nf • A3 • Soudure avec *séro* (préfixe savant), même devant *a*.
**séroatténuation** nf • A3 • Soudure avec *séro* (préfixe savant), même devant *a*.
**séronégatif, ive** adj • A3 • Soudure avec *séro* (préfixe savant).
**séropurulent, ente** adj • A3 • Soudure avec *séro* (préfixe savant).
**serpillère** nf (au lieu de *serpillière) • F4 • Terminaison *-ère* et non *-ière*. Rime avec *conseillère*.
**serre-aiguille** nm, **des serre-aiguilles** • B1 • Singulier et pluriel réguliers.
**serre-barre** nm, **des serre-barres** • B1 • Singulier et pluriel réguliers.
**serre-bijou** nm, **des serre-bijoux** • B1 • Singulier et pluriel réguliers.
**serre-borne** nm, **des serre-bornes** • B1 • Singulier et pluriel réguliers.
**serre-bosse** nm, **des serre-bosses** • B1 • Singulier et pluriel réguliers.
**serre-bouchon** nm, **des serre-bouchons** • B1 • Singulier et pluriel réguliers.
**serre-câble** nm, **des serre-câbles** • B1 • Singulier et pluriel réguliers.
**serre-charge** nm, **des serre-charges** • B1 • Singulier et pluriel réguliers.
**serre-ciseau** nm, **des serre-ciseaux** • B1 • Singulier et pluriel réguliers.
**serre-crâne** nm, **des serre-crânes** • B1 • Singulier et pluriel réguliers.
**serre-écran** nm, **des serre-écrans** • B1 • Singulier et pluriel réguliers.
**serre-écrou** nm, **des serre-écrous** • B1 • Singulier et pluriel réguliers.
**serre-feuille** nm, **des serre-feuilles** • B1 • Singulier et pluriel réguliers.
**serre-fil** nm, **des serre-fils** • B1 • Singulier et pluriel réguliers.
**serre-file** nm, **des serre-files** • B1 • Singulier et pluriel réguliers.
**serre-flan** nm, **des serre-flans** • B1 • Singulier et pluriel réguliers. Synonyme de *serre-tôle*.
**serre-flanc** nm, **des serre-flancs** • B1 • Sing. et plur. réguliers. Ne pas confondre avec *serre-flan*.
**serre-frein** nm, **des serre-freins** • B1 • Singulier et pluriel réguliers.
**serre-glace** nm, **des serre-glaces** • B1 • Singulier et pluriel réguliers.
**serre-jarret** nm, **des serre-jarrets** • B1 • Singulier et pluriel réguliers.
**serre-joint** nm, **des serre-joints** • B1 • Singulier et pluriel réguliers.
**serre-livre** nm, **des serre-livres** • B1 • Singulier et pluriel réguliers.
**serre-malice** nm, **des serre-malices** • B1 • Singulier et pluriel réguliers.
**serre-nœud** nm, **des serre-nœuds** • B1 • Singulier et pluriel réguliers.
**serre-nuque** nm, **des serre-nuques** • B1 • Singulier et pluriel réguliers.
**serre-pantalon** nm, **des serre-pantalons** • B1 • Singulier et pluriel réguliers.
**serre-papier** nm, **des serre-papiers** • B1 • Singulier et pluriel réguliers.
**serre-patin** nm, **des serre-patins** • B1 • Singulier et pluriel réguliers.
**serre-pièce** nm, **des serre-pièces** • B1 • Singulier et pluriel réguliers.
**serre-plaque** nm, **des serre-plaques** • B1 • Singulier et pluriel réguliers.
**serre-poignet** nm, **des serre-poignets** • B1 • Singulier et pluriel réguliers.
**serre-poinçon** nm, **des serre-poinçons** • B1 • Singulier et pluriel réguliers.
**serre-queue** nm, **des serre-queues** • B1 • Singulier et pluriel réguliers.
**serre-rail** nm, **des serre-rails** • B1 • Singulier et pluriel réguliers.
**serre-tête** nm, **des serre-têtes** • B1 • Singulier et pluriel réguliers.
**serre-tôle** nm, **des serre-tôles** • B1 • Singulier et pluriel réguliers.
**serre-tube** nm, **des serre-tubes** • B1 • Singulier et pluriel réguliers.
**serre-vêtement** nm, **des serre-vêtements** • B1 • Singulier et pluriel réguliers.
**servoaccéléromètre** nm • A3 • Soudure avec *servo* (préfixe savant), même devant *a*.
**servoactionneur** nm • A3 • Soudure avec *servo* (préfixe savant), même devant *a*.
**servoamortisseur** nm • A3 • Soudure avec *servo* (préfixe savant), même devant *a*.
**servoamplificateur** nm • A3 • Soudure avec *servo* (préfixe savant), même devant *a*.

**servocommande** nf • A3 • Soudure avec *servo* (préfixe savant).
**servodirection** nf • A3 • Soudure avec *servo* (préfixe savant).
**servodistributeur** nm • A3 • Soudure avec *servo* (préfixe savant).
**servodistribution** nf • A3 • Soudure avec *servo* (préfixe savant).
**servofrein** nm • A3 • Soudure avec *servo* (préfixe savant).
**servograisseur** nm • A3 • Soudure avec *servo* (préfixe savant).
**servolimiteur** nm • A3 • Soudure avec *servo* (préfixe savant).
**servomécanisme** nm • A3 • Soudure avec *servo* (préfixe savant).
**servomoteur** nm • A3 • Soudure avec *servo* (préfixe savant).
**servoouvrabilimètre** nm • A3 • Soudure avec *servo* (préfixe savant), même devant *o* ou devant *ou*.
**servopompe** nf • A3 • Soudure avec *servo* (préfixe savant).
**servopositionneur** nm • A3 • Soudure avec *servo* (préfixe savant).
**servopotentiomètre** nm • A3 • Soudure avec *servo* (préfixe savant).
**servorégleur** nm • A3 • Soudure avec *servo* (préfixe savant).
**servorégulateur** nm • A3 • Soudure avec *servo* (préfixe savant).
**servorotor** nm • A3 • Soudure avec *servo* (préfixe savant).
**servovalve** nf • A3 • Soudure avec *servo* (préfixe savant).
**servoviseur** nm • A3 • Soudure avec *servo* (préfixe savant).
**sexappeal** (anglic.) nm (au lieu de *sex-appeal) • A4, G22 • Pour **sexe-appeal** (G22), voir *sexshop*.
**sexe-symbole** (anglic.) nm • G22 • Innovation des travaux des éd. Le Robert, attestée dans d'autres dictionnaires maintenant. Calque de l'anglais (*sex-symbol) : préférer un terme plus français.
**sexratio** (anglic.) nm (au lieu de *sex-ratio) • A4, G22 • Concernant **sexe-ratio** (G22), voir *sexshop*.
**sexshop** (anglic.) nm (au lieu de *sex-shop) • A4, G22 • Soudure (mot étranger). *Petit Robert* innove en 2009 en proposant la francisation partielle **sexe-shop**. Cette innovation lexicographique (G22) pourra être retenue dans l'avenir à la place de *sexshop* ou *sex-shop, mais la construction du mot est tout de même un calque de l'anglais : on pourra préférer un terme plus français (ex. : *boutique érotique*). Même raisonnement pour les francisations partielles *sexe-appeal* et *sexe-ratio*.
**sexy** adj (anglic.), **sexys** • B2 • Pluriel régulier.
[anc. *shah ou *schah] VOIR **chah** • G13 • Entre les trois, choisir *ch*.
**shakehand** nm (anglic.), **des shakehands** • A4, B2 • Soudure (selon N. Catach) et pluriel régulier. Cet anglicisme vieilli n'est plus dans les dictionnaires courants. Préférer *poignée de main*.
**shakeur** nm (anglic.) • G21 • Terminaison *-eur* dans les travaux des éditions Le Robert.
**shako** nm (au lieu de *schako) • G14 • Choisir *sh* et non *sch*. Il n'existe pas de variante avec *ch*.
[anc. *shaman, *shamane] VOIR **chamane** • G13, G20 • Voir les explications sur *chamane*.
[anc. *shamani...] VOIR **chamani**... • G13 • Pour cette famille de mots, choisir *ch* et non *sh*.
**shampoing** nm (au lieu de *shampooing) • G20 • Préférer *-poing* et non *-pooing*.
**shampouiner** v (au lieu de *shampooiner) • G9 • Préférer *ou* et non *oo*.
**shampouineur**, **euse** n (au lieu de *shampooineur) • G9 • Préférer *ou* et non *oo*.
[anc. *shantoung ou *shantung] VOIR **chantoung** • G9, G13 • Choisir *ch* et *ou*.
[anc. *sharia] VOIR **charia** • G13 • Choisir *ch* et non *sh*.
**shékel** nm (au lieu de *shekel) • C4 • Francisation : accent aigu.
**shéol** nm (au lieu de *schéol) • G14 • Choisir *sh* et non *sch*. Il n'existe pas de variante avec *ch*.
**shérif** nm (au lieu de *shériff) • G17 • Un *f*. La graphie à l'anglaise a disparu des dictionnaires courants.
[anc. *shilom] VOIR **chilom** • G13 • Choisir *ch* et non *sh*.
**shinto** nm (au lieu de *shintô) • G1 • Entre les deux graphies, choisir celle sans accent.
**shipchandleur** nm (anglic.) • G21 • Terminaison *-eur* dans les travaux des éditions Le Robert.
[anc. *shisha] VOIR **chicha** • G13 • Entre les deux, choisir *ch*.
[anc. *shish-kebab, *shish-taouk] VOIR **chichekébab**, **chichetaouk** • Francisation • Voir ces mots.
**shivaïsme** nm (au lieu de *sivaïsme ou *çivaïsme) • G20 • La prononciation était la même : « chi- ».
**shivaïte** adj, n (au lieu de *sivaïte ou *çivaïte) • G20 • Choisir la forme la plus proche de la prononciation.
[anc. *shocking] VOIR **chocking** (anglic.) • G13 • Choisir *ch* et non *sh*. Préférer un terme plus français.

**shogoun** nm (au lieu de *shogun) • G9 • Même prononciation. Préférer *ou* et non *u*.
**shogounal, ale** adj (au lieu de *shogunal) • G9 • Même prononciation. Préférer *ou* et non *u*.
**shogounat** nm (au lieu de *shogunat) • G9 • Même prononciation. Préférer *ou* et non *u*.
**shortcake** nm (anglic.) • Inchangé • Ce mot étranger était déjà soudé (A4), selon nos sources.
**shorttrack** nm (anglic.), **des shorttracks** • A4, B2 • Soudure et pluriel régulier (mot étranger).
**show** nm (anglic.), **des shows** • B2 • Pluriel régulier.
**showbiz** (anglic.) nm (au lieu de *show-biz) • A4 • Préférer la forme française *industrie du spectacle*.
**showbizness** (anglic.) nm (au lieu de *show-business) • A4, G20 • Ce choix orthographique entre les deux variantes vient des travaux des éditions Le Robert. Préférer la forme française *industrie du spectacle*.
**showroom** nm (anglic.) • A4 • Soudure (mot étranger).
**shrapnel** nm (au lieu de *shrapnell) • G17 • Entre les deux, choisir un seul *l*.
**sialodochosonde** nf • A3 • Soudure avec *sialodocho* (préfixe savant).
**sidecar** nm • A4 • Soudure selon les travaux des éditions Le Robert, et dans *Dictionnaire Hachette* et *Littré*.
**sidecariste** n • A4 • Soudure. Dérivé du nom d'origine étrangère *sidecar*.
**sidérer** v, **je sidèrerai, sidèrerais** • C1 • Accent grave au futur et au conditionnel.
**sidérolite** nf • G2 • Choisir *-lite* plutôt que *-lithe*.
**sidérolitique** adj, nm • G2 • Choisir *-litique* plutôt que *-lithique*.
**sidérosilicose** nf • A3 • Soudure avec *sidéro* (préfixe savant).
**siéger** v, **je siègerai, siègerais** • C1 • Accent grave au futur et au conditionnel.
**siémens** « unité de mesure de conductance électrique » nm ou **siemens** • C4 • Au choix, selon la prononciation.
**Siemens** nom propre • Inchangé • Ne pas rectifier le nom propre, la marque de commerce, la raison sociale.
**sigma** nm, **des sigmas** • B2 • Pluriel régularisé. Lettre de l'alphabet grec.
**silicosidérose** nf • A3 • Soudure avec *silico* (préfixe savant).
**silicotuberculose** nf • A3 • Soudure avec *silico* (préfixe savant).
**similitimbrage** nm • A3 • Soudure avec *simili* (préfixe savant).
**siné qua non** loc adj • C4 • Accent aigu. Parfois en italique (dans ce cas, en latin sans accent).
**sinocarotidien** adj • A3 • Soudure avec *sino* (préfixe savant).
**sino-coréeen, enne** adj • Inchangé • Exception A3 : pas de soudure (relation de coordination).
**sino-vietnamien, enne** adj, nm • Inchangé • Exception A3 : pas de soudure (relation de coordination).
**siroco** nm (au lieu de *sirocco) • G17 • Les travaux des éditions Le Robert sont favorables à la graphie avec un seul *c*. Ce mot était dans la liste du RENOUVO (de 2003).
**sismosondage** nm • A3 • Soudure avec *sismo* (préfixe savant).
**sistership** nm (anglic.) • A4 • Soudure selon les travaux des éditions Le Robert.
**situp** nm (anglic.), **des situps** • A4, B2 • Soudure et pluriel régulier (mot étranger). Employer plutôt un terme français.
**six** (numéral) : **cent-six, six-cents, trente-six-mille, six-mille-six, six-millions, six-milliards**, etc. • A6 • Trait d'union : on unit **six** par des traits d'union dans les numéraux.
**sixième** (numéral ou élément fractionnaire) • Inchangé • L'orthographe de ce mot n'est pas touchée par les règles des rectifications. Nina Catach souhaitait créer la graphie avec *z* au lieu de *x*, mais cette proposition n'a pas été retenue.
**sketch** nm, **des sketchs** • B2 • Pluriel régulier.
**skibob** nm (anglic.) • A4 • Soudure selon les travaux des éditions Le Robert.
**skif** nm (anglic.) • G17 • Les travaux des éditions Le Robert sont favorables à un seul *f*.
**skifeur, euse** n (anglic.) • G17 • Consonne simple : choisir un seul *f*.
**skippeur, euse** n (anglic.) • G21 • Terminaison *-eur*. La forme du féminin ne relève pas des rectifications.
[anc. *skunks, *skuns, *skons...] VOIR **sconse** • G3, G10, G20 • Voir l'explication sur *sconse*.
**smala** nf (au lieu de *smalah) • G2 • Entre les deux variantes coexistantes, choisir celle sans *h*.
**smash** nm (anglic.), **des smashs** • B2 • Pluriel régulier.

**snackbar** nm (anglic.), **des snackbars** • A4 • Soudure (mot étranger).

**snif** interj (au lieu de *sniff) • G17 • Entre les deux, choisir un seul *f*.

**snifer** v (au lieu de *sniffer) • G17 • Entre les deux, choisir un seul *f*.

**snob** adj, n, **des snobs** • B2 • Pluriel régulier. *Des femmes snobs.*

**snowboot** nm (anglic.) • A4 • Préférer un équivalent français, comme *caoutchouc*.

**soap-opéra** nm (anglic.) • G20 • Calque de l'anglais (*soap opera). Préférer un terme plus français.

**SOCIO-** (préfixe) • À souder • La plupart des mots avec le préfixe *socio* sont déjà soudés : la consultation d'un dictionnaire récent suffit pour le confirmer. Seuls les cas jugés utiles sont signalés ici. Note : on ne soude pas devant *i* et *u*, pour éviter une prononciation défectueuse (*oi* et *ou*).

**socioaffectif, ive** adj • A3 • Soudure avec *socio* (préfixe savant), même devant *a*.

**socioanalyse** nf • A3 • Soudure avec *socio* (préfixe savant), même devant *a*.

**sociobiologie** nf • Inchangé • Ce mot avec le préfixe *socio* était déjà soudé (A3), selon nos sources.

**socioconstructivisme** nm • A3 • Soudure avec *socio* (préfixe savant).

**socioconstructiviste** adj • A3 • Soudure avec *socio* (préfixe savant).

**socioculturel, elle** adj • A3 • Soudure avec *socio* (préfixe savant).

**sociodémographique** adj • A3 • Soudure avec *socio* (préfixe savant).

**sociodrame** nm • Inchangé • Ce mot avec le préfixe *socio* était déjà soudé (A3), selon nos sources.

**socioéconomique** adj • A3 • Soudure avec *socio* (préfixe savant), même devant *é*.

**socioéducatif, ive** adj • A3 • Soudure avec *socio* (préfixe savant), même devant *é*.

**sociohistorique** adj • A3 • Soudure avec *socio* (préfixe savant), même devant *h*.

**sociohormone** nf • A3 • Soudure avec *socio* (préfixe savant), même devant *h*.

**socio-ingénierie** nf • Inchangé • Exception A3 : trait d'union entre *o* et *i* pour éviter *oi* ou *oin*.

**sociojuridique** adj • A3 • Soudure avec *socio* (préfixe savant).

**socioprofessionnel, elle** adj • A3 • Soudure avec *socio* (préfixe savant).

[anc. *socket ou *socquet] VOIR **soquet** « douille ou culot d'une ampoule » • G11 • Détails sur *soquet*.

**socque** « sorte de chaussure » nm • Inchangé • La seule graphie existante s'écrit avec *cqu*.

[anc. *socquet ou*socket] VOIR **soquet** « douille ou culot d'une ampoule » • G11 • Voir détails sur *soquet*.

**socquette** « chaussette qui va jusqu'au mollet » nf • Inchangé • En ce sens, ce mot s'écrit toujours *cqu*. Ne pas confondre avec *soquette* (petite somme) ni avec *soquet* (douille ou culot d'une ampoule).

**softball** nm (anglic.) • A4 • Soudure (mot étranger).

**soir** « convenir ou être assis » v (au lieu de *seoir) • F2 • Ce verbe est rare et désuet à l'infinitif. Les travaux des éditions Le Robert donnent la rectification **soir** pour *seoir, de la même façon que le CSLF donnait déjà *assoir, rassoir, messoir*. Malgré l'homographie ainsi créée avec le nom masculin *soir*, la rectification s'applique à ce verbe rare, comme aux autres verbes de sa famille.

**soixante** (numéral) : **soixante-et-un, soixante-et-unième, deux-cent-soixante-dix-sept, cent-soixante, soixante-mille, soixante-et-un-millions**, etc. • A6 • Trait d'union : on unit **soixante** par des traits d'union dans les numéraux.

**solarium** nm, **des solariums** • B2 • Pluriel régulier.

**solo** nm, **des solos** • B2 • Pluriel régulier.

**somatoagnosie** nf • A3 • Soudure avec *somato* (préfixe savant), même devant *a*.

**somatomoteur, trice** adj • A3 • Soudure avec *somato* (préfixe savant).

**somatopsychique** adj • A3 • Soudure avec *somato* (préfixe savant).

**somatosensible** adj • A3 • Soudure avec *somato* (préfixe savant).

**somatosensitif, ive** nf • A3 • Soudure avec *somato* (préfixe savant).

**somatosensoriel, elle** adj • A3 • Soudure avec *somato* (préfixe savant).

**sombréro** nm, **des sombréros** • B2, C4 • Le pluriel est régulier. Accent aigu requis.

**soprano** n, **des sopranos** • B2 • Francisation : pluriel régulier.

**soquet** « douille ou culot d'une ampoule » nm (au lieu de *socket ou *socquet) • G11 • Choisir *qu* et non *ck* ni *cqu*. Prononciation : ce mot rime avec *paquet*.

**soquette** (belgicisme) « petite somme » nf • Inchangé • En ce sens, ce mot s'écrit toujours avec *qu*. Ne pas confondre avec *socquette* (chaussette) ni avec *soquet* (douille ou culot d'une ampoule).

**sorgo** nm • F2 • Le *Rapport* du CSLF recommande officiellement d'écrire **sorgo** au lieu de *sorgho. Avis favorable des travaux des éditions Le Robert.

**sosténuto** adv • C4 • Francisation : accent aigu.

**sottie** nf (au lieu de *sotie) • Dans l'esprit de F1 • Le CSLF choisit deux *t*, comme *sottise*.

**soucheter** v, **je souchète**, **souchèterai**, **souchèterais** • D1 • Conjugaison *-ète* au lieu de *-ette*.

**souchong** nm (au lieu de *sou-chong), **des souchongs** • A4, B2 • Soudure et plur. rég. (mot étranger).

**soude-sac** nm, **des soude-sacs** • B1 • Singulier et pluriel réguliers.

**soudobrasage** nm (au lieu de *soudo-brasage) • A3 • Soudure avec *soudo* (préfixe savant). Terme du domaine du soudage.

**soudodiffusant**, **ante** adj • A3 • Soudure avec *soudo* (préfixe savant).

**souffleter** v, **je soufflète**, **soufflèterai**, **soufflèterais** • D1 • Conjugaison *-ète* au lieu de *-ette*.

**souffre-douleur** nm, **des souffre-douleurs** • B1 • Singulier et pluriel réguliers.

**soufi**, **ie** adj, n (au lieu de *sufi) • G9 • Entre les deux, préférer *ou* et non *u*.

**soufisme** nm (au lieu de *sufisme) • G9 • Choisir *ou* et non *u*.

**souimanga** nm • A4, G1, G9 • On trouvait *soui-manga, *souï-manga, *souïmanga ou *swi-manga.

**soul** (en musique) adj, nf, **des souls** • B2 • Pluriel régulier (mot étranger) : *des musiques souls*.

**soul**, **soule** « ivre » adj (au lieu de *soûl ou *saoul) • C2, G20 • Sans accent circonflexe sur le *u* (C2). La variante *saoul est vieillie. Préférer **soul** (G20, plus simple).

**soul** nm (au lieu de *soûl ou *saoul) • C2, G20 • L'accent circonflexe disparait sur *u*. Préférer l'orthographe avec *ou* plutôt qu'avec *aou*. Ex. : *Dormir, pleurer tout son soul* (à satiété).

**soulant**, **ante** adj (au lieu de *soûlant) • C2 • L'accent circonflexe disparait sur *u*.

**soulard**, **arde** adj, n (au lieu de *soûlard) • C2 • L'accent circonflexe disparait sur *u*.

**soulaud**, **aude** n (au lieu de *soûlaud) • C2 • L'accent circonflexe disparait sur *u*.

**souler** v (au lieu de *soûler ou *saouler) • C2, G20 • Sans accent circonflexe sur le *u* (C2). La variante *saouler est vieillie. Préférer **souler** (G20, plus simple).

**soulerie** nf (au lieu de *soûlerie ou *saoulerie) • C2, G20 • Voir l'explication sur *souler*.

**soulographe** adj, n (au lieu de *soûlographe) • C2 • L'accent circonflexe disparait sur *u*.

**soulographie** nf (au lieu de *soûlographie) • C2 • L'accent circonflexe disparait sur *u*.

**soulon**, **onne** n (au lieu de *soûlon) • C2 • L'accent circonflexe disparait sur *u*.

**soulot**, **ote** n (au lieu de *soûlot) • C2 • L'accent circonflexe disparait sur *u*.

**souna** nf (au lieu de *sounna) ou **sunna**, selon la prononciation • G17 • Un *n*. On dit plus souvent *sunna*.

**SOUS-** (préfixe) • Inchangé • Les mots construits avec le préfixe *sous-* prennent toujours le trait d'union, même si ceux qui sont construits avec *sur-* sont au contraire toujours soudés : *sous-alimenté* mais *suralimenté*, *sous-développé* mais *surdéveloppé*. Ces mots ne sont pas répertoriés ici, puisqu'ils sont inchangés, mis à part *sous-tasse*, qui est devenu *soutasse* (les deux graphies étaient en concurrence), sur le modèle de *soucoupe*. La plupart des mots avec *sous-* avaient déjà un singulier et un pluriel réguliers (règle B1). Seuls ceux qui ont eu besoin d'une régularisation sont mentionnés ci-dessous.

**sous-faitage** nm, **des sous-faitages** • B1, C2 • Singulier et pluriel rég. Le circonflexe disparait sur *i*.

**sous-faite** nm, **des sous-faites** • B1, C2 • Singulier et pluriel rég. Le circonflexe disparait sur *i*.

**sous-gorge** nf, **des sous-gorges** • B1 • Singulier et pluriel réguliers.

**sous-main** nm, **des sous-mains** • B1 • Singulier et pluriel réguliers.

**sous-maitre** nm, **des sous-maitres** • B1, C2 • Singulier et pluriel rég. Le circonflexe disparait sur *i*.

**sous-maitresse** nf, **des sous-maitresses** • B1, C2 • Singulier et pluriel rég. Le circonflexe disparait.

**sous-seing** nm, **des sous-seings** • B1 • Singulier et pluriel réguliers.

[anc. *sous-tasse] VOIR **soutasse** • G19, G20 • Voir l'explication sur *soutasse*.

**sous-verge** nm, **des sous-verges** • B1 • Singulier et pluriel réguliers.

**sous-verre** nm, **des sous-verres** • B1 • Singulier et pluriel réguliers.

**soutasse** nf • G19, G20 • On trouvait **soutasse** et *sous-tasse. Entre les deux formes coexistantes, les travaux des éditions Le Robert sont favorables au choix de la graphie en un seul mot, comme *soucoupe*. La graphie **soutasse** figure aussi dans la liste du RENOUVO.

**soutien-gorge** nm • Inchangé • Ce mot n'est pas touché par la règle B1, car il n'est pas construit à partir du verbe *soutenir* (*soutient*), mais du nom *soutien*. Les dictionnaires ne s'entendent pas sur son pluriel. Aujourd'hui, *Dictionnaire Hachette* et *Petit Larousse* donnent *des soutiens-gorge*, tandis que *Littré* et *Petit Robert* donnent *des soutiens-gorges*.

**soutra** nm • C2, G9 • Entre **soutra**, *soûtra (C2) et *sutra (G9), choisir la graphie francisée et sans accent : **soutra**. On trouvait même *sûtra, et toutes ces variantes se prononçaient comme **soutra**.

**souventefois** adv (au lieu de *souventes fois) • G19, G20 • Choisir la graphie soudée.

**spaghetti** nm, **des spaghettis** • B2 • Singulier et pluriel réguliers (mot emprunté). Puisqu'il n'existe pas de variante avec *gu* au lieu de *gh*, on continue d'écrire *gh*.

**sparte** « plante » nm (au lieu de *spart) • G20 • Choisir la graphie avec *-e* (prononciation non ambigüe).

**spath** nm, **des spaths** • B2 • Pluriel régulier. Ne pas confondre avec *spat* (unité d'angle) ni *spathe* (nf).

**spatiotemporel, elle** adj • A3 • Soudure avec *spatio* (préfixe savant).

**speakeasy** nm, **des speakeasys** • B2 • Plur. rég. Local clandestin où l'on servait de l'alcool (États-Unis).

**speakeur** « président d'assemblées politiques anglo-saxonnes » nm • G21 • Terminaison *-eur* selon les travaux des éditions Le Robert. Attention : anglicisme s'il est employé au sens de « annonceur, présentateur, commentateur ».

**spectrocomparateur** nm • A3 • Soudure avec *spectro* (préfixe savant).

**spectrogoniocolorimètre** nm • A3 • Soudure de l'ancienne forme *spectro-gonio-colorimètre.

**spectroradiocolorimètre** nm • A3 • Soudure de l'ancienne forme *spectro-radio-colorimètre.

**spectrotubérantiel, elle** adj • A3 • Soudure avec *spectro* (préfixe savant).

**spéculos** nm (au lieu de *spéculoos ou *spéculaus) • G20 • Avis favorable des travaux des éditions Le Robert. Les trois graphies avaient une prononciation identique.

**spéculum** nm, **des spéculums** • B2, C4 • Francisation : pluriel régulier et accent aigu.

**speech** nm (anglic.), **des speechs** • B2 • Pluriel régulier.

**spermacéti** nm • C4 • Francisation : accent aigu.

**sphacéler** v, **je sphacèlerai, sphacèlerais** • C1 • Accent grave au futur et au conditionnel.

**sphénomaxillaire** adj • A3 • Soudure avec *sphéno* (préfixe savant).

**sphénopalatin, ine** adj • A3 • Soudure avec *sphéno* (préfixe savant).

**sphygmooscillomètre** nm • A3 • Soudure avec *sphygmo*, même s'il y a rencontre de deux *o*.

**sphygmooxymètre** nm • A3 • Soudure avec *sphygmo*, même s'il y a rencontre de deux *o*.

**spinabifida** nm et n, **des spinabifidas** • A4, B2 • Soudure et pluriel régulier (mot étranger). Maladie (nm) ou personne atteinte de cette maladie (*un* ou *une spinabifida*).

**spinaventosa** nm, **des spinaventosas** • A4, B2 • Soudure et pluriel régulier (mot étranger).

**spinobasocellulaire** adj • A3 • Soudure de l'ancienne forme *spino-basocellulaire.

**spinocellulaire** adj • A3 • Soudure avec *spino* (préfixe savant).

**spinocérébelleux** adj • A3 • Soudure avec *spino* (préfixe savant).

**spinoréticulaire** adj • A3 • Soudure avec *spino* (préfixe savant).

**spinothalamique** adj • A3 • Soudure avec *spino* (préfixe savant).

**spiroergométrie** nf • A3 • Soudure avec *spiro* (préfixe savant), même devant *e*.

**splénétique** ou **spleenétique** adj, n • Au choix • Les deux formes existent. Prononciations différentes.

**splénoportographie** nf • A3 • Soudure avec *spléno* (préfixe savant).

**sportsman** ou **sportman** nm, **des sportsmans** ou **des sportmans** • B2 • Mot d'origine anglaise. Deux prononciations différentes. Pluriel régularisé.

**sportswear** ou **sportwear** (anglic.) adj, nm • Au choix • Deux formes. Prononciations différentes.

**sportswoman** ou **sportwoman** nf, **des sportswomans** ou **des sportwomans** • B2 • Mot d'origine anglaise. Deux prononciations différentes. Pluriel régularisé.

**sprechgésang** nm • C4 • Francisation : accent aigu.

**sprinteur, euse** n • G21 • Terminaison francisée (*-eur* au lieu de *-er*).

**squatteur, euse** n • G21 • Terminaison francisée (*-eur* au lieu de *-er*).

**squirre** nm (au lieu de *squirrhe) • G2 • Entre les deux variantes coexistantes, choisir sans *h*.

**squirreux, euse** adj (au lieu de *squirrheux) • G2 • Entre les deux, choisir sans *h*.

**stabat** ou **stabat mater** nm • Valeur de citation (B2) • Premiers mots d'un chant latin. Les rectifications les laissent donc invariables. Majusc. et italique possibles. Voir page 38.

**staccato** nm, **des staccatos** • B2 • Francisation : pluriel régulier.

**standard** adj, plur. : **standards** • B2 • Pluriel rég. pour l'adj. (mot emprunté). Le nom était déjà régulier.

**standby** (anglic.) n, **des standbys** • A4, B2 • Soudure et pluriel régulier (mot étranger).

**standup** n (anglic.), **des standups** • A4, B2 • Soudure et pluriel régulier (mot étranger).

**star-système** nm (anglic.) • G20 • Calque de l'anglais (*star-system). Préférer un terme plus français.

**startingblock** nm (anglic.), **des startingblocks** • A4 • Soudure attestée dans *Dictionnaire Hachette*.

**startinggate** nm (anglic.), **des startinggates** • A4 • Soudure attestée dans *Dictionnaire Hachette*.

**startup** n (anglic.), **des startups** • A4, B2 • Soudure attestée dans *Dictionnaire Hachette*. Ce mot est souvent au féminin.

**statolite** nm ou nf • G2 • Entre les deux formes existantes, choisir *-lite* plutôt que *-lithe*.

**statuquo** nm, **des statuquos** • A4, B2 • Mot d'origine latine : soudure (**statuquo** au lieu de **statu quo*) et pluriel régulier. Recommandation explicite du CSLF.

**staturopondéral, ale** adj • A3 • Soudure avec *staturo* (préfixe savant).

**stayeur** « cheval ; coureur » nm (anglic.) • G21 • Terminaison *-eur*. La formation d'un féminin potentiel *stayeuse* ne relève pas des rectifications.

**steameur** « navire à vapeur » nm (anglic.) • G21 • Terminaison *-eur* dans les travaux des éditions Le Robert. Préférer un terme français.

**steelband** (anglic.) nm (au lieu de *steel-band) • A4 • On trouve la variante soudée dans *Dictionnaire Hachette*.

**steeplechase** nm (anglic.) • A4 • Soudure (mot étranger). On dit aussi simplement *steeple*.

**stégomya** nf (au lieu de *stegomya) ou **stégomyie** • C4 • Ajout de l'accent aigu. La forme plus française *stémogyie* est plus fréquente de nos jours, mais les rectifications ne choisissent pas entre *stémogyia* et *stémogyie*, puisque la prononciation n'est pas la même.

**stégosaurus** nm (au lieu de *stegosaurus) ou **stégosaure** • C4 • Ajout de l'accent aigu. La forme plus française *stégosaure* est plus fréquente de nos jours, mais les rectifications ne choisissent pas entre *stégosaurus* et *stégosaure*, puisque la prononciation n'est pas la même.

**stem** « virage en ski » nm (au lieu de *stemm) • G17 • Consonne simple : choisir un seul *m*.

**stemchristiania** nm (au lieu de *stem-christiania) • A4 • Soudure (mot étranger). On dit aussi *stem*.

**sténodactylographe** n • A3 • Soudure avec *sténo*. Synonyme de *sténodactylo* (déjà soudé).

**steppeur** nm (anglic.) • G21 • Terminaison *-eur* dans les travaux des éditions Le Robert.

**stéréoagnosie** nf • A3 • Soudure avec *stéréo* (préfixe savant), même devant *a*.

**stéréoautographe** nm • Inchangé • Était déjà soudé avec *stéréo* (préfixe savant), même devant *a*.

**stéréochimique** adj • A3 • Soudure avec *stéréo* (préfixe savant).

**stéréoéidomètre** nm • A3 • Soudure avec *stéréo* (préfixe savant), même devant *é*.

**stéréoélectrocardiographe** nm • A3 • Soudure avec *stéréo* (préfixe savant), même devant *é*.

**stéréoélectrocardiographie** nf • A3 • Soudure avec *stéréo* (préfixe savant), même devant *é*.

**stéréoencéphalographie** nf • A3 • Soudure avec *stéréo* (préfixe savant), même devant *e*.

**stéréoesthésimètre** nm • A3 • Soudure avec *stéréo* (préfixe savant), même devant *e*.

**stéréo-isomère** adj, nm • Inchangé • Exception A3 : trait d'union maintenu entre *o* et *i* pour éviter *oi*.

**stéréo-isomérie** nf • Inchangé • Exception A3 : trait d'union maintenu entre *o* et *i* pour éviter *oi*.

**stéréoorthophotographie** nf • A3 • Soudure avec *stéréo*, même lorsqu'il y a rencontre de deux *o*.

**stéréoradiographie** nf • A3 • Soudure avec *stéréo* (préfixe savant).

**stéréosélectivité** nf • A3 • Soudure avec *stéréo* (préfixe savant).

**stérer** v, **je stèrerai, stèrerais** • C1 • Accent grave au futur et au conditionnel.

**sternoclaviculaire** adj • A3 • Soudure avec *sterno* (préfixe savant).

**sternocléidohyoïdien, enne** adj, nm • A3 • Soudure de l'ancienne forme *sterno-cléido-hyoïdien.

**sternocléidomastoïdien, enne** adj, nm • A3 • Soudure de l'ancienne forme *sterno-cléido-mastoïdien.

**sternohyoïdien, enne** adj, nm • A3 • Soudure avec *sterno* (préfixe savant), même devant *h*.

**sternothyroïdien, enne** adj, nm • A3 • Soudure avec *sterno* (préfixe savant).

**stimulus** nm, **des stimulus** • B2 • Francisation : pluriel régulier. Le pluriel étranger était : des *stimuli.

**stockcar** nm • A4 • Soudure attestée dans *Dictionnaire Hachette*.

**stokeur** « dispositif pour locomotives à vapeur » nm (anglic.) • G21 • Terminaison *-eur*.

**stoupa** nm, **des stoupas** • B2, C2, G9 • Entre **stoupa**, *stoûpa (C2) et *stupa (G9), choisir la graphie francisée et sans accent : **stoupa**. On trouvait même *stûpa, et toutes ces variantes se prononçaient comme **stoupa**. Le pluriel invariable est maintenant régularisé.

**stratocumulus** nm • A3 • Soudure avec *strato* (préfixe savant). Tous les dictionnaires le soudent.

**stratovolcan** nm • A3 • Soudure avec *strato* (préfixe savant).

**streptobacille** nm • Inchangé • Ce mot avec le préfixe *strepto* était déjà soudé (A3), selon nos sources.
**stretch** (anglic.) adj, nm, **des stretchs** • B2 • Pluriel régulier.
**strige** nf (au lieu de *stryge) • G20 • Entre les deux variantes en concurrence, préférer *i*.
**strippeur** « tire-veine » nm (anglic.) • G21 • Terminaison *-eur* dans les travaux des éditions Le Robert.
**strippoker** (angl.) nm (au lieu de *strip-poker) • A4 • Soudure (mot étranger).
**striptease** nm (anglic.), **des stripteases** • A4, B2 • Soudure et pluriel régulier (mot étranger).
**stripteaseur, euse** n (anglic.) • A4 • Soudure (mot étranger).
**studbook** nm (anglic.) • A4 • Soudure (mot étranger).
[anc. *stûpa ou *stupa ou *stoûpa] VOIR **stoupa** • B2, C2, G9 • Voir l'explication sur *stoupa*.
**styloglosse** adj, nm • A3 • Soudure avec *stylo* (préfixe savant).
**stylohyoïdien, enne** adj • A3 • Soudure avec *stylo* (préfixe savant), même devant *h*.
**stylomastoïdien, enne** adj, nm • A3 • Soudure avec *stylo* (préfixe savant).
**stylopharyngien, enne** adj, nm • A3 • Soudure avec *stylo* (préfixe savant).
**subaigu, subaigüe** adj • C3 • Au féminin, tréma sur le *u* (et non sur le *e* muet).
**subdéléguer** v, **je subdélèguerai, subdélèguerais** • C1 • Accent grave au futur et au conditionnel.
**subérophellodermique** adj • A3 • Soudure avec *subéro* (préfixe savant).
**succéder** v, **je succèderai, succèderais** • C1 • Accent grave au futur et au conditionnel.
**sud-africain, aine** adj • Inchangé • Il ne s'agit pas d'un préfixe savant (pas touché par règle A3).
**Sud-Africain, aine** n • Inchangé • Il ne s'agit pas d'un préfixe savant (pas touché par règle A3).
**sud-américain, aine** adj • Inchangé • Il ne s'agit pas d'un préfixe savant (pas touché par règle A3).
**Sud-Américain, aine** n • Inchangé • Il ne s'agit pas d'un préfixe savant (pas touché par règle A3).
**sud-vietnamien, enne** adj • Inchangé • Il ne s'agit pas d'un préfixe savant (pas touché par règle A3).
**Sud-Vietnamien, enne** n • Inchangé • Il ne s'agit pas d'un préfixe savant (pas touché par règle A3).
[anc. *sufi, sufisme] VOIR **soufi, soufisme** • G9 • Entre les deux, préférer *ou* et non *u*.
**suggérer** v, **je suggèrerai, suggèrerais** • C1 • Accent grave au futur et au conditionnel.
**sui généris** loc adj, loc adv • C4 • Accents aigus. Parfois en italique (dans ce cas, en latin sans accents).
**sulfopolyhexaméthylène** nm • A3 • Soudure avec *sulfo* (préfixe savant).
**sulfopolyméthylène** nm • A3 • Soudure avec *sulfo* (préfixe savant).
**sulky** nm, **des sulkys** • B2 • Pluriel régulier.
**sumo** nm, **des sumos** • B2 • Pluriel régulier.
**SUPER-** (préfixe) • À souder • La plupart des mots avec le préfixe *super* sont déjà soudés depuis longtemps dans les dictionnaires. Pour des détails sur son emploi adverbial, voir page 36.
**superéconomie** nf • Inchangé • Ce mot avec le préfixe *super* était déjà soudé (A3), selon nos sources.
**supérette** nf • C4 • Francisation : accent aigu.
**superfemme** nf • Inchangé • Ce mot avec le préfixe *super* était déjà soudé (A3), selon nos sources.
**super-g** nm • Inchangé • Exception A3 : trait d'union maintenu. Synonyme : *supergéant*.
**supergéant, ante** adj, nm et nf • A3 • Soudure attestée dans *Dictionnaire Hachette*.
**supergrand** nm • A3 • Soudure avec *super*.
**superhéros, superhéroïne** n • Inchangé • Ce mot avec *super* était déjà soudé (A3), selon nos sources.
**superhomme** nm • Inchangé • Ce mot avec le préfixe *super* était déjà soudé (A3), selon nos sources.
**superléger, ère** adj, n • A3 • Soudure avec *super*.
**superlourd, ourde** adj, n • A3 • Soudure avec *super*.
**superman** nm (anglic.), **des supermans** • B2 • Pluriel régulier. Les équivalents français sont *superhomme* ou *surhomme*.
**supermaniabilité** nf • A3 • Soudure avec *super*.
**supernova** nf, **des supernovas** • B2 • Plur. francisé régulier. Le pluriel étranger était : des *supernovæ.
**superordre** nm • A3 • Soudure avec *super*.
**superproduction** nf • A3 • Soudure avec *super*.
**superwelter** (anglic.) adj, nm • A3, A4 • Soudure. Rime avec *hiver*.
**superwoman** nf (anglic.), **des superwomans** • B2 • Pluriel rég. L'équivalent français est *superfemme*.
**supporteur, trice** n (anglic.) • G21 • Terminaison francisée.

---

**SUPRA-** (préfixe) • À souder • Le préfixe *supra* est censé être déjà toujours soudé, selon le *Rapport* du CSLF (et comme mentionné dans la règle A2). C'est ce que l'on constate dans les dictionnaires courants : *supraconducteur*, *supranational*, *suprasensible*, etc. Ces mots ne figurent pas ici, puisqu'ils sont déjà conformes. Cependant, le *TLF* et le *GDT* contiennent quelques mots avec *supra* ayant deux variantes : l'une soudée, l'autre avec trait d'union. Ils sont mentionnés ci-dessous pour confirmer leur soudure. Note : on ne soude pas devant *i* et *u*, pour éviter une prononciation défectueuse (*ai* et *au*).

**supraalvéolie** nf • À souder • Le préfixe *supra* doit toujours être soudé, même devant *a*.

**supraauxiliaire** adj • À souder • Le préfixe *supra* doit toujours être soudé, même devant *a*.

**supracaudal, ale** adj • À souder • Le préfixe *supra* doit toujours être soudé (CSLF) - relire A2 (page 18).

**supraconductivité** nf • À souder • Le préfixe *supra* doit toujours être soudé (CSLF) - relire A2 (page 18).

**supraconscience** nf • À souder • Le préfixe *supra* doit toujours être soudé (CSLF) - relire A2.

**supraconscient, ente** adj • À souder • Le préfixe *supra* doit toujours être soudé (CSLF) - relire A2.

**supraconstitutionnel, elle** adj • À souder • Le préfixe *supra* doit toujours être soudé (CSLF) - relire A2.

**supraépineux, euse** adj • À souder • Le préfixe *supra* doit toujours être soudé (CSLF) - relire A2.

**supraéruption** nf • À souder • Le préfixe *supra* doit toujours être soudé (CSLF) - relire A2 (page 18).

**suprafonctionnalité** nf • À souder • Le préfixe *supra* doit toujours être soudé (CSLF) - relire A2.

**suprahumain, suprahumaine** adj • À souder • Le préfixe *supra* doit être soudé (CSLF) - relire A2.

**supra-impérialisme** nm • Inchangé • Exception : trait d'union entre *a* et *i* pour éviter *ai* ou *aim*.

**supra-individuel, elle** adj • Inchangé • Exception : trait d'union maintenu entre *a* et *i* pour éviter *ain*.

**supra-information** nf • Inchangé • Exception : trait d'union entre *a* et *i* pour éviter *ai* ou *ain*.

**supraliminaire** adj • À souder • Le préfixe *supra* doit toujours être soudé (CSLF) - relire A2 (page 18).

**supramondain, aine** adj • À souder • Le préfixe *supra* doit toujours être soudé (CSLF) - relire A2.

**supranaturel, elle** adj • À souder • Le préfixe *supra* doit toujours être soudé (CSLF) - relire A2.

**supranormal, ale** adj • À souder • Le préfixe *supra* doit toujours être soudé (CSLF) - relire A2.

**supraoptique** adj • À souder • Le préfixe *supra* doit toujours être soudé, même devant *o*.

**supraorbital, ale** adj • À souder • Le préfixe *supra* doit toujours être soudé (CSLF) - relire A2 (page 18).

**supraorthographique** adj • À souder • Le préfixe *supra* doit toujours être soudé (CSLF) - relire A2.

**suprarationel, elle** adj • À souder • Le préfixe *supra* doit toujours être soudé (CSLF) - relire A2.

**supraréel, supraréelle** adj • À souder • Le préfixe *supra* doit toujours être soudé (CSLF) - relire A2.

**suprasegmental, ale** adj • À souder • Le préfixe *supra* doit toujours être soudé (CSLF) - relire A2.

**suprasocial, ale** adj • À souder • Le préfixe *supra* doit toujours être soudé (CSLF) - relire A2 (page 18).

**suprastructure** nf • À souder • Le préfixe *supra* doit toujours être soudé (CSLF) - relire A2 (page 18).

**supratentoriel, elle** adj • À souder • Le préfixe *supra* doit toujours être soudé (CSLF) - relire A2.

**supraterrestre** adj, n • À souder • Le préfixe *supra* doit toujours être soudé (CSLF) - relire A2 (page 18).

**supraventriculaire** adj • À souder • Le préfixe *supra* doit toujours être soudé (CSLF) - relire A2.

**sûr** « certain » adj : masc. plur. **surs** ; fém. **sure, sures** ; mais masc. sing. **sûr** • C2 • Selon le *Rapport* du CSLF, l'accent est conservé uniquement au masculin singulier (même règle que pour *dû*), y compris dans l'expression *bien sûr*. Certains auraient aimé que le *Rapport* publié maintienne l'accent circonflexe en tout temps sur cet adjectif. Dans l'usage, chacun est libre de maintenir l'accent, puisque ni les graphies anciennes ni les graphies nouvelles ne sont fautives.

**sur** « aigre, non sucré, acide » adj : masc. **sur, surs** ; fém. **sure, sures** • Inchangé • Non touché par les règles.

**sur** « dessus » préposition • Inchangé • Non touché par les règles.

**SUR-** (préfixe) • À souder • Le préfixe *sur* est censé être déjà toujours soudé, selon le *Rapport* du CSLF (et comme mentionné dans la règle A2). C'est ce que l'on constate dans les dictionnaires courants : *suractivité, surclasser, surhumain, surimposition, surnatalité,* etc. Ces mots ne figurent pas ici, puisqu'ils sont déjà conformes. Cependant, le *TLF* et le *GDT* contiennent quelques mots avec *sur* ayant deux variantes : l'une soudée, l'autre avec trait d'union. Ils sont mentionnés ci-dessous. Note : on ne soude pas devant un nom propre avec majuscule.

**suraccentuation** nf • À souder • Le préfixe *sur* doit toujours être soudé (CSLF).

**suradministration** nf • À souder • Le préfixe *sur* doit toujours être soudé (CSLF).

**suradministré, ée** adj • À souder • Le préfixe *sur* doit toujours être soudé (CSLF).

**suraigu, suraigüe** adj • C3 • Au féminin, tréma sur le *u* (et non sur le *e* muet).

---

**suramortissement** nm • À souder • Le préfixe *sur* doit toujours être soudé (CSLF).
**suramplification** nf • À souder • Le préfixe *sur* doit toujours être soudé (CSLF).
**surarmé, ée** adj • À souder • Le préfixe *sur* doit toujours être soudé (CSLF) - relire A2 (page 18).
**surbourgeois, oise** n • À souder • Le préfixe *sur* doit toujours être soudé (CSLF) - relire A2 (page 18).
**surcout** nm • C2 • L'accent circonflexe disparait sur *u*.
**surcroit** nm • C2 • L'accent circonflexe disparait sur *i*.
**surdépassement** nm • À souder • Le préfixe *sur* doit toujours être soudé (CSLF) - relire A2 (page 18).
**surdimensionné, ée** adj • À souder • Le préfixe *sur* doit toujours être soudé (CSLF).
**surdimutité** nf • A3 • Soudure avec *surdi* (préfixe savant).
**surement** adv • C2 • L'accent circonflexe disparait sur *u*.
**suremphase** nf • À souder • Le préfixe *sur* doit toujours être soudé (CSLF) - relire A2 (page 18).
**surenroulement** nm • À souder • Le préfixe *sur* doit toujours être soudé (CSLF) - relire A2 (page 18).
**surentrainement** nm • C2 • L'accent circonflexe disparait sur *i*. Le préfixe *sur* doit être soudé.
**surentrainer** v • C2 • L'accent circonflexe disparait sur *i*. Le préfixe *sur* doit être soudé.
**surespacer** v • À souder • Le préfixe *sur* doit toujours être soudé (CSLF) - relire A2 (page 18).
**sureté** nf • C2 • L'accent circonflexe disparait sur *u*.
**surêtre** nm • À souder • Le préfixe *sur* doit toujours être soudé (CSLF) - relire A2 (page 18).
**surexposition** nf • À souder • Le préfixe *sur* doit toujours être soudé (CSLF) - relire A2 (page 18).
**surfécondité** nf • À souder • Le préfixe *sur* doit toujours être soudé (CSLF) - relire A2 (page 18).
**suricate** nm (au lieu de *surikate) • G10 • Entre les deux, choisir *c* et non *k*.
**surinformation** nf • À souder • Le préfixe *sur* doit toujours être soudé (CSLF).
**surirritation** nf • À souder • Le préfixe *sur* doit toujours être soudé (CSLF) - relire A2 (page 18).
**surjeter** v, conjugaison (**il surjette**) VOIR **jeter** • Inchangé • Exception D1 : double *t* devant « *e* muet ».
**surlangage** nm • À souder • Le préfixe *sur* doit toujours être soudé (CSLF) - relire A2 (page 18).
**surlangue** nf • À souder • Le préfixe *sur* doit toujours être soudé (CSLF) - relire A2 (page 18).
**surmaillot** nm • À souder • Le préfixe *sur* doit toujours être soudé (CSLF) - relire A2 (page 18).
**surmoi** nm, **des surmois** • À souder et G18 • Le préfixe *sur* doit toujours être soudé (CSLF) - relire A2. Choisir le pluriel régulier.
**surnappe** nf • À souder • Le préfixe *sur* doit toujours être soudé (CSLF) - relire A2 (page 18).
**surnettoyage** nm • À souder • Le préfixe *sur* doit toujours être soudé (CSLF) - relire A2 (page 18).
**surocclusion** nf • À souder • Le préfixe *sur* doit toujours être soudé (CSLF) - relire A2 (page 18).
**suroit** « vent du sud-ouest » nm • C2 • L'accent circonflexe disparait sur *i*. S'oppose à *noroit*.
**suroscillation** nf • Inchangé • Ce mot avec le préfixe *sur* est toujours soudé, selon nos sources.
**surouvrier, surouvrière** n • À souder • Le préfixe *sur* doit toujours être soudé (CSLF).
**surpiqure** nf • C2 • L'accent circonflexe disparait sur *u*.
**surplace** nm • G19 • Choisir la graphie soudée. Dans l'expression : *faire du surplace*.
**surprise-partie** nf, **des surprises-parties** • B2, G20 • Choisir **surprise-partie** et non *surprise-party.
**surproduction** nf • Inchangé • Ce mot avec le préfixe *sur* est toujours soudé, selon nos sources.
**surprolétaire** n • À souder • Le préfixe *sur* doit toujours être soudé (CSLF) - relire A2 (page 18).
**surprotéger** v, **je surprotègerai, surprotègerais** • C1 • Accent grave au futur et au conditionnel.
**surrécolte** nf • À souder • Le préfixe *sur* doit toujours être soudé (CSLF) - relire A2 (page 18).
**surrèglementation** nf • C1 • Accent grave. Le préfixe *sur* doit être soudé. Voir *règlementation*.
**surremise** nf • À souder • Le préfixe *sur* doit toujours être soudé (CSLF) - relire A2 (page 18).
**surrénalostimuline** nf • A3 • Soudure avec *surrénalo* (préfixe savant).
**surreprésentation** nf • À souder • Le préfixe *sur* doit toujours être soudé (CSLF) - relire A2 (page 18).
**surreprésenté, ée** adj • À souder • Le préfixe *sur* doit toujours être soudé (CSLF) - relire A2 (page 18).
**sursécrétion** nf • À souder • Le préfixe *sur* doit toujours être soudé (CSLF) - relire A2 (page 18).
[anc. *surseoir, je *surseoirai...] VOIR **sursoir (je sursoirai...)** • F2 • Le *e* disparait.
**sursoir** (au lieu de *surseoir) v, **je sursoirai, sursoirais** • F2 • Le CSLF élimine le *e* inutile dans l'infinitif et dans la conjugaison (au futur et au conditionnel).
**sursol** nm • À souder • Le préfixe *sur* doit toujours être soudé (CSLF) - relire A2 (page 18).
**surspécialisation** nf • À souder • Le préfixe *sur* doit toujours être soudé (CSLF) - relire A2 (page 18).

**surspécialisé**, **ée** adj • À souder • Le préfixe *sur* doit toujours être soudé (CSLF) - relire A2 (page 18).
**surspécialité** nf • À souder • Le préfixe *sur* doit toujours être soudé (CSLF) - relire A2 (page 18).
**surtitre** nm • À souder • Le préfixe *sur* doit toujours être soudé (CSLF) - relire A2 (page 18).
**surtravail** nm • À souder • Le préfixe *sur* doit toujours être soudé (CSLF) - relire A2 (page 18).
**surutilisation** nf • À souder • Le préfixe *sur* doit toujours être soudé (CSLF) - relire A2 (page 18).
**surutiliser** v • À souder • Le préfixe *sur* doit toujours être soudé (CSLF) - relire A2 (page 18).
**SUS-** (élément, de l'adverbe *sus* signifiant « au-dessus, ci-dessus, plus haut ») • Attention • Les mots avec *sus-* ne sont pas tous soudés. Cependant, quand deux variantes coexistent pour un même mot, choisir celle qui est soudée. Seuls les cas qui variaient d'un dictionnaire à l'autre sont signalés ici. Pour les autres mots, il suffit de consulter un dictionnaire récent.
**susdénommé**, **ée** adj, n • G19 • Choisir la soudure. Voir l'explication sur *sus-*.
**susvisé**, **ée** adj (au lieu de *sus-visé) • G19 • Choisir la soudure. Voir l'explication sur *sus-*.
[anc. *sûtra ou *sutra ou *soûtra] VOIR **soutra** • C2, G9 • Voir l'explication sur *soutra*.
**svastika** (au lieu de *swastika) • G15 • La prononciation des deux variantes était la même : « v ».
**sweateur** nm (anglic.) • G21 • Terminaison *-eur* dans les travaux des éditions Le Robert.
**sweatshirt** (anglic.) nm (au lieu de *sweat-shirt) • A4 • Soudure (mot étranger).
**sympa** adj, plur. : **sympas** • G18 • De nos jours, les dictionnaires donnent un pluriel régulier.
**sympathicomimétique** adj • A3 • Soudure avec *sympathico* (préfixe savant).
**sympathicotonique** n • A3 • Soudure avec *sympathico* (préfixe savant).
**symposium** nm, **des symposiums** • B2 • Francisation : pluriel régulier.
**synchisis** nm (au lieu de *synchysis) • G20 • Entre les deux, choisir *-chi-* et non *-chy-*.
**synchrocomparateur** nm • A3 • Soudure avec *synchro* (préfixe savant).
**synchrocoupleur** nm • A3 • Soudure avec *synchro* (préfixe savant).
**synchrodéphaseur** nm • A3 • Soudure avec *synchro* (préfixe savant).
**synchroémetteur** nm • A3 • Soudure avec *synchro* (préfixe savant), même devant *é*.
**synchromachine** nf • A3 • Soudure avec *synchro* (préfixe savant).
**synchronumérique** adj • A3 • Soudure avec *synchro* (préfixe savant).
**synchrophasemètre** nm • A3 • Soudure avec *synchro* (préfixe savant).
**synchrorécepteur** nm • A3 • Soudure avec *synchro* (préfixe savant).
**synchroruban** nm • A3 • Soudure avec *synchro* (préfixe savant).
**synchrotrame** nf • A3 • Soudure avec *synchro* (préfixe savant).
**synchrotransformateur** nm • A3 • Soudure avec *synchro* (préfixe savant).
**synchrotransmetteur** nm • A3 • Soudure avec *synchro* (préfixe savant).
**synchrotrigonomètre** nm • A3 • Soudure avec *synchro* (préfixe savant).
**syntacticosémantique** adj • A3 • Soudure avec *syntactico* (préfixe savant).

# T

**tabès** nm (au lieu de *tabes) • C4 • Francisation : accent grave.
**tacheter** v, **je tachète**, **tachèterai**, **tachèterais** • D1 • Conjugaison *-ète* au lieu de *-ette*.
**taconéos** nm plur. (au lieu de *taconeos) • C4 • Francisation : accent aigu.
**tactac** nm, **des tactacs** • A4 • Soudure (onomatopée) et pluriel régulier.
**tædium vitæ** nm, **des tædiums vitæ** • B2 • Pluriel régulier.
**taekwondo** nm • A4 • Soudure (mot étranger).
**tael** nm (au lieu de *taël) • G1 • La graphie sans tréma est celle que l'on rencontre le plus fréquemment dans les dictionnaires (même prononciation). Avis favorable des travaux des éditions Le Robert.
[anc. *tænia] VOIR **ténia** • G5 • Entre les deux formes existantes, choisir *é* et non *æ*.
[anc. *tagliatelles] VOIR **taliatelle** • B2, G22 • Voir l'explication sur *taliatelle*.
**taguer** v (au lieu de *tagger) • G20 • Dessiner des tags, ou (fam.) toucher qqn en jouant à la tague.
**tagueur**, **euse** n (au lieu de *tagger) • G20, G21 • Entre les deux, choisir la graphie francisée. Nom donné aux personnes qui dessinent des tags.
**taïchi** nm, **des taïchis** • A4, G20 • Soudure (mot étranger). Choisir le tréma (non ambigu à la lecture).
**taïchichuan** nm, **des taïchichuans** • A4, G20 • Soudure. Choisir avec tréma (non ambigu à la lecture).

**taille-blé** nm, **des taille-blés** • B1 • Singulier et pluriel réguliers.
**taille-bordure** nm, **des taille-bordures** • B1 • Singulier et pluriel réguliers.
**taille-crayon** nm, **des taille-crayons** • B1 • Singulier et pluriel réguliers.
**taille-douce** nf, **des tailles-douces** • Inchangé • Ce mot n'est pas touché par la règle B1. Il est construit avec le nom *une taille* (en gravure) et non le verbe *tailler*.
**taille-filet** nm, **des taille-filets** • B1 • Singulier et pluriel réguliers.
**taille-haie** nm, **des taille-haies** • B1 • Singulier et pluriel réguliers.
**taille-légume** nm, **des taille-légumes** • B1 • Singulier et pluriel réguliers.
**taille-mèche** nm, **des taille-mèches** • B1 • Singulier et pluriel réguliers.
**taille-mer** nm, **des taille-mers** • B1 • Singulier et pluriel réguliers.
**taille-mine** nm, **des taille-mines** • B1 • Singulier et pluriel réguliers.
**taille-ongle** nm, **des taille-ongles** • B1 • Singulier et pluriel réguliers.
**taille-pré** nm, **des taille-prés** • B1 • Singulier et pluriel réguliers.
**taille-racine** nm, **des taille-racines** • B1 • Singulier et pluriel réguliers.
**taille-vent** nm, **des taille-vents** • B1 • Singulier et pluriel réguliers.
**takeoff** nm (anglic.), **des takeoffs** • A4, B2 • Soudure et pluriel régulier. Préférer un terme français.
**talet** nm (au lieu de *taleth) • G2 • Choisir sans *h*. On dit aussi *talit*. Autrefois, on pouvait dire *taled*.
**taliatelle** nf, **des taliatelles** (au lieu de *tagliatelles) • B2, G22 • Le *Rapport* du CSLF recommande **taliatelle** (francisée et plus conforme à la prononciation).
**talipot** nm (au lieu de *tallipot) • G17 • Entre les deux, choisir un seul *l*.
**talit** nm (au lieu de *tallith ou *talith ou *tallit) • G2, G17 • Choisir sans *h* et un seul *l*. On dit aussi *talet*.
**talkiewalkie** nm (anglic.), **des talkiewalkies** • A4 • Soudure. On dit aussi *walkietalkie*.
**talkshow** nm (anglic.), **des talkshows** • A4 • Soudé dans la liste du RENOUVO (de 2003).
[anc. *tallipot] VOIR **talipot** • G17 • Entre les deux, choisir la variante avec un seul *l*.
**talweg** nm (au lieu de *thalweg) • G2 • Entre les deux variantes, choisir sans *h*. Pas touché par G15.
**tamtam** nm, **des tamtams** • A4 • Soudure (onomatopée) et pluriel régulier.
**tanin** nm (au lieu de *tannin) • G17 • Entre les deux, choisir un seul *n*.
**tanique** adj (au lieu de *tannique) • G17 • Entre les deux, choisir un seul *n*.
**tanisage** nm (au lieu de *tannisage) • G17 • Entre les deux, choisir un seul *n*.
**taniser** v (au lieu de *tanniser) • G17 • Entre les deux, choisir un seul *n*.
**tansad** nm (anglic.) • A4 • Soudure selon les travaux des éditions Le Robert.
**taoïsme** nm (au lieu de *taôisme) • G1, G20 • Les travaux des éditions Le Robert choisissent favorablement **taoïsme**.
**taoïste** n (au lieu de *taôiste) • G1, G20 • Les travaux des éditions Le Robert choisissent favorablement **taoïste**.
**tape-à-l'oeil** adj inv, nm inv • Inchangé • Ce mot n'est pas construit sur le modèle « verbe + nom » (B1), mais « verbe + préposition (*à*) + article singulier + nom » (le déterminant singulier bloque la formation du pluriel).
**tapecul** nm • G19 • Choisir la graphie soudée. Le CSLF le confirme.
**tape-marteau** nm, **des tape-marteaux** • B1 • Singulier et pluriel réguliers.
**tar** « luth, tambour » nm (au lieu de *târ) • G1 • Entre les deux graphies, choisir celle sans accent.
**tara** nm (au lieu de *târa) • G1 • Entre les deux graphies, choisir celle sans accent.
**tarbouche** nm • G20 • La graphie avec *-e* final est non ambigüe.
**tarsométatarsien, enne** adj • A3 • Soudure avec *tarso* (préfixe savant).
**tartignole** adj • D3 • Un seul *l*.
**tartufe** adj, nm (au lieu de *tartuffe) • G17 • Entre les deux, choisir un seul *f*.
**tartuferie** nf (au lieu de *tartufferie) • G17 • Entre les deux, choisir un seul *f*.
**taskforce** nf (anglic.), **des taskforces** • A4 • Préférer un terme plus français : *force opérationnelle*, *groupe de travail* ou *d'étude*.
**tasse-braise** nm, **des tasse-braises** • B1 • Singulier et pluriel réguliers. Nom masculin formé avec le verbe *tasser*. Synonyme de *bourre-pipe*.
**tasse-mouture** nm, **des tasse-moutures** • B1 • Singulier et pluriel réguliers. Nom masculin formé avec le verbe *tasser*. Synonyme de *presse-mouture*.

**tastevin** nm, **des tastevins** • G19 • Choisir la graphie soudée attestée dans le *TLF* et le *GDT*.

**tatami** nm, **des tatamis** • B2 • Francisation : pluriel régulier.

**tâte-vin** nm, **des tâte-vins** • B1 • Singulier et pluriel réguliers.

**tau** nm, **des taus** • B2 • Pluriel régularisé. Lettre grecque ou croix de St-Antoine. Ne pas confondre avec *taux* (prix, rapport) ou *taud* (toile).

**tavaïole** nf • D3 • Un seul *l*.

**taveler** v, **je tavèle**, **tavèlerai**, **tavèlerais** • D1 • Conjugaison *-èle* au lieu de *-elle*.

**taxigirl** nf (anglic.) • A4 • Soudure (mot étranger). Préférer un terme français comme *entraineuse (de cabaret)*.

**taximan** nm, **des taximans** • B2 • Pluriel régulier. Belgicisme ou africanisme.

**taxum** nm, **des taxums** • B2 • Francisation : pluriel régulier. Le pluriel étranger était : des *taxa.

**tchao** (au lieu de *ciao ou *chao) interj • G20 • Avis favorable des travaux des éditions Le Robert.

**tchervonets** nm, **des tchervonets** • B2 • Francisation : pluriel régulier.

**tchintchin** interj • A4 • Soudure (onomatopée).

**Te Deum** nm • Valeur de citation (B2, C4) • Deux premiers mots d'un hymne en latin. Les rectifications les laissent donc inchangés (sans accents et invariables, italique possible). Voir page 38.

**tearoom** nm (anglic.), **des tearooms** • A4 • Préférer un terme plus français : *salon de thé*.

**technicoadministratif**, **ive** adj • A3 • Soudure avec *technico* (préfixe savant), même devant *a*.

**technicocommercial**, **ale** adj, n (au lieu de *technico-commercial) • A3 • Soudure avec *technico* (préfixe savant), même devant *co*.

**technicoéconomique** adj • A3 • Soudure avec *technico* (préfixe savant), même devant *é*.

**technicoorganisationnel**, **elle** adj • A3 • Soudure avec *technico*, même s'il y a rencontre de deux *o*.

**technicoscientifique** adj • A3 • Soudure avec *technico* (préfixe savant).

**technobureaucratique** adj • A3 • Soudure avec *techno* (préfixe savant).

**technoéconomique** adj • A3 • Soudure avec *techno* (préfixe savant), même devant *é*.

**technoscience** nf • Inchangé • Ce mot était déjà soudé, selon nos sources.

**technoscientifique** adj • Inchangé • Ce mot était déjà soudé, selon nos sources.

**technoterrorisme** nm • A3 • Soudure avec *techno* (préfixe savant).

**tectospinal**, **ale** adj • A3 • Soudure avec *tecto* (préfixe savant).

**teddybear** nm (anglic.) • A4 • Soudure (mot étranger).

**teenageur** (anglic.) n (au lieu de *teen-ager) • A4, G21 • Soudure (mot étranger) et terminaison *-eur*. Le choix d'une forme potentielle au féminin ne relève pas des rectifications.

**teeshirt** nm (anglic.) • A4 • Soudure (mot étranger).

**téfillin** nm, **des téfillins** • B2, C4, G2, G16, G20 • On trouvait de multiples variantes : avec *th* ou *t*, avec ou sans accent aigu, avec *ph* ou *f* (*Littré*, *Petit Larousse*, *Dictionnaire Hachette*, *TLF*), avec *im* à la place de *in*, avec un pluriel invariable. Préférer **téfillin**.

**tek** nm (au lieu de *teck) • G12 • Entre les deux variantes en concurrence, préférer la plus simple.

**téléachat** nm • A3 • Soudure avec *télé* (préfixe savant), même devant *a*.

**télécommande** nf • A3 • Soudure avec *télé* (préfixe savant).

**téléconférence** nf • A3 • Soudure avec *télé* (préfixe savant).

**téléécriture** nf • A3 • Soudure avec *télé* (préfixe savant), même devant *é*.

**téléenseignement** nm • A3 • Soudure avec *télé* (préfixe savant), même devant *e*.

**téléévangéliste** n ou **télévangéliste** (selon la prononciation) • A3 • La règle A3 élimine le trait d'union de *télé-évangéliste : **téléévangéliste**. La variante **télévangéliste** (un seul *é*) est plus fréquente, mais l'haplologie (effacement d'un des deux *é*) ne relève pas d'une règle des rectifications.

**téléférage** nm (au lieu de *téléphérage) • G16 • La graphie avec *f* figure en première position dans *Petit Robert* maintenant.

**téléférique** adj, nm (au lieu de *téléphérique) • G16 • Les deux graphies coexistaient. Celle avec *f* figure en première position dans *Petit Robert* maintenant.

**téléfilm** nm • A3 • Soudure avec *télé* (préfixe savant).

**téléimprimeur** nm • A3 • Soudure avec *télé* (préfixe savant), même devant *i*.

**téléjournal** nm • A3 • Soudure avec *télé*. Pluriel : *des téléjournaux*.

**télémarkéting** (ou **télémarketing**, selon la prononciation) nm • A3, C4 • Soudure avec *télé*, et l'accent est ajouté si désiré. Voir la remarque sur *markéting*.

**télémétrer** v, **je télémètrerai, télémètrerais** • C1 • Accent grave au futur et au conditionnel.
**téléobjectif** nm • A3 • Soudure avec *télé* (préfixe savant), même devant *o*.
**téléréalité** nf • A3 • Soudure avec *télé* (préfixe savant).
**téléroman** nm • Inchangé • Ce mot avec le préfixe *télé* était déjà soudé (A3), selon nos sources.
**télésérie** nf • Inchangé • Ce mot avec le préfixe *télé* était déjà soudé (A3), selon nos sources.
**téléthéâtre** nm • A3 • Soudure avec *télé* (préfixe savant).
**télévangéliste** n ou **téléévangéliste** (selon la prononciation) • Au choix • Voir *téléévangéliste*.
**télougou** « langue » nm (au lieu de *telugu), **des télougous** • B2, C4, G9 • Préférer *ou* plutôt que *u*.
**tempéra (à** ou **à la)** VOIR **à tempéra** et **à la tempéra** • C4 • Accentuation pour franciser.
**tempérer** v, **je tempèrerai, tempèrerais** • C1 • Accent grave au futur et au conditionnel.
**tempo** (en musique) nm, **des tempos** • B2 • Francisation : pluriel régulier.
**temporobuccal, ale** adj • A3 • Soudure avec *temporo* (préfixe savant).
**temporomandibulaire** adj • A3 • Soudure avec *temporo* (préfixe savant).
**temporomassétérin, ine** adj, nm • A3 • Soudure avec *temporo* (préfixe savant).
**temporomastoïdien, enne** adj, nm • A3 • Soudure avec *temporo* (préfixe savant).
**temporomaxillaire** adj • A3 • Soudure avec *temporo* (préfixe savant).
**temporopariétal, ale** adj • A3 • Soudure avec *temporo* (préfixe savant).
**tender** « fourgon, wagon ou navire » nm • Inchangé • Rime avec *hiver*. La règle G21 ne s'applique pas.
**ténia** nm (au lieu de *tænia) • G5 • Entre les deux graphies coexistantes, choisir *é* plutôt que æ.
**tennisman** nm (anglic.), **des tennismans** • B2 • Pluriel régulier.
**tenniswoman** nf (anglic.), **des tenniswomans** • B2 • Pluriel régulier.
**ténorino** nm, **des ténorinos** • C4 • Francisation : accent aigu.
**tensioactif, ive** adj • A3 • Soudure avec *tensio* (préfixe savant), même devant *a*.
**tensioactivité** nf • A3 • Soudure avec *tensio* (préfixe savant), même devant *a*.
**tensiofissuromètre** nm • A3 • Soudure avec *tensio* (préfixe savant).
**ténuto** adv • C4 • Francisation : accent aigu.
**téocali** nm (au lieu de *teocali ou *teocalli) • C4, G17 • Accent aigu. Nina Catach a recommandé de choisir un seul *l* (comme dans *Petit Larousse*), malgré l'étymologie. Était dans la liste du RENOUVO.
**téorbe** nm (au lieu de *théorbe) • G2 • Entre les deux variantes coexistantes, choisir sans *h*.
[anc. *tephillin, *téphillin, *tefillin, etc.] VOIR **téfillin** • B2, C4, G16 • Voir les détails sur **téfillin**.
**tépidarium** nm, **des tépidariums** • B2, C4 • Francisation : pluriel régulier et accent aigu.
**téquila** nf • C4 • Francisation : accent aigu.
**téraeuro** nm, **des téraeuros** • A3 • Soudure avec *téra* (préfixe savant), même devant *e* ou *eu*.
**térawattheure** nm, **des térawattheures** • Inchangé • Était déjà écrit soudé, selon nos sources.
**térébellum** nm • C4 • Francisation : accents aigus.
**terminolatéral, ale** adj • A3 • Soudure avec *termino* (préfixe savant).
**terminoterminal, ale** adj • A3 • Soudure avec *termino* (préfixe savant).
**terreplein** nm, **des terrepleins** • A5 • Le *Rapport* du CSLF soude ce mot.
**terzarima** nf, **des terzarimas** • A4, B2 • Soudure (dans *TLF*) et pluriel régulier.
**têtebêche** adv • A5 • Les travaux des éditions Le Robert soudent ce mot.
**téter** v, **je tèterai, tèterais** • C1 • Accent grave au futur et au conditionnel.
**tèterelle** nf • C1 • Accent grave et non accent aigu.
**teufteuf** nm, **des teufteufs** • A4 • Soudure (onomatopée) et pluriel régulier.
**texmex** nm, **des texmex** • A4 • Soudure (mot étranger).
**thaï, thaïe** « relatif à la Thaïlande » adj, plur. : **thaïs, thaïes** • B2, G20 • Pluriel régulier. Préférer le féminin régulier plus français : *thaïe*.
**thaï** « langue » nm, **des thaïs** • B2 • Francisation : pluriel régulier au lieu du pluriel invariable.
**Thaï, Thaïe** « personne qui est née ou qui habite en Thaïlande » n, **des Thaïs, Thaïes** • B2, G20 • Voir l'explication sur *thaï*.
[anc. *thalweg] VOIR **talweg** • G2 • Sans *h*. Aucune variante avec *v* (la règle G15 ne s'applique pas).
**théâtrothérapie** nf • A3 • Soudure avec *théâtro* (préfixe savant).
**théologicométaphysique** adj • A3 • Soudure avec *théologico* (préfixe savant).

***** : graphie ancienne à ne plus utiliser; **A1, A2, A3, B1...** : codes qui renvoient aux règles p. 17 à 34; **anc.** : anciennement; **anglic.** : anglicisme à éviter; **CSLF** : Conseil supérieur de la langue (voir bibliogr.).

**thermoablation** nf • A3 • Soudure avec *thermo* (préfixe savant), même devant *a*.
**thermoaccumulateur** nm • A3 • Soudure avec *thermo* (préfixe savant), même devant *a*.
**thermoactivation** nf • A3 • Soudure avec *thermo* (préfixe savant), même devant *a*.
**thermoaéromètre** nm • A3 • Soudure avec *thermo* (préfixe savant), même devant *a*.
**thermoalgésique** adj • A3 • Soudure avec *thermo* (préfixe savant), même devant *a*.
**thermoanalgésie** nf • A3 • Soudure avec *thermo* (préfixe savant), même devant *a*.
**thermoanesthésie** nf • A3 • Soudure avec *thermo* (préfixe savant), même devant *a*.
**thermoanticoagulant** nm • A3 • Soudure avec *thermo* (préfixe savant), même devant *a*.
**thermocollant, ante** adj • A3 • Soudure avec *thermo* (préfixe savant).
**thermocompression** nf • A3 • Soudure avec *thermo* (préfixe savant).
**thermocouple** nm • A3 • Soudure avec *thermo* (préfixe savant).
**thermodensimètre** nm • A3 • Soudure avec *thermo* (préfixe savant).
**thermoélasticité** nf • A3 • Soudure avec *thermo* (préfixe savant), même devant *é*.
**thermoélastique** adj • A3 • Soudure avec *thermo* (préfixe savant), même devant *é*.
**thermoélectricité** nf • A3 • Soudure avec *thermo* (préfixe savant), même devant *é*.
**thermoélectrique** adj • A3 • Soudure avec *thermo* (préfixe savant), même devant *é*.
**thermoélectrogénérateur** nm • A3 • Soudure avec *thermo* (préfixe savant), même devant *é*.
**thermoesthésie** nf • A3 • Pas de trait d'union avec *thermo*. Le *o* et le *e* ne sont pas ligaturés (non fusionnés en œ). On dit aussi *thermesthésie*.
**thermoesthésimètre** nm • A3 • En un mot : pas de trait d'union avec *thermo*.
**thermo-ionique** adj • Inchangé • Exception A3 : trait d'union maintenu entre *o* et *i* pour éviter *oi*. On trouve souvent de nos jours *thermoïonique* : le tréma est un autre procédé possible pour éviter le son « oi ». Certains critiquent ce mot de vocabulaire et préfèrent *thermoélectronique*.
**thermolabile** adj • A3 • Soudure avec *thermo* (préfixe savant).
**thermomousse** nf • A3 • Soudure avec *thermo* (préfixe savant).
**thermooptique** adj • A3 • Soudure avec *thermo* (préfixe savant), même s'il y a rencontre de deux *o*.
**thermoosmose** nf • A3 • Soudure avec *thermo* (préfixe savant), même s'il y a rencontre de deux *o*.
**thermoplongeur** nm • A3 • Soudure avec *thermo* (préfixe savant).
**thermopompe** nf • Inchangé • Ce mot avec le préfixe *thermo* était déjà soudé (A3), selon nos sources.
**thermorégulateur** nf • A3 • Soudure avec *thermo* (préfixe savant).
**thermorégulation** nf • A3 • Soudure avec *thermo* (préfixe savant).
**thermosonde** nf • A3 • Soudure avec *thermo* (préfixe savant).
**thermosoudable** adj • A3 • Soudure avec *thermo* (préfixe savant).
**thermotimbre** nm • A3 • Soudure avec *thermo* (préfixe savant).
**thermotransfert** nm • A3 • Soudure avec *thermo* (préfixe savant).
**thésaurus** nm • C4 • Francisation : accent aigu.
**thêta** nm, **des thêtas** • B2 • Pluriel régularisé. Lettre de l'alphabet grec.
**thioalcool** nm • A3 • Soudure avec *thio* (préfixe savant), même devant *a*.
**thioantimoniate** nm • A3 • Soudure avec *thio* (préfixe savant), même devant *a*.
**thiocombinaison** nf • A3 • Soudure avec *thio* (préfixe savant).
**thioliaison** nf • A3 • Soudure avec *thio* (préfixe savant).
**thio-uracile** nm • Inchangé • Exception A3 : trait d'union maintenu entre *o* et *u* pour éviter *ou*.
**thio-urée** nf • Inchangé • Exception A3 : trait d'union maintenu entre *o* et *u* pour éviter *ou*.
**tholos** nf, **des tholos** • B2 • Francisation : pluriel régulier. Il existait un pluriel étranger : des *tholoi.
**thoracicolombaire** adj • A3 • Soudure avec *thoracico* (préfixe savant).
**thoracoabdominal, ale** adj • A3 • Soudure avec *thoraco* (préfixe savant), même devant *a*.
**thoracophrénolaparotomie** nf • A3 • Soudure de l'ancienne forme *thoraco-phréno-laparotomie.
**thrilleur** « film ou roman à sensations fortes » nm (anglic.) • G21 • Terminaison *-eur*.
**thromboangéite** nf • A3 • Soudure avec *thrombo* (préfixe savant), même devant *a*.
**thromboangiose** nf • A3 • Soudure avec *thrombo* (préfixe savant), même devant *a*.
**thromboartérite** nf • A3 • Soudure avec *thrombo* (préfixe savant), même devant *a*.
**thromboélastogramme** nm • A3 • Soudure avec *thrombo* (préfixe savant), même devant *é*.

**thromboélastographe** nm • A3 • Soudure avec *thrombo* (préfixe savant), même devant *é*.
**thromboélastographie** nf • A3 • Soudure avec *thrombo* (préfixe savant), même devant *é*.
**thromboembolie** nf • A3 • Soudure avec *thrombo* (préfixe savant), même devant *e*.
**thromboembolique** nm • A3 • Soudure avec *thrombo* (préfixe savant), même devant *e*.
**thromboendartériectomie** nf • A3 • Soudure avec *thrombo* (préfixe savant), même devant *e*.
**thromboendartérite** nf • A3 • Soudure avec *thrombo* (préfixe savant), même devant *e*.
**thrombophlébite** nf • A3 • Soudure avec *thrombo* (préfixe savant).
**thrombotest** nm • A3 • Soudure avec *thrombo* (préfixe savant).
**thrombotube** nm • A3 • Soudure avec *thrombo* (préfixe savant).
[anc. *thune] VOIR **tune** « argent, pièce de cinq francs » • G2 • Choisir la variante sans *h*.
[anc. *thurne] VOIR **turne** « chambre (argot scolaire) » • G2 • Voir l'explication sur *turne*.
**thymoanaleptique** adj, nm • A3 • Soudure avec *thymo* (préfixe savant), même devant *a*.
**thyroarythénoïdien, enne** adj • A3 • Soudure avec *thyro* (préfixe savant), même devant *a*.
**thyrobicervicoscapulaire** adj • A3 • Soudure de l'ancienne forme * thyro-bicervico-scapulaire.
**thyroépiglottique** adj • A3 • Soudure avec *thyro* (préfixe savant), même devant *é*.
**thyrohyoïdien, enne** adj, nm • A3 • Soudure avec *thyro* (préfixe savant), même devant *h*.
**thyrolinguofacial, ale** adj • A3 • Soudure de l'ancienne forme *thyro-linguo-facial.
**tibiopéronier, ère** adj • A3 • Soudure avec *tibio* (préfixe savant).
**tibiotarsien, enne** adj, nf • A3 • Soudure avec *tibio* (préfixe savant).
**tictac**, interj, nm, **des tictacs** • A4 • Soudure (onomatopée) et pluriel régulier.
**tictactoc** nm, **des tictactocs** • A4 • Soudure (onomatopée) et plur. rég. Jeu de société avec les mains.
**tictactoe** nm, **des tictactoes** • A4 • Soudure (mot étranger). Jeu à neuf cases pour deux joueurs.
**tiebreak** nm (anglic.), **des tiebreaks** • A4 • Préférer un terme plus français : *bris d'égalité* ou *jeu décisif*.
**tiedye** nm (anglic.), **des tiedyes** • A4 • Préférer un terme plus français : *teinture au nœud*.
**tifosi** n, **des tifosis** • B2 • Francisation : singulier et pluriel réguliers.
**tiper** v • G17 • Un *p*. Donner un pourboire (anglic.). Autre sens : taper sur caisse enregistreuse (Suisse).
**tire-au-cul** n inv • Inchangé • Ce mot n'est pas construit sur le modèle « verbe + nom » (B1), puisqu'il inclut une préposition.
**tire-au-flanc** n inv • Inchangé • Même explication que sur *tire-au-cul*.
**tire-balle** nm, **des tire-balles** • B1 • Singulier et pluriel réguliers.
**tire-bonde** nm, **des tire-bondes** • B1 • Singulier et pluriel réguliers.
**tire-botte** nm, **des tire-bottes** • B1 • Singulier et pluriel réguliers.
**tirebouchon** nm • A5 • Le CSLF soude, par cohérence avec *tirebouchonner*.
**tirebouchonnement** nm • A5 • Soudure, par uniformité avec les mots de sa famille.
**tirebouchonner** v • G19 • On trouvait les deux graphies dans *Petit Robert* en 1990. Le *Rapport* du CSLF a donc recommandé la forme soudée.
**tire-boule** nm, **des tire-boules** • B1 • Singulier et pluriel réguliers.
**tire-bourre** nm, **des tire-bourres** • B1 • Singulier et pluriel réguliers.
**tire-bouton** nm, **des tire-boutons** • B1 • Singulier et pluriel réguliers.
**tire-braise** nm, **des tire-braises** • B1 • Singulier et pluriel réguliers.
**tire-bronche** nm, **des tire-bronches** • B1 • Singulier et pluriel réguliers.
**tire-cendre** nm, **des tire-cendres** • B1 • Singulier et pluriel réguliers.
**tire-chalumeau** nm, **des tire-chalumeaux** • B1 • Singulier et pluriel réguliers.
**tire-clou** nm, **des tire-clous** • B1 • Singulier et pluriel réguliers.
**tire-corde** nm, **des tire-cordes** • B1 • Singulier et pluriel réguliers.
**tire-crampon** nm, **des tire-crampons** • B1 • Singulier et pluriel réguliers.
**tire-crin** nm, **des tire-crins** • B1 • Singulier et pluriel réguliers.
**tire-culasse** nm, **des tire-culasses** • B1 • Singulier et pluriel réguliers.
**tire-fesse** nm, **des tire-fesses** • B1 • Singulier et pluriel réguliers.
**tire-feu** nm, **des tire-feux** • B1 • Singulier et pluriel réguliers.
**tire-fil** nm, **des tire-fils** • B1 • Singulier et pluriel réguliers.
**tire-filet** nm, **des tire-filets** • B1 • Singulier et pluriel réguliers.

***** : graphie ancienne à ne plus utiliser; **A1, A2, A3, B1...** : codes qui renvoient aux règles p. 17 à 34; **anc.** : anciennement; **anglic.** : anglicisme à éviter; **CSLF** : Conseil supérieur de la langue (voir bibliogr.).

**tirefond** nm, **des tirefonds** • G19 • Choisir la graphie soudée. Le CSLF le confirme.
**tire-goupille** nm, **des tire-goupilles** • B1 • Singulier et pluriel réguliers.
**tire-laine** nm, **des tire-laines** • B1 • Singulier et pluriel réguliers.
**tire-lait** nm, **des tire-laits** • B1 • Singulier et pluriel réguliers.
**tire-lame** nm, **des tire-lames** • B1 • Singulier et pluriel réguliers.
**tire-langue** nm, **des tire-langues** • B1 • Singulier et pluriel réguliers.
**tirelarigot (à)** loc adv • A5 • Les travaux des éditions Le Robert soudent ce mot.
**tire-ligne** nm, **des tire-lignes** • B1 • Singulier et pluriel réguliers.
**tire-lisse** nm ou nf, **des tire-lisses** • B1 • Sing. et pluriel réguliers. Le *GDT* donne ce mot au masculin, les autres sources le disent féminin. On rencontre plus rarement la variante *tire-lice*, *des tire-lices*.
**tire-l'œil** nm inv • Inchangé • Ce mot n'est pas construit sur le modèle « verbe + nom » (B1), mais « verbe + article singulier + nom » (le déterminant singulier bloque la formation du pluriel).
**tire-noyau** nm, **des tire-noyaux** • B1 • Singulier et pluriel réguliers.
**tire-paille** nm, **des tire-pailles** • B1 • Singulier et pluriel réguliers.
**tire-pied** nm, **des tire-pieds** • B1 • Singulier et pluriel réguliers.
**tire-plomb** nm, **des tire-plombs** • B1 • Singulier et pluriel réguliers.
**tire-pointe** nm, **des tire-pointes** • B1 • Singulier et pluriel réguliers.
**tire-pousse** nm, **des tire-pousses** • B1 • Singulier et pluriel réguliers.
**tire-rail** nm, **des tire-rails** • B1 • Singulier et pluriel réguliers.
**tire-rideau** nm, **des tire-rideaux** • B1 • Singulier et pluriel réguliers.
**tire-rivet** nm, **des tire-rivets** • B1 • Singulier et pluriel réguliers.
**tire-sable** nm, **des tire-sables** • B1 • Singulier et pluriel réguliers.
**tire-sac** nm, **des tire-sacs** • B1 • Singulier et pluriel réguliers.
**tire-sangle** nm, **des tire-sangles** • B1 • Singulier et pluriel réguliers.
**tire-semence** nm, **des tire-semences** • B1 • Singulier et pluriel réguliers.
**tire-sève** nm, **des tire-sèves** • B1 • Singulier et pluriel réguliers.
**tire-sonde** nm, **des tire-sondes** • B1 • Singulier et pluriel réguliers.
**tire-sou** nm, **des tire-sous** • B1 • Singulier et pluriel réguliers.
**tire-terre** nm, **des tire-terres** • B1 • Singulier et pluriel réguliers.
**tire-veille** nm, **des tire-veilles** • B1 • Singulier et pluriel réguliers.
**tire-veine** nm, **des tire-veines** • B1 • Singulier et pluriel réguliers.
**tire-wagon** nm, **des tire-wagons** • B1 • Singulier et pluriel réguliers.
**tocade** nf • F2 • Dans sa liste des anomalies rectifiées, le CSLF demande explicitement d'écrire **tocade** au lieu de *toquade.
**tocante** « montre » nf • F2 • Sur le modèle de *tocade* (recommandé par le CSLF), choisir *c* au lieu de *qu* pour ce mot (les deux variantes coexistaient).
**tocard**, **tocarde** adj, n et nm • F2 • Choisir *c* au lieu de *qu* pour ce mot. Voir *tocante*.
**toccata** nf, **des toccatas** • B2 • Francisation : pluriel régulier.
**toctoc** interj, adj, nm, **des toctocs** • A4 • Soudure (onomatopée) et pluriel régulier.
**tofou** nm ou **tofu** • Au choix • On trouve *tofou* dans le *GDT*. Choisir selon la prononciation souhaitée.
**tohubohu** nm, **des tohubohus** • A4 • Soudure et pluriel régulier.
**tolérer** v, **je tolèrerai, tolèrerais** • C1 • Accent grave au futur et au conditionnel.
**tomawak** ou **tomahawk** nm • Au choix • Deux variantes acceptées (prononciations différentes).
**tomette** « petite brique de carrelage » nf (au lieu *tommette) • G17 • Choisir un seul *m*.
**tommy** nm, **des tommys** • B2 • Pluriel régulier.
**tomtom** nm, **des tomtoms** • A4 • Soudure et pluriel rég. Tambour (batterie de jazz). On dit aussi *tom*.
**tonca** « fruit d'un arbre » nm (au lieu de *tonka) • G10 • Entre les deux, choisir *c* et non *k*.
**top-modèle** n • G20 • La graphie *top model est celle que l'on trouve en anglais.
**topoguide** nm • A3 • Soudure avec *topo* (préfixe savant).
**tord-boyau** nm, **des tord-boyaux** • B1 • Singulier et pluriel réguliers.
**tord-oreille** nm, **des tord-oreilles** • B1 • Singulier et pluriel réguliers.
**toréro**, **toréra** n • C4 • Francisation : accent aigu.

**GDT** : Grand dictionnaire terminologique ; **RENOUVO** : Réseau pour la nouvelle orthographe (v. bibliogr.) ; **TLF** : Trésor de la langue française ; **Travaux des éditions Le Robert** : voir bibliogr. sous Rey-Debove.

**torii** nm, **des toriis** • B2 • Francisation : pluriel régulier.

**tory** nm, **des torys** • B2 • Pluriel régulier.

**touareg, ègue** adj • B2, G20 • Voir l'explication sur *Touareg*.

**touareg** « langue » nm • B2 • Pluriel régulier.

**Touareg, ègue** n • B2, G20 • Singulier et pluriel réguliers, au lieu de : un *Targi, une *Touareg ou *Targuie ou *Targuia, des *Touareg, des *Targuiat. Avis favorable des travaux des éditions Le Robert et du *Bon usage* (paragraphe 538e). Préférer le féminin avec la finale plus française : **Touarègue**.

**touche-à-tout** n inv • Inchangé • Ce mot n'est pas construit sur le modèle simple « verbe + *tout* » (A5), puisqu'il inclut la préposition *à*.

**tourista** nf (au lieu de *turista) • G9 • Entre les deux, préférer *ou* et non *u*.

**tourne-à-gauche** nm inv • Inchangé • Ce mot n'est pas construit sur le modèle « verbe + nom » (B1), puisqu'il inclut la préposition *à*.

**tourne-bille** nm, **des tourne-billes** • B1 • Singulier et pluriel réguliers.

**tourne-bobine** nm, **des tourne-bobines** • B1 • Singulier et pluriel réguliers.

**tourne-cible** nm, **des tourne-cibles** • B1 • Singulier et pluriel réguliers.

**tourne-disque** nm, **des tourne-disques** • B1 • Singulier et pluriel réguliers.

**tourne-disquette** nm, **des tourne-disquettes** • B1 • Singulier et pluriel réguliers.

**tournedos** nm • Inchangé • Soudé. De nos jours, la variante avec trait d'union a disparu.

**tourne-écrou** nm, **des tourne-écrous** • B1 • Singulier et pluriel réguliers.

**tourne-feuille** nm, **des tourne-feuilles** • B1 • Singulier et pluriel réguliers.

**tourne-ganse** nm, **des tourne-ganses** • B1 • Singulier et pluriel réguliers.

**tourne-grumes** nm, **des tourne-grumes** • B1 • Singulier et pluriel réguliers.

**tourne-jet** nm, **des tourne-jets** • B1 • Singulier et pluriel réguliers.

**tourne-malade** nm, **des tourne-malades** • B1 • Singulier et pluriel réguliers.

**tourne-microdisquette** nm, **des tourne-microdisquettes** • B1 • Singulier et pluriel réguliers.

**tourne-oreille** nm, **des tourne-oreilles** • B1 • Singulier et pluriel réguliers.

**tourne-page** nm, **des tourne-pages** • B1 • Singulier et pluriel réguliers.

**tournepierre** nm, **des tournepierres** • G19 • Entre les variantes possibles, c'est la graphie en un mot qui est recommandée. Voir page 16. Soudure attestée notamment dans le *Grand Larousse*.

**tourne-planche** nm, **des tourne-planches** • B1 • Singulier et pluriel réguliers.

**tourne-rail** nm, **des tourne-rails** • B1 • Singulier et pluriel réguliers.

**tourne-soc** nm, **des tourne-socs** • B1 • Singulier et pluriel réguliers.

**tourne-vent** nm, **des tourne-vents** • B1 • Singulier et pluriel réguliers.

**tourne-volant** nm, **des tourne-volants** • B1 • Singulier et pluriel réguliers.

**toutime** nm (au lieu de *toutim) • G20 • Argot ou registre familier : *Et tout le toutime!*

**toxémie** nf (au lieu de *toxhémie) • G2 • Entre les deux variantes coexistantes, choisir sans *h*.

**toxialimentaire** adj • A3 • Soudure avec *toxi* (préfixe savant), même devant *a*.

**toxiinfectieux, euse** adj • A3 • Soudure avec *toxi*, même lorsqu'il y a rencontre de deux *i*.

**toxiinfection** nf • A3 • La soudure reçoit un avis favorable des travaux des éditions Le Robert.

**toxitaxi** nm • A3 • Soudure avec *toxi* (préfixe savant).

**trachéobronchite** nf • A3 • Soudure avec *trachéo* (préfixe savant).

**tractopelle** nf • A3 • Soudure avec *tracto* (préfixe savant).

**tragicomédie** nf • A3 • Soudure de l'ancienne forme *tragi-comédie.

**tragicomique** adj • A3 • Soudure de l'ancienne forme *tragi-comique.

**trainage** nm • C2 • L'accent circonflexe disparait sur *i*.

**trainailler** v • C2 • L'accent circonflexe disparait sur *i*.

**trainant, ante** adj • C2 • L'accent circonflexe disparait sur *i*.

**trainard, arde** n • C2 • L'accent circonflexe disparait sur *i*.

**trainasse** nf • C2 • L'accent circonflexe disparait sur *i*.

**trainassement** nm • C2 • L'accent circonflexe disparait sur *i*.

**trainasser** v • C2 • L'accent circonflexe disparait sur *i*.

**traine** nf • C2 • L'accent circonflexe disparait sur *i*.
**traineau** nm • C2 • L'accent circonflexe disparait sur *i*.
**traine-buche** nm, **des traine-buches** • B1, C2 • Singulier et plur. rég. Les circonflexes disparaissent.
**traine-buisson** nm, **des traine-buissons** • B1, C2 • Singulier et plur. rég. Le circonflexe disparait.
**trainée** nf • C2 • L'accent circonflexe disparait sur *i*.
**traine-malheur** nm, **des traine-malheurs** • B1, C2 • Singulier et plur. rég. Le circonflexe disparait.
**trainement** nm • C2 • L'accent circonflexe disparait sur *i*.
**traine-misère** nm, **des traine-misères** • B1, C2 • Singulier et plur. rég. Le circonflexe disparait.
**trainer** v • C2 • L'accent circonflexe disparait sur *i*.
**trainerie** nf • C2 • L'accent circonflexe disparait sur *i*.
**traine-savate** nm, **des traine-savates** • B1, C2 • Singulier et plur. rég. Le circonflexe disparait.
**traine-semelle** nm, **des traine-semelles** • B1, C2 • Singulier et plur. rég. Le circonflexe disparait.
**traineur, euse** n • C2 • L'accent circonflexe disparait sur *i*.
**traineux, euse** adj • C2 • L'accent circonflexe disparait sur *i*.
**traintrain** nm, **des traintrains** • A4 • Soudure et pluriel régulier.
**traitre, traitresse** adj, n • C2 • L'accent circonflexe disparait sur *i*.
**traitreusement** adv • C2 • L'accent circonflexe disparait sur *i*.
**traitrise** nf • C2 • L'accent circonflexe disparait sur *i*.
**trajeter** v, conjugaison (**il trajette**) VOIR **jeter** • Inchangé • Exception D1 : double *t* devant « *e* muet ».
**tralala** nm, **des tralalas** • A4 • Soudure (onomatopée) et pluriel régulier.
**tranche-bobine** nm, **des tranche-bobines** • B1 • Sing. et plur. rég. (généralement déjà conformes).
**tranche-caillé** nm, **des tranche-caillés** • B1 • Sing. et plur. réguliers. Le singulier et le pluriel étaient généralement déjà conformes pour ce mot.
**tranche-courroie** nm, **des tranche-courroies** • B1 • Sing. et plur. rég. (généralement déjà conformes).
**tranche-fil** « petit instrument tranchant » nm, **des tranche-fils** • B1 • Singulier et pluriel réguliers. Mot assez rare. Ne pas confondre avec le mot plus fréquent *une tranchefile* (autre sens).
**tranchefile** « bourrelet de reliure, garniture brodée, couture » nf, **des tranchefiles** • G19 • Ce nom féminin s'écrit de façon soudée depuis longtemps dans la majorité des dictionnaires. Il viendrait de *trancher* et *filer*. Ne pas confondre avec l'instrument (plus rare) : *un tranche-fil*.
**tranchefiler** v • Inchangé • Le verbe s'écrit toujours soudé, selon nos sources.
**tranchefilure** nf • Inchangé • Ce mot s'écrivait déjà en un seul mot.
**tranche-gazon** nm, **des tranche-gazons** • B1 • Singulier et pluriel réguliers.
**tranchelard** nm, **des tranchelards** • Inchangé • Ce mot s'écrivait déjà en un seul mot.
**tranche-main** nm, **des tranche-mains** • B1 • Sing. et plur. rég. (généralement déjà conformes).
**tranche-mer** nm, **des tranche-mers** • B1 • Singulier et pluriel réguliers.
**tranche-montagne** nm, **des tranche-montagnes** • B1 • Singulier et pluriel réguliers.
**tranche-œuf** nm, **des tranche-œufs** • B1 • Singulier et pluriel réguliers.
**transférer** v, **je transfèrerai, transfèrerais** • C1 • Accent grave au futur et au conditionnel.
**translittérer** v, **je translittèrerai, translittèrerais** • C1 • Accent grave au futur et au conditionnel.
**transparaitre** v, **il transparait, je transparaitrai, transparaitrais** • C2 • Le circonflexe disparait sur *i*.
**transthoracique** adj (au lieu de *trans-thoracique) • A3 • Soudure avec *trans*.
**trantran** nm, **des trantrans** • A4 • Soudure et pluriel régulier.
**traveleur's chèque** (anglic.) au lieu de *traveler's chèque ou *traveller's chèque (ou *cheque ou *check) • D2, G20, G21 • La consonne doit être simple après *e* (D2) et choisir *chèque* (G20) à la fin, comme l'indiquent les travaux des éd. Le Robert. Terminaison en *-eur* pour correspondre à la prononciation (G21). Cependant, il vaut mieux éviter les anglicismes : préférer *chèque de voyage*.
**traveling** nm (au lieu de *travelling) • D2 • Un seul *l* pour la prononciation (travaux des éd. Le Robert).
**tréfler** v, **je trèflerai, trèflerais** • C1 • Accent grave au futur et au conditionnel.
**trèflerie** nf • C1 • Accent grave et non accent aigu. Synonyme de *tréflière*.
**treize** (numéral) : **cent-treize**, **treize-cents**, **treize-mille-treize**, **treize-millions**, **treize-milliards**, etc. • A6 • Trait d'union : on unit **treize** par des traits d'union dans les numéraux.
**tréjeter** v, conjugaison (**il tréjette**) VOIR **jeter** • Inchangé • Exception D1 : double *t* devant « *e* muet ».

**tremblotant, ante** adj • Inchangé • Ce mot s'écrivait déjà avec un seul *t* dans les dictionnaires.

**tremblote** nf • G17 • Consonne simple : l'ancienne forme avec deux *t* a disparu des dictionnaires. Famille de *trembloter* (qui a toujours un seul *t*).

**tremblotement** nm • Inchangé • Ce mot s'écrivait déjà avec un seul *t* dans les dictionnaires.

**trembloter** v • Inchangé • Ce verbe s'écrivait déjà avec un seul *t* dans les dictionnaires.

**trémolo** nm • C4 • Francisation : accent aigu.

**trenchcoat** nm • A4 • Soudure (mot étranger). Abréviation : *trench, des trenchs*.

**trente** (numéral) : **trente-et-un, trente-et-unième, cent-trente-deux, trente-et-un-millions, trente-mille**, etc. • A6 • Trait d'union : on unit **trente** par des traits d'union dans les numéraux.

**triangoli** nm, **des triangolis** • B2 • Francisation : pluriel régulier.

**triboélectricité** nf • A3 • Soudure avec *tribo* (préfixe savant), même devant *é*.

**triboélectrique** adj • A3 • Soudure avec *tribo* (préfixe savant), même devant *é*.

**tric** « levée de cartes au bridge » nm (au lieu de *trick) • G10 • Choisir *c* et non *ck*. Ne pas confondre avec *une trique*.

**triclinium** nm, **des tricliniums** • B2 • Francisation : pluriel régulier.

**trimbalage** nm (au lieu de *trimballage) • G17 • Consonne simple : choisir un seul *l*.

**trimbalement** nm (au lieu de *trimballement) • G17 • Consonne simple : choisir un seul *l*.

**trimbaler** v (au lieu de *trimballer) • G17 • Consonne simple : choisir un seul *l*.

**trimbaleur, euse** n (au lieu de *trimballeur) • G17 • Consonne simple : choisir un seul *l*.

**trimmeur** nm (anglic.) • G21 • Terminaison *-eur* dans les travaux des éditions Le Robert.

**triplicata** nm, **des triplicatas** • B2 • Francisation : pluriel régulier.

**triporteur** nm • A3 • Soudure de l'ancienne forme *tri-porteur.

**triquemadame** (au lieu de *trique-madame), **des triquemadames** • A5 • Les travaux des éditions Le Robert soudent ce mot.

**triséquer** v, **je trisèquerai, trisèquerais** • C1 • Accent grave au futur et au conditionnel.

**trivoiturette** nf • A3 • Soudure avec le préfixe *tri*.

**trois** (numéral) : **cent-trois, trois-cents, trois-cent-trois, trois-mille, trois-millions-trois-cents, trois-milliards**, etc. • A6 • Trait d'union : on unit **trois** par des traits d'union dans les numéraux.

**trôle** « cuillère pour la pêche » nf • Inchangé • Toujours avec accent circonflexe. Il n'existe pas de graphie concurrente sans accent (la règle G1 ne peut pas s'appliquer).

**trole** « plante » nm ou « façon de chasser avec des chiens » nf • D3 • Un seul *l*.

**troll** « lutin ou terme informatique » nm • Inchangé • Non touché : ce mot s'écrit toujours sans *e* final et avec deux *l* en ce sens.

**trompe-la-mort** n inv • Inchangé • Ce mot n'est pas construit sur le modèle « verbe + nom » (B1), mais « verbe + article singulier + nom » (le déterminant singulier bloque la formation du pluriel).

**trompe-l'œil** nm inv • Inchangé • Ce mot n'est pas construit sur le modèle « verbe + nom » (B1), mais « verbe + article singulier + nom » (le déterminant singulier bloque la formation du pluriel).

**trompéter** (au lieu de *trompeter) v, **je trompète, nous trompétons, je trompèterai, trompèterais** ou **trompetter, je trompette, nous trompettons, je trompetterai, trompetterais** • C1, F3 • F3 : on ajoute l'accent aigu manquant puisqu'on ne prononce jamais la finale « -peter » (avis favorable des travaux des éditions Le Robert). Autre règle (C1) : au futur et au conditionnel, le *é* devient *è*. Dans *Petit Robert* 2009, la variante *trompetter* (*je trompette, je trompetterai*) est également admise.

**trompetter** ou **trompéter** VOIR **trompéter** • Au choix • *Petit Robert* 2009 admet les deux variantes.

**trophomicrobien, enne** adj • A3 • Soudure avec *tropho* (préfixe savant).

**trotskisme** nm (au lieu de *trotskysme) • G20 • Ce mot vient du nom *Trotski*.

**trotskiste** adj, n (au lieu de *trotskyste) • G20 • Entre les deux variantes, préférer *i*.

**trotter** v • Inchangé • Exception D3 (*-otter*) : il y a hésitation sur l'étymologie (*trot* aurait été créé à partir de *trotter*, et non l'inverse), mais une seule graphie existe. Le *Rapport* du CSLF (D3) dit dans ce cas de maintenir la seule graphie reconnue (avec *tt*).

**trouble-fête** n, **des trouble-fêtes** • B1 • Singulier et pluriel réguliers.

**troumadame** (au lieu de *trou-madame) nf, **des troumadames** • A5 • Les travaux des éditions Le Robert soudent ce mot.

**trousse-galant** nm, **des trousse-galants** • B1 • Singulier et pluriel réguliers.

---

**trousse-pet** nm, **des trousse-pets** • B1 • Singulier et pluriel réguliers.
**trousse-pied** nm, **des trousse-pieds** • B1 • Singulier et pluriel réguliers.
**trousse-queue** nm, **des trousse-queues** • B1 • Singulier et pluriel réguliers.
**troutrou** nm, **des troutrous** • A4 • Soudure et pluriel régulier.
**truc** « wagonnet ou charriot à plateforme » nm (au lieu de *truck) • G10 • Choisir *c* et non *ck* en ce sens. Ne pas confondre avec le mot *camion* en anglais (*truck*).
**trullo** nm, **des trullos** • B2 • Francisation : pluriel régulier.
**tsar** nm (au lieu de *tzar ou *czar) • G20 • Préférer **tsar**. La forme *czar est sortie de l'usage déjà.
**tsarévitch** nm (au lieu de *tzarévitch) • G20 • Préférer la graphie *ts*.
**tsarine** nf (au lieu de *tzarine ou *czarine) • G20 • Préférer la graphie *ts*.
**tsarisme** nm (au lieu de *tzarisme) • G20 • Préférer la graphie *ts*.
**tsariste** adj, n (au lieu de *tzariste) • G20 • Préférer la graphie *ts*.
**tsétsé** nf, **des tsétsés** • A4 • Soudure et pluriel régulier.
**tsointsoin** interj, adj, plur. : **tsointsoins** • A4 • Soudure et pluriel régulier.
**tuboovarien, enne** adj • A3 • Soudure avec *tubo* (préfixe savant), même lorsqu'il y a rencontre de deux *o*.
**tue-chien** nm, **des tue-chiens** • B1 • Singulier et pluriel réguliers.
**tue-diable** nm, **des tue-diables** • B1 • Singulier et pluriel réguliers.
**tue-loup** nm, **des tue-loups** • B1 • Singulier et pluriel réguliers.
**tue-mouche** nm, **des tue-mouches** • B1 • Singulier et pluriel réguliers.
**tufeau** nm (au lieu de *tuffeau) • G17 • Entre les deux, choisir un seul *f*.
**tumulus** nm, **des tumulus** • B2 • Francisation : plur. régulier. Le pluriel étranger était : des *tumuli.
**tune** « argent, pièce de cinq francs » nf (au lieu de *thune) • G2 • Choisir sans *h*.
**tupi** adj, nm, **des tupis** • B2 • Représente une langue (nm) ou sert d'adjectif, comme dans *une tradition tupi*. Le pluriel est régulier (avis favorable des travaux des éditions Le Robert). Certains grammairiens souhaitent ajouter un *e* au féminin pour franciser.
**Tupi** n, **des Tupis** • B2 • Membre d'une ethnie amérindienne d'Amérique du Sud. Voir *tupi*.
**tupi-guarani** nm • Inchangé • Exception A3 : pas de soudure (coordination, famille de langues).
**turbo** « mollusque » nm, **des turbos** • B2 • Francisation (du latin) : pluriel régulier maintenant.
**turboagitateur** nm • A3 • Soudure avec *turbo* (préfixe savant), même devant *a*.
**turboalternateur** nm • A3 • Soudure avec *turbo* (préfixe savant), même devant *a*.
**turbocentrifugeuse** nf • A3 • Soudure avec *turbo* (préfixe savant).
**turbocompresseur** nm • A3 • Soudure avec *turbo* (préfixe savant).
**turbodélayeur** nm • A3 • Soudure avec *turbo* (préfixe savant).
**turbodémarreur** nm • A3 • Soudure avec *turbo* (préfixe savant).
**turbodétendeur** nm • A3 • Soudure avec *turbo* (préfixe savant).
**turbodynamo** nm ou nf • A3 • Soudure. Antidote donne ce mot féminin, le *GDT* connait les deux genres.
**turboforage** nm • A3 • Soudure avec *turbo* (préfixe savant).
**turboforeuse** nf • A3 • Soudure avec *turbo* (préfixe savant).
**turbofusée** nf • A3 • Soudure avec *turbo* (préfixe savant).
**turbogénérateur** nm • A3 • Soudure avec *turbo* (préfixe savant).
**turbogénératrice** nf • A3 • Soudure avec *turbo* (préfixe savant).
**turbohomogénéiseur** nm • A3 • Soudure avec *turbo* (préfixe savant), même devant *h*.
**turbopompe** nf • A3 • Soudure avec *turbo* (préfixe savant).
**turbopropulseur** nm • A3 • Soudure avec *turbo* (préfixe savant).
**turboréacteur** nm • A3 • Soudure avec *turbo* (préfixe savant).
**turboréfrigérateur** nm • A3 • Soudure avec *turbo* (préfixe savant).
**turborefroidisseur** nm • A3 • Soudure avec *turbo* (préfixe savant).
**turbosécheur** nm • A3 • Soudure avec *turbo* (préfixe savant).
**turbosoufflante** nf • A3 • Soudure avec *turbo* (préfixe savant).
**turbosoufflerie** nf • A3 • Soudure avec *turbo* (préfixe savant).
**turbostatoréacteur** nm • A3 • Soudure avec *turbo* (préfixe savant).

**turbotrain** nm • A3 • Soudure avec *turbo* (préfixe savant).
**turboventilateur** nm • A3 • Soudure avec *turbo* (préfixe savant).
**turco-chinois, oise** adj • Inchangé • Exception A3 : pas de soudure (relation de coordination).
**turco-mongol, ole** adj, nm • Inchangé • Exception A3 : pas de soudure (relation de coordination).
**turco-persan, ane** adj • Inchangé • Exception A3 : pas de soudure (relation de coordination).
**turco-tatar, are** adj, nm « langue » • Inchangé • Exception A3 : pas de soudure (coordination).
[anc. *turista] VOIR **tourista** • G9 • Entre les deux, préférer *ou* et non *u*.
**turne** « chambre (argot scolaire) » nf (au lieu de *thurne) • G2 • Selon la nuance de sens ou d'emploi, on trouvait souvent **turne**, parfois *thurne. Préférer la variante sans *h*.
**turnoveur** « rotation » nm (anglic.) • A4, G21 • Soudure. La terminaison *-er* devient *-eur*, conformément à la prononciation « -eur » donnée dans les dictionnaires. Préférer un équivalent plus français.
**tutie** « oxyde de zinc » nf (au lieu de *tuthie) • G2 • Choisir sans *h*.
**tutti** nm, **des tuttis** • B2 • Francisation : pluriel régulier.
**tutti frutti** adj, nm, **des tuttis fruttis** • B2 • Pluriel régulier (mot étranger). *Des glaces tuttis fruttis.*
**twinset** (anglic.) nm (au lieu de *twin-set) • A4 • Soudure. Préférer un terme français équivalent.
**typhobacillose** nf • A3 • Soudure avec *typho* (préfixe savant).

# U

[anc. *ukase] VOIR **oukase** • G9 • Entre les deux, préférer *ou* et non *u*.
**ulcérer** v, **j'ulcèrerai, ulcèrerais** • C1 • Accent grave au futur et au conditionnel.
**ulcérobourgeonnant, ante** adj • A3 • Soudure avec *ulcéro* (préfixe savant).
**ulcérocancer** nm • A3 • Soudure avec *ulcéro* (préfixe savant).
**ulcéromembraneux, euse** adj • A3 • Soudure avec *ulcéro* (préfixe savant).
**ulcéromutilant, ante** adj • A3 • Soudure avec *ulcéro* (préfixe savant).
**ulcéronécrosant, ante** adj • A3 • Soudure avec *ulcéro* (préfixe savant).
**ulcéronécrotique** adj • A3 • Soudure avec *ulcéro* (préfixe savant).
**ulcérovégétant, ante** adj • A3 • Soudure avec *ulcéro* (préfixe savant).
**uléma** ou **ouléma** nm • Au choix • Les prononciations sont différentes. Les deux formes existaient déjà.
**ultra** n, **des ultras** • B2 • Pluriel régulier (et non invariable). Synonyme de *extrémiste* ou *ultraroyaliste*.
**ultraabyssal, ale** adj • A2 • Soudure avec *ultra*, même lorsqu'il y a rencontre de deux *a*.
**ultraaccélérateur** nm • A2 • Soudure avec *ultra*, même lorsqu'il y a rencontre de deux *a*.
**ultraargile** nf • A2 • Soudure avec *ultra*, même lorsqu'il y a rencontre de deux *a*.
**ultrablanc** nm • A2 • Soudure avec *ultra*. Nom masculin. Augmentation de la luminance du blanc (transmission de l'émission télévisée).
**ultracentrifugeur, euse** n • A2 • Soudure avec *ultra*.
**ultrachic** adj, plur. : **ultrachics** • A2, B2 • Soudure avec *ultra*. Pluriel régulier : *des robes ultrachics*.
**ultrachose** nf • A2 • Soudure avec *ultra*.
**ultracolonialisme** nm • A2 • Soudure avec *ultra*.
**ultracolonialiste** adj, n • A2 • Soudure avec *ultra*.
**ultraconfidentiel, elle** adj • A2 • Soudure avec *ultra*.
**ultracourt, te** adj • A2 • Soudure avec *ultra*.
**ultrafiche** nf • A2 • Soudure avec *ultra*.
**ultrafiltrat** nm • A2 • Soudure avec *ultra*.
**ultrafiltration** nf • A2 • Soudure avec *ultra*.
**ultrafiltre** nm • A2 • Soudure avec *ultra*.
**ultraflottation** nf • A2 • Soudure avec *ultra*.
**ultragauche** nf • A3 • Soudure avec *ultra*. Mouvement révolutionnaire.
**ultraléger, ère** adj, nm • A2 • Soudure avec *ultra*.
**ultramarin, ine** adj • A2 • Soudure avec *ultra*.
**ultramicroscope** nm • A2 • Soudure avec *ultra*.
**ultramicroscopie** nf • A2 • Soudure avec *ultra*.
**ultramicroscopique** adj • A2 • Soudure avec *ultra*.

**ultramince** adj • A2 • Soudure avec *ultra*.
**ultramoderne** adj • A2 • Soudure avec *ultra*.
**ultramontain**, **aine** adj, n • A2 • Soudure avec *ultra*.
**ultraorthodoxe** adj, n • A2 • Soudure avec *ultra*, même devant *o*.
**ultrapériglaciaire** adj • A2 • Soudure avec *ultra*.
**ultrapétita** adv, nm, **des ultrapétitas** • A2, B2, C4 • Soudure avec *ultra*, pluriel régularisé et accent aigu pour la francisation.
**ultraplancton** nm • A2 • Soudure avec *ultra*.
**ultraplat**, **ate** adj • A2 • Soudure avec *ultra*.
**ultraportable** adj • A2 • Soudure avec *ultra*.
**ultrapression** nf • A2 • Soudure avec *ultra*.
**ultrarapide** adj • A2 • Soudure avec *ultra*.
**ultrarésistant**, **ante** adj • A2 • Soudure avec *ultra*.
**ultrarévolutionnaire** adj, n • A2 • Soudure avec *ultra*.
**ultraroyaliste** adj, n • A2 • Soudure avec *ultra*.
**ultrasecret**, **ultrasecrète** adj • A2 • Soudure avec *ultra*.
**ultrasensible** adj • A2 • Soudure avec *ultra*.
**ultrason** nm • A2 • Soudure avec *ultra*.
**ultrasonique** adj • A2 • Soudure avec *ultra*.
**ultrasonore** adj • A2 • Soudure avec *ultra*.
**ultraspécialisé**, **ée** adj • A2 • Soudure avec *ultra*.
**ultratéléobjectif** nm (au lieu de *ultra-télé-objectif) • A2, A3 • Soudure avec *ultra* (règle A2) et avec l'élément *télé* (règle A3). Objectif dont la longueur focale est supérieure à 300 mm.
**ultratrempe** nf • A2 • Soudure avec *ultra*.
**ultraviolet** nm • A2 • Soudure avec *ultra*.
**ultraviolet**, **ette** adj • A2 • Soudure avec *ultra*.
**ultravirus** nm • A2 • Soudure avec *ultra*.
**ultravisible** adj • A2 • Soudure avec *ultra*.
**ululation** nf (au lieu de *hululation) • G2 • Entre les deux, choisir sans *h*. Mot dans *Petit Larousse*.
**ululement** nm (au lieu de *hululement) • G2 • Entre les deux, choisir sans *h*.
**ululer** v (au lieu de *hululer) • G2 • Entre les deux variantes coexistantes, choisir sans *h*.
**underground** (anglic.) adj, nm, **des undergrounds** • B2 • Pluriel régulier (mot étranger).
**upsilon** nm, **des upsilons** • B2 • Pluriel régularisé. Lettre de l'alphabet grec.
**uranostaphyloplastie** nf • A3 • Soudure avec *urano* (préfixe savant).
**uranostaphylorraphie** nf • A3 • Soudure avec *urano* (préfixe savant).
[anc. *urdu] VOIR **ourdou** • G9 • Entre les deux, préférer *ou* et non *u*.
**uréthane** nm (au lieu de *uréthanne) • G17 • Entre les deux, choisir un seul *n*.
**urogénital**, **ale** adj • A3 • Soudure avec *uro* (préfixe savant).
**use-culotte** nm, **des use-culottes** • B1 • Singulier et pluriel réguliers.
**utéroovarien**, **enne** adj • A3 • Soudure avec *utéro*, même lorsqu'il y a rencontre de deux *o*.
**utéroplacentaire** adj • A3 • Soudure avec *utéro* (préfixe savant).
**utérosacré**, **ée** adj • A3 • Soudure avec *utéro* (préfixe savant).
**utérovaginal**, **ale** adj • A3 • Soudure avec *utéro* (préfixe savant).
**utérovésical**, **ale** adj • A3 • Soudure avec *utéro* (préfixe savant).
**uto-aztèque** nm • Inchangé • Exception A3 : pas de soudure (coordination, famille de langues).
[anc. *uzbek] VOIR **ouzbek**, féminin : **ouzbèke** • G9, G20 • Choisir *ou* et le fém. *ouzbèke* (accent grave).

# V

**vadémécum** nm, **des vadémécums** • A4, B2, C4 • Soudure, pluriel régulier, et accents aigus français.
**vaginopéritonéal**, **ale** adj • A3 • Soudure avec *vagino* (préfixe savant).
**vaginorectal**, **ale** adj • A3 • Soudure avec *vagino* (préfixe savant).
**valeter** v, **je valète**, **valèterai**, **valèterais** • D1 • Conjugaison *-ète* au lieu de *-ette*.

**valkyrie** « femme robuste » nf (au lieu de *walkyrie) • G15 • Choisir la variante avec *v* et non avec *w*. La prononciation était la même : toujours « v ».

**Valkyrie** « déesse guerrière scandinave » nf (au lieu de *Walkyrie) • G15 • Voir l'explication ci-dessus.

**vanillier** nm • Inchangé • Exception F4 : sorte d'arbuste ou de plante (on maintient le suffixe *-ier*).

[anc. *vantail] VOIR **ventail** • F1 • Le CSLF rectifie avec *e*, comme dans *vent*.

**vanupied** n, **des vanupieds** • A5 • Le *Rapport* du CSLF soude ce mot.

**vapoentrainement** nm « entrainement par les vapeurs » • C2 • L'accent circonflexe disparait sur *i*. Le préfixe *vapo* était déjà soudé, selon nos sources, comme l'exige la règle A3.

**varheure** nm, **des varheures** • Inchangé • Était déjà écrit soudé, selon nos sources.

**varheuremètre** nm, **des varheuremètres** • Inchangé • Était déjà écrit soudé, selon nos sources.

**varia** nm, **des varias** • B2 • Francisation : singulier et pluriel réguliers.

**varon** nm (au lieu de *varron) • G17 • Entre les deux, choisir un seul *r*.

**varonné**, **ée** adj (au lieu de*varronné) • G17 • Entre les deux, choisir un seul *r*.

**vasculonerveux**, **euse** adj • A3 • Soudure avec *vasculo* (préfixe savant).

**vasoconstricteur**, **trice** adj, nm • A3 • Soudure avec *vaso* (préfixe savant).

**vasoconstriction** nf • A3 • Soudure avec *vaso* (préfixe savant).

**vasodilatateur**, **trice** adj, nm • A3 • Soudure avec *vaso* (préfixe savant).

**vasodilatation** nf • A3 • Soudure avec *vaso* (préfixe savant).

**vaso-intestinal**, **ale** adj • Inchangé • Exception A3 : trait d'union entre *o* et *i* pour éviter *oi* ou *oin*.

**vasomoteur**, **trice** adj • A3 • Soudure avec *vaso* (préfixe savant).

**vasomotricité** nf • A3 • Soudure avec *vaso* (préfixe savant).

**vasopressine** nf • A3 • Soudure avec *vaso* (préfixe savant).

**vasovagal**, **ale** adj • A3 • Soudure avec *vaso* (préfixe savant).

**vatout** nm, **des vatouts** • A5 • Les mots composés d'un verbe + *tout* sont soudés.

**Véda** (au lieu de *Veda) nm, **des Védas** • B2, C4 • Francisation : pluriel régulier et accent aigu.

**végéter** v, **je végèterai**, **végèterais** • C1 • Accent grave au futur et au conditionnel.

**vélarium** nm, **des vélariums** • B2, C4 • Francisation : pluriel régulier et accent aigu.

**velche** adj, n (au lieu de *welche ou *welsch), **des velches** • G13, G15 • Les trois variantes se prononçaient « v », alors préférer celle avec *v* (G15). Préférer la finale *-che*, plus française (G13).

**veld** nm (au lieu de *veldt) • G20 • Même prononciation. Choisir la graphie la plus simple.

**vélocamping** nm • G19 • Choisir la variante soudée (construit sur le nom *un vélo*).

**vélocross** nm, **des vélocross** • G19 • Choisir la variante soudée (construit sur le nom *un vélo*).

**véloneige** nm, **des véloneiges** • G19 • Choisir la variante soudée (construit sur le nom *un vélo*).

**vélopalatin**, **ine** adj • A3 • Soudure avec *vélo* (préfixe savant). Relatif au voile du palais.

**vélopartage** nm • G19 • Choisir la variante soudée (construit sur le nom *un vélo*).

**vélopousse** nm, **des vélopousses** • G19 • Choisir la graphie soudée. Le CSLF le confirme.

**véloski** nm, **des véloskis** • G19 • Choisir la graphie soudée. Le CSLF le confirme.

**vélotaxi** nm, **des vélotaxis** • G19 • Choisir la graphie soudée. Le CSLF le confirme.

**vélotourisme** nm • G19 • Choisir la variante soudée (construit sur le nom *un vélo*).

**vélotouriste** n • G19 • Choisir la variante soudée (construit sur le nom *un vélo*).

**vélum** nm, **des vélums** • B2, C4 • Francisation : pluriel régulier et accent aigu.

**vénérer** v, **je vénèrerai**, **vénèrerais** • C1 • Accent grave au futur et au conditionnel.

**vènerie** nf • C1 • Accent grave. On doit toujours prononcer « è ».

**véniat** nm, **des véniats** • B2, C4 • Plur. rég. et accent selon les travaux des éditions Le Robert.

**ventail** « panneau mobile, battant » (au lieu de *vantail) nm • F1 • Le CSLF harmonise la famille : *e* (et non *a*), comme *vent*.

**ventail** « partie d'une visière » nm ou **ventaille** nf • Inchangé • En ce sens, on écrivait déjà avec un *e*.

**verbo-iconique** adj • Inchangé • Exception A3 : trait d'union maintenu entre *o* et *i* pour éviter *oi*.

**verbomoteur**, **trice** adj, n • A3 • Soudure avec *verbo* (préfixe savant).

**vergeter** v, **je vergète**, **vergèterai**, **vergèterais** • D1 • Conjugaison *-ète* au lieu de *-ette*.

**vergeüre** nf • C3 • Rime avec *jure*. Ajout du tréma sur *u* pour éviter la combinaison *eu*.

**vermout** nm (au lieu de *vermouth) • G2 • Choisir sans *h*. Autrefois, on écrivait aussi *wermouth.

---

***** : graphie ancienne à ne plus utiliser; **A1, A2, A3, B1...** : codes qui renvoient aux règles p. 17 à 34; **anc.** : anciennement; **anglic.** : anglicisme à éviter; **CSLF** : Conseil supérieur de la langue (voir bibliogr.).

**vésicopapuleux, euse** adj • A3 • Soudure avec *vésico* (préfixe savant).
**vésicopustule** nf • A3 • Soudure avec *vésico* (préfixe savant).
**vésicorectal, ale** adj • A3 • Soudure avec *vésico* (préfixe savant).
**vésicovaginal, ale** adj • A3 • Soudure avec *vésico* (préfixe savant).
**vésiculodéférentiel, elle** adj • A3 • Soudure avec *vésiculo* (préfixe savant).
**vésiculodéférentographie** nf • A3 • Soudure avec *vésiculo* (préfixe savant).
**vésiculopustuleux, euse** adj • A3 • Soudure avec *vésiculo* (préfixe savant).
**vestibulocérébelleux, euse** adj • A3 • Soudure avec *vestibulo* (préfixe savant).
**vestibulooculaire** adj • A3 • Soudure avec *vestibulo*, même lorsqu'il y a rencontre de deux *o*.
**vestibulospinal, ale** adj • A3 • Soudure avec *vestibulo* (préfixe savant).
**vétiver** « plante, parfum » nm (au lieu de *vétyver) • G20 • La graphie avec *y* a disparu des dictionnaires.
**véto** nm, **des vétos** • B2, C4 • Francisation : pluriel régulier et accent aigu.
**vibroabrasion** nf • A3 • Soudure avec *vibro* (préfixe savant), même devant *a*.
**vibrocarottier** nm • A3 • Soudure avec *vibro* (préfixe savant).
**vibrocompactage** nm • A3 • Soudure avec *vibro* (préfixe savant).
**vibrocouloir** nm • A3 • Soudure avec *vibro* (préfixe savant).
**vibrocrible** nm • A3 • Soudure avec *vibro* (préfixe savant).
**vibrodameur** nm • A3 • Soudure avec *vibro* (préfixe savant).
**vibrofinisseur** nm • A3 • Soudure avec *vibro* (préfixe savant).
**vibrofonçage** nm • A3 • Soudure avec *vibro* (préfixe savant).
**vibrogravure** nf • A3 • Soudure avec *vibro* (préfixe savant).
**vibromassage** nm • A3 • Soudure avec *vibro* (préfixe savant).
**vibromasseur** nm • A3 • Soudure avec *vibro* (préfixe savant).
**vibromélangeur** nm • A3 • Soudure avec *vibro* (préfixe savant).
**vibroséparateur** nm • A3 • Soudure avec *vibro* (préfixe savant).
**vibrosonnette** nf • A3 • Soudure avec *vibro* (préfixe savant).
**vibrotamis** nm • A3 • Soudure avec *vibro* (préfixe savant).
**VICE-** (préfixe) • Inchangé • Les mots français construits avec le préfixe *vice-* prennent toujours le trait d'union. Les rectifications n'ont pas modifié cette règle. On écrit donc avec trait d'union : *vice-roi*, *vice-doyen*, *vice-présidente*, etc. Ces mots ne sont pas répertoriés ici, puisqu'ils sont inchangés.
**vide-bouteille** nm, **des vide-bouteilles** • B1 • Singulier et pluriel réguliers.
**vide-cave** nm, **des vide-caves** • B1 • Singulier et pluriel réguliers.
**vide-cendrier** nm, **des vide-cendriers** • B1 • Singulier et pluriel réguliers.
**vide-fut** nm, **des vide-futs** • B1, C2 • Singulier et pluriel réguliers. L'accent circonflexe disparait sur *u*.
**vide-gousset** nm, **des vide-goussets** • B1 • Singulier et pluriel réguliers.
**vide-grenier** nm, **des vide-greniers** • B1 • Singulier et pluriel réguliers.
**vide-lettre** nm, **des vide-lettres** • B1 • Singulier et pluriel réguliers.
**vide-linge** nm, **des vide-linges** • B1 • Singulier et pluriel réguliers.
**vidéo** adj, plur. : **vidéos** • G18 • Le pluriel régulier de l'adjectif est attesté (celui du nom était déjà rég.).
**vidéoanimation** nf • A3 • Soudure avec *vidéo*, même devant *a*.
**vidéoart** nm • A3 • Soudure avec *vidéo*, même devant *a*.
**vidéoaudience** nf • A3 • Soudure avec *vidéo*, même devant *a*.
**vidéocapsule** nf • A3 • Soudure avec *vidéo*.
**vidéocassette** nf • A3 • Soudure avec *vidéo*. Exemple donné par le CSLF dans son *Rapport*.
**vidéo-choc** n • Inchangé • Non touché par A3. Il ne s'agit pas du préfixe ici (pas de soudure), mais du nom *vidéo*. On conserve donc le trait d'union. Le pluriel est : *des vidéos-chocs*.
**vidéoclip** nm, **des vidéoclips** • A3 • Soudure avec *vidéo*.
**vidéoclub** nm • A3 • Soudure avec *vidéo*.
**vidéocodage** nm • A3 • Soudure avec *vidéo*.
**vidéocommerçant, ante** n • A3 • Soudure avec *vidéo*.
**vidéocommunication** nf • A3 • Soudure. Les dictionnaires l'écrivent maintenant toujours en un mot.

**vidéoconférence** nf • A3 • Soudure. Les dictionnaires l'écrivent maintenant toujours en un mot.
**vidéodéclencheur** nm • A3 • Soudure avec *vidéo*.
**vidéodétaillant, ante** n • A3 • Soudure avec *vidéo*.
**vidéoéducation** nf • A3 • Soudure avec *vidéo*, même devant *é*.
**vidéoendoscopique** adj • A3 • Soudure avec *vidéo*, même devant *e*.
**vidéoenregistreur** nm • A3 • Soudure avec *vidéo*, même devant *e*.
**vidéoformation** nf • A3 • Soudure avec *vidéo*.
**vidéoordinateur** nm • A3 • Soudure avec *vidéo*, même lorsqu'il y a rencontre de deux *o*.
**vidéoprojecteur** nm • A3 • Soudure avec *vidéo*.
**vide-ordure** nm, **des vide-ordures** • B1 • Même si *ordure* est souvent pluriel, la règle B1 s'applique au mot composé : sans *s* au singulier.
**vidéotransmission** nf • A3 • Soudure avec *vidéo*.
**vidéovisualisateur** nm • A3 • Soudure avec *vidéo*.
**vide-poche** nm, **des vide-poches** • B1 • Singulier et pluriel réguliers.
**vide-pomme** nm, **des vide-pommes** • B1 • Singulier et pluriel réguliers.
**vide-poubelle** nm, **des vide-poubelles** • B1 • Singulier et pluriel réguliers.
**vide-poussière** nm, **des vide-poussières** • B1 • Singulier et pluriel réguliers.
**vide-tourie** nm, **des vide-touries** • B1 • Singulier et pluriel réguliers.
**vide-tube** nm, **des vide-tubes** • B1 • Singulier et pluriel réguliers.
**vide-vapeur** nm, **des vide-vapeurs** • B1 • Singulier et pluriel réguliers.
**vigneter** v, **je vignète**, **vignèterai**, **vignèterais** • D1 • Conjugaison *-ète* au lieu de *-ette*.
**vilénie** nf (ou **vilenie**, selon la prononciation) • F3 • Deux prononciations sont possibles, au choix. Si on prononce « é », on ajoute l'accent aigu qui manquait.
**vingt** (numéral) : **vingt-et-un**, **vingt-et-unième**, **cent-vingt**, **vingt-mille**, **quatre-vingt-mille**, **cent-vingt-millions**, etc. • A6 • On unit **vingt** par des traits d'union dans les numéraux. Concernant la règle d'accord, le principe est le même qu'autrefois : *vingt* prend un *s* uniquement s'il est multiplié et qu'il termine le nombre (donc non suivi d'un trait d'union) et qu'il n'indique pas un rang. Ainsi, on met un *s* dans *quatre-vingts pages*, *trois-mille-quatre-vingts pages*, mais pas dans *trois-cent-vingt pages*, *quatre-vingt-douze pages*, *quatre-vingt-millions de pages*, *la page quatre-vingt*.
**violeter** v, **je violète**, **violèterai**, **violèterais** • D1 • Conjugaison *-ète* au lieu de *-ette*.
**vire-capot** n, **des vire-capots** • B1 • Singulier et pluriel réguliers.
**virofixateur** nm • A3 • Soudure avec le préfixe *viro*.
**viscocoupleur** nm • A3 • Soudure avec *visco* (préfixe savant).
**viscoélasticité** nf • A3 • Soudure avec *visco* (préfixe savant), même devant *é*.
**viscoélastique** adj • A3 • Soudure avec *visco* (préfixe savant), même devant *é*.
**viscoélastographe** nm • A3 • Soudure avec *visco* (préfixe savant), même devant *é*.
**visigoth**, **visigothe** adj (au lieu de *wisigoth) • G15 • La prononciation des deux variantes est la même : « v ». Alors on choisit la variante avec *v* (attestée dans le *TLF*, le *Grand Robert* et certains travaux du Conseil international de la langue française). Il aurait été souhaitable d'écrire sans *h*, comme c'est le cas pour *ostrogot*, mais aucun des dictionnaires consultés ne donne en entrée la forme sans *h*, malgré la présence d'une citation encyclopédique sans *h* dans le *TLF* sous le mot *ostrogot*.
**Visigoth**, **Visigothe** n (au lieu de *Wisigoth) • G15 • Voir l'explication sur *visigoth* (ci-dessus).
**visigothique** adj (au lieu de *wisigothique) • G15 • Voir l'explication sur *visigoth*.
**vitrocéramique** nf • A3 • Soudure avec *vitro* (préfixe savant).
**vitupérer** v, **je vitupèrerai**, **vitupèrerais** • C1 • Accent grave au futur et au conditionnel.
**vlan** interj (au lieu de *v'lan) • G20 • Entre les deux, choisir sans apostrophe.
**vocératrice** nf • C4 • Francisation : accent aigu.
**vocéro** nm, **des vocéros** • B2, C4 • Francisation : pluriel régulier et accent aigu.
**vociférer** v, **je vocifèrerai**, **vocifèrerais** • C1 • Accent grave au futur et au conditionnel.
**vogoule** adj, nm (au lieu de *vogoul) • G20 • Le **vogoule** est une langue.
**Vogoule** n (au lieu de *Vogoul) • G20 • La graphie avec *-e* final est non ambigüe.
**volapuk** nm (au lieu de *volapük) • G22 • Le *Rapport* du CSLF recommande de supprimer le tréma.

**vol-au-vent** nm inv • Inchangé • Ce mot n'a pas fait l'objet d'une soudure. On l'écrit toujours avec des traits d'union.

**volètement** nm • D1 • Dérivé d'un verbe en *-eter* : *-ètement* (et non *-ettement*).

**voleter** v, **je volète**, **volèterai**, **volèterais** • D1 • Conjugaison *-ète* au lieu de *-ette*.

**volleyball** nm • A4 • Soudure (mot étranger).

**volteface** nf, **des voltefaces** • A5 • Les travaux des éditions Le Robert soudent ce mot.

**vomito négro** nm, **des vomitos négros** • C4 • Francisation : accent aigu.

**voutain** nm • C2 • L'accent circonflexe disparait sur *u*.

**voutain, aine** adj • C2 • L'accent circonflexe disparait sur *u*.

**voute** nf • C2 • L'accent circonflexe disparait sur *u*.

**vouté, ée** adj • C2 • L'accent circonflexe disparait sur *u*.

**vouter** v • C2 • L'accent circonflexe disparait sur *u*.

**vroum** interj (au lieu de *vroom) • G9 • Entre les deux, préférer *ou*.

**vulvovaginal, ale** adj • A3 • Soudure avec *vulvo* (préfixe savant).

**vulvovaginite** nf • A3 • Soudure avec *vulvo* (préfixe savant).

# W

**wagon** nm • Inchangé • On ne trouve pas de graphie concurrente avec *v*. Donc la règle G15 ne s'applique pas, et on continue d'écrire *w* même si on prononce toujours « v ». Voir l'historique à la page 31.

**wahwah** nf, **des wahwahs** • A4, B2 • Soudure et pluriel régulier. Domaine de la musique.

**walkietalkie** nm (anglic.), **des walkietalkies** • A4 • Soudure. On dit aussi *talkiewalkie*.

**walkoveur** « course ou épreuve avec victoire par défaut » nm (anglic.), **des walkoveurs** • A4, G21 • Soudure. La terminaison *-er* devient *-eur*, conformément à la prononciation « -eur » donnée dans les dictionnaires. Préférer un équivalent plus français.

[anc. *walkyrie, *Walkyrie] VOIR **valkyrie, Valkyrie** • G15 • La prononciation était la même : « v ».

**wallaby** nm, **des wallabys** • B2 • Pluriel régulier.

**water** nm, **des waters** • B2 • Pluriel régulier. Note : ce mot rime avec *hiver*.

**waterballast** nm (anglic.), **des waterballasts** • A4 • Soudure attestée dans *Dictionnaire Hachette*.

**watercloset** nm (anglic.), **des waterclosets** • A4, B2 • Soudure selon les travaux des éd. Le Robert.

**waterpolo** nm • A4 • Soudure (mot étranger).

**waterproof** (anglic.) nm, **des waterproofs** • A4, B2 • Soudure selon les travaux des éd. Le Robert.

**wattheure** nm, **des wattheures** • G19 • Entre les formes coexistantes, choisir la variante en un mot.

**wattman** nm, **des wattmans** • B2 • Pluriel régulier.

**wéber** nm (au lieu de *weber) • C4 • Francisation : accent aigu. De même dans ses composés (**centiwéber**, **kilowéber**, **gigawéber**, etc.). Le *w* se prononce « v », mais il n'existe pas de graphie concurrente avec *v*, alors on conserve le *w* (la règle G15 ne peut pas s'appliquer). Ce mot rime avec *hiver*.

**weekend** nm, **des weekends** • A4 • Soudure (mot étranger). Le pluriel était déjà régulier.

**whisky** nm, **des whiskys** • B2 • Pluriel régulier.

**wifi** nm, **des wifis** • A4, B2 • Soudure et pluriel régulier.

**wilaya** nf (au lieu de *willaya) • G17 • Entre les deux, choisir un seul *l*.

**winch** nm (anglic.), **des winchs** • B2 • Pluriel régulier.

**winneur** (anglic.) n (au lieu de *winner) • G21 • Terminaison *-eur*. La forme potentielle du féminin ne relève pas des rectifications.

[anc. *wisigoth, *wisigothique, *Wisigoth] VOIR **visigoth, visigothique, Visigoth** • G15 • La prononciation est « v ».

**won** « monnaie » nm, **des wons** • B2 • Pluriel régulier.

**woofeur** « hautparleur pour sons graves » (anglic.) nm (au lieu de *woofer) • G21 • Terminaison *-eur* dans les travaux des éditions Le Robert. Il est préférable d'employer un terme français équivalent.

# X

**xénoanticorps** nm • A3 • Soudure avec *xéno*, même devant *a*. L'élément *anti* était déjà soudé.

**xénoantigène** nm • A3 • Soudure avec *xéno*, même devant *a*. L'élément *anti* était déjà soudé.

**xénodiagnostic** nm • A3 • Soudure avec *xéno* (préfixe savant).

**xi** nm, **des xis** • B2 • Pluriel régulier. Quatorzième lettre de l'alphabet grec. On écrit aussi *ksi* (*des ksis*).

**ximénia** nm • C4 • Francisation : accent aigu. On dit aussi *ximénie* (nf).

# Y

**yachtman** (anglic.) nm (au lieu de *yachtsman), **des yachtmans** • B2, G20 • Les travaux des éditions Le Robert choisissent favorablement la forme sans le *s* intérieur (on ne le prononçait jamais).

**yachtwoman** (anglic.) n (au lieu de *yachtswoman), **des yachtwomans** • B2, G20 • Le *s* au milieu du mot ne se prononçait jamais (inutile).

**yak** nm (au lieu de *yack) • G12 • Entre les deux variantes en concurrence, préférer la plus simple.

**yakusa** ou **yakuza** nm, **des yakusas** ou **des yakuzas** • B2 • Francisation : pluriel régulier.

**yaourt** ou **yogourt** (au lieu de *yoghourt) • Au choix et G2 • Voir l'explication sur le mot *yogourt*.

**yass** nm (au lieu de *jass) • G20 • Même prononciation. Choisir *y*. Sorte de jeu de carte (Suisse).

**yasser** v (au lieu de *jasser) • G20 • Même prononciation. Choisir *y*.

**yeoman** nm, **des yeomans** • B2 • Pluriel francisé (au lieu de : des *yeomen).

**yéti** nm (au lieu de *yeti) • C4 • Francisation : accent aigu.

**yéyé** adj, n, **des yéyés** • A4 • Soudure. Pluriel régulier dans *Dictionnaire Hachette*.

**yidiche** adj, nm (au lieu de *yiddish) • B2, G13, G17 • Plur. régulier. Préférer la finale *-che* et le simple *d*.

[anc. *yodler] VOIR **iodler** • G20 • Choisir *i*. On dit aussi parfois *iouler* (vieilli).

**yogi** n (au lieu de *yoghi) • G2 • La graphie avec *h* a disparu des dictionnaires.

**yogourt** (au lieu de *yoghourt) nm (on dit aussi **yaourt**) • G2 et choix de prononciations • Entre les deux formes **yogourt** et *yoghourt, choisir la forme sans *h* (règle G2). D'autre part, on peut choisir de dire et d'écrire **yogourt** ou **yaourt**. Les rectifications ne choisissent pas entre ces deux variantes, car elles se prononcent différemment (ce sont des variantes lexicales - voir page 10).

**youpi** interj (au lieu de *youppi ou *youppie) • G17, G20 • Forme plus simple, avec un seul *p*. Cri de joie.

[anc. *yourte] VOIR **iourte** • G20 • Les travaux des éditions Le Robert sont favorables au choix de **iourte**.

**yponomeute** nm (au lieu de *hyponomeute) • G2 • Entre les deux, choisir sans *h*.

[anc. *ysopet] VOIR **isopet** • G20 • Les travaux des éditions Le Robert sont favorables au choix de **isopet**.

**yukonais, aise** adj (au lieu de *yukonnais) • G17 • Entre les deux, choisir un seul *n*.

**Yukonais, aise** n (au lieu de *Yukonnais) • G17 • Entre les deux, choisir un seul *n*.

# Z

**zakouski** nm, **des zakouskis** • B2 • Francisation : singulier et pluriel réguliers.

**zani** nm (au lieu de *zanni) • G17 • Entre les deux, choisir un seul *n*.

**zapatéado** nm • C4 • Francisation : accent aigu.

**zarzuéla** nf • C4 • Francisation : accent aigu.

**zébrer** v, **je zèbrerai**, **zèbrerais** • C1 • Accent grave au futur et au conditionnel.

**zen** adj, nm, **des zens** • B2 • Pluriel régulier (mot étranger) pour le nom et pour l'adjectif.

**zénana** nm • C4 • Francisation : accent aigu.

**zéolite** nf • G2 • Entre les deux formes existantes, choisir *-lite* plutôt que *-lithe*.

**zéolitique** adj • G2 • Choisir *-litique* plutôt que *-lithique*.

**zêta** nm, **des zêtas** • B2 • Pluriel régulier. Lettre grecque. On rencontre parfois *dzêta*, *des dzêtas* (dans *Petit Larousse*). La prononciation varie d'un dictionnaire à l'autre.

**zingaro** nm, **des zingaros** • B2 • Francisation : pluriel régulier. Le pluriel étranger était : des *zingari.

**zoolite** nm • G2 • Entre les deux formes existantes, choisir *-lite* plutôt que *-lithe*.

**zoolitique** adj • G2 • Choisir *-litique* plutôt que *-lithique*.

**zygopétalum** nm • C4 • Francisation : accent aigu. On dit aussi *zygopétale*.

# ANNEXE — EXTRAITS

## Extraits du *Rapport* du Conseil supérieur de la langue française

publié dans les documents administratifs
du ***Journal officiel de la République française***
Le 6 décembre 1990 — Nº 100 ISSN 0242-6773

### LES RECTIFICATIONS DE L'ORTHOGRAPHE

#### PRINCIPES

[...] C'est dans l'intérêt des générations futures de toute la francophonie qu'il est nécessaire de continuer à apporter à l'orthographe des rectifications cohérentes et mesurées qui rendent son usage plus sûr, comme il a toujours été fait depuis le XVIIe siècle et comme il est fait dans la plupart des pays voisins.

[...] ces propositions sont destinées à être enseignées aux enfants — les graphies rectifiées devenant la règle, les anciennes demeurant naturellement tolérées; elles sont recommandées aux adultes, et en particulier à tous ceux qui pratiquent avec autorité, avec éclat, la langue écrite, la consignent, la codifient et la commentent.

[...] Le bon usage a été le guide permanent de la réflexion. Sur bien des points il est hésitant et incohérent, y compris chez les plus cultivés. Et les discordances sont nombreuses entre les dictionnaires courants, ne permettant pas à l'usager de lever ses hésitations. C'est sur ces points que le Premier ministre [de la France] a saisi en premier lieu le Conseil supérieur, afin d'affermir et de clarifier les règles et les pratiques orthographiques.

[...] un roman contemporain ou du siècle dernier doit être lisible sans aucune difficulté. Des évaluations informatiques l'ont confirmé de manière absolue.

Ces propositions, à la fois mesurées et argumentées, ont été acceptées par les instances qui ont autorité en la matière. Elles s'inscrivent dans la continuité du travail lexicographique effectué au cours des siècles depuis la formation du français moderne.

[...] elles contribueront au renforcement, à l'illustration et au rayonnement de la langue française à travers le monde.

#### I. — ANALYSES

*1. Le trait d'union*

[...] On remarque de très nombreuses hésitations dans l'usage du trait d'union et des divergences entre les dictionnaires, ce qui justifie qu'on s'applique à clarifier la question, ce mode de construction étant très productif. On améliorera donc l'usage du trait d'union en appliquant plus systématiquement les principes que l'on vient de dégager, soit à l'utilisation de ce signe, soit à sa suppression par agglutination ou soudure des mots composés.

*2. Les marques du nombre*

[...] **mille-feuille** ou **millefeuille** (les deux graphies sont en usage) ne désigne pas mille (ou beaucoup de) feuilles, mais un gâteau, et ne prend donc pas d'**s** au singulier, de même le **ramasse-miettes** ne se réfère pas à des miettes à ramasser, ni à l'acte de les ramasser, mais à un objet unique. Dans un mot de ce type, le premier élément n'est plus un verbe (il ne se conjugue pas); l'ensemble ne constitue donc pas une phrase (décrivant un acte), mais un nom composé. Il ne devrait donc pas prendre au singulier la marque du pluriel. À ce nom doit s'appliquer la règle générale d'accord en nombre des noms : pas de marque au singulier, **s** ou **x** final au pluriel.

*3. Le tréma et les accents*

3.1. Le tréma

Le tréma interdit qu'on prononce deux lettres en un seul son (*exemple* : **lait** mais **naïf**). Il ne pose pas de problème quand il surmonte une voyelle prononcée (*exemple* : **maïs**), mais déroute dans les cas où il surmonte une voyelle muette (*exemple* : **aiguë**) : il est souhaitable que ces anomalies soient supprimées. De même, l'emploi de ce signe doit être étendu aux cas où il permettra d'éviter des prononciations fautives (*exemples* : **gageure**, **arguer**).

3.2. L'accent grave ou aigu sur le *e*

L'accent aigu placé sur la lettre **e** a pour fonction de marquer la prononciation comme « *e* fermé », l'accent grave comme « *e* ouvert ». Il est nécessaire de rappeler ici les deux règles fondamentales qui régissent la quasi-totalité des cas :

Première règle :
La lettre *e* ne reçoit un accent aigu ou grave que si elle est en finale de la syllabe graphique : **é/tude** mais **es/poir**, **mé/prise** mais **mer/cure**, **inté/ressant** mais **intel/ligent**, etc.

Cette règle ne connaît[1] que les exceptions suivantes :

- l'*s* final du mot n'empêche pas que l'on accentue la lettre *e* qui précède : **accès**, **progrès** (avec *s* non prononcé), **aloès**, **herpès** (avec *s* prononcé), etc. ;

- dans certains composés généralement de formation récente, les deux éléments, indépendamment de la coupe syllabique, continuent à être perçus chacun avec sa signification propre, et le premier porte l'accent aigu. *Exemples* : **télé/spectateur** (contrairement à **téles/cope**), **pré/scolaire** (contrairement à **pres/crire**), **dé/stabiliser** (contrairement à **des/tituer**), etc.

Deuxième règle :
La lettre *e* ne prend l'accent grave que si elle est précédée d'une autre lettre et suivie d'une syllabe qui comporte un *e* muet. D'où les alternances : **aérer**, il **aère** ; **collège**, **collégien** ; **célèbre**, **célébrer** ; **fidèle**, **fidélité** ; **règlement**, **régulier** ; **oxygène**, **oxygéner** ; etc. Dans les mots **échelon**, **élever**, etc., la lettre *e* n'est pas précédée d'une autre lettre.

À cette règle font exception : les mots formés à l'aide des préfixes **dé-** et **pré-** (se **démener**, **prévenir**, etc.) ; quelques mots, comme **médecin**, **ère** et **èche**.

L'application de ces régularités ne souffre qu'un petit nombre d'anomalies (*exemples* : **un événement, je considérerai**, **puissé-je**, etc.), qu'il convient de réduire.

3.3. L'accent circonflexe

L'accent circonflexe représente une importante difficulté de l'orthographe du français, et même l'usage des personnes instruites est loin d'être satisfaisant à cet égard.

L'emploi incohérent et arbitraire de cet accent empêche tout enseignement systématique ou historique. Les justifications étymologiques ou historiques ne s'appliquent pas toujours : par exemple, la disparition d'un *s* n'empêche pas que l'on écrive **votre, notre, mouche, moite, chaque, coteau, moutarde, coutume, mépris**, etc., et à l'inverse, dans **extrême** par exemple, on ne peut lui trouver aucune justification. Il n'est pas constant à l'intérieur d'une même famille [...]. De sorte que des mots dont l'histoire est tout à fait parallèle sont traités différemment : **mû**, mais **su, tu, vu**, etc. ; **plaît**, mais **tait**.

L'usage du circonflexe pour noter une prononciation est loin d'être cohérent [...]. Si certains locuteurs ont le sentiment d'une différence phonétique entre *a* et *â*, *o* et *ô*, *è* ou *é* et *ê*, ces oppositions n'ont pas de réalité sur les voyelles *i* et *u* (comparer **cime**, **abîme** ; **haine**, **chaîne** ; **voûte**, **route**, **croûte** ; **huche**, **bûche** ; **bout**, **moût** ; etc.).

[...]

[1] Dans les extraits du *Rapport* cités ici, l'orthographe du texte d'origine a été respectée.

*4. Les verbes en* -eler *et* -eter

L'infinitif de ces verbes comporte un « *e* sourd », qui devient « *e* ouvert » dans la conjugaison devant une syllabe muette (*exemple :* **acheter**, j'**achète** ; **ruisseler**, je **ruisselle**).

Il existe deux procédés pour noter le « *e* ouvert », soit le redoublement de la consonne qui suit le *e* (*exemple :* **ruisselle**) ; soit le *e* accent grave, suivi d'une consonne simple (*exemple* : **harcèle**).

Mais, quant au choix entre ces deux procédés, l'usage ne s'est pas fixé, jusqu'à l'heure actuelle : parmi les verbes concernés, il y en a peu sur lesquels tous les dictionnaires sont d'accord. La graphie avec *è* présente l'avantage de ramener tous ces verbes au modèle de conjugaison de **mener** (il **mène,** elle **mènera**).

Quelques dérivés en **-ement** sont liés à ces verbes (*exemple :* **martèlement** ou **martellement**).

On mettra fin sur ce point aux hésitations, en appliquant une règle simple. [...]

*6. Les mots empruntés*

Le processus d'intégration des mots empruntés conduit à la régularisation de leur graphie, conformément aux règles générales du français.

*7. Les anomalies*

7.1 Séries désaccordées

Certaines graphies heurtent à la fois l'étymologie et le sentiment de la langue de chacun, et chargent inutilement l'orthographe de bizarreries, ce qui n'est ni esthétique, ni logique, ni commode. Conformément à la réflexion déjà menée par l'Académie sur cette question, ces points de détail seront rectifiés.

7.2. Dérivés formés sur les noms qui se terminent par **-on** et **-an**

[...] L'usage, y compris celui des dictionnaires, connaît[1] beaucoup de difficultés et de contradictions, qu'il serait utile de réduire.

## II. — LES RÈGLES

[...] Si l'accent circonflexe placé sur les lettres *a*, *o* et *e* peut indiquer utilement des distinctions de timbre (**mâtin** et **matin** ; **côte** et **cote** ; **vôtre** et **votre** ; etc.), placé sur *i* et *u* il est d'une utilité nettement plus restreinte (**voûte** et **doute** par exemple ne se distinguent dans la prononciation que par la première consonne). Dans quelques terminaisons verbales (passé simple, etc.), il indique des distinctions morphologiques nécessaires. Sur les autres mots, il ne donne généralement aucune indication, excepté pour de rares distinctions de formes homographes.

En conséquence, on conserve l'accent circonflexe sur *a*, *e*, et *o*, mais sur *i* et sur *u* il n'est plus obligatoire, excepté dans [...].

[...] Comme c'était déjà le cas pour **dû**, les adjectifs **mûr** et **sûr** ne prennent un accent circonflexe qu'au masculin singulier.

Les personnes qui ont déjà la maîtrise[1] de l'orthographe ancienne pourront, naturellement, ne pas suivre cette nouvelle norme. [...]

[...]
*Remarque* :
— cette mesure [la suppression de l'accent circonflexe sur *i* et *u*] entraîne[1] la rectification de certaines anomalies étymologiques, en établissant des régularités. On écrit désormais **mu** (comme déjà **su, tu, vu, lu**), **plait** (comme déjà **tait, fait**), **piqure, surpiqure** (comme déjà **morsure**), **traine, traitre**, et leurs dérivés (comme déjà **gaine, haine, faine**), et **ambigument, assidument, congrument, continument, crument, dument, goulument, incongrument, indument, nument** (comme déjà **absolument, éperdument, ingénument, résolument**).

---

[1] Dans les extraits du *Rapport* cités ici, l'orthographe du texte d'origine a été respectée.

[…] Singulier et pluriel des mots empruntés : les noms ou adjectifs d'origine étrangère ont un singulier et un pluriel réguliers […] On choisit comme forme du singulier la forme la plus fréquente, même s'il s'agit d'un pluriel dans l'autre langue. […] comme il est normal en français, les mots terminés par *s, x* et *z* restent invariables […]

**III. — GRAPHIES PARTICULIÈRES FIXÉES OU MODIFIÉES**

Il s'agit en général de mots dont la graphie est irrégulière ou variable ; on la rectifie, ou bien l'on retient la variante qui permet de créer les plus larges régularités. Certains de ces mots sont déjà donnés par un ou plusieurs dictionnaires usuels avec la graphie indiquée ici : dans ce cas, c'est une harmonisation des dictionnaires qui est proposée. […]

Les mots [qu'il est recommandé de souder] sont en général des mots anciens dont les composants ne correspondent plus au lexique ou à la syntaxe actuels (**chaussetrappe**) ; y figurent aussi des radicaux onomatopéiques ou de formation expressive (**piquenique**, **passepasse**), des mots comportant des dérivés (**tirebouchonner**), certains mots dont le pluriel était difficile (un **brisetout**, dont le pluriel devient des **brisetouts**, comme un **faitout**, des **faitouts**, déjà usité), et quelques composés sur **porte-**, dont la série compte plusieurs soudures déjà en usage (**portefaix**, **portefeuille**, etc.). Il était exclu de modifier d'un coup plusieurs milliers de mots composés. […]

✧

# Extraits du livre *L'orthographe en débat* de Nina Catach

*Nina Catach était une grande spécialiste de l'orthographe. Elle a fait partie du comité d'experts du CSLF en 1990.*

[…] *Le niveau s'élève.* On n'a pas touché aux règles, on les a renforcées. Les exceptions favorisent chez l'enfant le trouble et l'injustice à son égard, car on le pénalise lorsqu'il applique les règles (*avènement/événement*, *lève/lèverai* mais *cède/céderai*). [N. Catach, p. 77]

[…] Le raisonnement prendra la place de la mémoire, et l'enfant pourra vraiment être jugé là-dessus. [N. Catach, p. 77]

[…] (moins d'un mot par page). Mais notre but actuel n'est pas de changer la page écrite, il est de *soulager les mémoires*, de mieux préparer les mots de demain, pour les générations de demain. [N. Catach, p. 79]

[…] Moins de fautes, moins de révisions, moins de temps perdu, ce n'est pas négligeable. Nous *supprimons* des difficultés, rappelons-le, nous n'en ajoutons pas. [N. Catach, p. 83]

[…] Les listes se ramènent à quelques règles simples, elles sont brèves, répétitives, faciles à mémoriser (normalisation des composés du type *essuie-glace*, suppression de l'accent circonflexe sur *i* et *u*, etc.). Quant aux anomalies, certains ne savaient même pas qu'elles existaient (qui écrivait *revolver* ou *referendum* sans accent ?). [N. Catach, p. 87]

[…] Il serait avant tout nécessaire de rassembler nos efforts autour des mots les plus fréquents, ceux qui sont réellement utilisés dans les textes, et qui, largement diffusés, suffiraient à l'application et à l'enseignement des nouvelles graphies (par exemple la suppression de l'accent circonflexe sur les verbes en *-aître*, qui constitue l'essentiel de ce qui est « visible » dans les textes publiés dans la nouvelle orthographe). […] Il suffirait, pour les gens pressés, de leur signaler ces quelques formes fréquentes[1] pour leur assurer qu'ils sont, pour l'essentiel, devenus « modernes ». [N. Catach, p. 121 et 158]

✧

[1] Voir la liste des 50 mots les plus fréquents à la p. 127 du *Grand vadémécum de l'orthographe moderne recommandée.*

# Remerciements

Mes premiers remerciements vont à **mes parents**, Micheline Boivin et Georges Contant, pour les très belles valeurs qu'ils ont su m'inculquer : le souci de l'autre et celui du travail bien fait, la rigueur intellectuelle, l'intégrité, la gentillesse, la reconnaissance, l'esprit familial. Pédagogues de formation tous les deux, ils m'ont permis de développer mon plein potentiel, et je les remercie pour la confiance qu'ils m'ont toujours témoignée, en toutes circonstances. Ils m'ont même apporté leur aide pour la recherche lexicographique. Je les adore.

Merci à **mon conjoint**, Sylvain De Champlain, pour son soutien constant et sa personnalité extraordinaire. Merci à **mes trois enfants**, Véronique, Marielle et Jocelyn, qui « endurent » mes conversations orthographiques et subissent les conséquences d'une mère passionnée par son travail et infatigable à l'ordinateur. Je les embrasse. Un merci particulier à **Jocelyn**, pour ses heures de travail informatique de mise en forme dans la liste alphabétique.

Côté linguistique : merci à mon ami **Joceleyn Lavoie**, pour ses interventions, son soutien indéfectible et sa passion pour l'orthographe modernisée. Son aide et son énorme contribution à l'augmentation de la liste du *Grand vadémécum* sont incommensurables (voir pages 8, 36 et 38). Sans lui, ce livre n'aurait pas été le même.

Un merci aussi du plus profond du cœur à **Romain Muller**, mon collègue européen, sans qui la nouvelle orthographe n'aurait pas connu toutes les avancées qu'elle connait aujourd'hui. Son amitié presque fraternelle m'est précieuse. Je le remercie pour nos nombreux échanges et ses judicieux conseils.

Merci à feu madame **Nina Catach**, cette grande dame de l'orthographe qui a su ouvrir la voie vers des règles orthographiques plus régulières. Je marche dans son sillon et j'en suis honorée. Merci à **Bénédicte Gaillard**, lexicographe et éditrice, qui contribue elle aussi à tracer cette voie vers la modernité, notamment dans les dictionnaires : ses réponses efficaces et ses conseils éclairés m'ont été très utiles.

Merci aux gens du RENOUVO pour tout le travail de promotion de l'orthographe moderne. Je pense notamment à **Renée Honvault**, **Romain Muller**, **Michèle Lenoble-Pinson**, **Michel Masson**, **Claude Gruaz**, **Henry Landroit**, qui ont collaboré à l'élaboration de la liste du *Vadémécum de l'orthographe recommandée : le millepatte sur un nénufar*. Cette liste et les règles qui s'y rattachent ont été précieuses : elles ont servi de base à ce *Grand vadémécum*.

Merci à **Aurel Ramat** pour ses conseils typographiques. Merci aussi pour sa grande amitié, sa gentillesse, sa droiture, son esprit rationnel et cartésien, et sa conviction de l'utilité de la nouvelle orthographe. Converser avec lui est un plaisir : il est très documenté sur la question et armé d'une panoplie d'arguments logiques. Bon comme un père pour moi, il a toujours une bonne pensée pour ma petite famille. C'est un ami d'une grande valeur.

Un merci particulier à **Mala Bergevin**, **Jean Fontaine** et **Éric Brunelle**, de Druide informatique, dont les recherches et les échanges linguistiques instructifs ont nourri ma réflexion. Ils m'ont permis de raffiner la liste. Merci aussi pour les définitions émanant d'Antidote.

Un merci spécial à **Monique Poulin**, pour l'énorme travail dans le dossier des noms d'oiseaux (voir page 16), de même qu'aux ornithologues **Normand David** et **Michel Gosselin**.

Mes très sincères remerciements aux **bénévoles du GQMNF** qui ont accepté de lire mon manuscrit avec soin. Merci à **d'autres amis ou collègues**, avec qui je partage des soucis linguistiques ponctuels ou simplement une amitié loyale : André Goosse (*Le bon usage*), Hélène Cajolet-Laganière (Franqus), Bytchello Prévil (CARO), Nicole Dubeau, Hélène Dumais, Annie Desnoyers, Karine Pouliot, Isabelle Carignan et Alain Royer (GQMNF).

# Bibliographie

## Lectures recommandées (pour vous)

**Connaitre et maitriser la nouvelle orthographe : guide pratique et exercices**, de C. Contant et R. Muller, éd. De Champlain S. F., 2009 (*guide pour les professionnels de l'écriture et pour les enseignants — voir la description aux pages 131-133*).

**Les rectifications de l'orthographe du français**, de C. Contant et R. Muller, éd. ERPI et De Boeck, 2009 (*petit guide pour le grand public — voir la description aux pages 134-135*).

**La nouvelle orthographe en pratique**, de Dominique Dupriez, éd. De Boeck, 2009 (*ouvrage avec sous-listes thématiques pour l'enseignement de l'orthographe*).

**L'orthographe : guide pratique de la réforme**, de Michel Masson, éd. Le Seuil, 1991 (*argumentation sur la question*).

**La « nouvelle » orthographe. Exposé et commentaire**, d'André Goosse, éd. Duculot, 1991 (*justifications historiques et pratiques*).

**www.nouvelleorthographe.info**, site donnant un accès rapide aux informations importantes : positions officielles ; consignes ministérielles pour l'enseignement ; nouvelles règles en ligne ; exercices en ligne ; coordonnées pour des formations ; listes de dictionnaires à jour, de guides de conjugaison à jour, de lectures diverses en nouvelle orthographe ; etc.

**www.orthographe-recommandee.info**, site d'information pour le grand public et pour les professionnels : logos de conformité, informations sur les logiciels de correction, miniguide et présentation point par point en ligne, documents des ministères de l'Éducation, liste de ressources, etc.

## Bibliographie pour la conception de cet ouvrage

Académie française. *Dictionnaire de l'Académie française*, 9e édition en format de poche, tome 1 (A-Enz) et tome 2 (Eoc-Map), éd. Fayard, Paris, 2000-2005.

Académie française. « Orthographes recommandées par le Conseil supérieur de la langue française », site academie-francaise.fr, section « le Dictionnaire » [www.academie-francaise.fr/langue/orthographe.html].

Antidote RX (logiciel d'aide à l'écriture et dictionnaire électronique), Druide informatique, Montréal, 2006 à 2009 [www.druide.com].

CATACH, Nina. *L'orthographe en débat*, éd. Nathan, Paris, 1991.

CATACH, Nina, avec la collaboration de J.-C. Rebejkow. *Varlex : variation lexicale et évolution graphique du français actuel (Dictionnaires 1989-1997)*, Conseil international de la langue française, Paris, 2001.

Conseil supérieur de la langue française (France). « Les rectifications de l'orthographe — Rapport », publié au *Journal officiel de la République française*, édition des documents administratifs, Paris, 6 déc. 1990 [reproduit au www.academie-francaise.fr/langue/rectifications_1990.pdf].

➔ DANS LE PRÉSENT LIVRE, on désigne cette publication par « *Rapport* du CSLF ».

➔ Ce rapport a été approuvé par l'Académie française.

CONTANT, Chantal, et Romain MULLER. *Connaitre et maitriser la nouvelle orthographe : guide pratique et exercices*, éd. De Champlain S. F., 2009 [www.dechamplain.ca/livres].

CONTANT, Chantal, et Romain MULLER. « Étude du *Petit Larousse illustré*. Cohérence et modernisation », rapport remis à l'éditeur Larousse, juillet 2005.

CONTANT, Chantal, et Romain MULLER. « Étude du *Petit Robert 1*. Cohérence et modernisation », rapport remis à l'éditeur Le Robert, juillet 2005.

*Dictionnaire de la langue française : le français vu du Québec*, dictionnaire en ligne, équipe Franqus, Université de Sherbrooke et Gouvernement du Québec, 2009 [www.franqus.ca].

*Dictionnaire des industries. 36 000 définitions. Index anglais-français*, Conseil international de la langue française, Paris, 1986.

*Dictionnaire Hachette*, éd. Hachette Éducation, Paris, 2005.

*Grand dictionnaire terminologique* (*GDT*), dictionnaire en ligne, Office québécois de la langue française, Gouvernement du Québec [www.oqlf.gouv.qc.ca].

*Grand Larousse universel. Grand dictionnaire encyclopédique Larousse*, édition complète en 15 volumes, Librairie Larousse, Paris, 1989 (édition originale 1982).

GREVISSE, Maurice, et André GOOSSE. *Le bon usage : grammaire française*, éd. De Boeck-Duculot, Louvain-la-Neuve, 1993 et 2007.

HANSE, Joseph, et Daniel BLAMPAIN. *Nouveau dictionnaire des difficultés du français moderne*, 5e édition, éd. De Boeck-Duculot, Bruxelles, 2005.

*Le Nouveau Littré*, dictionnaire, éd. Garnier, Paris, 2006.
➔ DANS LE PRÉSENT LIVRE, on désigne cette publication simplement par « *Littré* », par économie d'espace.

*Le Nouveau Petit Robert. Dictionnaire alphabétique et analogique de la langue française*, éd. Dictionnaires Le Robert, Paris, 2004, 2007 et 2009.

*Le Petit Larousse illustré*, éd. Larousse, Paris, 1988, 2006, 2007 et 2009.

*Le Petit Robert 1. Dictionnaire alphabétique et analogique de la langue française*, éd. Dictionnaires Le Robert, Paris, 1990.

*Noms français des oiseaux du monde (avec les équivalents latins et anglais)*, Commission internationale des noms français des oiseaux (CINFO), éd. MultiMondes (Québec) et éd. Chabaud (France), 1993.

POCOCK, Gillian, et Christopher D. RICHARDS. *Physiologie humaine : les fondements de la médecine*, éd. Masson, Paris, 2004.

RAMAT, Aurel. *Le Ramat de la typographie*, éd. Aurel Ramat, Montréal, 2004 et 2008 [www.ramat.fr].

RENOUVO (Réseau pour la nouvelle orthographe du français). *Vadémécum de l'orthographe recommandée : le millepatte sur un nénufar*, 2003 à 2008, éd. RENOUVO/De Champlain S. F., Dijon/Laval [www.renouvo.org].

REY-DEBOVE, Josette, et Béatrice LE BEAU-BENSA. *La réforme de l'orthographe au banc d'essai du Robert*, éd. Dictionnaires Le Robert, Paris, 1991.
➔ DANS LE PRÉSENT LIVRE, on désigne cette publication par « travaux des éditions Le Robert ».

*Trésor de la langue française* (*TLF*) informatisé, dictionnaire en ligne, ATILF/CNRS, Nancy [http://atilf.atilf.fr/tlf.htm].

*Vérifiez votre orthographe. 64 000 mots* (correcteur de poche), éd. Dictionnaires Le Robert, Paris, 2008.

# Table des matières

nouvelle

orthographe

**La nouvelle orthographe, parlez-en !**

**Employez-la quotidiennement.**